BUSSE+BAHNEN

Mobilität für Menschen und Güter

1895–1995

Gesamtbearbeitung:
Prof. Dr.-Ing. Dr.-Ing. E.h. Günter Girnau
Dipl.-Volksw. Friedhelm Bihn

Verband Deutscher Verkehrsunternehmen

CIP-Kurztitel der deutschen Bibliothek

Busse + Bahnen : Mobilität für Menschen und Güter ; 1895 - 1995 ; [100 Jahre VDV] / Verband Deutscher Verkehrsunternehmen. Gesamtbearb.: Günter Girnau ; Friedhelm Bihn. - Düsseldorf : Alba, 1995
ISBN 3-87094-740-3
NE: Girnau, Günter [Bearb.]; Verband Deutscher Verkehrsunternehmen; Busse und Bahnen

Herausgeber:
Verband Deutscher Verkehrsunternehmen (VDV)
Kamekestraße 37–39, 50672 Köln

Chronik: Antje Ahlbrecht, M.A.

Grafiken: Dipl.-Ing. Anke Hauck, Dipl.-Bibl. Sabine Berlingen

Gestaltung und Vertrieb:
Alba Fachverlag GmbH + Co. KG, Düsseldorf

Druck: Druckhaus B. Kühlen KG, 41061 Mönchengladbach

Erschienen: Oktober 1995

ISBN 3-87094-740-3

Vorwort

Dipl.-Ing. Dieter Bollhöfer,
Präsident des
Verbandes Deutscher
Verkehrsunternehmen

Der Verband Deutscher Verkehrsunternehmen (VDV) feiert im Oktober 1995 in München sein 100jähriges Jubiläum. Am 7. Oktober 1895 wurde der damalige Verein Deutscher Straßenbahn- und Kleinbahnverwaltungen mit damals 41 Verkehrsbetrieben in München gegründet.

Mehr als 500 Mitgliedsunternehmen in Deutschland, aber auch zahlreiche ausländische Mitglieder machen den VDV heute zu einem bedeutenden Branchenverband im deutschen Wirtschaftsgeschehen und im internationalen Verkehrsgewerbe zu einem anerkannten Partner.

364 Mitgliedsunternehmen im öffentlichen Personennahverkehr mit den Betriebszweigen U-Bahn, Straßenbahn, Eisenbahn, Bahnen besonderer Bauart, Obus und Bus befördern im gesamten Bundesgebiet rund 8,8 Milliarden Fahrgäste pro Jahr. Das entspricht einem Anteil von ca. 90% am Gesamtmarkt ÖPNV auf Schiene und Straße. Täglich werden die Verkehrsmittel der VDV-Unternehmen von rund 24 Millionen Fahrgästen benutzt. Dabei wird die erfolgreiche Arbeit der Verkehrsunternehmen durch Akzeptanzgewinn gerade in den letzten Jahren eindrucksvoll bestätigt: In den westlichen Bundesländern sind die Fahrgastzahlen 1988 bis 1995 kontinuierlich um in der Summe 20% gestiegen. In den östlichen Bundesländern konnte der Abwärtstrend durch die gewaltige Motorisierungswelle nach der Wiedervereinigung gestoppt werden, so daß 1994 die Fahrgastzahlen zwar insgesamt konstant blieben, aber vor allem in den großen Städten bereits wieder anstiegen.

Im Eisenbahngüterverkehr werden von den 179 VDV-Mitgliedsunternehmen mit Güterverkehr beachtliche 560 Millionen Tonnen Güter im Jahr transportiert.

In dieser Festschrift sollen anläßlich des Verbandsjubiläums diese Leistungen verdeutlicht und über die Hintergründe dieser erfolgreichen Arbeit berichtet werden. Dies geschieht zwar auf der Grundlage der in hundert Jahren gewonnenen Erkenntnisse aus der Vergangenheit. Hauptsächliches Ziel ist es aber, die heutige Position des Verbandes und seiner Mitgliedsunternehmen darzustellen und die absehbaren Entwicklungen für die Zukunft aufzuzeigen. Dabei wird die Darstellung auf die einzelnen Teilbereiche des Verkehrs ausgerichtet.

17 hochrangige und fachkundige Autoren haben sich mit den verschiedenen Aspekten des Verkehrs beschäftigt. Sie haben damit eine Veröffentlichung geschaffen, die in dieser Form erstmalig die Entwicklung des Verkehrsgewerbes in den vergangenen hundert Jahren beleuchtet und auf zukünftige Chancen und Risiken hinweist. Dabei sind zahlreiche neuartige Datensammlungen und Zusammenstellungen entstanden. Möge dies alles dazu beitragen, daß diese „Festschrift" gelesen wird und eine weite Verbreitung findet, die dem Anlaß des Jubiläums und der Bedeutung des Verbandes angemessen ist.

Inhalt

Inhalt

100 Jahre VDV – Situation heute und Ziele für die Zukunft

Günter Girnau (61), Prof. Dr.-Ing. Dr.-Ing. E.h., ist seit Gründung des Verbandes Deutscher Verkehrsunternehmen (VDV) Anfang 1991 Hauptgeschäftsführer und Geschäftsführendes Präsidiumsmitglied des VDV. Er kam 1973 als stellvertretender Verbandsdirektor zum damaligen Verband öffentlicher Verkehrsbetriebe (VÖV) und wurde 1976 zum VÖV-Verbandsdirektor berufen. 1963 bis 1977 war Girnau Geschäftsführer der Studiengesellschaft für unterirdische Verkehrsanlagen (STUVA), wo er seit 1970 Mitglied des Vorstandes und seit 1977 Vorstandsvorsitzender ist. 1993 wurde Girnau zum Vizepräsidenten des Internationalen Verbandes für öffentliches Verkehrswesen (UITP), Brüssel, gewählt. 1970 habilitierte er sich und lehrt seitdem an der RWTH Aachen „Unterirdisches Bauen"; 1974 wurde er zum apl. Professor ernannt. 1995 verlieh ihm die Technische Universität Braunschweig die Ehrendoktorwürde.

Der Stellenwert des Verkehrs heute

Niemals zuvor in den 100 Jahren der Verbandstätigkeit hatte der Verkehr im allgemeinen und der Schienenverkehr (Personen und Güter) sowie der öffentliche Personennahverkehr im besonderen einen derartigen Stellenwert wie in der ersten Hälfte der 90er Jahre. Einige Tatbestände belegen dies mit großem Nachdruck:

– Bei den Beitrittsverhandlungen Österreichs mit der Europäischen Union (EU) spielte die umwelt- und sozialverträgliche Abwicklung des alpenüberquerenden Transitverkehrs die alles entscheidende Rolle. Der Beitritt kam erst zustande, nachdem im Protokoll Nr. 9 – über den Straßen- und Schienenverkehr sowie den kombinierten Verkehr in Österreich – zu den Beitrittsverhandlungen festgelegt wurde, unter welchen Bedingungen der Transitverkehr durch die Republik Österreich in Zukunft abgewickelt bzw. gestattet wird. Vorrangiges Ziel des Protokolls ist u.a. die Senkung der Stickoxid-Gesamtemissionen von schweren Lastkraftwagen im Transit durch Österreich bis zum Jahre 2003 gegenüber 1992 um 60%. Dafür wird ein „Ökopunktesystem" vorgesehen. Innerhalb dieses Systems benötigt jeder Lkw im Transitverkehr durch Österreich eine Ökopunktezahl, die dem Wert der NO_x-Emissionen des jeweiligen Lkw gemäß „Conformity of Production" (COP-Wert) bzw. gemäß Betriebserlaubnis entspricht. Die Republik Österreich hat für die Jahre ab 1995 eine bestimmte Gesamt-Ökopunkteanzahl pro Jahr festgelegt, bis zu der sie Lkw-Transitverkehr erlaubt. Diese Gesamt-Ökopunkteanzahl wird unter den Mitgliedstaaten aufgeteilt. Das heißt, jedes Land hat ein bestimmtes Kontingent an Ökopunkten, bis zu denen es Lkw-Verkehr im Transit durch Österreich führen darf.

– Eine Volksabstimmung in der Schweiz am 27. September 1992 führte zum Votum für den Bau zweier über 50 km langer und äußerst kostspieliger Alpentunnel: des Gotthard- und Lötschberg-Basistunnels. Wesentliches Ziel dieser Alpentransversalen ist ebenfalls, den Transitverkehr umweltfreundlich und für die Bürger erträglich abwickeln zu können. Der schweizerische Bundesrat hat am 12. September 1994 eine Erklärung zur Umsetzung der „Alpeninitiative" abgegeben, nach der innerhalb von zehn Jahren der Transitgüterverkehr durch die Schweiz von der Straße auf die Schiene verlegt werden soll.

– In der europäischen Verkehrspolitik spielt der Bau und Ausbau eines europaweiten Hochgeschwindigkeitsschienennetzes eine herausragende Rolle. 12 000 km Neubaustrecken und 11 000 km Ausbaustrecken mit einem finanziellen Gesamtaufwand von ca. 200 Milliarden Ecu (= ca. 400 Milliarden DM) befinden sich nicht nur in einer akademischen Diskussion, sondern sind zum Teil bereits fertiggestellt und zum Teil im Bau. Der 1994 in Betrieb gegangene Tunnel unter dem Ärmelkanal und die Alpentransversalen sind Teil dieses Netzes.

– Im Bundeshaushalt 1994 und 1995 ist der Verkehrsetat mit 53,1 bzw. 53,6 Milliarden DM zwar „nur" der drittgrößte Einzelposten, aber mit 26,2 bzw. 26,7 Milliarden DM der größte Investitionsposten. Erstmalig liegen dabei 1994 die Investitionen in das Schienennetz (10,1 Milliarden DM) höher als diejenigen in das Straßennetz (8,8 Milliarden DM).

– Bei den Projekten Deutsche Einheit, die nach der Wiedervereinigung Deutschlands zur Wiederherstellung der vorher fast völlig unterbrochenen Ost-West-Verbindungen aufgelegt wurden, handelt es sich um neun Schienenfernverkehrs- und sieben Autobahnprojekte. Erstmalig wird hier der Schienenausbau von Anfang an nicht nur im zeitlichen Gleichklang mit dem Straßenbau vollzogen, sondern auch noch mit einer größeren Zahl von Verbindungen.

– Die Verkehrsprognosen sagen bis zum Jahre 2010 eine Steigerung des Personenverkehrs (Pkm) um 32% und des Güterverkehrs (tkm) um 77% gegenüber dem Status quo 1988 voraus. Im Transitverkehr durch Deutschland soll sich aufgrund der Prognosen der Güterverkehr verdoppeln, beim Personenverkehr wird sogar eine Verdreifachung erwartet. Politiker und Verkehrsexperten sind sich einig, daß dies zum absoluten Chaos auf unseren Autobahnen und Straßen führt, wenn es nicht gelingt, einen großen Teil dieses zusätzlichen Verkehrs auf die Schiene zu verlagern.

– Die ständig zunehmende CO_2-Konzentration in der Atmosphäre ist besonders gefährlich, da sie maßgeblich zum „Treibhauseffekt", der eine Temperaturerhöhung auf der Erde bedeutet, beiträgt. Die deutsche Bundesregierung hat sich deshalb zum Ziel gesetzt, bis 2005 den CO_2-Ausstoß um 25% zu verringern. Das geht aufgrund unabhängiger Untersuchungen (siehe vor allem Prognos: Wirksamkeit verschiedener Maßnahmen zur Reduktion der verkehrlichen CO_2-Emis-

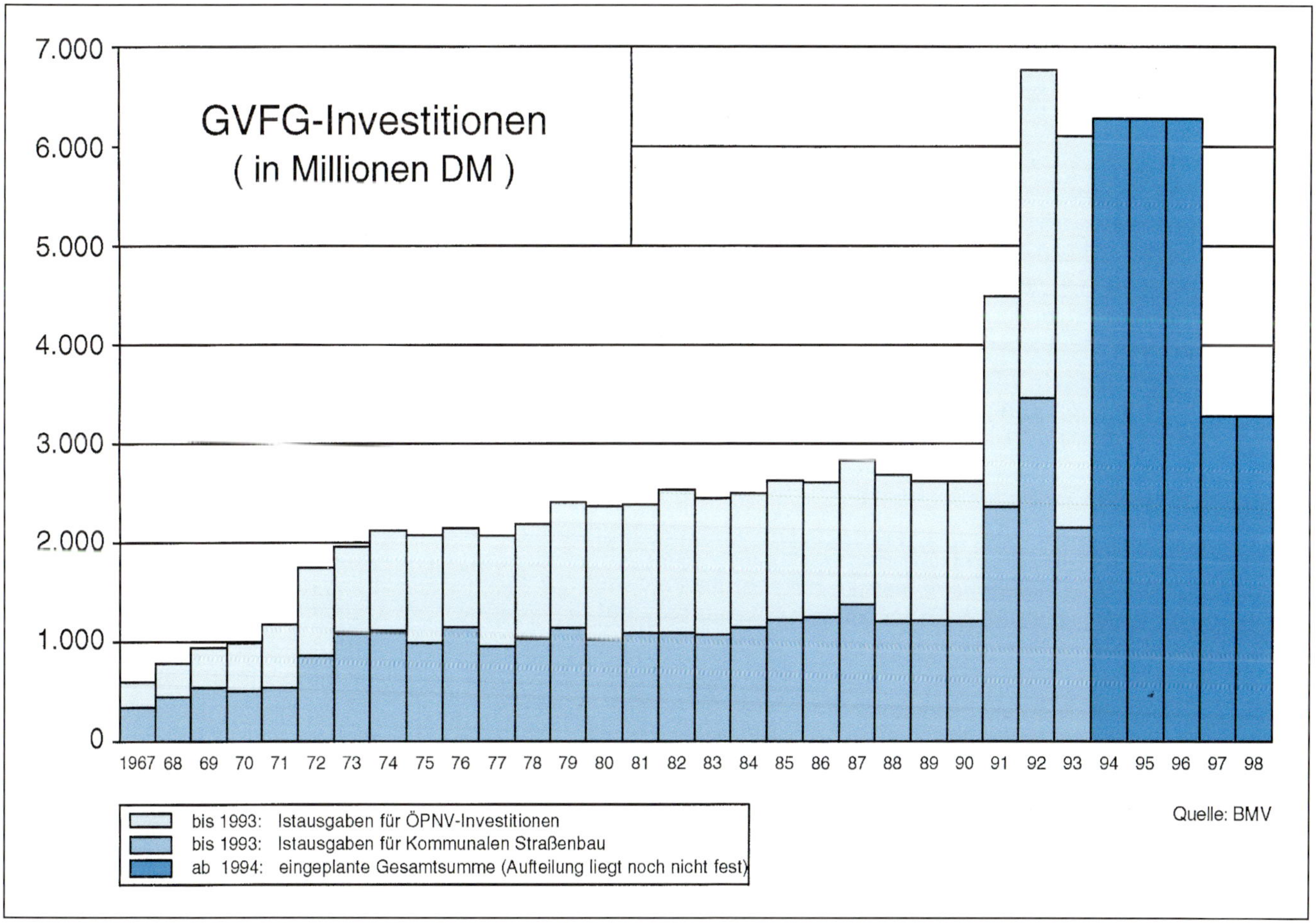

Bild 1: Bundesfinanzierungshilfen nach dem Gemeindefinanzierungsgesetz – GVFG – (einschließlich „Aufschwung Ost in den Jahren 1991 und 1992, aber ohne Komplementärmittel der Länder und Gemeinden)

sionen bis zum Jahr 2005, Untersuchung im Auftrag des Bundesministers für Verkehr, Bonn, FE-Nr. 90303/90) nur mit durchgreifenden Maßnahmen zur Verringerung des Individualverkehrs. Dieses bedeutet u. a.: Verkehrsvermeidung und Verkehrsverlagerungen auf den ÖPNV sowie den Schienengüterverkehr, wo immer dies möglich und durchsetzbar ist.

– Benzol (Abgasbestandteil) und Ozon (bildet sich bei intensiver Sonneneinstrahlung hauptsächlich aus den Auspuffgasen als den „Vorläuferstoffen") erweisen sich immer mehr als hauptsächliche Umweltbelastungen, und zwar nicht nur in großen Ballungsräumen, sondern auch in den Regionen sowie den ländlichen Bereichen. Im Juni 1994 wurde zur genauen Erforschung wirksamer Gegenmaßnahmen in Heilbronn und Neckarsulm ein Großversuch durchgeführt. Dieser hat u.a. gezeigt, daß lokale Maßnahmen die Problematik nicht lösen. Übergreifende gesetzliche Regelungen sind erforderlich. Angesichts der zunehmenden Umweltbelastungen und der ständig wachsenden Umweltsensibilität der Bevölkerung in Deutschland – vielleicht sogar in Europa – wurde eine bundesweite Ozonverordnung geschaffen, die ab bestimmter Grenzkonzentrationen (240 Mikrogramm pro Kubikmeter Luft) auch Verkehrsbeschränkungen in den Städten für Fahrzeuge ohne Katalysator vorsieht.

– Im Gemeindeverkehrsfinanzierungsgesetz, das der Verbesserung der Verkehrsverhältnisse der Gemeinden dient und Investitionen in den kommunalen Straßenbau sowie den ÖPNV fördert, hat sich seit Beginn der Förderung im Jahre 1967 das Fördervolumen deutlich zugunsten des ÖPNV verschoben (Bild 1). Die Finanzmittel insgesamt haben sich in den 90er Jahren gegenüber den 80er Jahren fast verdreifacht. In diesem Zusammenhang ist besonders bemerkenswert, daß der Bundesfinanzminister im Jahre 1991 zur Durchsetzung des Haushaltsbegleitgesetzes eine Erhöhung der Fördermittel für den ÖPNV um jährlich drei Milliarden DM im Vermittlungsausschuß anbot und sich dies auch durchsetzte.

– Bürgerbefragungen in den Städten haben 1993 zu dem Ergebnis geführt, daß 80 von 100 Befragten den Verkehr für das größte kommunale Problem der Gegenwart und Zukunft halten. Konsequenterweise sind 80 bis 90% auch der Ansicht, daß dem ÖPNV-Ausbau Vorrang vor Ausbaumaßnahmen für den motorisierten Individualverkehr gebührt, und zwar selbst dann, wenn dies zu Lasten des Individualverkehrs geht.

Die Ziele für die Zukunft

Diese Beispiele ließen sich fortsetzen. Sie belegen eigentlich zweierlei:

1. Mobilität hat zweifellos eine Schlüsselfunktion in einer hochentwickelten Wirtschaft, und zwar für Personen wie für Güter. Fast wird sie schon als ein selbstverständliches Grundrecht des Bürgers angesehen und die Forderung nach „uneingeschränkter Mobilität für alle" postuliert. Wer daran zu rütteln wagt, dem droht von interessierter Seite der Vorwurf, sich selbst und unser Wirtschaftssystem in Frage zu stellen.

2. Mobilität läßt sich auf verschiedenartige Weise gewährleisten und sichern. Niemand bezweifelt, daß dabei der motorisierte Individualverkehr jetzt und in Zukunft eine bedeutende Rolle spielen wird. Aber wenn es uns angesichts der sich ständig steigernden Nachfrage nach Verkehrsleistungen in Zukunft nicht gelingt, einen großen Anteil des Verkehrs mit umweltfreundlichen Verkehrsmitteln – wie z. B. dem ÖPNV und der Schiene – abzuwickeln, dann werden wir im vielzitierten „Verkehrsinfarkt" enden. Dabei darf auch die Frage nach Verkehrsvermeidung und Verkehrsverlagerung kein Tabu sein. Wenn Parkplatzsuchverkehr heute zu bestimmten Zeiten 40 bis 50% des Gesamtverkehrs in den Städten ausmacht und

wenn es „normal“ ist, wenn Lkw nur in einer Richtung beladen aber in der Gegenrichtung leer fahren, dann dürfen doch keine technischen und organisatorischen Maßnahmen unversucht bleiben, dies zu „vermeiden“.

Oder wer kann angesichts der heute bereits bestehenden Verkehrs- und Umweltproblematik in Stadt und Region eigentlich dagegen sein, darauf hinzuwirken, daß vom Auto vernünftiger Gebrauch als bisher gemacht wird und Fahrten mit nicht unbedingt notwendiger Autonutzung auf den ÖPNV „verlagert“ werden.

Oder müssen bei einer technisch und wirtschaftlich optimierten Arbeitsteilung Gütertransporte von einem Werk zum anderen unbedingt die Straßen belasten, anstatt vorhandene Schienenanschlüsse zu benutzen - also „verlagert“ werden.

Es stimmt optimistisch, daß auch die Automobilindustrie die Zeichen der Zeit mehr und mehr erkannt hat und sich im Rahmen eines kooperativen Verkehrsmanagements nicht nur für eine Beteiligung, sondern auch für eine Stärkung des öffentlichen Personennahverkehrs ausspricht. Natürlich geschieht dies in der Erkenntnis, daß nur „fahrende“ und nicht „stehende“ Autos zu verkaufen sind. Dennoch liegt auch darin ein Schlüssel zur Lösung: Kein Verkehrsträger kann nämlich allein die Verkehrsprobleme der Zukunft lösen. Nur im koordinierten und optimierten Zusammenwirken der Verkehrsträger läßt sich die vorhandene und nur sehr begrenzt erweiterbare Verkehrsinfrastruktur optimal nutzen, unter gleichzeitiger Beachtung einer umwelt- und sozialverträglichen Verkehrsabwicklung. Das kann allerdings nicht bedeuten, alles parallel auszubauen, sondern das muß bedeuten: In bestimmten Bereichen und zu bestimmten Zeiten Prioritäten zugunsten des ÖPNV zu setzen. Die Innenstädte sind dabei anders zu behandeln als die Regionen und die Fläche; an verkaufsoffenen Tagen oder zu Messezeiten gibt es andere Prioritäten als beispielsweise an einem normalen Wochenende und das gleiche gilt für Zeiten hoher Luftbelastung im Vergleich zur „Normalsituation“. Wenn der ÖPNV gut ausgebaut ist, wenn er Kapazitätsreserven besitzt und wenn Telematik so eingesetzt und gestaltet wird, daß sie den Entscheidungsträgern hierfür die situationsangepaßten Steuerungsinstrumente an die Hand gibt, dann könnte hierin ein wichtiger Schlüssel für die Zukunft des Verkehrs liegen. Fehlgenutzt ist Telematik demgegenüber dann, wenn sie ausschließlich autoorientiert ist und nur dazu dient, noch mehr Individualverkehr in die Städte zu bringen, wobei der ÖPNV dann die (Alibi-) Funktion des „Überlaufgefäßes“ besitzt. Das wäre weder sinnvoll noch bezahlbar.

Mit den Erkenntnissen der Vergangenheit die Zukunft gestalten

Aus der Chance, die der gewachsene Stellenwert bietet, und den klaren Zielen erwachsen die Aufgaben des VDV und seiner Mitgliedsunternehmen. Sie waren niemals zuvor größer, aber auch niemals schwieriger. Diese Feststellung verkennt nicht die Probleme und Schwierigkeiten nach den Weltkriegen und die großen Leistungen unserer Vorgänger, die zu diesen Zeiten erbracht wurden. Aber immerhin konnte es damals aus dem totalen Chaos der kriegsbedingten Zerstörungen nur aufwärts gehen. In der heutigen Welt, in der nahozu alles in Frage gestellt wird oder zumindest alles im Umbruch ist und in der die Forderungen und Erwartungen immer höher werden, ohne daß mehr Geld zur Verfügung steht, ist auch die Möglichkeit der Verschlechterung oder gar des Scheiterns impliziert. Um dies so weitgehend wie möglich zu verhindern, ist es sinnvoll, die richtigen Schlüsse aus den Erkenntnissen der 100jährigen Verbandsgeschichte zu ziehen, und zwar nicht vor dem Hintergrund von Wunschträumen, sondern von „facts and figures". Allerdings hat es sich als äußerst schwierig erwiesen, vergleichbares Datenmaterial über einen so langen Zeitraum zu beschaffen.

Drei Daten haben sich dabei für die Entwicklung der Branche ÖPNV als von herausragender Bedeutung erwiesen: die Bevölkerungszahl, die Erwerbstätigen- bzw. Arbeitslosenzahl und die Zahl der Pkw:

– Welchen Schwankungen allein die *Bevölkerungszahl*, vor allem

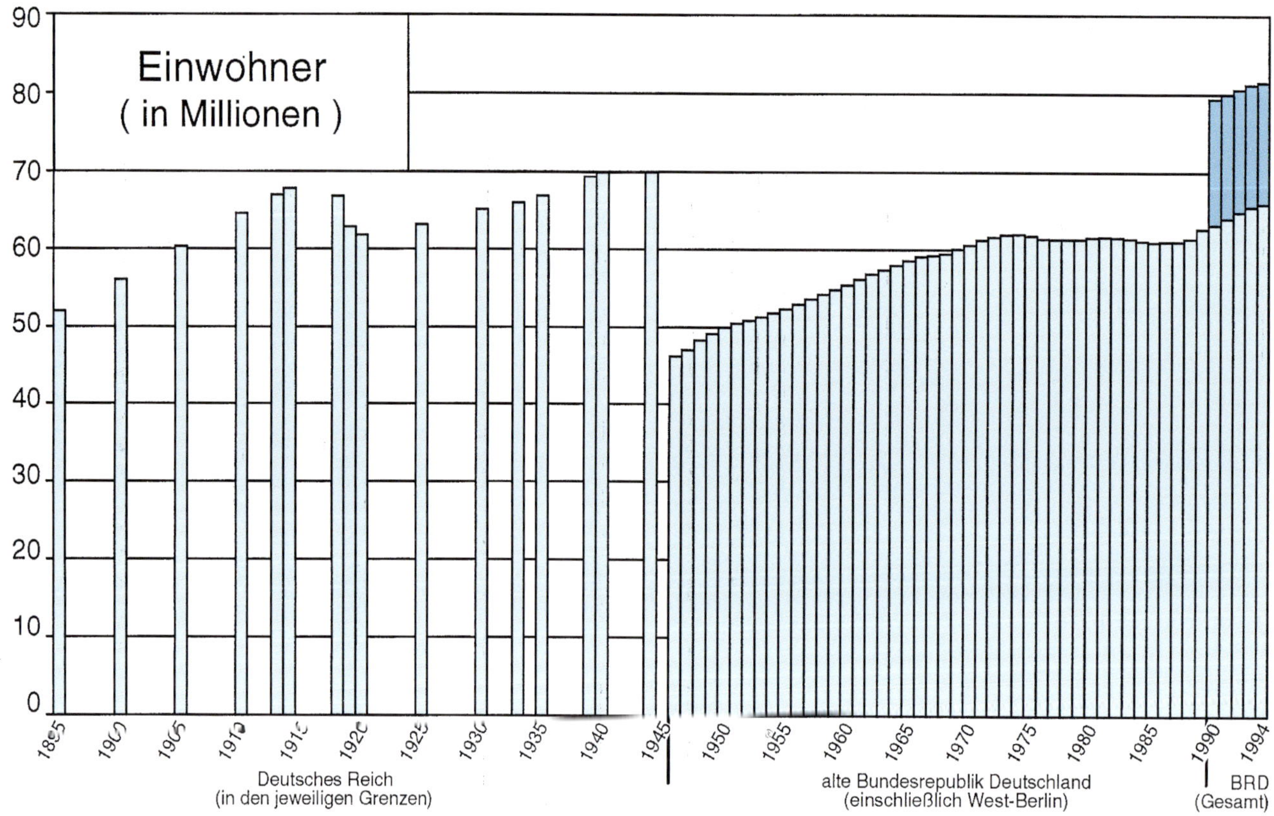

Die Daten beziehen sich
1895 bis 1944 auf das Deutsche Reichsgebiet in den jeweiligen Grenzen;
1946 bis 1989 auf die Bundesrepublik Deutschland;
ab 1990 auf Gesamtdeutschland (alte und neue Bundesländer).

Datengrundlage:
1970 Ergebnis der Volkszählung am 27.05.1970, bis 1986 deren Fortschreibung;
1987 Ergebnis der Volkszählung von 1987, danach deren Fortschreibung.

Bild 2: Entwicklung der Bevölkerung in Deutschland in den vom VDV bzw. dessen Vorgängerorganisationen VÖV und BDE abgedeckten Gebieten

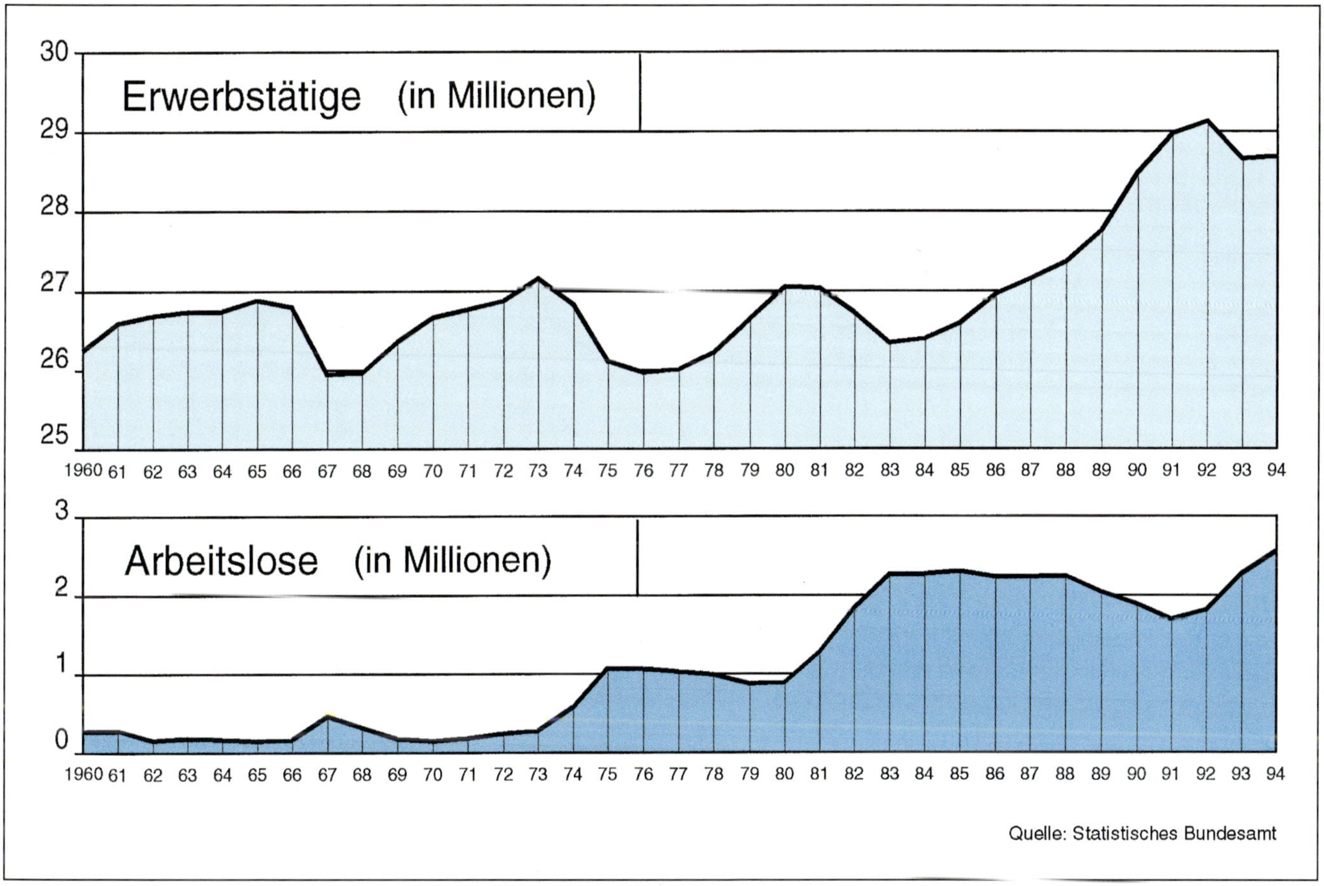

Bild 3: Entwicklung des Arbeitsmarktes in Westdeutschland 1960 bis 1994

bedingt durch Kriege und Teilung, ausgesetzt war, zeigt Bild 2 sehr anschaulich. Von knapp 70 Millionen Einwohnern im alten Reichsgebiet zu Beginn des 2. Weltkriegs hat ein Abfall auf etwa 46 Millionen im Gebiet der späteren Bundesrepublik Deutschland im Jahre 1946 stattgefunden; dem dann einsetzenden steilen Anstieg auf maximal 62 Millionen (bis 1974) folgte eine 14jährige Stagnation, ehe es ab 1989 wieder deutlich aufwärts ging (im Gebiet der alten Bundesrepublik Deutschland bis auf 66 Millionen in 1993). Die neuen Bundesländer brachten 1990 etwa 16 Millionen Einwohner in das neue Gesamtdeutschland ein; seitdem sinkt in den neuen Bundesländern jedoch die Bevölkerungszahl kontinuierlich ab. Dennoch: mit über 81 Millionen hat das neue Gesamtdeutschland wesentlich mehr Einwohner als das flächenmäßig größere frühere alte Reichsgebiet.

– Die Zahl der *Erwerbstätigen* bzw. Arbeitslosen (Bild 3) stellt einen wesentlichen Konjunkturmaßstab dar. Erwerbstätige sind potentielle Kunden für den im ÖPNV sehr dominanten Sektor des Berufsverkehrs; Arbeitslose hingegen gehen Bussen und Bahnen sehr weitgehend als (Dauer-)Kunden verloren. So zeigt denn auch ein Vergleich der Zahl der Erwerbstätigen (Bild 3) mit der Zahl der ÖPNV-Fahrgäste (Bild 5) im Zeitraum von

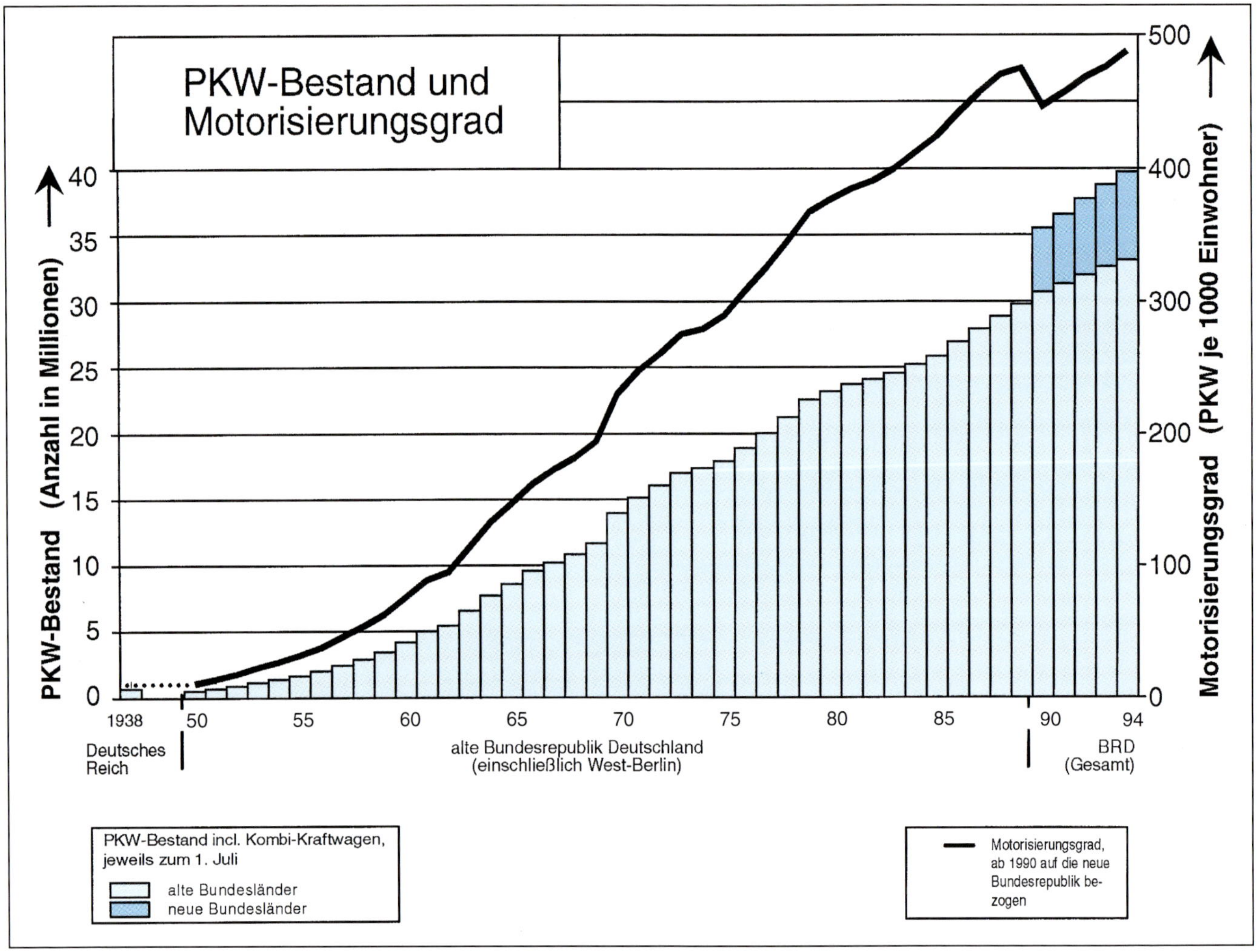

Bild 4: Entwicklung des PKW-Bestandes und des Motorisierungsgrads in Deutschland

1960 bis 1994 eine sehr ähnliche Charakteristik im Verlauf und macht damit die Enge der Abhängigkeit deutlich.

– Der *Pkw-Bestand* (Bild 4) startete 1951 im Gebiet der Bundesrepublik Deutschland etwa mit der Zahl des Jahres 1938 im alten Reichsgebiet, und zwar mit ca. 700 000. Dann jedoch erfolgte eine beispiellose Aufwärtsentwicklung, die sich in den alten Bundesländern in zwei Phasen einteilen läßt: mit steilem Anstieg bis 1969/70 auf etwa 14 Millionen Fahrzeuge; seitdem mit zwar abgeflachtem, aber immer noch ausgeprägtem Anstieg auf ca. 33 Millionen (1994). Die Entwicklung vollzieht sich hin zu einer (noch nicht genau definierten) Sättigungsgrenze. Als Anhaltspunkte für diese mag dienen, daß in einem fast „vollmotorisierten“ Land wie den USA der Motorisierungsgrad bei 560 Pkw/1.000 Einwohner liegt, während dieser 1994 in den alten Bundesländern 502 Pkw/

1000 Einwohner und in den neuen Bundesländern 430 Pkw/1000 Einwohner betrug. Außerdem wird aus Bild 4 deutlich, daß sich der Steilanstieg der Motorisierung, der sich in Westdeutschland über fast 20 Jahre vollzog, in den neuen Bundesländern z.Z. in wenigen Jahren nachgeholt wird (Anstieg von fünf Millionen 1990 auf ca. 6,7 Millionen 1994), mit allen daraus erwachsenden Konsequenzen, weil der Infrastrukturausbau nicht nachfolgen kann.

Vor allem die Zahl der *Fahrgäste im ÖPNV* wird durch diese Entwicklungen nachhaltig geprägt. Aus Bild 5 ist eine gewisse Ähnlichkeit mit dem Verlauf der Bevölkerungszahl zu erkennen, vor allem was die kriegs- und konjukturbedingten (Mitte der 70er und 80er Jahre) Einbrüche anbelangt, wobei letztere meist mit einer „Phasenverschiebung“ von ein bis zwei Jahren eintreten. Bemerkenswert ist, daß die Zunahme der Pkw-Zahlen in den

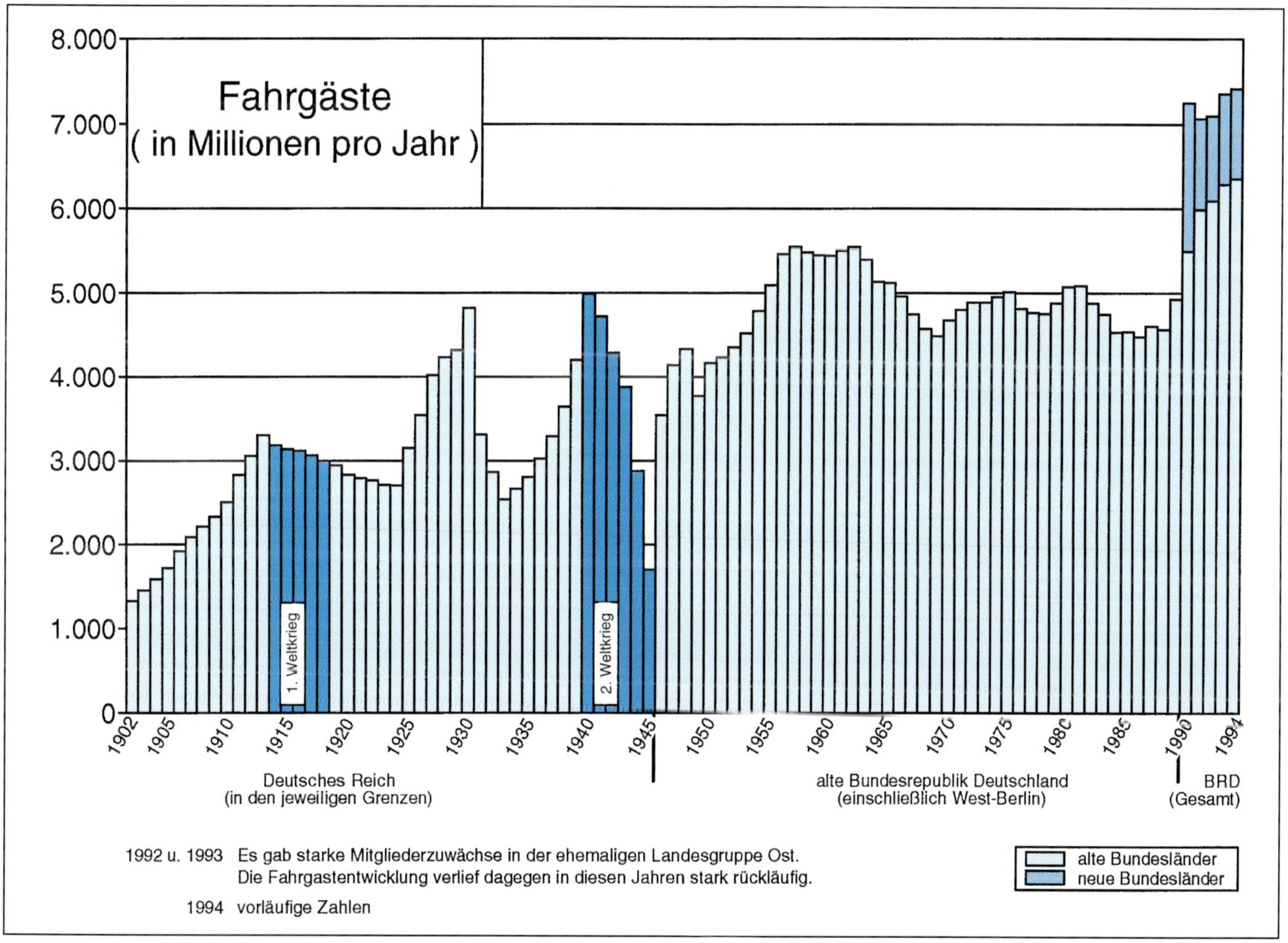

Bild 5: Entwicklung der Zahl der Fahrgäste in den VDV-Unternehmen bzw. Vorgängerorganisationen VÖV und BDE (aber jeweils ohne SPNV der DB/DR, der 1994 ca. 1,38 Milliarden Fahrgäste beförderte)

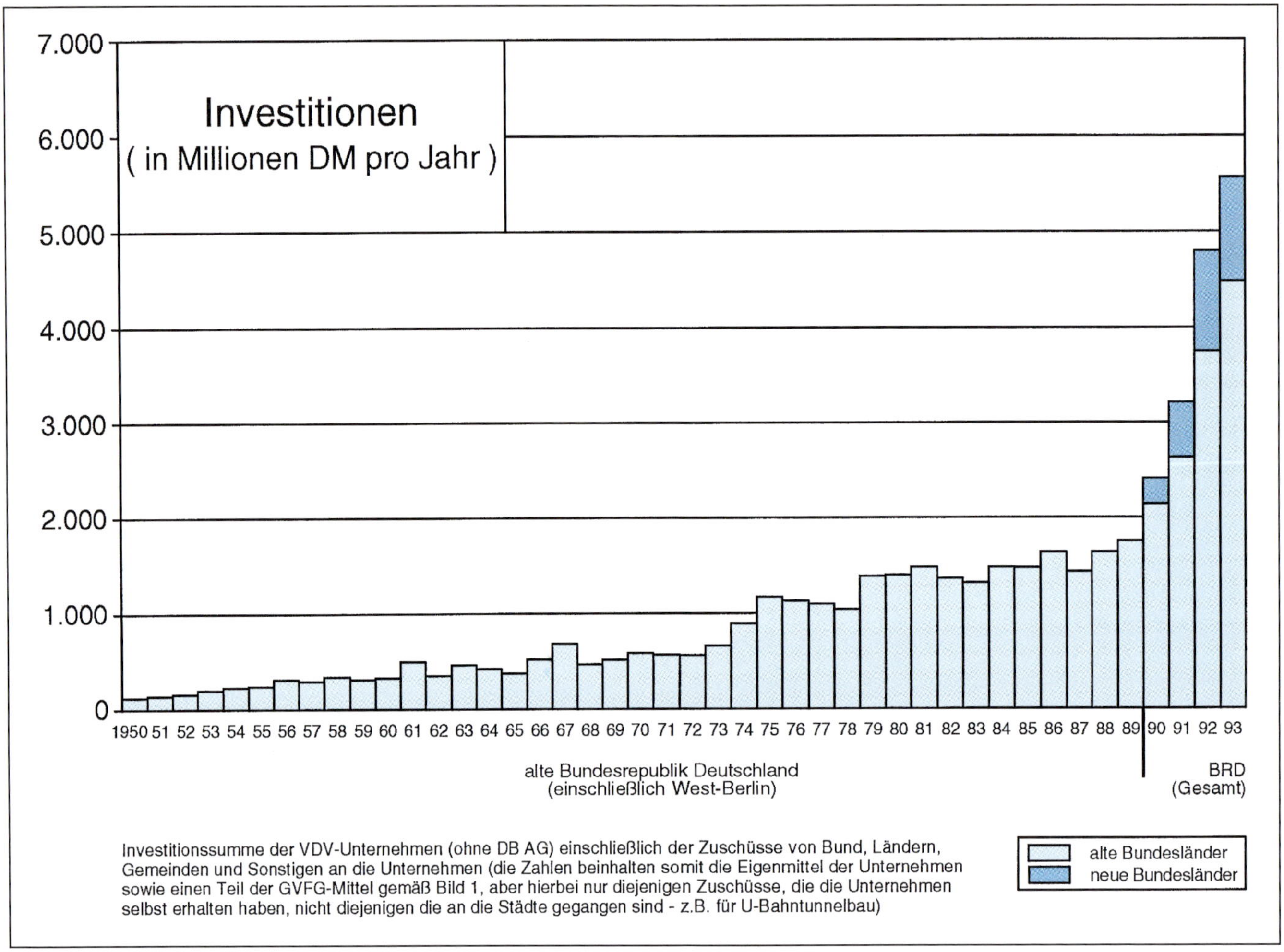

Bild 6: Investitionen in den VDV-Unternehmen bzw. Vorgängerorganisation VÖV

50er Jahren sich noch nicht auf die ÖPNV-Nachfrage auswirkt, sondern vom allgemeinen Mobilitätswachstum überdeckt wird; erst ab 1963 werden die Rückwirkungen auf die Fahrgastzahlen bei Bussen und Bahnen deutlich, ehe zu Beginn der 70er Jahre das „Auffangen" der nachteiligen Entwicklungen vor allem in den großen Ballungsräumen beginnt. Das ist besonders darauf zurückzuführen, daß die seit Ende der 60er Jahre stark wachsenden ÖPNV-Investitionen (s. Bild 6 Investitionen der VDV-Unternehmen und Bild 1 GVFG-Investitionen) Wirkung zeigen. Im heutigen Gesamtdeutschland (alte und neue Bundesländer) liegen die Fahrgastzahlen um 2,4 Milliarden (bzw. fast 50%) höher als der Höchstwert im alten Reichsgebiet 1940.

Die *Investitionstätigkeit* in den ÖPNV, die in den alten Bundesländern gegenüber dem Straßenbau mit fast 20jähriger Verspätung begann, gehört zu den bedeutendsten richtungweisenden Entscheidungen. Mit ihr gelang es nicht nur den starken Abwärtstrend der 60er Jahre zu stoppen, sondern auch – trotz des weiterhin erheblichen Pkw-Anstiegs – die Fahrgastzahlen auf hohem Niveau zu stabilisieren und sogar darüber hinaus erneut zu steigern. Wenn im Jahre 1994 in den alten Bundesländern 6,4 Milliarden Fahrgäste befördert wurden (ohne DB AG), so bedeutet dies nicht nur einen permanenten Anstieg seit 1988 um fast 20%, sondern auch, daß damit wieder das Höchstniveau von Anfang der 60er Jahre überschritten wurde. Das ist weltweit eine einmalige Leistung.

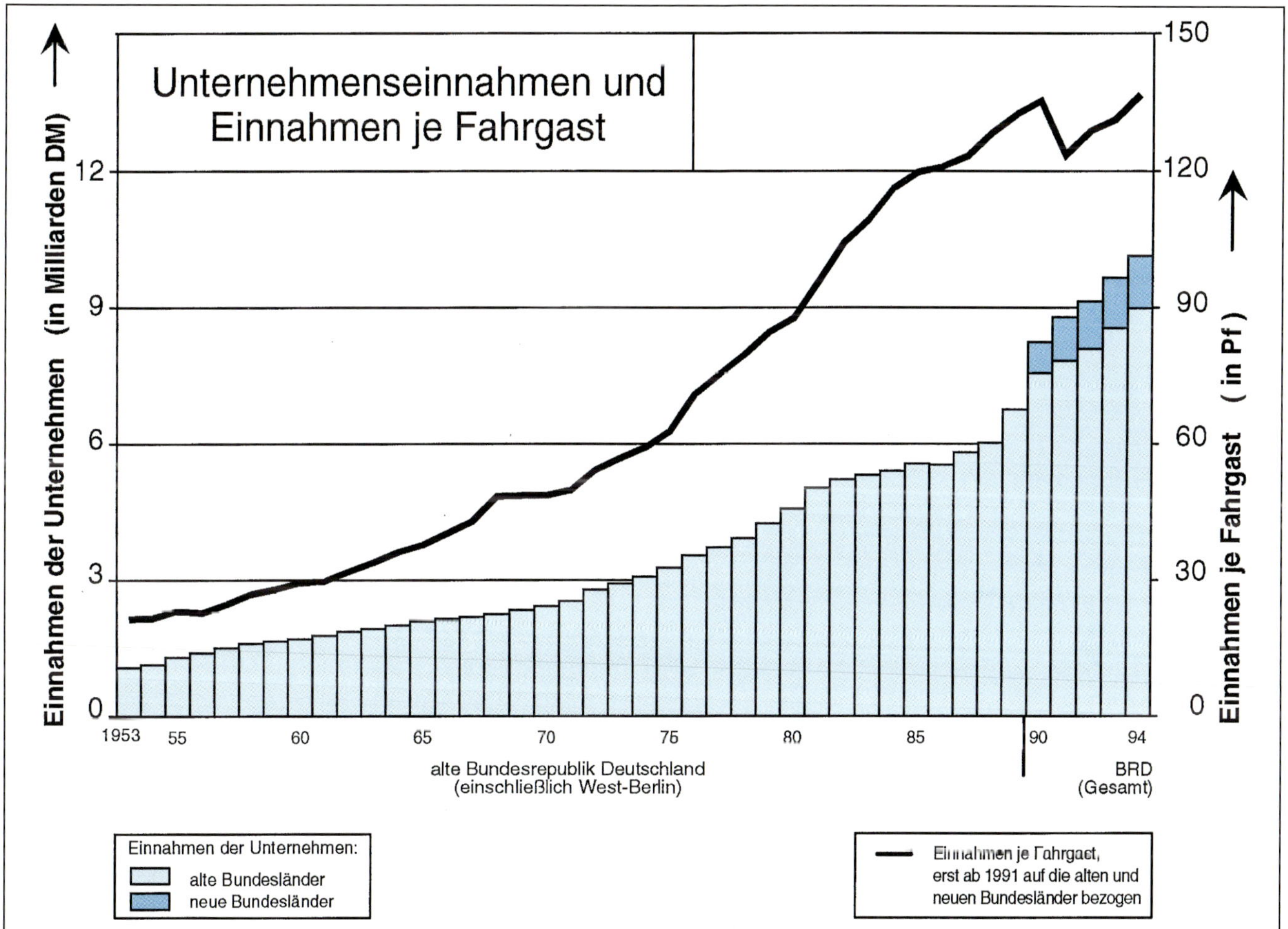

1989 Überproportionaler Anstieg der Einnahmen durch Beitritt der BBG-Gesellschaften zum VDV.
1994 vorläufige Zahlen

Es wurden nur 20% des Busverkehrs des ehemaligen BDE in die Berechnung einbezogen, da es sich bei dem Rest um Doppelmitglieder VÖV / BDE handelte. Beim BDE existieren jedoch nur Daten aus den Jahren 1953 bis 1956, 1958 und ab 1980.

Bild 7: Entwicklung der Einnahmen im Personenverkehr in den VDV-Unternehmen bzw. Vorgängerorganisationen VÖV und BDE (aber jeweils ohne SPNV der DB/DR, der 1994 ca. 3,3 Milliarden DM Einnahmen verbuchte)

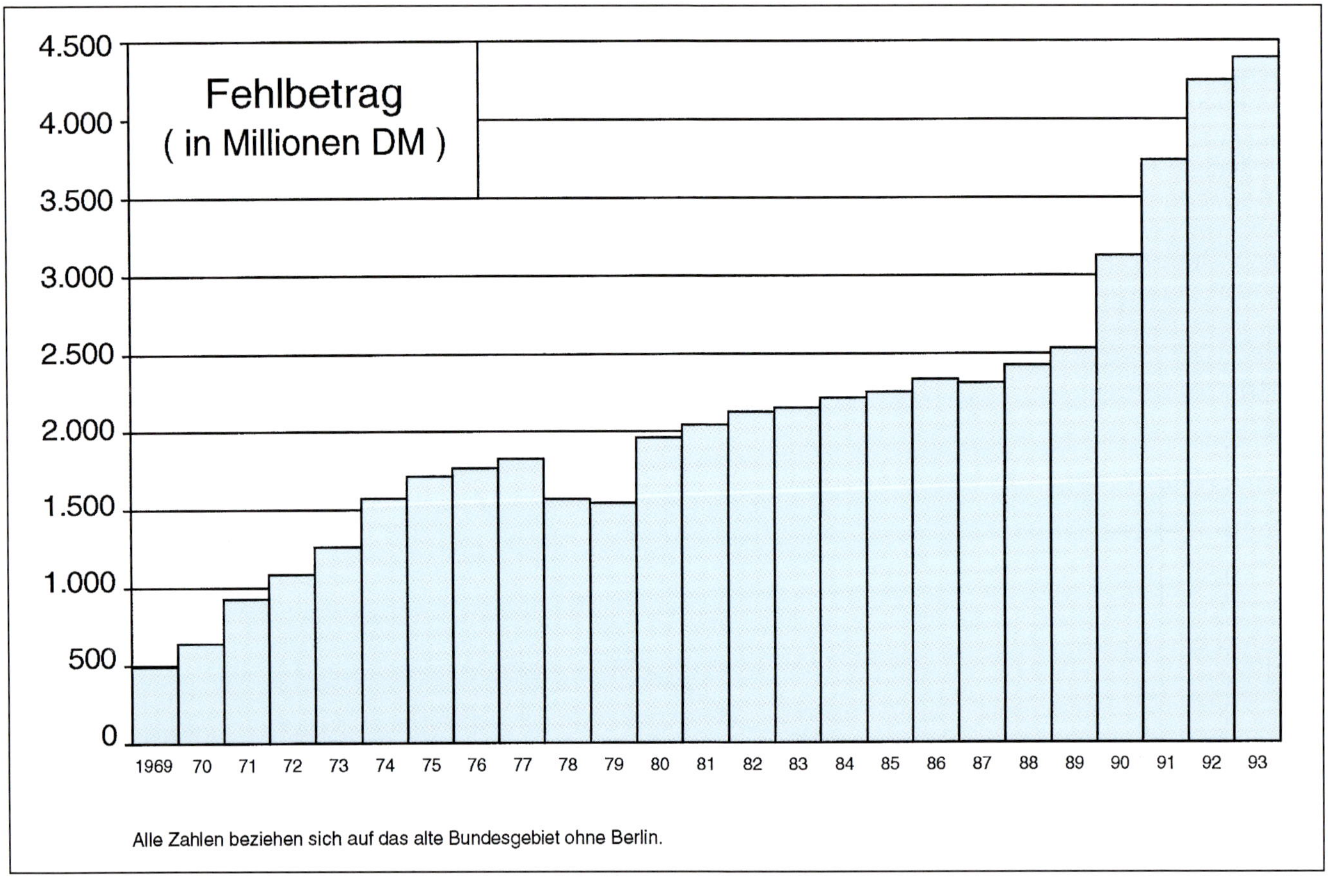

Bild 8: Entwicklung der Kostenunterdeckung in den VDV-Unternehmen bzw. Vorgängerorganisation VÖV (ohne DB/DR)

Von überragender Bedeutung war daher, daß in den neuen Bundesländern die Investitionen in den ÖPNV und in die Schiene durch Beteiligung dieser Länder am Gemeindeverkehrsfinanzierungsgesetz (GVFG) von vornherein erfolgt sind. Die Konsequenzen werden jetzt bereits deutlich: Nach starkem Rückgang der Fahrgastzahlen zwischen 1990 und 1993 ist seit 1994 bereits wieder ein Anstieg eingetreten. Wenn die Investitionen beibehalten werden, kann manche der nachteiligen Entwicklungen in den westdeutschen Städten dort vermieden werden.

Eine stetige Aufwärtsentwicklung weisen die *Einnahmen* der Verkehrsunternehmen in den alten Bundesländern seit Beginn der 50er-Jahre auf (Bild 7): zunächst zwischen 1953 und 1971 mit flachem Anstieg (in 18 Jahren Steigerung von 1,0 auf 2,5 Milliarden DM/Jahr); sodann zwischen 1972 und 1989 mit insgesamt steilerem Anstieg (in weiteren 18 Jahren Steigerung von 2,5 auf 6,7 Milliarden DM/Jahr), obwohl die Einnahmenentwicklung Mitte der 80er Jahre wegen der dortigen Fahrgastrückgänge etwas verhaltener verläuft. Eine ähnliche Entwicklung zeigen auch die Einnahmen pro Fahrgast, die von ca. 0,20 DM/Fahrgast in 1950 kontinuierlich auf 1,35 DM/Fahrgast im Jahre 1990 in den alten Bundesländern gesteigert wurden (Bild 7). Daraus wird deutlich, in welchem Maße die Verkehrsunternehmen bemüht waren, durch Steigerung der Einnahmen die wirtschaftliche Entwicklung „im Griff“ zu behalten. Wenn dies vollständig dennoch nur bis 1968 gelungen ist, so hat das vielfältige Gründe: Die zunehmenden Verkehrsstaus auf den Straßen, die dadurch bedingte Erhöhung der Umlaufzeiten der öffentlichen Verkehrsmittel, das höhere Fahrzeugangebot, die Preissteigerungen, die hohen Lohntarife, der sich durch hochwertige Technik und unterirdische Führung verteuernde Betrieb der Schienenverkehrsmittel, die begrenzte Belastbarkeit des Fahrgastes mit hohen Tarifen, die politisch gewollte Niedrigpreispolitik usw. usw. Das alles schlägt sich in kontinuierlich steigenden Kostenunterdeckungen nieder (Bild 8), überproportional ansteigend vor allem durch die deutlich gestiegenen Fahrgastzahlen in den

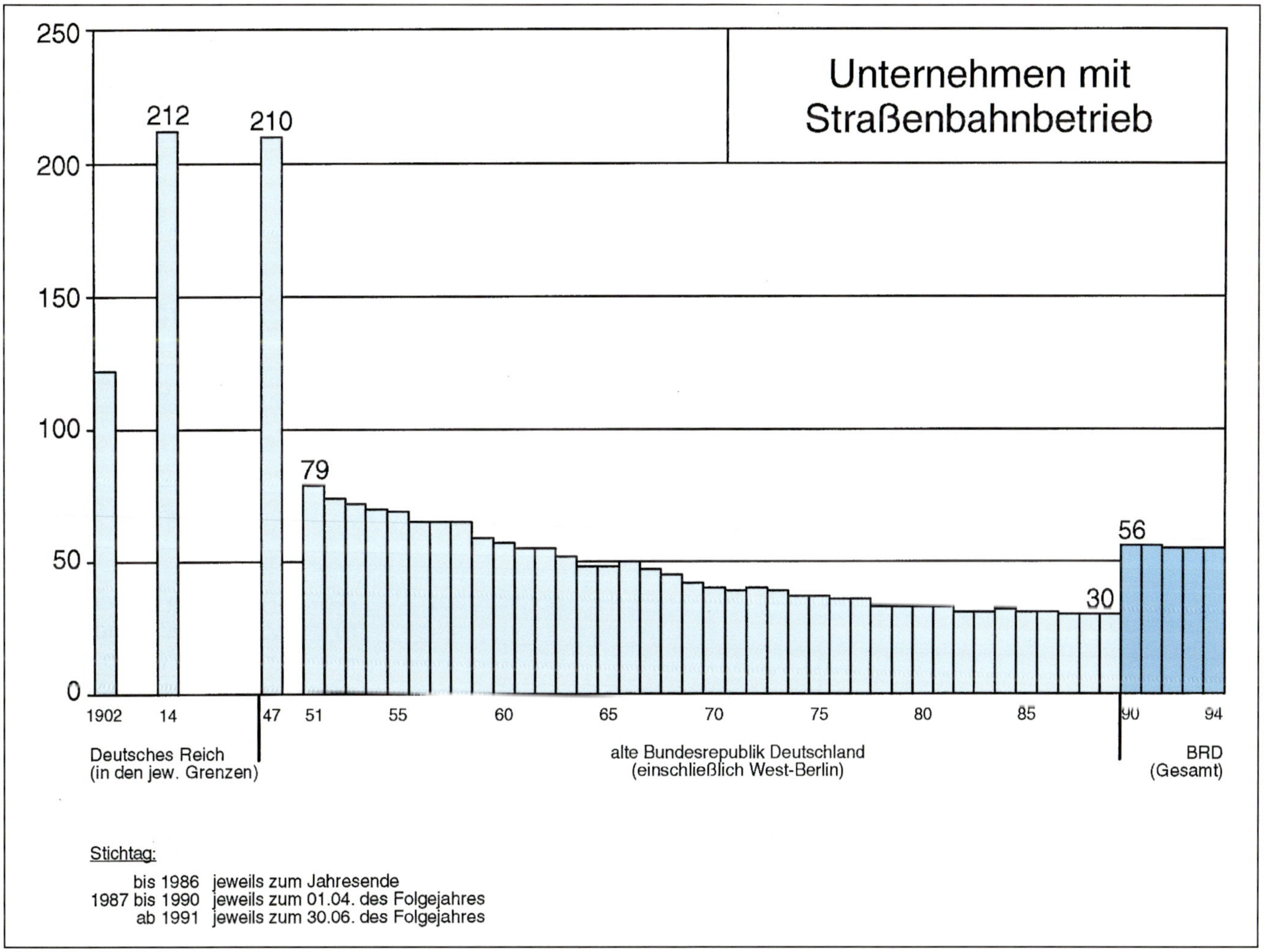

Bild 9: Entwicklung der Anzahl der Mitgliedsunternehmen mit Straßenbahnbetrieb im VDV bzw. Vorgängerorganisation VÖV

90er Jahren, die ein stark erhöhtes Angebot erforderlich machten. Sie haben 1994/95 die Grenze der Belastbarkeit der Städte als den Eigentümern der meisten Verkehrsunternehmen erreicht. Umsteuern – möglichst ohne Qualitätseinbußen – ist eine der wichtigsten Aufgaben der Zukunft, wenn der ÖPNV nicht unbezahlbar werden soll. Völlig identisch ist die diesbezügliche Entwicklung in den neuen Bundesländern, wo in kurzer Zeit der Kostendeckungsgrad von ca. 20% 1990 auf immerhin bereits ca. 48% 1994 angehoben werden konnte (alte Bundesländer 1994 ca. 63%). Diese niedrigeren Kostendeckungsgrade sind der Grund dafür, daß in Bild 7 die Einnahmen je Fahrgast 1991 in Gesamtdeutschland etwas absinken, allerdings 1994

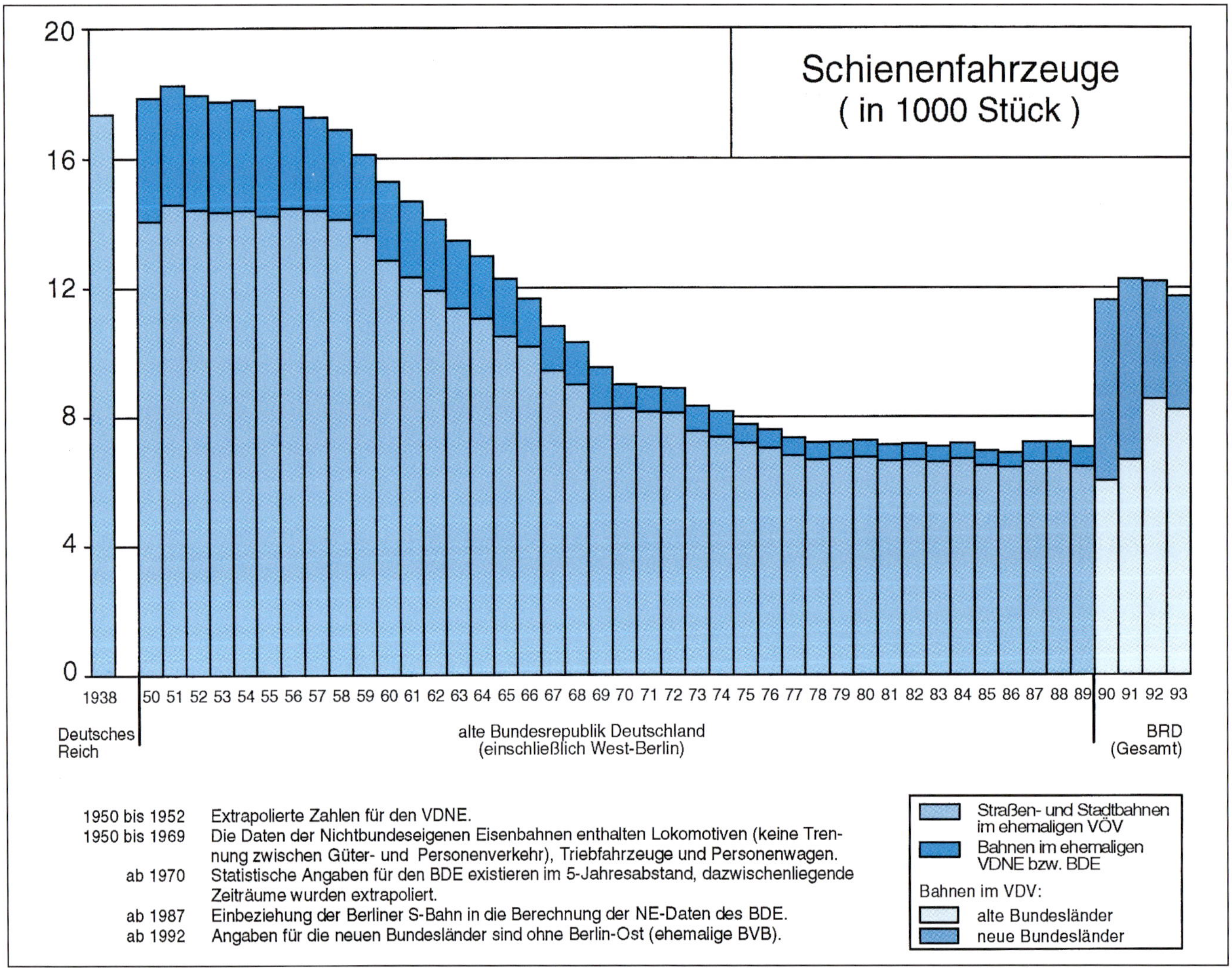

Bild 10: Entwicklung des Schienen-Fahrzeugbestandes in den VDV-Unternehmen bzw. Vorgängerorganisationen VÖV und BDE (aber jeweils ohne SPNV der DB/DR)

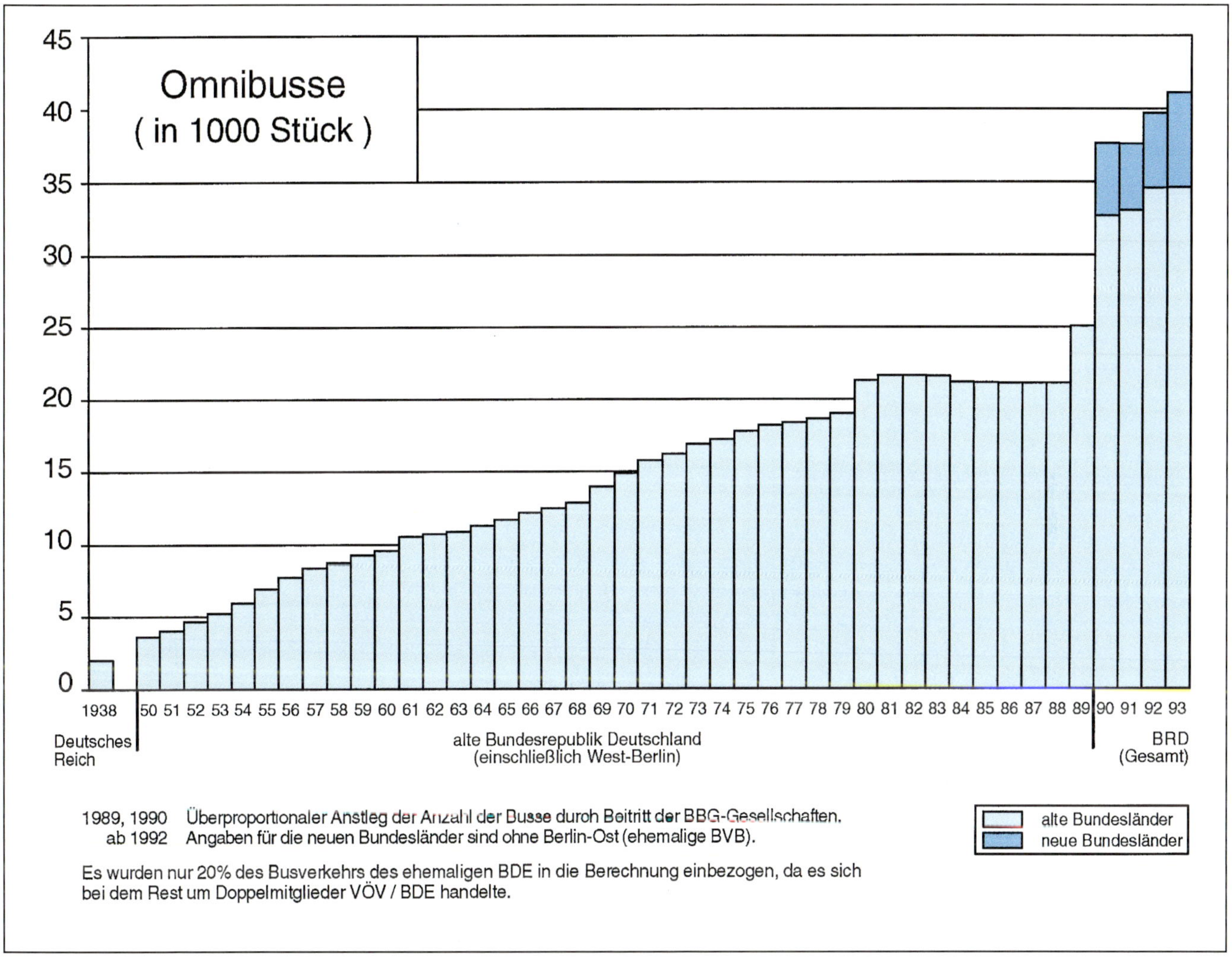

Bild 11: Entwicklung des Omnibus-Fahrzeugbestandes in den VDV-Unternehmen bzw. Vorgängerorganisationen VÖV und BDE

bereits wieder einen Wert von 137,1 Pf/Fahrgast erreichen.

Im Zusammenhang mit der wirtschaftlichen Entwicklung haben sich in den Jahren seit dem 2. Weltkrieg auch gravierende Veränderungen in der *Art des öffentlichen Verkehrsangebotes* durch die Verkehrsunternehmen vollzogen:

– Der Verband begann 1895 seine Tätigkeit als reiner Bahnverband. Dies wandelte sich mit der Entwicklung der Motorisierung: Gab es noch 1914 und 1947 im früheren Reichsgebiet etwa 210 Straßenbahnbetriebe mit über 17 000 Fahrzeugen, so startete bereits die alte Bundesrepublik Deutschland 1951 nur noch mit 79 derartigen Unternehmen und 14 000 Fahrzeugen. Diese wurden – vorwiegend aus wirtschaftlichen Gründen – bis 1978 auf 33 Straßenbahnunter-

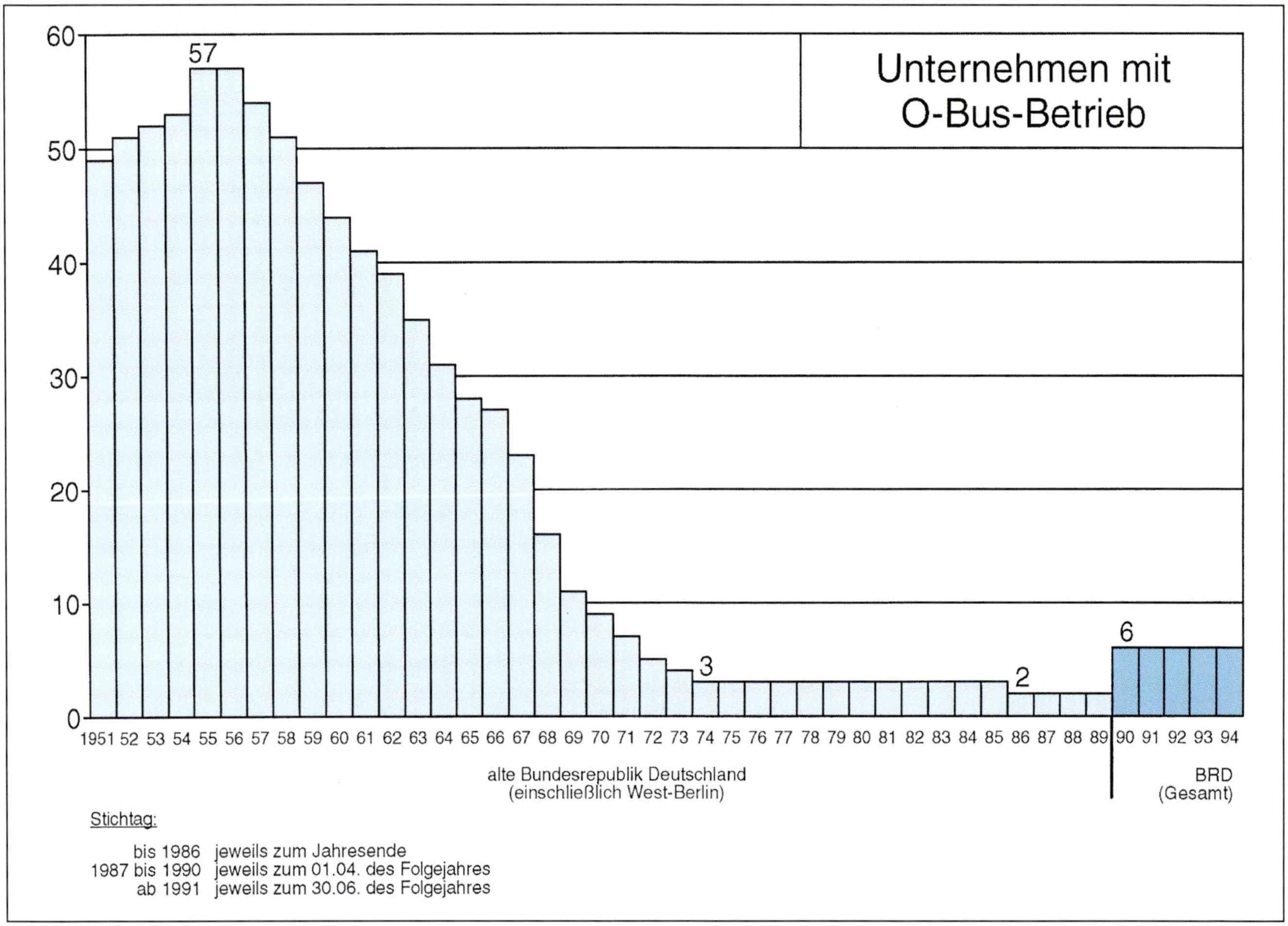

Bild 12: Entwicklung der Anzahl der Mitgliedsunternehmen mit O-Bus-Betrieb im VDV bzw. Vorgängerorganisation VÖV

nehmen abgebaut (1989 waren es noch 30). Erst durch die Vereinigung ist diese Zahl wieder auf 56 Straßenbahnunternehmen angestiegen (Bild 9).

Analog dazu entwickelte sich der Bestand der Schienenfahrzeuge (Bild 10). Der steile Abfall wird vor allem zwischen 1958 und 1978 deutlich, ehe dann durch das Wirksamwerden des Aufbaues der Stadt- und U-Bahnen eine Gegenentwicklung eintritt, die insgesamt zu einer Stabilisierung auf einem Niveau von ca. 6400 Fahrzeugen (davon ca. 2800 Straßenbahnen und 3600 U-/Stadtbahnen) stattfindet.

– Genau die gegenteilige Entwicklung durchläuft der Omnibusbereich (Bild 11). Parallel mit dem Abbau der Schienenfahrzeuge vollzieht sich der Aufbau einer gewaltigen Busflotte in den Verkehrsunternehmen. In den VÖV- und BDE-Unternehmen der alten Bundesländer steigerte sich die Zahl der Busse von ca. 4000 in 1951 auf ca. 21 000 in 1980 bzw. 25 000 in 1989 (incl. Bundesbusgesellschaften). Im Durchschnitt wurde also jedes stillgelegte Schienenfahrzeug durch zwei Busse ersetzt. Mitte der 90er Jahre betreiben die VDV-Unternehmen in Gesamtdeutschland mehr als 40 000 Busse; jedes Jahr werden ca. 4000 Busse neu beschafft (größtenteils Ersatzbeschaffung) davon ca. 3000 Stadtlinienbusse und davon wiederum ca. 80% in Niederflurausführung. Ein deutliches Zeichen für die durchgreifende Modernisierung des Fahrzeugparks und die technologische Entwicklungsrichtung der Zukunft.

– Nur eine relativ kurze Hochphase hatte der elektrisch betriebene *Oberleitungsbus* in der Nachkriegszeit bis 1956. Zu diesem Zeitpunkt betrieben 57 Unternehmen 1021 O-Busse. Dann jedoch erfolgte bis 1974 ein rasanter Abbau (Bild 12). In den alten Bundesländern blieben nur zwei O-Bus-Betriebe übrig; in den neuen Bundesländern gibt es noch vier weitere. Die starke Einschränkung der Flexibilität des Busbetriebes durch die Oberleitung sowie die hohen Investitions-, Unterhaltungs- und Fahrzeugkosten waren die Hauptgründe für den Abbau.

Insgesamt ist die dargestellte Abwärtsentwicklung im Schienenfahrzeugbereich aus Gründen der Attraktivität und der Umweltfreundlichkeit des öffentlichen Personennahverkehrs heute umstritten. Einige Städte beginnen sie sogar rückgängig zu machen. So wird z. B. in Berlin und München nach ursprünglicher Stillegungsabsicht die Straßenbahn wieder modern ausgebaut. Auch in Hamburg und Saarbrücken soll Straßenbahn-/Stadtbahn-Betrieb wieder neu eingeführt werden. Allgemein ist sogar weltweit eine Renaissance der Schienenfahrzeuge im ÖPNV zu beobachten, was nicht zuletzt auf die Entwicklung neuer, leichter Niederflurfahrzeuge und ihre stadtverträgliche Einpassung in das Stadtbild (niedrige Bahnsteighöhen) zurückzuführen ist.

Ein deutliches Maß für die wirtschaftliche Betriebsführung im ÖPNV ist die *Zahl der Beschäftigten* bezogen auf die jeweilige Leistung. Aus den Bildern 13 bis 15 lassen sich die folgenden Ergebnisse der Langzeitentwicklung ableiten:

– 1993 wird im Vergleich zu 1938 die 2,6-fache Wagen-km-Leistung mit weniger Personal erbracht. Die Beschäftigten pro 1 Million Wagen-km sinken von 158 (1938) auf 56 (1993).

– 1993 werden im Vergleich zu 1938 etwa die 2fache Zahl der Fahrgäste mit weniger Personal befördert. Die Beschäftigten pro 1 Million Fahrgäste sinken von 43 (1938) auf 20 (1993). Allerdings ist die Zahl seit 1962 nahozu konstant.

– 1993 werden im Vergleich zu 1962 (frühere Werte liegen nicht vor) die 1,8fache Personen-km-Leistung mit dem 1,2fachen Personal erbracht. Die Beschäftigten pro 1 Million Personen-km sanken von 4,5 (1962) auf 3,0 (1993).

Der Rationalisierungserfolg ist somit bezogen auf die Betriebsleistung (Wagen-km) mit einem Faktor von etwa 3 größer als im Hinblick auf die Verkehrsleistung (Fahrgäste bzw. Personen-km) mit einem Faktor von etwa 2. Durch Steigerung der Fahrgastzahlen ohne analoge Personalsteigerung muß hieran weiter gearbeitet werden.

Aus diesen Langzeitentwicklungen lassen sich für die Zukunft der Branche die folgenden Rückschlüsse ziehen:

– Der ÖPNV muß seine Qualitätsstandards weiter ausbauen und verbessern; nur dann lassen sich auch aus dem Kreis der jederzeit über einen Pkw verfügenden Bürger Fahrgäste für den ÖPNV gewinnen. Nur dort liegen nämlich die Potentiale der Zukunft.

– Das Wichtigste für die Weiterentwicklung des ÖPNV ist eine Fortsetzung der Investitionstätigkeit auf hohem Niveau. Nur durch die dadurch bedingte Steigerung der Attraktivität können Fahrgäste gewonnen werden. Bis 1996 sind die Investitionen nach dem GVFG auf einem einigermaßen befriedigenden Niveau gesichert; sodann werden 3 Milliarden DM GVFG-Investitionsmittel in den „Regionalisierungstopf" überführt, wo sie auch nichtinvestiv verwandt werden können. Die Länder haben es somit ab 1997 in der Hand, die richtigen (Investitions-)Weichen zu stellen.

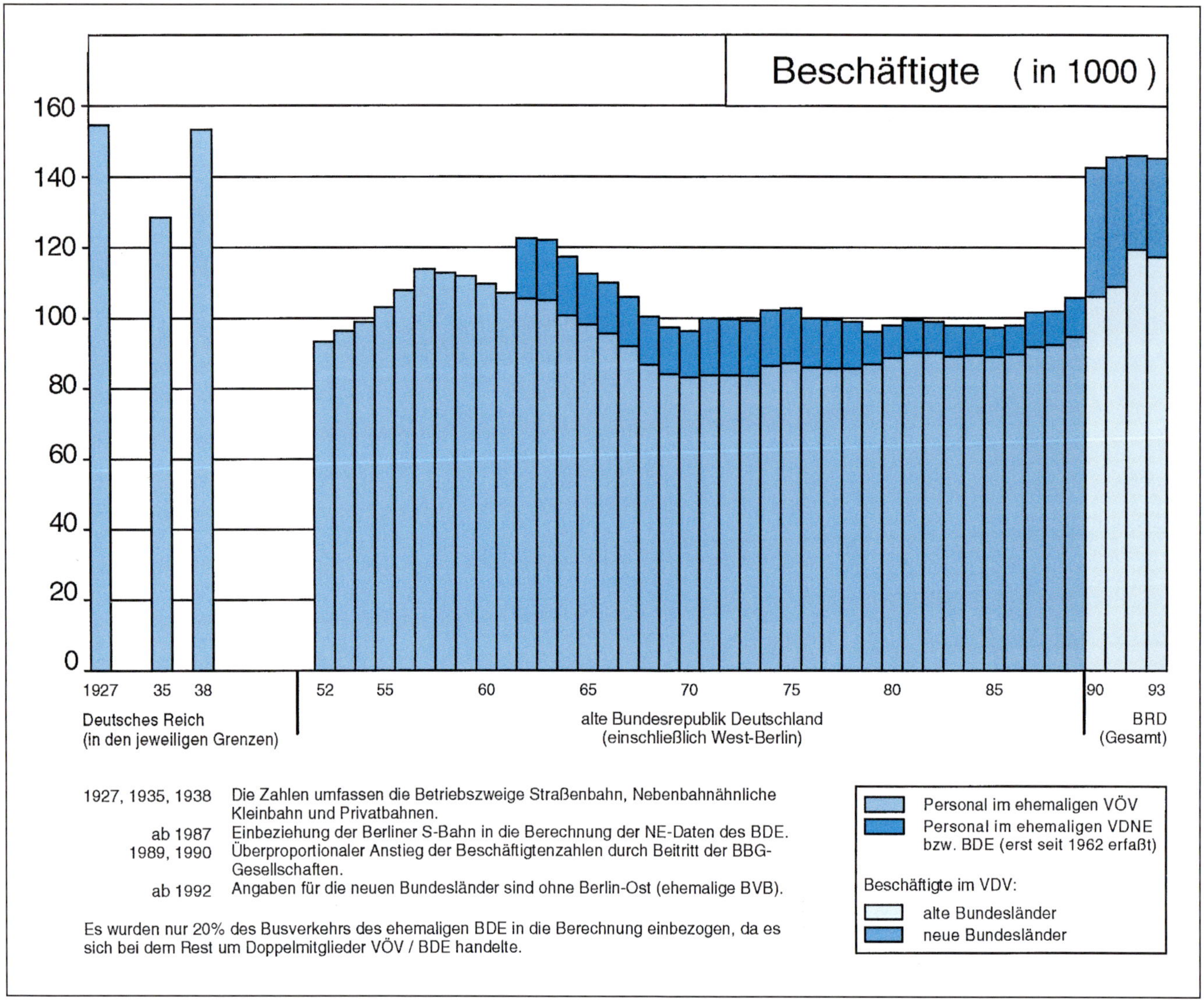

Bild 13: Entwicklung des Personalbestandes in den VDV-Unternehmen bzw. Vorgängerorganisationen VÖV und BDE (aber jeweils ohne SPNV der DB/DR)

– Während ÖPNV-Investitionen unbestreitbar gut angelegtes Geld sind, da sie nicht nur Rationalisierungen ermöglichen, sondern auch in der zuliefernden Wirtschaft Arbeitsplätze sichern, sind Ertragssteigerung und Kostensenkung in den Unternehmen für die Zukunft der Branche von besonderer Bedeutung. Trotz notwendiger Attraktivitätssteigerung darf der ÖPNV nicht unbezahlbar werden. Deshalb muß die ständige Steigerung der Kostenunterdeckung gestoppt werden; sogar Zurückfahren ist angesichts leerer öffentlicher Kassen mancherorts angesagt.

Das erfordert gravierende organisatorische Veränderungen in den Verkehrsunternehmen. Diese sind nur durchsetzbar, wenn die politische und unternehmerische Verantwortung deutlich getrennt werden und die Verkehrsunternehmen Aufsichtsräte mit einer von der Politik unabhängigen Arbeitgeber- und Arbeitnehmerseite erhalten, denen beiden nur eines als Ziel dient: das Wohl des Verkehrsunternehmens. Nur vor diesem Hintergrund können die Vorstände / Geschäftsführun-

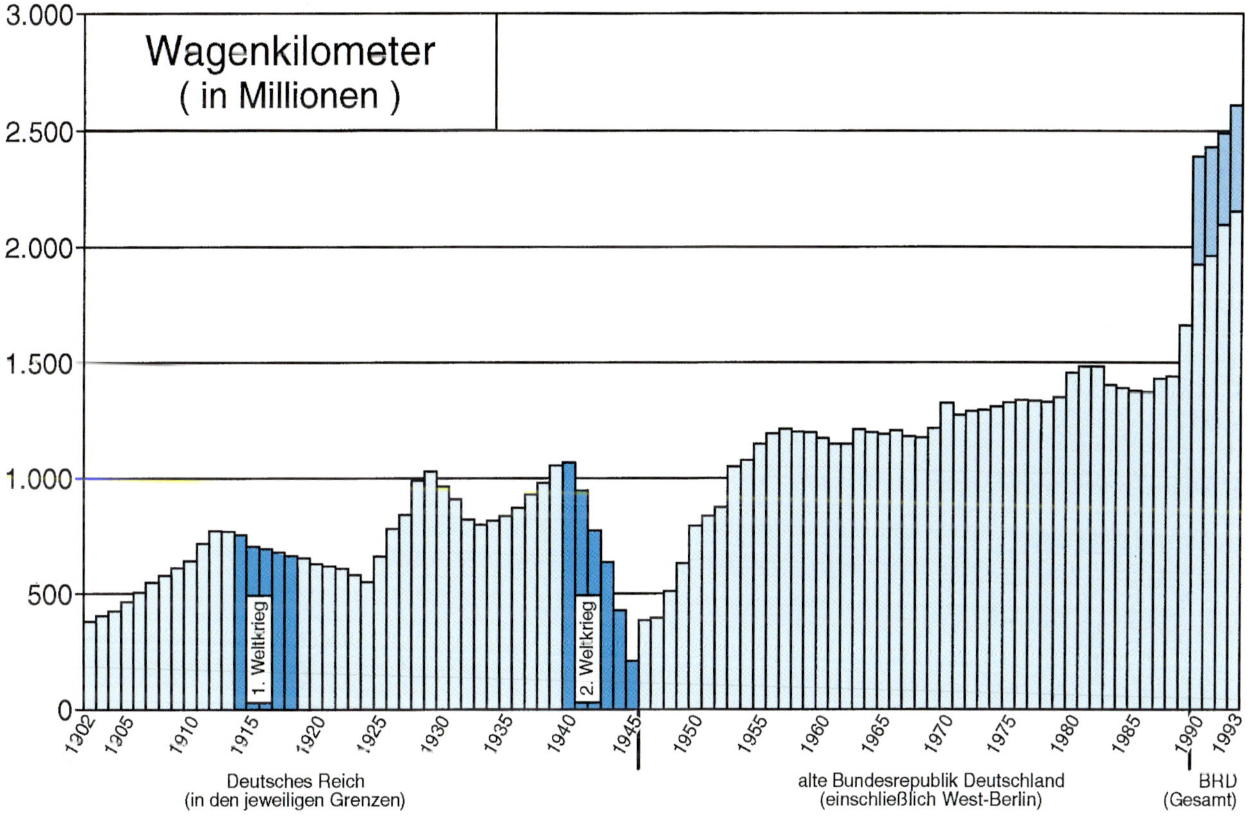

alte Bundesländer
neue Bundesländer

1902	Erstes Berichtsjahr, für das eine statistische Erfassung des "Vereins deutscher Straßenbahnen und Kleinbahnverwaltungen" erfolgte.
bis 1949	Nachträglich rekonstruierte Näherungswerte.
ab 1950	Exakte statistische Erfassung des ehemaligen VÖV.
ab 1953	Exakte statistische Erfassung des ehemaligen VDNE, später BDE.
1989	Überproportionaler Anstieg der Wagen-km durch Beitritt der BBG-Gesellschaften.
ab 1992	Angaben für die neuen Bundesländer sind ohne Berlin-Ost (ehemalige BVB).

Es wurden nur 20% des Busverkehrs des ehemaligen BDE in die Berechnung einbezogen, da es sich bei dem Rest um Doppelmitglieder VÖV / BDE handelte.

Bild 14: Entwicklung der Betriebsleistung im Personenverkehr in den VDV-Unternehmen bzw. Vorgängerorganisationen VÖV und BDE (aber jeweils ohne SPNV der DB/DR) gen die notwendigen tiefgreifenden Entscheidungen vorbereiten und durchsetzen.

– Der weitere Ausbau der Schiene als Rückgrat der Verkehrsbedienung ist in den Ballungsräumen ganz offensichtlich notwendig. Wenn (wirtschaftlich) eben möglich, ist in den neuen Bundesländern die Straßenbahn zu erhalten, und zwar von vornherein in Niederflurtechnik und als Oberflächenverkehrsmittel. Teure Tunnelbauten sind so weitgehend wie möglich zu vermeiden.

– Im Zusammenhang mit der Regionalisierung des Schienenpersonennahverkehrs (SPNV) der Staatsbahn ist auch eine Stärkung des Schienenverkehrs in der Fläche zu erwarten. Dabei ist allerdings im Hinblick auf das meist gegenüber den Städten

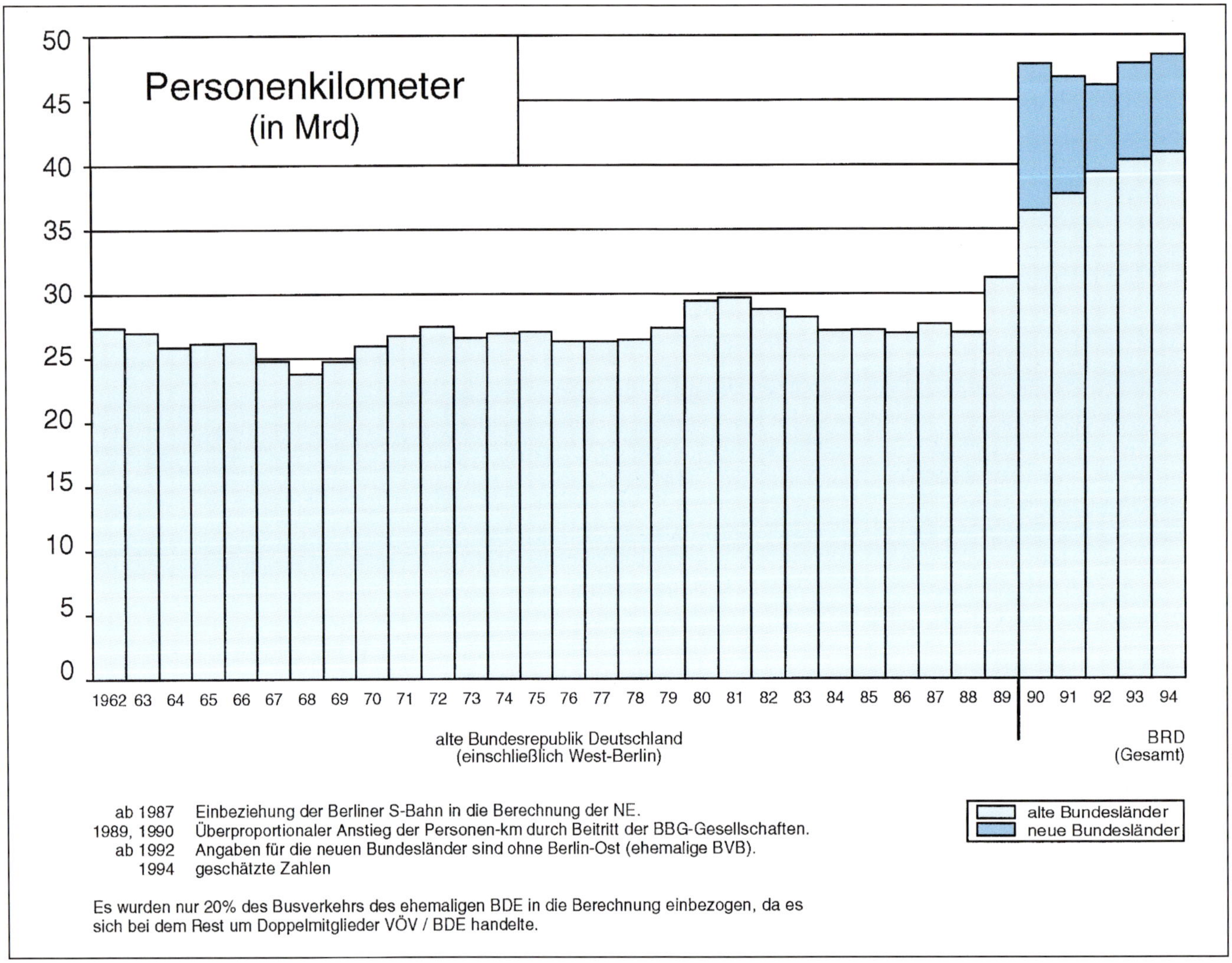

Bild 15: Entwicklung der Verkehrsleistung im Personenverkehr in den VDV-Unternehmen bzw. Vorgängerorganisationen VÖV und BDE (aber jeweils ohne SPNV der DB/DR)

wesentlich geringere Fahrgastaufkommen Augenmaß zu bewahren, damit nicht ein Gegensatz zur notwendigen wirtschaftlichen Entwicklung im SPNV/ÖPNV erzeugt wird.

– Auf die Weiterentwicklung des Busbereichs ist besonderes Augenmerk zu legen. Seine Rolle wird sich mit dem weiteren Fahrgastzuwachs steigern. Der Bus muß jedoch selbst noch umweltfreundlicher werden. Eine Renaissance der O-Busse ist in diesem Zusammenhang jedoch nicht zu erwarten. Eher eine Weiterentwicklung des Dieselantriebs, der Hybridtechnik (Dieselelektrisch) oder des Erdgasantriebs.

– In der Fläche müssen neben dem Linienbus auch „differenzierte Bedienungsweisen“ Eingang in die Angebote des ÖPNV finden. Busse in verschiedenster Einsatzform (Schnell-, Orts-, Quartier-, Tramp-, Disco-, Bürgerbusse) gehören hierzu ebenso wie das Taxi und die Bedarfsverkehre. Richtig geplant, stellen sie eine sinnvolle Ergänzung zum Linienverkehr dar und können diesem sogar Fahrgäste erhalten und neu zuführen.

– Die Ausweitung des ÖPNV darf nicht mit einer analogen Steigerung der Zahl der Beschäftigten einhergehen. Der bereits eingeleitete Trend der innerbetrieblichen Rationalisierung, des Lean-Management und des Outsourcing sind beschleunigt fortzusetzen.

Nur wenn der schwierige Balanceakt zwischen Steigerung der Attraktivität und der Wirtschaftlichkeit gelingt, steuert die Branche in eine dauerhaft gute Zukunft.

Der VDV und seine Vorgängerorganisationen

Die Geschichte des VDV und seiner Vorgängerorganisationen ist bewegt wie die Geschichte des deutschen Volkes und des Verkehrs in den letzten 100 Jahren (siehe auch Chronologie im Anhang). Zwar wurde bereits 1885 erkannt, daß die Kräfte im öffentlichen Verkehr gebündelt werden müssen, und daraus ging dann auch ein einheitlicher Verband, der Verein deutscher Straßenbahn- und Kleinbahnverwaltungen hervor. Aber später traten immer wieder Gegensätze und damit Parallelaktivitäten zwischen Schienenverkehr und Omnibusverkehr sowie zwischen Personen- und Güterverkehr auf. 1928 mündete dies in der Gründung getrennter Verbände und auch nach dem zweiten Weltkrieg, als die einmalige Chance bestand zusammenzufinden, wurde die Trennung fortgesetzt. Als dann die nichtbundeseigenen Eisenbahnen begannen, ihren Personenverkehr auf Busbetrieb umzustellen, verstärkten sich zwangsläufig die Überschneidungen zwischen dem früheren VÖV und dem ehemaligen BDE und es mangelte bereits damals nicht an (allerdings vergeblichen) Versuchen, zu einem einzigen Verband zu verschmelzen. Erst unter der veränderten Ausgangslage des Jahres 1990 konnte dies geschehen:

– Der europäische Binnenmarkt mit zahlreichen Neuerungen im Beschaffungswesen (z. B. internationale Ausschreibung), in der Normung, in den Sozialvorschriften sowie bezüglich der Wettbewerbssituation stand unmittelbar bevor.

– Die staatliche Vereinigung der Bundesrepublik Deutschland mit der DDR wurde mehr und mehr vollzogen mit allen Konsequenzen, die sich daraus für die alten und neuen Bundesländer ergaben.

– In der nationalen Verkehrspolitik zeichneten sich mit Bahnstrukturreform, Regionalisierung, Privatisierung und Wettbewerb extreme Veränderungen ab.

So besteht rückblickend kein Zweifel: der 6. November 1990 wurde für den öffentlichen Personennahverkehr und den Güterverkehr auf der Schiene in Deutschland ein historisches Datum. An diesem Tag beschlossen die in Köln zusam-

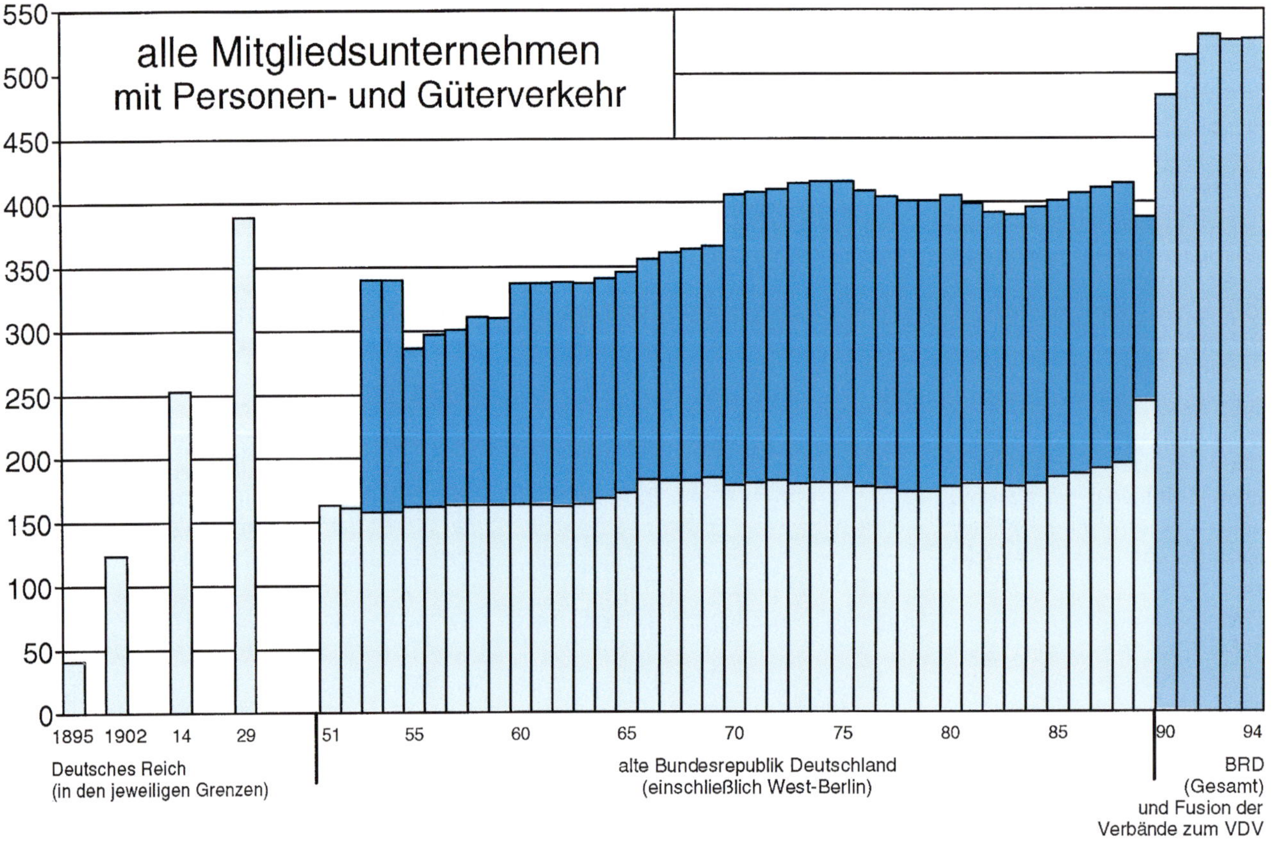

Stichtag:

bis 1986	jeweils zum Jahresende
1987 bis 1990	jeweils zum 01.04. des Folgejahres
ab 1991	jeweils zum 30.06. des Folgejahres

VDNE / BDE
VÖV
VDV

1989 / VÖV	Hoher Anstieg der Mitgliederzahl durch Gründung des VÖV-DDR vor der Vereinigung Deutschlands, dessen Mitglieder wurden alle zugleich außerordentliche Mitglieder im VÖV-BRD.
1989 / BDE	Absinken der Mitgliederzahl durch Austritt der Seilbahn-Unternehmen.

Die Anzahl der Busbetriebe beträgt ungefähr 30% der Gesamtzahl der Betriebe im ehemaligen VDNE bzw. BDE. Es wurden nur 20% der Busbetriebe des ehemaligen BDE in die Berechnung einbezogen, da es sich bei dem Rest um Doppelmitglieder VÖV / BDE handelte.

Bild 16: Entwicklung der Anzahl der Mitgliedsunternehmen im VDV bzw. Vorgängerorganisationen VÖV und VDNE/BDE mengetretenen Mitgliederversammlungen des Verbandes öffentlicher Verkehrsbetriebe (VÖV), des Bundesverbandes Deutscher Eisenbahnen, Kraftverkehre und Seilbahnen (BDE) sowie des VÖV in der ehemaligen DDR mit überwältigender Mehrheit den Zusammenschluß. Ein jahrzehntelang angestrebtes Ziel war damit Wirklichkeit geworden. Die langen und schwierigen Verhandlungen, die in einem von den Präsidien und Verwaltungsräten der Verbände einstimmig angenommenen und sorgfältig ausgewogenen Vertragswerk mündeten, hatten damit auch die verdiente Anerkennung und Zustimmung der Mitglieder gefunden.

Oberstes Ziel war es, einen einheitlichen und schlagkräftigen Verband mit größerer Durchschlagskraft im politischen Raum (national wie international) zu schaffen, der in der Lage war, die großen Aufgaben aus der sich verändernden Ausgangslage zu bewältigen. Dabei stand auch die Erkenntnis Pate, daß mit Blick auf die Zukunft eine rein verkehrsträgerbezogene Betrachtungsweise chancenlos ist und einer marktbezogenen Betrachtungsweise Platz machen muß.

Mit der Einbindung des Eisenbahngüterverkehrs in den neuen Verband wurde einem historisch gewachsenen Element Rechnung getragen. Wie die geschichtliche Entwicklung zeigt, waren die Kleinbahnen bzw. die nichtbundeseigenen Eisenbahnen immer mit den fusionierten Verbänden verknüpft.

Schließlich wurden mit der Fusion auch noch eine ganze Reihe anderer Vorteile erzielt wie z.B.:

– besseres Image wegen größerer Geschlossenheit und damit bessere Darstellungsmöglichkeiten in der Öffentlichkeit,

– einheitliche Interessenvertretung gegenüber Bund, Ländern und Gemeinden,

– stärkerer Verhandlungspartner gegenüber Dritten,

– Erhöhung und Konzentration der Mitgliederinformation,

– Wegfall von Doppelarbeit,

– größere personelle Kapazitäten in der Hauptgeschäftsstelle ohne Mehraufwand.

Die Fusion führte insgesamt zu einem großen und einheitlichen Verband, der 1995 insgesamt 485 ordentliche und 48 außerordentliche Mitglieder umfaßt (Bild 16) und der nach dem Beitritt des SPNV der DB/DR zum 1. Januar 1992 im öffentlichen Personennahverkehr ca. 90% des Fahrgastaufkommens in Deutschland abdeckt.

Heute gibt es auch unter den ursprünglichen Skeptikern der Fusion keinen Zweifel mehr: die Fusion hat sich nicht nur gelohnt; sie war dringend notwendig. Der neue Verband hat eine ungeheure Anziehungskraft entwickelt:

– Seit 1990 ist die Zahl der Mitglieder von 375 ordentlichen und 30 außerordentlichen auf 533 insgesamt gestiegen (Bild 16) insbesondere durch zahlreiche Beitritte von ÖPNV-Unternehmen aus den neuen Bundesländern. Der Anstieg wird noch deutlicher, wenn man den durch Betriebsaufgabe bedingten Mitgliederrückgang bei den Anschlußbahnen (Güterverkehr) der neuen Bundesländer eliminiert, der allein zwischen 1990 und 1995 rund 60 betrug.

– Die ursprüngliche Landesgruppe Ost (= Gebiet der alten DDR einschließlich Berlin) mußte sich 1994 aufteilen, weil sie mit fast 200 Mitgliedern zu groß wurde und weil sich die Probleme der West- und Ostunternehmen (wie vorhergesehen) immer mehr angleichen. Die neue Landesgruppenstruktur zeigt Bild 17; Mecklenburg-Vorpommern bildet mit Hamburg und Schleswig-Holstein die vergrößerte Landesgruppe Nord; Sachsen und Thüringen formieren sich zur Landesgruppe Süd-Ost; Brandenburg, Sachsen-Anhalt und Berlin bilden die neue Landesgruppe Ost.

– Die VDV-Jahrestagungen haben sich zum europaweit größten nationalen Forum des ÖPNV und des Schienengüterverkehrs entwickelt (Bild 18).

– Die Publikationen des VDV erreichen (abhängig vom Thema) Auflagenhöhen zwischen 5000 und 75 000. Sie sind damit zu „Rennern" im Verkehrsbereich geworden.

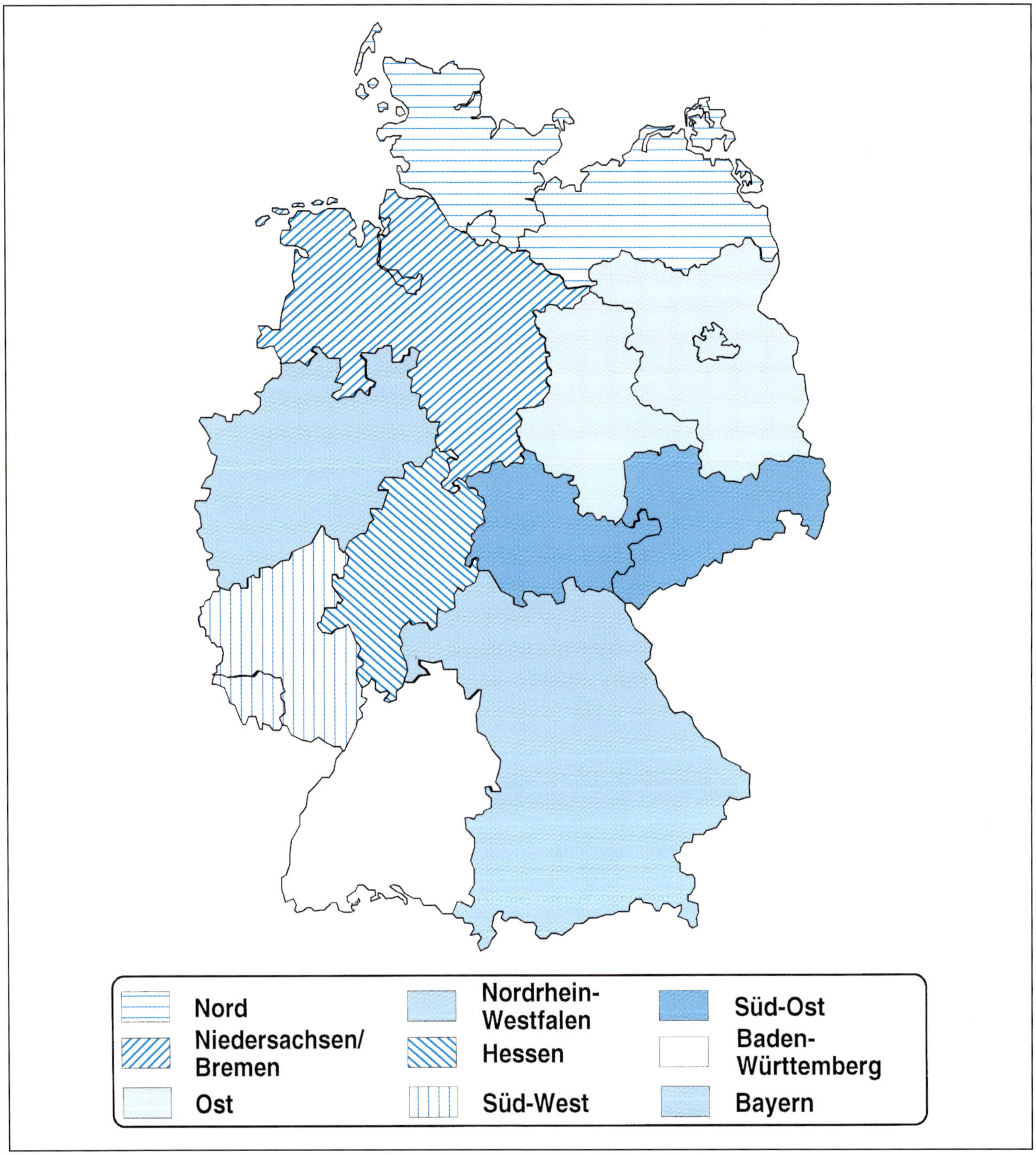

Bild 17: VDV-Landesgruppen ab 1. Januar 1995

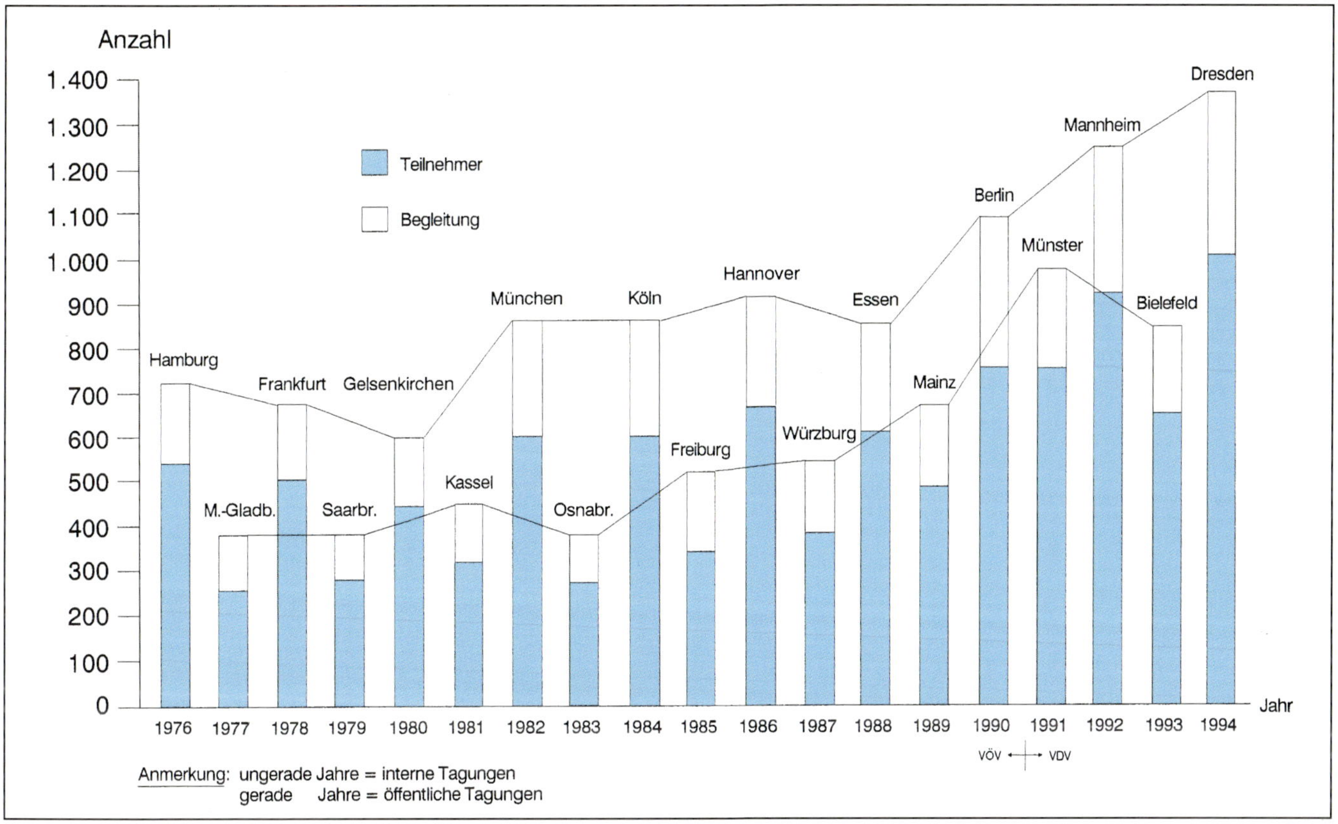

Bild 18: Teilnehmerübersicht „VDV/VÖV-Jahrestagungen"

Es ist an dieser Stelle nicht annähernd möglich, die Leistungen des VDV für seine Mitgliedsunternehmen darzustellen. Das Gesamtwerk setzt sich aus zahlreichen Mosaiksteinen zusammen. Sie reichen von der Politik über die Gesetzgebung, Verkehrswirtschaft, Technik, Betriebswirtschaft, Recht bis hin zur Gemeinschaftswerbung und Einzelberatung der Unternehmen. Sicherlich sind viele der erzielten Erfolge für den einzelnen nicht immer sichtbar und allzu schnell wird manches mühsam Erreichte auch bereits als „selbstverständlicher Besitzstand" angesehen. Aber dies kann sich sehr leicht als gefährlicher Trugschluß erweisen. Das einmal Errungene muß immer wieder neu begründet und verteidigt werden – vor allem in Zeiten knapper werdender Finanzmittel. Dabei ist es wichtig, daß der VDV sich – wie bisher – nach innen wie nach außen einheitlich und geschlossen darstellt. Er schöpft seine Kraft, sein Ansehen und seine breite Akzeptanz aus seiner Tätigkeit als Fachverband. Die herausgehobene Sachkenntnis, die über den Tellerrand gerichtete Blickrichtung (wir sind nicht allein auf der Welt), die daraus resultierende offene und ehrliche Fachberatung der Entscheidungsträger und damit das Abheben vom reinen Lobbyismus sind und bleiben der Schlüssel zum Erfolg. Dazu gehört auch die Toleranz gegenüber der Meinung des anderen. Möge diese Haltung den Weg des VDV auch in die nächsten 100 Jahre begleiten.

Quellen: VDV-Archiv und VÖV-/VDV-Statistiken

Von der „Stadt der kurzen Wege“ zum Verkehrsinfarkt in den Städten

Inhalt

Fritz Pampel (73), Dr.-Ing. Dr.-Ing. E.h., Beratender Ingenieur für Verkehrswesen, war 1977 bis 1986 Vorstandsmitglied der Hamburger Hochbahn Aktiengesellschaft und weiterer Verkehrsgesellschaften im Hamburger Raum. Zuvor war er als Vorstand von 1965 bis 1977 maßgeblich an der Organisation und dem Aufbau des Hamburger Verkehrsverbundes, des ersten dieser Art in der Welt, beteiligt. Er bekleidete eine Reihe von Ämtern in nationalen und internationalen Gremien und Verbänden des öffentlichen Verkehrswesens. Als erster Deutscher wurde Pampel 1979 bis 1985 Präsident des seit 100 Jahren bestehenden Internationalen Verbandes für öffentliches Verkehrswesen (UITP). Er hat zahlreiche Veröffentlichungen und Gutachten für Städte und Regionen zum ÖPNV erstellt und an mehreren Forschungs- und Entwicklungsprojekten des Bundesminister für Verkehr (BMV) und des Bundesminister für Forschung und Entwicklung (BMFT) mitgearbeitet. Pampel wurde für seine Verdienste um die Weiterentwicklung des Nahverkehrswesens mehrfach ausgezeichnet: Die Universität Hannover verlieh ihm die Ehrendoktorwürde, er ist Träger des VÖV-Ehrenringes und Inhaber der Dr. Friedrich-Lehner-Medaille.

Die Siedlungsstruktur in der vorindustriellen Zeit

Die wohl ältesten Dörfer und Städte entwickelten sich vor etwa 5000 Jahren in den fruchtbaren Ebenen des vorderen Orients. Machtstreben und Handel waren maßgebende Faktoren. Babylon am Euphrat und Ninive am Tigris wuchsen schon um 2000 v. Chr. zu Machtzentren der Politik, des Handels und der Verwaltung. Die Städte erreichten Dimensionen, die denen moderner Metropolen gleichgesetzt werden [1]. Babylon soll zwei Millionen Einwohner gezählt haben. Organisation, Versorgung und Funktionsfähigkeit der frühen Städte lassen sich aus heutiger Sicht kaum nachvollziehen, ebensowenig die Bewältigung des städtischen Verkehrs, der zweifellos schon beträchtliche Ausmaße gehabt haben muß.

Bei aller Unterschiedlichkeit der Stadtentwicklung in den einzelnen Regionen unserer Welt hat die Seßhaftigkeit der Menschen ihren Ursprung in der Agrarwirtschaft. Die Bevölkerung lebte von den Bodenerträgen der Land- und Forstwirtschaft. Die Ergiebigkeit des Bodens bestimmte die Menge der erzeugbaren Produkte und damit auch die Anzahl der Menschen, die in einem bestimmten Bereich leben und eine Tätigkeit finden konnten.

Das Wirtschaftssystem in den Frühzeiten (wenn man es mit dem Begriff aus heutiger Zeit kennzeichen darf) war also geprägt durch die Flächengebundenheit der Produktion. Die Siedlungsstruktur bestand zunächst aus verstreuten Einzelhöfen, aus Dörfern, Marktflecken und Städten für den Güter- und Warenumschlag (z. B. auf Wochenmärkten) und als Basis für Handwerker, Händler und Unternehmer.

Die Mobilitätsbedürfnisse der Bevölkerung in den Agglomerationen müssen im Vergleich zu heute eher bescheiden gewesen sein. Die Agrarwirtschaft wurde im Familienbetrieb wahrgenommen, Wohn- und Arbeitsstätten gehörten zusammen. Auch in den Städten waren die Wohn- und Arbeitsstätten (Handwerker, Händler) meistens unter einem Dach. Jedoch mußten die Marktflecken und die Städte für den Güterabsatz aus dem Umland erreicht werden können, woraus sich im Laufe der Bevölkerungsentwicklung und als Folge vorindustrieller Technik und Zivilisation vielerorts schon erhebliche Verkehrsströme herausbildeten.

Die Ortsveränderung der Menschen vollzog sich größtenteils zu Fuß, die der Güter und Waren mit Ochsen- und Pferdegespannen. Ihre Reichweite bestimmte die Lage der Märkte und Städte zueinander wie auch die Größe der Siedlungsräume. Auch die spätere Post mit ihren Postrelaisstationen, die etwa alle 25 km eingerichtet wurden, hatte hierauf einen maßgeblichen Einfluß.

Große Bedeutung für die Versorgung der städtischen Bevölkerung und für den Güter- und Warentransport hatte schon in der Frühzeit die See- und Fluß-Schiffahrt. So z. B. wurde das antike Rom größtenteils über den Hafen von Ostia an der Tibermündung versorgt. Große Städte konnten überhaupt nur entstehen, wenn der Zustrom von Massengütern (Lebensmittel, Brennstoffe) gesichert war. Das bedingte Verkehrsverhältnisse, die meistens nur an Meeresküsten und Flüssen gegeben waren.

Schon in der Frühzeit entwickelten sich in sozialer, kultureller und hygienischer Hinsicht starke Gegensätze zwischen Stadt und Land. Hinzu kam, daß die Städte oft privilegiert waren durch eine besondere Lage, durch Verwaltungen oder gar Fürsten- und Königshäuser, die in ihren Mauern seßhaft waren. Dies waren später dann auch die Faktoren, die zur Flucht der Landbevölkerung in die Städte beitrugen. Das Leben in den Städten schien bequemer und angenehmer zu sein.

Diese grob skizzierte Entwicklung von der einfachen Agrarwirtschaft mit den Streusiedlungen zu den vom Handel und Wandel gegründeten und geprägten Städten mag sich so etwa in allen Regionen und Ländern vollzogen haben. Die breite, faszinierende Vielfalt in den Siedlungs- und Stadtstrukturen begründet sich mit geschichtlichen und religiösen Einflüssen (Militär, Schlösser, Sakralbauten), mit Lagesituationen, Bodenschätzen und nicht zuletzt mit der Kreativität der Bevölkerung.

Die Agrarwirtschaft der vorindustriellen Zeit war bei uns vor allem im Mittelalter gesellschaftsprägend. Sie reichte bis in die erste Hälfte des 19. Jahrhunderts.

Epochale Veränderung der Stadtentwicklung

Die in der zweiten Hälfte des 18. Jahrhunderts von England ausgehende erste industrielle Revolution führte in der Folgezeit fast weltweit zu grundlegenden wirtschaftlichen, sozialen und politischen Veränderungen, von denen die Entwicklung der Städte gravierend beeinflußt wurde. Eine Reihe von Faktoren bestimmten in Wechselwirkung zueinander das Geschehen.

Industrialisierung

Die mit der Erfindung der Dampfmaschine (James Watt, 1765) beginnende Freisetzung bis dahin unbekannter mechanischer Kräfte ermöglichte Arbeitsprozesse, die nunmehr losgelöst von den Wohnungen an ausgewählten Standorten kostengünstig konzentriert werden konnten. Gewerbegebiete und sich entfaltende Industrien produzierten nach neuen ökonomischen Prinzipien (Arbeitsteilung) Güter und Dienstleistungen qualitativ und quantitativ in einem bis dahin unvorstellbaren Ausmaß.

Gefördert wurde diese Entwicklung durch die zweite bedeutende Erfindung der damaligen Zeit, die Eisenbahn (England 1825). Erst die Eisenbahnen mit ihrer großen Beförderungskapazität ermöglichten die Befriedigung des Bedarfs an Rohstoffen, die Verteilung der Industrieprodukte und die Versorgung der Bevölkerung in den stürmisch wachsenden Städten. Die Menschen konnten reisen und nahmen eine bis dahin nicht gekannte Mobilität wahr. Am Ende des 19. Jahrhunderts, nur 75 Jahre nach ihrer Erfindung, waren weltweit die bedeutenden Magistralen mit Eisenbahnlinien ausgestattet [2]. Um 1900 betrug die Gesamtstreckenlänge auf der Erde rund 752 470 km.

Davon entfielen auf:

Amerika	386 730 km
Europa	269 740 km
darunter Deutsches Reich	49 560 km
Rußland (europäisch)	42 530 km
Frankreich	41 700 km
Österreich-Ungarn	35 100 km
Großbritannien u. Irland	34 670 km
Asien	55 600 km
Australien	23 330 km
Afrika	17 060 km

Die Erfindung des Elektromotors und des Verbrennungsmotors gegen Ende des 19. Jahrhunderts setzte dann für die industrielle Mechanisierung, für den Verkehr und für die Städteentwicklung abermals neue Dimensionen.

Bevölkerungswachstum

In der vorindustriellen Zeit war die Bevölkerungszahl in den Ländern Europas nur mäßig gestiegen. Sterblichkeit und Geburtenüberschuß hielten sich über Jahrhunderte etwa die Waage. Bereits in der ersten Phase der Industrialisierung änderte sich das jedoch grundlegend. Die breitere Ernährungsbasis und Fortschritte in der Medizin und Hygiene verringerten vor allem die Kindersterblichkeit. Die allgemeine Lebenserwartung erhöhte sich z.B. in England zwischen 1760 und 1830 von 35 auf über

50 Jahre. Die Tabelle gibt Aufschluß über die Bevölkerungsentwicklung in einigen europäischen Staaten im Zeitraum 1700 bis 1900.

Änderung der Tätigkeitsstruktur

Zu Beginn der Industrialisierung waren etwa 80% der Bevölkerung in der Landwirtschaft (Primärsektor) tätig, auf den gewerblichen Bereich (Sekundärsektor) und die Dienstleistungen (Tertiärsektor) entfielen je etwa 10%. In der Folgezeit stiegen der Sekundär- und der Tertiärsektor mächtig an, während der Primärsektor entsprechend abnahm. In den USA z.B. weist die Erwerbsstruktur von 1820 bis 1900 eine Halbierung des Primärsektors und eine Verdoppelung der beiden anderen Sektoren auf.

Abermalige Einschnitte in die Tätigkeitsstruktur der Bevölkerung bewirkte die zweite industrielle Revolution, die in Europa in der Mitte des 20. Jahrhunderts einsetzte. Sie ist gekennzeichnet durch Rationalisierung und Automatisierung der Produktionsprozesse innerhalb des Sekundärbereiches. Immer weniger Arbeitskräfte erzeugen ein Mehr an Waren und Gütern. Neue Organisationsstrukturen und Verwaltungsabläufe steigern auch den Dienstleistungssektor.

Die Entwicklung der Computertechnik und ihre Anwendung in allen Prozessen der industriellen Planung, der Produktion, des Vertriebs sowie in allen Zweigen und Tätigkeiten des Dienstleistungsbereiches in den letzten 25 Jahren stellt eine weitere, arbeitstechnische Revolution dar, die noch keineswegs abgeschlossen ist und die den Tertiärsektor noch bedeutsamer werden läßt. In vielen Industrieländern ist der Anteil der Arbeitsplätze im Primärbereich auf weniger als 10% zurückgegangen, die Anteile im Sekundär- und Tertiärsektor machen dagegen je zwischen 40% und 50% aus.

Bevölkerungsentwicklung in einigen europäischen Staaten (in Millionen Einwohner)

Jahr	*Großbritannien*	*Schweden*	*Deutschland*	*Italien*
1700	7,0	1,5	18,0	15,0
1800	11,9	2,3	23,0	18,1
1900	38,2	5,1	56,4	32,4
1967	55,1	7,8	59,8	50,6
1700 bis 1800	+70%	+53%	+28%	+21%
1800 bis 1900	+221%	+122%	+146%	+79%

Umverteilung der Bevölkerung in Stadt und Land

Die Industrie- und Gewerbeproduktionsstätten wurden ausgewählt nach Lage der Rohstoffquellen, den Möglichkeiten des Energiebezugs, dem Grad der Verkehrserschließung und dem verfügbaren Arbeitskräftereservoir, das die Städte boten.

Der Arbeitskräftebedarf der Industrien kompensierte nicht nur den Bevölkerungsanstieg der damaligen Zeit, sondern saugte auch die als Folge der verbesserten Bodenbewirtschaftung in der Landwirtschaft nicht mehr benötigten Arbeitskräfte auf. Die Landflucht löste eine enorme Binnenwanderung zu den Städten aus, deren Einwohnerzahlen entsprechend zulegten. So stieg z.B. in Europa die Zahl der Städte mit über 100000 Einwohnern zwischen 1800 und 1900 von 23 auf 141. Deutschland hatte 1871 vier Städte mit über 100000 Einwohnern, 1900 waren es 21 und 1930 dann schon 40 Städte. (Heute leben über 35 Millionen oder 45% der Bevölkerung in Deutschland in den Ballungsgebieten.)

Die städtischen Areale wuchsen in der Industrialisierungsphase nicht proportional mit den Einwohnerzahlen der Städte. Nach wie vor bestimmten Fußgänger und Pferd die Weite des städtischen Raumes. Die Folge war eine kaum vorstellbare Zusammenballung der Bevölkerung auf engstem Raum. Mietskasernen, Hinterhofbebauung und Slums prägten das Stadtbild. Dementsprechend chaotisch war auch das Verkehrsgeschehen auf den Straßen, wie es Bild 1 eindrucksvoll vermittelt. Erst mit der Entwicklung und Einführung neuer und leistungsfähiger öffentlicher Verkehrsmittel um die Wende des 20. Jahrhunderts konnte allmählich eine Gesundung der städtischen Wohn- und Verkehrszustände eingeleitet werden.

Der zügige Ausbau der öffentlichen Verkehrsmittel um die Jahrhundertwende und später auch das Aufkommen des Automobils ließen die Städte in die umgrenzenden Regionen ausufern. Die größeren Entfernungen zwischen Wohnung und Arbeitsplatz wurden zeitlich von den schnelleren Verkehrsmitteln (z. B. S- und U-Bahnen in den großen Städten) mehr als wettgemacht.

Der zunehmende Lebensstandard und die wachsenden Ansprüche an Wohnen, Freizeit und Ungebundenheit lösten in den letzten Jahrzehnten des 20. Jahrhunderts in den Städten die bekannte Dezentralisationswelle aus. Die Bevölkerung der Stadtinnenräume zog an die Peripherie und in das Umland der Städte. Es entstanden große Siedlungskomplexe auf der „grünen Wiese“. Die städtischen Kerngebiete verloren bis zu 70% ihrer Bewohner. Die Innenstädte wurden die bevorzugten Standorte des Tertiärsektors mit Banken, Versicherungen, Verwaltungen, Kaufhäusern und Hotels.

Bei geringster Wohndichte im städtischen Bereich weisen die Innenstädte auf engem Raum eine hohe Konzentration von Arbeitsplätzen auf. Demgemäß ist

Bild 1: Stadtverkehr in London 1872, Stich von Gustave Doré, aus: Benevolo [1]

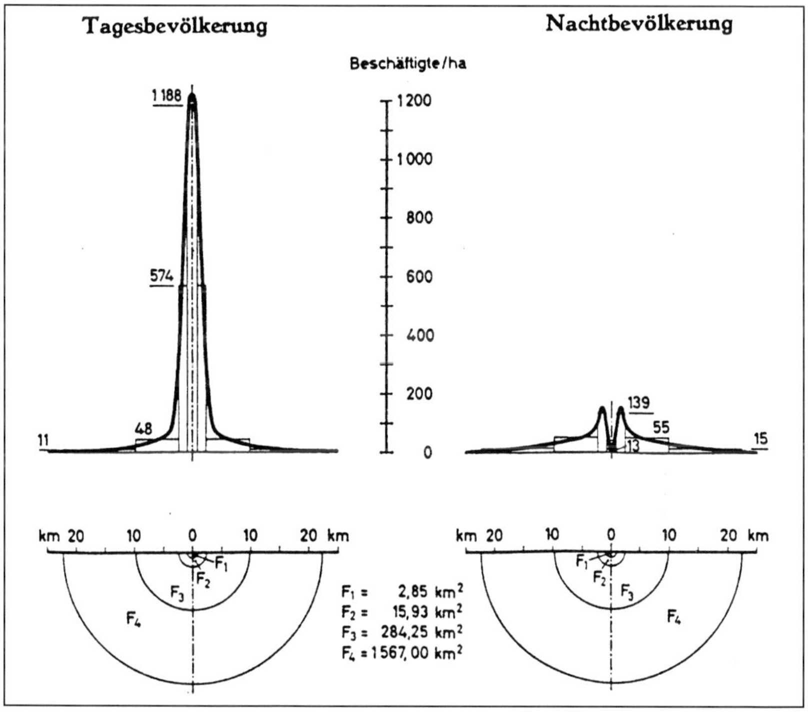

Bild 2: London, Verteilung der Dichte der Tages- und der Nachtbevölkerung, aus: Lehner [3]

die Bevölkerungsverteilung in den Städten tagsüber eine völlig andere als bei Nacht, wie die Darstellung der Verhältnisse in London zeigt (Bild 2).

Die täglich sich vollziehende Umschichtung der arbeitenden Bevölkerung – morgens von den Schlaforten in die Stadtinnenräume und nachmittags in umgekehrter Richtung – erzeugt den Berufsverkehr, der sich zur Stadtmitte hin zunehmend verdichtet und durch Überlagerung der Wirtschafts- und Besucherverkehre die kaum noch zu bewältigenden Verkehrsprobleme auf den Straßen, vor allem auf den in die Stadtinnenräume führenden Magistralen, verursacht [3].

Einfluß der Verkehrsmittel auf die Stadtentwicklung

Verkehr als Städtegründer

Die Entwicklung der Städte und deren Funktionsfähigkeit über die Jahrhunderte hinweg bis in die heutige Zeit sind in starkem Maße von den Verkehrsmitteln und Verkehrswegen sowie deren Leistungsfähigkeit bestimmt worden.

Bild 3: Die Sänfte, das wohl älteste Personenbeförderungsmittel (Bild: E. Staisch)

Schon in der Frühzeit der Menschen gab es einen Güteraustausch und damit Verkehr. Siedlungen wurden zu Märkten. Pferde- und Ochsengespanne transportierten Waren und Güter. Es entwickelten sich Handelsverbindungen über größere Entfernungen bis hin zu anderen Ländern und Kontinenten. Dabei spielte die Schiffahrt als leistungsfähigstes Verkehrsmittel eine herausragende Rolle. Nicht von ungefähr liegt der Ursprung vieler Städte und Metropolen an den alten Handelswegen sowie an Flüssen und Meeren. Vor allem im Altertum war die Schiffahrt, wie bereits ausgeführt, die große Städtegründerin. Schon damals standen Wirtschaft, Verkehr und Städtebau in enger Wechselbeziehung zueinander.

Die Struktur der vorindustriellen Städte, die Straßen und Plätze waren auf den Fußgänger und auf Pferd und Wagen zugeschnitten. So verfügte z.B. Rom im Jahre 0 (Christi Geburt) über ein 85 km langes Straßennetz in der Gliederung

- itinera, die nur Fußgängern zugänglich waren,
- actus, die gerade Platz für einen Wagen boten, und
- viae, auf denen zwei Wagen sich begegnen konnten.

Nur wenige Straßen waren gepflastert. Die Straßenverhältnisse waren für den Verkehr in einer Stadt, in der bis zu eine Million Einwohner auf engstem Raum wohnten, völlig unzureichend und nach heutigen Maßstäben kaum vorstellbar.

Organisierter Personennahverkehr

Mit dem Stadtverkehr entsteht auch der Personennahverkehr. Die von Menschen oder Tieren getragene Sänfte wird das erste Personenbeförderungsmittel gewesen sein. Schon Babylonier und Ägypter bedienten sich der Einrichtung, die heute noch in asiatischen Ländern im Gebrauch ist. In Europa entwickelte sich um 1700 aus der Sänfte, vor allem in Paris, die „porte-chaise“, ein komfortabler Behälter mit Türen und Glasfenstern, aber ohne Räder. In den größeren Städten bildeten die Chaisenträger eigene Zünfte (Paris, Leipzig). Um 1650 wurden in Paris erstmals Pferd und Wagen vermietet. „Fiacre“ und „Omnibus“ wurden Begriffe. 1742 gab es in Berlin die erste Fiakerstation mit 15 Kutschen. 1814 erhielt dort der Pferdehändler Mortier eine Droschkenkonzession, die er dann mit 70 Fahrzeugen wahrnahm.

Der mit der Industrialisierung beginnende Umbruch der seit Jahrhunderten kaum veränderten Stadtstrukturen begründete auch den öffentlichen Personennahverkehr. Stadtentwicklung und städtisches Leben machten regelmäßige Verkehre notwendig. Insbesondere die Konzentration von Arbeitsplätzen der entstehenden Industrien, losgelöst von den Wohnungen, bewirkte „gerichtete“ Verkehrsbedürfnisse und Verkehrsströme, die über die Befriedigung einzelner Verkehrswünsche hinausgingen. So wurden in Deutschland 1825 in Berlin und um 1830 in Hamburg erstmals Pferdeomnibusse als öffentliche Verkehrsmittel eingeführt. 1840 gab es in Berlin den ersten Linienbetrieb mit festem Fahrplan. Voraussetzung für ein geordnetes Fuhrwesen waren gepflasterte Straßen, die damals erst allmählich entstanden.

Während mit der Erfindung und Einführung der Eisenbahnen der Fernverkehr vor allem in Europa und Nordamerika einen sprunghaften Aufschwung erfuhr, waren die Bemühungen, die Eisenbahnen auch innerhalb der Städte einzusetzen, wenig erfolgreich. Nur London wurde berühmt

Bild 4: Pferdeomnibusse in Hamburg, Mitte 19. Jahrhunderts (Bild: E. Staisch)

durch die 1863 unterirdisch angelegte Dampfbahn, der ersten U-Bahn der Welt. In den meisten Städten dagegen entwickelte sich die Pferdebahn zum eigentlichen Stadtverkehrsmittel. Bis 1885 verfügten nahezu alle größeren deutschen Städte über „Straßenbahnen“, die von Pferden gezogen wurden.

Eine neue Ära im öffentlichen Personennahverkehr begann mit der Anwendung des elektrischen Antriebs (Siemens, 1879) für die städtischen Verkehrsmittel. 1881 verkehrte in Berlin die erste „Elektrische“. 1907 gab es dann in Deutschland schon 189 elektrische Straßenbahnen. Der elektrische Antrieb ermöglichte den großen Städten dann auch den Bau unterirdischer Verkehrslinien (z. B. Budapest, Paris und Berlin zwischen 1896 und 1902). Kühnheit und Tempo, mit denen damals neue, große Verkehrsprojekte verwirklicht wurden, kann man heute nur bewundern.

Zu den elektrischen Antrieben kam 1885 der erste Verbrennungsmotor als Fahrzeugantrieb (Daimler). Die erste „Kraft“omnibuslinie nahm 1905 in Berlin den Betrieb auf.

Damit schließt sich um 1900 das Spektrum der nur rund einhundertjährigen Entwicklung von der individuell genutzten Mietkutsche bis zu den noch heute eingesetzten städtischen Verkehrsmitteln, die da sind:

– die elektrisch betriebene Straßenbahn,

– die elektrisch betriebene Schnellbahn (S- und U-Bahn) und

– der mit Verbrennungsmotor betriebene Bus.

Weitere Verkehrsmittel (Vorortbahn, Schiff, Trolleybus) traten in Sonderfällen hinzu. Natürlich sind Technik, Leistungsfähigkeit und Wirtschaftlichkeit der heutigen Verkehrsmittel mit den damaligen nicht zu vergleichen.

Veränderung der Stadtstrukturen

Die damals neuen städtischen Verkehrsmittel zeichnen sich vor allem durch vergleichsweise hohe Geschwindigkeiten aus. Die elektrische Straßenbahn bewältigte in gleicher Zeit dreimal weitere Strecken als vordem die Pferdebahn. So entstanden alsbald große Siedlungen an den Stadträndern und in der Region. An den Strecken der noch schnelleren Vorortbahnen, S- und U-Bahnen entwickelten sich Siedlungskorridore bis weit in die Umlandregionen der Städte. Die Städte wuchsen über ihre politischen Grenzen hinaus, und in vielen Fällen führten Eingemeindungen zu neuem Raumgewinn.

Die neuen Siedlungen nahmen nicht nur die aus dem ländlichen Raum zuziehende Bevölkerung auf, sondern bewirkten auch die Entlastung der vordem überbelegten städtischen Quartiere. In den zehn größten deutschen Städten z. B. ging die Wohndichte – bezogen auf die bebaute Fläche – von rund 330 Einwohnern/ha im Jahre 1900 auf 220 Einwohner/ha im Jahre 1930 zurück. Die Tabelle zeigt am Beispiel einiger Städte das Anwachsen der Stadtflächen von 1850 bis 1940, wobei allerdings nicht nur Besiedlungszwänge die Ausdehnung bestimmten.

Mit dem Anstieg der Stadtbevölkerung, der Ausdehnung der Siedlungsräume und der zunehmenden Arbeitsteilung in der Wirtschaft im Verlaufe der zweiten industriellen Revolution wuchs das Verkehrsvolumen in den Städten überproportional. Aber nicht nur der Verkehr, sondern das städtische Leben überhaupt, das Wohnen, Arbeiten, Erholen und die Bezüge zur umgebenden ländlichen Region drängten nach neuen Leitbildern für die Entwicklung von „Stadt und Region". Die Städtebauer formulierten ihre Vorstellungen von der „gegliederten und aufgelockerten Stadt" in der Charta von Athen (1933). Die Charta begünstigte letztlich aber die Ausuferung der Städte in die Region und die Minderung des urbanen Lebens in den Stadtinnenräumen. Die Thesen der Charta sind mehr oder weniger überholt. In den letzten Jahrzehnten sind neue Konzepte für die Gestaltung der Stadtstrukturen entworfen worden, auf die hier nicht eingegangen werden kann.

Auf die Stadtentwicklung in den zwanziger und dreißiger Jahren unseres Jahrhunderts hatte das Automobil praktisch noch keinen Einfluß. Berlin z. B. hatte 1925 eine Pkw-Dichte von 2,8 Pkw/1000 Einwohner.

Die massenhafte Ausbreitung des Pkw in der Folgezeit, in Europa besonders in den letzten Jahrzehnten, führte nicht nur zu neuen Dimensionen im Straßenverkehr, sondern beeinflußte in starkem Maße die Wirtschaftsstrukturen, die Standortfragen für das Wohnen und Arbeiten und damit den Städtebau schlechthin. Industrien und Dienstleistungsunternehmen werden hinsichtlich der Befriedigung des Arbeitskräftebedarfs nahezu frei in der Standortwahl für ihre Betriebe, zeitliche und örtliche Bindungen sind fast bedeutungslos geworden, mit dem Pkw kann beinahe jeder Arbeitsplatz erreicht werden. Die moderne, arbeitsteilige Industriegesellschaft ist ohne das Auto, das in hohem Maße Mobilität und Flexibilität ermöglicht, nicht mehr denkbar. Das gleiche gilt für den Güterverkehr,

Stadtflächenentwicklung von 1850 bis 1940 (Fläche in qkm)

	London	*Stockholm*	*Berlin*	*Paris*	*Amsterdam*
1850	300,0	18,4	38,5	38,5	8,0
1940	1595,0	137,1	890,0	104,0	171,2

wobei der Lastkraftwagen als Transportträger und als Zubringer und Verteiler der Waren und Güter in dem differenzierten Räderwerk des Wirtschaftsablaufes die dominierende Funktion innehat.

Der Pkw als individuell nutzbares Verkehrsmittel hat die Welt des einzelnen verändert. Beliebige Ortsveränderungen sind möglich, Freiheits- und Unabhängigkeitsgefühle, verbunden mit Statussymbolen, werden geweckt. Mit wachsendem Lebensstandard besitzen heute in den wohlhabenden Ländern breite Bevölkerungsschichten einen Pkw. Die Tabelle zeigt beispielhaft für einige Städte die Pkw-Dichte im Jahre 1990.

Pkw-Dichte einzelner Städte 1990

Stadt	*Einwohner (Region in 1000)*	*Pkw pro 1000 Einwohner*
Los Angeles	13950	523
Washington	3100	658
Houston	2820	790
Frankfurt	2480	525
München	2320	510
Graz	795	596

1991 umfaßte der Pkw-Bestand in der Bundesrepublik 37 Millionen Einheiten. Er wird nach der Shell-Prognose bis 2000 auf 44 Millionen und bis 2010 auf 49 Millionen Einheiten ansteigen.

Städtebau und Straßenwesen

Die durch den Städtebau geförderte Konzentration der Dienstleistungsstandorte in den Stadtinnenräumen, häufig mit Hunderten von Arbeitsplätzen in einem einzigen Gebäudekomplex einerseits und die Zufahrt der Bediensteten mit dem Pkw über immer größere Entfernungen aus dem Umland andererseits, erzeugen Verkehrsbelastungen vor allem auf den in die Stadtinnenräume gerichteten Magistralen, die man mit entsprechendem Ausbau der Straßen auffangen zu können glaubte. So wurden Stadtautobahnen, Hoch- und Tiefstraßen und voluminöse Parkhäuser gebaut. Gewachsene Stadtteile und ihre urbanen Zentren wurden rigoros durchschnitten. Forderungen nach einer „autogerechten Stadt“ nach dem Muster etlicher amerikanischer Städte haben in vielen deutschen und europäischen Städten ihre teilweise monströsen Spuren hinter lassen.

Folgewirkungen des motorisierten Individualverkehrs

Die Kehrseite der Medaille zeigt sich in den Problemen, die sich mit der nahezu ungehemmten Ausbreitung des Kraftfahrzeugverkehrs in den Städten und Regionen eingestellt haben. In knapper Form lassen sie sich wie folgt charakterisieren:

Siedlungswesen

Während die öffentlichen Verkehrsmittel die Ausdehnung der Stadträume in Form achsialer Korridore (öffentliche Verkehrsmittel sind „Linien“-Verkehrsmittel) bewirkt haben, hat das Auto die großräumige, flächenhafte Ausuferung der Städte in die Region verursacht. Neben der Landschaftszersiedlung mit starken Eingriffen in den Naturhaushalt (Äcker, Wiesen, Wälder) sind kostspielige Erschließungs- und Versorgungsmaßnahmen (Straßenbau, Schulen, Wasser und Abwasser, Müll u.a.) die Folge. Die verkehrlichen Auswirkungen dieser Entwicklung sind gravierend.

Das Pendlerproblem

Die im Verlaufe der Industrialisierung in den Städten entstehenden neuen Arbeitsplätze konnten von der Stadtbevölkerung allein nicht mehr besetzt werden. Schon damals gab es den Berufspendler aus dem Umland. Heute haben die Berufspendler einen Anteil an den Arbeitsplätzen in einer Stadt von nicht selten über 40%.

Bild 5: „Wildes Parken" im Straßenraum (Bild: E. Staisch)

Das durch den Pkw ermöglichte Wohnen vieler Berufstätiger in den Umlandgemeinden, aber auch der Wohnungsmangel und die Wohnungskosten in den Städten bewirken vor allem in den Großstadträumen Pendlerentfernungen, die über 50 km reichen und deren Überwindung einen Zeitaufwand bis zu eineinhalb Stunden morgens und abends erfordert. Weniger gravierend sind die Auspendler aus den Städten. Ihr Anteil beträgt etwa 10 % der Einpendlerströme.

Von zahlenmäßig größtem Umfang sind die innerstädtischen Pendlerströme, wie sie durch die Größe einer Stadt und die Lage der Wohnungen und Arbeitsplätze zueinander mindestens zweimal täglich massenhaft ausgelöst werden.

Das Verkehrsgeschehen auf den Stadtstraßen wird größtenteils durch das Auto bestimmt, wobei es im Berufsverkehr morgens und abends die Hauptrolle spielt. Die öffentlichen Verkehrsmittel haben an Bedeutung verloren, ihr Anteil am Berufsverkehr liegt in vielen Städten weit unter 50 %. Nur in den Innenräumen der großen Städte, die mit leistungsfähigen und schnellen öffentlichen Verkehrsmitteln (S-, U- und Stadt-Bahnen) erschlossen werden, gibt es ÖPNV-Anteile von 60 % bis über 80 %.

Die Leistungskapazität vieler Magistralen in den Städten und den zugehörigen Regionen ist erschöpft. Verkehrsstaus auf den Straßen und – besonders häufig bei Schlechtwetterverhältnissen – Verkehrsstillstände während der Hauptverkehrszeiten mit entsprechenden Zeitverlusten und Umweltbelastungen gehören heute zum Alltag des Berufspendlers.

An dem Pendlerwesen zeigen sich die enge Verzahnung von Städtebau, Wirtschaft und Verkehr und deren Abhängigkeiten voneinander. Der Verkehr hat längst alle kommunalpolitischen Grenzen gesprengt. Einmal mehr wird hier deutlich, daß Stadt und Umland als untrennbare Planungseinheit gesehen werden müssen und das Pendlerproblem nur beeinflußt werden kann, wenn die Stadt- und Regionalplanung insgesamt den Raum umfaßt, der für die Pendlerbeziehungen relevant ist.

Das Parkproblem

Obgleich in den letzten Jahrzehnten nicht nur Straßen, sondern mit Milliardenaufwand auch die öffentlichen Verkehrsmittel zu attraktiven und leistungsfähigen Verkehrssystemen der Städte ausgebaut wurden, bleibt der Druck des motorisierten Individualverkehrs auf die Stadtinnenräume. Dies ist nicht nur eine Frage des Dienstleistungspotentials in den Innenstädten (Berufspendler), sondern auch die des Einkaufs und Touristikverkehrs, der mit wieder zunehmender Anziehungskraft der Kernzonen sich nach dort ausrichtet.

Große Probleme verursacht in diesem Zusammenhang der „ruhende Verkehr". Viele Plätze und Straßenzüge in den Städten werden von ihm geradezu erstickt. Der ruhende Verkehr hat vielerorts unerträgliche Formen angenommen. Park-Such-Verkehr, unbotmäßiges („wildes") Parken mit entsprechender Belästigung der Anlieger und Behinderung der Fußgänger, Radfahrer und des fließenden Verkehrs kennzeichnen die Situation. Illegales Parken hat in deutschen Städten einen Anteil von 40% bis 50% am Gesamtparkverkehr, eine Folge auch der unzureichenden Überwachung des ruhenden Verkehrs und der offensichtlich wenig wirksamen Ahndung bei Verstößen.

Ähnliche Zustände herrschen in den Wohnquartieren der Städte vor, besonders in Vierteln mit höhergeschossiger Bebauung.

Die Umweltbelastung in den Städten

Mit dem Anstieg des motorisierten Straßenverkehrs in den Städten erhöhte sich auch der verkehrsbedingte Anteil der umweltschädigenden Emissionen (Lärm und Schadstoffe). Viele Stadtbewohner fühlen sich belästigt und geschädigt.

In noch stärkerem Maße empfindet die Stadtbevölkerung die Zerstörung gewachsener städtischer Freiräume durch den fließenden und ruhenden Verkehr, die Mobilitätsbehinderung als Fußgänger und nicht zuletzt den Verlust an Urbanität und Attraktivität dieser Räume als eine durch das Auto verursachte Umweltbelastung.

Fazit

In den letzten Jahrzehnten sind die städtischen und regionalen Strukturen weitgehend durch die Ausbreitung und Nutzung des Kraftfahrzeuges beeinflußt worden. Beides bewirkte maßgebend die Ausuferung der städtischen Bebauung in die Regionen und damit zusätzlichen Verkehr zur Überwindung der längeren Wege. Der übermäßige Kraftfahrzeugverkehr in den Städten verursacht nicht nur ökologische Schäden, durch seinen Flächenbedarf für den fließenden und ruhenden Verkehr beeinträchtigt er auch das urbane Gefüge der städtischen Räume.

Die Aufnahmefähigkeit der Stadtstraßen, insbesondere die der in die Stadtinnenräume gerichteten Magistralen, ist erschöpft. Stop-and-Go-Verkehre, Staus und totale Verkehrsstillstände sind tägliche Erscheinungsformen auf den Straßen. Der motorisierte Individualverkehr stellt sich selbst in Frage.

Die Bedeutung einer Stadt liegt letztlich in ihrer Leistungsfähigkeit zur Befriedigung menschlicher Bedürfnisse, nämlich der Entfaltung von Handel und Industrie, des Dienstleistungsbereiches, der Urbanität und des Angebotes für Wohnen, Bilden, Kultur und Freizeit. Dazu bedarf es des Verkehrs, jedoch in stadtverträglicher Form und Ausgewogenheit.

Was ist zu tun?

Infarktverhinderung: Politische, verkehrliche und städtebauliche Maßnahmen sind gefragt

Forderungen an die Nahverkehrspolitik [5, 6]

Das Ziel, den Kfz-Verkehr in den Städten und stadtnahen Regionen auf ein insgesamt erträgliches Volumen zurückzuführen, wird nur mit regulierenden, konzeptionell begründeten Eingriffen in den Verkehr auf der Basis einer überzeugenden Nahverkehrspolitik zu erreichen sein.

Das verkehrspolitische Konzept muß wohlabgewogen die wirtschaftspolitischen, städtebaulichen und umweltbezogenen Ziele berücksichtigen. Es muß grenzüberschreitend auf Stadt und Region ausgerichtet werden und hinsichtlich der Siedlungs- und Wirtschaftsentwicklung die Belange des Gesamtraumes im Auge haben. Der Nahverkehrspolitik stellt sich folgende Ausgangssituation:

– Der Kfz-Verkehr nimmt weiter zu und stößt tagsüber immer häufiger an die Leistungskapazität der Straßen. Der für die Städte lebenswichtige Wirtschaftsverkehr wird durch den privaten Kfz-Verkehr zunehmend behindert.

– Der Zuwachs im Personennahverkehr der Städte hat seit den 60er Jahren überwiegend im privaten Kfz-Verkehr stattgefunden.

– Die Pendlerverflechtungen zwischen Stadt und Region haben in den letzten 20 Jahren stark zugenommen. Das Auto ist das meist benutzte Verkehrsmittel der Pendler.

– Die Emissionen des Verkehrs lassen sich in derzeitiger Form nachhaltig nur reduzieren, wenn der Kfz-Verkehr spürbar eingeschränkt und auf umweltfreundliche Verkehrsmittel verlagert werden kann.

– Die öffentlichen Haushalte sind nach wie vor stark angespannt. Es ist davon auszugehen, daß auch künftig viele Wünsche nach Investitionen in den Verkehr, insbesondere in den ÖPNV, unerfüllt bleiben werden. Es müssen daher Prioritäten gesetzt werden.

Mit dieser Ausgangssituation ist der verkehrspolitische Handlungsbedarf umrissen. Vordringlich sind:

– Der Ausbau des Schienenverkehrs zwischen Stadt und Region, um möglichst große Anteile des Berufspendlerverkehrs sowie des Einkaufs- und Freizeitverkehrs auf die Schiene verlagern zu können,

– die quantitative und qualitative Steigerung des ÖPNV-Angebotes in eine neue Dimension, vor allem die Erhöhung von Schnelligkeit, Pünktlichkeit und Regelmäßigkeit der öffentlichen Verkehrsmittel auf den Straßen (Vorranggewährung an den Lichtsignalanlagen und Beschleunigungsmaßnahmen),

– die Einbeziehung des Fahrrad- und Fußgängerverkehrs in einen Systemverbund mit den öffentlichen Verkehrsmitteln durch Ausgestaltung der Wegenetze und Einrichtung von Abstellplätzen an den Haltestellen,

– die gezielte Beschränkung des motorisierten Individualverkehrs auf die Verkehrsräume und Verkehrszwecke, in denen der Pkw auch künftig unverzichtbar ist,

– die Förderung des Wirtschaftsverkehrs mittels Steuerung und Regulierung des auf die Stadtinnenräume gerichteten privaten Pkw-Verkehrs, z. B. durch Einrichtung einer umfassenden Parkraumbewirtschaftung.

Damit zeichnen sich bestimmte Linien für die künftige Entwicklung des Stadt- und Regionalverkehrs ab. Priorität müssen nach wie vor die Belange des Wirtschaftsverkehrs, der allerdings umweltschonender als bisher abzuwickeln ist, und die für die strukturelle Stärkung von Stadt und Region mit Arbeiten, Wohnen, Kultur und Freizeit notwendigen verkehrlichen Maßnahmen haben. Vor allem aber muß der ÖPNV gefördert werden.

Die Aufgabenstellung macht deutlich, daß nur eine integrierende, verkehrsträgerübergreifende Vorgehensweise mit Prioritätensetzung, bei der Stadt und Region als eine „sozio-ökonomische Raumeinheit" (Lehner) verstanden werden, erfolgversprechend sein kann. Damit gewinnt künftig die Stadt- und Regionalplanung eine besondere Bedeutung.

Neue komplexe Stadt- und Regionalplanung

Schon in der Frühzeit der Städte ging der Verkehr von der Bebauung aus. Art, Nutzungsintensität und Lage der Gebäude bestimmen Größe, Zusammensetzung und Verteilung des Verkehrs. „Verkehr und Gebäude sind ... zwei Seiten desselben Problems. Beeinflussen wir die eine, so wird sich auch die andere ändern" (Buchanan).

Vor allem in der Neuzeit, insbesondere in den Jahren des Wiederaufbaus der kriegszerstörten Städte, ist dieser Kausalzusammenhang häufig nicht beachtet worden, oder er konnte unter dem Druck der Wohnungsnot in der Nachkriegszeit nicht berücksichtigt werden. Neue Wohnsiedlungen für Zigtausende von Menschen entstanden auf der „grünen Wiese“, fernab von den Haltestellen der öffentlichen Verkehrsmittel. So wurde der private Kfz-Verkehr geradezu herausgefordert. Ebenso wenig wurden in dieser Aufbruchzeit bei der Standortwahl für den Auf- und Ausbau der Industrien und der Dienstleistungen die verkehrlichen Auswirkungen beachtet. Der rasante Anstieg des Kfz-Verkehrs auf den Straßen in den letzten Jahren ist somit auch eine Folge verfehlter oder unterlassener Stadt- und Regionalplanung.

Die Städte sind die Verkehrsprobleme in den 60er und 70er Jahren z. T. mit aufwendigen Verkehrsbauten angegangen. Inzwischen weiß man längst, daß es Grenzen der Anpassung gibt, die nur um den Preis einer Zerstörung gewachsener Stadtstrukturen überschritten werden könnten. Dies würde, zumindest in den europäischen Städten, in heutiger Zeit keine Akzeptanz mehr finden. Im Gegenzug geht man gegenwärtig – und das ist das andere Extrem – um den Erhalt eines jeden Hauses, eines jeden Baumes auf die Barrikaden.

Um so mehr ist die Stadt- und Regionalplanung gefordert, die Fortentwicklung der Städte und Regionen mit Blick auf die nahverkehrspolitischen Ziele zu betreiben. Sie muß insbesondere darauf drängen, daß verkehrsintensive Bebauungen vorrangig auf die spezifischen Belange der öffentlichen Verkehrsmittel ausgerichtet werden. Die Gestaltungsmöglichkeiten hierfür liefern die Bauleitpläne mit den Flächennutzungs- und Bebauungsplänen.

Die Flächennutzung (Wohnungen, Verwaltungen, Industrien, Gewerbe, Verkehr, Landwirtschaft, Kultur, Sport, Erholung u. a.) sollte mit dem Ziel einer Minimierung der Verkehrserzeugung gegliedert werden. Verkehrsintensive Baukomplexe sind grundsätzlich in fußläufiger Entfernung den Haltestellen vorhandener oder einzurichtender öffentlicher Verkehrslinien zuzuordnen. Die Regionalstruktur für Wohnen und Arbeiten ist achsial auszugestalten und hinsichtlich der Verkehrserschließung ebenfalls vorrangig auf die öffentlichen Verkehrslinien auszurichten. Vorbildlich sind hier z. B. der von Hamburg entwickelte verkehrsplanerische Ordnungsrahmen sowie das Achsen- und Dichtemodell für die raumplanerische Grundstruktur der Bebauung.

Die engen Wechselbeziehungen zwischen Raumgliederung und Städtebau einerseits und dem Verkehr andererseits zwingen zu großräumiger Betrachtungsweise, d. h. Stadt- und Regionalplanung müssen unbedingt koordiniert sein. Stadt und Umland bis tief in die Region hinein sind über die Pendlerverflechtungen längst zu einer sozio-ökonomischen Raumeinheit zusammengewachsen, auch wenn die kommunalen Grenzen diese noch nicht ausweisen. Die Planung der lebenswichtigen Funktionen für die Stadt- und Regionalräume gehören daher in die Hand eines Planungsträgers, dem die räumlichen und ressortbezogenen Zuständigkeiten der Kommunen übertragen werden und der neben der fachlichen Arbeit um den Ausgleich der oft gegenläufigen Interessen bemüht sein muß.

In vielen Ländern, auch in Deutschland, gibt es vielerorts und seit Jahrzehnten Planungsverbände oder -gemeinschaften, die übergemeindliche Planungen betreiben. Aufgaben und Zuständigkeiten der Institutionen sind durch Gesetz oder Satzung vorgegeben. Vielleicht müssen die Einrichtungen aktiviert und den neuen Bedingungen angepaßt werden.

Die Planungsträger müssen sich als Mitgestalter der Nahverkehrspolitik verstehen. Sie haben es schon im Ansatz in der Hand, eine Stadt- und Raumentwicklung einzuleiten und auszugestalten, die das künftig zu erwartende Verkehrsaufkommen, die Verkehrsmittelwahl und damit das Verkehrsgeschehen auf den städtischen und regionalen Straßen nach Umfang und Intensität vorzeichnen. Stadt- und Regionalplanung muß deshalb und im Hinblick auf die Langfristigkeit ihrer Wirkungen immer auch Verkehrsplanung sein. Die Planungsträger sollten sich von vornherein der Nahverkehrsunternehmen bedienen.

Verkehrsmanagement

Die Umsetzung der verkehrspolitischen Ziele erfordert Kompetenz, Tatkraft und Ausdauer. Es ist wichtig, daß sich jemand verantwortlich der Probleme annimmt und Entscheidungen trifft. Da die anstehenden Maßnahmen stets die Zuständigkeit zahlreicher kommunaler und regionaler Ämter, Planungsverbände und Verkehrsunternehmen betreffen, sollte, schon um nicht einer überstarken Bürokratie zu erliegen, ein besonderes Verkehrsmanagement eingerichtet werden, das den Aufgabenkomplex raum- und kompetenzübergreifend angehen kann.

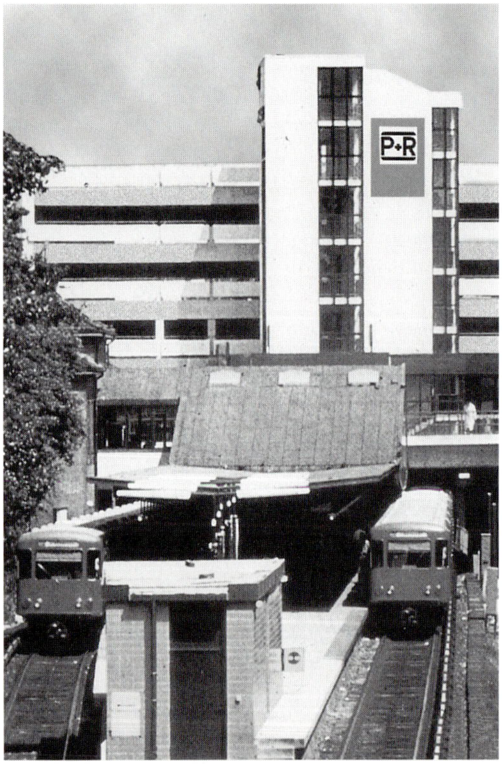

Bild 6: P+R-Anlage direkt über einer U-Bahn-Haltestelle in Hamburg (Bild: Hamburger Verkehrsverbund)

Das Verkehrsmanagement soll quasi das Exekutivorgan der Verkehrspolitik sein. Es kümmert sich um die richtigen Ansätze in der Stadt- und Regionalplanung, es koordiniert die Verkehrsplanung und die Verkehrsleit- und Informationssysteme der einzelnen Kommunen, und es vertritt bei allen Vorhaben die Belange des Wirtschaftsverkehrs und mit besonderem Augenmerk die des ÖPNV.

Aufgabe des Verkehrsmanagement ist es auch, den Einsatz der einzelnen Systeme Bahn-, Bus- und Individualverkehr so weit wie möglich aufgabengerecht den städtischen und regionalen Räumen zuzuweisen, wobei die Parkraumbewirtschaftung in den städtischen Kernzonen und ein entsprechendes P+R-Angebot in den Stadtrandgebieten hilfreiche Steuerungsinstrumente sein können.

P+R als Teilsystem des öffentlichen Nahverkehrs

Bei allen Parkraumbeschränkungen, denen der private Kfz-Verkehr in den Stadtinnenräumen unterworfen wird, muß dennoch deren Zugänglichkeit gewährleistet werden. Der Lebensnerv der Städte hängt davon ab. Viele Städte sehen in P+R ein geeignetes System zur Entlastung der Innenstadtstraßen und der Stellplatznachfrage. P+R bietet an den Achsen der öffentlichen Verkehrslinien Ersatz für die in den Innenräumen aufgehobenen Stellplätze und ist in der Kombination mit einem attraktiven ÖPNV auch die dem Pkw-Fahrer zumutbare Alternative [7].

Das P+R-System zeigt allerdings nur dann die gewünschten Entlastungseffekte, wenn es sinnvoll in die städtische und regionale Gesamtverkehrsstruktur eingebunden wird: Der öffentliche Nahverkehr mit seinen leistungsfähigen und schnellen Bahn- und Busverbindungen ist das Basisverkehrsmittel auf den regionalen Magistralen, der Pkw erschließt die weitläufigen Regionalbereiche, in denen das ÖPNV-Angebot nur schwach ausgebildet ist und aus Kostengründen auch nicht verbessert werden kann. Mit P+R lassen sich räumliche und zeitliche Lücken im Zubringerverkehr überbrücken und bestimmte Bevölkerungsteile überhaupt erst dem ÖPNV zuführen.

P+R gewinnt zunehmend an Bedeutung. Beginnend in den 50er und 60er Jahren (London, Hamburg, USA-Städte) hatten 1970 weltweit bereits 24 Städte P+R-Anlagen; 1990 waren es schon 76 Städte, wie die Tabelle auf Seite 45 zeigt.

Die Anzahl der Städte mit P+R verdreifachte sich, ebenso die Anzahl der P+R-Anlagen. Die Stellplatzkapazität wuchs in dem

Anzahl der Städte mit P+R-Anlagen 1970 und 1990

	Anzahl Städte	*Anzahl P+R-Anlagen*	*Stellplatz-Kapazität*	*mittlere Stellplatzzahl*
1970	24	1170	194 300	ca. 170
1990	76	3720	849 230	ca. 230
Zuwachs	+316%	+319%	+413%	+136%

Zeitraum sogar um mehr als das Vierfache.

P+R-Plätze sind allerdings relativ investitions- und flächenaufwendig und nicht zuletzt deshalb in jüngster Zeit in Kritik geraten [7]. Richtig bleibt, daß P+R ein wichtiger Baustein für ein integrierendes Verkehrskonzept ist. Kosten und Nutzen sind stets gegenüberzustellen. Sichergestellt sein sollte, daß der Finanzbedarf für P+R nicht zu Lasten des ÖPNV geht. Es muß der Grundsatz gelten, daß P+R die Alternative zum Pkw-Verkehr ist. Folglich muß es von dieser Seite her finanziert werden.

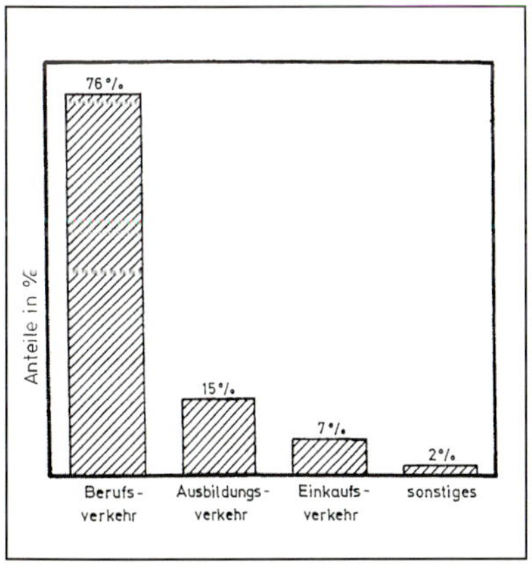

Bild 7: Fahrtzwecke der P+R-Teilnehmer in Hamburg (Bild: Hamburger Verkehrsverbund)

Werbung und Öffentlichkeitsarbeit sind notwendig

In breiten Bevölkerungskreisen der Städte ist ein grundlegender Wertewandel in der Einschätzung des Verkehrs zu verzeichnen. Nicht mehr das Auto dominiert – wie bisher weit verbreitet – die Lebenseinstellung, sondern deutlich wird gefordert, die Umwelt-, Gesundheits- und Sozialverträglichkeit des städtischen Verkehrs zu verbessern und dies – falls erforderlich – zu Lasten des motorisierten Individualverkehrs. Hier kommt nicht die Meinung bestimmter gesellschaftlicher Randgruppen zum Ausdruck, sondern die großer städtischer Bevölkerungsteile. So stufen von zehn EU-Bürger(innen) nur noch vier die Folgewirkungen des Autoverkehrs als erträglich ein, für ein Drittel sind sie schwer erträglich, für ein Viertel sogar nicht mehr erträglich. Statt dessen will man die öffentlichen Verkehrsmittel gefördert und deren Angebot weiter ausgebaut sehen [8, 9].

Der ÖPNV erfährt eine Neueinschätzung auch durch die Geschäftswelt in den Stadtinnenräumen. Häufig noch mit einer Einschränkung des Pkw-Verkehrs nicht einverstanden, wird zunehmend erkannt, daß öffentliche Verkehrsmittel im Zusammenhang mit gut gestalteten Fußgängerzonen und sonstigen autofreien Räumen weitaus stärkere Kundenströme in die Stadtinnenräume führen als der private Pkw-Verkehr.

Die Sensibilität der Bevölkerung in den Städten gegenüber den Auswüchsen des Verkehrs sollte die Grundlage bilden für eine intensive, permanente Werbung und Öffentlichkeitsarbeit. Man muß davon ausgehen, daß alle Maßnahmen, die den privaten Kfz-Verkehr einschränken, wie der Abbau von Stellplätzen in den Stadtinnenräumen und die Verlagerung weiterer Teile des Berufs-, Ausbildungs- und Einkaufsverkehrs auf öffentliche Verkehrsmittel, zweifellos ein beträchtliches Spannungsfeld erzeugen, das es – möglichst durch Einsichtigkeit der Betroffenen – abzubauen gilt. Werbung und Öffentlichkeitsarbeit können dazu beitragen und die zunehmend positive Einstellung der Bevölkerung zu den umweltfreundlichen Verkehrsmitteln ÖPNV, Fahrrad- und Fußgängerverkehr, ihre Akzeptanz und ihren Stellenwert im gesamten kommunalen Leben noch weiter fördern.

Realitäten und Probleme am Rande

Das besondere Augenmerk muß der Zukunft der Stadtinnenräume gelten. Sie sind die Zentren des Gemeinschaftslebens, die mit ihren vielfältigen wirtschaftlichen und kulturellen Aktivitäten vor allem als Stätten menschlicher Begegnung erhalten werden müssen. „Ohne City wäre die Stadt eine stadtlose Stadt" (Hillebrecht) und die umschließende Region ohne den verbindenden und Identität vermittelnden Bezugspunkt. Es stellt sich die Frage, ob es überhaupt gelingen kann, den Verkehr in Stadt und Region so umzugestalten und zu organisieren, daß einerseits deren Funktionsfähigkeit erhalten bleibt und andererseits urbanes Leben in einer ortstypischen Atmosphäre und gesunden Umwelt sich entfalten kann.

Raumordnungspolitik und kommunale Verkehrsgestaltung sind nur auf einen Nenner zu bringen, wenn es gelingt, sich über alltägliche kommunale Anliegen zu verständigen. Hierzu einige Beispiele:

Kommunale Egoismen

Die Stadt- und Regionalentwicklung wird auch künftig maßgeblich von der Verkehrsentwicklung geprägt. Diese Entwicklung in den Griff zu bekommen, ist in unserem föderalen System mit den verbrieften Zuständigkeiten zwischen Kommunen, Ländern und Bund eine nicht immer einfache Angelegenheit. Unter den Kommunen herrscht das Konkurrenzdenken. Verkehrsprobleme, Umweltfragen und andere vermeintlich überzuordnende Faktoren drängt eine Kommune zurück, wenn es z. B. darum geht, einen finanzstarken Industriekonzern zu gewinnen. Alle guten Vorsätze und die Erkenntnisse über Verkehrserzeugung und Verkehrsbelastung treten dabei schnell in den Hintergrund. Die meist nachzurüstende verkehrliche Infrastruktur wird total auf das Auto gemünzt, und der Konzern dankt es mit seinen Steuern und Abgaben.

Ähnlich verhalten sich die Kommunen bei Restriktionen gegen den Kraftfahrzeugverkehr. Sobald etwa Kaufkraftabflüsse in Nachbarkommunen oder sonstige Attraktivitätsverluste befürchtet werden, bleibt es hinsichtlich der Einflußnahme auf den Verkehr oft nur bei Lippenbekenntnissen.

Die Denk- und Handlungsweise der Kommunen ist verständlich. Es sollte jedoch auf freiwilliger Basis durch Satzung oder – falls erforderlich – durch Gesetz erreicht werden, daß die Entwicklung der Kommunen in einer wirtschaftlich, kulturell und verkehrlich zugesammengewachsenen Region von einer übergeordneten Raumordnungsinstanz beeinflußt werden kann. Diese Instanz muß natürlich wettbewerbs- und interessenneutral arbeiten. Den Kommunen bleiben Eigeninitiativen und die Wahrung der Eigeninteressen unbenommen. Sie sind jedoch mit den übergeordneten Raumordnungszielen in Einklang zu bringen.

Nutzenstiftung des ÖPNV

Die Stadtinnenräume und die Magistralen zwischen Stadt und Region können vom motorisierten Individualverkehr nur dann wirksam entlastet werden, wenn es gelingt, große Anteile des Pkw-Verkehrs auf öffentliche Verkehrsmittel zu verlagern. Dies bedingt jedoch einen ÖPNV, der qualitativ und quantitativ weit über das derzeitige Angebot hinausreicht. Notwendig sind städtische und regionale Verkehrsnetze, die nicht nur traditionsgemäß vorwiegend auf die Innenstädte ausgerichtet sind, sondern mit dichten Fahrplantakten auch Querverbindungen schaffen und überhaupt Beziehungen herstellen, die bisher (zumeist aus Kostengründen) räumlich und zeitlich dem Pkw überlassen wurden. Kann man aber einen solchen ÖPNV finanzieren?

Für die Stadt Köln ist berechnet worden, daß der ÖPNV der Stadt einen volkswirtschaftlichen Nutzen von jährlich 1,5 Milliarden DM erbringt, dem bei den Verkehrsbetrieben ein betriebswirtschaftlicher Fehlbetrag von 159

Millionen DM gegenübersteht. Nutzen und Kosten stehen also in keinem Verhältnis zueinander. Die Nutzenstiftung würde bei einer Aufteilung der Kosten nach dem Leistungs- und Gegenleistungsprinzip den ÖPNV in die Lage versetzen, dauerhaft kostendeckend arbeiten zu können [10, 11].

Es folgt daraus, daß die Kommunen parallel zu den Bestrebungen, den Pkw-Verkehr einzuschränken, in die Lage versetzt werden müssen, in den ÖPNV investieren und den aufwendigeren Betrieb aber auch finanzieren zu können. Bund, Länder und Kommunen sind aufgerufen, dem ÖPNV zuverlässige und langfristig ergiebige Finanzierungsquellen zu verschaffen. Die nunmehr im Zuge der Umstrukturierung des Schienenpersonennahverkehrs (SPNV) der Deutschen Bahn AG und über das erweiterte Gemeindeverkehrsfinanzierungsgesetz (GVFG) dem ÖPNV in Stadt und Region zugedachten Finanzmittel lassen eine spürbare und nachhaltige Anhebung des derzeitigen Angebotsstandards im ÖPNV nicht zu, zumal diese Mittel ab 1997 bereits wieder um 3 Milliarden DM/Jahr gekürzt werden.

Verkehrsverhalten der Pkw-Fahrer verändern

Angebotsverbesserungen im ÖPNV allein fördern erfahrungsgemäß nur den freiwilligen Verzicht auf die Pkw-Benutzung. Das ergibt noch keine spürbaren Entlastungseffekte. Es muß auch die hohe Bequemlichkeitsschwelle überwunden werden, die dem Umstieg vom Pkw auf den ÖPNV entgegensteht. Das wird nachhaltig nur über den Preis der Pkw-Nutzung (etwa durch Einbeziehung der extern erzeugten Kosten) und durch Verknappung der Parkmöglichkeiten in den Zielgebieten zu erreichen sein.

Eine Verteuerung der Pkw-Nutzung über Steuern und Abgaben ist allerdings nur bedingt möglich, wenn soziale Härten vermieden werden sollen. Über den Preis erzwungene Mobilitätseinschränkungen beeinflussen nicht nur den Lebensstandard des einzelnen, sondern auch Standortfragen bis hin zur Arbeitsteiligkeit in Industrie und Wirtschaft. Kostenerhöhungen dieser Art dürfen sich nicht in den Verhandlungen der Tarifpartner wiederfinden. Sozial Schwache sollten unterstützt werden, wenn sie auf die Pkw-Nutzung wirklich angewiesen sind. Denkbar wäre ein „Verkehrsgeld“, das analog zum „Wohngeld“ an bestimmte Bevölkerungsgruppen geleistet wird (Topp, Kaiserslautern).

Neben der Verbesserung des ÖPNV-Angebotes einerseits und einer Verteuerung der Pkw-Nutzung andererseits muß als dritter Faktor für eine wirksame Einschränkung des Pkw-Verkehrs eine auf Prioritäten ausgerichtete Parkraumbewirtschaftung eingeführt werden. Wenn der Pkw-Fahrer am Zielort keinen Abstellplatz findet und wenn ihm dies auch bewußt gemacht worden ist, dann wird er je nach der Entfernung zum Zielort entweder zum Fußgänger, Radfahrer oder zum Benutzer öffentlicher Verkehrsmittel. Anreize für den Umstieg auf den ÖPNV kann hierbei ein attraktives P+R-Angebot vermitteln.

Im Zusammenwirken der drei Faktoren unter einem Verkehrsmanagement, umfassende Verbesserung des ÖPNV Angebotes, spürbare Verteuerung der Pkw-Nutzung und konsequente Parkraumbewirtschaftung, sollte es möglich sein, ein Verkehrsverhalten der Bevölkerung zu bewirken, das die städtischen und regionalen, durch den Pkw ausgelösten Verkehrsprobleme nachhaltig auf ein erträgliches Maß reduziert.

Die „heile Welt“ ist nicht erreichbar

Bei allen Eingriffen in den Verkehr darf aber nicht vergessen werden, daß wir die Belange einer modernen Industrie- und Dienstleistungsgesellschaft, in der wir leben und die uns unseren hohen Lebensstandard zu finanzieren ermöglicht, zu berücksichtigen haben. Es geht nicht ohne Verkehr.

So wäre es verfehlt, den Pkw zu verteufeln. Es gilt immer noch, daß nur der Pkw die Fläche erschließt und bequeme Haus-zu-Haus-Verbindungen ermöglicht. Öffentliche Verkehrsmittel dagegen sind – vor allem auf der Schiene – Linienverkehrsmittel und können nur Punkt-zu-Punkt-Verbindungen leisten. Außerdem: Die Pkw-Benutzung wird privat finanziert (auch wenn der Pkw z. Z. längst nicht alle Kosten trägt). Der ÖPNV dagegen hängt in starkem Maße an öffentlichen Haushalten, seine Finanzierung ist häufig unsicher und immer problematisch. Im allgemeinen Interesse kann es daher nur vernünftig sein, wenn mit dem Pkw auch künftig diejenigen Verkehrsleistungen wahrgenommen werden, die der ÖPNV systembedingt oder aus wirtschaftlichen Gründen nicht übernehmen kann. Hier die richtige Abgrenzung zu treffen, wäre eine wichtige Aufgabe des Verkehrsmanagements.

Schlußbemerkung

Die Probleme des Stadt- und Regionalverkehrs sind hinreichend bekannt. In vielfältiger Weise gibt es Problemlösungsvorschläge und Handlungskonzepte. Die Kommunen sind gefordert, die Konzepte umzusetzen. Nicht alle notwendigen Maßnahmen können angefaßt werden, es fehlt das Geld. Es sind somit immer nur Teilschritte machbar. Deshalb ist es wichtig, daß umfassende, im übrigen aber bausteinartig entwickelte Verkehrskonzepte, die sich bei klarer Prioritätensetzung schrittweise verwirklichen lassen, die bisherigen viel zu starren Generalverkehrspläne ablösen. Darauf aufbauend können die Kommunen dann Modellösungen anstreben, die exemplarisch die Ziele und Möglichkeiten der künftigen Gestaltung des Stadt- und Regionalverkehrs aufzeigen. Jedermann sollte erkennen können, wohin die Entwicklung geht und daß er persönlich in hohem Maße dazu beitragen kann, daß Stadt und Region zu Beginn des 21. Jahrhunderts wieder „erlebenswert" werden.

Literatur

[1] Benevolo, L., Die Geschichte der Stadt, Campus Verlag, Frankfurt a. M. 1991

[2] Staisch, E., Zug um Zug, ein Rückblick auf das Jahrhundert der Eisenbahnen, Rösler u. Zimmer Verlag, Augsburg 1977

[3] Lehner, F., Regionale Ordnung in Verkehr und Städtebau, Bericht Nr. 1a, 38. Kongreß der UITP, London 1969

[4] Verkehr und Umwelt, Heft A 8 der Reihe „Forschung Stadtverkehr" des Bundesministeriums für Verkehr, 1994

[5] Leitlinien 1991 für den Nahverkehr, Freie und Hansestadt Hamburg, Behörde für Wirtschaft, Verkehr und Landwirtschaft

[6] Verkehr in der Stadt, Stadt Karlsruhe, Materialsammlung zu Strategien und Maßnahmen für einen stadtverträglichen Verkehr, 1991

[7] Runkel M., Park and Ride: Entwicklung und Perspektiven, Bericht Nr. 2, 50. Kongreß der UITP, Sydney 1993

[8] Einschätzungen zur Mobilität, Socialdata Institut für Verkehrs- und Infrastrukturforschung GmbH, München, im Auftrage der UITP, 1992

[9] Quidort, M., Ergebnisse der gemeinsamen Umfrage der UITP und der EG, UITP, 1992

[10] Willeke, R., Leistungen und Kosten der KVB, Kölner Verkehrsbetriebe AG, 1989

[11] Baum, H., Finanzierungskonzept für den ÖPNV in Köln, 1993

Inhalt

Vom preußischen Eisenbahngesetz zur europäischen Richtlinie

Günter Fromm (†), Dr. jur., war von 1973 bis 1989 stellvertretender Verbandsdirektor des damaligen Verbandes öffentlicher Verkehrsbetriebe (VÖV). In seinen 33 Jahren Tätigkeit für den VÖV hat er entscheidende Impulse zugunsten des öffentlichen Personennahverkehrs gegeben. Fromm war in weiten Kreisen des Verkehrswesens, der Verkehrswissenschaft und der Verkehrspolitik u.a. durch zahlreiche gutachterliche Stellungnahmen und Veröffentlichungen zu Fragen des Verkehrsrechts und der Verkehrspolitik bekannt und anerkannt. Von 1952 bis 1956 arbeitete er als Justitiar der Arbeitsgemeinschaft Güterfernverkehr im Bundsgebiet e.V. (AGF), dem heutigen Bundesverband des Deutschen Güterfernverkehrs (BDF). Fromm, seit 1954 Rechtsanwalt, war nach seinem Ausscheiden aus dem VÖV als Anwalt und Gutachter tätig. Er starb am 12. 11. 1994 im Alter von 70 Jahren, kurz nachdem er diesen Beitrag vollendet hatte.

Einführung

Seit einigen Jahren ist die Beseitigung des Fahrwegmonopols der öffentlichen Eisenbahnen im Gespräch. Man erwartet sich davon eine Belebung des Wettbewerbs der Eisenbahnverkehrsunternehmen untereinander. Die – damals noch nicht so genannte – Europäische Union hat dieses Anliegen zu einem Gebot an ihre Mitgliedsstaaten erhoben. Nach Art. 10 der Richtlinie des Rates vom 29. 7. 1991 zur Entwicklung der Eisenbahnunternehmen der Gemeinschaft (ABl. Nr. L 227 vom 24. 8. 1991, S. 25) – im allgemeinen kurz als Richtlinie 91/440/EWG bezeichnet – erhalten bestimmte Eisenbahnunternehmen ein Zugangsrecht zur Infrastruktur der übrigen Mitgliedsstaaten zu vergleichbaren Bedingungen. Die Meinung ist verbreitet, daß es sich dabei um etwas gänzlich Neues handelt. Doch das ist nicht der Fall. Es ist alles schon einmal dagewesen. Bereits § 26 des Preußischen Gesetzes über die Eisenbahn-Unternehmungen vom 3. 11. 1838 (GS 505) gestand dem Unternehmer nur für die ersten drei Jahre nach dem auf die Eröffnung der Bahn folgenden 1. Januar das Recht zu, ohne Zulassung eines Konkurrenten den Transportbetrieb allein zu unternehmen und die Preise sowohl für den Personenals auch für den Warentransport nach ihrem Ermessen zu bestimmen. Danach konnten – so bestimmte es § 27 – zum Transportbetriebe auf der Bahn außer dem Unternehmer selbst auch andere, gegen Entrichtung des Bahngeldes oder der zu regulierenden Vergütung, die Befugnis erlangen, wenn das Handelsministerium, nach Prüfung aller Verhältnisse, es angemessen fand, denselben eine Konzession zu erteilen. Freilich sollte diese Vorschrift niemals praktische Bedeutung erlangen. Noch ist es zu früh, eine Aussage darüber zu wagen, ob es dem Anliegen der Europäischen Union, das mittlerweile in Deutschland in nationales Recht umgesetzt worden ist, genau so ergehen wird. Doch zeigen die beiden Daten, daß, wer die Geschichte des Eisenbahnrechts zu erzählen hat, nicht gehalten ist, „das Rad neu zu erfinden".

Die Anfänge des Eisenbahnwesens: Staatsbahn- oder Privatbahnprinzip, Eisenbahngesetzgebung

In Deutschland kam es, nachdem in Großbritannien im Jahr 1825 die erste Eisenbahnstrecke von Stockton nach Dorlington eröffnet worden war, im Dezember 1835 zur Inbetriebnahme der ersten Eisenbahnlinie von Nürnberg nach Fürth. Ihr folgte im Jahr 1838 die erste Eisenbahn in Preußen von Berlin nach Potsdam und im Jahr 1839 die Eisenbahn von Leipzig nach Dresden. Es waren dies durchweg Privatbahnen in des Wortes ursprünglicher Bedeutung. Schon bald sollten die einzelnen Staaten jedoch verschiedene Wege gehen. Während man sich in den süddeutschen Staaten und auch in Braunschweig zum Staatsbahnsystem bekannte, ohne es allerdings immer und überall durchzuhalten, gab man im Königreich Preußen zunächst dem Privatbahnsystem den Vorzug. Das war nicht überraschend. Der preußische Staat scheute sich nicht nur, öffentliche Mittel in erheblichem Umfange in einem Bereich anzulegen, über dessen Chancen er sich noch keineswegs im klaren war. Man hatte schließlich auch den Wegebau lange Zeit Aktiengesellschaften überlassen [1].

Etwas anderes war freilich auch für das Königreich Preußen von Beginn an klar. Private Eisenbahnen bedurften der Aufsicht durch den Staat [2], wobei Gesichtspunkte der Landesverteidigung von Anfang an eine nicht zu unterschätzende Rolle spielten [3].

Das Preußische Eisenbahngesetz – Gesetz über die Eisenbahnunternehmungen vom 3. 11. 1838 (GS S. 505) – traf dafür Vorsorge, wenngleich die Meinungen darüber, ob es ein vortreffliches Gesetz war, geteilt sind [4]. Immerhin war jenes Gesetz nicht allein die Wiege der eisenbahnrechtlichen Planfeststellung, sondern bildete die Grundlage aller späteren Planfeststellungen in Deutschland [5]. Außerdem hat hier die Gefährdungshaftung für Personen- und Sachschäden ihren Ursprung. Die Haftung für Personenschäden wurde erst durch das Reichshaftpflichtgesetz von 1875 neu geregelt, und die Bestimmung über Sachschäden hielt sich bis 1940, also mehr als 100 Jahre [6].

Wo immer man sich damals zum Staatsbahnprinzip bekannte, ist eines bemerkenswert: Es wurde, wie man heute sagen würde, „gemeinwirtschaftlich" begründet. Ein Monopol gehöre – und die Eisenbahnen stellten damals ein Monopol dar – in die Hand des Staates, und sie könnten ihre Erschließungsfunktion, vor allem aber ihre Tarifgestaltung am besten am öffentlichen Interesse ausrichten, wenn sie der Staat in der Hand habe [7].

Wenn es in Preußen in verhältnismäßig kurzer Zeit zum Bau zahlreicher Eisenbahnen kam, spielte dabei die Privatinitiative eine entscheidende Rolle. Der Begriff der „Gründerzeit" ist damit in positivem wie in negativem Sinne verknüpft. Gerade die negativen Erfahrungen freilich bewirkten, daß sich der Staat verstärkt der Sache annahm, sei es, daß er notleidende Privatbahnen staatlicher Kontrolle unterstellte, sei es, daß er selbst als Bauherr und Betreiber in Erscheinung trat. Immerhin gab es im Jahr 1879, als die Verstaatlichung der Eisenbahnen in Preußen in Angriff genommen wurde, neben 6000 km Staatsbahnen noch rund 14 000 km Privatbahnen. Von diesen standen 3 500 km unter staatlicher Verwaltung [8].

Man sprach vom „gemischten System". Dabei ist die staatliche Verwaltung der Privatbahnen aus heutiger Sicht nicht uninteressant. Wurde doch hier erstmals zwischen Bau und Betriebsdienst auf der einen Seite sowie Tarifgestaltung, Kundenwerbung und Vertragsabwicklung auf der anderen Seite geschieden. Der Staat bestimmte, was für Bau und Betrieb aufzuwenden sei, und den Gesellschaften blieb es überlassen, in den anderen Bereichen ihre kommerziellen Talente spielen zu lassen. Man kann hierin einen Vorläufer der Überlegungen über die Einführung einer Trennungsrechnung sehen, und es sollte zu denken geben, daß damit seinerzeit allem Anschein nach nicht schlecht gearbeitet worden ist [9].

Das Eisenbahnwesen spielte, wo immer an die Schaffung eines Deutschen Reiches gedacht wurde, von Anfang an eine hervorragende Rolle. Das fand schon in der Reichsverfassung vom 28. 3. 1849 – der sog. Paulskirchenverfassung – seinen Niederschlag, die freilich Papier blieb [10].

Die Reichsverfassung vom 16. 4. 1871 blieb – bei Lichte betrachtet – hinter diesen Vorschriften zurück. Nichts belegt dies deutlicher als Art. 42, mit dem sich die Bundesregierungen verpflichteten, die Deutschen Eisenbahnen im Interesse des allgemeinen Verkehrs als einheitliches Netz zu verwalten und zu diesem Zwecke die neu herzustellenden Bahnen nach einheitlichen Normen anzulegen und ausrüsten zu lassen. Die Bestimmung galt – wie andere auch – aufgrund der bayerischen Vorbehalte nicht in Bayern und machte sie damit in gewisser Hinsicht unwirksam [11]. Zwar gelang es, mit dem Gesetz vom 27. 6. 1873 (RGBl. S. 164) ein Reichseisenbahnamt zu schaffen. Der Versuch, mit Hilfe eines Reichseisenbahngesetzes die Aufsicht über die Eisenbahnen des allgemeinen Verkehrs zu erlangen und damit dem Reich zuzusprechen, scheiterte jedoch [12].

Bismarck unternahm es daraufhin, die Reichsverkehrseinheit durch Übertragung des Eigentums des preußischen Staates an seinen Eisenbahnen auf das Reich herzustellen. 1876 legte er dem Preußischen Landtag den

Entwurf eines Gesetzes vor, der in beiden Häusern mit großer Mehrheit angenommen wurde. Um so stärker war aber die Gegnerschaft gegen das preußische Anerbieten im außerpreußischen Deutschland, insbesondere in den deutschen Mittelstaaten. Man widersprach dem Entwurf aus politischen Gründen, weil man eine Stärkung der Macht des Reiches auf Kosten der Bundesstaaten verhindern wollte. In der Tat wollte Bismarck nicht nur dem Privatbahnsystem und damit der vorhandenen Zersplitterung ein Ende bereiten [13], vielmehr verband er damit auch den politischen Gedanken, daß Eisenbahnen in der Hand des Reiches auch eine Stärkung der Reichsfinanzen bedeuten würden. Das war ihm wichtig, um das Reich von Matrikularbeiträgen der Länder unabhängig zu machen [14].

So mußte sich Bismarck bei der Verstaatlichung der Eisenbahnen auf Preußen beschränken. Sie wurde aufgrund des Gesetzes vom 29. 12. 1879 schrittweise – durch Kauf und nicht durch Enteignung – durchgeführt und war 1895 beendet. Motiv für diesen Alleingang Preußens waren nicht allein die Mißstände bei den Privatbahnen, sondern auch Überlegungen ganz anderer Art. Mit dem Jahr 1879 begann eine radikale Schwenkung der deutschen Wirtschaftspolitik. War sie bis dahin liberal und freihändlerisch ausgerichtet gewesen, wurde sie nunmehr protektionistisch und schutzzöllnerisch. Dabei wurde der Gestaltung der Eisenbahntarife wesentliches Gewicht zugemessen [15].

Das Preußische Eisenbahngesetz von 1838 kannte nur einen Rechtstyp von öffentlichen Eisenbahnen, ebenso wie die Bayerische Verordnung, die Erbauung von Eisenbahnen betreffend, vom 20. 6. 1855. Das bedeutete, daß auch nebenbahnähnliche Kleinbahnen und Straßenbahnen diesen Vorschriften unterlagen, obwohl sie darauf nicht zugeschnitten waren. Es sollte aber noch geraume Zeit dauern, bis dieser Erkenntnis Rechnung getragen wurde. Der preußische Gesetzgeber unternahm diesen Schritt mit dem Erlaß des Gesetzes über Kleinbahnen und Privatanschlußbahnen vom 28. 7. 1892 (GS S. 225). Durch dessen § 1 wurden die „Kleinbahnen" aus dem Geltungsbereich des Preußischen Eisenbahngesetzes von 1838 herausgenommen. Dieses galt seitdem nur noch für die „Eisenbahnen des allgemeinen Verkehrs", die auch als Fernbahnen, Vollbahnen oder Großbahnen bezeichnet wurden. Unter Kleinbahnen versteht § 1 PreußKlBG „die dem öffentlichen Verkehr dienenden Eisenbahnen, welche wegen ihrer geringen Bedeutung für den allgemeinen Eisenbahnverkehr dem Gesetz über die Eisenbahnunternehmungen vom 3. 11. 1838 nicht unterliegen, ... insbesondere ... der Regel nach solche Bahnen, welche hauptsächlich den örtlichen Verkehr innerhalb eines Gemeindebezirks oder benachbarter Gemeindebezirke vermitteln".

Man unterschied von da an zwischen Straßenbahnen und nebenbahnähnlichen Kleinbahnen [16].

Das Preußische Kleinbahngesetz sollte in Berlin (West) noch über den Zeitpunkt des Beitritts der DDR zur Bundesrepublik hinaus gelten. Das ergibt sich aus einem Beschluß des OVG Berlin vom 8. 2. 1991 [17].

Das Eisenbahnrecht in der ersten Hälfte des 20. Jahrhunderts

Die „Verreichlichung" der Ländereisenbahnen

Was Bismarck nicht vermochte, bildete nach dem Ende des Ersten Weltkrieges kein nennenswertes Problem mehr. Man erblickte in der Verreichlichung der Staatseisenbahnen – wiederum – eine Möglichkeit zur Stärkung der Reichsgewalt [18] und so wurde man sich nach relativ kurzer Zeit darüber einig, es zur Aufgabe des Reichs zu erklären, die dem allgemeinen Verkehr dienenden Eisenbahnen in sein Eigentum zu übernehmen und als einheitliche Verkehrsanstalt zu verwalten (Art. 89 Abs. 1 WRV). Mit dem Staatsvertrag über den Übergang der Staatseisenbahnen auf das Reich konnte dieser Schritt bereits am 1. 4. 1920 vollzogen werden [19].

Dabei ist an dieser Stelle von besonderem Interesse, daß die sächsischen Straßenbahnen vom Übergang auf das Reich ausgenommen wurden [20]. Diese Ausnahmevorschrift war deswegen erforderlich, weil das sächsische Landesrecht bis dahin – anders als Preußen – die Straßenbahnen schlechthin den Eisenbahnen zugeordnet ließ [21].

Mit dem Übergang der Eisenbahnen übernahm das Reich, wie sich aus Art. 90 WRV ergab, die Enteignungsbefugnis und die staatlichen Hoheitsrechte, die sich auf das Eisenbahnwesen bezogen. Art. 92 WRV schließlich bestimmte, daß die Reichseisenbahnen, ungeachtet der Eingliederung ihres Haushalts und ihrer Rechnung in den allgemeinen Haushalt und die allgemeine Rechnung des Reichs, als ein selbständiges wirtschaftliches Unternehmen zu verwalten seien, das seine Ausgaben einschließlich Verzinsung und Tilgung der Eisenbahnschuld selbst zu bestreiten und eine Eisenbahnrücklage anzusammeln habe. Die Höhe der Tilgung und Rücklage sowie die Verwendungszwecke der Rücklage sollten durch besonderes Gesetz geregelt werden.

Dieses Programm wurde auch nicht annähernd erfüllt. Die Privateisenbahnen des allgemeinen Verkehrs zu erwerben, war dem Reich wegen seiner ungünstigen Finanzlage nur ausnahmsweise möglich [22]. Insoweit trat erst während des Zweiten Weltkrieges ein gewisser Wandel ein. Zunächst kam es auch noch nicht zur Bildung einer einheitlichen, als selbständiges wirtschaftliches Unternehmen zu verwaltenden Verkehrsanstalt. Vielmehr wurden die Reichseisenbahnen in unmittelbarer Reichsverwaltung geführt, weil über ein zur Ausführung von Art. 92 WRV zu erlassendes Eisenbahnfinanzierungsgesetz keine Einigkeit erzielt werden konnte [23].

Die schweren Betriebsstörungen im Winter 1920/21, der Personalüberhang und die in steigendem Maße notwendig werdenden Zuschüsse zum Eisenbahnhaushalt aus dem allgemeinen Reichshaushalt führten dann zu der Forderung, den Reichseisenbahnen eine größere Selbständigkeit einzuräumen [24].

Die Vorarbeiten für ein neues Eisenbahngesetz, das diesem Anliegen Rechnung tragen sollte, wurden dadurch unterbrochen, daß der Reichsfinanzminister die Reichsbahn am 15. 11. 1923, dem Tag der Stabilisierung der Währung, aus dem allgemeinen Haushalt des Reiches herausnahm und ihr die bisherigen Reichszuschüsse entzog. Damit war eine sofortige Regelung unabweisbar geworden. Aufgrund des Ermächtigungsgesetzes vom 8. 12. 1923 (RGBl. I S. 1179) erging die Verordnung über die Schaffung eines Unternehmens „Deutsche Reichsbahn“ vom 12. 2. 1924 (RGBl. I S. 57). Diese Verordnung machte aus der Reichsbahn nicht ein bloßes Sondervermögen des Reichs, sondern bildete ein selbständiges wirtschaftliches Unternehmen mit eigener Rechtspersönlichkeit zum Betrieb der Reichsbahn, und zwar zur Betriebsführung im Namen des Reiches. Das Eigentum an der Reichsbahn verblieb dem Reich. Das Unternehmen konnte über das Eigentum in den Grenzen einer ordnungsmäßigen Wirtschaft verfügen, auch zur Deckung des außerordentlichen Bedarfs, besonders für werbende Anlagen, Kredite aufnehmen. Es trug sein eigenes Geschäftsrisiko. Zuschüsse des Reichs kamen nicht in Frage. In den Rechts- und Besoldungsverhältnissen traten demgegenüber keine Änderungen ein. Auch an der Verwaltung des Unternehmens wurde zunächst noch nichts geändert. Sie wurde weiterhin vom Reichsverkehrsminister geführt. Die Trennung von Aufsicht und Leitung blieb – ebenso wie die Bildung eines Verwaltungsrates – einem künftigen Gesetz vorbehalten. Dagegen schloß schon diese Verordnung die Mitwirkung von Reichstag und Reichsrat von der Haushaltsbewilligung aus;

diese Organe erhielten lediglich von der Reichsregierung zu den Haushaltsberatungen den Jahresbericht nebst Gewinn- und Verlustrechnung sowie die Bilanz mit Prüfungsbemerkungen [25]. Dogmengeschichtlich ist die Verordnung vom 12. 2. 1924 von großer Bedeutung, weil mit ihr erstmals die in Art. 92 WRV vorgesehene Eisenbahnautonomie näher ausgeformt wurde [26].

Die Gesetzgebung über die Deutsche Reichsbahn als Beispiel für ein gelungenes Verhältnis zwischen Staat und Staatsbahn

Das Unternehmen „Deutsche Reichsbahn" erlangte niemals praktische Bedeutung, weil es von dem Bestreben, die Reichseisenbahnen zur Lösung des Reparationsproblems heranzuziehen, eingeholt und überholt wurde. Bei der Deutschen Reichsbahn-Gesellschaft, die durch das aufgrund der Londoner Konferenz (Sommer 1924) – mit verfassungsändernder Mehrheit – zustande gekommene Gesetz vom 30. 8. 1924 (RGBl. I S. 272) gegründet wurde, war der Autonomiegedanke in klassischer Form verwirklicht [27].

Ihre Organe waren Verwaltungsrat und Vorstand. Der Verwaltungsrat hatte die Aufgabe, die Geschäftsführung der Gesellschaft zu überwachen und über alle wichtigen und grundsätzlichen Fragen oder solche von allgemeiner Bedeutung zu entscheiden. Der Vorstand, nach dem Präsidialprinzip organisiert, trug die Verantwortung für die Geschäftsführung. Die Dienststellen waren keine Behörden des Reichs, hatten aber deren öffentlich-rechtliche Befugnisse und Pflichten. Das Berufsbeamtentum wurde beibehalten, jedoch dem privatwirtschaftlichen Einschlag dadurch Rechnung getragen, daß ein besonderer Beamtentyp, der Reichsbahnbeamte, geschaffen wurde. Die Beamtenrechte wurden, um eine größere Dispositionsfreiheit herzustellen, in einigen Punkten abgeschwächt. Insbesondere hatte die Gesellschaft das Recht, Reichsbahnbeamte jederzeit in den einstweiligen Ruhestand zu versetzen. Dafür konnten die Reichsbahnbeamten andererseits Vergünstigungen in Gestalt von Leistungszulagen in Anlehnung an privatwirtschaftliche Gepflogenheiten erhalten, die anderen Reichsbeamten versagt waren. Das Reichsbahnvermögen blieb beim Reich und wurde von der Gesellschaft als „fremdes Eigentum" aufgrund ihres Betriebsrechts verwaltet. Vom Reichshaushalt und den finanziellen Verwaltungsvorschriften des Reichs war die Gesellschaft befreit, auch von der Kontrolle durch den Rechnungshof des Deutschen Reichs; sie wurde durch eine Selbstkontrolle (Hauptprüfungsamt) ersetzt. Die finanzielle Selbständigkeit der Gesellschaft fand ihre Grenze im Aufsichtsrecht der Reichsregierung, das ihr neben einer Reihe von Genehmigungsvorbehalten – einen weitgehenden Einfluß auf die Tarifpolitik sicherte. Der Grundsatz der Trennung von Aufsicht und Leitung wurde jedoch dadurch in vollkommener Weise gewährleistet, daß bei Meinungsverschiedenheiten zwischen Reichsregierung und Gesellschaft über die Auslegung des Gesetzes oder der Gesellschaftssatzung oder über Maßnahmen aufgrund des Gesetzes oder Gesellschaftssatzung, insbesondere in Angelegenheit der Tarife, ein besonderes Gericht, das Reichsbahngericht, angerufen werden konnte [28].

Das hohe Maß an Selbständigkeit, das die Deutsche Reichsbahn-Gesellschaft besaß, ist nicht ohne Kritik geblieben [29]. Dennoch hat der Erfolg dieser Konstruktion Recht gegeben. Die Gesellschaft vermochte, ständig Betriebsüberschüsse zu erwirtschaften und damit die Reparationssteuer aufzubringen, während zuvor Zuschüsse aus dem allgemeinen Reichshaushalt notwendig gewesen waren, um sie am Leben zu erhalten.

In Verfolg der beiden Haager Konferenzen (1929–1930), auf denen der sog. Young-Plan beraten und beschlossen wurde, insbesondere in Erfüllung der deutscherseits im Haager Abkommen vom 20. 1. 1930 übernommenen Verpflichtungen, erfuhren sowohl das Reichsbahngesetz als auch die Gesellschaftssatzung Änderungen, die zu einer neuen Fassung und Verkündung dieser Normen mit Bekanntmachung vom 13. 3. 1930 (RGBl. I S. 369) führten. Das Wesentliche bestand in der Beseitigung des ausländischen Einflusses auf die Verwaltung der Gesellschaft [30].

Die Versuche des Gesetzgebers, das Problem der Konkurrenz von Schiene und Straße „in den Griff" zu bekommen

In der zweiten Hälfte der 20er Jahre geriet das faktische Verkehrsmonopol, das die Eisenbahnen für Beförderungsleistungen über mittlere und längere Entfernungen seit ihrem Bestehen innehatten, ins Wanken. Vor allem das Kraftfahrzeug trat seinen Siegeszug an, – noch nicht im Individualverkehr, aber in Gestalt des Omnibusses im Personenverkehr und in Gestalt des Lastkraftwagens im Güterverkehr. Die Eisenbahnen suchten sich dessen zunächst mit Mitteln des Wettbewerbs zu erwehren, insbesondere durch die „K-Tarife", die zur Bekämpfung des Kraftwagens in der Hauptsache auf die Beförderung des einzelnen Unternehmens oder einer Gruppe von Unternehmen abgestellt waren [31].

Bald wurde jedoch die Forderung immer lauter, der Staat müsse ihnen Schutz bieten, da sich anders eine gemeinwirtschaftliche Verkehrsbedienung [32] nicht aufrechterhalten lasse. Der „soziale Verkehrslastenausgleich" im Güterverkehr zu Lande [33] sei in Gefahr. Die Reichsbahn bezifferte die Ausfälle infolge des nach ihrer Meinung ruinösen Wettbewerbs durch den Lkw für 1929 auf rund 410 Mio RM [34].

Das Kraftfahrliniengesetz vom 26. 8. 1925 (RGBl. I S. 319) und die auf seiner Grundlage erlassene Kraftfahrlinienverordnung vom 20. 10. 1928 (RGBl. I S. 380) [35] erwiesen sich aber als Schlag ins Wasser. Ebenso wie für den Personenverkehr unterwarf es auch im Güterverkehr nur den Linienverkehr einer Genehmigungspflicht. Kennzeichnend für jene Zeit war jedoch eine mehr oder weniger unregelmäßige Bedienung des Verkehrs, so daß ein genehmigungspflichtiger Tatbestand kaum jemals auszumachen war. Infolgedessen gingen auch die Vorschriften über Beförderungspreise ins Leere.

Im Jahr 1931 wurde dieses Gesetzeswerk durch die Überlandverkehrsordnung abgelöst [36]. Sie traf nicht nur für den Linienverkehr mit Kraftfahrzeugen eine Neuregelung, sondern auch und vor allem für den Güterfernverkehr mit Kraftfahrzeugen. Er wurde zum einen immer dann, wenn es sich um Beförderungen auf Entfernungen über 50 km handelte, einer Genehmigungspflicht unterworfen, die unter dem Vorbehalt stand, daß das Unternehmen den öffentlichen Interessen nicht zuwiderlief. Außerdem und vor allem aber wurde dem Reichsverkehrsminister die Verpflichtung auferlegt, einheitlich für das ganze Reich die Beförderungspreise festzusetzen, die so zu bemessen waren, „daß der Preiswettbewerb zwischen Eisenbahnen und Kraftfahrzeugen auf gleiche Grundlage gestellt und der gemeinwirtschaftliche Auftrag des Deutschen Eisenbahngütertarifs nicht gefährdet wird". Dieser „Reichskraftwagentarif für Güter und Tiere" war ein Mindesttarif [37]. Obwohl der Notverordnungsgeber mit einem Bündel von Vorschriften ein „Ausbrechen" der Fuhrunternehmer aus dem ihnen auferlegten Regelwerk zu verhindern versuchte, gelang es diesen alsbald, „Schlupflöcher" ausfindig zu machen. Der Tarifkampf ging weiter. Man erwog, der Deutschen Reichsbahn-Gesellschaft ein Monopol für den Straßengüterfernverkehr einzuräumen (SCHENKER-Vertrag). Sie sollte die vorhandenen Unternehmer noch für eine Reihe von Jahren beschäftigen und später gegen Entschädigung ausschalten [38].

Doch stattdessen erklomm man eine neue Stufe der Regulierung. Mit dem Gesetz über den Güterfernverkehr mit Kraftfahrzeugen vom 26. 6. 1935 (RGBl. I S. 788) und der Durchführungsverordnung hierzu vom 27. 3. 1936 (RGBl. I S. 320) wurden die Unternehmer des Güterfernverkehrs mit dem Ziel einer kontrollierten Tarifbindung im Reichskraftwagenbetriebsverband (RSB) zusammengeschlossen. Der Kreis der zuzulassenden Unternehmer wurde beschränkt. Der Unternehmer durfte kein anderes Gewerbe als Güterfernverkehr betreiben. Der RKB hatte allein Anspruch auf das Beförderungsentgelt, er berechnete es, zog es ein und zahlte es aus. Jedenfalls galt dies dem Grundsatz nach [39]. Ob dieses Gesetz auf Dauer geeignet gewesen wäre, die vielbeschworene „kontrollierte Wettbewerbsordnung im Verkehr" herbeizuführen, läßt sich im nachhinein kaum mehr feststellen. Denn mit Ausbruch des Zweiten Weltkriegs wurde der Straßengüterverkehr weitgehend eingeschränkt und die Einsatzlenkung Bevollmächtigten für den Nahverkehr übertragen. Man nahm damit zu einer Organisationsstruktur Zuflucht, die einige Jahre später in der DDR zum Normalzustand werden sollte.

Das Güterkraftverkehrsgesetz vom 17. 10. 1952 (BGBl. I S. 697) hielt ebenso wie die anderen Verkehrsordnungsgesetze der Bundesrepublik im Grundsatz an den verkehrspolitischen Vorstellungen der Vorkriegszeit fest. An der Tarifparität zwischen Schiene und Straße einerseits und der Begrenzung der Zahl der Güterfernverkehrsgenehmigungen – nunmehr durch Rechtsverordnung des Bundesministers für Verkehr mit Zustimmung des Bundesrates – wurde festgehalten. Lediglich auf den Zwangverband wurde verzichtet. Das Ende der Geschichte ist, obwohl sie sich über mehr als 30 Jahre hinzog, schnell erzählt. Obwohl sich schon sehr bald zeigte, daß die Voraussetzungen für den vorerwähnten „sozialen Verkehrslastenausgleich im Güterverkehr zu Lande" entfallen waren, hielt man zäh an der Verkehrsmarktordnung fest. Mit seinen zahlreichen Änderungen kam indessen der Gesetzgeber immer zu spät. Es vollzog sich der für Regulierungsmaßnahmen jeder Art charakteristische Wettlauf zwischen Hase und Igel. Erst im Zuge der Verwirklichung des Europäischen Binnenmarktes kam es 1990 zu einer Aufhebung verbindlicher internationaler Tarife. Das Gesetz zur Aufhebung der Tarife im Güterverkehr (Tarifaufhebungsgesetz – TAufhG) vom 13. 8. 1993 (BGBl. I S. 1489) setzte den Schlußpunkt. Seitdem gibt es im Güterverkehr auf Schiene und Straße sowie in der Binnenschiffahrt keine vom Staat festgesetzten oder genehmigten Tarife mehr.

Eisenbahn und Staat im Dritten Reich

Die Deutsche Reichsbahn-Gesellschaft bestand formell noch bis zum Februar 1937. Mit Art. 2 des Gesetzes zur Neuregelung der Verhältnisse der Reichsbank und der Deutschen Reichsbahn vom 10. 2. 1937 (RGBl. II S. 47) wurde sie „gleichgeschaltet" und auf den Status eines nicht rechtsfähigen Sondervermögens des Reichs zurückgestuft. Sie war wieder Bestandteil der unmittelbaren Reichsverwaltung, und der Grundsatz der Trennung von Aufsicht und Leitung wurde getreu dem „Führerprinzip" durch die Eingliederung ihrer Hauptverwaltung in das Reichsverkehrsministerium aufgehoben. Der Reichsverkehrsminister nahm von nun an die Aufgaben des Generaldirektors wahr.

Tatsächlich hat die Gesellschaft schon 1934 zu existieren aufgehört. Nichts zeigt dies deutlicher als die Tatsache, daß ihr angesonnen wurde, in Gestalt des Unternehmens „Reichsautobahnen" ein Zweigunternehmen zu gründen, für das sie das Grundkapital zur Verfügung zu stellen hatte, ohne daß ihr auch nur die Aufsicht darüber überlassen wurde [40]. Dadurch kam es zu einer Vernachlässigung der Belange der Reichsbahn, die alsbald bitter beklagt werden sollte [41]. Das Reichsbahngesetz vom 4. 7. 1939 (RGBl. I S. 1205) bildete den formellen Schlußstrich für diesen Zeitabschnitt. Es traf im einzelnen die Regelung, die für einen Eigenbetrieb des Reiches erforderlich war.

In diesen Zeitabschnitt fällt allerdings auch noch ein anderes wichtiges Ereignis. Nachdem das Gesetz über den Neuaufbau des Reichs vom 30. 1. 1934 (RGBl. I S. 75) dem Reich auf die Hoheitsrechte hinsichtlich der Bahnen des nicht allgemeinen Verkehrs übertragen und damit die an die Eisenbahnen des allgemeinen Verkehrs anknüpfende Aufteilung der Zuständigkeit unter Reich und Länder ihre verfassungsrechtliche Bedeutung verloren hatte, erfuhr das Straßenbahnrecht eine reichsrechtliche

Regelung. Mit dem Gesetz über die Beförderung von Personen zu Lande vom 4. 12. 1934 (RGBl. I S. 1217) wurden die Straßenbahnen fast gänzlich aus dem Eisenbahnrecht herausgelöst [42].

Die Regelung des Straßenpersonenverkehrs

Der Hinweis darauf, daß mit Wirkung vom 1. 4. 1935 die Straßenbahnen im Rahmen des Gesetzes über die Beförderung von Personen zu Lande eine reichsrechtliche Regelung fanden, die interessanterweise in der Bundesrepublik Deutschland beibehalten wurde, gibt Veranlassung zu einem zusammenfassenden Überblick über das Recht des Straßenpersonenverkehrs bis zum Ende des Zweiten Weltkrieges.

Nachdem das Reichspostgesetz vom 28. 10. 1871 (RGBl. S. 347) den Postzwang nicht mehr auf die Personenbeförderung erstreckte, wurde die Personenbeförderung zu Lande in der Hauptsache von drei Verkehrsträgern bestritten: den Postverwaltungen, den Eisenbahnen und den privaten Unternehmern, zu denen später noch die kommunalen Unternehmer hinzutraten. Die Gegensätze und das notwendige Zusammenwirken dieser Verkehrsträger bestimmte in der folgenden Zeit die Rechtsentwicklung. Zunächst beschränkte man sich darauf, in den §§ 37, 40, 76 Gewerbeordnung (GewO) den innerörtlichen Straßenpersonenverkehr der Genehmigung durch die Ortspolizeibehörde zu unterstellen. Das Fehlen jeglicher Bestimmungen für den gewerblichen Überlandverkehr auf der Straße, der nach Aufkommen des Kraftfahrzeugs erhebliche Bedeutung erlangte, führte zur ersten reichsrechtlichen Regelung, der Verordnung über Kraftfahrzeuglinien vom 24. 1. 1919 (RGBl. S. 97). Sie führte für den gewerblichen Omnibuslinienverkehr im überörtlichen Bereich die Genehmigungspflicht ein, nahm jedoch die Postverwaltungen hiervon aus. Der Gelegenheitsverkehr außerhalb des Ortsbereichs blieb genehmigungsfrei.

Das Kraftfahrliniengesetz vom 26. 8. 1925 (RGBl. I S. 319) mit den erst am 20. 10. 1928 (RGBl. I S. 380) erlassenen Durchführungsvorschriften in Gestalt der Kraftfahrlinienverordnung fand ebenfalls nur eine verwaltungsrechtliche Regelung des über die Gemeindegrenzen hinausreichenden Linienverkehrs. Doch war nunmehr der Erlaß von Bau- und Betriebsvorschriften und bei den Linienverkehren der Reichspost ein Anzeigeverfahren vorgesehen, an dessen Ende ein Schiedsverfahren stand. Eine Erfassung des Gelegenheitsverkehrs hielt der Gesetzgeber nach wie vor nicht für erforderlich.

Die nächste Kodifizierung des Personenbeförderungsrechts erfolgte im Rahmen der bereits erwähnten Überlandverkehrsordnung vom 6. 10. 1931 (RGBl. I S. 537). Sie betraf wie ihre Vorgängervorschriften nur den Linienverkehr mit Kraftfahrzeugen, der über die Grenzen eines Gemeindebezirks hinausreichte. Es gab jedoch von da an ein Anhörverfahren, und die Anhörberechtigten konnten der Genehmigungserteilung widersprechen. Über den Widerspruch entschied der Reichsverkehrsminister „endgültig“, wenn es sich um ein Unternehmen des öffentlichen Verkehrs handelte und die Verletzung öffentlicher Interessen geltend gemacht werden konnte. Das Anzeigeverfahren für Kraftpostlinien wurde beibehalten, jedoch bei Meinungsverschiedenheiten über die Berechtigung eines von einer obersten Landesbehörde eingelegten Widerspruchs die Entscheidung dem Reichsverkehrsminister übertragen [43].

Mit dem PBefG 1934 wurde die Entwicklung zu einem gewissen Abschluß gebracht. Der Geltungsbereich des Gesetzes wurde nunmehr auf die gesamte gewerbliche Kraftfahrzeugbeförderung innerhalb und außerhalb der Gemeinden erstreckt, ohne Rücksicht auf Fahrzeugart und ohne Rücksicht darauf, ob es sich um linienmäßigen oder nicht linienmäßigen Verkehr (Gelegenheitsverkehr) handelte. Neben der Zuverlässigkeit des Unternehmers und der Sicherheit und Leistungsfähigkeit des Betriebes wurde als Genehmigungsvoraussetzung erstmals das Vorhandensein eines Bedürfnisses gefordert. Durch die Bedürfnisprüfung sollte der „ungesunde Wettbewerb" verhindert werden. Die Sonderstellung der Reichspost, die nahezu von Anfang an zu ständigen Querelen mit den kommunalen und privaten Verkehrsunternehmen geführt hatte, [44] wurde auf die Deutsche Reichsbahn ausgedehnt.

Von der ersten Nachkriegszeit bis heute

AEG und Bundesbahngesetz

Als der Bundesgesetzgeber seine Tätigkeit aufnahm, gehörte das Verkehrswirtschaftsrecht zu seinen bevorzugten Materien. Gewiß: Ein Bedürfnis zur Gesetzgebung bestand. Das überkommene Recht bedurfte nicht nur in seinem materiellen Gehalt vielfältiger Korrektur. Nicht minder notwendig war es, die Zuständigkeiten mit Blick auf den föderalistischen Aufbau der Bundesrepublik neu zu ordnen. Die überwiegende Mehrzahl der Kompetenzen, die einst dem Reichsverkehrsminister zustanden, konnte der Bundesminister für Verkehr nicht für sich in Anspruch nehmen. Gleichwohl nötigt es einem im Licht späterer Erfahrungen Bewunderung ab, mit welchem Engagement der Gesetzgeber an die Arbeit ging, waren doch ähnliche oder gar die gleichen Probleme auch auf anderen Gebieten zu bewältigen, und die Verkehrspolitik gehört, wie wir heute wissen, nicht gerade zu den Bereichen, mit denen in der Politik Schlagzeilen zu machen sind.

So ergingen in schneller Folge – noch in der ersten Wahlperiode des Deutschen Bundestages – die Gesetze, die das Eisenbahnwesen betrafen. Es handelte sich einmal um das Gesetz über die vermögensrechtlichen Verhältnisse der Deutschen Bundesbahn vom 2. 3. 1951 (BGBl. I S. 155), das Allgemeine Eisenbahngesetz (AEG) vom 29. 3. 1951 (BGBl. I S. 225) und schließlich das Bundesbahngesetz (BbG) vom 13. 12. 1951 (BGBl. I S. 905). Das AEG war das, was man später als Rahmengesetz zu bezeichnen pflegte. Es nahm eine Abgrenzung des Verhältnisses zwischen Bund und Ländern im Eisenbahnwesen in Ergänzung der verfassungsrechtlichen Bestimmungen vor, räumte dem Bund ein Vorrecht für den Bau neuer Eisenbahnen des öffentlichen Verkehrs ein, verpflichtete die Eisenbahnen des öffentlichen Verkehrs zur Bildung durchgehender Tarife und enthielt schließlich eine Reihe von Ermächtigungen zum Erlaß von Bau- und Betriebsvorschriften. Die Länder, auf diese Weise zur ergänzenden Gesetzgebung aufgerufen, erließen früher oder später Landeseisenbahngesetze, die ihr altes Landeseisenbahnrecht, das übrigens z. T. lediglich durch Verwaltungsvorschriften geregelt war, ablösten [45].

Im Lauf der Zeit sind sie nahezu durchweg novelliert und auch neu gefaßt worden. Hierauf im einzelnen einzugehen, lohnt jedoch nicht mehr, weil sie inzwischen – durch die im Rahmen der Bahnstrukturreform erfolgte Änderung des AEG [46] – in ihrem materiellen Gehalt wesentliche Einbußen erfahren haben. Es wird nunmehr generell – nicht nur für die Eisenbahnen des Bundes – zwischen Eisenbahnverkehrsunternehmen und Eisenbahninfrastrukturunternehmen unterschieden. Die Erteilung und Versagung der Genehmigung für diese Unternehmen ist – in § 6 AEG – bundesrechtlich geregelt, ebenso wie der Zugang zur Eisenbahninfrastruktur, und schließlich haben auch die Vorschriften über den Bau und Betrieb in den §§ 17 ff. AEG eine bundeseinheitliche Regelung gefunden.

Das BbG sah, wie dies der Bundesminister für Verkehr bei der Einbringung des Regierungsentwurfs in den Bundesrat selbst umschrieb, „statt eines Autonomiebetriebes ... eine starke Anlehnung der Bundesbahn an die Bundesregierung vor" [47].

Im Licht der späteren Entwicklung klingt die Begründung nahezu wie Hohn. Man meinte, eine solche Lösung sei geboten, weil die DB anderenfalls nicht die bei ihrer schwierigen finanziellen Lage notwendige finanzielle Unterstützung vom Bund erhalten würde; außerdem befürchtete man, eine zu starke Verselbständigung der DB würde die Koordinierung der Verkehrsträger erschweren [48].

Man beließ der DB zwar den Status eines Sondervermögens mit eigener Wirtschafts- und Rechnungsführung und gab ihr in Gestalt von Vorstand und Verwaltungsrat eigene Organe, die sie – die Quadratur des Kreises – „unter Berücksichtigung der Interessen der deutschen Volkswirtschaft nach kaufmännischen Grundsätzen“ zu verwalten hatten. Der Bundesminister für Verkehr hatte jedoch nicht nur ein umfassendes Aufsichtsrecht, das sich in einer Vielzahl von Genehmigungsvorbehalten niederschlug, sondern konnte auch die „allgemeinen Anordnungen (erlassen), die erforderlich waren, um den Grundsätzen der Politik der Bundesrepublik Deutschland, insbesondere der Verkehrs-, Wirtschafts-, Finanz- und Sozialpolitik, Geltung zu verschaffen und die Interessen der Deutschen Bundesbahn und der übrigen Verkehrsträger miteinander in Einklang zu bringen“. Dieselbe Tendenz ließen die Vorschriften über die Wirtschaftsführung erkennen. Der DB war zwar aufgegeben, ihre Wirtschaft so zu führen, daß sie die zur Erfüllung ihrer Aufgaben und Verpflichtungen notwendigen Aufwendungen selbst bestreiten konnte. Es fehlte jedoch an einer Bestimmung, um die Verwirklichung dieses Grundsatzes auch dann sicherzustellen, wenn es der Bund selbst war, der der DB die Erfüllung ihrer Pflichten erschwerte oder gar unmöglich machte. Wenn und soweit überhaupt ein Ausgleich für gemeinwirtschaftliche Leistungen vorgesehen war, entschied darüber die Bundesregierung endgültig [49].

Erneute Versuche, das Verhältnis zwischen Schiene und Straße durch staatliche Intervention zu lösen

Weil sich die wirtschaftliche Lage der DB trotz der gepriesenen „Nähe“ zum Bund höchst ungünstig entwickelte, sann man auf Abhilfe. Die Bundesregierung legte den Entwurf eines Straßenentlastungsgesetzes vor, der ein Verbot für die Beförderung bestimmter Güter sowohl im Güterfernverkehr als auch im Werkfernverkehr nach Maßgabe einer „Verbotsliste“ vorsah [50].

Obwohl dieser Vorschlag – anders als die im Rahmen des Verkehrsfinanzgesetzes 1955 vom 6. 4. 1955 (BGBl. I S. 166) vorgenommene stufenweise Erhöhung der Beförderungssteuer für den Werkfernverkehr [51] – im Bundestag keine Mehrheit fand, unternahm ein anderer Bundesminister für Verkehr einige Jahre später erneut einen ähnlichen Versuch. Das als „Leber-Plan“ bekannt gewordene verkehrspolitische Programm für die Jahre 1968–1972 sah wiederum eine Verbotsliste für die Beförderung von Gütern im Güterfernverkehr und im Werkfernverkehr vor [52]. Doch auch mit dieser Vorlage vermochte der Bundesminister für Verkehr nicht durchzudringen. Die Sonderbesteuerung des Straßengüterverkehrs aufgrund des Gesetzes über die Besteuerung des Straßengüterverkehrs vom 28. 12. 1968 (BGBl. I S. 1461) kam indessen zustande und wurde auch vom BVerfG als mit dem Grundgesetz vereinbar angesehen [53]. Langfristige Bedeutung kam diesem Gesetz jedoch schon deswegen nicht zu, weil es bereits am 31. 12. 1970 wieder außer Kraft trat. Gemeinschaftsrecht hätte seiner Verlängerung im Wege gestanden.

Zusammenfassend kann man feststellen, daß der ursprünglich vorhandene Glaube an den Erfolg verkehrslenkender Maßnahmen im Lauf der Zeit zurückging. Verschärfungen des Instrumentariums jedenfalls waren kaum noch durchzusetzen, und dies, wie die Rechtsprechung zeigt, weniger aus rechtlichen als vielmehr aus verkehrspolitischen Gründen.

Das erneute Streben nach Autonomie der Staatsbahn

Die Zurückhaltung, die sich im parlamentarischen Raum gegenüber interventionistischen Maßnahmen zeigte, kann kaum verwundern. Denn schon das Ziel des Gesetzes zur Änderung des Bundesbahngesetzes vom 1. 8. 1961 (BGBl. I S. 1161), das im Rahmen der sog. Kleinen Verkehrsreform erging, war es, den Verkehr stärker an die Marktwirtschaft heranzuführen. Die in § 4 Abs. 1 Satz 1 BbG erteilte Verpflichtung der DB auf die Wahrung der Interessen die deutschen Volkswirtschaft wurde gestrichen und durch das in § 28 Abs. 1 Satz 2 BbG enthaltene Gebot ersetzt, ihre gemeinwirtschaftliche Aufgabe im Rahmen einer ausgeglichenen Rechnung zu erfüllen. Zugleich wurde die Regelung des Ausgleichs gemeinwirtschaftlicher Leistungen erweitert.

Einen wesentlichen Schritt auf dem Weg zur Stärkung der Bahnautonomie bedeutete sodann das Gesetz zur Änderung des Bundesbahngesetzes vom 6. 3. 1969 (BGBl. I S. 191). Seitdem hatte der Bundesminister für Verkehr nicht mehr die Möglichkeit, im Wege von allgemeinen Anordnungen den Grundsätzen der Bundespolitik Geltung zu verschaffen und die Interessen der DB und der übrigen Verkehrsträger miteinander in Einklang zu bringen. Außerdem wurde die in § 28 a BbG geregelte Ausgleichspflicht wesentlich erweitert. Die Einschränkung, nach der sie entfiel, wenn und soweit die DB am Ende eines Wirtschaftsjahres einen Überschuß erzielt hatte, wurde gestrichen, und bei Meinungsverschiedenheiten darüber, ob und in welcher Höhe ein Ausgleich zu gewähren war, wurde auf Antrag der Bundesregierung oder der DB eine Einigungsstelle tätig, die endgültig zu entscheiden hatte. Freilich wird man im nachhinein einräumen müssen, daß vieles von dem, was Anliegen des Gesetzgebers gewesen war, nur auf dem Papier stand. Die Einigungsstelle beispielsweise wurde nur zweimal tätig, weil der Bundesminister der Finanzen ihr – ein beispielloser Vorgang – die Anerkennung versagte.

Zu einer umfassenden Neugestaltung der Rechtsverhältnisse der DB führte auch nicht das Dritte Gesetz zur Änderung des BbG vom 22. 12. 1981 (BGBl. I S. 1689). Es beschränkte sich, was die Frage einer größeren Selbständigkeit anging, darauf, die Leitungsebene umzugestalten. Für die Mitglieder des Vorstands der DB, bis dahin Beamte auf Zeit, wurde ein öffentlichrechtliches Amtsverhältnis zum Bund vorgesehen, das im einzelnen durch Verträge geregelt werden konnte. Dasselbe galt für andere Inhaber leitender Dienstposten [54].

Der entscheidende Durchbruch kam erst mit der Bahnstrukturreform zustande, die ihren Niederschlag im Gesetz zur Änderung des Grundgesetzes vom 20. 12. 1993 (BGBl. I S. 2089), im Gesetz zur Neuordnung des Eisenbahnwesens (Eisenbahnneuordnungsgesetz – ENeuOG) vom 27. 12. 1993 (BGBl. I S. 2378) und im Tarifaufhebungsgesetz vom 13.8.1993 (BGBL. I S. 1489) gefunden hat. Wesentliche Bestandteile dieser Reform sind:

– Ausgliederung des unternehmerischen Bereichs der Bundeseisenbahnen aus dem Bundeseisenbahnvermögen und dessen Umwandlung in die Deutsche Bahn AG (DB AG), deren Geschäftstätigkeit im Erbringen von Eisenbahnverkehrsleistungen einerseits und dem Betreiben von Eisenbahninfrastruktur andererseits besteht. Mindestens die Bereiche „Personennahverkehr", „Personenfernverkehr", „Güterverkehr" und „Fahrweg" sind organisatorisch und rechnerisch voneinander zu trennen und später auf neugegründete Aktiengesellschaften auszugliedern. Die Veräußerung von Anteilen an der Fahrweg AG ist – allerdings entsprechend einer Forderung der Länder – nur aufgrund eines Gesetzes möglich, das der Zustimmung des Bundesrates bedarf, und dies auch nur mit der Maßgabe, daß die Mehrheit beim Bund verbleibt.

– Beförderungs- und Tarifpflicht besteht nur noch im Personenverkehr.

– Die Beamten des Bundeseisenbahnvermögens, die nicht ausscheiden oder beurlaubt werden, können der DB AG durch Gesetz zugewiesen werden.

– Für die verbleibenden Verwaltungsaufgaben errichtet der

Bund ein Eisenbahn-Bundesamt als Bundesoberbehörde. Von ihm werden die hoheitlichen Aufgaben wahrgenommen, insbesondere auch das Recht der Planfeststellung.

– Dem Bundeseisenbahnvermögen als fortbestehendem nicht rechtsfähigem Sondervermögen des Bundes verbleiben Verwaltung und Verwertung nicht betriebsnotwendiger Grundstücke, vor allem aber die Verwaltung der der DB AG zugewiesenen Beamten.

– Das Recht der Infrastruktur wird auf eine neue Grundlage gestellt. Bau und Unterhaltung von Schienenwegen sowie die Führung von Betriebsleit- und Sicherheitssystemen ist Sache des Eisenbahninfrastrukturunternehmens. Ihm wird das Eigentum an den Schienenwegen übertragen. Die Inanspruchnahme der Infrastruktur, die allen Eisenbahnverkehrsunternehmen offensteht, erfolgt aufgrund von Benutzungsgebühren. Voraussetzung für den Bau von Schienenwegen ist die Aufnahme in den Bedarfsplan nach Maßgabe des Bundesschienenwegeausbaugesetzes. Die Verpflichtung zur Infrastrukturfinanzierung für seine Eisenbahnen übernimmt der Bund ebenfalls nach Maßgabe dieses Gesetzes.

– Schließlich wird die Aufgaben- und Ausgabenverantwortung für den Schienenpersonennahverkehr den Ländern mit Wirkung vom 1. 1. 1996 zugeordnet [55].

Dieser Katalog macht zugleich deutlich, daß die Bahnstrukturreform sich keineswegs auf die Eisenbahnen des Bundes beschränkt, sondern alle Eisenbahnen in Deutschland erfaßt.

Die weitere Entwicklung des Straßenpersonenverkehrs

Im Gegensatz zu den anderen Verkehrsordnungsgesetzen kam es in der Bundesrepublik Deutschland erst im dritten Anlauf zu einer Neuordnung des Personenbeförderungsrechts. Man hatte sich zunächst auf „Reparaturarbeiten“ beschränkt, die aber in allen wesentlichen Punkten vor den Verwaltungsgerichten keinen Bestand hatten [56].

Doch auch das Personenbeförderungsgesetz vom 21. 3. 1961 (BGBl. I S. 241) – PBefG 1961 – war nicht „aus einem Guß“. Vor der abschließenden Beratung im Bundestag entzog das BVerfG der Absicht der Bundesregierung, den Genehmigungsbehörden in einem „Vorrangkatalog“ Vorgaben für die Erteilung der Genehmigungen unter den einzelnen Verkehrsträgern an die Hand zu geben, die Grundlage [57].

Objektive Zulassungen waren danach nur noch im Linienverkehr mit Kraftfahrzeugen und im Taxiverkehr zulässig, und auch dies nur dann, wenn dadurch die öffentlichen Verkehrsinteressen beeinträchtigt wurden. Eine positive – Bedürfnisprüfung hatte zuvor schon das BVerwG verworfen [58] – eine Erkenntnis, die mittlerweile allem Anschein nach nicht mehr den Stellenwert von einst besitzt, ist doch eine Nahverkehrsplanung, wie sie mit Wirkung vom 1. 1. 1996 Platz greifen soll, ohne Bedürfnisprüfung nicht denkbar. Der einzige Vorrang, an dem das PBefG 1961 festhielt, war der der Schienenbahnen im Schienenparallel- und Schienenersatzverkehr, der freilich nicht im Bereich des Orts- und Nachbarortslinienverkehrs in Anspruch genommen werden konnte. Schon sehr bald stellte das BVerwG klar, daß sich auch ein Schienenparallel- oder Ersatzverkehr eine Prüfung daraufhin gefallen lassen müsse, ob er nicht die öffentlichen Verkehrsinteressen – verkörpert durch andere Unternehmen, die bereits vorhanden sind oder Ausgestaltungsrechte geltend machen können – beeinträchtige [59].

Darüber hinaus fand auch der Begriff des Orts- und Nachbarortslinienverkehrs eine Auslegung, die die einst lebhaften Auseinandersetzungen zwischen Bundesbahn und kommunalen Verkehrsbetrieben spürbar zum Abklingen brachte. Wo immer Gemeinden, die mit einer nahegelegenen Stadt zu einem Wirtschafts- und Verkehrsraum zusammengewachsen sind, verkehrsmäßig erschlossen werden sollen, ist nämlich die Einbeziehung in das städtische Flächenverkehrsnetz geboten [60].

Das PBefG 1961 erfuhr im Lauf der Zeit mehrere Novellierungen. Aus der Sicht des ÖPNV bedeutsam sind insbesondere die Novelle vom 24. 8. 1965 (BGBl. I S. 906), mit der klargestellt wurde, daß die Beförderung von Berufs-tätigen zwischen Wohnung und Arbeits-stelle auch dann, wenn der Arbeitgeber die Verkehrsleistung pauschal bezahlt und der Unternehmer aufgrund eines Anmietvertrages tätig wird, als Sonderform des Linienverkehrs i. S. v. § 43 Nr. 1 PBefG anzusehen ist, sowie die Novelle vom 8. 5. 1969 (BGBl. I S. 3481), mit der der Einführung einer Gebietsgenehmigung eine Absage erteilt und der freiwilligen Zusammenarbeit der Vorzug gegeben wurde. Das Dritte Gesetz zur Änderung des PBefG vom 24. 8. 1976 (BGBl. I S. 2438) bescherte den Unternehmen des ÖPNV den § 45 a, der mit Wirkung vom 1. 1. 1977 einen Teilausgleich der gemeinwirtschaftlichen Leistungen im Ausbildungsverkehr einführte. Für die nicht bundeseigenen Eisenbahnen gab es eine entsprechende Ergänzung des Allgemeinen Eisenbahngesetzes.

Seit 1982 bemühten sich die Länder darum, das Genehmigungsverfahren für den Linienverkehr – wie sie sagten – „flexibler" zu gestalten. Es kam schließlich zu einer Initiative des Bundesrates, deren Schwerpunkt einmal eine Erweiterung der Befugnisse der Genehmigungsbehörden zum Zweck der Herbeiführung einer verstärkten Zusammenarbeit war, weiter die Schaffung von Möglichkeiten für die Genehmigungsbehörden, unter bestimmten Voraussetzungen sogenannten Auftragsunternehmern bevorzugt Genehmigungen zu erteilen, die bisher ihre Auftraggeber innehatten, ferner eine verstärkte Integration der Sonderformen des Linienverkehrs und insbesondere des freigestellten Schülerverkehrs in den allgemeinen Linienverkehr. Dieser Vorstoß stieß jedoch nahezu ausnahmslos auf Ablehnung, und auch die Bundesregierung vermochte sich in ihrer Stellungnahme nur mit wenigen Vorschlägen anzufreunden. Nachdem eine öffentliche Anhörung durch den Ausschuß für Verkehr des Deutschen Bundestages am 2. 10. 1985 dasselbe Bild vermittelt hatte, bezeichnete dieser Ausschuß in seinem Beschluß vom 25. 6. 1986 die Vorschläge als in wesentlichen Punkten nicht entscheidungsreif und forderte die Bundesregierung zu neuen Überlegungen auf, in die auch die Vorstellungen der Landkreise und die Auswirkungen der Rahmenvereinbarungen, die die Bundesbahn mit einigen Bundesländern über die Neugestaltung des ÖPNV abgeschlossen hatte, einbezogen werden sollten. Die Bundesregierung griff jedoch diese Anregung nicht auf, sondern beschränkte sich auf die Vorlage eines Berichts über den öffentlichen Personennahverkehr in der Fläche [61].

Eine Reform des Personenbeförderungsrechts „an Haupt und Gliedern" kam erst – wiederum aufgrund eines Vorstoßes der Länder – im Rahmen der Bahnstrukturreform im Dezember 1993 zustande. Hierüber wird, weil sie erst zum 1. 1. 1996 in Kraft tritt, im Ausblick auf die Zukunft zu sprechen sein.

Mit dem Wirksamwerden des Beitritts der Deutschen Demokratischen Republik zur Bundesrepublik Deutschland am 3. 10. 1990 galt nach Maßgabe von Art. 8 des Einigungsvertrages das PBefG grundsätzlich auch im Beitrittsgebiet. Das hatte zur Folge, daß auch die noch von der DDR – mit Hilfe des Bundesministers für Verkehr – getroffenen Übergangsregelungen, hier insbesondere die Verordnung über den gewerblichen Personenverkehr vom 20. 6. 1990 (GBl. I Nr. 40 S. 547), nur noch zu geringen Teilen – und auch insoweit befristet – fortgalten.

Das Bundesministerium der Justiz hatte sich mit seiner Vorstellung, daß mit der Herstellung der deutschen Einheit zugleich grundsätzlich bundesdeutsches Recht auch in der dann ehemaligen DDR gelten müsse, durchgesetzt. Das hat sich in der Folgezeit als Fehler erwiesen. Mit der Übernahme westdeutschen Verwaltungsrechts, das nicht zu Unrecht einmal als „Verwaltungsrecht de luxe" bezeichnet wurde, waren alle Beteiligten überfordert. Der Bundesminister des Innern hatte denn auch von dieser Regelung – vergeblich – abgeraten [62].

Der wachsende Einfluß des supranationalen Rechts auf die Verkehrsgesetzgebung

Schon die Europäische Wirtschaftsgemeinschaft (EWG) beschränkte sich in ihrer Verkehrspolitik keineswegs darauf, den grenzüberschreitenden Verkehr für Personen und Güter im engeren Sinne zu regeln. Vielmehr richtete sie ihr Augenmerk schon frühzeitig auf zwei Bereiche, denen sie mit Blick auf den Wettbewerb schlechthin Bedeutung beimaß. Das war einmal das Verhältnis der Eisenbahnen zu den Staaten und zum anderen die Vorsorge dafür, daß den Verkehrsunternehmen gemeinwirtschaftliche Leistungen, wenn sie denn schon erbracht werden mußten, nicht ohne angemessenen Ausgleich abverlangt werden durften.

Die Harmonisierungsentscheidung der EG von 1965

So bestimmte bereits Art. 8 der Entscheidung des Rates der EG vom 13. 5. 1965 über die Harmonisierung bestimmter Vorschriften, die den Wettbewerb im Eisenbahn-, Straßen- und Binnenschiffsverkehr beeinflussen (ABl. 1965 S. 1500), daß mit dem Ziel der finanziellen Eigenständigkeit der Eisenbahnunternehmen die Vorschriften schrittweise zu harmonisieren seien, die die finanziellen Beziehungen zwischen den Eisenbahnunternehmen und den Staaten regeln. Und in Art. 5 derselben Entscheidung, die heute allgemein als Harmonisierungs-Entscheidung bezeichnet wird, hieß es, daß die den Verkehrsunternehmen auferlegten Verpflichtungen, die unter den Begriff des öffentlichen Dienstes fallen, nur insoweit aufrecht erhalten werden dürften, als sie für die Sicherstellung ausreichender Verkehrsbedienung unerläßlich seien. Die Belastungen, die den Verkehrsunternehmen aus der Aufrechterhaltung solcher Verpflichtungen entstehen, seien nach gemeinsamen Methoden auszugleichen [63].

Die Verordnung (EWG) Nr. 1191/69

Doch der Weg, der zurückzulegen war bis zu dem Status quo unserer Tage, war steinig. So kam es zwar schon bald zum Erlaß der Verordnung (EWG) Nr. 1191/69 des Rates vom 26. 6. 1969 über das Vorgehen der Mitgliedsstaaten bei mit dem Begriff des öffentlichen Dienstes verbundenen Verpflichtungen auf dem Gebiet des Eisenbahn-, Straßen- und Binnenschiffsverkehrs (ABl. Nr. L 156 vom 28. 6. 1969, S. 1). Doch ihr Geltungsbereich beschränkte sich „zunächst" nur auf den Schienenverkehr der Staatseisenbahnen sowie auf Verkehrsunternehmen, die hauptsächlich Beförderungen im Überlandverkehr durchführen [64].

Allen Bemühungen, den Geltungsbereich dieser Verordnung auszuweiten, blieb bis zum Jahr 1991 der Erfolg versagt. Die schon vom Wirtschafts- und Sozialausschuß der EWG im Jahr 1968 angestellte Überlegung, „daß die gute Organisation des Stadt- und Vorortverkehrs für die Allgemeinheit von großer Bedeutung ist, was auch eine Regelung der Verpflichtungen des öffentlichen Dienstes impliziert, die den betreffenden Verkehrsunternehmen von lokalen Behörden auferlegt sind" [65] verhallte, ungehört.

Die Bemühungen der Gemeinschaft um eine Verselbständigung der europäischen Staatseisenbahnen

Nicht anders war es um das Streben nach einer Staatsbahnautonomie bestellt. Zwar gebot der Rat in der Entscheidung vom 20. 5. 1975 zur Sanierung der Eisenbahnunternehmen und zur Harmonisierung der Vorschriften über die finanziellen Beziehungen zwischen diesen Unternehmen und den Staaten (ABl. L 152 vom 12. 6. 1975, S. 3) den Mitgliedsstaaten, dafür Sorge zu tragen, daß die Eisenbahnunternehmen nach wirtschaftlichen Grundsätzen geführt werden könnten, wobei übrigens insbesondere auf den Sachzusammenhang mit der vorerwähnten Verordnung (EWG) Nr. 1191/69 abgehoben wurde [66]. Die unveränderte Sichtweise der Kommission kam in ihrer Mitteilung an den Rat über die Eisenbahnpolitik der Gemeinschaft erneut 1981 zum Ausdruck [67]. Aber auch hier gelang der Durchbruch erst im Jahr 1991.

Der Durchbruch: Die Richtlinie (EWG) 91/441 und die Verordnung (EWG) Nr. 1893/91

Die Richtlinie des Rates vom 29. 7. 1991 zur Entwicklung der Eisenbahnunternehmen der Gemeinschaft (91/40/EWG) – Amtsbl. Nr. L 237/254 vom 24. 8. 1991 – verlangt nunmehr von den Mitgliedsstaaten, die Unabhängigkeit der Geschäftsführung der Eisenbahnunternehmen zu gewährleisten, den Betrieb der Eisenbahninfrastruktur und die Erbringung von Verkehrsleistungen durch die Eisenbahnunternehmen voneinander zu trennen, die Finanzstruktur der Eisenbahnunternehmen zu sanieren und schließlich internationalen Gruppierungen von Eisenbahnunternehmen sowie Eisenbahnunternehmen, die Verkehrsleistungen im grenzüberschreitenden kombinierten Güterverkehr erbringen, Zugangsrechte zu den Eisenbahnnetzen der Mitgliedsstaaten zu garantieren. Diese Richtlinie war dann auch ein wesentlicher Anstoß für die Bahnstrukturreform in Deutschland. Zumindest wird man sagen können, daß sie die Bestrebungen, den deutschen Bahnen ein Höchstmaß an Autonomie zu gewähren, wesentlich gefördert hat [68].

Nahezu zeitgleich mit dieser Richtlinie erging die Verordnung (EWG) Nr. 1893/91 vom 20. 6. 1991 zur Änderung der Verordnung (EWG) Nr. 1191/69 über das Vorgehen der Mitgliedsstaaten bei mit dem Begriff des öffentlichen Dienstes verbundenen Verpflichtungen auf dem Gebiet des Eisenbahn-, Straßen- und Binnenschiffsverkehrs (Amtsbl. Nr. L 169/1 vom 29. 6. 1991). Während in den Erwägungsgründen zur Verordnung 1191 als Ziel die Beseitigung von Wettbewerbsverfälschungen genannt wurde, wird in den Erwägungsgründen bei der Verordnung 1893 der Grundsatz der wirtschaftlichen Eigenständigkeit der Verkehrsunternehmen als Motiv für die Neuregelung erwähnt. Der Geltungsbereich der Verordnung erstreckt sich anders als bis dahin grundsätzlich auch auf den Stadt-, Vorort- und Regionalverkehr, wenngleich er insoweit den Mitgliedsstaaten der Gemeinschaft die Möglichkeit zur Schaffung von Bereichsausnahmen gibt. Die Verordnung stellt deutlicher noch als bisher die Aufhebung der Verpflichtungen des öffentlichen Dienstes in den Vordergrund. Sie dürfen nur insoweit aufrecht erhalten werden, als sie unerläßlich sind. Dafür sieht die Verordnung zwei Wege vor. In erster Linie sollen Verträge über gemeinwirtschaftliche Leistungen abgeschlossen werden, also ein „Leistungskauf" stattfinden. Auflagen sind erst in zweiter Linie in Betracht zu ziehen.

Ausblick

Von der Bahnstrukturreform war schon die Rede. Mögen die einschlägigen Rechtsvorschriften auch bereits seit dem 1. 1. 1994 gelten, wird es doch noch geraume Zeit dauern, bis sie in ihren Einzelheiten umgesetzt ist. Man darf nicht außer acht lassen, daß auf vielen Gebieten, für die beispielhaft hier nur das Zugangsrecht zur Eisenbahninfrastruktur genannt sei, Neuland beschritten wird. Nicht viel anders liegen die Dinge im ÖPNV. Sowohl das Regionalisierungsgesetz als auch die Novelle zum Personenbeförderungsgesetz, die Bestandteile der Bahnstrukturreform sind, werden erst zum 1. 1. 1996 in Kraft treten, – eine angemessene Übergangsfrist angesichts der tiefgreifenden Änderungen, die auch hier der Bewältigung harren. War das Personenbeförderungsrecht bisher durch Art. 12 Abs. 1 GG geprägt und stand der

Verkehrsunternehmer ganz und gar im Vordergrund der Betrachtung, soll der ÖPNV nunmehr zu einer Aufgabe der Daseinsvorsorge werden und damit der öffentlichen Hand ein bisher in dieser Form unbekannter Einfluß auf seine Gestaltung eingeräumt werden. Der im Regionalisierungsgesetz verankerte Sicherstellungsauftrag läßt dies erkennen, obwohl seine Tragweite noch kritischer Prüfung bedarf, zumal das PBefG nach wie vor sowohl dem Unternehmer als auch der Genehmigungsbehörde entscheidenden Einfluß auf das Geschehen einräumt. Der Bund hat seine Gesetzgebungskompetenz keineswegs so weit zurückgenommen, wie dies dem einen oder anderen ursprünglich vorgeschwebt hatte. Daraufhin werden sich die inzwischen bereits erlassenen Nahverkehrsgesetze des Freistaats Bayern und des Landes Hessen noch prüfen lassen müssen, und die übrigen Länder wären gut beraten, wenn sie dieser Frage bei der Beratung entsprechender Gesetze das gebotene Augenmerk zuwenden würden. Jedenfalls steht eines fest: Dafür, den ÖPNV den Landkreisen und den kreisfreien Städten als Pflichtaufgabe zuzuweisen, läßt Bundesrecht keinen Raum. Ebenso ist der Einfluß der künftigen Aufgabenträger auf die Verkehrsplanung nur von beschränkter Natur. Selbst Nahverkehrspläne, deren Erlaß das Bundesrecht zuläßt, sind im Genehmigungsverfahren lediglich zu berücksichtigen, entfalten also – anders als etwa ein Bebauungsplan – keine bindende Wirkung.

Durchaus neu und ungewohnt ist auch die strikte Trennung zwischen eigenwirtschaftlichen und gemeinwirtschaftlichen Leistungen. Wo immer ein Unternehmen den ÖPNV nicht eigenwirtschaftlich betreiben kann, „greift“ das Gemeinschaftsrecht, das zuvor beschrieben worden ist. Will der Aufgabenträger an der Leistung festhalten, muß er sie ausschreiben, und den Zuschlag erhält derjenige, dessen Angebot die geringsten Kosten für die Allgemeinheit mit sich bringt. Die Verknüpfung von Gemeinschaftsrecht und nationalem Recht wirft zahlreiche Streitfragen auf, die der Klärung bedürfen. Kurzum: Es gibt noch viel zu tun.

Literatur

[1] vgl. Ottmann, Preußens Eisenbahngeschichte (o. J., S. 14, 19 f.

[2] vgl. Ronellenfitsch, VerwArch Bd. 85 (1983), S. 537 ff. (539)

[3] der preußische Generalstab erkannte früher als andere die Bedeutung der Eisenbahnen für den Aufmarsch; vgl. Deutsche Militärgeschichte (1983), Bd. 2, S. 312, 317, 349, 360 ff.

[4] vgl. Ottmann a. a. O., S. 28 ff., einerseits und Rüfner, Formen öffentlicher Verwaltung im Bereich der Wirtschaft (1967), S. 78 ff., andererseits

[5] vgl. Blümel, Die Bauplanfeststellung I 1961, S. 171 ff., 211 ff., Ronellenfitsch a. a. O. S. 545

[6] vgl. Ottmann a. a. O. S. 29

[7] vgl. Ottmann a. a. O. S. 37 ff.

[8] vgl. Ottmann a. a. O. S. 66

[9] vgl. Ottmann a. a. O. S. 54

[10] vgl. Sarter, Die Reichseisenbahnen (1920), S. 3

[11] vgl. Sarter a. a. O. S. 4

[12] vgl. Sarter a. a. O. S. 5; Ottmann, Albert v. Maybach, in: Männer der deutschen Verwaltung (1963), S. 181 ff. (188)

[13] vgl. Bismarck und die preußische Politik 1871–1890 (1978), S. 78

[14] vgl. Ottmann, A. v. Maybach a. a. O. S. 188; Engelberg, Bismarck – Das Reich in der Mitte Europas – (1990), S. 260 ff.

[15] vgl. Ottmann, A. v. Maybach a. a. O. S. 190; Bismarck und die preußische Politik a. a. O. S. 139; Ronellenfitsch a. a. O. S. 540

[16] vgl. dazu im einzelnen Hein/Krüger, Kleinbahngesetz (1929); Fritsch, Handbuch der Eisenbahngesetzgebung im Deutschen Reiche und in Preußen (1930), S. 91 ff., Kruchen, in: Haustein (Hrsg.), Die Eisenbahnen im deutschen öffentlichen Recht (1960), S. 18 ff

[17] DÖV 1991, 700 = LKV 1991, 279 = DVBl. 1991, 886 (L) und dazu Ronellenfitsch a. a. O. S. 551 f.

[18] vgl. Sarter a. a. O. S. 16

[19] vgl. Gesetz betreffend den Staatsvertrag über den Übergang der Staatseisenbahnen auf das Reich vom 1. 4. 1920 (RGBl. S. 773), wiedergegeben bei Sarter a. a. O. S. 200 ff. Der Staatsvertrag hat vielfältige Kritik erfahren, auf die hier nicht eingegangen werden kann, vgl. dazu im einzelnen ebenfalls Sarter a. a. O. S. 31 ff. und Ottmann, Preußens Eisenbahngeschichte, S. 102 ff.

[20] vgl. Sarter a. a. O. S. 34

[21] vgl. Kruchen, in: Haustein a. a .O. S. 17

[22] vgl. Sarter/Kittel, Die Deutsche Reichsbahn-Gesellschaft (1931), S. 44; Wahl, in: Haustein a. a. O. S. 96

[23] vgl. Witte, Eisenbahn und Staat – Ein Vergleich der europäischen und nordamerikanischen Eisenbahnorganisationen in ihrem Verhältnis zum Staat –, 1932, S. 46 ff.; Wilhelmi, Staat und Staatseisenbahn, Archiv für Eisenbahnwesen (AfE) 1963, S. 377 ff. (413); Sarter/Kittel a. a. O. S. 214

[24] vgl. Witte a. a. O. S. 48; Kruchen, in: Haustein a. a. O. S. 40; Sarter/Kittel a. a. O. S. 215

[25] vgl Wilhelmi a. a. O. S. 414; Sarter/Kittel a. a. O. S. 215

[26] vgl. Sarter/Kittel a. a. O. S. 214 ff.; Wilhelmi a. a. O. S. 414; Witte a. a. O. S. 48, 59; Kruchen, in: Haustein a. a. O. S. 37 ff.; Fromm, in: Schmidt-Assmann/ Fromm, Aufgaben und Organisation der Deutschen Bundesbahn in verfassungsrechtlicher Sicht (1986), S. 14 ff.

[27] vgl. zu ihrer Entstehung Witte a. a. O. S. 51 ff.; Sarter/Kittel a. a. O S 217 ff.; Ottmann, Ein historisches Dokument aus dem Jahr 1924 – Das Acworth-Leverve-Gutachten über die Deutsche Reichsbahn –, AfE 1958, S. 413 ff.

[28] vgl. dazu im einzelnen Witte a. a. O. S. 51 ff.; Sarter/Kittel a. a. O S 217 ff.; Wilhelmi a. a. O. S. 416 ff.; Hillebrand, Die Aufsichtsrechte des Deutschen Reiches über die Deutsche Reichsbahn-Gesellschaft nach geltendem Recht (1934), S. 26 ff.; Fromm, in: Schmidt-Assmann/ Fromm a. a. O. S. 16 ff.; ders., Die Unternehmensverfassung der Eisenbahnen im Wandel der Zeiten, in: Die Bundesbahn (1986), S. 195 ff. (197)

[29] vgl. z. B. Brüning, Memoiren 1918–1934 (1970), S. 485 f.

[30] vgl. Anschütz, Die Verfassung des Deutschen Reiches (1933), S. 450, 460; Witte a. a. O. S. 56 ff.

[31] vgl. Sarter/Kittel a. a. O. S. 304

[32] vgl. dazu Günther, in: Haustein a. a. O. S. 248

[33] vgl. dazu im einzelnen Ottmann, AfE 1985 S. 532 ff.

[34] vgl. Sarter/Kittel a. a. O. S. 303

[35] beide wiedergegeben bei Fritsch a. a. O. S. 449 ff.

[36] die genaue Bezeichnung lautete: Dritte Notverordnung des Reichspräsidenten zur Sicherung von Wirtschaft und Finanzen und zur Bekämpfung politischer Ausschreitungen vom 6. 10. 1931 (RGBl. I S. 537). Kapitel V des Fünften Teils war dem Überlandverkehr mit Kraftfahrzeugen gewidmet

[37] vgl. zu der Verordnung im einzelnen Hein, Der Überlandverkehr mit Kraftfahrzeugen (1932), insbes. S. 18 ff.

[38] vgl. Krebs, Verkehrsrecht und Verkehrswirtschaft – Ein Kompendium zur kritischen Einführung in die Ordnung des Verkehrs – (1960), S. 196

[39] vgl. Krebs a. a. O. S. 196; Hein/Eichhoff/ Pukall/ Krien, Güterkraftverkehrsrecht (1968), Vorwort Teil II Abschnitt A 010, S. 5 ff.

[40] vgl. dazu Reichsbahn-Handbuch 1937 S. 107, Marschall, Das Straßenbaurecht (1951), S. 37 ff.

[41] die Äußerung von Klöckner bei einer Besprechung im Wehrwirtschaftsamt im OKW am 18. 12. 1939, in: H. Großcurth, Tagebücher eines Abwehroffiziers 1938–1940, hrsg. von H. Kraus-

nick und H. C. Deutsch (1970), S. 447

[42] vgl. Kruchen, in: Haustein a. a. O. S. 21 ff.

[43] vgl. dazu im einzelnen Hein, Der Überlandverkehr mit Kraftfahrzeugen (1932), S. 13 ff.; Hein, Gesetz über die Beförderung von Personen zu Lande vom 4. 12. 1934, S. 1 ff.; Greif, Personenbeförderungsgesetz (1961), S. 1 f.

[44] vgl. dazu im einzelnen Fromm, Um die Zusammenführung der Busdienste von Bundesbahn und Bundespost – eine kritische Zwischenbilanz – in: Zeitschrift für Verkehrswissenschaft (ZfV) 1979, S. 215 ff.

[45] vgl. die Nachweise bei Kruchen, in: Haustein a. a. O. S. 27 ff.

[46] vgl. Art. 5 des Gesetzes zur Neuordnung des Eisenbahnwesens (Eisenbahnneuordnungsgesetz – ENeuOG) vom 27. 12. 1993 (BGBl. I S. 2378)

[47] vgl. Sitzungsbericht über die 64. Sitzung des Bundesrates am 20. 7. 1951, S. 526

[48] so die Ausführungen des Bundesministers für Verkehr in der 93. Sitzung des Deutschen Bundestages am 19. 10 .1950, Stenographischer Bericht S. 3466, und in der 64. Sitzung des Bundesrates am 20. 7. 1951, Sitzungsbericht S. 526

[49] vgl. dazu im einzelnen Fromm, in: Schmidt- Assmann/ Fromm a. a. O. S. 20 ff.

[50] vgl. Bundesrats-Drucksache 127/54 und dazu im einzelnen Ipsen, Das Verbot des Massengütertransports im Straßenverkehr – Rechtsgutachten zum Regierungsentwurf eines Straßenentlastungsgesetzes – (1954) sowie Peters, Die Verfassungsmäßigkeit des Verbots der Beförderung von Massengütern im Fernverkehr auf der Straße (1954)

[51] vgl. dazu Fromm, Finanzrundschau (FR) 1963, S. 279

[52] vgl. Bundesrats-Drucksache 576/67, S. 13 ff.

[53] vgl. BVerfGE 38, 61 ff.

[54] vgl. dazu im einzelnen Fromm, BB 1982 S. 264 ff.

[55] vgl. dazu im einzelnen Fromm, DVBl. 1994 S. 187 ff.

[56] vgl. dazu im einzelnen Fromm, Personenbeförderungsrecht – ein Beispiel für den Einfluß der Rechtsprechung auf den Gesetzgeber –, in: Verwaltungsrecht zwischen Freiheit, Teilhabe und Bindung, Festgabe aus Anlaß des 25jährigen Bestehens des Bundesverwaltungsgerichts (1978), S. 231 ff. (234 ff.) m. w.N.

[57] BVerfGE 11, 168

[58] BVerwGE 1, 92 = NJW 1954, 1054

[59] vgl. Buchholz BVerwG 442.01 § 13 PBefG 1961 Nr. 8

[60] vgl. BVerwGE 30, 257, Beschlüsse vom 20. 2. 1969, StT 1969, 394, und vom 12. 3. 1969, VkBl. 1970, 131, vom 2. 6. 1977 – VII B 141.75 – sowie Urteil vom 16. 12. 1977, BVerwGE 55, 159

[61] vgl. Bundestags-Drucksache 11/5746

[62] vgl. Wolfgang Schäuble, Der Vertrag (1991), S. 120

[63] vgl. dazu im einzelnen Stertkamp. Die Abgeltung der gemeinwirtschafrtlichen Belastungen der Verkehrsunternehmen in der EWG, in: Die Bundesbahn 1965 S. 406 ff.

[64] vgl. dazu im einzelnen Fromm, TranspR 1980, S. 5, 6

[65] vgl. ABl. Nr. C 49 vom 17. 5. 1968, S. 14 ff. (16)

[66] vgl. dazu Fromm, DVBl. 1982, S. 288 (293)

[67] vgl. Bundestags-Drucksache 9/127 Nr. 20 = Bundesrats-Drucksache 34/81 vom 23. 1. 1981

[68] vgl. hierzu und zum folgenden eingehend Schmuck, Die Eisenbahnen in der Gemeinsamen Verkehrspolitik der EG, in: Transportrecht 1992, S. 91 ff.

Inhalt

Vom Einzelunternehmer über die öffentliche Verwaltung zum Dienstleistungsunternehmen im Wettbewerb

Dieter Ludwig (56), Dipl.-Ing., ist seit 1976 Werkleiter der Stadtwerke Karlsruhe – Verkehrsbetriebe. 1978 wurde er außerdem zum Geschäftsführer und Obersten Betriebsleiter der Albtal-Verkehrsgesellschaft mbH (AVG) und 1993 zum Geschäftsführer des Karlsruher Verkehrsverbundes (KVV) bestellt. Ludwig war 1985 bis 1991 Präsident des ehemaligen Bundesverbandes Deutscher Eisenbahnen, Kraftverkehre und Seilbahnen (BDE) und ist seit 1991 Vizepräsident des VDV. Er ist seit 1986 Vorsitzender des Aufsichtsrates des Versicherungsverbandes deutscher Eisenbahnen, seit 1983 Stellvertretender Vorsitzender des Vorstandes des Arbeitgeberverbandes Deutscher Eisenbahnen, seit 1985 Vorsitzender der Vertreterversammlung der Berufsgenossenschaft der Straßen-, U-Bahnen und Eisenbahnen und gehört seit 1986 dem Präsidium der Vereinigung der kommunalen Arbeitgeberverbände an. Ludwig ist zum neuen VDV-Präsidenten gewählt und tritt sein Amt bei der VDV-Jahrestagung im Oktober 1995 an.

Vorbemerkung

Das typische VDV-Unternehmen, das Personenverkehr betreibt, wurde vor 120 bis 130 Jahren gegründet. Als Transportmittel diente die Pferdebahn. Eigentümer war ein privates Einzelunternehmen. Einige Jahre später kam die „Elektrische". Stromunternehmen, wie die AEG oder das RWE, übernahmen den Verkehr, vor allem, um ihren Absatz zu sichern. Teilweise waren die Banken beteiligt, teilweise war auch bereits kommunales Kapital mit im Spiel. Auch ausländische Gesellschaften engagierten sich in einigen Städten im Bereich des öffentlichen Nahverkehrs.

Nach der Jahrhundertwende wurden die meisten Nahverkehrsbetriebe kommunalisiert. Noch lange warfen die ÖPNV-Unternehmen für ihre Eigentümer eine Rendite ab; erst in den 60er Jahren geriet der öffentliche Nahverkehr im Zuge der Vollmotorisierung endgültig in die „roten Zahlen". Der ÖPNV wurde zunehmend als „Daseinsvorsorge" angesehen – und die Verkehrsbetriebe als Teil der öffentlichen Verwaltung. Durch die neuen EU-Verordnungen, die Regionalisierung des SPNV, vor allem aber die Finanzkrise des Staates und der Kommunen ergibt sich eine vollkommen neue Situation: Wettbewerb und Privatisierung sollen im ÖPNV Einzug halten, um die Kosten zu reduzieren. Neben dem Wettbewerb mit dem Auto soll es – wie in anderen Branchen üblich – einen Wettbewerb der Betreiber geben. Öffentliche und private Unternehmen sollen miteinander und untereinander konkurrieren. Auch die Bahnindustrie und ausländische Gesellschaften haben ihre Fühler schon ausgestreckt.

Schließt sich der Kreis?

Privates Engagement in der Gründungsphase

Der städtische Nahverkehr wurde gegen Mitte des 19. Jahrhunderts überwiegend von privaten Unternehmen geführt. Droschkenbesitzer fuhren zunächst in Eigenregie und bildeten in den Städten etliche Kleinst- und Kleinbetriebe. Viele von ihnen schlossen sich im Laufe der Zeit zu Genossenschaften zusammen. Ähnlich verhielt es sich mit den Pferdeomnibussen und -bahnen, die sich im Dienste privater Gesellschaften befanden. Unterschiede gab es auch in der Finanzierung der einzelnen Gesellschaften. Während sich Droschken- und Omnibusunternehmen vorwiegend auf deutsches Kapital stützten, wurden die Pferdebahnen weitgehend mit belgischem und englischem Kapital finanziert. Die beiden größten belgischen Gesellschaften, die Compagnie générale de chemin de fer économiques und die Compagnie générale de chemin de fer secondaires brachten ihr Kapital unter anderem in die Pferdebahn-Aktiengesellschaften von Frankfurt/Main, Barmen, München, Düsseldorf und Mannheim ein. Englisches Kapital, in Form der „Tramways Company of Germany Ltd.", war vorwiegend in den Bahnen von Dresden, Hannover, Leipzig, Magdeburg und Hamburg zu finden. Verständlicherweise vertraten die ausländischen Investoren überwiegend wirtschaftliche Gesichtspunkte. Sie sahen in der Pferdebahn ein zukunftsweisendes Geschäft und eine sichere Geldanlage.

Einflußnahme durch die Elektroindustrie

Die deutsche Industrie hatte an der Entwicklung des Verkehrswesens zunächst kein großes Interesse gezeigt. Chemie-, Schwer- und Elektroindustrie waren Schwerpunkte unternehmerischen Handelns. Dies änderte sich, als die Städte zusehends auf elektrische Bahnen umstellten. Die Straßenbahn wurde zum ersten großen Betätigungsfeld der Elektroindustrie, denn sie sah in den elektrischen Straßenbahnen einen sicheren und langfristigen Abnehmer ihrer Energie.

Siemens & Halske, die Allgemeine Elektrizitätsgesellschaft (AEG), die Union-Elektrizitätsgesellschaft (UEG), die Helios AG, die Kummer AG, Schuckert & Co. und Lahmeyer & Co. lieferten für den gesamten Straßenbahnmarkt in Deutschland Anlagen und Ausrüstungen. Mit Hilfe von Banken und eigenen Finanzinstituten gründeten sie dann auch Betriebsgesellschaften, die beispielsweise unter dem Namen „Süddeutsche elektrische Lokalbahnen" (Kummer AG), „Siemens elektrische Betriebe" (Siemens & Halske) oder „Allgemeine Lokal- und Straßenbahn-Gesellschaft" (AEG) geführt wurden. Um die Jahrhundertwende erschlossen diese Privatgesellschaften bereits große Teile des deutschen Straßenbahnmarktes.

Als Beispiel für den Einfluß der Elektrounternehmen kann Karlsruhe angeführt werden. Erste Initiativen für eine Organisation des öffentlichen Nahverkehrs gehen dort auf das Jahr 1876 zurück, wo zwischen der Stadt und dem Bremer Ingenieur Karl Westenfeld ein Vertrag zum Betrieb einer Pferdebahn abgeschlossen wurde. Der Entwicklung zum Dampfbetrieb folgend, gründete sich 1881 die „Karlsruher Pferde- und Dampfbahngesellschaft AG", deren Aktien 1894 von der AEG aufgekauft wurden. Die AEG stellte sofort einen Antrag, den elektrischen Betrieb mit oberirdischer Stromzuführung und Rollenabnehmer einführen zu dürfen. Nach zähen Verhandlungen mit den Stadtvätern zog sich die erste Fahrt einer „Elektrischen" jedoch bis zum Jahre 1900 hin.

Die Betriebsführung durch die AEG dauerte jedoch nur drei Jahre. Bereits 1903 beschloß der Bürgerausschuß mit überwältigender Mehrheit, die Straßenbahn für 6,3 Mio. Goldmark zu kaufen und in städtische Regie zu nehmen.

Bild 1: Die ersten Straßenbahnbetriebe waren in privater Hand (VDV-Archiv)

Kommunalisierung der Verkehrsunternehmen

Auch anderswo zeichnete sich ein Trend zur Übernahme der Straßenbahnbetriebe in kommunale Hände ab. Zum Beispiel kaufte 1906 die Stadt Dortmund die „Deutsche Lokal- und Straßenbahn Gesellschaft AG", die bereits 1881 gegründet wurde, auf. In München löste 1907 die „Städtische Eisenbahn" die „Münchner Trambahn AG" ab.

Ein anderes Beispiel findet sich in Halle. Dort verkehrte ab 1878 ein Pferdeomnibus und ab 1882 eine Pferdestraßenbahn. 1890 kam es zum Vertragsabschluß zwischen der AEG und der Stadt Halle über die Einführung des elektrischen Straßenbahnbetriebes. Damit war die Saalestadt eine der ersten Kommunen Europas mit einem durchgehend elektrischen Straßenbahnnetz. Im Jahre 1917 kaufte die Gemeinde der AEG die Stadtbahn für 4,9 Millionen Mark ab und vereinigte sie wenig später mit der „Städtischen Straßenbahn Halle".

Der wichtigste Grund für die zunehmende Kommunalisierung des öffentlichen Nahverkehrs waren die schwierigen wirtschaftlichen Bedingungen zu Beginn des 20. Jahrhunderts, die sich hemmend auf das Interesse am Bau und Erwerb von Straßenbahnanlagen auswirkten. Private Betriebsgesellschaften zeigten nur noch an den Strecken Interesse, die kurzfristig Gewinn versprachen. Teilweise versuchte die Elektroindustrie auch aufgrund der veränderten Wirtschaftslage, ihre hohen Kapitaleinlagen wieder freizubekommen.

Damit steigerte sich der Einfluß der Kommunen, zumal die Unternehmen den Städten Konzessionsabgaben bezahlen mußten, die nach bestimmten Kriterien wie Gleislänge, Wagenzahl, Fahrgäste oder gefahrene Kilometer, festgelegt wurden. Vor allem aber wollten die Kommunen bei der Festlegung der Tarife und der Linienführung mitwirken. Daneben hatten die Kommunen großes Interesse an einer Ausweitung des Netzes in die schnell wachsenden Vororte. Sie erkannten, daß die Stadtentwicklung zu einem großen Teil von der Lösung der Verkehrsfragen abhängig war. Deshalb bemühten sie sich, die Straßenbahnbetriebe in die eigene Verantwortung zu übernehmen. Diese Umstrukturierung führte dazu, daß sich im Jahre 1910 in Deutschland bereits 121 der insgesamt 268 Straßenbahnbetriebe in kommunalem Eigentum befanden.

Die Tabelle gibt einen Überblick über die größten deutschen Straßenbahnunternehmen im Jahre 1910 sowie deren Trägerschaft:

Ort	Träger	Fahrgäste in Mio
Berlin	privat	427
Hamburg	privat	140
Dresden	kommunal	105
München	kommunal	103
Köln	kommunal	97
Frankfurt/M.	kommunal	93
Leipzig	privat	74

Die Betriebe behielten teilweise die Rechtsform der Aktiengesellschaft, teilweise wurden sie aber auch vollständig in die städtische Verwaltung integriert. Beispielsweise wurde in Karlsruhe ein eigenes „Straßenbahnamt" geschaffen; die Wagenführer und Schaffner wurden Beamte. Allerdings merkte man vielerorts schon bald, daß die Stellung des Verkehrsbetriebs als Amt oder Behörde seine Probleme hatte. Deshalb gab es bald wieder Umgründungen. So wurde 1930 die „Städtische Straßenbahn zu Dresden" in eine privatwirtschaftliche Form überführt. Die Kommune entsprach damit der Forderung des Unternehmens nach mehr Handlungsspielraum und der Befreiung von bürokratischen Hemmnissen städtischer Institutionen. 1938 wurde mit der Eigenbetriebsverordnung eine neue Regelung für die wirtschaftlichen Unternehmen der Gemeinden getroffen. Die Eigenbetriebe erhielten darin zwar keine eigene Rechtspersönlichkeit, wurden aber wirtschaftlich weitgehend anderen Unternehmensformen wie der GmbH oder der Aktiengesellschaft gleichgestellt.

Nach dem Zweiten Weltkrieg

Nach dem Krieg mußten unter großen Anstrengungen die Schäden beseitigt werden, was aus eigener Kraft, ohne öffentliche Hilfe, nicht gelingen konnte. Vor allem mußten das zerstörte Schienennetz wieder aufgebaut und die Fahrzeuge mühsam instandgesetzt werden – eine gewaltige Kraftanstrengung.

Schon bald erhielten die Verkehrsunternehmen eine neue Herausforderung: Die zunehmende Motorisierung der Gesellschaft. Von Jahr zu Jahr wuchs die Zahl der Personenkraftwagen in Deutschland. In immer kürzeren Zyklen wurden die Schallgrenzen der Zulassungszahlen überschritten. Erst 100, dann 200 und 300 Autos pro 1000 Einwohner. Inzwischen sind in vielen Städten, auf dem Lande ohnehin, über 500 Pkw pro 1000 Einwohner erreicht. Alle Einwohner der Bundesrepublik Deutschland können heute auf den Vordersitzen der Autos Platz nehmen. Dies konnte nicht ohne Einfluß auf den öffentlichen Nahverkehr bleiben. Zunächst ließen sich manche noch von den Fahrgastzahlen täuschen, die durch den Bevölkerungszuwachs und die höhere Mobilität der Schüler (sprich: die längeren Wege der Schüler, die zunehmend höhere Schulen besuchten) gehalten werden konnten. Die Marktanteile des ÖPNV gingen jedoch seit den 50er Jahren kontinuierlich zurück. Schließlich waren auch die absoluten Fahrgastzahlen rückläufig. Dementsprechend stiegen die Defizite der Verkehrsunternehmen. In der Folge wurde in vielen Städten eine Defensivstrategie eingeschlagen. Um Kosten zu sparen, wurde in vielen westdeutschen Städten der Straßenbahnverkehr abgeschafft und auf den vermeintlich wirtschaftlicheren Omnibusbetrieb umgestellt. In dieser Zeit wurden auch die steuerlichen Querverbünde zwischen Versorgungs- und Verkehrsbetrieben geschaffen. Dabei wurden viele Eigenbetriebe in eine GmbH oder eine AG umgewandelt. Heute werden von den 360 VDV-Unternehmen mit Personenverkehr 226 als Gesellschaft mit beschränkter Haftung, 65 als Aktiengesellschaft und 54 als Eigenbetrieb geführt. Unabhängig von der Rechtsform wurden die kommunalen Verkehrsunternehmen in dieser Zeit als Teil der öffentlichen Verwaltung betrachtet.

Extrem war dies in der sowjetischen Besatzungszone bzw. der DDR der Fall.

Bereits Ende der 40er Jahre wurden dort die Verkehrsbetriebe mit anderen Wirtschaftszweigen in den „Kommunalen Wirt-

Bild 2: Zentrale Fahrzeugbeschaffung in der DDR, hier: Triebwagen in Rostock (Foto: Reichenbach)

schaftsunternehmen“ (KWU) vereinigt, später jedoch wieder ausgegliedert als „Volkseigene Betriebe“ (VEB). Die kleineren Betriebe sowie die neugegründeten Unternehmen gingen in Kraftverkehrskombinaten auf Bezirksebene auf. Unabhängig von der Trägerschaft wurden die wichtigsten Entscheidungen, z. B. über Fahrzeugbeschaffung, größere Investitionen oder die Tarife, jedoch zentral gefällt – mit den bekannten Ergebnissen. Beispielsweise fiel die Entscheidung, die Tarife auf dem Preisstand von 1944 einzufrieren, was von Jahr zu Jahr höhere staatliche Preisstützungen für die Betriebe zur Folge hatte. Nach der Wende wurden die Kombinate in kleinere Verkehrsunternehmen aufgeteilt, wobei in der Regel die Kreise das Eigentum erhielten. Die großen kommunalen Verkehrsbetriebe wandelte man wieder zu Aktiengesellschaften oder GmbH um.

Nahverkehrsbetriebe als Teil der öffentlichen Verwaltung

Von der Politik, den Benutzern, aber auch den Mitarbeitern werden an eine öffentliche Verwaltung andere Anforderungen gestellt als an ein Wirtschaftsunternehmen. Besonders pikant ist die Stellung der Kommunalpolitik zu „ihrem“ Verkehrsunternehmen. Simplifiziert stellt sich in vielen Städten die Situation so dar: Während des Jahres gilt der Verkehrsbetrieb als Teil der öffentlichen Verwaltung, der soziale und ökologische Ziele im Sinne der „Daseinsvorsorge“ zu erfüllen hat. Einmal im Jahr, bei der Verabschiedung des Wirtschaftsplanes oder der Vorstellung des Jahresergebnisses, wird der Betrieb als Wirtschaftsunternehmen angesehen, mit den entsprechenden Kommentaren über das Betriebsdefizit und der Aufforderung, dieses abzubauen oder doch zumindest zu begrenzen.

Besonders deutlich wird die Behandlung der Verkehrsunternehmen als öffentliche Verwaltung auf dem Gebiet der Preispolitik. In der Regel wird nicht der marktgerechte Preis angestrebt, sondern ein Preis, der auch für sozial Schwächere noch vertretbar erscheint. Oder ein Preis, der es ÖPNV-Abstinenzlern besonders schmackhaft machen soll, die Busse und Bahnen zu benutzen, und damit dazu beiträgt, die Stadt vom motorisierten Individualverkehr zu entlasten. Ein Wirtschaftsunternehmen hingegen hätte kein Interesse daran, aus Sozial- oder Umweltgründen mögliche Erträge zu verschenken.

Ein anderes Beispiel für die Behandlung der Verkehrsunternehmen als öffentliche Verwaltung: Für die Politik und die Verwaltung stehen Begriffe wie „Gleichbehandlung“ und „Gerechtigkeit“ ganz oben. Dagegen ist natürlich nichts einzuwenden. Unter dieser Flagge wird aber häufig für alle Stadtteile ein gleich gutes Angebot gefordert – unabhängig von der Nachfrage. Wenn der Stadtteil A einen 10-Minuten-Takt hat, muß der Stadtteil B auch einen haben. Wenn nach A die letzte Bahn um 0.30 Uhr fährt, braucht auch B eine Spätverbindung, auch wenn die Nachfrage ganz unterschiedlich ist. In vielen Fällen muß selbst in größeren Städten ein Einheitstarif gelten, gleichgültig, ob man nur drei Haltestellen fährt oder 10 Kilometer zurückgelegt werden.

Daneben müssen die Verkehrsbetriebe häufig mit den Fehlern der Stadtentwicklung leben. In der Vergangenheit wurden viele Neubaugebiete ohne Rücksicht auf eine vernünftige ÖPNV-Anbindung geplant. Also mußte nachträglich eine „politische“ Buslinie eingeführt werden, die sich in der Regel durch besondere Unwirtschaftlichkeit auszeichnet.

Auch die Tarifpartner behandeln die Verkehrsunternehmen als öffentliche Verwaltung. So wurden Jahr für Jahr Tarifverträge vereinbart, ohne auf die wirtschaftliche Situation der Betriebe Rücksicht zu nehmen. Die hohen Löhne, die Arbeitszeitverkürzungen und die umfangreichen Sozialleistungen mußten ja nicht erwirtschaftet werden wie bei anderen Unternehmen. Das Ergebnis vieler Tarifrunden: Das Tarifniveau des öffentlichen Dienstes liegt weit über dem der privaten Busunternehmen. Kein Wunder, daß viele Verkehrsbetriebe die Notbremse ziehen und an die Gründung von „Bustöchtern" zum Lohntarif der Privatunternehmen denken.

Wandlung der Betriebe zu Unternehmen

Und dennoch waren die Verkehrsbetriebe nie ausschließlich „öffentliche Verwaltung", sie waren immer auch Wirtschaftsunternehmen, die sich auf dem Verkehrsmarkt unter schwierigen Bedingungen zu behaupten hatten, zum Teil mit mehr, zum Teil mit weniger Erfolg. In den letzten Jahren stiegen – zumindest in Westdeutschland – die Fahrgastzahlen kontinuierlich an – trotz weiter zunehmender Motorisierung.

Beispielsweise sind die Fahrgastzahlen von 1988 bis 1994 in den westlichen Bundesländern um 19 Prozent gestiegen. Um dies richtig einschätzen zu können, muß man auch folgenden Sachverhalt berücksichtigen: Die Zahl der „Muß-Fahrer" ist in den letzten Jahren deutlich gesunken, die Zahl der „Kann-Fahrer" erheblich gestiegen. Das heißt: Immer mehr Menschen steigen freiwillig, ohne Zwang, in die Bahnen und Busse der ÖPNV-Betriebe ein. Es muß also etwas passiert sein, auch bei den Verkehrsunternehmen.

Viele Unternehmen stellten in den letzten Jahren ihr Selbstverständnis, Teil der öffentlichen Verwaltung zu sein, selbst in Frage. Sie erkannten, daß sie sich wandeln müssen – von einer Verwaltung, die nach bestimmten Regelungen „Beförderungsfälle" abfertigt, hin zu einem modernen, kundenorientierten Unternehmen, das sich um Kunden kümmert, auch über die herkömmliche Transportleistung hinaus. „Marketing" war vor 20 Jahren für die ÖPNV-Betriebe weitgehend ein Fremdwort. Häufig wurde es falsch verstanden oder eingeengt auf Begriffe wie „Werbung", „Öffentlichkeitsarbeit", im besten Fall noch „Verkauf". Richtig verstandenes „Marketing" aber ist „die Summe aller Bemühungen, die Widerstände zwischen der Dienstleistung des Unternehmens und den Kunden abzubauen". In vielen Verkehrsunternehmen begann man, die eigene Dienstleistung mit den Augen des Kunden zu betrachten. Man entdeckte, daß der Kunde vor allem eines will: schnell, preiswert und bequem von seinem Ausgangspunkt zu seinem selbstgewählten Ziel gelangen. Fahrplan, Tarifbestimmungen und Beförderungsbedingungen sind aus der Sicht des Kunden allenfalls notwendige Übel – mehr nicht. Die meisten Unternehmen betreiben mittlerweile auf vielen Gebieten ein offensives Marketing, zum Beispiel mit dem Fahrplan, dem Tarif, dem Verkauf und der Information.

Letztlich ist das vielerorts erfolgreiche Stadtbahnsystem das Ergebnis intensiver Marketinganstrengungen. Das Bedürfnis der Menschen ist es, schnell von den Stadtteilen und Vororten in die Zentren zu gelangen. Konventionelle U-Bahn-Systeme sind außerhalb der großen Ballungszentren aber nicht zu finanzieren. Die herkömmliche Straßenbahn dagegen ist hinsichtlich Geschwindigkeit, Komfort und Kapazität nicht leistungsfähig genug. Deshalb wurde sie Zug um Zug zu einer modernen Stadtbahn weiterentwickelt – mit attraktiven Fahrzeugen, Vorrangschaltung an den Kreuzungen und besonderem Bahnkörper. In Köln, Hannover und Stuttgart, aber auch kleineren Städten wie Kassel, Bielefeld oder Freiburg wurden sehr gute Erfahrungen mit hohen Fahrgaststeigerungen gemacht. Der Ausbau der Stadtbahnnetze wurde ermöglicht

Bild 3: Stadtbahn und ICE fahren auf denselben Gleisen (Foto: AVG)

durch das Gemeinde-Verkehrs-Finanzierungsgesetz (GVFG), das Anfang der 60er Jahre in Kraft trat. Das deutsche Stadtbahnsystem entwickelte sich in den letzten Jahren zu einem „Exportschlager“. In vielen französischen, englischen und amerikanischen Städten wurden und werden neue Stadtbahnsysteme eingerichtet. Aufgrund ihrer langjährigen Erfahrungen ist die deutsche Industrie auf diesem Gebiet sehr gefragt.

Auch die im Raum Karlsruhe geborene Idee, mit der Stadtbahn auf Bundesbahngleisen zu fahren, ist das Ergebnis von Marketingüberlegungen. Die meisten Fahrgäste steigen nicht gerne von einem zum anderen Verkehrsmittel um. Umsteigen ist oft beschwerlich, zeitaufwendig, teilweise mit zusätzlichen Kosten und immer mit einem Unsicherheitsfaktor verbunden. In den großen Ballungszentren fahren deshalb die S-Bahnen aus der Region mitten in die Stadt, innerstädtisch häufig in einem S-Bahn-Tunnel. Für etwas kleinere Räume kommt eine „volle“ S-Bahn aufgrund der hohen Kosten nicht in Frage. Da man aber mit schweren Lokomotiven oder Dieseltriebwagen nicht in die Fußgängerzone fahren kann, kam die Überlegung auf, mit der Stadtbahn die Fahrgäste auf den DB-Strecken abzuholen und sie über eine Verbindungsstrecke in das Straßenbahnnetz und damit in die Innenstadt zu bringen. Um dies zu realisieren, mußte erst ein neues Fahrzeug konzipiert werden, das sowohl auf Bundesbahn- als auch auf Straßenbahngleisen fahren kann. Mit Hilfe der Industrie und mit Unterstützung des Bundesministers für Forschung und Technologie wurde in den 80er Jahren ein Zweisystem-Stadtbahnfahrzeug entwickelt, das seit 1992 mit großem Erfolg in der Region Karlsruhe eingesetzt wird. Zuerst kam der Kunde mit seinen Bedürfnissen; auf diesen wurde die Technik ausgerichtet – nicht umgekehrt.

Auch auf dem Gebiet der Tarife und des Verkaufs weht in vielen Betrieben ein frischer Wind. Dieser ist auch notwendig, da viele Untersuchungen ergeben haben, daß komplizierte Tarife und Vertriebswege ein großes Zugangshindernis zum ÖPNV darstellen. Deshalb ist es notwendig, eine einfache und übersichtliche Tarifstruktur zu entwickeln, die von den Menschen sofort verstanden wird. Die meisten Unternehmen bieten heute übertragbare Monatskarten sowie preiswerte und bequeme Jahresabonnements an. Auf vielen Karten können eine zweite Person und die Kinder mitgenommen werden. Damit wird der öffentliche Nahverkehr auch für Familien wieder interessant.

Zum Teil werden überhaupt keine Fahrkarten im klassischen Sinn mehr benötigt. Vielerorts werden Kombikarten ausgegeben, die zum Eintritt ins Konzert, Theater, zu Ausstellungen, Sportveranstaltungen usw. dienen, aber auch zur Hin- und Rückfahrt mit öffentlichen Verkehrsmitteln. Auch um Großkunden kümmert man sich zunehmend: Den großen Betrieben und Verwaltungen werden „Job-Tickets“ für die Mitarbeiter angeboten, den Universitäten „Semestertickets“ für die Studenten, den Hotels „Hoteltickets“ für die Gäste. Der Einstieg in das Zeitalter der elektronischen Zahlungsmittel ist gemacht. Debit- und Kreditkarten werden vielerorts als Zahlungsmittel anerkannt. Nun wartet der VDV darauf, daß der Kleingeldspeicher auf den EC-Karten für den Kauf von Fahrscheinen endlich eingeführt wird.

Beispiele für die Marketingüberlegungen der Unternehmen ließen sich noch viele aufführen – vom integralen Taktfahrplan über Servicestationen bei Park-&-Ride-Plätzen, die Mitnahme von Fahrrädern, die Vermittlung eines Taxis zur nächsten Haltestelle, dem „Halt auf Wunsch“ im Omnibusverkehr bis hin zu pfiffigen Werbekampagnen sowohl in den Betrieben als auch im Rahmen der Gemeinschaftswerbung des VDV mit der Deutschen Bahn AG.

Dennoch: Trotz der unbestrittenen Marketingerfolge und der Fahrgaststeigerungen sind die Defizite der Verkehrsunternehmen in den letzten Jahren gestiegen. Von 1988 bis 1993 stiegen die Defizite der VDV-Unternehmen in den alten Bundesländern um 80 Prozent auf 4,4 Milliarden DM pro Jahr. Diese unerfreuliche Entwicklung fällt zusammen mit der Finanzkrise der öffentlichen Haushalte auf allen staatlichen Ebenen. Die kommunalen Eigentümer der öffentlichen Verkehrsunternehmen sind nicht mehr in der Lage, die ständig steigenden Defizite im Nahverkehr zu übernehmen. In vielen Städten wurde der Verlustausgleich für die Verkehrsunternehmen bereits „eingefroren“.

Gleichzeitig ergibt sich eine neue Situation durch die EG-Verordnung 1893/91 und die Regionalisierung des SPNV, die in der Folge eine Vielzahl von neuen Regelungen auf Bundes- und Landesebene auslösten. Die Stichworte „Wettbewerb“ und „Privatisierung“ ziehen sich dabei wie ein roter Faden durch alle Gesetze, Verordnungen und Verwaltungsvorschriften. Letztlich erhofft sich die Politik, durch mehr unternehmerisches Handeln den Zuschußbedarf bei möglichst gleichbleibendem Leistungsumfang zu verringern. Durch diese Entwicklungen sehen sich die Verkehrsunternehmen der größten Herausforderung nach dem Wiederaufbau ausgesetzt.

Bild 4: Immer mehr Veranstalter bieten Kombikarten für Bahn und Bus an (VDV-Archiv)

Wettbewerb der Betreiber

Wenn vom künftigen Wettbewerb im ÖPNV die Rede ist, denkt man vor allem an die Ausschreibung von Transportleistungen. Wettbewerb findet aber auch statt, wenn nicht explizit ausgeschrieben wird. Auch wenn sich eine Stadt aus guten Gründen gegen eine vertragliche Lösung und für den Fortbestand des steuerlichen Querverbundes von Verkehr und Versorgung entscheidet, muß sie Alternativen prüfen und die Wirtschaftlichkeit des eigenen Verkehrsunternehmens im Vergleich zu anderen kritischer als bisher untersuchen. Wettbewerb wird es übrigens nicht nur im Busbereich geben – dort ist eine Konkurrenzsituation auf manchen Feldern schon heute gang und gebe –, sondern auch auf der Schiene und natürlich zwischen Schiene und Straße. Wer skeptisch ist hinsichtlich eines Wettbewerbes auf der Schiene, sei auf das französische Beispiel verwiesen. Dort gibt es einige größere Verkehrsunternehmen, private und gemischtwirtschaftliche, die Verkehrsleistungen im gesamten Land anbieten. Eine Ausschreibung des Verkehrs wird von den Städten bzw. kommunalen Zweckverbänden in bestimmten Abständen vorgenommen. Dies betrifft zum Teil auch den Straßenbahnverkehr. Dabei gehören die Fahrzeuge und die Infrastruktur der öffentlichen Hand. Dies ermöglicht bei einer Ausschreibung auch einen Wechsel des Betreibers. So verlor 1985 in St. Etienne die bisherige Betreibergesellschaft VIA den Straßenbahnbetrieb an die Gruppe TRANSCET.

Auch in Deutschland gibt es bereits einige Beispiele. So wurde vor kurzem der Betrieb auf der Schönbuchbahn zwischen Böblingen und Dettenhausen von einem kommunalen Zweckverband ausgeschrieben. Mehrere Bahnunternehmen wurden zur Abgabe von Angeboten aufgefordert. Letztlich setzte sich die Württembergische Eisenbahngesellschaft, eine nichtbundeseigene Eisenbahn in Privatbesitz, gegen die Deutsche Bahn AG durch. Weder die Kommunen noch die WEG erwarten, daß die Schönbuchbahn tolle Gewinne abwerfen würde. Aber selbstverständlich muß das private Unternehmen WEG seine Kosten decken und das eingesetzte Kapital angemessen verzinsen. Dafür sind Zuschüsse notwendig. Außerdem muß die öffentliche Hand, wenn sie nicht kostendeckende Leistungen oder Sondertarife für einzelne Zielgruppen wünscht, nach dem „Besteller-Prinzip" dafür bezahlen. Durch die Ausschreibung gelang es dem Zweckverband aber „Marktpreise" für die Durchführung des Bahnbetriebes zu erzielen.

Durch die Entwicklungen scheint dieser Bereich des Verkehrsmarktes, also der regionale SPNV, auch für die Bahn- und Elektroindustrie wieder interessant. Es gibt dort durchaus ernsthafte Überlegungen, sich über die bisherigen Aufgabenfelder hinaus zu engagieren. Man denkt daran, komplette Systeme bis hin zu Werkstatt- und Betriebsleistungen anzubieten – wie dies teilweise im Ausland schon praktiziert wird. Gegenüber dem Engagement der Industrie in den Anfangszeiten des öffentlichen Nahverkehrs gibt es allerdings einen wesentlichen Unterschied: Damals konnte man in der direkten Marktbeziehung Unternehmen – Fahrgast Gewinne machen. Künftig werden die zuständigen Behörden als Kunden der Verkehrsunternehmen auftreten. Insoweit schließt sich der Kreis – siehe Ausgangsfrage – nur äußerlich.

Voraussetzungen für den Wettbewerb

Bevor es aber einen fairen Wettbewerb geben kann, müssen erst die Wettbewerbsbedingungen harmonisiert werden. Hier geht es vor allem um den Wettbewerb zwischen Schiene und Straße. Während im Omnibusverkehr keine nennenswerten Fahrwegkosten entrichtet werden müssen, wird die Schiene mit erheblichen Kosten belastet. Wenn die Schiene allein für den Fahrweg doppelt so hohe Aufwendungen hat wie der Omnibus für den Gesamtbetrieb einschließlich Fahrzeug und Fahrer, kann sie in weiten Bereichen nicht konkurrenzfähig sein. Die Finanzierung der Fahrwegkosten ist deshalb eine der wichtigsten noch ungelösten Fragen im Zusammenhang mit der Regionalisierung des SPNV. Eine Lösung könnte die Übernahme bzw. Abgeltung als „Vorhaltekosten" durch die öffentliche Hand sein. Die VDV-Unternehmen bereiten sich auf die neue Situation vor, indem sie – wie auch die Deutsche Bahn AG – die Bereiche Fahrweg und Betrieb rechnerisch, organisatorisch und zum Teil auch rechtlich trennen.

Ein weiteres Problem liegt darin, daß die öffentlichen Verkehrsunternehmen in der Regel eine

„allumfassende“ Leistung erbringen. Sie sind nicht nur für den Betrieb zuständig, sondern erbringen alle Leistungen, die mit der Dienstleistung „öffentlicher Nahverkehr“ zusammenhängen, also auch im Bereich der Planung, des Baudienstes und der Unterhaltung, der Werkstätten, des Vertriebs bis hin zur Werbung und Öffentlichkeitsarbeit. Viele Privatunternehmen machen dagegen ausschließlich „Betrieb“. Um auf diesem Gebiet künftig im Wettbewerb bestehen zu können, müssen die VDV-Betriebe den reinen Betriebsbereich von den übrigen Aufgaben trennen, zum Beispiel als „Profitcenter“ im Unternehmen führen oder als rechtlich selbständiges Tochterunternehmen. Letzteres findet bereits in einigen Betrieben statt, wobei mit der sogenannten „Ausflaggung“ noch einen Schritt weiter gegangen wird. Die Tochterunternehmen wenden dabei die Tarifverträge des privaten Busgewerbes oder Haustarife an, die deutlich unter dem Niveau des öffentlichen Dienstes liegen. Damit läßt sich praktisch sofort die Wettbewerbsfähigkeit der „Bustöchter“ erreichen. Dies wird sich fortsetzen, wenn nicht innerbetrieblich im Lohnbereich Veränderungen eintreten und somit auch dort das gleiche Ziel „Wettbewerbsfähigkeit“ erreicht werden kann.

Bild 5: Die Kosten des Fahrwegs entscheiden über die Zukunft des SPNV (Foto: AVG)

Die Chancen im Wettbewerb

Wie stehen die Chancen der VDV-Unternehmen im künftigen Wettbewerb der Betreiber? Wenn man die großen Unterschiede bei den Personalkosten zwischen den kommunalen und privaten Unternehmen betrachtet, ist sicherlich Skepsis angebracht. Die Fahrerlöhne sind aber nicht alles. Die öffentlichen Verkehrsunternehmen müssen daher im Wettbewerb voll auf ihre Stärken setzen. Und diese sind vor allem auf dem Gebiet der Qualität und des Services anzutreffen. Qualität hat ihren Preis. Dies muß auch den künftigen Bestellern klar gemacht werden. Die Besteller werden aber nicht jeden Preis akzeptieren. Die Verkehrsunternehmen müssen deshalb kostengünstiger produzieren. Von „lean management“ ist in diesen Tagen viel die Rede. Es muß in den Unternehmen konsequent umgesetzt werden. Die Verkehrsunternehmen werden sich in Zukunft auch stärker auf ihre Kernaufgabe konzentrieren müssen. Die Frage „make or buy" muß häufiger gestellt werden, z. B. bei der Fahrzeugreinigung oder bei Werkstattleistungen. Gegebenenfalls ist in diesen Bereichen die Gründung von gemeinsamen Gesellschaften mit Dritten denkbar, wie es bei der Hamburger Hochbahn seit Jahren praktiziert wird.

Selbstverständnis der Verkehrsunternehmen

In diesem Zusammenhang stellt sich letztlich die Frage nach dem Selbstverständnis der öffentlichen Verkehrsunternehmen. Wollen sie mehr sein, können sie mehr sein als reine „Lohnkutscher" gegen Vergütung ihrer Leistungen durch die zuständige Behörde? Hier liegt nämlich eine große Gefahr, die sich bei der Umsetzung der neuen Zuständigkeitsregelungen in Form des „Drei-Ebenen-Modells" ergibt.

In der politischen Ebene, das heißt den für den ÖPNV zuständigen Behörden, also in der Regel den kommunalen Gebietskörperschaften, werden vor allem die Bedienungs- und Qualitätsstandards, die Grundsätze des Tarifs und vor allem die Art der Finanzierung festgelegt. Die Regieebene, das sind vor allem die Verkehrsverbünde, ist für die Planung und Koordination, die Leistungsvergabe und -überwachung und vor allem für die Marketingaufgaben zuständig. Der Betreiberebene obliegt die operative Abwicklung. Hier können grundsätzlich alle denkbaren Betreiber eingesetzt werden – von der DB über die kommunalen Unternehmen bis hin zu Privatunternehmen oder sich neu bildende private oder gemischtwirtschaftliche Betreibergesellschaften, evtl. unter Beteiligung der Industrie.

Eine wichtige Frage wird in Zukunft sein, wer die Regieebene besetzt. Die öffentlichen Verkehrsunternehmen sind mit ihrem Know-how in allen Fragen des öffentlichen Personennahverkehrs dafür prädestiniert. Auch wenn kommunale Verkehrsverbünde entstehen, darf auf den Erfahrungsschatz der Verkehrsunternehmen nicht leichtfertig verzichtet werden. Neben dem Unternehmensverbund und dem Kommunalverbund sind auch Mischformen denkbar. So sollen beispielsweise beim Verkehrs- und Tarifverbund Stuttgart neben dem Verband Region Stuttgart, einem Zusammenschluß von 179 Kommunen im Mittleren Neckarraum und den übrigen Aufgabenträgern, nach wie vor die großen Verkehrsunternehmen Gesellschafter bleiben. Im Raum Kassel erbringt eine Servicegesellschaft der Verkehrsunternehmen Dienstleistungen für den Verkehrsverbund Nordhessen. Unabhängig von dem jeweiligen Modell, das vor Ort gefunden werden muß: Wer Fachkompetenz für die Regieebene sucht, wird bei VDV-Unternehmen fündig werden.

100 Jahre nach Gründung des VDV bzw. seiner Vorgängereinrichtungen unterliegt der öffentliche Personennahverkehr einem großen Wandel. Es sind spannende Zeiten. Die Verkehrsunternehmen werden in wenigen Jahren anders aussehen, anders strukturiert sein als heute. Sie werden noch leistungsfähiger und kundenorientierter sein müssen, wenn sie im Wettbewerb bestehen wollen. Aber: Der ÖPNV bleibt eine öffentliche Aufgabe. Dem wird sich niemand entziehen können.

Inhalt

Von der Eigenwirtschaftlichkeit zur Gemeinwirtschaftlichkeit – und zurück?

Josef Hoffstadt (68), Dipl.-Volksw., ist Vorstandsmitglied der Verkehrsbetriebe Hamburg-Holstein AG (VHH). Von 1969 bis 1993 war er Vorstandsmitglied (ab 1990 Vorstandssprecher) der Hamburger Hochbahn AG (HHA) sowie Vorstandsmitglied, Aufsichtsratsmitglied bzw. Aufsichtsratsvorsitzender in den Schwester- und Tochtergesellschaften der HHA. Vorher war er Prokurist und Leiter des zentralen Rechnungswesens bei der Firma Thyssen, Mülheim/Ruhr, und Generalbevollmächtigter bei Blohm & Voss AG, Hamburg. Hoffstadt ist Vorsitzender der Haftpflichtgemeinschaft Deutscher Nahverkehrs- und Versorgungsunternehmen, Essen. Er war von 1978 bis 1985 Mitglied des VÖV-Präsidiums und ist Ehrenvizepräsident des Internationalen Verbandes für öffentliches Verkehrswesen (UITP), Brüssel.

Der Beitrag entstand unter Mitarbeit von Dr. Gudrun Rinninsland, Assistentin des Vorstandes der Hamburger Hochbahn AG.

Vorbemerkungen

Das Thema wirft beachtliche Fragen auf! Sollte es nicht besser heißen: „Die Fahrt aus dem Gewinn in den Verlust?“ Und wie war es früher, wie ist es jetzt, wie wird es werden? Was bedeuten die Begriffe „Eigenwirtschaftlichkeit“ und „Gemeinwirtschaftlichkeit“? Ist letzterer von Anfang an mit dem Inhalt „verlustbringend“ verbunden? Vielleicht sogar als Ziel? Fahren wir nun dank der EG-VO 1893 und der damit im Zusammenhang stehenden Bahnreform auch im ÖPNV in den nächsten Jahren aus der immer gefährlicher werdenden Verlustsituation wieder heraus und in die Gewinnzone hinein? Oder verharren wir in behäbigem Denken „das gilt doch für uns alle nicht“? Wir sind also bei der zentralen Fragestellung – besser Herausforderung – für unseren Wirtschaftszweig.

Wie war es damals vor 100 Jahren?

Das Bedürfnis nach Mobilität – vielleicht aber auch nur nach etwas mehr Bequemlichkeit und Luxus – hatte „damals“ schon einen Markt geschaffen, in dem Pferdebahnunternehmen und vereinzelt auch Kraftdroschkenunternehmen tätig waren. Gleichwohl waren die damaligen Verkehrsmittel noch keine Massenverkehrsmittel.

Aber dann kam der Strom – und damit ein Entwicklungssprung. Denn die sich langsam, aber stetig entwickelnden Elektrounternehmen sahen im Verkehrsbereich eine Chance, ihre Produkte, nämlich eben den elektrischen Strom wie auch elektrisch angetriebene Motoren, zu vermarkten und dabei auch noch Geld zu verdienen. Aber dies setzte beachtliche Eigeninitiativen und Pionierarbeit voraus. Die Elektrofirmen hatten beides und wurden so Gründer oder Mitbegründer von Verkehrsunternehmen. Aber auch andere Unternehmer witterten gute Geschäfte! Dafür einige Beispiele:

Beispiel: Dortmund

Durch den Kohlebergbau und die Eisenhüttenindustrie als Basiswirtschaft entwickelte sich das landwirtschaftlich geprägte Städtchen zur überregional bedeutsamen Stadt.

Der Bau der Köln-Mindener Eisenbahn erschloß 1847 den Dortmunder Raum für neue Transport- und Handelswege. Die dadurch ermöglichten Aktivitäten bewirkten in Dortmund einen gewaltigen Aufschwung. Die Einwohnerzahl stieg sprunghaft; sie versechsfachte sich von 11 200 Einwohnern im Jahre 1850 auf über 66 500 Einwohner im Jahre 1880.

Die Einheit oder große Nähe von Wohnung und Arbeitsplatz war nicht mehr aufrechtzuerhalten. Immer mehr Menschen und Güter mußten von den Produktionsstätten zu den Bestimmungsorten transportiert werden. Dies war im Nahbereich mit Pferd und Wagen nicht mehr zu bewältigen. Die veränderten Umstände erforderten neue Lösungen. Dieser Herausforderung stellten sich zuerst private Unternehmer, die im Nahverkehr eine Marktlücke entdeckten, wie wir heute sagen würden. Deshalb wurde im Frühjahr 1881 beschlossen, einen Betrieb von Straßeneisenbahnen einzurichten. Es handelte sich um eine Pferdebahn. Für die Einrichtung des Straßenbahnbetriebes in Dortmund interessierte sich der Berliner Bauunternehmer Georg Sönderop. Mit ihm schloß der Magistrat der Stadt am 9. März 1881 einen Vertrag, der für 40 Jahre gelten sollte.

Noch 1881 wurde die erste Linie in Betrieb genommen. Der Publikumserfolg übertraf alle Erwartungen von Unternehmer (von wegen „gemeinwirtschaftlich“!)

und Stadt; er war Anstoß für den Bau von drei weiteren Linien. Bei diesen war der Antrieb im Stadtgebiet das Pferd, außerhalb auf Bergstrecken die Dampflokomotive. Schon damals also Umweltschutz!

Der im März 1881 mit dem Privatunternehmer Sönderop abgeschlossene Vertrag ging – des guten Geschäfts wegen – im Oktober auf die „Dortmunder Straßenbahn Aktiengesellschaft für Pferde- und Dampfbetrieb" über. Wiederum vier Monate danach, im Februar 1882, erwarb die mit einem Kapital von fünf Millionen Mark 1881 gegründete „Deutsche Lokal- und Straßenbahn-Gesellschaft" in Dortmund die Dortmunder Straßenbahn. Wir treffen sie auch bei den Rheinisch-Westfälischen Elektrizitätswerken AG (RWE) wieder!

1892/93 wurden Pferde und Dampfloks durch Umstellung auf elektrischen Betrieb ersetzt. Am 1. März 1894 rollte die erste „Elektrische" durch Dortmund; sie hat sich schnell zu einem modernen Verkehrsmittel entwickelt, dessen Platzbedarf ständig stieg.

Und wie waren die wirtschaftlichen Ergebnisse?

1894 erwirtschaftete sie eine Umsatzrendite von 24% und erreichte einen Kostendeckungsgrad von mehr als 132% als Pferdebahn! 1903 kam die „Elektrische" auf eine Umsatzrendite von 33,23% bei einem Kostendeckungsgrad von 150%! Abgesehen davon, daß man den Begriff „Kostendeckungsgrad" nicht kannte – es genügte die Umsatzrendite, d. h. der Gewinn –, ein beachtlicher Unterschied zu heute. 1992 lag der durchschnittliche Kostendeckungsgrad aller westdeutschen VDV-Unternehmen bei 56,8%.

Beispiel: Rheinisch-Westfälische Elektrizitätswerke AG (RWE)

Das RWE hat eine ungeheuer wagemutige, zukunfts- und gewinnträchtige Geschichte zu verzeichnen. Es beteiligte sich schon in der Frühzeit unserer Branche an Straßenbahnen, um Strom abzusetzen, und erwarb auch Anteile an der in Dortmund tätigen Gesellschaft. Im einzelnen:

„1909 beteiligte sich das RWE erstmals an zwei Straßenbahngesellschaften, womit der Einflußbereich des Unternehmens bis nach Westfalen und Süddeutschland ausgeweitet wurde. Das Interesse des RWE an der Errichtung eines Elektrizitätswerkes in Paderborn, verbunden mit dem Erwerb einer Straßenbahngesellschaft, zeigt die erneuten Bemühungen des Unternehmens, in Westfalen weiter Fuß zu fassen. Nach mehreren Vorverhandlungen wurde 1909 mit der Paderborner Elektrizitäts- und Straßenbahn AG (Pesag) ein gemischtwirtschaftliches Unternehmen unter Beteiligung der Stadt Paderborn, des RWE und der Provinz Westfalen mit einem Aktienkapital von nom. 1,2 Mio Mark gegründet, von denen auf die Stadt Paderborn und das RWE je 590.000 Mark Aktienanteile entfielen. Zweck der Gründung waren die Errichtung und der Betrieb eines Elektrizitätswerkes in Paderborn sowie der Erwerb und der Betrieb der Straßenbahnlinie Paderborn – Sennelager sowie der elektrischen Straßenbahn Paderborn – Lippspringe – Schlangen. Gegenüber der Stadt Paderborn war das RWE für das dritte bis zehnte Geschäftsjahr zu einer Dividendengarantie von 4,5% verpflichtet. Die Stadt selbst mußte der Provinz Westfalen eine 4%ige Dividendengarantie für 20 Jahre gewähren.

Eine der wichtigsten Straßenbahnen im Revier war die über ein großes Netz verfügende Essener Straßenbahn, die der Süddeutschen Eisenbahngesellschaft AG (SEG) in Darmstadt und einem dahinterstehenden Bankenkonsortium gehörte. Die Mehrheit des Aktienkapitals der SEG, der weitere Straßenbahnen in Hessen, Baden und Thüringen gehörten, „konnte unter Vermittlung von Hugo Stinnes" durch das RWE zusammen mit der Stadt und dem Landkreis Essen 1908/09 erworben werden. Die zu diesem Zweck gegründete Rheinisch-Westfälische Bahngesellschaft mbH in Essen, an der sich die Stadt Essen mit 816 000 M, der Landkreis Essen mit 459 000 M und das RWE mit 425 000 M beteiligten, bedeutete für Hugo Stinnes die Kontrolle über die SEG und den ersten Schritt zu einer Zusammenfassung des Straßenbahnnetzes und der gesamten Elektrizitätsversorgung des Rheinlandes von der holländischen bis zur schweizerischen Grenze.“ [1]

Beispiel: Berlin

In Berlin gründeten am 13. April 1897 – wir alle freuen uns auf das „100jährige“ – die Deutsche Bank und die Firma Siemens & Halske die „Gesellschaft für elektrische Hoch- und Untergrundbahnen in Berlin“. Sie trat in sämtliche in Frage kommenden Konzessionen und Verträge ein und beauftragte ihrerseits die Firma Siemens & Halske mit der Ausführung der Bahn für Rechnung der Hochbahngesellschaft. Weiter übernahm die Firma Siemens & Halske die Einrichtung des Betriebes nach eigenem Ermessen und die Betriebsführung im ersten Jahr der Eröffnung der Bahn gegen Zusicherung einer vierprozentigen Verzinsung des Anlagekapitals, nicht etwa nur des Aktienkapitals von 12,5 Mio. Die Einweihung der ersten Strecke vom Stralauer Tor über Gleisdreieck bis Potsdamer Platz fand am 18. 2. 1902 statt.

Die damals im Personennahverkehr tätigen Firmen kamen alle auf ihre Rechnung. Sie erzielten bis zum Zweiten Weltkrieg gute Gewinne, zahlten Dividenden und Konzessionsabgaben und waren wohl angesehen.

Die Entwicklung nach dem Zweiten Weltkrieg bis heute

In diesem Beitrag kann nur auf die Entwicklung in Westdeutschland eingegangen werden.

Allgemeine Rahmenbedingungen

Direkt nach Kriegsende begann eine gigantische Wiederaufbauphase. Daran schlossen sich so etwa ab Mitte der 50er Jahre die Entwicklung und der Einsatz moderner Verkehrstechnologien an, die heute ihre Krönung im Niederflurbus mit Rampe, Kneeling und Lift, im Stadtbahnwagen 2000 und in entsprechenden U- und S-Bahnfahrzeugen mit komplizierter E-Technik gefunden haben. Die neue hochmoderne Technik hat natürlich auch ihren Preis.

Parallel dazu entstand eine Fülle von Gesetzen und Verordnungen, die – ohne Spielraum für Pragmatismus zu lassen – typisch deutsch auch letzte Details regelten, und das meistens kostentreibend. – Bedauerlicherweise geht die EG heutzutage über das deutsche Ausmaß noch erheblich hinaus!

Die Arbeitsbedingungen wurden in großen Schritten erleichtert; von der 48-Stunden-Woche 1945 zur 35-Stunden-Woche heute, und das bei vollem Lohnausgleich und stets steigenden Löhnen, Gehältern nebst Sozialaufwand und Urlaubsverlängerungen bis auf sechs Wochen. Beachtlich steigende Kosten ergeben sich auch aus der Altersversorgung in Form einer Zusatzversorgung und/oder der betrieblichen Altersrente.

Die Sachkosten stiegen aus allgemeinen Ursachen und aufgrund der technischen Entwicklung zu immer perfekterer und bequemerer Verkehrstechnik unaufhaltsam.

Das allgemein steigende Anspruchsdenken machte auch vor der Verkehrsbranche nicht halt. Die Bürger forderten immer mehr und besseren Verkehr für immer weniger Geld, und sie fanden dabei stets die Unterstützung der Politik. Die Fahrgelder jedenfalls wurden reglementiert, von der Ausnützung von Marktchancen konnte keine Rede sein. Die Verkehrsnachfrage blieb trotz aller Bemühungen der Unternehmen hinter der rasanten technischen Entwicklung zurück, d. h. die Durchschnittsauslastung der Verkehrsmittel verharrte bei etwa 20%. Der ÖPNV wie der DB-Verkehr wurden lange Zeit von der hohen Politik vernachlässigt, obwohl „ihr Vorrang" stets behauptet wurde. Das zusammenfassende Ergebnis dieser Entwicklung war für fast alle ÖPNV-Unternehmen die Fahrt aus der Gewinnzone in den Verlust – trotz der ständig vorgenommenen Rationalisierungsmaßnahmen, die beachtliche Erfolge hatten.

Der Verband öffentlicher Verkehrsbetriebe hat sich kräftig und mit Erfolg gegen diese negative Entwicklung gestemmt, obwohl die Vertretung der Interessen der Unternehmen bis zum 1. 1. 1991 leider nicht einheitlich und damit zielgerichtet hochwirksam erfolgen konnte. Die NE-Bahnen waren im BDE zusammengeschlossen, die öffentlichen Verkehrsunternehmen im wesentlich größeren und schlagkräftigeren VÖV. Beide Verbände residierten in Köln. Ihre Zusammenfügung lag seit geraumer Zeit in der Luft, wurde aber bedauerlicherweise immer wieder durch unerklärliches Beharren auf Eigenständigkeit seitens des BDE hinausgezögert. Erst mit der Übernahme der BDE-Präsidentenschaft durch Dipl.-Ing. Dieter Ludwig begann sich die Vernunft langsam gegenüber verbandspolitischen Egoismen durchzusetzen. Die Vereinigung beider Verbände erfolgte nach beachtlichen Vorarbeiten durch den VÖV-Präsidenten Dr. Hans Sattler – zum 1. 1. 1991 zum Verband deutscher Verkehrsunternehmen (VDV), der seither vom Präsidenten Dipl.-Ing. Dieter Bollhöfer sowie dem Hauptgeschäftsführer Prof. Dr.-Ing. Günter Girnau geleitet wird. Die immense Fusionsarbeit mußte gleichzeitig mit der nicht minder arbeitsreichen Integration der ÖPNV-Unternehmen aus den neuen Bundesländern vorgenommen werden. Um so höher ist zu bewerten, daß der VDV in relativ kurzer Zeit Tritt gefaßt hat und nun in der Lage ist, die zu lange zersplitterten Interessen der Branche schlagkräftig und erfolgreich zu vertreten.

Dem VÖV, und seit der Fusion dem VDV, sind entscheidende technische und wirtschaftliche Erfolge zu verdanken:

1. hat er die Standardisierung von Fahrzeugen und Fahrzeugausrüstungen bewirkt.

2. wurde unter seiner Ägide das Niederflurfahrzeug sowohl im Bus- wie im Schienenbereich entwickelt.

3. hat er eine totale Vorwärtsstrategie entwickelt, die ab Anfang der 80er Jahre zu bemerkenswerten Informationskampagnen nach innen und außen führte und nicht auf die wichtige gemeinsame Werbung mit der DB beschränkt wurde.

4. Nach der Fusion hat er – zusammen mit dem Deutschen Städtetag – erreicht, daß der „Querverbund" im ÖPNV weiter bestehen bleiben kann: der Aufwand für Verkehrsleistungen kann u. a. durch „sonstige Erträge im handelsrechtlichen Sinn" nach § 8 Abs. 4 PBefG gedeckt werden. Darunter fällt auch die Verlustabdeckung durch Gesellschaftereinlagen.

5. Zur Zeit ist er dabei, das drohende Umsatzsteuerproblem – hoffentlich erfolgreich – zu lösen.

6. Gelingt dies nicht, dann verteuern sich die Verkehrsleistungen mehr oder weniger automatisch bundesweit um 15% mit der Gefahr, daß zur Vermeidung der entsprechenden Aufwandssteigerung das Angebot in gleichem Maße reduziert wird.

Und so ist durchaus die Frage erlaubt, wo stünden wir heute, wenn es den VDV nicht gäbe, aber auch, wenn es ihn früher gegeben hätte!

Die folgenden Tabellen und Rechnungen illustrieren die oben dargestellte Entwicklung.

Die bundesdeutschen ÖPNV-Unternehmen haben seit Jahren mit immer größeren und bedrohlicher werdenden wirtschaftlichen Schwierigkeiten und Finanznöten zu kämpfen, dies beklagte Peters bereits 1975 ganz vehement – zu einer Zeit, als sich die Verluste der damaligen VÖV-Unternehmen auf insgesamt rund 1,5 Mrd. DM p.a. beliefen [2].

Betrachtet man die aktuellen Zahlen, so muten die Defizite der siebziger Jahre geradezu „harmlos" an: im Jahr 1990 sind bei den ÖPNV-Unternehmen Gesamtaufwendungen von 14,270 Mrd DM (100%) entstanden, denen Erträge von nur 8,710 Mrd DM (61%) gegenüberstanden; die Summe der Fehlbeträge incl.

„Erträgen mit Verlustausgleichscharakter" erreichte 5,560 Mrd DM = 39%.

Die vergleichbaren Fehlbeträge stiegen im Jahr 1991 auf 6,478 Mrd DM, der Kostendeckungsgrad fiel von 61% auf 59% mit einer unternehmensspezifischen Spanne zwischen 20% und 88%.

Diese Kennzahlen charakterisieren eine Situation, die unter Anwendung von allgemeinen Maßstäben für Wirtschaftsunternehmen für wohl alle ÖPNV-Unternehmen bereits den Konkurs ausgelöst haben müßte, wären da nicht die finanziellen Hilfen der öffentlichen Hände (i. d. R. Kommunen). Sei es, daß diese in Form eines Verlustausgleichs einer Organmutter, sei es in Form einer Verlustabdeckung durch die Stadt, oder sei es auch in irgendeiner sonstigen Form, wo Erträge der Gesellschaft zufließen, um die Erfolgsrechnung zum Ausgleich zu bringen, gewährt wird. So kommentiert Peters zu Recht pointiert: „Wenn man sich diesen Ablauf vergegenwärtigt, dann kann die Folgewirkung, wonach unser Ansehen als Wirtschaftsunternehmen im landläufigen Sinne sicherlich nicht das beste ist, nicht mehr verwundern" [3].

Im folgenden wird der Frage nachgegangen, welche Einflußfaktoren die Entwicklung von der Eigen- zur Gemeinwirtschaftlichkeit bestimmt haben, wobei sowohl externe als auch unternehmensinterne Faktoren beachtet werden müssen.

Einflußfaktoren der Entwicklung von der Eigen- zur Gemeinwirtschaftlichkeit

Die oben in aktuellen Zahlen umrissenen Fehlbeträge haben leider die Tendenz, sich dynamisch zu entwickeln. Auf der Aufwandsseite wirken sich neben den allgemeinen Preis- und Lohnsteigerungen vor allem die Ausweitungen und Attraktivitätssteigerungen aus, die durch Einnahmesteigerungen aus Mengen- und Fahrpreiseffekten nicht kompensiert werden können. Dazu kommen die Auswirkungen falscher oder falsch motivierter Preispolitik: die Schere zwischen Aufwands- und Ertragsentwicklung geht immer weiter auseinander. So auseinander, daß der ÖPNV für die Kommunen besonders in Anbetracht der dortigen großen Finanzmisere und der Unklarheiten bezüglich der Regionalisierung zu einem Haushaltsrisiko wird, wenn nichts gegen die negative Entwicklung unternommen wird.

Deshalb ist gerade die Analyse struktureller, unternehmensinterner Verlustursachen von großer Bedeutung, die zusätzlich zur allgemeinen Preisentwicklung wirken. Tabelle 1 umreißt zunächst die Entwicklung ausgewählter Kennzahlen des VÖV/VDV in den Jahren 1955 bis 1990. Interessant war hier anläßlich der Sichtung der VÖV-Jahresstatistiken die Feststellung, daß – obwohl bereits im Jahre 1969 der

Tabelle 1: Entwicklung ausgewählter Kennzahlen des VÖV/VDV 1955 bis 1990 (Quelle: Jahresstatistiken des VÖV/VDV)

	1955	1960	1965	1970	1975	1980	1985	1990 (1)
Anzahl der VÖV/ VDV-Unternehmen	158	164	169	171	168	162	166	325
Anzahl Mitarbeiter	94.175	102.478	96.875	83.100	87.200	88.700	89.005	142.570
Beschäftigte je 1 Mio. Platzkm	k.A.	1,05	0,67	0,67	0,65	0,61	0,60	0,62
Beförderte Personen je Wagenkm	4,8	4,9	4,7	4,1	4,0	3,7	3,3	3,0
Verkehrseinnahmen in Mio. DM	1123,2	1521,6	1876,1	2203,7	3028,6	4309,6	5267,4	8242,0
Einnahmen je beförderter Person in DM	0,231	0,294	0,376	0,487	0,627	0,877	1,198	1,354
Fehlbetrag in Mio. DM	k.A.	k.A.	k.A.	642 (2)	1.716	1.962	2.280	3.129
Fehlbetrag je Fahrgast in DM	k.A.	k.A.	k.A.	k.A.	0,40 (2)	0,49	0,65	0,74
Investitionen in Mio. DM	241,9	324,8	376,3	583,8	1176,8	1401,1	1478,8	2411,5

(1) Angaben beziehen sich auf alle VÖV/ VDV- Unternehmen im Personenverkehr (Alt- und Beitrittsgebiet der BRD)
(2) Erstmals wird in der Jahresstatistik 1977 über Fehlbeträge bei den VÖV-Unternehmen berichtet.

Tabelle 2: Struktur der Aufwendungen VÖV/VDV-Unternehmen 1977 bis 1991 (alte Bundesländer)
(Quelle: Jahresstatistiken des VÖV/VDV; Werte in Klammern = %)

	1977	1979	1981	1983	1985	1987	1989	1991
- Materialaufwand	**900 (16,5)**	**1.327 (20,1)**	**1.754 (22,4)**	**1.786 (21,7)**	**1.914 (22,0)**	**2.044 (21,5)**	**2.403 (23,3)**	**3.600 (26,7)**
- Treibstoffe	235	392	484	557	614	481	492	371
- Personalkosten	**3.503 (64,3)**	**3.999 (60,5)**	**4.447 (56,9)**	**4.753 (57,8)**	**4.953 (57,1)**	**5.570 (58,6)**	**5.783 (55,9)**	**7198 (53,3)**
- Löhne u. Gehälter	2.679	3.027	3.393	3.614	3.772	4.240	4.446	5484
- soziale Abgaben	421	478	541	613	674	763	824	994
- Altersversorgung/ Unterstützung	403	493	513	527	507	567	509	691
- planmäßige Abschreibungen	413 (7,6)	500 7,5)	595 (7,6)	670 (8,2)	721 (8,3)	883 (9,3)	977 (9,5)	1.208 (9,0)
- Zinsen u.ä.	137 (2,5)	137 (2,1)	162 (2,1)	184 (2,2)	166 (1,9)	158 (1,7)	170 (1,6)	228 (1,7)
- Steuern	68 (1,3)	63 (0,9)	24 (0,3)	22 (0,3)	23 (0,3)	23 (0,2)	27 (0,3)	47 (0,3)
- sonst. Aufwendungen	422 (7,8)	589 (8,9)	840 (10,7)	803 (9,8)	899 (10,4)	835 (8,7)	976 (9,4)	1.217 (9,0)
Summe Aufwendungen (100%)	**5.443**	**6.613**	**7.821**	**8.218**	**8.675**	**9.510**	**10.337**	**13.498**

Fehlbetrag der VÖV-Unternehmen insgesamt 493 Mio DM betrug – erstmals im Jahre 1977, also acht Jahre später! – über ÖPNV-Defizite berichtet und Gliederungspunkte wie „Vergleich der Aufwendungen, Erträge und Fehlbeträge oder „Defizitentwicklung 1969 bis 1977“ in das Berichtsschema aufgenommen wurden.

Tabelle 2 zeigt die Kostenentwicklung seit 1977, dem Jahr, aus dem aufgrund der VDV-Jahresstatistik erstmals differenzierte Kostenanalysen, so die Aufsplittung in Personalkosten, Aufwendungen für Material, Abschreibungen, Zinsen und Steuern, vorliegen.

Die Grundstruktur der Aufteilung nach Kostenarten ist seit Anfang der achtziger Jahre relativ stabil, – den größten Anteil mit jährlich rund 55% machen die Personalkosten (Löhne und Gehälter, soziale Abgaben, Aufwendungen für Altersversorgung und Unterstützung) aus, etwa ein Fünftel des Kostenvolumens macht der Materialaufwand aus. Der Anteil der Abschreibungen hat sich seit 1977 kontinuierlich erhöht und liegt heute bei ca. 10%, die Belastung durch Zinsen sank dagegen leicht seit 1955 (2,5%) auf 1,6% in 1989.

In Tabelle 3 wird die Entwicklung des Benzinpreises seit 1965 beispielhaft für den Bereich des Materialaufwands detailliert dargestellt:

Tabelle 3: Entwicklung des Benzinpreises 1965 bis1993 (incl. MWSt)

Jahr	Benzin-preis	Preis-index	Benzinpreis inflations-bereinigt	Benzinpreis in % inflationsbereinigt
1965	0,56	1,000	0,56	100,0
1970	0,56	1,128	0,50	88,7
1975	0,81	1,519	0,53	95,2
1980	1,17	1,850	0,63	112,9
1985	1,36	2,236	0,61	108,6
1990	1,14	2,393	0,48	85,1
1993	1,06	2,866	0,46	82,1

Tabelle 4: Die Entwicklung der Tarifvergütungen für (Einmann-)Fahrer am Beispiel ausgewählter ÖPNV-Unternehmen mit Haustarifverträgen seit 1960 (Quelle: Datensammlung des AVN Hannover)

	1960	**1991**	**1993**
Hamburger Hochbahn	2,78/Std. x 191,3 = 532,-- + Funktionszulage 28,-- = 560,--/Mon.	20,80/Std. x 160,9 = 3.347,-- + Einmannfahrerzulage 230,38 = 3.577,--/Mon.	22.75/Std. x 160,9 = 3.661,-- + Einmannfahrerzulage 252,01 = 3.913,01/Mon.
	1960	**1991**	**1993**
Bremer Straßenbahn	2,47/Std. x 195 = 482,-- /Mon.	21,19/Std. x 167,33 = 3.545,-- /Mon.	./.
	1960	**1991**	**1993**
KVG Braunschweig	2,23/Std. x 185 = 413,-- /Mon.	17,73/Std. x 167,40 = 2.968,-- /Mon.	19,25/Std. x 167,40 = 3.222,45
	1967	**1991**	**1993**
PESAG	4,18/Std. x 176 = 736,-- /Mon.	19,49/Std. x 165 = 3.216,-- + Mankogeld 17,-- = 3.233,--/Mon.	21,48/Std. x 165 = 3.545,-- + Mankogeld 17,-- = 3.562,--/Mon
	1960	**1991**	**1993**
HEAG	2,36/Std. x 180 = 425,-- /Mon.	20,39/Std. x 165 = 3.364,-- + Mankogeld 10,-- = 3.374,--/Mon.	22,18 x 165 = 3.600,-- + Mankogeld 10,-- = 3.670,--/Mon
	1961	**1991**	**1993**
ASEAG	2,72/Std. x 185 = 489,-- + Leistungszul. 12,-- = 501,- /Mon.	17.45/Std. x 167,40 = 2.921,05 + Mankogeld 8,-- = 2.929,05/Mon.	18,94 x 167,40 = 3.171,15 + Mankogeld 8,-- = 3.179,15/Mon

Doch ebenso wichtig wie die allgemeine Kosten- und Preisentwicklung sind auch die folgenden Einflußfaktoren für die sukzessive Fahrt der ÖPNV-Unternehmen in die Verlustzone:

1. An den ÖPNV werden von Bürgern und Verwaltungen erheblich überzogene Anforderungen gestellt, die über die im Personen-Beförderungsgesetz (PBefG) fixierte Tarif-, Bedienungs- und Beförderungspflicht beachtlich hinausgehen. An dieser Stelle sei es gestattet, auf eine neue von der EG-Bürokratie drohende Gefahr hinzuweisen: Sie ist bemüht, durch immer neue Richtlinien so viel wie möglich zu regulieren. Nicht jede ihrer VO oder Richtlinien ist so zweckmäßig wie die VO 1893/91 oder die Einkaufsrichtlinien. Wenn man an die VO für „Handicapped People" denkt oder für „Health and Social Relations", kann einem Angst und Bange werden, weil sie eine neue Kostenlawine für den ÖPNV bringen werden.

Tabelle 5: Verkürzung der Wochenarbeitszeit am Beispiel ausgewählter ÖPNV-Unternehmen mit Haus-Manteltarifverträgen – Entwicklung von 1957 bis 1993 (Quelle: Datensammlung AVN Hannover)

Verkürzung der Wochenarbeitszeit								
	1957	**1960**	**1969**	**1971**	**1974**	**1985/86**	**ab 1991 - 1993**	
HHA	45	44	43	42	40	39/38	37	
	1964	**1969**	**1971**	**1974**	**1990**	**ab 1992 - 1993**		
BSAG	44	43	41,5	40	38,5	37		
	1958	**1969**	**1970**	**1971**	**1973**	**1974**	**1989**	**ab 1990 - 1993**
KVG Braunschweig	45	44	43	42	41,5	40	39	38,5
	1968	**1969**	**1970**	**1973**	**1989**	**ab 1990 - 1993**		
PESAG	44	43	42	40	39	38		
	1957	**1964**	**1969**	**1970**	**1979**	**1974**	**ab 1990 - 1993**	
HEAG	45	44	42,5	42	41	40	38	
	1957	**1964**	**1969**	**1971**	**1974**	**1989**	**ab 1990 - 1993**	
ASEAG	45	44	43	42	40	39	38,5	

2. Nicht nur Verwaltungen, auch politische Parteien und ganz besonders eine Vielzahl von egoistischen Interessentengruppen stellen druckvoll zusätzliche Forderungen, die besser außerhalb des ÖPNV erfüllt würden. So sehr z. B. die Aktivitäten der Behindertenverbände zur Integration in allgemeine Lebensabläufe

Tabelle 6: Die Entwicklung des jährlichen Urlaubsanspruchs (Höchstanzahl) in ausgewählten ÖPNV-Unternehmen mit Haus-Manteltarifverträgen seit 1958 (Quelle: Datensammlung AVN Hannover)

	Verlängerung des Erholungsurlaubs (jeweils Höchsturlaubstage)								
	1961	1964	1976	1977	1978/79	ab 1985 - 1995			
HHA	24	25	27	28	29	30			
	1958	1963	1970	1971	1975	1978	1979	1980	ab 1989 - 1994
BSAG	14	20	23	24	25	27	28	29	30
	1963	1975	1980	ab 1994					
KVG Braunschweig	24	30	33	33 (Werktage)					
	1967	1975	ab 1987 - 1993						
PESAG	24	28	30						
	1959	1964	1969	1978	1980	ab 1992 - 1993			
HEAG	24	27	28	29	29	30			
	1963	1972	1973	1978	1980	1982	ab 1990 - 1993		
ASEAG	24	25	26	27	28	30	30		

zu verstehen sind, muß darauf hingewiesen werden, daß ihren Bedürfnissen besser außerhalb des ÖPNV – und dann viel kostengünstiger – entsprochen werden kann.

3. Die Arbeitsbedingungen für die Mitarbeiter/innen in ÖPNV-Unternehmen werden immer unflexibler und aufwendiger: Gewerkschaften und öffentliche Arbeitgeber haben in den letzten Jahren – wie generell in der deutschen Wirtschaft – viel zu hohe Lohn- und Gehaltssteigerungen vereinbart; die Lohnnebenkosten sind zusätzlich angestiegen; die Arbeitszeiten wurden nicht nur offiziell verkürzt, sondern durch einschränkende Bedingungen auch noch ausgehöhlt (z. B. Freistellungen nach Manteltarifverträgen). Dazu kommen Forderungen nach aufwendigerer Arbeitsplatzgestaltung (Beispiel: Fahrerplatz). Um den Block der Personalkosten, der mit rund 55% den Löwenanteil der Aufwendungen in ÖPNV-Unternehmen ausmacht, differenzierter betrachten zu können, sind einzelne Komponenten der Vergütungsstruktur in Tabelle 4 sowie wichtige tarifliche Rahmenbedingungen, die in Manteltarifverträgen geregelt sind, in den Tabellen 5 und 6 am Beispiel verschiedener ÖPNV-Unternehmen im Zeitablauf dargestellt.

4. Die technische Entwicklung führt zu immer teurerem Gerät (Beschaffung und Instandhaltung), so manches ÖPNV-Unternehmen ist „overengineered". Tabelle 7 zeigt die Entwicklung der Listenpreise für Stadtbusse von Mercedes Benz in Standardausführung mit mittlerer Motorisierung seit 1971 sowie für die neuen Niederflurfahrzeuge, wie sie seit 1990 angeboten werden.

Im Zusammenhang mit der Einführung neuer Technologien in betriebliche Abläufe führt eine kritische Analyse der Erfahrungen aus der Vergangenheit zu folgenden Ergebnissen:

Tabelle 7: Entwicklung der Listenpreise für Mercedes-Benz-Stadtbusse seit 1971 (Quelle: Mercedes Benz AG, Bereich Nutzfahrzeuge, Mannheim – Anm. d. Verfasser: Die Preise der anderen deutschen Busproduzenten haben sich genauso entwickelt)

Jahr	Typ	Listenpreis	Preisindex	Bemerkungen
1971	O 305	95.200 DM	1	
1976	O 305	147.100 DM	1,33	
1981	O 305	199.750 DM	1,64	
1987	O 405	389.750 DM	1,86	
1990	O 405 N	455.250 DM	1,99	Niederflurtechnik, aber noch ohne Rampe u. Kneeling
1991	O 405 N	498.520 DM	2,06	mit Rampe und Kneeling
1993	O 405 N	563.190 DM	2,14	mit Rampe und Kneeling

• Bei der Entwicklung neuer Technologien wird oftmals nicht in ausreichendem Umfang auf die betrieblichen Erfordernisse eingegangen, zuweilen wird an der Praxis vorbei entwickelt. Die wertanalytische Betrachtungsweise – in der Industrie ansonsten selbstverständlich – fehlt bei der Spezifikation und Produktentwicklung im ÖPNV-Sektor teilweise völlig.

• Die Einführung neuer Technologien wird nicht ganzheitlich betrachtet; verschiedene Systeme, die zusammenwirken sollen, werden einzeln entwickelt, standardisierte Schnittstellen fehlen – im DV-Bereich ist das Forschungsvorhaben BISON mit seiner Entwicklung hin zum ÖPNV-Datenmodell des VDV hier ein Schritt in die richtige Richtung.

• Das Systemverständnis, d. h. die Integration der verschiedenen Komponenten z. B. im Sinne des Busverkehrssystems ist noch unterentwickelt.

Das „Rad wird häufig neu erfunden", vielfach werden bereits vorhandene, praktikable Lösungen zugunsten einer individuellen „Insellösung" verworfen (Beispiel: vielfältigste Ausführungen von Fahrkartenautomaten).

Die Verkehrsunternehmen werden als Versuchsfelder für nicht ausgereifte Entwicklungen genutzt (Beispiel: Rußfilter).

5. Der Datenschutz wird übertrieben angewendet und verschließt so Rationalisierungsmöglichkeiten. Beispiel: Überwachung der Fahrweise, deren Auswertung nicht zur einzelfahrerbezogenen Schulung führen darf, nicht erlaubter Datenaustausch bei Schwarzfahrern.

6. Rückläufige, bestenfalls stagnierende Fahrgastzahlen, die zu dem Versuch führen, mit an sich unvertretbaren Preismaßnahmen zusätzliche Fahrgäste zu gewinnen – oft mit der Folge, daß nach solchen Maßnahmen die zusätzlichen Einnahmen die Mehrkosten nicht decken. Bestes Beispiel: die zusätzlichen Umweltkarten. In diesem Zusammenhang sind auch zu niedrige Sondertarife für bestimmte Gruppen (Großkundenabonnements, Ticket 2000) zu sehen.

Darüber hinaus gehören auch die Aufrechterhaltung und gar Neuaufnahme von offenkundig unrentablen Strecken, die Bedienung zusätzlicher Gebiete, besonders neuer Siedlungsgebiete als Vorleistung für deren Besiedlung, immer kürzere Bedienungsintervalle, ein zu ausgedehnter Nachtverkehr sowie ein übertriebener – und im gewissen Sinne auch ergebnisloser – Umweltschutz zu den Verlustursachen.

Die vorerwähnten Verlustursachen sind zum kleineren Teil „home made", zum großen Teil wirken sie mehr oder weniger von außen auf die ÖPNV-Unternehmen, und zwar so, daß man mit einem Wort sagen kann: Für den ÖPNV gilt das „Leidmotiv" der Begehrlichkeit Dritter! Und die dadurch entstehenden, aber beileibe nicht naturgegebenen negativen Randbedingungen für den ÖPNV führen zwangsweise dazu, daß das Leistungsangebot nicht so marktorientiert und kostengünstig erbracht wird, wie nötig. Daraus folgt: die Kosten der Leistungserstellung übersteigen die mit der Leistung zu erzielenden Erträge permanent und in beträchtlich steigendem Ausmaß.

Exkurs: Die Begriffe „Eigenwirtschaftlichkeit" und „Gemeinwirtschaftlichkeit"

Die ÖPNV-Branche ist technisch, verkehrs- und betriebswirtschaftlich sehr modern, manchmal zu modern. Gerade deshalb ist es angebracht, sich auch an wertkonservative Begriffe zu erinnern, die vernünftige Ziele postulieren. Wenn erreicht, garantieren sie eine positive Entwicklung der Unternehmen und sichere Arbeitsplätze. Gerade dadurch unterscheiden sich die wertkonservativen Begriffe von so etlichen modernen oder modernistischen Begriffen, die keine vernünftigen Ziele postulieren, sondern eher die Aufgabe haben, im wertkonservativen Sinne negative Unternehmensentwicklungen zu begründen, ja schlimmer noch, zu rechtfertigen. So führte z. B. die Prägung und Verwendung solcher Begriffe wie „gesellschaftliche Kosten" oder „sozialer Nutzen" letzten Endes zur sogenannten „Gemeinwirtschaftlichen Erfolgsrechnung von Verkehrsbetrieben" mit monetär nicht exakt meßbaren Hilfsgrößen und damit zu Erfolgsvorstellungen, die negative Folgeerscheinungen nicht verhinderten, sondern eher begünstigten. Um dem entgegenzutreten, ist es gut, sich an wertkonservative Begriffe zu erinnern.

So verstehen wir nach Mellerowicz [4] unter betrieblicher Wirtschaftlichkeit unabhängig vom Wirtschaftssystem

a) den größten Wirkungsgrad der Technik und

b) den zweckmäßigsten Einsatz der Mittel, also beste Zweckwahl,

c) am rechten Ort – also an Stellen des größten Bedarfs, nicht aber geringen oder fehlenden Bedarfs.

Eigenwirtschaftlichkeit ist bei Betrachtung der Finanzsituation eines öffentlichen Unternehmens dann gegeben, wenn „Einnahmen und Ausgaben ausgeglichen sind und damit kein Defizit vorliegt. Insoweit ist § 8 Abs. 4 PBefG zu beachten. Er lautet: „Eigenwirtschaftlich sind Verkehrsleistungen, deren Aufwand gedeckt wird durch Beförderungserlöse, Erträge aus gesetzlichen Ausgleichs- und Erstattungsregelungen im Tarif- und Fahrplanbereich sowie sonstige Unternehmenserträge im handelsrechtlichen Sinne." Wichtig ist in diesem Zusammenhang, den Rationalisierungsdruck trotz dieser Definition aufrechtzuerhalten.

Die *Gemeinwirtschaftlichkeit* hat dagegen die beste Bedarfsdeckung zum Ziel, ohne daß sie an den größten Gewinn denkt oder wenigstens denken sollte; aber auch bei ihr ist die beste Bedarfsdeckung ohne Wirtschaftlichkeit nicht zu erreichen. Von Verlusten ist in diesem Zusammenhang auch bei Mellerowicz keine Rede: Er kennzeichnet Verkehrs- und Versorgungsbetriebe als „teils sozial, teils erwerbswirtschaftlich orientiert [...]. Sie sind aber im Gegensatz zu den Wohlfahrtsbetrieben am Prinzip der Kostendeckung ausgerichtet, wenn auch nicht im einzelnen auf die einzelne Leistung bezogen, so doch insgesamt, d. h. im Rahmen einer ganzen Wirtschaftsperiode und aller Leistungen zusammen" [5].

Gemeinwirtschaftliche Leistungen ergeben sich insbesondere aus solchen tariflichen oder betrieblichen Maßnahmen, die in besonderer Weise volkswirtschaftlichen, sozialen, kulturellen und stadt- oder regionalpolitischen Interessen und den Zielen des Umweltschutzes Rechnung tragen und die von den Verkehrsunternehmen auch im Rahmen ihrer gemeinwirtschaftlichen Bindung nicht oder nicht in gleichem Umfang oder nicht unter gleichen Bedingungen durchgeführt werden würden. Hierbei handelt es sich insbesondere um

- Tarifvergünstigungen an besondere Fahrgastgruppen,
- nachgewiesene Kostenunterdeckungen für besondere auf Wunsch der öffentlichen Hand eingerichtete Linien (sog. „politische Verkehre"),
- aus verkehrs-, kommunal- und sozialpolitischen Gründen nicht gewünschte oder genehmigte Tarifanpassungen, die eine betriebswirtschaftliche Notwendigkeit zur Erreichung der Kostendeckung darstellen [6].

Wie leicht ersichtlich, wird nicht postuliert, daß der ÖPNV nicht kostendeckend betrieben werden muß. Erst recht wird nicht gefordert, daß im ÖPNV

- bei Erfüllung aller erdenklichen Wünsche von Politikern und Publikum
- allenfalls ein sogenannter Kostendeckungsgrad von 66 $^2/_3$ % erreicht werden dürfe, was einem Verlust von $^1/_3$ der Gesamtkosten entspricht.

Dies bringt uns zu einem beachtenswerten Aspekt der politischen Einflußnahme auf ÖPNV-Unternehmen.

Zum Verhältnis zwischen öffentlichen Kapitaleignern und ÖPNV-Management, oder: ÖPNV-Management zwischen aktienrechtlicher Eigenverantwortlichkeit und (kommunal-) politischer Einflußnahme

Lehmann [7] definiert Management in öffentlichen Unternehmen wie folgt: „Geschäftsführung und Vertretung eines, einer oder mehreren öffentlich-rechtlichen Körperschaft(en) zugehörigen Unternehmens des Privatrechts, also die befugte Verfügung über materielle und immaterielle Güter im Sinne der dem Unternehmen gesetzten öffentlichen Ziele. Der Manager ist Unternehmer. Er setzt Unternehmensziele und strebt deren Erreichen an. Er trägt dafür die Verantwortung. Erfolg bzw. Nichterfolg bestimmen sein berufliches bzw. unternehmerisches Schicksal.“

Aus der besonderen Situation des Managements in öffentlichen Unternehmen, die im Gewand des Aktien- oder Gesellschaftsrechts eine öffentliche Aufgabe wahrnehmen soll, ergeben sich ebenfalls verschiedene Aspekte, die bei der Frage, warum sich diese Unternehmen so nachhaltig in der Verlustzone aufhalten, unbedingt beachtet werden müssen.

Nach § 76 Abs. 1 AktG obliegt dem Vorstand einer Aktiengesellschaft die Leitung der Gesellschaft unter eigener Verantwortung. Mangels eigener, auf die besonderen Anforderungen öffentlicher Unternehmen zugeschnittener Rechtsgrundlagen gelten hier auch die gleichen bilanzierungs-, prüfungs-, haftungs-, wettbewerbs-, aber auch mitbestimmungs- und arbeitsrechtlichen Regelungen. Andererseits unterliegen die öffentlichen Unternehmen und damit deren Führung zwei Arten von Bindungen: teilweise den für ihre Träger geltenden Vorschriften (z.B. des Dienst-, oder Haushaltsrechts), teilweise den von ihrem Träger ausgehenden rechtlichen (z.B. Vorgabe einer Satzung mit umfangreichen zustimmungspflichtigen Geschäften des Vorstands), personellen (z.B. Besetzung des Überwachungsorgans mit (Kommunal-) Politikern, Abgeordneten oder Verwaltungsangehörigen) und finanziellen Einflüssen z.B. Abgeltung gemeinwirtschaftlicher Leistungen) [8].

Viele Träger von öffentlichen Unternehmen (in Gestalt z.B. der zuständigen Beteiligungsverwaltungen oder Überwachungsorgane) vernachlässigen die Vorgabe von Zielkonzeptionen und die Auseinandersetzung über mehrjährige (strategische) Unternehmenspläne [9]. An die Stelle von mittel- und längerfristigen Planungskorridoren (z.B. Bandbreitenmodelle) zur strategischen Entwicklung von Erfolgs-, Investitions-, Finanz- und Personalplänen tritt all zu oft die kurzfristige Ausrichtung an der politischen Großwetterlage.

In Anbetracht dieses Zwiespalts nimmt es nicht Wunder, daß das Management öffentlicher Unternehmen zwischen die Fronten staats-, kommunal- und parteipolitischer Auseinandersetzungen gerät, bei denen dann auch oft noch Mitbestimmungs- oder Umweltschutzinteressen ins Spiel kommen, mit denen das Management von außen und innen derart unter Druck gesetzt werden kann, daß es „partikularen Ansprüchen weichen und tagespolitischen Einflüssen Rechnung tragen“ muß [10].

Lehmann weist darauf hin, daß „der Manager eines öffentlichen Unternehmens sich bei der Erfüllung von derartigen, parteipolitisch stark eingefärbten Forderungen seiner [...] gesetzlichen Verpflichtung gegenüber dem Unternehmen und seinen Mitarbeitern bewußt sein muß. Er muß betriebswirtschaftlichen Notwendigkeiten Vorrang geben. [...] das Gewähren von Freifahrten an Arbeitslose im ÖPNV, das Unterlassen von Preiserhöhungen bei bevorstehenden Wahlen [...] ist allein betriebswirtschaftlich zu betrachten [...]. Politische Forderungen volkswirtschaftlicher Art haben keinen enteignungsgleichen Charakter, gewähren daher, auch aus politischen Gründen, keinen Anspruch auf Verlustausgleich. Das bedeutet: Bei konkreter Ausformung von Forderungen der Regierung muß unternehmerisch konkret, d. h. für den Einzelfall, Stellung bezogen werden. Der Manager eines öffentlichen Unternehmens ist in diesen Fällen im Hinblick auf seine Standhaftigkeit gegenüber dem Anteilseigner und Verbänden in besonderem Maße gefordert" [11].

Peters bemerkt recht launig, es sei „...eines mit Sicherheit nicht unsere Aufgabe: Daß wir auf Entscheidungen von Kommunalpolitikern beruhend auch noch nachts jede „Milchkanne" abfahren" [12].

Dies hört sich in der Theorie gut an, stößt aber bei der praktischen Umsetzung im Tagesgeschäfts auf allergrößte Probleme, denn die eben beschworene Standhaftigkeit der Manager in öffentlichen Unternehmen ist oftmals bei den Politikern – sprich: Anteilseignern – dieser Unternehmen nicht sonderlich gefragt bzw. beliebt.

So sind Spannungen und Konflikte vorprogrammiert, wenn aus politischen Gründen durch den Gesellschafter in den Geschäftsablauf eingegriffen wird, die negativen Folgen jedoch das Management zu vertreten hat. Eine Absprache zwischen Politiker und Manager findet oftmals nicht statt, weil die Unternehmensleitung vielfach an den Entwicklungen in den politischen Gremien nicht teilnimmt. Die Konsequenz für das Managementverhalten und Selbstverständnis in vielen ÖPNV-Unternehmen sah bislang so aus: Die unternehmerische Tätigkeit wurde geprägt von dem Ziel einer „verwaltenden, schadenabwehrenden Gemeinwirtschaftlichkeit", einem Verhalten, das „Bestandswahrung anstrebt und Dynamik vermissen läßt" [13].

Wo stehen wir heute?

Nach der Klärung der Begriffe kann aufgrund der Verlustsituation festgestellt werden, daß

- die kommunalen ÖPNV-Unternehmen in Deutschland die Eigenwirtschaftlichkeit schon lange verloren haben und nicht einmal „gemeinwirtschaftlich" sind, wenn man die Kriterien von § 39 PBefG zugrunde legt, geschweige denn die Begriffsbestimmungen z. B. von Mellerowicz etc.,
- für die DB das Gleiche gilt, wenn man die Subventionen nach EG-VO 1191 außer acht läßt, was geboten ist, und zwar unzweifelhaft!
- die Regionalbusgesellschaften als rühmliche Ausnahme mit Gewinn arbeitend das Kriterium der Eigenwirtschaftlichkeit erfüllen.

Hier ist mit Bedauern festzustellen, daß die ÖPNV-Unternehmen allenfalls den Kriterien des legeren Gemeinwirtschaftlichkeitsbegriffes entsprechen, der zeitlich nachlaufend in Anpassung an die weitgehend fortschreitende Verlustentwicklung produziert wurde, um eben diese Entwicklung zu rechtfertigen. Unter anderem durch die Postulate nach einer gemeinwirtschaftlichen Gewinn- und Verlustrechnung, durch den Verzicht auf Rationalisierung, bisweilen nicht zu vertretende Niedrigpreispolitik, z. B. mit der Umweltkarte und ähnlichem mehr.

Etwas anders formuliert ist festzustellen, daß sehr viele kommunale ÖPNV-Unternehmen mit dem Rücken zur Wand stehen, denn schon die heutigen Verluste können ob ihrer Höhe von den Kommunen, die Eigentümer sind, nicht mehr akzeptiert, geschweige denn gedeckt werden. Es bedarf eigentlich keines finanzwirtschaftlichen Drucks seitens der Gemeinden, denn es gibt seit dem 1. 7. 1992 die EG-VO 1893/91, freilich in Deutschland erst rechtsgültig ab 1. 1. 1996. Diese Verordnung ist für die ÖPNV-Unternehmen eine Geißel; ob wir wollen oder aus ÖTV-Erwägungen auch lieber nicht, sie gilt, und sie konstatiert oder schreibt im Verein mit den mehr oder weniger gleichzeitig in Deutschland erlassenen Gesetzen etc. holzschnittartig verkürzt vor, ab 1. 1. 1996

- nichtkostendeckende Verkehrsleistungen sind gemeinwirtschaftliche Leistungen,

- wenn ein Verkehrsunternehmen sich durch derartige gemeinwirtschaftliche Leistungen belastet fühlt, kann es ihre Aufhebung ab 1. 1. 1996 verlangen,

- die zuständige Behörde kann – soweit es für die Verkehrsbedienung erforderlich erscheint – künftig gemeinwirtschaftliche Leistungen „bestellen“ sei es durch Vertrag oder durch Auflagen; sie hat sie zu bezahlen.

Aber die EG-Verordnung 1893/91 schreibt nicht vor, daß die den ÖPNV-Auftrag vergebende Gebietskörperschaft oder eine beauftragte Institution dem ausführenden Unternehmen für die Verkehrsleistung jeden Preis – auch übertriebenen Umfangs – zahlen muß. Die EG-Verordnung 1893/91 gibt im Zusammenhang mit dem novellierten PBefG bzw. dem neuen Allg. Eisenbahngesetz im Gegenteil den Gebietskörperschaften die Möglichkeit, ja den Zwang, die gemeinwirtschaftlichen Verkehrsleistungen auszuschreiben. Wir können uns dann nicht mehr unter dem Dach der Konzessionen verkriechen und mit dem Besitzstand gleichsam den Stillstand verteidigen.

Roland Batzill von der Stuttgarter Straßenbahn AG hat auf dem VDV-Workshop „Regionalisierung und Deregulierung im ÖPNV“ am 14. 10. 1993 in Frankfurt/M. die Auffassung vertreten, nicht die Regionalisierung und die Neufassung des PBefG oder die EG-Richtlinie 1893/91, sondern allein die anhaltend schwierige Finanzlage werde bei den kommunalen Nahverkehrsunternehmen zu einer Anpassung an die Kosten- und Ertragssituation der privaten Wettbewerber führen. Auf Dauer werden sich nur solche kommunalen Nahverkehrsunternehmen im Verkehrsmarkt behaupten, denen es in den nächsten 10 bis 20 Jahren gelingt, die Eigenwirtschaftlichkeit zu erreichen oder sich zumindest diesem Ziel stark anzunähern.

Es scheint, daß die allermeisten lokalen ÖPNV-Unternehmen infolge ihrer heute noch ungünstigen Kostenhöhe und -struktur die Ausschreibungen nicht bestehen werden. Das wird sehr unangenehme Konsequenzen zur Folge haben, die für die Unternehmen und ihre Mitarbeiter/innen bestandsgefährdend sein werden. Daraus kann nur ein einziger Schluß gezogen werden, nämlich durch sofortige und tiefgreifende Rationalisierungsaktivitäten und weitgehende Änderungen in der Unternehmensorganisation die lokalen ÖPNV-Unternehmen in einen ausschreibungsfähigen Zustand zu versetzen, damit sie überleben. Aber insoweit bietet die EG-Verordnung den ÖPNV-Unternehmen – ihrem Management und ihren Mitarbeitern – auch eine große Herausforderung und Chance.

Gleichwohl ist/sind

- für jedes am ÖPNV-Markt interessierte Unternehmen freier Zugang als Anbieter zu gewähren,

- Aufträge über 400 000 Ecu ≙ 800 000 DM europaweit auszuschreiben, mit der Ausnahme, daß es sich um Tochtergesellschaften des Ausschreibers handelt, zwischen beiden ein Organvertrag existiert und die Tochtergesellschaft mehr als 80 % ihrer Leistung dem Ausschreiber erbracht hat,

- die niedrigsten Kosten für die Allgemeinheit zu realisieren.

Die kommunalen ÖPNV-Unternehmen müssen also entweder zu privaten Anbietern konkurrenzfähig werden oder sie werden den privaten Anbietern unterliegen mit der Konsequenz, daß

• bei ihnen in großem Umfang Arbeitsplätze freigesetzt werden müssen, was beachtliche Sozialpläne auslösen wird etc.,

• die ÖPNV-Versorgung nicht mehr 100%ig gesichert werden kann,

• private Monopole entstehen.

Aber wie erreicht man die Konkurrenzfähigkeit zu privaten Anbietern bei gleichzeitig akzeptabler ÖPNV-Versorgung? Ein Lösungsversuch folgt im nächsten Kapitel.

Wie meistern wir die Zukunft? – oder: Der Weg zurück aus der Verlustzone (= Falsch verstandener Gemeinwirtschaftlichkeit) zum Gewinn

Die Antwort auf diese Frage ist ebenso einfach wie schwer: Mit Mut und Entschlossenheit zu harten Entscheidungen:

1. Die Unternehmensorganisation muß vereinfacht und schlanker werden, damit sie flexibel auf den Markt reagieren kann. Ziele sind entweder Lean Management in kleinen Unternehmenseinheiten mit eigener Entscheidungskompetenz oder – noch besser – die fraktale Unternehmung [14].

Was aber ist „Lean Management" (LM)?

LM bedeutet vor allem Prozeßdenken, d. h. Denken in den Kategorien der Wertschöpfungskette: Jeder verhält sich als Kunde seines Vorlieferanten und als Lieferant fehlerfreier Produkte / Dienstleistungen an den im Wertschöpfungsprozeß ihm nachgeordneten Verbraucher. Lean-Management bedeutet aber auch

• Schaffen einer flacheren Organisationsstruktur, z. B. durch Abschaffen von Führungsebenen und Abschaffen bzw. Straffen der Stabsbereiche in allen Ebenen,

• Integration zwingend notwendiger Verwaltungsaufgaben in den Produktionsbereich,

• Arbeit in Teams, in flexiblen kleinen (Produktions-)Einheiten mit weitgehender Eigenverantwortung,

• weitgehendes Dezentralisieren der Produktions- und Leistungsprozesse, verbunden mit entsprechender Delegation von Verantwortung und Entscheidungskompetenz,

• Ingangsetzen eines ständigen Verbesserungsprozesses, der das Ziel hat, durch Einsparungen von Personal, Material, Arbeits- und Lieferzeit gleichzeitig Produktivität und Produktqualität zu erhöhen,

• verstärkter Ankauf von Fremdleistungen mit Einbindung der Fremdfirmen in die eigene Wertschöpfungskette.

Lean-Management umfaßt nicht nur verschlankte Führungsprinzipien mit flachen Hierarchien, Gruppenarbeit und engem Kontakt zwischen Management und Produktion. Es ist viel mehr als das, nämlich – einer Kulturrevolution gleich – die völlige Abkehr vom bisherigen, auch gerade in den ÖPNV-Unternehmen und hier besonders im Betriebs- und Fahrdienst noch stark ausgeprägten Hierarchiedenken. LM zielt auf eine umfassende Einbindung der Mitarbeiter als kompetente und sachverständige Partner, die sich sehr stark mit dem Unternehmen und seinen Zielen identifizieren.

Wie könnte ein ÖPNV-Unternehmen nach Einführung von Lean-Management bzw. Lean-Production aussehen?

– Die Transportaufgabe wird als „Kernaufgabe" den Betriebshöfen als selbständig agierenden Unternehmenseinheiten (z. B. Profit-Centers oder GmbHs) übertragen; sie organisieren sich weitgehend selbst, um ihr Wirkungsziel als Teiloptimum zu erreichen. Die Verantwortung für Anpassung an sich ändernde Bedingungen liegt bei ihnen. Sie bieten ihre Leistungen dem Kunden, d. h. dem Vertrieb an.

– Die Hauptwerkstätten und die übrigen Dienstleister (z. B. Reinigung, EDV etc.) werden ebenfalls als selbständige Einheiten geführt. Sie erhalten ihre Aufträge von den Betriebshöfen.

– Zentrale Funktionen sind auf ein Minimum zu reduzieren; sie werden an ihren Dienstleistungen für den Wertschöpfungsprozeß gemessen und soweit möglich in die selbständigen Einheiten gegliedert.

– Alle notwendigen Informationen stehen allen uneingeschränkt zur Verfügung.

– Nicht zur Kernaufgabe gehörende Funktionen werden nicht selbst erbracht, sondern zugekauft.

– Der „Vertrieb“ i. w. S. übernimmt die Betriebsleistungen mit der Aufgabe, bei gegebener Leistung den Umsatz zu optimieren.

– Die Mitarbeiter/innen aller Einheiten betreiben in Gruppen Selbstverwaltung und -bestimmung, bei aufkommenden Problemen erarbeiten sie vor Ort die Lösung.

– Eine zentrale Koordination sorgt für sinnvolle Abstimmung der Tätigkeiten der Einheiten. In diesem Sinne findet die Unternehmenszielbildung in einem abgestimmten, iterativen Prozeß nicht einseitig von „oben nach unten“, sondern „bottom-up / top-down“ statt. Die Zielerreichung wird zentral kontrolliert. Bei negativen Abweichungen schaltet sich die Zentrale nur dann ein, wenn die Einheit nicht selbst steuern kann. Controlling wird als Steuerungsinstrument eingesetzt, aber stets unter Berücksichtigung der Maxime: Die Unternehmensführung muß Macht und Kompetenzen abgeben sowie das Selbstverständnis entwickeln: „Führen ist Dienen“.

– Die Investitionsplanung und -durchführung ist Aufgabe von zentraler Koordination und selbständiger Einheit – jedoch mit letzter Entscheidung durch die Koordination, damit innerhalb des Unternehmens Prioritäten gesetzt werden können.

Die Mitarbeiter sind der zentrale Produktions-, Kosten- aber gerade auch Erfolgsfaktor in (ÖPNV-) Dienstleistungsunternehmen. Auch bei der Einführung von Lean-Management ist die Personalpolitik von besonderer Wichtigkeit. Denn über die Ressource „qualifiziertes Personal“ wird häufig entschieden, als koste sie wenig, ließe sich ohne große Probleme wiederbeschaffen und hätte einen geringen Wertschöpfungsbeitrag. Was heute mit Lean-Management auszubügeln versucht wird, sind gerade die Fehler in den letzten Jahren, als die Zeiten noch besser waren und der Handlungsdruck geringer: zu viel Personal, geringe Auslastung und Produktivität, tiefes Spezialistentum, starre und schwerfällige Strukturen, Statussymbole und Pfründe. Die Hierarchen in unseren Unternehmen werden kaum geneigt sein, die mit flachem Organisationsaufbau verbundenen Einschränkungen ihrer Kompetenzen zu akzeptieren oder gar mit herbeizuführen. Dies jedenfalls ist in vielen deutschen Unternehmen anzutreffen und damit sicherlich auch in Verkehrsunternehmen.

Eine schlanke Unternehmensführung und -organisation mit weniger Hierachieebenen, ausgeprägterer Koordinations- und Entscheidungskompetenz mit mehr General- als Spezialwissen muß bei den Mitarbeitern und Führungskräften ansetzen. Ein Unternehmen wird nicht automatisch dadurch schlanker, somit agiler und flexibler, indem man Führungsebenen und -funktionen streicht. Zwingend erforderlich ist die Verlagerung von Aufgaben, Befugnissen und Verantwortungen nach unten, eine Umverteilung der Macht, – und hierzu gehört vor allem eine große Portion Mut!

2. Wenn es um „Make or Buy“ geht, ist letzterem der Vorzug zu geben, wenn dies kostengünstiger ist, und zwar in allen Unternehmensbereichen, auch in der Produktion von Verkehrsleistungen.

3. „Outsourcing“ ist überall da zu betreiben, wo es zweckmäßig ist, also in den Dienstleistungsbereichen, die der Produktion von Verkehrsleistungen dienen. Dabei müssen

• kostengünstigere Lohn- und Arbeitsbedingungen erreicht werden,

• die neuen Tochtergesellschaften auch auf dem Markt agieren, damit sie unter Konkurrenzdruck geraten und

• der Obergesellschaft Gewinne aus Fremdgeschäft bringen.

4. Die Lohn- und Arbeitsbedingungen müssen reduziert werden – und zwar bei gleichzeitig beachtlicher Erhöhung der Produktivität! Wenn eine Lohnstunde incl. aller Personalnebenkosten im privaten Bereich 33,30 DM = 100 % kostet, liegt sie bei den rentablen Regionalbusunternehmen von Bahn und Post bei 40,30 DM = 121 % und bei den kommunalen ÖPNV-Unternehmen bei 60,20 DM = 181 %! Hier ist auch an die Bildung neuer Gesellschaften mit privater Beteiligung (Bsp. Rheinbahn AG) zu denken! Die Gesellschaft tritt dem privaten Arbeitgeberverband bei, und es gelten für sie dann nur die dort üblichen Arbeits- und Lohnbedingungen, die bekanntlich niedriger sind als im öffentlichen Bereich.

5. Quantität und Qualität des Angebotes sind auf ein akzeptables Maß zu reduzieren, das der Besteller der ÖPNV-Leistungen bzw. der Defizitträger zu bestimmen hat. D. h. Kneeling, Rampe und Lift sollten nicht unbedingt beschafft werden.

6. Die technische Ausstattung der ÖPNV-Unternehmen ist auf das Maß zu reduzieren, das sich auch ein Privatunternehmen leistet oder der zur Defizitabdeckung Verpflichtete akzeptieren kann.

7. Die den ÖPNV gängelnden Vorschriften etc. sind kostensenkend zu entfeinern.

8. Die öffentlichen Beschaffungshilfen wie beispielsweise das GVFG sind so umzugestalten, daß auch Beschaffungsvorgänge gefördert werden, die keinen juristischen Eigentumserwerb, sondern den wirtschaftlichen zum Gegenstand haben, wie z. B. das vorteilhafte CharterWay-Verfahren u. a. mehr.

9. Reduzierung oder wenigstens Aussetzung von ebenso kostentreibenden wie nur optisch in politischem Sinne wirkenden Umweltmaßnahmen ohne wirklichen Effekt (Rußfilter).

Wenn man die Maßnahmen konsequent über zwei bis drei Jahre durchführt – in der Industrie braucht man für einen „Turn around“ ein bis maximal zwei Jahre –, dann wird das Unternehmen so kostengünstig sein, daß es private Konkurrenz nicht zu fürchten braucht und die Vorgabe nach PBefG, zu den „niedrigsten Kosten für die Allgemeinheit“ seine Verkehrsleistungen zu produzieren, erreicht. Dann wird dieses Verkehrsunternehmen auch keine Verluste, sondern Gewinne machen und damit aus dem negativen Bereich der „Gemeinwirtschaftlichkeit“ hinüberwechseln in den positiven Bereich der „Eigenwirtschaftlichkeit“ alter Prägung.

Literatur

[1] Pohl, H., Vom Stadtwerk zum Elektrizitätsgroßunternehmen, Stuttgart 1992

[2] Peters, W., Die Finanzierung in den Wirtschaftunternehmen des ÖPNV, Bielefeld 1978

[3] Peters, W., Öffentlicher Personennahverkehr im Rahmen eines Wirtschaftsunternehmens als Aufgabe (Sonderdruck der Schriftenreihe Verkehr und Technik, Heft 59), Bielefeld o. J.

[4] Mellerowicz, K., Allgemeine Betriebswirtschaftslehre, Band I, Berlin 1948, S. 34 ff

[5] Mellerowicz, K., a.a.O. S. 62

[6] siehe hierzu Peters, W., Die Finanzierung, a.a.O. S. 62

[7] Lehmann, H., Managementverhalten in öffentlichen und gemeinwirtschaftlichen Unternehmen – Zum Selbstverständnis des Managers eines öffentlichen Unternehmens. In: Beiheft 6 (1984), der Zeitschrift für öffentliche und gemeinwirtschaftliche Unternehmen (ZÖGU), Seite 54–79, hier: S. 59

[8] Eichhorn, P., Identitätskrise öffentlicher Manager, in: Beiheft 6 (1984) der Zeitschrift für öffentliche und gemeinwirtschaftliche Unternehmen (ZÖGU), S. 22–30, hier: S. 25

[9] Eichhorn, P., Managementverhalten in öffentlichen Unternehmen, in: Beiheft 6 (1984) ZÖGU, S. 1–8, hier: S. 7

[10] Zitiert nach Eichhorn, P., Identitätskrise, a.a.O. S. 27

[11] Zitiert nach Lehmann, H. a.a.O. S. 62 f

[12] Zitiert nach Peters, W., öffentlicher Personennahverkehr, a.a.O. S. 9

[13] Zitiert nach Lehmann, H. a.a.O. S. 75

[14] Hoffstadt, J., in: Was müssen die Verkehrsunternehmen tun, um am Markt bestehen zu können? Vortrag auf dem Hochschullehrer-Forum des VÖV 1985. Ferner die dem UITP-Kongreß 1995 vorgelegte Arbeit von Höflinger, P. und Walter, N., zum Thema „Lean Management in Unternehmen des öffentlichen-Personennahverkehrs“

Inhalt

Von der Kutsche zum Bus-Verkehrssystem

Hans Hermann Meyer (64), Prof. Dipl.-Ing., war von 1976 bis 1992 Vorstand für Betrieb und Technik der Hamburger Hochbahn AG (HHA). Zusätzlich wurde er 1971 bis 1986 als Geschäftsführer der Pinneberger Verkehrsgesellschaft und 1986 bis 1992 als Vorstand für Betrieb und Technik der Eisenbahn-Aktiengesellschaft Altona-Kaltenkirchen-Neumünster (AKN) und der Verkehrsbetriebe Hamburg-Holstein AG (VHH) bestellt. 1979 bis 1991 hatte er einen Lehrauftrag an der RWTH Aachen; 1994 wurde er zum Honorarprofessor ernannt. 1989 erhielt er außerdem einen Lehrauftrag von der Universität Hannover. 1972 bis 1992 arbeitete Meyer in nationalen und internationalen Verbänden des Verkehrswesen mit. U.a. war er 1985 bis 1988 stellvertretender Vorsitzer und 1988 bis 1992 Vorsitzer des VÖV-Kraftfahrzeugausschusses und gehörte 1988 bis 1992 dem VÖV-Präsidium an. Von 1985 bis 1991 war Prof. Meyer Vorsitzender des U-Bahn-Ausschusses der UITP.

Der Bus als Teil des Angebots öffentlicher Verkehrsmittel

Der Omnibus (Dativ Plural von lat. omnis: jeder) d. h. „Wagen für alle“ ist heute ein Automobil für die Beförderung von mehr als neun Personen (einschl. Fahrer) und ihres Gepäcks. Nach ihrem Einsatz im Nah- und Regional- oder im Fernverkehr wird grundsätzlich zwischen Linienbussen und Reisebussen unterschieden. Der Übergang ist jedoch fließend. Unterschiedliche Fahrzeuggrößen, Bauformen und Antriebsweisen ergeben ein vielgestaltiges Bild.

Von allen Einsatzformen überwiegt der Linienverkehr in Stadt und Land. Der Linienbus ist Teil des Angebots öffentlicher Verkehrsmittel und steht häufig mit Stadtschnellbahnen, Straßenbahnen oder anderen Angebotsformen in Wechselbeziehung. In den Verdichtungsräumen ist die Arbeitsteilung stark ausgeprägt: die Bahnen mit ihrer hohen Leistungsfähigkeit tragen auf den Magistralen die Hauptlast des Verkehrs; die Busse bieten ergänzende Verbindungen ins Zentrum an, leisten Zubringerdienste zu den Bahnen, stellen Querverbindungen zwischen ihnen her und versorgen die Peripherie der Ballungsgebiete. In ländlich strukturierten Räumen ist der Linienbus in zahlreichen Einsatzvarianten oft das einzige öffentliche Verkehrsmittel.

Das Einsatzspektrum der Busse ist somit breit gefächert. Es korrespondiert mit der großen Anpassungsfähigkeit der Fahrzeuge und der Betriebsführung an die unterschiedlichsten Einsatzbedingungen. Von der Befriedigung geringster Verkehrsnachfrage im bedarfsgesteuerten Betrieb bis zum Transport von Verkehrsmengen, die nach landläufiger Ansicht nur von Bahnen bewältigt werden können, reicht die Flexibilität des Linienbusses. Grabe/Utech haben nachgewiesen, daß Busse selbst zur Bedienung hochverdichteter Wohnbaugebiete mit Geschoßflächenzahlen von 1,0 eine geeignete und vor allem wirtschaftliche Bedienungsform darstellen [2]. Allerdings müßten den Linienbussen dann Betriebsbedingungen eingeräumt werden, die für Schienenbahnen im vergleichbaren Fall nahezu selbstverständlich sind (besondere Fahrspuren).

Die Tendenz beim Einsatz des Linienbusses in Ballungsräumen geht dahin, den Systemzusammenhang zu erkennen und aufeinander abgestimmte Komponenten Fahrweg, Haltestelle, Fahrzeug und Betriebsführung zur Gewährleistung eines fahrgastfreundlichen Verkehrsangebots zu realisieren. Im ländlich strukturierten Raum wird dagegen dem individualisierten Buseinsatz die Zukunft gehören.

Welchen Verkehrsanteil kann nun ein so „gelobtes“ Verkehrsmittel auf sich ziehen? Ein Blick in die Statistik des Verbandes Deutscher Verkehrsunternehmen zeigt, daß die Antwort nicht leicht ist [3]. Die Fahrgastzahlen und die Verkehrsleistungen (in Personenkilometer) werden offensichtlich nicht von allen Mitgliedsunternehmen nach Betriebszweigen getrennt ausgewiesen, so daß der Verband in seinen Zusammenstellungen keine Differenzierung nach Bussen und Bahnen geben kann. In [4] findet sich jedoch folgende, allerdings auf 1976

	Mrd Pers-km	*%*
Omnibus	59,2	54,9
schienengebundene Nahtransportsysteme 1)	25,4	23,5
schienengebundene Ferntransportsysteme	23,3	21,6
öffentl. Personenverkehr insgesamt 2)	107,9	100,0

1) Eisenbahnen auf Entfernungen bis 50 km, S-, U- und Straßenbahnen sowie Bahnen besonderer Bauart

2) ohne Luftverkehr sowie Taxi- und Mietwagenverkehr (ca. 10 Mrd. Pers-km)

basierte Übersicht, die geeignet ist, eine Größenordnung anzugeben.

Werden aus dieser Übersicht die Zahlen des Omnibusses und der schienengebundenen Nahtransportsysteme, auf die es hier ja ankommt, miteinander verglichen, so zeigt sich, daß der Bus mit 70 % der Verkehrsleistung im öffentlichen Personennahverkehr dominiert. Möglicherweise haben in der Zwischenzeit die Schienenbahnen, durch die mit Förderung durch das Gemeindeverkehrsfinanzierungsgesetz ermöglichten Netzausbauten begünstigt, einen höheren Anteil erobert – dennoch bleibt der hohe Rang, der den Linienbussen bei der Verkehrsversorgung der Bevölkerung zukommt, bestehen.

Der Bus in seiner technisch-betrieblichen Entwicklung in Deutschland

Von den Anfängen bis zum 2. Weltkrieg

Am Anfang der entgeltlichen Beförderung von Personen zu Lande steht in Deutschland wie in vielen anderen Ländern die Postkutsche, zwar noch nicht ein „Wagen für alle", aber doch eine regelmäßige Verkehrsverbindung in festgelegtem Betriebsrahmen (Linien, Haltestellen, Fahrplan). Als Folge des Wachstums der großen Städte wurden nach dem Vorbild der Überlandverbindungen innerstädtische Pferdeomnibuslinien eingerichtet. In Hamburg wurden die ersten Omnibuskonzessionen 1839 erteilt, Berlin folgte 1846 (Bild 1). Die starke Verkehrsnachfrage führte zu entsprechender Ausweitung des Angebots: die Berliner Omnibusgesellschaften sollen in ihren besten Jahren über 500 Omnibusse und bei durchschnittlich fünf Bespannungen je Bus 5000 Pferde unterhalten haben – keine leichte Betriebsaufgabe und sicherlich auch damals ein Umweltproblem.

Mit dem Aufkommen der Eisenbahnen erhielten die Überlandposten übermächtige Konkurrenz. Gleiches widerfuhr den Pferdeomnibuslinien der Städte, als konkurrierende Unternehmen Schienen legten und über die Zwischenstadien Pferdetraktion und Dampfmaschine die elektrische Straßenbahn den Markt eroberte. Wenn auch die Fahrt auf der glatten Schiene im Vergleich zu der auf holperiger Straße sehr viel bequemer und auch schneller war, führten die Freizügigkeit des Omnibusses im Verkehr und seine Unabhängigkeit von Schiene und Fahrleitung dazu, engagiert nach einem selbstfahrenden, straßentauglichen Fahrzeug zu suchen: nach dem automobilen Omnibus. So ist die Geschichte dieses „Autobusses" eng mit der Geschichte der Automobilindustrie verbunden.

Das Interesse der Fahrzeughersteller traf sich zunächst mit dem

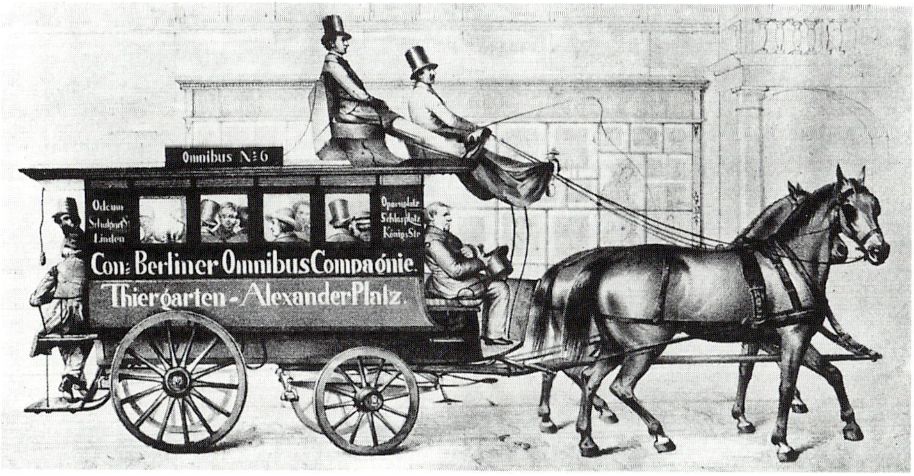

Bild 1: Pferdeomnibus 1850 Berlin (Foto: BVG Berlin)

März 1895	Siegen-Netphen-Deuz mit von Karl Benz motorisierten Kutschen (Landauer), 1 Zyl.-Benzinmotor, 5 PS, Vmax 20 km/h, (Einstellung Herbst 1895, Instandhaltungsprobleme)
1898	Bad Mergentheim-Künzelsau mit von Gottlieb Daimler motorisierten Postkutschen, 2 Zyl., 10 PS, (Einstellung 1899, ungünstige Streckenverhältnisse)
1899	Speyer und Umgebung (Neustadt), 5 Daimler-Omnibusse, 2 Zyl., 10 PS, Einzelantrieb der Hinterräder, 14 km/h, 18 Personen (Betriebsdauer 11 Jahre)
1904	Braunschweig – Wendeburg mit von Heinrich Büssing neu konstruiertem Omnibus (Bild 2), 2 Zyl., 9 PS, Dreigang-Getriebe, Kettenantrieb auf Hinterachse, Vollgummireifen (Linie bis 1908 in Betrieb)
1905	Büssing-Buslinien Braunschweig–Harz
1905	Postbus-Linien im Raum Bad Tölz mit Daimler-Fahrzeugen, 4 Zyl., 28 PS, 18 km/h (in Bayern schon sechs Jahre später 53 Postlinien mit 164 Bussen)

Interesse der Post, an die Eisenbahn verlorenes Terrain wiedergutzumachen. So waren die ersten Linien meist Überlandverbindungen.

Die Aktivitäten im Braunschweiger Raum und in Bayern leiteten einen raschen Ausbau der Postdienste in Deutschland ein; die Reichspost wurde der erste überregionale Kraftverkehrs-Unternehmer und beeinflußte in dieser Eigenschaft auch die technische Entwicklung der Fahrzeuge. Die im Wettbewerb zur Eisenbahn konzipierten Buslinien bedienten bahnhofsfern gebliebene Siedlungen und führten so zur heute noch gültigen Differenzierung zwischen Schiene und Straße als Bedienungsformen öffentlichen Verkehrs.

In den Städten gewannen Autobusse ebenfalls schnell wachsenden Anteil am Verkehrsmarkt. Als hervorragendes Beispiel sei Berlin genannt: Ende 1905 nahm die Allgemeine Berliner Omnibus-Aktiengesellschaft ABOAG zwei Doppeldeckbusse der Daimler-Motoren-Gesellschaft in Betrieb (Bild 3). Bereits 1906 wurde der erste Großauftrag der Omnibusgeschichte plaziert: 162 Fahrzeuge, die von Daimler und der Neuen Automobilgesellschaft NAG als Ein- und Doppeldecker geliefert wurden. Auch Büssing und die Süddeutsche Automobilfabrik Gaggenau, mit Benz-Mannheim zusammenarbeitend, belieferten den Berliner Markt. 1914 waren insgesamt 336 Fahrzeuge im Einsatz (4 Zyl. Motoren, 40 PS, Ketten- oder schon Kardanantrieb, bis 40 km/h, Vollgummi- oder Luftreifen, 20 bis 40 Fahrgastplätze) (Bild 4).

Aus dieser „Gründerzeit" des Autobusses ist noch zu erwähnen, daß heute namhafte Hersteller wie Kässbohrer und MAN, vom Kutschen- und Wagenbau kom-

Bild 2: Erster Büssing-Autobus 1904 Braunschweig (Foto: MAN)

mend, ihre ersten Fahrzeuge 1911 auf Saurer-Chassis aus der Schweiz aufbauten (Kässbohrer mit der ersten geschlossenen Fahrerkabine).

Der Erste Weltkrieg markierte einen tiefen Einschnitt in der erfolgreichen Entwicklung des automobilen Omnibusses. Als nach der dem Krieg folgenden Inflationszeit die deutsche Automobilproduktion wieder anlief, konnte sie auf Entwicklungen aufbauen, die zur technischen Verbesserung des Produkts schon frühzeitig erkannt und in Angriff genommen worden waren. Um nur einige Beispiele zu nennen:

- Vom eisenbereiften Holzrad über den Vollgummireifen und das gefederte Rad bis zum Luftreifen
- Vom Kettenantrieb der Hinterachse zum Gelenkwellenantrieb
- Vom Zweizylinder –9 PS– Ottomotor zum schnellaufenden Dieselmotor hoher Leistung und von der Motorlage Überflur zum Unterflurmotor
- Von der mechanischen Hinterradbremse zur Druckluftallradbremse sowie zur Motorbremse
- Von ersten Schubschaltgetrieben zu Getrieben mit Schalterleichterungen und automatischen Schaltungen
- Von der Holzkarosse zum Stahlaufbau und zur Leichtbauweise

Bild 3: Erster Daimler Doppeldeck-Autobus 1905 Berlin (Foto: BVG Berlin)

Bild 4: Büssing-Autobus 1906 Berlin (Foto: BVG Berlin)

Bild 5: Reichspost-Niederrahmenbus 1925 (Foto: MAN)

Bild 7: MAN-Stirnsitzbus 1936 (Foto: MAN)

Auffallend ist auch, daß die wachsenden Ansprüche der Fahrgäste und die Differenzierung der Anforderungen starken Einfluß auf die Entwicklung ausübten. Das mit einem für die Personenbeförderung vorgesehenen Aufbau ergänzte LKW-Fahrgestell gehörte bald der Vergangenheit an. Nach dem Verkehrszweck karossierte und ausgestattete Fahrzeuge leiteten die Trennung in Linienbusse für den Stadt- und den Überlandverkehr und in Reisebusse (vom Ausflugswagen bis zum Fernreisebus) ein.

Die großen Verkehrsgesellschaften wie die Reichspost oder die Berliner ABOAG stellten der Automobilindustrie immer neue Aufgaben. So brachten MAN und Magirus 1924 für die Reichspost die ersten „Niederflurbusse" heraus. Der bis dahin übliche Hochrahmen wurde tief herabgezogen und über der Hinterachse gekröpft, so daß Fußbodenhöhen von 600 mm ohne Stufe über der Hinterachse erreicht werden konnten (Bild 5). Zur gleichen Zeit lieferte Büssing Doppeldeckbusse nach Berlin, deren Niederflurfahrgestelle bei achtern gekröpftem Längsrahmen eine günstige Anordnung der Treppe zum Oberdeck erlaubten.

Mit größerem Fassungsvermögen stiegen auch die Fahrzeuggewichte an und führten zur Ausrüstung der Hinterachse mit Zwillingsreifen. Büssing brachte 1924 als Alternative mit den viel beachteten „Sechsradwagen" die ersten Fahrzeuge mit drei Achsen heraus; beide Hinterachsen wurden unabhängig voneinander angetrieben. Für den Einsatz auf steigungsreichen Mittelgebirgsstrecken entwickelte Büssing-NAG dieses Fahrzeug mit einem Doppelmotor-Antrieb von 320 PS weiter, das sich als „Langer Sachse" in Diensten der Kraftverkehr Sachsen AG großer Beliebtheit erfreute (Bild 6).

Unter der Zielsetzung, die Fahrzeug-Grundfläche bestmöglich zu nutzen, wurde auch die zunächst gefundene Lösung des vorgebauten Reihenmotors (unter der Haube) in Frage gestellt. Büssing-NAG brachte 1935 den

Bild 6: Büssing-NAG Überlandbus „Langer Sachse" 1934 (Foto: MAN)

„Trambus" heraus, einen Dreiachser mit einem der Straßenbahn ebenbürtigen Platzangebot. Sein 150-PS-Unterflur-Dieselmotor (seit 1932 hatte der Dieselmotor den Benzinmotor völlig verdrängt) war vorn liegend eingebaut. Andere Hersteller mußten mithalten, so z. B. 1936 MAN mit ihrem „Stirnsitzbus" mit Fahrersitz neben dem vorn stehenden Motor oder Magirus und Henschel mit der Motoranordnung im Heck (Bild 7).

Die neuen Reichsautobahnen eröffneten dem Omnibus eine erweiterte Perspektive. Gestützt auf die weit vorangekommene technische Entwicklung und die Fortschritte im Karosseriebau wurden stromlinienförmige Fahrzeuge mit bequemer Innenausstattung für erlaubte Geschwindigkeiten bis zu 140 km/h gefertigt. Kässbohrer, ein anerkannter Karossier für Reise- und Linienbusse, lieferte z. B. auf Daimler-Benz-Fahrgestellen Stromlinienwagen für die Deutsche Reichsbahn auf der Linie Berlin – Leipzig (Bild 8). Die Reichsbahn, die dem Verkehrsmittel Autobus im Gegensatz zur Reichspost eher zögerlich gegenübergestanden hatte, erkannte die sich mit den schnellen Straßen bietenden Chancen und richtete Autobahn- und andere Linien in Abstimmung auf Eisenbahnverbindungen und Zuganschlüsse ein.

Als 1939 der Krieg ausbrach, waren im Deutschen Reich mehr als 22 000 Omnibusse zugelassen; etwa die Hälfte davon waren Stadt- und Überlandlinienbusse. Durch die Kriegsereignisse wurde die erfolgreiche Entwicklung dieses Wirtschaftszweiges jäh unterbrochen.

Bild 8: Kässbohrer-Daimler-Benz Stromlinienbus 1937 (Foto: Kässbohrer)

Aufbruch und Entwicklungslinien nach 1945

Am Ende des Zweiten Weltkrieges waren auch Verkehrsunternehmen und Industrie zerschlagen. Als Beispiel möge Dresden dienen: 1939 umfaßte der Fahrzeugpark der Dresdner Straßenbahn AG 91 Omnibusse, 1945 war kein betriebsfähiger Omnibus mehr vorhanden, 20 weitgehend zerstörte Fahrzeuge wurden noch aufgefunden. Einige konnten wiederhergestellt werden und bildeten ein rudimentäres Verkehrsangebot; ein Fahrzeug Büssing NAG 900N ist nach sorgfältiger Restaurierung noch heute einsatzfähig und läßt die Technik der späten 30er Jahre weiterleben.

Bild 9: Daimler-Benz-Omnibus O 3500 (Foto: HHA)

Nach Überwindung der Nachkriegswiderstände kam auch die Fahrzeugproduktion wieder in Gang. Angesichts einer Fahrzeugdichte von 5 auf 1000 Einwohner 1948 [8] wurde das Verlangen nach Transportkapazität immer größer. Zunächst wurden bewährte Modelle auf den Markt gebracht, u. a von Daimler-Benz mit dem Frontmotor-Chassisfahrzeug O 3500, selbst oder von anderen karossiert (Bild 9), oder von Büssing mit dem Trambus-Konzept (Bild 10), für das ebenfalls die unterschiedlichsten Aufbauten (u. a. von Kässbohrer) gefertigt wurden. Zur Erhöhung des Platzangebotes wurden daraus größere Fahrzeuge abgeleitet (Daimler-Benz: O 6600 oder Büssing: 6000 T). Eine bessere Verwertung der Nutzfläche brachte auch der Übergang zur Motoranordnung im Heck unter der letzten Sitzreihe (z. B. 1951 MAN). Gleichzeitig wurden damit das Adhäsionsgewicht der Antriebsachse – unabhängig von der Fahrzeugbesetzung – auf den optimalen Wert gebracht, das Innengeräusch gesenkt sowie Ein- und Ausstieg erleichtert. Büssing dagegen entwickelte die Technik des Unterflurmotors weiter, der, liegend zwischen den Achsen angeordnet, ebenfalls Nutzfläche freimachte. Durch Verbesserungen am Chassis, dessen Längsträger zu einem Rahmen erweitert wurden, konnte die Bodenhöhe auf das Niveau der Heckmotorwagen gebracht werden.

Bild 10: Büssing-Trambus (Foto: HHA)

Den entscheidenden Durchbruch in der Omnibustechnik dieser Jahre vollbrachte Kässbohrer. Als Spezialist für Aufbauten auf die unterschiedlichsten Fahrgestelle aller Hersteller und damit der Vielfalt individueller Wünsche ausgesetzt, ging diese Firma konsequent den Weg vom Karossier zum Omnibusproduzenten. 1952 stellte sie ihren ersten „Selbsttragenden" Omnibus Setra S8 vor. Auf einem doppelbödigen, fachwerkartigen Grundrahmen aus verschweißten Stahlprofilen wurde ein ebenso konstruierter Wagenkörper aufgebracht (Bild 11). An diesem selbsttragenden Aufbaugerippe wurden Motor, Getriebe, Achsen und andere Aggregate aufgehängt bzw. in dieses eingebaut, die nicht mittragende Außenhaut

Bild 11: Kässbohrer-Setra S8 Stahlgerippe (Foto: Kässbohrer)

Bild 12: Kässbohrer Setra S8 (Foto: Kässbohrer)

aufgeschweißt. Diese neuartige Bauweise löste die traditionelle Chassis-Bauweise und alle Zwischenlösungen, z.T. vom Flugzeugbau inspiriert, ab und wurde in der Folgezeit von allen Herstellern übernommen (Bild 12). Sie vereint in sich höhere Stabilität mit geringerem Gewicht, bietet besseren Fahrkomfort und erlaubt die Serienfertigung im Baukastensystem. Diese nutzte das Haus Kässbohrer vor allem in der Kreation immer neuer und technisch weiter verbesserter Reisebusse. Aus dem Setra-Programm abgeleiteten Linienbussen blieb zunächst der Erfolg versagt, bis 1964 mit dem Setra S125 ein Modell herausgebracht wurde, das gute Aufnahme fand.

Linienbusse für Stadt- und Überlandverkehr boten neben kleineren Herstellern Büssing, Daimler-Benz, Magirus und MAN an. Büssing stellte als selbsttragende Konstruktion seine Röhrenbauweise vor. Auch Magirus war bald mit Linienbussen neuer Konzeption auf dem Markt. Daimler-Benz brachte 1954 den O 321H (H für Heckmotor) in Integralbauweise, d.h. mit einem in die Karosse integrierten Unterbau, heraus. Dieses Fahrzeug (Bild 13), zunächst mit neun Sitzreihen bei 9,23 m Länge und einem Fassungsvermögen von 60 Fahrgästen (später auch mit elf Sitzreihen) war ein Großserienerfolg. Insbesondere war der Wagen für den Einmannbetrieb geeignet; in Hamburg löste sein Einsatz bereits 1954 den Übergang zu dieser kostensparenden Betriebsform aus.

Die selbsttragende Bauweise hatte Konsequenzen für die Federung. Die üblichen Blattfedern mit ihrer hohen Verdrehfestigkeit hatten gut mit der zwischen Chassis und Aufbau bestehenden Elastizität korrespondiert. Der starre selbsttragende Aufbau verlagerte Drehbewegungen um die Längsachse auf die Federn, die damit überbeansprucht waren. Abhilfe brachte die Luftfederung, die von Magirus eingeführt wurde. Diese erlaubt auch eine automatische Niveauhaltung, so daß die Unterschiede in den Ein-

Bild 13: Daimler-Benz-Omnibus O 321 H (Foto: HHA)

Bild 14: MAN-Omnibus 750 HO (Foto: MAN)

und Ausstiegshöhen je nach Fahrzeugbesetzung der Vergangenheit angehörten.

1957 ergänzte Daimler-Benz sein Programm durch den O 317, einen das Längen-Limit von 12 m ausnutzenden Wagen, mit einem 192 PS-Unterflurmotor zwischen den Achsen, entsprechend hohem Fußboden (900 mm), hinten sitzendem Schaffner und „Fahrgastfluß". Ebenfalls 1957 verwirklichte MAN die neuen Konstruktionsprinzipien mit ihrem Typ 760 UO, 11,3 m lang, auch mit Unterflurmotor zwischen den Achsen, ausgelegt für ca. 90 Fahrgäste und wahlweise ohne oder mit dritter Tür und Schaffnerplatz (München) geliefert. 1961 folgte als „neue" Generation der Typ 750 HO, in variabler Länge, damit die Vorteile der neuen Bauweise nutzend, und wieder mit Heckmotoren unterschiedlicher Leistung. Diese Fahrzeuge eroberten einen beträchtlichen Anteil des Marktes (Bild 14).

Nach tastenden Versuchen vor dem Krieg fand in diesen Jahren hoher Beförderungsleistungen die Entwicklung von Gelenkbussen großes Interesse. MAN stellte zur IAA 1953 ein erstes Fahrzeug für die Dortmunder Stadtwerke vor, das noch auf einem Haubenmotorbus basierte, dessen hinteres Rahmenende mit zwei ineinanderliegenden Kugeldrehkränzen die Verbindung zum Nachläufer herstellte. Ein selbsttragender Faltenbalg umhüllte den Übergang. Betriebliche Bewährung führte dazu, daß sich auch andere Unternehmen der neuen Busvariante aufgeschlossen zeigten und die Industrie zu verbesserten Konstruktionen ermutigten. MAN gewann dabei bald die Rolle des Marktführers. Sich abstützend auf dem erwähnten Typ 760 UO kamen 1958 der 760 UG und als Nachfolger 1963 der 890 UG heraus, 16,5m lange Fahrzeuge mit einem Fassungsvermögen von bis zu 160 Fahrgästen, von einem Unterflurmotor (192 PS) angetriebener zweiter Achse und in der Konsequenz daraus einem hohen Wagenboden von mehr als 900 mm. Diese Gelenkbusse fanden nicht nur auf stark belasteten städtischen Linien, sondern auch im Überlandverkehr z. B. auf Bahnbuslinien mit ausgeprägten Verkehrsspitzen ein weites Einsatzspektrum vor, zumal der Betrieb mit Anhängern, eine aus der Situation der Nachkriegszeit stammende Übergangslösung, aus Verkehrssicherheitsgründen 1960 verboten wurde.

Bild 15: MAN-Gelenkbus 890 UG (Foto: MAN)

In Bremen kam 1965 an Stelle von Straßenbahnen der MAN-Gelenkbus 890 UG in großer Zahl zum Einsatz, eine Art Revolution im öffentlichen Nahverkehr dieser Stadt (Bild 15). Hamburg war dagegen einen anderen Weg gegangen. Als 1960 der fortschreitende U-Bahn-Neubau die Stillegung von drei auf der U-Bahntrasse verlaufenden Straßenbahnlinien erforderte, auf deren gemeinsamer Strecke künftig die U-Bahn die Verkehrsversorgung übernehmen sollte, während für die Außenstrecken Busse als Zubringer zur U-Bahn vorgesehen waren, wurde für die Bauzeit die Gesamtbedienung auf Busse umgestellt. Hierfür beschaffte die Hamburger Hochbahn AG 100 Busse des Typs KHD-Magirus Saturn II, einen wendigen 10 m-Wagen mit einer Beförderungskapazität von 72 Fahrgästen und stehendem V-Motor im Heck, einer Lösung mit guter Platzausnutzung, aber hohem, ebenem Wagenboden von 860 mm (Bild 16). 90 zweiachsige Straßenbahnwagen konnten ausgemustert werden. Auf der Bau-Umleitungsstrecke fuhren die Busse in der Hauptverkehrszeit im 60-sec-Abstand.

1965 versuchte Daimler-Benz mit seiner Neuentwicklung O 302 in Ablösung des O 321 H noch einmal, mit hoher Variabilität des Fahrzeugs alle Kundenwünsche vom Stadtlinienbus bis zum Fernreisebus aufzufangen, um zur Erkenntnis zu gelangen, daß eine einheitliche Grundkonzeption nicht mehr zu halten war. Am

Bild 16: KHD-Magirus-Omnibus Saturn II (Foto: HHA)

Beispiel der Bodenhöhe wird das besonders deutlich: im Linienverkehr kommt es auf einen möglichst niedrigen Fahrzeugboden an, der einen bequemen Ein- und Ausstieg mit raschem Fahrgastwechsel erlaubt; in Reisebussen spielen der erforderliche Gepäckraum und die dadurch mögliche erhöht angeordnete „Aussichts“-Bestuhlung die dominierende Rolle. Eine konsequente Trennung der Entwicklungslinien zeichnete sich ab.

Von der Typenvielfalt zur Standardisierung

Mitte der 60er Jahre war der Omnibusmarkt von einer großen Vielfalt der Fahrzeugtypen, Aggregate und Ausstattungen gekennzeichnet, ein Ergebnis der Kundenwünsche, des Wettbewerbs und der langjährigen, eigenständigen Entwicklungsarbeit der Industrie. Während für Reisebusse Individualität sicherlich angebotskonform und außerdem werbewirksam ist, könnten Fahrgäste von Linienbussen in der landesweiten Einheitlichkeit der Fahrzeuge einen Vorteil sehen. Eine Vereinheitlichung bietet sicherlich aber auch den Verkehrsbetrieben wirtschaftliche Vorteile. Der Verband öffentlicher Verkehrsbetriebe (VÖV) gründete deshalb den „Arbeitskreis Standard-Linienbus“.

Da jeder Hersteller sein eigenes Programm für Motoren, Achsen und andere Aggregate besitzt und es nicht das Ziel sein konnte, den Einheitsbus zu schaffen, konzentrierte sich der Arbeitskreis auf die fahrgastfreundliche Standardisierung des Wagenkörpers, der die differierenden Fahrwerkskomponenten aufnehmen konnte. Somit konnte auch der Wettbewerb erhalten bleiben. Für den Fahrgast sollten Ein- und Ausstieg erleichtert, möglichst viel Sitzplätze in angenehmer Sitzposition bereitgestellt, und mit großen Fenstern, besse-

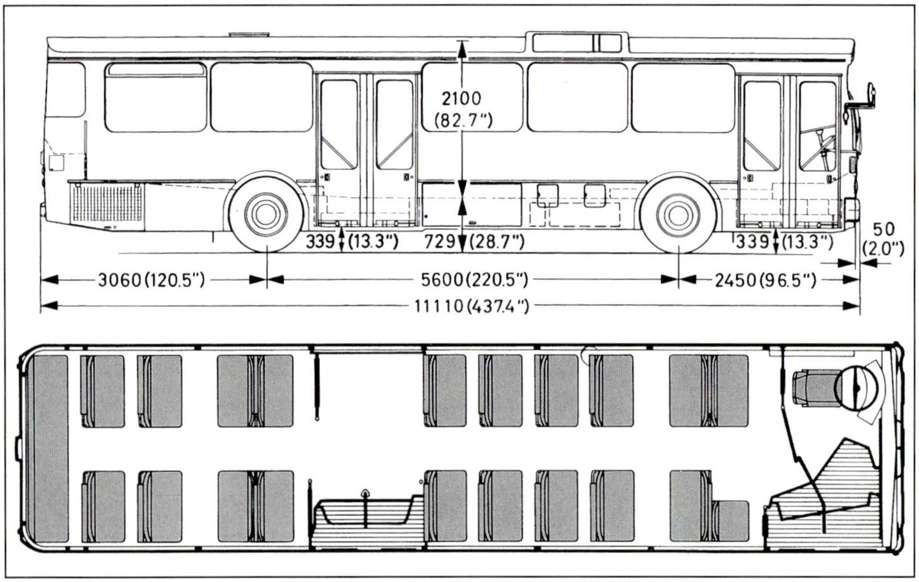

Bild 17: Standard-Stadtlinienbus SL I (Zeichnung: Mercedes-Benz)

rer Heizung und Lüftung der Fahrkomfort gesteigert werden. Für den Fahrer war der ergonomisch gestaltete, in allen Fahrzeugen hinsichtlich Bedienteilen und Instrumententafel gleiche, Arbeitsplatz das Ziel. Die Automobilindustrie stand der Verbandsinitiative aufgeschlossen gegenüber, so daß in kurzer Zeit Ergebnisse vorlagen. Der VÖV brachte seine „Typenempfehlung für den Standardlinienbus" heraus, auf der IAA 1967 stellten Büssing, Daimler-Benz und KHD die ersten Prototypen vor, ab 1968 wurden die Fahrzeuge serienmäßig geliefert (Bild 17).

Diese Omnibusse brachen mit langer Tradition. Hersteller-spezifische Bauformen wurden durch die Hersteller-übergreifende Grundkonstruktion für einen Typ, den Stadtlinienbus, hinsichtlich Wagenkörper und elektrischer Ausrüstung abgelöst. Besonders auffallend am VÖV-SL war der streng auf den Beförderungszweck und auf wirtschaftliche Fahrzeughaltung ausgerichtete Wagenkörper. Bei einer Fahrzeuglänge von 11,0 m und einem einheitlichen Teiler von 1,43 m für Fenster und Türen ermöglichte er eine symmetrische Anordnung der Sitzreihen im Abstand von 700 mm, außerdem eine zweispurige Verkehrsführung im Ein- und Ausstiegsbereich. Die im Heck gut zugänglich eingebaute Antriebsgruppe erlaubte nicht nur die volle Nutzung des Fahrgastraumes, sondern auch eine reduzierte Fußbodenhöhe des Wagenkörpers auf < 740 mm. Aus der Typenempfehlung „SL I" wurden 1972 Richtlinien für den Standard-Überlandlinienbus „Stülb I" abgeleitet (Bild 18).

Die Standardlinienbusse eroberten rasch ihren Markt. Die anderen Hersteller folgten der Avantgarde, wie MAN mit dem Typ SL

Bild 18: Standard-Überlandlinienbus STÜLB I (Foto: RVK)

200, oder versuchten sich in Kompromißlösungen, wie Kässbohrer in dem aus dem Reisebusprogramm abgeleiteten S130S, der zwar viele VÖV-Empfehlungen aufnahm, aber kein Standardbus war. Die Standardbusse selbst wurden in Zusammenarbeit Hersteller-Betreiber (Verband) laufend verbessert – ein wichtiger Schritt war die Geräuschabsenkung des Antriebs durch Motorraumkapselung und Verbesserungen bei Kühlluft-Ansaugung und Abgasführung um nahezu 10 dB(A), was einer Halbierung des früheren Geräuschniveaus entspricht.

Der Übertragung des durch die Standardisierung erreichten Fortschritts auf Gelenkbusse stand der zwischen den Achsen 1 und 2 angeordnete Motor mit der daraus folgenden Bodenhöhe von > 900 mm entgegen.

O. W. O.Schultz, Hamburg, entwickelte eine als Knickwinkelsteuerung bezeichnete Dämpfungsvorrichtung des Gelenks als Voraussetzung für die Verlegung der im Standardlinienbus bewährten Antriebsgruppe in das Heck auch des Gelenkbusses. Die angetriebene 3. Achse bietet als ungelenkte starre Achse bei maximalem Adhäsionsgewicht beste Fahrstabilität. Dieses Konzept, realisiert in einem von den Fahrzeugwerkstätten Falkenried gebauten Prototyp, wurde von der Industrie aufgegriffen und hat sich inzwischen weltweit durchgesetzt: die „Schubgelenkbusse“ können unter weitgehender Verwendung der Bauteile von Standardlinienbussen gebaut werden (Bild 19).

Obwohl bis 1980 über 20 000 Fahrzeuge hergestellt worden waren und sich die Standardisierung somit als großer Erfolg erwiesen hatte, war es insbeson-

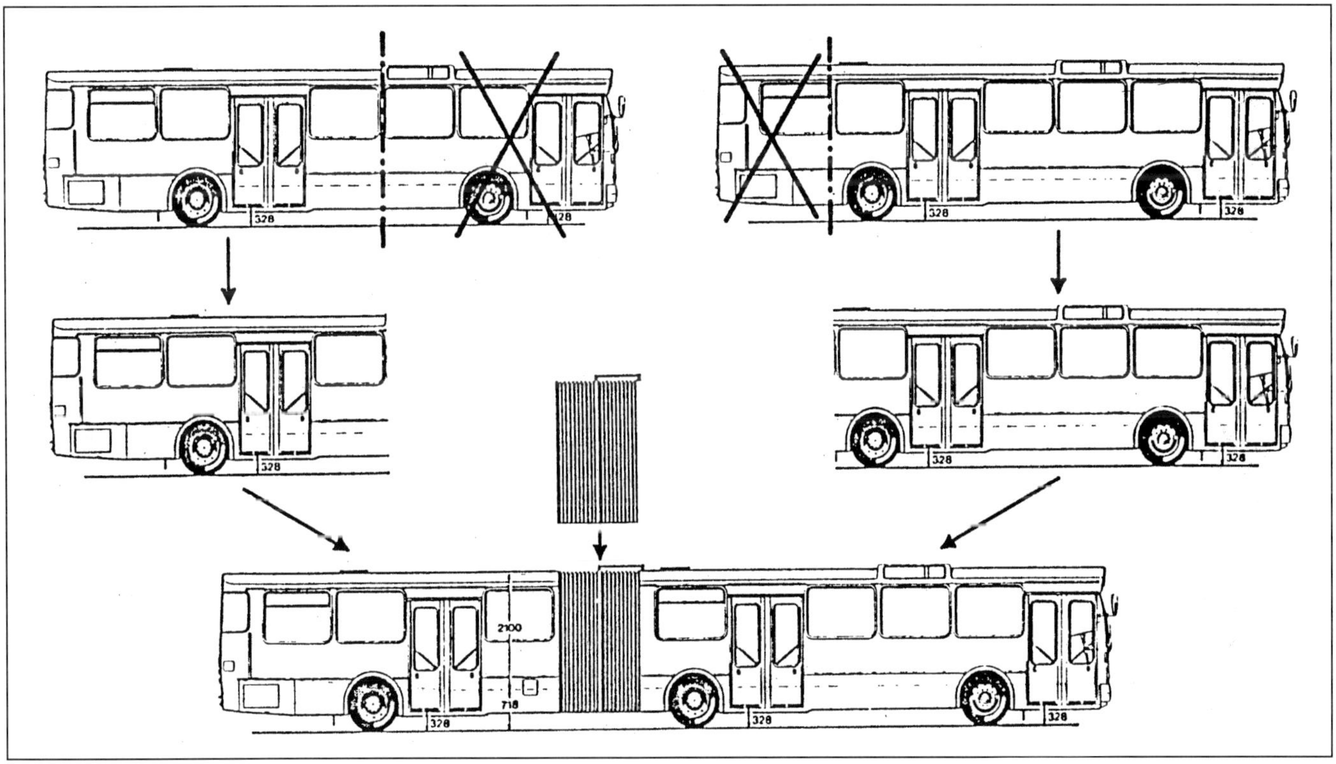

Bild 19: Entwicklung des Schubgelenkbusses aus Bauteilen des Standardlinienbusses (Zeichnung: Meyer)

Bild 20: ÖNV-Bus S 80 (Foto: HHA)

dere durch Förderung des Bundesministers für Forschung und Technologie möglich, von 1974 an das Lastenheft für Standardlinienbusse einer zweiten Generation zu entwickeln und Prototypen bzw. Vorserienfahrzeuge zu bauen und zu erproben. Die Projektleitung lag in Händen von O. W. O. Schultz, Hamburg, der schon großen Anteil an der VÖV-Standardisierung gehabt hatte. Beteiligt waren die Verbände der Linienverkehr betreibenden Unternehmen VÖV, BDE, BDO, sowie Bundesbahn und Bundespost und natürlich die Automobilindustrie. Unter der Bezeichnung S80 und Ü80 sind diese Busse bekannt geworden.

Zunächst wurde festgelegt, daß bewährte Aggregate des SL I bzw. des Stülb I wie Achsen, Getriebe mit Retarder und der geräuschgekapselte Motor, der technischen Entwicklung angepaßt, erhalten bleiben sollten. Vorrangiges Entwicklungsziel für den S 80 war die Tieferlegung des Wagenbodens auf 540 mm Höhe, die durch Verwendung von Rädern geringeren Durchmessers erreicht werden sollte und welche die Anordnung aller Sitze in Fahrtrichtung (auch über den Radkästen) erlaubte. Von den zahlreichen Verbesserungen seien beispielhaft nur genannt: Zweistufen- Ein- und Ausstiege, Fahrgastsitze, Belüftung, Heizung, Frontgestaltung, Fahrerposition, Türkonstruktion, Informationseinrichtungen. Gewährleistet wurde auch, daß S 80 und Ü 80 nach dem Baukastenprinzip aus gleichen Zubehörteilen gefertigt werden konnten.

Für eine sorgfältige, zweijährige Betriebserprobung in acht Unternehmen wurden 1979 insgesamt 22 Vorserienfahrzeuge des Typs S 80, je 11 von Daimler-Benz und von MAN, gebaut (Bild 20). Als Ergebnisse des Probebetriebes wurden nicht nur die Erkenntnisse der Betriebsabteilungen und Werkstätten, sondern auch Befragungen der Fahrgäste und der Fahrer festgehalten. Hieraus ergaben sich wertvolle Hinweise für die weitere Entwicklung. So beurteilten zwar die Fahrgäste die Fahrzeuge mit 76% mit gut oder sehr gut, kritisierten jedoch u. a. Innengeräusche und Belüftungssystem. Die Fahrer standen ihrem künftigen Arbeitsplatz natürlich besonders kritisch gegenüber. Auch im Betrieb ergaben sich Beanstandungen, welche die Betriebsleitungen im Vergleich zwischen den Versuchsfahrzeugen S 80 und den in jahrelangem Einsatz ausgereiften SL I-Fahrzeugen für diese votieren ließen. Aus den Werkstätten kam eine Vielzahl von technischen Anregungen und Verbesserungswünschen. Vor allem wurde deutlich, daß die kleineren Räder und die Bremsanlage noch Probleme aufwarfen, welche die Akzeptanz dieser Niederflurlösung behinderten. Auch forderte die Automobilindustrie für Stadt- und Überlandlinienbus ein einheitliches Fahrwerk mit der zunächst nur für den Ü 80 vorgesehenen Bereifung. Dieses Verlangen nach Einheitlichkeit der

Bodengruppe war um so eher verständlich, als die mit Phasenverschiebung von etwa zwei Jahren laufende Erprobung des Ü 80-Konzeptes hinsichtlich des Fahrwerks zu befriedigerenden Ergebnissen kam. An diesem, ebenfalls vom BMFT geförderten, Ü 80-Vorhaben waren 21 Vorserienfahrzeuge der fünf Hersteller Auwärter-Neoplan, Daimler-Benz, Iveco-Magirus, Kässbohrer und MAN sowie 13 Erprobungsbetriebe beteiligt. Auch hier wurden Fahrgäste, Fahrer, Betriebsleitungen und Werkstätten in die Beurteilung einbezogen – mit ähnlichen Ergebnissen.

Die beiden der Standardisierung dienenden, 1982 bzw. 1984 abgeschlossenen, Busforschungsvorhaben des BMFT boten dank des Engagements aller Beteiligten eine vorzügliche Grundlage für das Lastenheft der zweiten Standardbusgeneration. Der VÖV reagierte schnell und brachte 1983 seine „Typen und Konditionenempfehlung für den Standard-Linienbus SL II" heraus. Anstelle des kleinen Rades wurde eine „mittlere Lösung'" mit sogenannten 70%-Reifen gewählt, die eine Wagenbodenhöhe von etwa 700 mm erlaubt. 1984/1985 waren die ersten Serienfahrzeuge auf dem Markt, zunächst von vielen Betrieben noch mit Skepsis betrachtet, die am vertrauten SL I festhalten wollten. In seinem Jahresbericht 1986 konnte der VÖV jedoch schon feststellen, daß der Anteil des SL II an der Beschaffung neuer 2achsiger Linienbusse

Bild 21: Der SL II in Form des Mercedes-Benz-Omnibus O 405 (Foto: Mercedes-Benz)

74,7% betrug und damit „der Durchbruch gelungen sei" (Bild 21). 1989 lief die Fertigung von SL I-Bussen aus.

Mit Zeitversatz ähnlich verlief die weitere Entwicklung des Ü 80-Konzeptes zum Stülb II. Leider ließ sich jedoch ein gemeinsames Lastenheft mit dem SL II nicht realisieren.

Übergang zur Niederflurbustechnik

In beispielhafter Zusammenarbeit von Kunden und Lieferanten war es gelungen, mit dem SL II und Stülb II (Bild 22) ein Konzept zu verwirklichen, das gebrauchstüchtige, fahrgastfreundliche und wirtschaftlich in großen Serien zu fertigende Fahrzeuge versprach. Mit der Einigkeit auf Seiten der Verkehrsbetriebe war es jedoch nicht weit her – auch die so stark an der Standardisierung engagierten VÖV und BDE mußten erfahren, daß viele ihrer Mitglieder eigene Wege gehen wollten.

Anlaß war die im politischen Raum plötzlich in den Vordergrund gerückte Vorstellung, auch schwerbehinderte Fahrgäste (Rollstuhlfahrer) in Linienbussen ohne Rücksicht auf die damit verbundenen Kosten befördern zu wollen. Zwar waren spezielle Fahrdienste seit langem eingeführt, hatte der BMFT in dem Forschungsvorhaben Telebus in Berlin die bedarfsgesteuerte Beförderung Schwerbehinderter sorgfältig erproben lassen, führt die Mitnahme von Rollstuhlfahrern in Linienbussen zur Konsequenz, in großen, arbeitsteilig aufgebauten Verkehrsnetzen auch die Infrastruktur der Bahnen mit hohem Finanzaufwand anzupassen – die soziale Integration der Schwerbehinderten in die Gemeinschaft aller Fahrgäste gewann dennoch höchste politische Priorität.

Zentrales technisches Problem für die Rollstuhlbeförderung ist die Erreichbarkeit des Fahrzeugs von der Straße aus. Schlechte Erfahrungen lagen z. B. aus den USA vor, die Höhendifferenz bei dort üblichen „Hochflurbussen" mit Hebeeinrichtungen zu überwinden. Die Lösung konnte nur in der Entwicklung von „Niederflurbussen" liegen. Der bereits auf dem Weg zum SL II versuchte Ansatz des kleinen Rades unter Nutzung bewährter Linienbus-Aggregate hatte nicht zum Erfolg geführt. Hier sah das Haus Auwärter-Neoplan seine

Bild 22: Standard-Überlandlinienbus STÜLB II (Foto: Mercedes-Benz)

Chance: aufbauend u. a. auf Erfahrungen mit Flughafen-Vorfeldbussen, der Einzelrad-Aufhängung vorn und einer tiefer gelegten Antriebsachse wurde ein Niederflurbuskonzept mit einer Wagenbodenhöhe an und zwischen den Türen von nur 320 mm entwickelt und bis 1992 zu einer Palette von etwa einem Dutzend

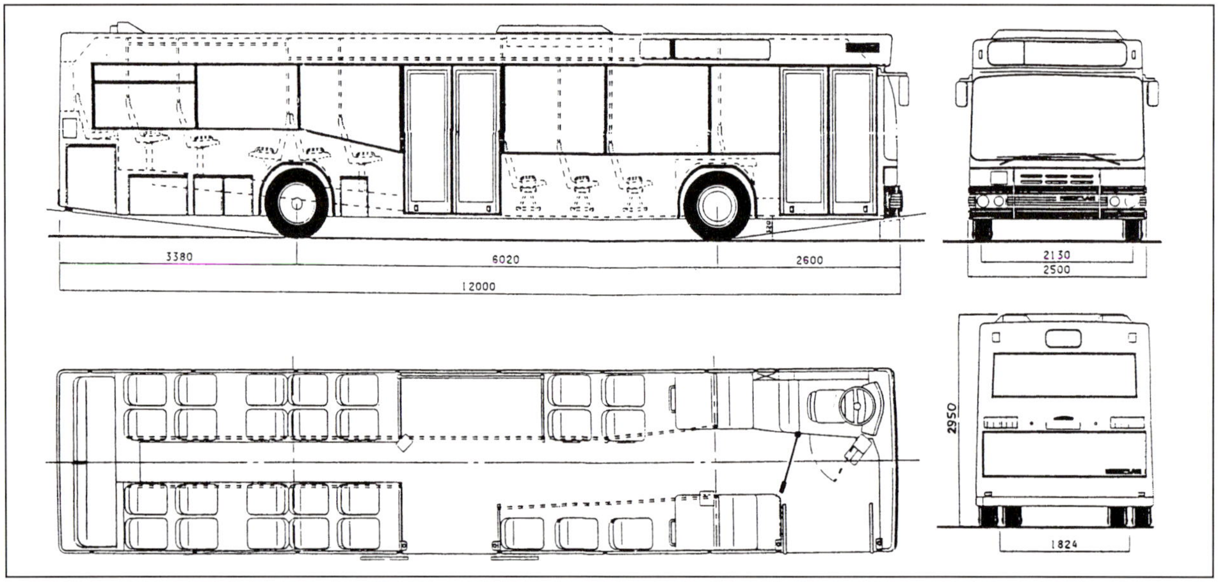

Bild 23: Grund- und Aufriß des Niederflurbusses N 4016 (Zeichnung: Auwärter)

Varianten erweitert, aus dem der Kunde wählen kann. In vielen Städten kamen diese Fahrzeuge, z. T. noch als Prototypen, rasch zum Einsatz. Bremen, Köln und München bestellten als erste Unternehmen größere Fahrzeugserien. 320 mm Bodenhöhe heißt, daß bei einer Nennhöhe des Bordsteins an einer städtischen Haltestelle von 160 mm für alle Fahrgäste nur eine bequeme Stufe verbleibt. Diese Erleichterung des Ein- und Ausstiegs ist insbesondere für ältere Fahrgäste oder auch für Menschen mit Kinderwagen oder Gepäck eine fühlbare Verbesserung der Transportqualität. Für Rollstuhlfahrer sind jedoch auch zur Überwindung dieser Stufe noch Hilfen erforderlich: eine, Kneeling genannte, einseitige Absenkung des Fahrzeugs durch Entlüftung der Luftfederbälge um etwa 70 mm und eine an der zweiten Tür angeordnete, ausfahrbare Rampe zur Überbrückung der verbleibenden Differenz oder auch spezielle Hebevorrichtungen, die im Sichtbereich des Fahrers an der ersten Tür eingebaut werden.

Für die Gestaltung des Fahrgastraumes ergibt sich die Schwierigkeit, daß je tiefer der Wagenboden liegt, desto höher die Radkästen in diesen hineinragen und so eine optimale Nutzung, insbesondere hinsichtlich Zahl und Anordnung der Sitzplätze, behindern. Wird eine Hubhilfe vorn vorgesehen und liegt der Rollstuhlplatz in Fahrzeugmitte, gehen weitere Sitzplatze verloren (Bild 23). Um Raum für Aggregate zu erhalten, werden häufig Podeste vorzusehen sein, auf denen die Stühle stehen, gleichbedeutend mit der Verlagerung einer Stufe aus den Türbereichen ins Fahrzeuginnere. Im Heckbereich ist für den standardisierten Antriebsstrang eine Anrampung erforderlich. Insgesamt entstand damit eine Situation, die vielfältige Gestaltungsmöglichkeiten bietet und prinzipiell einer Standardisierung entgegensteht.

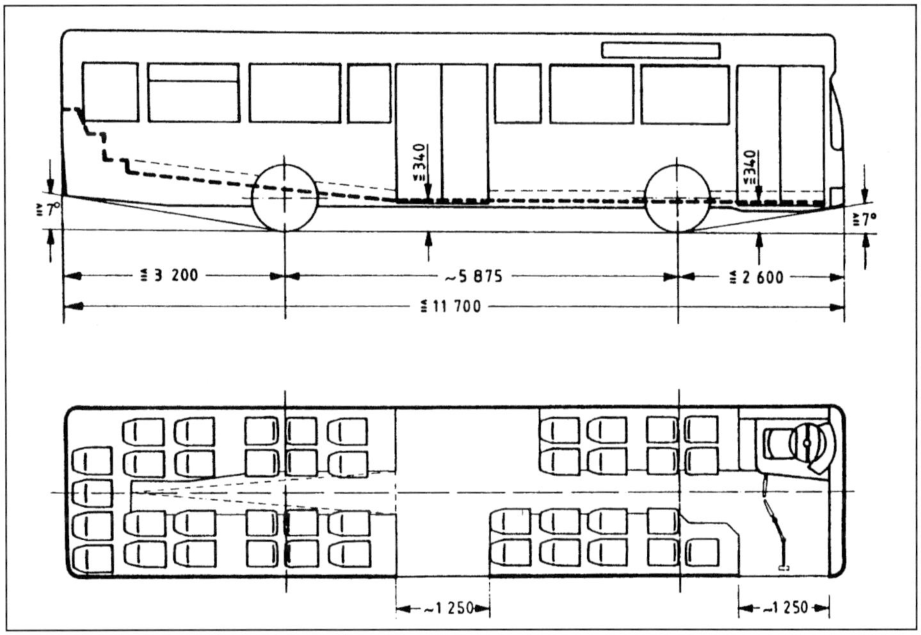

Bild 24: Beispiel aus VÖV-Typenempfehlung Niederflurbus 1989 (Zeichnung: VDV)

Der VÖV reagierte, indem er 1989 der strengen Reglementierung der Standardbus-Typenempfehlung mit seiner Schrift „Das Niederflurbus-Verkehrssystem“ nur vorläufige Hinweise zu Niederflurbussen (Beispiel: Bild 24), aber auch zu mit den Fahrzeugen korrespondierenden Haltestellen und zu Finanzierungshilfen folgen ließ. In intensiven Kontakten des VÖV mit der Fahrzeugindustrie gelang es sicherzustellen, daß neben der Erprobung unterschiedlicher Versuchsfahrzeuge, unter anderem in Herten, Dortmund und Berlin, die Entwicklung vor allem auf Niederflurvarianten der bewährten Standardlinienbusse ausgerichtet wurde. So liefern Mercedes-Benz und MAN neben den ursprünglichen Standardbussen O 405 und SL 202 die Niederflurfahrzeuge O 405 N (Bild 25) und NL 202. Als Gelenkbusse werden O 405 G und O 405 NG sowie SG 242 und NG 272 (Bild

Bild 25: Mercedes-Benz-Niederflur-Standardbus O 405 N (Foto: HHA)

Bild 27: MAN-Niederflur-Doppeldeckbus (Foto: MAN)

26) angeboten, nachdem auch für diese Fahrzeuge Auwärter-Neoplan als erster Anbieter auf den Markt gekommen war.

Für diese Niederflurfahrzeuge werden bewährte, standardisierte Bauteile verwendet bzw. ihre technischen Weiterentwicklungen, die sich aus der Tieferlegung des Wagenbodens ergaben, z.B. bei MAN die gekröpfte Achse. Bei allen firmenspezifischen Besonderheiten sind es Standardlinienbusse geblieben. So sind auch die VDV-Rahmenempfehlungen für Stadt- und Überland-Niederflur-Linienbusse eine Fortschreibung der Typenempfehlungen für den SL II und Stülb II. Der modulare Aufbau des Konzepts stützt sich auf die vielfältigen Erfahrungen mit einem standardisierten Fahrzeug, läßt spezifisch erforderliche alternative Details zu und ermöglicht bei europaweiten Ausschreibungen gleiche Wettbewerbsbedingungen für alle Anbieter.

Die Niederflurbusse gewannen sehr schnell den Markt; bereits 1990 waren 45% aller Busbestellungen im VÖV-Bereich Fahrzeuge dieses Typs. Dabei gingen die Verkehrsunternehmen in unterschiedlicher Weise vor. Während viele, insbesondere die genannten, als Avantgarde bezeichnet werden können, hielt z.B. die Hamburger Hochbahn AG ihre laufende Fahrzeugerneuerung an, testete in einer Versuchsreihe die betriebliche und technische Qualifikation unterschiedlicher Fahrzeuge und bestellte erst dann Niederflurbusse in großer Stückzahl, so daß

Bild 26: MAN-Niederflur-Gelenkbus NG 272 (Foto: MAN)

Ende 1994 bereits 65% des Wagenparks dem neuen Standard angehören werden. Mittlerweile haben nahezu alle Verkehrsunternehmen in Deutschland reagiert und setzen damit Maßstäbe für eine fahrgastfreundliche Beförderung, die längst über die Landesgrenzen ausstrahlen.

Nicht vergessen werden sollte in diesem Zusammenhang der Doppeldeckbus – mit am Anfang der Entwicklung stehend, jedoch eine Sonderform geblieben mit dem Einsatzschwerpunkt Berlin. Berliner Verkehrsbetriebe (BVG), Auwärter-Neoplan und MAN übertrugen gemeinsame Ergebnisse der Standardisierung des SL I und des SL II auf diesen Fahrzeugtyp. Auch für die Niederflurbauweise bietet er sich an, zumal sich dadurch mehr Spielraum in der Höhe ergibt. Bild 27 zeigt das neueste Produkt dieser Zusammenarbeit.

Beachtenswert ist auch eine Neuentwicklung von Auwärter-Neoplan, der Metroliner in Carbon-Design. Unter Verzicht auf überkommene Konstruktionsprinzipien und metallene Werkstoffe besteht hier der Wagenkörper aus einer tragenden Faserverbundstoffschale, die hohe Festigkeit mit geringem Gewicht verbindet und das Eigengewicht/Nutzgewicht-Verhältnis auf 1 reduziert. Inwieweit hier das Niederflurfahrzeug der Zukunft heranreift, wird die Praxisbewährung zeigen (Bild 28).

Die Zukunft wird auch zeigen müssen, ob die Investition in die zunächst noch teureren Niederflurbusse mit ihrer Zusatzausrüstung sich durch eine verstärkte Inanspruchnahme durch Schwerstbehinderte rechtfertigt. Sicherlich sind bisher festgestellte durchschnittliche Beförderungen von Rollstuhlfahrern je Bus und Woche von < 1 (Beispiel Hamburg) nach Gewöhnung an das neue Angebot noch steigerungsfähig. Unabhängig davon ist die leichtere Zugangsmöglichkeit für Fahrgäste mit Kinderwagen sowie für alle steh- und gehbehinderten Fahrgäste von Vorteil. Nur sollten auch Zahl, Anordnung und Ausgestaltung der Sitze auf diesen Fahrgastkreis ausgerichtet sein. Unabhängig von der Vervollkommnung im Detail ist mit den Standardniederflurbussen das Problem der Behindertenbeförderung in Deutschland vom Tisch (Bild 29).

Bild 28: Auwärter-Neoplan-Metroliner (Foto: Auwärter)

Bild 29: Ein- und Ausstiegssituation für Rollstuhlfahrer (Foto: HHA)

Der Linienbus und seine Umweltfreundlichkeit

Linienbusse wirken vor allem durch Fahrgeräusche und Schadstoff-Emissionen auf die Umwelt ein. Hier steht der überwiegend angewendete Dieselantrieb auf dem Prüfstand.

Beachtenswerte Geräuschminderungen (um 10 dB(A)) wurden bereits in den 70er Jahren durch Kapselung des Motorraumes und Optimierung der Kühlluft-Ansaugung und der Abgasführung erreicht, so daß heute im Betrieb darauf geachtet werden muß, daß Passanten herankommende Busse nicht überhören. Hinsichtlich der Schadstoff-Emissionen erfüllten die Dieselmotoren schon zur gleichen Zeit, als in Europa noch keine Grenzwerte vorgeschrieben waren, die Bedingungen des California-Tests der USA.

Mit wachsendem Umweltbewußtsein sind die Anforderungen stark erhöht, aber auch stetige Verbesserungen in der Motorentechnik und in der Kraftstofftechnologie erzielt worden. Dabei ist der Konflikt zwischen Kraftstoffverbrauch (Kohlendioxydemission), Partikelausstoß und Stickstoffoxydemission zu beachten. Je besser der thermische Wirkungsgrad des Motors, also je weniger Kraftstoff verbrannt und weniger Partikel erzeugt werden, desto stärker ist die NOx-Emission und umgekehrt. In der Europäischen Union sind strenge Normen gesetzt worden. Seit 1992 gilt „Euro I“, deren Grenzwerte von aufgeladenen und ladeluftgekühlten Motoren eingehalten werden. Die noch strengeren Bedingungen der für 1996 vorgesehenen „Euro II“ erfordern weitere motorische Maßnahmen, Partikelfilter oder Oxydationskatalysatoren und vor allem schwefelarme Dieselkraftstoffe mit möglichst hoher Cetanzahl. Die drastische Verbesserung wird hinsichtlich der NOx-Emission am Vergleich der ab 1982 in Europa geltenden ECE-Regelung mit „Euro II“ (1996) deutlich: 18 [g/kWh] : 7 [g/kWh]! Ähnliche Qualitätssprünge gelten auch für die anderen Abgasbestandteile. Somit kann festgestellt werden, daß der wegen seiner Wirtschaftlichkeit und Zuverlässigkeit geschätzte Dieselmotor schadstoffoptimiert noch lange Zeit die Szene beherrschen kann.

Gleichwohl wird intensiv an der Entwicklung und Erprobung alternativer Antriebskonzepte gearbeitet. Die Forschungsvorhaben mit Förderung durch BMFT und BMV haben die Reduzierung des Kraftstoffverbrauchs und der Schadstoffemissionen sowie die weitere Senkung der Fahrgeräusche zum Ziel. Bei dem Projekt Hydrobus wurde ein Antriebssystem mit konventionellem Dieselmotor, stufenlosem, hydromechanischem Leistungsverzweigungsgetriebe und hydrostatischem Speicher zur Bremsenergierückgewinnung entwickelt und erprobt. Ziel des Projekts Magnetmotor ist die Einsatzreife eines Diesel-elektrischen Antriebs mit einem magnetdynamischen Zwischenspeicher, der den gedrosselten Dieselmotor mit den im Fahrbetrieb erforderlichen Leistungsspitzen ergänzt. Beide Leistungsquellen werden in einem elektromagnetischen Antriebselement vereinigt.

Hier liegt nun die Frage nach dem Elektrobus oder Oberleitungsbus nahe, einem Fahrzeug, dessen elektrischer Antrieb emissionsfrei arbeitet. O-Busse haben sich bisher in Deutschland nicht durchsetzen können; als eine Art „Kompromiß“ zwischen Straßenbahn und Dieselomnibus vereinigen O-Busse eher Nachteile der konkurrierenden Verkehrssysteme auf sich als Vorteile. Wird ein großes Transportvolumen benötigt, ist die zwar teurere, aber leistungsfähigere Straßenbahn besser geeignet; sind die Transportbedürfnisse dagegen kleiner und differenzierter, bietet sich der gleich leistungsfähige, aber preiswertere und flexibler einsetzbare Dieselomnibus an. Unter besonderen, meist topographisch begründeten, Einsatzbedingungen können O-Busse jedoch zweckmäßig sein. Deshalb hat es immer wieder Bestrebungen gegeben, den

Markt für Oberleitungsbusse zu öffnen.

Ausgehend von ersten Versuchen vor dem ersten Weltkrieg gab es erst nach 1930 in zahlreichen deutschen Städten einzelne Linien oder auch Liniennetze, z. B. in Trier. Nach dem 2. Weltkrieg war der O-Bus aktuell, als flüssige Treibstoffe knapp waren und einige Städte Probleme mit der Erneuerung von Straßenbahngleisen hatten. Einer Aufwärtsentwicklung bis in die 50er Jahre hinein folgte jedoch der Rückbau der Anlagen, so daß heute nur noch wenige Betriebe bestehen.

Eines der Projekte im Forschungsprogramm Nahverkehr des BMFT galt dem Duo-Bus, einem Fahrzeug, das im Außenbereich der Städte mit dieselmotorischem Antrieb, im Innenbereich wegen der höheren Schadstoffkonzentration mit elektrischem Antrieb fahren sollte. Ein weiteres Vorhaben, Dual-Mode-Bus genannt, behandelte die Alternative, einen frei beweglichen Omnibus auch mechanisch oder elektronisch quergeführt fahren zu lassen. Beide Forschungsansätze mündeten nach detaillierter Erprobung in dem Projekt „Spurbus Essen", in dem die Varianten

Tunnelstrecke, Spurführung, Elektroantrieb,

Bus-Trasse, Spurführung, Elektroantrieb,

Bus-Trasse, Spurführung, Dieselantrieb,

Straße, Elektroantrieb,

Straße, Dieselantrieb

miteinander im Linienbetrieb verbunden wurden. Inwieweit sich diese Ausweitung des Einsatzspektrums von Bussen wegen des höheren Investitions- und Betriebsaufwandes trotz des Vorzugs für Fahrgäste der durchgehenden Fahrt auf unterschiedlichen Strecken in Zukunft verbreiten wird, ist noch offen.

Offen ist auch das Ergebnis von Überlegungen, zur Schadstoffreduzierung dem Verbrennungsmotor alternative Kraftstoffe zuzuführen. Rapsölmethylester (RME), verschiedene Gase, sogar Wasserstoff sind in Diskussion oder auch schon im Betriebseinsatz. Die längsten Erfahrungen mit Gasmotoren haben die Wiener Verkehrsbetriebe. Als Nebenprodukt der Erdölverarbeitung in Schwechat anfallendes Flüssiggas (Gemisch aus Propan und Butan) liefert hier einen Treibstoff, der in gasoptimierten Motoren mit angeschlossenem Katalysator sehr niedrige Emissionswerte erreicht. Der Verbrauch ist jedoch höher, so daß die Kosten nicht außer acht gelassen werden dürfen. Gleiches gilt für die Verwendung von komprimiertem Erdgas, für das erste Erprobungen laufen, in größeren Stückzahlen u. a. in Hannover (15), Saarbrücken (14) und Berlin (10 Busse).

Insgesamt ist festzustellen, daß der moderne Linienbus ein umweltfreundliches Verkehrsmittel ist. Gleichwohl wird daran gearbeitet, eine noch höhere Perfektion zu erreichen.

Der Linienbus – Teil eines komplexen Verkehrssystems

Das Verkehrsmittel Bus ist im Lauf seiner Entwicklung zu einem technisch hochstehenden, seinen differenzierten Transportaufgaben optimal angepaßten, betriebssicheren und zuverlässigen industriellen Produkt herangereift. Doch wie sieht es um seine Einsatzbedingungen aus? Die Spannweite reicht von der schmalen Landstraße mit unbefestigter Haltestelle zwischen Fahrbahnrand und Straßengraben bis zu gut ausgebauten Stadtstraßen und günstig angeordneten und fahrgastfreundlich hergerichteten Haltestellen. Daß sich in jüngerer Zeit ein Systemdenken ausbreitet, die Erkenntnis, daß auch das Fahrzeug Bus ebenso wie das Schienenfahrzeug Teil eines Ganzen, eines in seinen Komponenten aufeinander abzustimmenden Systems ist, geht auf ein Forschungsvorhaben zurück, das der BMV in den 70er Jahren auf Anregung der Verbände öffentlicher Ver-

Bild 30: Linienbushaltestelle am Beispiel Lübeck (Foto: Hamburg-Consult)

kehrsbetriebe (VÖV) und der Automobilindustrie e. V. (VDA) in Auftrag gab und das mit dem Demonstrationsvorhaben Lübeck 1991 abgeschlossen wurde. In dem die Erfahrungen aus diesem Vorhaben zusammenfassenden Handbuch stellt die projektleitende Hamburg-Consult fest, daß „am Beispiel Lübeck nachgewiesen werden sollte, wie durch Verknüpfung aller Komponenten der Busbedienung zu einem Busverkehrssystem ein attraktives ÖPNV-Angebot geschaffen werden kann, das der Qualität von Schienenverkehrssystemen nahekommt". Dieser Nachweis ist gelungen: Verkehrsangebot, Fahrgastbedienung, Haltestellengestaltung, Ausbildung des Fahrweges, Betriebsweise und Fahrzeug, je für sich optimiert und gemeinsam aufeinander abgestimmt, heben das Verkehrsangebot Bus auf ein hohes Niveau. Beispielsweise sind die Haltestellen gleichermaßen fahrgastfreundlich und nach den betrieblichen Erfordernissen ausgerichtet (Bild 30).

Was für Städte gilt, das muß – in an die jeweiligen Verhältnisse angepaßter Form – auch in der Fläche umgesetzt werden. In Schleswig-Holstein wurde dies bereits in der Vergangenheit in eindrucksvoller Weise bewiesen. Ein landesweites Buskonzept beinhaltet dort z. B. [20]:

- Öffnung aller Verkehre für Jedermann
- integrierte Netze von Bus und Schiene
- kundenbezogene Angebote nach dem Prinzip: ein Fahrplan, ein Fahrschein, ein Tarif, ein Netz
- Leistungs- und Einnahmepooling aller Verkehrsträger.

Mit der Regionalisierung läßt sich dieses Konzept weiter ausbauen. Bessere Fahrwege, Fahrzeuge, Haltestellen und Verknüpfungspunkte und somit ein insgesamt attraktiveres Angebot an den Kunden sind auch hier die logische Folge.

Selbstverständlich kostet höhere Qualität Geld. Wenn jedoch immer wieder vorgetragene politische Bekenntnisse zum Vorrang öffentlichen Nahverkehrs nicht zu einer Leerformel verkommen sollen, bietet der Linienbus unter den z. B.in Lübeck und Schleswig-Holstein realisierten Betriebsbedingungen bei vergleichsweise geringem Investitionsvolumen eine vorzügliche Möglichkeit zur Realisierung des politischen Wollens.

Ende 1993 waren in Deutschland nahezu 90 000 Omnibusse zugelassen – eine beachtliche Transportkapazität, technisch hoch entwickelt, umweltfreundlich, betrieblich zuverlässig, verkehrlich attraktiv und insgesamt preiswert, bereit, effektiv genutzt zu werden. Als praktische Lösung für Transportaufgaben sind Omnibusse weltweit anerkannt und haben deshalb weite Verbreitung gefunden. Eines jedoch fehlt ihnen noch – wie vielen nützlichen Gegenständen: sie werden nicht „geliebt", sie haben keine „Fans" wie die Bahnen – aber das kann ja noch kommen.

Literatur

[1] Meyer, H. H., Transportsystem Bus, Vorlesungen an der RWTH Aachen

[2] Grabe,W., Utech, J., Einsatzbereiche von Omnibussen im öffentlichen Personennahverkehr, Verkehr und Technik 1981, Hefte 1 + 2

[3] Verband deutscher Verkehrsunternehmen (VDV), VDV-Statistik '92

[4] Verband öffentlicher Verkehrsbetriebe (VÖV), Köln, und Verband der Automobilindustrie e. V. (VDA), Frankfurt, Bus-Verkehrssystem, Fahrzeug, Fahrweg, Betrieb

[5] Staniewicz, W., Vorträge Omnibusse einst... jetzt

[6] Seherr-Thoß, H.C. Graf von, Die Technik des MAN-Nutzfahrzeugbaus

[7] versch. Verfasser, Zeitschrift des Mitteleuropäischen Motorwagen-Vereins, Februar 1928

[8] Bühler, O.-P.A., Keine Alternative zum Omnibus, 100 Jahre Automobil, Mercedes-Benz in aller Welt Nr. 199

[9] Barthel, M., Lingnau, G., 100 Jahre Daimler-Benz, Die Technik, v. Hase & Koehler Verlag, Mainz

[10] Hartmann, H., Reichardt, HD., Waltking, D., Autobusse im Linienverkehr, alba Buchverlag Düsseldorf

[11] Hanke, D., 75 Jahre Omnibusbau bei Kässbohrer, Omnibusspiegel-Sonderdruck 869

[12] Schultz, O. W. O., Der Entwicklungsweg vom Omnibus zum „Stadtbus", Internationales Verkehrswesen 5/6, 1976

[13] Schultz, O. W. O., Die Standard-Linienbusse der achtziger Jahre für den öffentlichen Nahverkehr der Bundesrepublik Deutschland; XVIII. Internationaler Kongreß, FISITA 80, Hamburg

[14] Schultz, O. W. O., Feutlinske, H., Statusseminare Nahverkehrsforschung des BMFT (und BMV) 1975 ff: Projektberichte

[15] VÖV-Kraftfahrzeugausschuß, Unverbindliche Typen- und Konditionenempfehlung für den Standard-Linienbus SL II, VÖV-Schriften Reihe Technik, Juli 1983

[16] Girnau, G., Das Niederflur-Verkehrskonzept, DER NAHVERKEHR 1/91

[17] Auwärter-Neoplan, Präsentation zur Sitzung des VDV-Ausschusses für Kraftfahrwesen 1992

[18] Berichterstatter zu verschiedenen Projekten, Statusseminare Nahverkehrsforschung des BMFT und BMV 1980 ff.

[19] Hamburg-Consult, Handbuch zur Einführung des Busverkehrssystems

[20] Dietsche, G., Lösungen für den ÖPNV in der Fläche: Erfahrungen in Schleswig-Holstein, Vorträge VÖV-Jahrestagung '89, Alba Fachverlag

[21] VDV-Ausschuß für Kraftfahrwesen, Rahmenempfehlung für Stadt-Niederflur-Busse, VDV-Schrift 230, 6/94

[22] VDV-Ausschuß für Kraftfahrwesen, Rahmenempfehlung für Überland-Niederflur-Busse, Gelbdruck, Juli 1995, VDV-Schrift 231

Inhalt

Von der Pferdebahn zur Niederflur-straßenbahn und Stadtbahn

Adolf Müller-Hellmann (51), Prof. Dr.-Ing., ist seit Gründung des Verbandes Deutscher Verkehrsunternehmen (VDV) Geschäftsführer für den Bereich Technik. Er kam 1982 als Fachbereichsleiter für Schienenfahrzeuge, elektrische Bahnanlagen, Betriebsfunk, Zugsicherungs- und -informationstechnik zum damaligen Verband öffentlicher Verkehrsbetriebe (VÖV) und wurde dort 1988 stellvertretender Verbandsdirektor. Von Juli 1993 bis Ende 1995 leitete er gleichzeitig als Geschäftsführer das Eutoteam beim Internationalen Verband für öffentliches Verkehrswesen (UITP). Vor seinem Eintritt in den Verband war er 1973 bis 1979 Wissenschaftlicher Assistent und 1979 bis 1982 Oberingenieur am Institut für Stromrichtertechnik und Elektrische Antriebe der RWTH Aachen. Müller-Hellmann ist seit 1987 Lehrbeauftragter an der RWTH für „Elektrische Nahverkehrssysteme“ und wurde Ende Mai 1995 zum Honorarprofessor ernannt.

Die Schienenfahrzeuge des Nahverkehrs zeigen nicht nur die vielfältigen Entwicklungen von Antriebstechnologien des zu Ende gehenden 19. und des 20. Jahrhunderts auf; sie verdeutlichen auch die große Palette von Anforderungen, die aus unterschiedlichen Kapazitätsvorstellungen, Abfertigungs- und Betriebsführungskonzepten sowie Komfortansprüchen resultieren. Insofern sind die Nahverkehrs-Schienenfahrzeuge ein überaus informatives Spiegelbild der Entwicklung des Nahverkehrs in dem zu betrachtenden Zeitraum.

Die Umstellung auf elektrische Straßenbahnen

Das Geschehen bei den Nahverkehrsunternehmen war Ende des 19. Jahrhunderts nach überwiegend unbefriedigend verlaufenden Einsätzen von qualmenden Dampfstraßenbahnen durch die dann verstärkt einsetzende Umstellung der Pferdebahnen auf elektrische Straßenbahnen bestimmt. Die elektrische Straßenbahn löste z.B. im Juni 1895 die Pferdebahn in München ab. Die in der 2. Hälfte des 19. Jahrhunderts eingeführten Pferdebahnen waren insbesondere in den schnell expandierenden Großstädten an die Grenze des Leistungsvermögens dieser Traktionsart gestoßen, obwohl eine Vielzahl von offenen und geschlossenen Wagen mit hunderten von Pferden, die an Steigungsstrecken auch als Vorspannpferde tätig waren, in einzelnen Städten eingesetzt wurden.

Die Cölnische-Straßenbahn-Gesellschaft z.B. betrieb das ca. 60 km lange Streckennetz mit etwa 340 Wagen und mehr als 750 Pferden.

Die 4 bis 7 m langen und 2,0 bis 2,2 m breiten zweiachsigen Wagen, deren Untergestell aus Stahl und deren Aufbauten aus Holz bestanden und mit denen ca. 30 Personen befördert werden konnten, erreichten eine Geschwindigkeit von etwa 10 km/h, die zunehmend als nicht mehr ausreichend – insbesondere auf Vorortstrecken – empfunden wurde.

Die ersten Triebwagen der elektrischen Straßenbahnen unterschieden sich hinsichtlich der Beförderungskapazität nur unwesentlich von denen der Pferdebahnen. Die Zweiachser erreichten mit den beiden etwa 20 PS starken Gleichstrommotoren in Tatzlagerausführung, die von einer kupfernen Oberleitung mit einer Spannung von 500 bis 600 V gespeist wurden, in den Stadtgebieten eine Geschwindigkeit von ca. 15 km/h und auf freien Vorortstrecken etwa 25 km/h.

Die ehemaligen Pferdebahnwagen fanden als Beiwagen Ver-

Bild 1: Dampfstraßenbahn in Kassel 1884 (Foto: Archiv Henschel)

wendung. Erst etliche Jahre später wurden die zunächst offenen Plattformen, auf denen die Wagenführer den Witterungsbedingungen weitgehend ungeschützt ausgeliefert waren, verglast; z. T. wurden sie nur mit einer kleinen vorgebauten Windschutzscheibe versehen, blieben aber ansonsten offen, da die Polizeibehörden fürchteten, der Wagenführer könnte die Warnsignale von Polizei und Feuerwehrfahrzeugen sonst überhören.

Bild 2: Letzter Pferdebahnwagen Nr. 49 der „Stuttgarter Pferde Eisenbahn (SPE)" um 1889 (Foto: Archiv VDV)

Vielfältige Probleme z. B. mit

- der Stromzuführung,
- durch Streuströme verursachten Schäden an Rohrleitungen,
- den im Kurzschlußfall auftretenden Lichtbögen,
- angehobenen Kanaldeckeln durch die Magnetfelder der Motoren,
- Beeinträchtigungen der Fernsprechverbindungen,
- Entgleisungen, da die Schienenstränge überwiegend nur für die leichteren Pferdebahnwagen dimensioniert waren,

mußten gelöst werden. Dabei forderte man in mehreren Städten anfangs streckenweise auch unterirdische Stromzuführungseinrichtungen mit Stromschiene im eingepflasterten Kanal mit Schlitz für den Stromabnehmer, teilweise, weil man eine Gefährdung der zweistöckigen Wagen der Karnevalsumzüge nicht ausschließen konnte, teilweise aus ästhetischen Gründen.

Bild 3: Triebwagen der Süddeutschen Eisenbahn-Gesellschaft in Essen mit Windschutzscheibe und ansonsten offener Plattform 1912 (Foto: Archiv VDV)

Erste Komfortmaßnahmen

Der mancherorts vorgenommene Einbau von Kohleöfen zur Beheizung der Wagen zu Beginn des 20. Jahrhunderts kann als eine der ersten Komfortmaßnahmen für die Fahrgäste bezeichnet werden. Durch das im mittleren Teil erhöhte Wagendach, welches mit ausklappbaren Fensterchen (sogenanntes „Laternendach“) versehen war, erfolgte durch diese im übrigen sehr wirksame und angenehme Kiemenlüftung die Frischluftzufuhr der Wagen.

Überwiegend in den zwanziger Jahren ersetzten elektrische Heizungen die Kohleöfen. Trieb- und Beiwagen für den Vorortverkehr erhielten Frischstromheizungen. Bei den Triebwagen für den Stadtverkehr konnte durch das häufigere Anfahren und Bremsen eine Nutzstromheizung eingebaut werden, die die in den Anfahr- und Bremswiderständen entstehende Verlustwärme nutzte.

Sehr früh wurden auch bereits Speisewagen auf Überlandbahnen eingeführt, so in Düsseldorf, die sich großer Beliebtheit erfreuten.

Stürmische Entwicklung der Fahrwerks- und Antriebstechnik

Ende der zwanziger Jahre, Anfang der dreißiger Jahre konnte durch vielfältige Entwicklungen der Fahrwerks- und der Antriebstechnik die Geschwindigkeit der Wagen weiter gesteigert werden. Voraussetzung war hierfür im übrigen die zu der Zeit erfolgte Heraufsetzung der zulässigen Höchstgeschwindigkeit durch geänderte Betriebsvorschriften.

Bild 4: Belüftungseinrichtungen am Beispiel eines Leipziger Straßenbahnwagens, siehe auch Bild 6 (Foto: Archiv VDV)

Bild 5: Zug der Aachener Kleinbahn (heute ASEAG) mit Einrichtungen zur Stromrückgewinnung beim Bremsen (Foto: Archiv VDV)

Bild 6: Zwillingswagen der Mannheimer Verkehrsbetriebe um 1931 (Foto: Archiv VDV)

Bild 7: Vierachsiger Triebwagen V2 mit Beiwagen der Hamburger Hochbahn AG von 1929 (Foto: Archiv VDV)

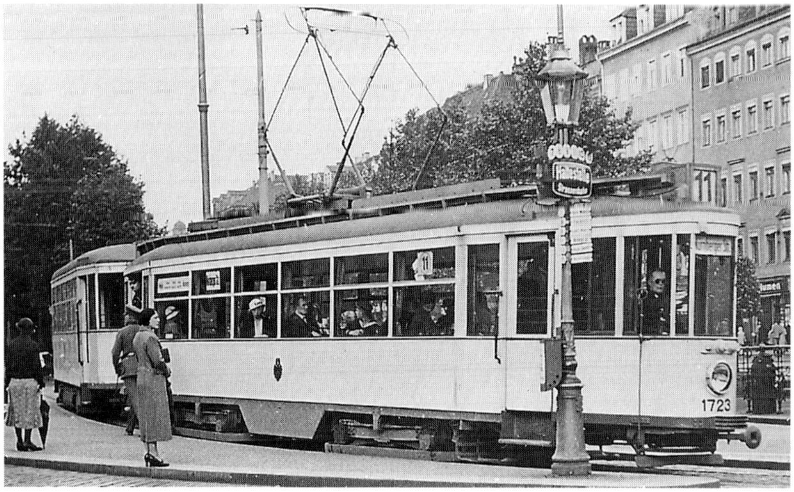

Bild 8: Vierachsiger Triebwagen (Hechtwagen) mit Beiwagen der Dresdner Verkehrsbetriebe um 1926 (Foto: Archiv VDV)

Bild 9: Vierachsiger Triebwagen (Langer Essener) der Essener Straßenbahnen um 1933

Bild 10: Zweiachsiger Kriegsstraßenbahnwagen (KSW) der BVG in Berlin (Fotos: Archiv VDV)

Neben der Nutzung der Bremsenergie zur Beheizung der Fahrzeuge erlaubten nun auch spezielle Nutzbremsschaltungen die teilweise Rückspeisung der Bremsenergie in das speisende Netz. Höhere Anfahrbeschleunigungen und Bremsverzögerungen in Verbindung mit einer gesteigerten Bremssicherheit erlaubten auch eine größere Geschwindigkeit in den Innenstädten.

Beleuchtete Fahrzielbänder und beleuchtete Liniennummern statt Dachlaternen wurden eingeführt. Scherenstromabnehmer ersetzten zunehmend die überwiegend verwendeten drehbaren Lyrabügel. Ganz-Stahlwagen in zwei- und vierachsiger Ausführung entstanden. Der erste Gelenkwagen mit Jacobsdrehgestell wurde ge-

Bild 11: Verbandstyp der Verkehrsbetriebe in Frankfurt am Main (Foto: Archiv VDV)

baut. Sogenannte „Zwillingswagen“, gebildet durch zwei ständig im Rücken-an-Rücken-Betrieb verbundene Einrichtungswagen , die jeweils nur über ein Fahrpult verfügten, wurden entwickelt und auch mit Durchgangstüren ausgestattet. Abgefederte Fahrmotoren, die mittels Kardanwellen das Drehmoment auf die Radsatzwellen übertrugen, bewiesen ihre Tauglichkeit für den Straßenbahneinsatz.

Bahnbrechende Entwicklungen führten zu fortschrittlichen Vierachser-Triebwagen, so in Hamburg, in Dresden („Hechtwagen“) und in Essen („Langer Essener“).

Ende der dreißiger Jahre wurde der zweiachsige Einheitsstraßenbahnwagen (ESW) entwickelt, der durch rationelle Fertigung und konsequenten Leichtbau sowie Typisierung von Bauteilen betriebswirtschaftliche Vorteile versprach. Der Kriegsausbruch verhinderte seinen Bau; vielmehr entstand durch konsequente Anforderungsminimierung ein extrem einfaches Fahrzeug als Kriegsstraßenbahnwagen (KSW), das sehr kostengünstig und materialsparend hergestellt werden konnte. Vermutlich wegen Materialmangels wurden nur wenige Fahrzeuge noch während des Krieges ausgeliefert.

Lange Plattformen mit 1,5 m breiten Schiebetüren, nur drei große Seitenfenster, nur zwölf Sitzplätze waren die besonderen Merkmale dieser 10,4 m langen Fahrzeuge, die ihren Durchbruch erst nach dem Krieg erlebten. Sie wurden - überarbeitet und modernisiert - bis weit in die siebziger Jahre in Deutschland und Polen eingesetzt. Ihr Nachfolger war der sog. Aufbauwagen als Ersatz für kriegszerstörte Wagen auf alten Fahrgestellen. Dieser vierfenstrige formschöne Wagentyp wurde als „Verbandstyp“ durch unseren Verband nochmals weiter verbessert.

Während des 2. Weltkrieges mußten daneben vielfältige Umbauten und Modifikationen an vorhandenen Fahrzeugen vorgenommen werden, um auch Güterverkehrs-, Verpflegungs- und später Schuttbeseitungsaufgaben übernehmen zu können.

Vereinheitlichungsbestrebungen für Großraumwagen

Ende der vierziger Jahre wurden nach sorgfältiger Analyse ausländischer Großraumwagen (insbesondere der PCC-Wagen und der basierend auf Richtlinien des Verbandes Schweizerischer Transportanstalten aus dem Jahre 1944 gebauten Fahrzeuge) erste Anforderungen an moderne deutsche Großraumwagen formuliert. Der Ausschuß für Schienenfahrzeuge im VÖV veröffentlichte im Jahre 1950 Richtlinien für den wagenbaulichen und elektrischen Teil von Großraumwagen, die die Entwicklung die-

Bild 12: Großraum-Trieb- und -Beiwagen des Typs V7 der Hamburger Hochbahn AG (Foto: Archiv VDV)

Bild 13: Großraum-Triebwagen der ÜSTRA Hannoversche Verkehrsbetriebe AG (Fotos: VDV Archiv)

Bild 15: Achtachsiger Doppelgelenkwagen am Beispiel des Fahrzeugs der Rheinischen Bahngesellschaft AG in Düsseldorf

Bild 14: Sechsachsiger Gelenkwagen am Beispiel des Fahrzeugs der Mannheimer Verkehrsbetriebe (Foto: DUEWAG)

ses Fahrzeugtyps der VÖV-Betriebe wesentlich beeinflußten.

Diese Richtlinien fußten auf dem anläßlich der AVV-Hauptversammlung 1948 bekundeten Willen der deutschen Straßenbahnbetriebe zur weitgehenden Vereinheitlichung der zukünftigen Fahrzeuge, der insbesondere unter dem Eindruck der einerseits durch die Bombardements weitgehend zerstörten Fahrzeugparks in den Städten und andererseits durch die ungewisse zukünftige Entwicklung bestimmt war.

Die Richtlinien wurden in Zusammenarbeit mit den Industrieverbänden erarbeitet. Mehrere unterschiedlich aufgebaute Wagen wurden erprobt. Man erörterte ausführlich eine Vielzahl von Fragen, um eine möglichst weitgehende Vereinheitlichung erreichen zu können, wie z. B.:

- Fahrzeuggröße
- Drehzapfenabstand
- Anzahl der Türen
- Antriebsarten
- Steuerungen und deren Betätigung
- Einrichtungswagen mit Fahrgastfluß
- Anhängerbetrieb oder allein fahrender Triebwagen
- Zugbildung und
- Dreiachser oder Vierachser

Besonders wurden Leichtbaufragen und aufwandsmindernde Maßnahmen diskutiert. Insbesondere sollte auf „kostspielige Holzarten und Beschläge" verzichtet werden.

U. a. die Vielzahl der diskutierten Parameter, unterschiedliche Infrastrukturen der Verkehrsbetriebe, divergierende Betriebserfahrungen, konkurrierende Elektrofirmen und Waggonhersteller und sicherlich auch das Selbstdarstellungsbestreben in der stürmischen Wiederaufbauphase der fünfziger Jahre führten trotz aller Vereinheitlichungstendenzen zu einer großen Vielfalt von Großraum-Vierachsern.

Im Gegensatz zum Ausland, das den in kurzen Zeitabständen al-

Bild 16: Vierachsiger Gelenkwagen mit Beiwagen der Verkehrsbetriebe in München (Foto: Archiv VDV)

Bild 17: Stadtbahnwagen der Rheinischen Bahngesellschaft AG mit elektronisch geregelter Schützensteuerung (Foto: Sammlung Ahlbrecht)

Bild 18: Achtachsiger Doppelgelenkwagen der Kölner Verkehrsbetriebe (Foto: Archiv VDV)

leinfahrenden Triebwagen bevorzugte, wählten viele VÖV-Betriebe als kostengünstige Kapazitätssteigerung den Beiwagenbetrieb, um sich der Tagesgangkurve des Fahrgastaufkommens besser anpassen zu können.

Die Anfahrbeschleunigungen der weiter verbesserten Antriebe erwiesen sich auch bei dieser Betriebsform als ausreichend.

Logischerweise wurden zur weiteren Kapazitätssteigerung gegenüber dem Vierachser - und damit zur Kostenminimierung - Gelenkwagen als Gelenkvierachser, als Sechsachser und als achtachsiger Doppelgelenkwagen entwickelt und in einer Vielzahl von VÖV-Betrieben eingeführt, was insbesondere beim Doppelgelenkwagen zu einem sehr guten Personalwirkungsgrad führte.

Auf stark belasteten innerstädtischen Linien wurden die Gelenkfahrzeuge auch mit vierachsigen Beiwagen eingesetzt, auch diese Züge schließlich im schaffnerlosen Einmannbetrieb.

Die Großraumgelenktriebwagen erwiesen sich als die Standardfahrzeuge der sechziger und siebziger Jahre. Ihre Robustheit und ihre gute Verfügbarkeit sowie ihr Leistungsvermögen machte sie zum unverwüstlichen Rückgrat der Straßenbahnbetriebe.

Elektronisch geregelte Schützensteuerungen und Schaltwerke zur vielstufigen Reihen-/ Parallelschaltung der Fahrmotoren mit mehreren Feldschwächstufen wurden eingeführt und ständig weiterentwickelt. Sie mündeten in die VÖV-Schrift 6.321.1 „Steuerungselektronik-Typenempfehlung für teilautomatische Fahrzeugsteuerungen mit elektronischen Rechengliedern für elektrische Trieb- und Steuerwagen".

Bezeichnenderweise konnten 1988 insgesamt 16 achtachsige Doppelgelenkfahrzeuge der Kölner Verkehrs-Betriebe, die aus umgebauten 1963/64 beschafften Sechsachsern entstanden waren, in die Türkei verkauft werden. Sie bilden dort den Fahrzeugpark der mit betriebswirtschaftlichem Erfolg betriebenen Stadtbahn in Konya.

Auch setzen zahlreiche Betriebe der neuen Bundesländer derartige „Gebrauchtfahrzeuge" erfolgreich ein.

Die seinerzeit stark stillegungsbedrohte Straßenbahn in der nordfranzösischen Stadt Lille konnte mit Hertener, Mönchengladbacher und Bochumer Gelenkwagen bis zur jetzt erreichten Vollmodernisierung des Gesamtbetriebes überleben.

Neue Impulse und Standardisierungserfolge durch Stadtbahnsysteme

Wichtige Impulse für die Weiterentwicklung der Straßenbahnen gingen einerseits von dem Stadtbahnsystem Rhein-Ruhr aus, dessen Systemkonzept als regionale Schnellbahn mit städteverbindendem Charakter als Ergänzung zum S-Bahn-Netz der Deutschen Bundesbahn entwickelt wurde und andererseits von dem Stadtbahnsystem Hannover, das als Verkehrssystem mit einem Tunnelnetz im zentralen Stadtgebiet und anschließenden oberirdischen Streckenabschnitten auf besonderem Bahnkörper geplant wurde.

Diese Ansätze waren neben anderen für die verbleibenden meterspurigen Netze mitentscheidend für die Renaissance der zum Teil in Agonie darniederliegenden Straßenbahnbetriebe, die angesichts der ständig zunehmenden Motorisierung in zunehmendem Maße von der Verkehrs- und Kommunalpolitik als Verkehrshindernis empfunden wurden mit der vielerorts leider zu spät erkannten Fehlentscheidung der teilweisen oder sogar vollständigen Stillegung.

Zur Unterscheidung von der ungeliebten Straßenbahn wurde dieser Begriff bei den neuen Systemen jahrelang tunlichst vermieden. Man sprach nur noch von den „Stadtbahnwagen“ als Rückgrat eines modernen, leistungsfähigen und umweltschonenden Verkehrsmittels und bei den ersten Fahrzeugentwürfen für die Stadtbahn Rhein-Ruhr sogar von Schnellverkehrs-Stadtbahnwagen. Diese sogenannten A-Wagen gingen aus dem 1970 vom Verkehrsministerium in Nordrhein-Westfalen an zwei Waggonbau-Firmengruppen und an eine Arbeitsgemeinschaft von vier Elektrofirmen vergebenen Entwicklungsauftrag hervor. Es handelte sich um 2,65 m breite allachsangetriebene Doppeltriebwagen. Die wichtigsten Auslegungsmerkmale sind durch die jeweils 18 m langen Wagenkästen und durch einen Drehgestellmittenabstand von 12 m beschrieben. Eine Zugbildung aus bis zu drei Doppeltriebwagen war vorgesehen. Die Energiezufuhr sollte über eine Stromschiene erfolgen. Die Planungen basierten auf vom Straßenverkehr unabhängigen Strecken; die Fahrzeuge sollten vollautomatisch betrieben werden. Dieser Fahrzeugtyp fand auch Aufnahme in die Typenempfehlung für Stadtbahnfahrzeuge (6.030.1) des VÖV aus dem Jahre 1970.

Die durch die große Wagenlänge bedingten Bogenausschläge der A-Wagen stellten besondere Anforderungen an die Trassierung. Zunehmend setzte sich auch die Erkenntnis durch, daß während der langen Bauzeit des Stadtbahnnetzes auch ein Betrieb im Straßenraum auf vorhandenen bzw. zu modifizierenden Strecken ermöglicht werden müßte, um nicht eine zu starke Attraktivitätseinbuße durch häufige Umsteigezwänge zwischen den vorhandenen Straßenbahnen und dem langsam wachsenden Stadtbahnnetz hinnehmen zu müssen. Diese neue Anforderung hätte gravierende konzeptionelle Änderungen an den vorgeschlagenen A-Wagen erforderlich gemacht. Statt dessen entschied man sich für den 2,65 m breiten „Stadtbahnwagen Kölner Bauart“ – auch B-Wagen genannt –, der ebenfalls auf der Basis eines Entwicklungsauftrages des Landes Nordrhein-West-

Bild 19: Stadtbahnwagen Typ B Kölner Bauart (Foto: Kölner Verkehrsbetriebe, KVB)

Bild 20:. Fahrzeugfamilie der Verkehrsbetriebe der Stadtverkehre Karlsruhe. Oben links: GT6-80C Oben rechts: GT8-100C/2S für Zweirichtungsverkehr mit Zweisystemtechnik für 15 kV/ $16\,^{2}/_{3}$ Hz Wechselspannungs- und 750-V-Gleichspannungsbetrieb Rechts: GT8-80C mit Komfort-Panorama-Mittelteil (Fotos: DUEWAG)

falen von den Kölner und Bonner Verkehrs-Betrieben in Zusammenarbeit mit Industriefirmen mit der Aufgabenstellung entwickelt worden war, sowohl auf unterirdischen und oberirdischen Stadtbahnstrecken mit eigenem Bahnkörper und erhöhten Haltestellen als auch im Straßenraum mit niveaugleichen Kreuzungen und Bahnübergängen einsetzbar zu sein. Diese Aufgabenstellung wurde durch einen sechsachsigen Gelenkwagen mit einem Drehgestellmittenabstand von 10 m, Energiezufuhr über Dachstromabnehmer und den Einbau von Klapptrittstufen realisiert. Ab 1973 wurden drei Prototypen in Köln und Bonn getestet. Die diesem Fahrzeugkonzept zugrunde liegenden Abmessungen waren richtungweisend für viele Fahrzeugentwicklungen, z. B. Docklands Light Railway London, U-Bahn-Wagen Newcastle, Stadtbahnwagen Utrecht, Gelenktriebwagen Salzburg, LRV St. Louis/USA und Stadtbahnwagen Guadalajara/Mexiko. Acht Städte Nordrhein-Westfalens haben sich für den Einsatz dieser Fahrzeuge entschieden, von denen Ende Juni 1995 bereits 479 im betrieblichen Einsatz bzw. bestellt waren.

Den Verkehrsbetrieben in Karlsruhe diente der B-Wagen als Basis einer Fahrzeugfamilie, bestehend aus:

- sechsachsigen Einrichtungswagen
- achtachsigen Einrichtungswagen mit unterschiedlichen Mittelteilen und
- achtachsigen Zweirichtungswagen in Zweisystemausführung für den Betrieb im 750-V-Gleichspannungs- und 15-kV/16 $^{2}/_{3}$-Hz-Wechselspannungsnetz sowohl in hochfluriger als auch in teilweise hoch- und niederfluriger Ausführung.

Mit den zuletzt genannten Fahrzeugen gelang – unter Mitbenutzung von Strecken der DB AG – eine überaus kostengünstige Realisierung eines S-Bahn-ähnlichen Systems, mit dem eine umsteigefreie und damit außerordentlich attraktive Verbindung zwischen der Karlsruher Innenstadt und einer Vielzahl von Orten in den Regionen um Karlsruhe ermöglicht wird. Die sehr positive Resonanz der Fahrgäste führte auch in anderen Städten mit vergleichbaren Verhältnissen zu ähnlichen Überlegungen, z. B. in Chemnitz. Für den Großraum Saarbrücken sind bereits die Weichen zur Übernahme dieses Systems gestellt.

Bild 21: Stadtbahnwagen S-DT 8 der Stuttgarter Straßenbahnen AG (Foto: DUEWAG)

Das dem A-Wagen zugrundeliegende Fahrzeugkonzept wurde erst 1981 als vielbeachteter Doppeltriebwagen S-DT 8 der Stuttgarter Straßenbahnen AG realisiert. Dieses Fahrzeug verdeutlicht beispielhaft die gelungene Realisierung eines Stadtbahnsystems auch unter sehr schwierigen topographischen Bedingungen und verkörpert in der zuletzt bestellten Serie den hohen Entwicklungsstand der später zu erläuternden choppergespeisten Gleichstromantriebstechnik.

Der 2,4 m breite Stadtbahnwagen für das Stadtbahnnetz in Hannover, ausgerüstet mit Klapptrittstufen zum Betrieb an Hoch- und Niedrigbahnsteigen, der als Zweirichtungs-Doppelgelenkfahrzeug mit einem Drehgestellmittenabstand von 6,4 m konzipiert wurde und von dem

Bild 22: Stadtbahnwagen der ÜSTRA Hannoversche Verkehrsbetriebe AG (Foto: ÜSTRA)

mittlerweile 260 gleichartige Fahrzeuge im Einsatz sind, leitete den überaus wichtigen Entwicklungsschritt zur kontinuierlichen, verlustarmen und verschleißfreien Leistungsverstellung mittels Gleichstromsteller (Chopper), die außerdem auch eine einfache Realisierung der Rücklieferung von Bremsenergie in das speisende Netz ermöglichte, ein. Der überaus mutige Schritt der ÜSTRA Hannoverschen Verkehrsbetriebe AG wurde belohnt. Etwa 20% der aufgenommenen Energie speisten die von Anfang an erstaunlich zuverlässig funktionierenden Gleichstromsteller ins Netz zurück. Die eingesetzten Gleichstrommotoren erreichen hohe Laufleistungen zwischen den erforderlichen Nacharbeiten der Kommutatoren. Die durch diese Technik ermöglichte kontinuierliche Verstellung der Zug- und Bremskräfte in Verbindung mit wirksamen Gleitschutzmaßnahmen führte zu einer hohen Ausnutzung des verfügbaren Reibwertes zwischen Rad und Schiene und damit zu weiter verbesserten dynamischen Werten der Stadtbahnfahrzeuge.

Die überaus positiven Erfahrungen mit dem Hannoverschen Stadtbahnwagen erlaubten die weitgehende Übernahme dieses Konzeptes für das weltweit sehr beachtete Stadtbahnsystem in Tunis. Dieser Exporterfolg reihte sich ein in die überaus erfolgreiche Übertragung des U2-Fahrzeugkonzeptes der Verkehrsbetriebe Frankfurt

Bild 23: Gemeinschaftsvorführung von Stadtbahnwagen des Typs M in sechs- und achtachsiger Ausführung mit Fahrzeugen der Verkehrsbetriebe in Essen, Mülheim an der Ruhr, Bielefeld und Bochum/Gelsenkirchen (Foto: Ahlbrecht)

nach San Diego (USA), Calgary und Edmonton (Kanada) sowie in weiterentwickelter Form auch nach Pittsburgh und Sacramento (USA).

Anfang der siebziger Jahre wurden Aktivitäten für eine weitere Aktion gestartet, die bis heute Auswirkungen zeigt. 1973 trafen sich Vertreter der Verkehrsbetriebe aus Bochum, Essen und Mülheim/Ruhr, um die Beratungen über die Anforderungen an ein ggf. gemeinsam zu beschaffendes Straßenbahnfahrzeug zu beginnen. Später stießen Herren der Stadtwerke Bielefeld hinzu. Es wurde ein gemeinsames Lastenheft erarbeitet, das als Grundeinheit einen 2,30 m breiten sechsachsigen Zweirichtungs-Gelenktriebwagen beschreibt, der ohne Änderung der elektrischen Einrichtung auch zu einem achtachsigen Fahrzeug erweiterbar und in einem Zugbetrieb einsetzbar sein sollte. Man nannte dieses Fahrzeug M-Wagen für meterspurige Fahrzeuge für das mittlere Ruhrgebiet. Später kam die Bezeichnung N-Wagen für normalspurige Fahrzeuge hinzu. Tatsächlich gelang die angestrebte Standardisierung. Die vier Verkehrsbetriebe erteilten einen echten Gemeinschaftsauftrag über 27 baugleiche Fahrzeuge mit einer Option über 15 weitere auf der Basis eines einheitlichen Zeichnungs- und Schaltplansatzes.

Sie setzten damit nicht nur Maßstäbe, die bisher nicht wieder erreicht wurden, sondern sie widerlegten auch eindrucksvoll die häufig für die Vielfalt der Fahrzeugkonzepte vorgebrachte Begründung, unterschiedliche Infrastrukturen und Betriebskonzepte sowie voneinander abweichende

Erfahrungen würden baugleiche Fahrzeuge als nicht sinnvoll erscheinen lassen. Zu den Anwendern der M/N-Wagen-Fahrzeugfamilie - bestehend aus sechs- und achtachsigen Fahrzeugen (z. T. mit Niederflur-Mittelteilen) - gehören mittlerweile elf Verkehrsunternehmen mit 259 Fahrzeugen.

Verstärkt wurden in dieser Zeit auch die Anstrengungen zur Komfortverbesserung. Der VÖV gab in enger Zusammenarbeit mit der Industrie Empfehlungen für Heizungs-, Lüftungs- und Klimaanlagen heraus. Statische Bordnetzumrichter führten zu einer weiteren Verringerung der Lärmentwicklung.

Drehstromantriebstechnik

Insbesondere ausgelöst durch einen scharfen Wettbewerb bei den Antrieben mit Gleichstromstellern folgte als nächster signifikanter Entwicklungsschritt die Einführung der Drehstromantriebstechnik, also der Ersatz des verschleißbehafteten Kommutators der Gleichstrommaschine durch einen aus Halbleiterbauelementen bestehenden und im Fahrzeug installierten Wechselrichter, der im Zusammenspiel sowohl mit dem Gleichstromsteller als auch mit der gegenüber dem Gleichstrommotor kompakteren, mit höherer Drehzahl betreibbaren und vollständig geschlossen ausführbaren Asynchronmaschine die Antriebs- und Bremskräfte steuert. Vielfältige Entwicklungsschritte waren nötig, um dieser Technik zum Durchbruch zu verhelfen.

Es begann mit dem einfachen Ersatz des Drehgestell-Gleichstrommotors durch einen Asynchronmotor unter Beibehaltung der Winkelgetriebe und der Bauform als Zweiachs-Längsantrieb.

Die alsbald aufkommenden Mikrorechnertechnologien erleichterten die Regeldynamik der Wechselrichter und ebneten den Weg zur Verbesserung der Verfügbarkeit der Wagen- und Wechselrichtersteuergeräte.

Die mechanische Verkopplung der beiden Achsen eines Drehgestells mit den daraus resultierenden Beanspruchungen – insbesondere der Getriebe, z. B. bei unterschiedlichen Raddurchmessern – wurde durch die bei den Asynchronmotoren mögliche Unterteilung der Läufer in Form von Doppelmotoren aufgehoben.

Die Einführung von Datenbussystemen (Integriertes Bordinformationssystem - IBIS) erleichterte die Fehlerspeicherung und -diagnose.

Einzelachsantriebe mit querliegenden Fahrmotoren und Stirnradgetrieben folgten.

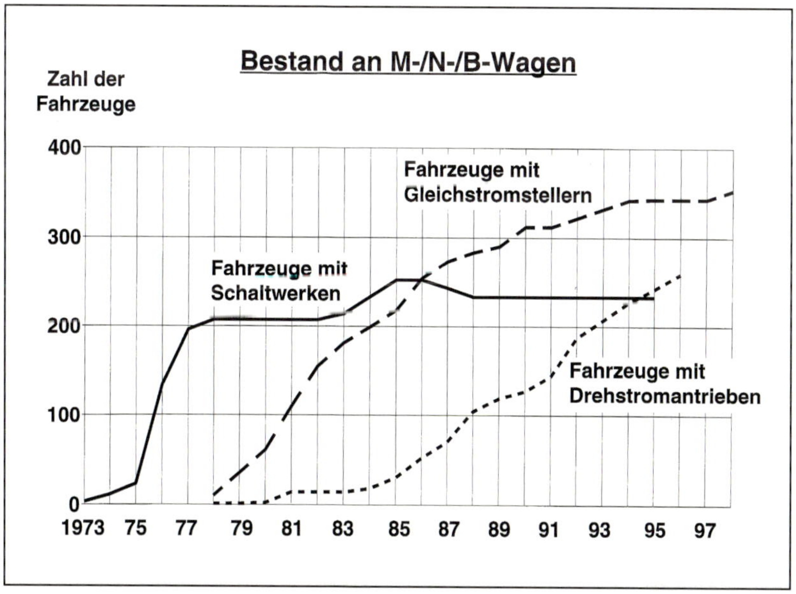

Bild 24: Ablösung verschiedener Antriebstechnologien am Beispiel der M/N- und B-Wagen (Zeichnung: Müller-Hellmann)

Gleichstromsteller mit abschaltbaren Tyristoren (GTO), fremdbelüfteten oder flüssigkeitsgekühlte vollständig gekapselte Fahrmotoren und flüssigkeitsgekühlte Stromrichter führten zu kompakteren Anlagen und zur Gewichteinsparung.

Mehrstufige Stirnradgetriebe erlaubten eine bei Asynchronmotoren mögliche signifikante Drehzahlerhöhung.

Die Beherrschung der Wasserkühlung der Fahrmotoren war die Voraussetzung zur Einführung von Radnabenmotoren, und mit ebenfalls wassergekühlten Transistor-Pulswechselrichtern konnte der Aufwand bei den Stromrichtern weiter minimiert werden, so daß überaus kompakte, den harten dynamischen Anforderungen gewachsene wartungsarme und hochverfügbare Antriebe entstanden.

Die jeweils weiterentwickelten Antriebe wurden nicht nur in neue Fahrzeugtypen, sondern über die Folgebestellungen auch in die bestehenden längerlebigen Fahrzeugkonzepte eingeführt.

Bild 24 verdeutlicht dies für die Baureihen der M/N- und B-Wagen. Die Anzahl der mit den verschiedenen Antriebstechnologien bestellten Fahrzeuge ist aufsummiert dargestellt. Deutlich ist die Abnahme der Fahrzeugbestellungen mit konventionellen Antrieben durch die Einführung der Gleichstromstellertechnik erkennbar. Gleiches gilt für den Übergang von den mit Gleichstromstellern gesteuerten Gleichstrommotoren auf die Drehstromantriebstechnik.

Der VÖV publizierte die mit den Stromrichteranwendungen gewonnenen Erfahrungen in der VÖV-Schrift 6.325.2 „Antriebsanlagen mit Stromrichtern für elektrische Triebfahrzeuge des ÖPNV (Gleichstromsteller- und Drehstromantriebe)“ und setzte damit einen vielbeachteten Standard für weitere Anwendungen.

Niederflurtechnik

1984 entwickelte die Firma DUEWAG zusammen mit dem Verkehrsbetrieb in Genf eine Niederflur-Straßenbahn, die den bereits in den zwanziger und dreißiger Jahren erstmals realisierten Gedanken des niederflurigen Einstiegs zur Verbesserung der Zugänglichkeit für alle Fahrgastgruppen und zur Beschleunigung der Ein- und Ausstiegsvorgänge wieder aufgriff. Europaweit setzte eine fieberhafte Entwicklungstätigkeit zur Sicherung bzw. Neueroberung von Marktanteilen ein, richtig erkennend, daß die Frage der Zugänglichkeit zukünftig von zunehmender Relevanz sein würde, hatten doch die mit drei bzw. vier Klapptrittstufen ausgestatteten Stadtbahnwagen gezeigt, daß bei nicht vor-

Bild 25: Die erste Genfer Niederflurtram 1984 (Foto: VeVey)

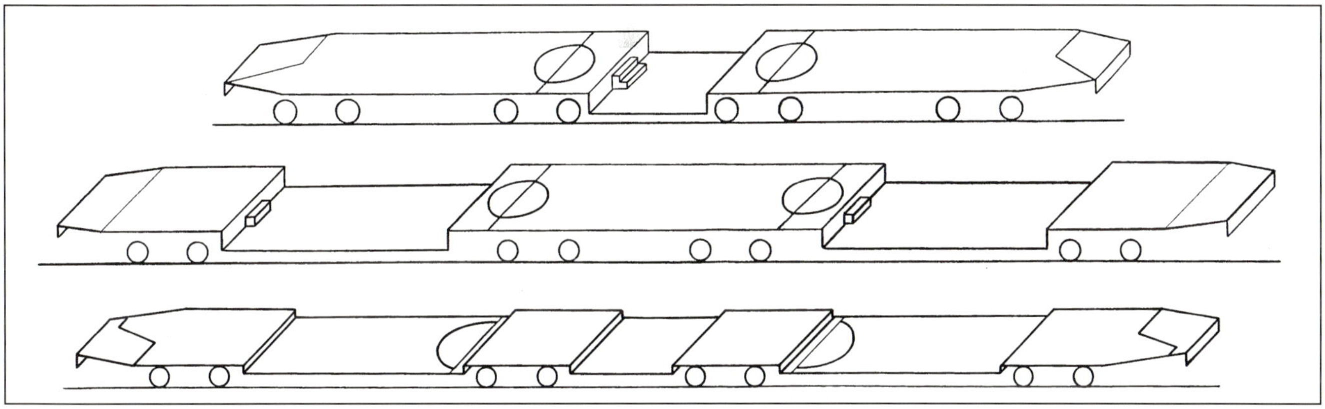

Bild 26: Prinzipieller Aufbau von Niederflurfahrzeugen mit konventionellen Fahr- und Laufwerken (Zeichnung: Müller-Hellmann)

handenen Hochbahnsteigen die Benutzung der Fahrzeuge für Behinderte, Mütter mit Kinderwagen etc. beschwerlich oder sogar unmöglich war. Diejenigen Verkehrsbetriebe, die ihre Netze bereits mit Hochbahnsteigen ausgestattet bzw. deren Bau fest vereinbart hatten, konnten sich glücklich schätzen, denn die schon bis dahin überaus schwierige Durchsetzung von Hochbahnsteigen für oberirdische Strecken wurde durch die nunmehr realisierbare Niederflurtechnik weiter erschwert. Beispielhaft sei hier auf die zahlreichen Hochbahnsteige der Stadtbahnnetze der Verkehrsbetriebe in Bielefeld, Bonn, Hannover und Stuttgart verwiesen.

Die Niederflurfahrzeuge wurden auf der Basis von drei unterschiedlichen Konzepten eingeführt. Zunächst gelangten Fahrzeuge mit konventionellen Lauf- und Fahrwerken zum Einsatz, dann folgten Fahrzeuge mit neu

Bild 27: Aufbau eines Niederflur-Drehgestells am Beispiel des NF-Straßenbahnwagens der Bochum-Gelsenkirchener-Straßenbahnen AG (Foto: DUEWAG)

Bild 28: Erweiterung eines Sechsachsers durch ein niederfluriges Mittelteil am Beispiel des N-Wagens der VAG in Nürnberg (Foto: DUEWAG)

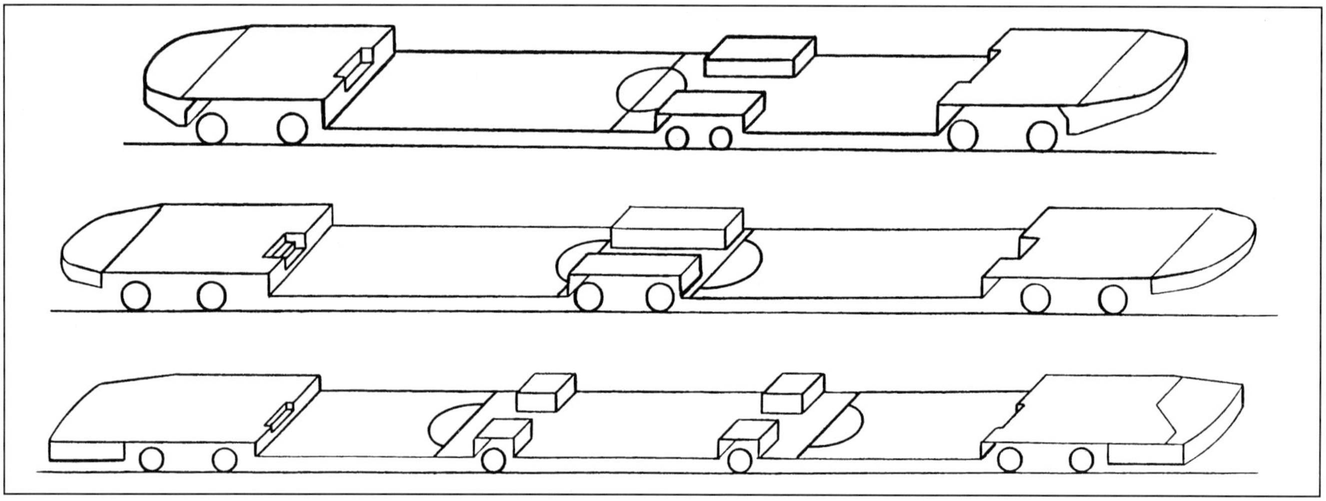

Bild 29: Prinzipieller Aufbau von Niederflurfahrzeugen mit neuartigen Lauf- und konventionellen Fahrwerken (Zeichnung: Müller-Hellmann)

entwickelten Laufwerken und zuletzt wurden auch neuartige Fahrwerke entwickelt, mit denen vollständig niederflurige Fahrzeuge realisiert werden konnten.

Bei Niederflurfahrzeugen mit konventionellen Drehgestellen waren zur Realisierung der Niederflurigkeit lediglich wagenbauliche Maßnahmen erforderlich. Der Fahrzeugbereich zwischen den Drehgestellen wurde niederflurig ausgeführt. Es handelt sich daher um risikoarme Konzeptionen. Dafür ist der erreichbare Niederfluranteil an der Gesamtlänge der Fahrzeuge je nach Bauart auf ca. 20% bis maximal 50% begrenzt.

Durch Verwendung etwas kleinerer Räder in Verbindung mit entsprechend optimierten Drehstromfahrmotoren, Getrieben und Bremsanlagen sowie einer geschickten Anordnung der Federsysteme gelang es, Fahrwerke klassischer Bauart herzustellen, mit denen – je nach Antriebsauslegung und -konstruktion – eine Fußbodenhöhe von nur noch 650 mm bis zu 525 mm über Schienenoberkante erreichbar und damit nur noch ein einstufiger Übergang oder ein Übergang mittels Rampe vom Hoch- in den Niederflurbereich der Fahrzeuge ermöglicht wurde.

Durch die Ergänzung vorhandener Fahrzeuge mit niederflurigem Mittelteil unter Beibehaltung der Laufwerkstechnik wurden auch im Betrieb befindliche Fahrzeugflotten sehr erfolgreich und rasch auf partielle Niederflurigkeit umgerüstet mit gleichzeitiger Kapazitätserweiterung.

Die Entwicklung neuartiger Laufwerke ebnete den Weg zu durchgehenden Niederflurabschnitten, die zu Fahrzeugkonzepten mit bis zu ca. 75%igem Niederfluranteil an der gesamten Fahrzeuglänge führten. Die Kreativität der Entwickler beim Entwurf dieser neuartigen Laufwerke und der später entwickelten Fahrwerke war europaweit sensationell. In Deutschland wurden solche Laufwerke in Fahrzeugserien z. B. als Kleinradlaufwerke mit Radsatzwellen, als Losradlaufwerke oder als Losradlaufwerke mit schwenkbaren Einzelrädern realisiert, wobei insbesondere die letztgenannten, von Herrn Prof. Frederich von der RWTH Aachen initiierten, weltweit Beachtung fanden.

Es schloß sich die Entwicklung von Fahrwerken ohne Radsatzwellen an, die den Weg zu durchgehend niederflurigen Fahrzeugen ebneten. Die Fahrwerke sind als losradgesteuerte Radsätze

Kleinraddrehgestell (Foto: LHB)

Losradlaufwerk (Foto: DUEWAG)

Selbststeuerndes Einzelradlaufwerk (Foto: DUEWAG)

Fahrwerk mit losradgesteuertem Radsatz und tiefliegender, über Stirnradgetrieben wirkender Verbindungswelle (Foto: AEG)

Losradfahrwerk mit Radnabenmotoren und Planetenradgetrieben (Foto: DUEWAG)

Zwangsgesteuertes Einzelachslaufwerk (Foto: DUEWAG)

Getriebeloses Losradfahrwerk mit Radnabenmotoren (Foto: ABB)

Bild 30: Neuartige Lauf- und Fahrwerke für Niederflurfahrzeuge mit tiefliegender torsionssteifer Verbindungswelle der beiden Antriebsräder und als Losradfahrwerke mit durch Radnabenmotoren angetriebenen Einzelrädern ausgeführt. Sogar getriebelose Radnabenmotorantriebe gelangten zur Anwendung.

Niederflurige Fahrzeuge wurden in den letzten Jahren, gefördert durch die auf der Basis der erfolgten Aufstockung der Mittel des Gemeindeverkehrsfinanzierungsgesetzes (GVFG) erstmals vorgesehenen Bezuschussung der Beschaffung von Nahverkehrsschienenfahrzeugen, in großer Stückzahl bestellt bzw. bereits in den praktischen Betrieb eingeführt. Mit Ausnahme der Verkehrsunternehmen, deren Netze überwiegend mit Hochbahnsteigen ausgerüstet sind, wurden insgesamt von den VDV-Unternehmen nur noch Fahrzeuge geordert, die zumindest partiell niederflurig ausgeführt sind. Es kann daher gesagt werden, daß die Optimierung der Zugänglichkeit zu den Fahrzeugen für alle Fahrgastgruppen zu einem selbstverständlichen Anliegen der Verkehrsunternehmen geworden ist.

Die in Deutschland vollzogene Entwicklung auf diesem Gebiet ist beispielhaft für viele andere Länder. Dies zeigt sich auch an entsprechenden Aufträgen über Niederflurfahrzeuge für die deutsche Schienenfahrzeugindustrie aus dem europäischen Ausland und Nordamerika.

In der fortgeschriebenen Typenempfehlung für Stadtbahnfahrzeuge (VDV-Schrift 150) bemüht sich der VDV erneut, die durch die unterschiedlichen Niederflurkonzepte wieder einmal sehr stark ausgeuferte Typenvielfalt auf ein vernünftiges Maß zu reduzieren.

Europaweite Ausschreibung

Die Entwicklung der Niederflurtechnik brachte, insbesondere bedingt durch eine aufwendige Fahrwerks- und Antriebstechnik, eine weitere Preissteigerung bis hin zu 4 Millionen DM pro Fahrzeug mit sich, die zunehmend unerträglicher wurde. Seit Beginn des Jahres 1993 unterliegt die Beschaffung von Schienenfahrzeugen den Regeln der in den Richtlinien 90/531 bzw. 93/38 der Europäischen Union festgelegten Prozeduren einer europaweiten Beschaffung. Die europaweiten Ausschreibungen haben einerseits zu einer Intensivierung des Wettbewerbs mit dem Ergebnis signifikant fallender Preise für Stadtbahnwagen geführt und andererseits – dadurch ausgelöst – erhebliche Anstrengungen der Schienenfahrzeugindustrie zur Produktivitätssteigerung initiiert, die deren Wettbewerbsfähigkeit nachhaltig verbessern wird.

Fazit

Die Analyse der Einführung der elektrischen Straßenbahn im 20. Jahrhundert hat deutlich gemacht, daß immer schon

- die Verkehrsunternehmen engagiert bestrebt waren, fahrgastfreundliche Fahrzeuge einzusetzen,
- die verfügbaren Mittel sehr begrenzt waren und daher alle Anstrengungen unternommen wurden, beschaffungsfreundliche Fahrzeuge zu entwickeln,
- die Verkehrsunternehmen auf Umweltanforderungen mit der Beschaffung umweltfreundlicher Fahrzeuge (z. B. lärmarm und leicht) zu reagieren hatten,
- die Frage der Instandhaltung der Fahrzeuge von zentraler Bedeutung war und daher der Ruf nach instandhaltungsfreundlichen Fahrzeugen nicht neu ist.

Insofern sind die vom VÖV vor ca. zehn Jahren zusammengestellten Anforderungen an Nahverkehrsfahrzeuge als quasi zeitlos zu betrachten. Sie werden die Betriebe auch in den nächsten Jahren begleiten, hier und da mit veränderten Schwerpunkten und neuen Ausgestaltungen, wie z. B. für

- automatisch fahrerlos betriebene Stadtbahnwagen,
- die vorstehend erwähnten Stadtbahnwagen mit Zweisystemtechnik und

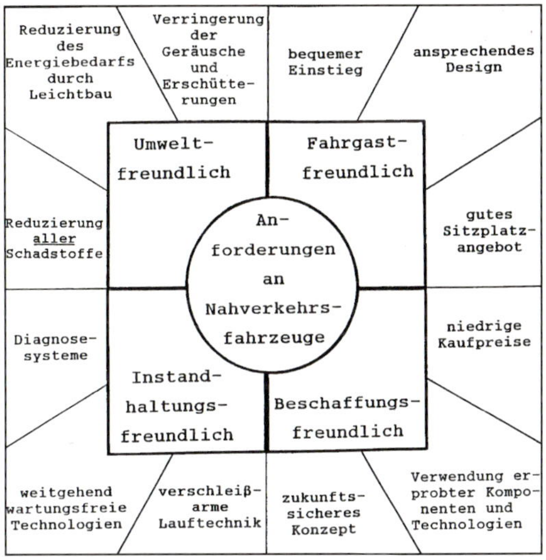

Bild 31: Zusammenstellung von Anforderungen an Nahverkehrsfahrzeuge (Zeichnung: Müller-Hellmann)

Bild 32: Neben dem im März 1995 vorgestellten Regiosprinter der DUEWAG (siehe Seite 191) gibt es weitere Beispiele für kostengünstige Schienenfahrzeuge für den Personenverkehr in der Region
Fotos:
Oben rechts: ABB
Mitte links: LHB
Mitte rechts: AEG
Unten: Neoplan

- die Anwendung der Stadtbahnkonstruktionsprinzipien auch auf Fahrzeuge der Eisenbahnen.

Die vom VDV im Spätsommer 1992 propagierte Anwendung der Stadtbahnkonstruktionsprinzipien sowie der Einsatz von Komponenten aus dem Bus- und Nutzfahrzeugbereich auf Fahrzeuge des schienengebundenen Regionalverkehrs zur Verbesserung der Wettbewerbsfähigkeit dieses Verkehrszweiges stieß auf eine ungeahnte Resonanz und führte bereits zu erfreulichen Ergebnissen.

Der europaweite Wettbewerb wird vermutlich Standardisierungsbestrebungen zunächst erschweren, aber letztlich (hoffentlich) diese fördern, damit einerseits der schienengebundene Nahverkehr bezahlbar bleibt und sich andererseits durch größere Stückzahlen bei den Komponenten und Systemen die Wettbewerbsfähigkeit der Industrie verbessert und damit Arbeitsplätze gesichert werden. Dieser europaweite Wettbewerb wird aber insbesondere durch das europaweite enge Zusammenwirken von Industrie- und Verkehrsunternehmen zu noch attraktiveren und kostengünstigeren Fahrzeugkonzepten führen, die mithelfen werden, die Wettbewerbssituation zum Individualverkehr zu verbessern und dadurch Mobilität ökologisch vorteilhafter und damit letztlich auch ökonomisch günstiger zu sichern.

Inhalt

Von den Lokalbahnen zum integrierten und regionalisierten Verkehrssystem

Klaus Daubertshäuser (51) ist seit 1. Juli 1994 Vorstandsmitglied der Deutschen Bahn AG, verantwortlich für den Geschäftsbereich Personennahverkehr. Nach der Ausbildung war er als kaufmännischer Sachbearbeiter und schließlich Handlungsbevollmächtigter in der Industrie tätig. 1973 wurde er Referent bei der Hessischen Landesregierung. 1976 erfolgte seine Direktwahl in den Deutschen Bundestag. Von Beginn an arbeitete er im Verkehrsausschuß des Deutschen Bundestages mit. 1980 wurde er zum verkehrspolitischen Sprecher der SPD-Bundestagsfraktion gewählt und wurde gleichzeitig Vorsitzender der Arbeitsgruppe Verkehr seiner Fraktion. Seit 1983 ist er Mitglied des Vorstandes der SPD-Bundestagsfraktion gewesen. Daubertshäuser war von 1988 bis 1993 Mitglied des Verwaltungsrates der Deutschen Bundesbahn und ab 1991 auch der Deutschen Reichsbahn.

Schon vor mehr als 100 Jahren war der Nahverkehr auf der Schiene ein dankbares Thema. Heute – nach der Bahnreform und mitten in der sich vollziehenden Regionalisierung – zeigt die neue Bahn an vielen Stellen bereits ihr frisches, kundenfreundliches Gesicht. Ob mit auffälligen grünweißen Doppelstockwagen im Nahverkehr, der CityNightLine im Fernverkehr, Service-Points in den Bahnhöfen, dem IKE als neuem Güterverkehrskonzept – die Deutsche Bahn AG hat die Zeit seit dem „Urknall“ Bahnreform sicht- und erlebbar genutzt.

Mit Investitionen von rund acht Milliarden Mark in wenigen Jahren allein in den Fahrzeugpark des Nahverkehrs – von Modernisierung und Ausbau des Streckennetzes, der Beschaffung neuer Triebfahrzeuge und Güterwagen einmal abgesehen – beweist der Nahverkehr auf der Schiene eine Dynamik, die ihm vor wenigen Jahren noch keiner zugetraut hätte. Mit rund 32 000 Zügen täglich und rund 1,3 Milliarden Fahrgästen pro Jahr zeigt der Nahverkehr seine Leistungsstärke. Er trägt nicht nur 40 % zum Gesamtumsatz der Deutschen Bahn AG bei, sondern beweist mit jährlichen kontinuierlichen Wachstumsraten, daß er mit seinen Angeboten diesen Markt der Zukunft erfolgreich mitgestalten kann.

Mag die Aufbruchstimmung heute auch nicht mit der Bahneuphorie der Gründerjahre in der Mitte des vorherigen Jahrhunderts vergleichbar sein, so zeigt doch die Entwicklung des Nahverkehrs auf der Schiene im Rückblick, daß man sich damals wie heute von der Bahn Lebensqualität und wirtschaftlichen Erfolg versprach.

Die ersten Bahnstrecken folgten zunächst den Hauptverkehrsströmen. Erst im letzten Viertel des 19. Jahrhunderts begannen Lokalbahnen auch abseits gelegene Gebiete zu erschließen. In den Großstädten Berlin und Hamburg entstanden um die Jahrhundertwende die ersten Stadt- und Vorortbahnen, U-Bahnen und Hochbahnen. Mobilität vermochte nur die Schiene zu vermitteln. Das Automobil kehrte die Verhältnisse in der zweiten Hälfte des 20. Jahrhunderts ins Gegenteil. Auf dem Land verlor die Bahn ihr Verkehrsaufkommen fast völlig, in den Großstädten erwuchs ihr als Helfer gegen den Verkehrsnotstand eine neue Aufgabe, auf ihre Kosten kam sie im Nahverkehr jedoch nirgends mehr. Heute stellen Umweltbewußtsein, Unfallstatistik und Energiebilanz die Bahn auch hier vor neue Herausforderungen. Es gilt, Ideen zu entwickeln und umzusetzen, Kosten zu senken und den Nutzen zu mehren, um die Schiene auch in Zukunft als unverzichtbare Komponente im gesamten öffentlichen Personennahverkehr zu verankern.

Lokalbahnen zum Anschluß des „flachen Landes“

> „Es wird beabsichtigt, eine schmalspurige Kleinbahn von Salzwedel über Mahlsdorf nach Winterfeld oder Badel zu bauen und zu diesem Zweck eine Gesellschaft mit beschränkter Haftung ... zu gründen...“

Anzeigen wie diese im „Salzwedeler Wochenblatt“ erschienen um die Jahrhundertwende in zahlreichen Zeitungen ländlicher Bezirke. Verkehrsprobleme standen im Hintergrund. Völlig andere freilich als sie der heutigen Generation geläufig sind.

Einziger leistungsfähiger Verkehrsträger war die Eisenbahn. Schwerbeladene Pferdefuhrwerke plagten sich auf holprigen Chausseen mit den Lasten, die zur nächsten Bahnstation gebracht werden mußten. Oft war sie weit entfernt; denn Eisenbahnstrecken verliefen zunächst nur dort, wo starke Nachfrage nach Transportleistungen bestand: zwischen Vorkommen von Bodenschätzen und der verarbeitenden Industrie, zwischen Produktionsstätten und Verbrauchermärkten oder Umschlagplätzen zu anderen Verkehrsmitteln, zwischen Städten mit hoher Einwohnerzahl.

Berlin hatte damals schon gut zwei Millionen Einwohner, Hamburg 800 000 und Leipzig 500 000. Enorme Mengen von Lebensmitteln galt es in die Städte zu schaffen. Wohlfeil liefern konnte nur, wem der Zufall in der Nähe eine Bahnstation beschert hatte. Schon damals spielten die Transportkosten und die Lieferzeit eine wichtige Rolle.

Kein Wunder, daß der Ruf nach einer Bahn bald überall auf dem „flachen Land“ laut wurde; denn wie in der Altmark um Salzwedel so bestanden vor allem in den weiten landwirtschaftlich strukturierten Gebieten des deutschen Nordens von Mecklenburg und Pommern bis nach Ostpreußen und Oberschlesien unzählige große und mittlere landwirtschaftliche Betriebe, für die ein Bahnanschluß zur wirtschaftlichen Lebensfrage geworden war. Auch andere Wirtschaftszweige versprachen sich davon bessere Absatzmöglichkeiten für ihre Erzeugnisse. Mobilität wurde zum Motor für das wirtschaftliche Wachstum. Das galt nicht nur für Güter, sondern in immer stärkerem Maße auch für die Menschen, die schnell und preiswert in die Stadt reisen wollten.

Die ersten Eisenbahnen mußten durchweg privat finanziert werden. Nur durch Auswahl ertragreicher Verbindungen konnte das neue Verkehrsmittel gegen die vielfältigen Widerstände überhaupt Fuß fassen und sich nach und nach entwickeln. Außerdem sollten die Haupteisenbahnlinien „ohne individuelle und persönliche Interessen oder einzelne unbedeutende Ortschaften zu berücksichtigen, die entfernteren Landesteile so miteinander verbinden, daß sie später als Basis für ein über das ganze Land zu legendes Eisenbahnnetz dienen“ können. In diesem Stadium wäre es undenkbar gewesen, Strecken dorthin zu führen, wo von vornherein nennenswertes Verkehrsaufkommen nicht zu erwarten war.

Mit der Zeit suchten alle deutschen Länder unmittelbaren Einfluß auf die Bahnen zu gewinnen, verstaatlichten die wichtigen Privatgesellschaften und bauten selbst weitere Strecken. Damit erwuchs ihnen mehr und mehr die Verpflichtung, für die Erschließung auch dünn besiedelter Gebiete wie überhaupt der

Bild 1: Eröffnung eines Kleinbahnhofs (Foto: Sammlung Rossberg)

Bild 2: Bahnhof einer Nebenbahn (Foto: Sammlung Rossberg)

abseits von Hauptbahnen gelegenen Landesteile zu sorgen oder zumindest dazu beizutragen. So entstanden in Deutschland zwischen 1880 und 1910 fast nur noch Nebenbahnen.

Normalspurige Nebenbahnen wurden von Land zu Land unterschiedlich bezeichnet: als Eisenbahn untergeordneter Bedeutung, Eisenbahn minderer Ordnung, Eisenbahn zweiter Ordnung, Sekundärbahn, Lokalbahn oder Vizinalbahn; alle konnten aufgrund ihrer Bau- und Betriebsart auch größeren Verkehr aufnehmen. Der Begriff „Nebenbahn" verbreitete sich erst ab 1892 nach und nach. Dagegen erhielten Schmalspurbahnen die Bezeichnung Eisenbahn dritter Ordnung, Kleinbahn, Tertiärbahn oder Eisenbahn untergeordneter Bedeutung.

Wirtschaftlichkeit spielte von Anfang an eine Schlüsselrolle. Keineswegs nur die an Profit orientierten Privatgesellschaften legten die kaufmännische Meßlatte an. Sofern der Staat selbst tätig wurde, suchte er das zu verzinsende Anlagekapital nach Möglichkeit dadurch zu verringern, daß die unmittelbaren Interessenten wie Privatunternehmer, Gemeinden, Kreise und Provinzen mindestens den für die Bahnanlagen nötigen Grund und Boden kostenlos zur Verfügung zu stellen, oft aber darüber hinaus auch einen unverzinslichen Baukostenzuschuß zu leisten hatten. Umgekehrt gewährte der Staat Zuschüsse und andere Erleichterungen, um privaten Unternehmungsgeist und das nötige Kapital in Vorhaben fließen zu lassen, die von vornherein wenig Aussicht auf angemessenen Geschäftsgewinn boten.

So entstanden auch die meisten der heute nichtbundeseigenen Eisenbahnen zwischen 1880 und der Jahrhundertwende als nebenbahnähnliche Kleinbahnen oder private Nebenbahnen, sofern die damals landeseigenen Staatsbahnen keine Neigung mehr zeigten, ihr Netz weiter auszudehnen. Die „Privatbahnen" sollten vielen Orten und Regionen zum Anschluß an das Eisenbahnnetz und damit an die

Außenwelt verhelfen, um die industrielle und wirtschaftliche Entwicklung zu fördern. Die Initiative dazu war meist von Provinzen, kommunalen Gebietskörperschaften oder von privater Seite ausgegangen.

Auch über die Bau- und Betriebskosten ließ sich die Wirtschaftlichkeit beeinflussen: Wo nur schmale Erträge zu erwarten waren, mußte auf der Kostenseite gespart werden. Geringe Inanspruchnahme und Rentabilität der Nebenbahnen erforderten äußerste Sparsamkeit schon bei der Herstellung wie später in Betrieb und Verwaltung. Da dem Verkehrsbedürfnis leichte Züge genügten, wurden die Trasse und der Oberbau einfach gehalten, kostspielige Kunstbauten wie Brücken und Tunnel, Dämme und Einschnitte vermieden. Oft mußten sogar die vorhandenen Chausseen das Gleis aufnehmen.

Um die Kosten noch stärker zu drücken, wurde selbst die zunächst einheitliche Spurweite von 1435 Millimetern preisgegeben. Wo der direkte Übergang von Wagen keine Rolle spielte, entstanden ab 1870 die ersten Schmalspurbahnen. Der Verein Deutscher Eisenbahnverwaltungen hatte in seinen „Grundzügen für die Gestaltung der secundären Eisenbahnen" 0,75 Meter und 1,0 Meter vorgeschrieben; später mußten oft sogar 0,6 Meter genügen.

Die geringe Geschwindigkeit von meistens 30, höchstens 40 km in der Stunde ließ auch zahlreiche betriebliche Vereinfachungen zu: unbewachte Bahnübergänge, Verzicht auf Signale, leichte Fahrzeuge.

In Deutschland entsprachen 1880 von den 33 700 Kilometer normalspurigen Staats- und Privatbahnen rund dreitausend Kilometer der Nebenbahn-Klassifikation. Bis 1910 entstanden dagegen nahezu 22 000 Kilometer Neben- und nur noch knapp viertausend Kilometer Hauptbahnen. Bis 1920 erreichte die Länge der normalspurigen Nebenbahnen nahezu die des Hauptbahnnetzes.

Bis dahin ließen sich dank des Transportmonopols der Eisenbahn Verluste unwirtschaftlicher Nebenstrecken mit den Gewinnen der rentablen Hauptlinien ausgleichen. Im wachsenden Wettbewerb mit Straßenverkehr und Luftfahrt verlor die Eisenbahn jedoch mehr und mehr Anteile am Transportmarkt.

Bei schrumpfenden Gesamteinnahmen belastete der defizitäre Betrieb von Nebenbahnen die Wirtschaftsergebnisse der Bahn immer stärker. Deshalb wären Nebenbahnen zumindest in diesem Ausmaß nie gebaut worden, hätte es seinerzeit schon Auto, Omnibus und Lastkraftwagen gegeben. Zur damaligen Zeit bildeten Eisenbahnen mit vereinfachten Betriebsverhältnissen jedoch die einzige Lösung.

Bild 3: Harzquerbahn (Foto: Kirsche)

Ins Herz der Städte

Mit der Industrialisierung und dem Wachsen der Städte nahm auch der Verkehr mitsamt seinen Begleiterscheinungen sprunghaft zu. In Deutschland waren es Berlin und Hamburg, aber auch das ausgedehnte Ruhrgebiet mit seiner polyzentrischen Struktur, wo schon vor hundert Jahren Mobilität die Voraussetzung für das wirtschaftliche Wachstum war. Das Rückgrat dafür bildeten die öffentlichen Verkehrsmittel, die Bahnen.

In Berlin entstand zwischen 1875 und 1882 die in West-Ost-Richtung durch die Stadt führende, auf Bogenbrücken über Straßenniveau angelegte Stadtbahn. Schon zwischen 1867 und 1871 war eine Ringbahn in weitem Umkreis um die Stadt herumgelegt worden. Sie verband die sternförmig auf die Metropole zulaufenden Fernbahnen. Günstige Verkehrsverbindungen förderten rasch neue Ansiedlungen außerhalb der Stadt.

Der enormen bautechnischen Leistung vermochte die Fahrzeugtechnik noch wenig Ebenbürtiges zur Seite zu stellen. Qualmend zogen Dampflokomotiven die Stadtbahnzüge von Station zu Station, die Fahrzeiten ließen ebenso wie der Fahrkomfort zu wünschen übrig. Der 1879 in Berlin von Werner Siemens erstmals vorgeführte elektrische Betrieb versprach für die Stadt-, Ring- und Vorortbahn entscheidende Vorteile. Erst ab 1924 wurde das S-Bahn-Netz Berlins elektrifiziert. Es galt damals weltweit als vorbildlich.

Auch die erste U-Bahn Deutschlands wurde in Berlin gebaut. Zwischen Warschauer Brücke und Zoologischer Garten sowie auf einem Zweig zwischen Gleisdreieck und Potsdamer Platz fuhren 1902 die ersten Züge. Hamburg erhielt nach sechsjähriger Bauzeit 1912 als zweite deutsche Großstadt eine U-Bahn, den „Ring".

Im Ruhrgebiet, wo sich Güter- und Personenverkehr das Bahnnetz teilen mußten, wurden die Verkehrsverhältnisse schon um die Jahrhundertwende zum Teil als unerträglich empfunden. Das Projekt eines unabhängigen Schnellbahnnetzes zwischen Köln und Dortmund kam allerdings nicht zustande, weil das Preußische Ministerium der öffentlichen Arbeiten das Staatsbahnmonopol schützte und die Genehmigung verweigerte.

Die 1920 gegründete Deutsche Reichsbahn bot als Alternative einen „beschleunigten Personenverkehr" an und führte 1932 auf den beiden West-Ost-Strecken zwischen Duisburg und Dortmund den „Ruhrschnellverkehr" ein. Er wurde später im Osten bis Hamm und im Südwesten bis Düsseldorf sowie auf mehrere Querverbindungen ausgedehnt. Kurze Züge sollten auch mit Dampflokomotiven hohe Beschleunigung und damit trotz vieler Stationen kurze Fahrzeiten erzielen.

Da an eine Elektrifizierung nicht zu denken war, ließ die Reichsbahn Dieseltriebwagen, Bauart „Ruhr", entwickeln. Sie erwiesen sich allerdings auch in der zweiten, verbesserten Ausführung als nicht genügend leistungsfähig. So blieb das Ruhrgebiet bis in die Mitte des 20. Jahrhunderts ohne wirklich leistungsfähiges Schnellbahnnetz.

Das Auto verändert die Verkehrswelt

Zwar waren nach Erfindung des Benzinmotors durch Daimler und Benz im Jahr 1880 noch mehrere Jahrzehnte vergangen, bis sich der motorisierte Straßenverkehr zu ernster Konkurrenz für die Schiene entwickelte. Doch schon zur Glanzzeit der Eisenbahn in Deutschland, als Anfang der dreißiger Jahre mit Schnelltriebwagen das erste „Intercity-Netz" entstand, die Dampflokomotive auf ihrer Rekordfahrt die Zweihundert-Stundenkilometer-Marke überschritt und sich die elektrische Oberleitung immer weiter ausdehnte, trieb schon lange der wachsende Wettbewerbsdruck mit dem Automobil die Entwicklung voran.

Um diese Zeit mußte die Reichsbahn sogar den Bau der geplanten Reichsautobahnen übernehmen. Vorgesehen war 1934 ein Grundnetz von 6900 Kilometern. Bei Kriegsende 1945 waren immerhin 2100 Kilometer fertig und in Betrieb.

Der eigentliche Wettbewerb der Verkehrsträger begann erst danach. Die Eisenbahn lag in Trümmern, ihr Wiederaufbau kostete nicht nur Milliarden, sondern vor allem Zeit. Gerade die aber hatte das Wirtschaftswunder nicht. Wer einen Führerschein und etwas Talent besaß, organisierte sich einen ausgedienten Wehrmachtslastwagen und wurde Fuhrunternehmer.

Als die Züge langsam wieder zu dampfen begannen, hatte sich ein neuer mittelständischer Berufsstand über das Land ausgebreitet, der für den Wiederaufbau unverzichtbar war und später ebenso einen wirtschaftlichen wie politischen Faktor darstellte. Der gewerbliche Güterkraftverkehr expandierte von Jahr zu Jahr, begünstigt vor allem durch ein vom Staat zur Verfügung gestelltes, ebenfalls von Jahr zu Jahr erweitertes und verbessertes Autobahn- und Fernstraßennetz.

Im westlichen Teil Deutschlands begann der Ausbau des Straßennetzes bald nach der Währungsreform von 1948. Allein in den „alten" Bundesländern wuchs die Länge der Autobahnen von 2116 Kilometern im Jahre 1950 auf 9185 Kilometer Ende 1993. Das Straßennetz insgesamt dehnte sich um 160 000 Kilometer aus. Hinzu kam, daß die Straßen auch qualitativ entscheidend verbessert wurden, während die Bahn auf das Streckennetz aus dem vorigen Jahrhundert angewiesen blieb, das lediglich durch technische Verbesserungen wie moderner Stellwerktechnik, neuer Weichen und verbesserter Signale leistungsfähiger gemacht werden konnte.

Der Kraftfahrzeugbestand in den alten Bundesländern stieg von 2,3 Millionen 1950 auf 38,8 Millionen Ende 1993 und damit auf fast das Siebzehnfache.

Damit war die Zeit zu Ende, da sich die Eisenbahn ihre Nebenbahnen leisten und darüber hinaus in beträchtlichem Umfang zur Finanzierung allgemeiner Staatsaufgaben beitragen konnte. Zwischen 1931 und 1943 hatte sie Überschüsse von durchschnittlich 245 Millionen Mark im Jahr erwirtschaftet. Nach dem Krieg ging die Fahrt jedoch immer schneller und tiefer in die „roten Zahlen".

Eine neue Sicht

Auf den Straßen dagegen herrschte „Verkehrsnotstand", vor allem in den Städten. Straßenbahnen und Busse kamen im Gewühl der Autos kaum noch voran und wurden vor allem von jenen benutzt, die über keinen eigenen „fahrbaren Untersatz" verfügten. Damit stellten die öffentlichen Verkehrsmittel keine wirkliche Alternative zum Auto dar. Noch breitere Straßen, zusätzliche Fahrspuren und „intelligente" Verkehrsregelung ließen manchen auf die „autogerechte Stadt" hoffen.

Für weitblickende Verkehrsplaner bestand allerdings schon damals kein Zweifel, daß eine nachhaltige Besserung der Verkehrsverhältnisse in den Ballungsräumen nur durch systematischen Aufbau von Nahschnellverkehrsnetzen zu erreichen sein werde. Dabei kam damals noch ein Auto auf acht Einwohner. Daß bei anhaltender wirtschaftlicher Prosperität amerikanische Verhältnisse mit einem Auto auf zwei Einwohner nur eine Frage der Zeit sein würden, erwartete man keineswegs so schnell, wie es sich dann tatsächlich entwickelte.

So reifte bei aller Begeisterung für das Auto und die mit ihm verbundene Freizügigkeit endlich die Erkenntnis, daß es die autogerechte Stadt nicht geben könne, daß sie im Interesse einer lebenswerten Urbanität gar nicht wünschenswert wäre.

Die Deutsche Bundesbahn verlangte immer wieder, daß der öffentliche Nahverkehr endlich so attraktiv gestaltet werden müsse, daß die Verkehrsnutzer von dieser Möglichkeit gern Gebrauch machen. Erst die einheitliche Gestaltung des Nahverkehrsangebots aller beteiligten Unternehmen, so die DB damals schon, ermögliche ein kundenorientiertes Angebot und gewährleiste auch, daß der Nahverkehr gesamtwirtschaftlich kostengünstig durchgeführt werden könne.

Die Bundesbahn sah ihre Hauptaufgabe darin, leistungsfähige Schnellverbindungen zwischen den Zentren und ihrem Umland mit kurzen Fahrzeiten, dichter Zugfolge und gutem Fahrkomfort zu bieten. Dies war freilich mit den vorhandenen Mitteln nicht möglich, sondern erst durch Ausbau der alten Vorortstrecken zu eigenständigen S-Bahnen mit zusätzlichen Haltestellen und schnellen elektrischen Triebzügen.

Mit dem Bewußtseinswandel der Gesellschaft schwenkte auch die Verkehrspolitik in eine neue Richtung ein, in die nachhaltige Förderung des öffentlichen Verkehrs durch den Ausbau der Infrastruktur. Eine Anfang der sechziger Jahre eingesetzte Enquete-Kommission formulierte erste entsprechende Vorschläge. Sie führten Ende 1966 zur Erhöhung der Mineralölsteuer um 3 Pfg. je Liter zweckgebunden für „Maßnahmen zur Verbesserung der Verkehrsverhältnisse in den Gemeinden". Ab 1967 konnten 40% dieses Mineralölsteuermehraufkommens für den Verkehrswegeausbau des Öffentlichen Personennahverkehrs (ÖPNV) verwendet werden.

Den Durchbruch brachte das Gemeindeverkehrsfinanzierungsgesetz (GVFG) von 1971, das je zur Hälfte Vorhaben des ÖPNV und des kommunalen Straßenbaus förderte. Erhebliche Beträge flossen seither auch in den Ausbau der Eisenbahnnetze im Einzugsbereich von Großstädten sowie in das Gebiet zwischen Rhein, Ruhr und Wupper. Die GVFG-Förderung sollte 1991 auf 3,28 Mrd DM begrenzt werden, dieser „Plafond" wurde jedoch 1992 – zeitlich befristet – zunächst um 1,5 Mrd DM und 1993 um weitere 1,5 Mrd DM auf 6,28 Mrd DM nahezu verdoppelt. Insgesamt lenkte das GVFG in den ersten 20 Jahren 38 Mrd DM in ÖPNV-Projekte.

S-Bahn-Vorhaben wurden danach zu 60% der zuwendungsfähigen Kosten vom Bund bezuschußt, sofern die Länder die restlichen 40% gegenfinanzierten. Außerdem erhielt die Bahn 7% als Planungskostenpauschale. Gleichzeitig mit der Regionalisierung des Nahverkehrs und mit der Gewährung von Transfermitteln zur Finanzierung der Regionalisierung des Schienenpersonennahverkehrs (SPNV) durch den Bund werden, wie schon bei der Erhöhung angekündigt, die GVFG-Mittel ab 1997 wieder auf 3,28 Mrd DM zurückgenommen.

U-Bahnen verbessern zwar den öffentlichen Personennahverkehr nachhaltig; dennoch blieb der U-Bahnbau wegen des hohen Investitionsbedarfs umstritten. So wurde zum Teil nur die Straßenbahn auf innerstädtischen Teilstrecken „unter das Pflaster" verlegt; derartige Unterpflasterbahnen fahren beispielsweise in Stuttgart, Köln, Frankfurt (Main) und Hannover.

Selbst in München sollte auf der „klassischen Trasse" unter der Innenstadt hindurch zunächst nur eine Unterpflasterstraßenbahn gebaut werden. Erst mit Blick auf die Olympischen Spiele 1972 wurden durch den Bau einer nur 4,2 Kilometer langen Tunnelstrecke die westlichen und die östlichen Vorortstrecken der Bundesbahn zu einem rund vierhundert Kilometer langen S-Bahnnetz verknüpft.

Nach diesem Vorbild entstanden ähnliche Verbindungen in Stuttgart und Frankfurt (Main). Auch in Hamburg wurden durch die S-Bahn neue Direktverbindungen zwischen Region und Stadtkern geschaffen. Als wirkungsvoll erwiesen sich die S-Bahn-Anschlüsse der großen Verkehrsflughäfen, zunächst in Frankfurt und Düsseldorf, dann auch in München und Stuttgart.

Obwohl auf U-Bahnen, Stadtbahnen und Straßenbahnen rund 60 %, auf S-Bahnen nur etwa 30 % der zur Verfügung gestellten GVFG-Mittel entfielen, konnte die Bundesbahn nahezu 75% mehr Streckenkilometer für den S-Bahnverkehr einrichten, weil oft nur vorhandene Strecken ausgebaut zu werden brauchten und die Grundstücke zur Verfügung standen. Manchmal genügten relativ kurze unterirdische Verbindungen, um bestehende Strecken zu effizienten Netzen zu verknüpfen.

Insgesamt wurden in sieben Städten und Ballungsräumen S-Bahnen mit Hilfe des Gemeindeverkehrsfinanzierungsgesetzes ausgebaut: in Hamburg, München, Stuttgart, Köln und Nürnberg sowie in den Gebieten Rhein/Ruhr/Wupper und Rhein-Main. Dort bewältigen heute die S-Bahnen die Grundlast für den öffentlichen Verkehr in die Stadt, kommunale Verkehrsträger in der Stadt.

Außer der Infrastruktur spielen für die Attraktivität des ÖPNV auch die Tarife eine bedeutende Rolle. Bis in die sechziger Jahre hatten überall in Deutschland die Bahn, die Postbusse, die kommunalen und privaten Verkehrsunternehmen ihre eigenen Preise. Wer von einem ins andere Verkehrsmittel umsteigen wollte, mußte einen neuen Fahrschein lösen und neu bezahlen.

Als erste gründete die Freie und Hansestadt Hamburg 1965 mit der Bundesbahn einen Verkehrs- und Tarifverbund. Hatten die Hamburger Hochbahn mit der U-Bahn, die Bundesbahn mit der S-Bahn und die Verkehrsbetriebe Hamburg-Holstein (VHH) mit regionalen Buslinien bis dahin ihre eigenen Interessen verfolgt, arbeiteten sie nun unter einem Dach zusammen. Zum Vorteil für die Fahrgäste; denn mit demselben Fahrschein konnten sie nun zwischen U- und S-Bahn sowie den Buslinien umsteigen.

Am Hamburger Vorbild orientierte sich 1972 auch der Münchner Verkehrs- und Tarifverbund, später folgten weitere Verbünde in Frankfurt (Main), Stuttgart und im Rhein-Ruhr-Gebiet. Inzwischen sind beispielsweise der Verkehrsverbund Rhein-Sieg in Köln, Rhein-Neckar in Mannheim, Großraum Nürnberg, Großraum Hannover, die Verkehrsgemeinschaft Bremen/Niedersachsen, der Augsburger Verkehrsverbund und die Tarifgemeinschaft Würzburg hinzugekommen.

Die Leitlinien der Bundesregierung zur Konsolidierung der Deutschen Bundesbahn von 1983 erlaubten neue Kooperationen nur noch, sofern der Bahn dadurch keine höheren Verluste entstanden, neue S-Bahnen durften nur dann gebaut werden, wenn damit keine neuen Folgekosten verbunden waren. Insgesamt deckten damals die Fahrgeldeinnahmen etwa 28 % der Kosten des Schienenpersonennahverkehrs der Bundesbahn; in der Fläche betrug der Kostendeckungsgrad im Schnitt 23 %. Obwohl die Verbünde heute bei der Bewältigung des Verkehrs in den Ballungsräumen unverzichtbare Aufgaben erfüllen, übersteigt ihr Kostendeckungsgrad nur in wenigen Fällen 50 %. Zu jedem Fahrschein muß also die Öffentliche Hand mindestens ebenso viel zuschießen, wie der Fahrgast bezahlt.

Vom Schienenbus zum Neigezug

Seit Nebenbahnen bestehen, genügten für die Anlagen vereinfachte Standards. Schon bald richteten die Bahningenieure ihr Augenmerk auf preisgünstige und dennoch für den Fahrgast komfortable Fahrzeuge. Den ersten Schienenomnibus zeigte Henschel 1931 auf der Automobilausstellung in Berlin, vom Omnibus abgeleitete Triebwagen fanden danach weite Verbreitung. Auch die Idee, Eisenbahnfahrzeuge mit Serienteilen aus dem Omnibus- und Lastwagenbau kostengünstiger herzustellen, ist mehr als sechzig Jahre alt.

Dennoch fuhren nach 1945 auf den meisten Nebenbahnen noch Dampflokomotiven mit mehr oder

Bild 4: Erster Benztriebwagen (Foto: Deutsches Museum)

weniger alten Wagen, die im Winter teilweise noch mit eisernen Öfen geheizt werden mußten. Von Komfort für die Reisenden konnte kaum die Rede sein. Der Betrieb war aus heutiger Sicht extrem unwirtschaftlich.

Weil die Nebenbahnen damals unverzichtbar schienen, die Bahn aber durch immer härteren Wettbewerb mit Auto und Bus unter enormen Druck geriet, richtete sich das Augenmerk zunächst wieder auf rationellere Fahrzeuge. Aus dieser Situation heraus entstand eine neue Generation von Schienenbussen. Von ihnen versprach sich die Bahn den gleichen Erfolg, wie er den Omnibus auf der Straße begleitete. Ein solches Fahrzeug auf Schienen mit zeitgemäßer Ausstattung und geringen Anschaffungskosten ließ hoffen.

Allerdings war es nicht damit getan, einfach einen Omnibusaufbau auf Eisenbahnachsen zu setzen, wie das in den zwanziger Jahren versucht worden war. Einerseits mußten auch Nebenbahnfahrzeuge die Bestimmungen der Eisenbahnbau- und Betriebsordnung einhalten, andererseits sollten die Möglichkeiten des wesentlich größeren Profils von Eisenbahnfahrzeugen genutzt werden.

Die Entwicklung des heute schon legendären Schienenbusses, anfangs als VT 95 bezeichnet, begann 1949. Die Waggonfabrik Uerdingen in Krefeld entwickelte ihn rasch zur Fertigungsreife, so daß die ersten zehn Einheiten schon 1950 in Dienst gestellt werden konnten. Diese einmotorigen Fahrzeuge erwiesen sich auf Strecken mit Steigungen oder stärkerem Verkehr als zu schwach, so daß als zweimotorige Ausgabe der VT 98 folgte. Insgesamt wurden damals über dreitausend Motorwagen, Steuerwagen und Beiwagen beschafft. Auch die Deutsche Reichsbahn setzte ab 1962 ähnliche Triebwagen ein, wenn auch in geringerer Zahl.

Die Schienenbusse galten als „Retter der Nebenbahnen“. Diese Fahrzeuge enthielten eine Reihe innovativer und fahrgastfreundlicher Komponenten, wie zum Beispiel Luftfedern, die dem

Bild 5: Nebenbahntriebwagen 718 Regensburg (Foto: Grandt/Filmstelle)

Schienenbus zu Laufeigenschaften verhalfen, wie sie manchem neueren Fahrzeug gut angestanden hätten. Die Sitze, fortschrittlich gepolstert statt aus Holz und dem Zeitgeschmack entsprechend mit Kunstleder bezogen, ließen sich mühelos und ohne Aufwand einfach durch Umklappen der Lehne in Fahrtrichtung stellen.

Das Ende dieser Ära zeichnete sich bereits zum Anfang der achtziger Jahre ab. Doch dauerte es einige Jahre, bis die neu entwickelten Triebzüge der Baureihe VT 628 das Bild des Nahverkehrs auf den Nebenstrecken prägten.

Auch für den schnelleren Regionalverkehr über größere Entfernungen wurden Dieseltriebwagen gebaut, die sich gut bewährten und auch heute noch unverzichtbar sind. In einem dieser Züge erprobte die Bundesbahn 1968 erstmals eine „gleisbogenabhängige Wagenkastensteuerung“. Damit sollten die zahlreichen Kurven vieler Strecken schneller durchfahren werden können. Durch Neigung des Fahrzeugaufbaus im Gleisbogen können die Fliehkräfte im Wagen weitgehend ausgeglichen werden, so daß die Fahrgäste das höhere Tempo in den Kurven kaum wahrnehmen.

In Deutschland wurde diese Technik damals nicht weiterentwickelt, doch über Fiat in Italien kam sie schließlich mit dem „Pendolino“ nach Deutschland zurück.

Bild 6: Schienenbus in Dorf mit Traktor (Foto: DB)

Die Bundesbahn übernahm sie für den Triebzug der Baureihe 610, der zunächst von Nürnberg aus nach Bayreuth und Hof, in Kürze auch in Baden-Württemberg und Rheinland-Pfalz eingesetzt wird. Eine zweite Generation mit teilweise neuer Technik wurde im Herbst 1994 in Auftrag gegeben.

Die Regionalisierung des Nahverkehrs ab 1996 bedeutet für die Deutsche Bahn AG eine neue Herausforderung. Wiederum wird die Zukunft der Bahn in

Bild 7: 928 201-3 in Eckernförde (Foto: DB)

Bild 8: Pendolino Luftaufnahme (Foto: DB)

der Fläche von ihrer Wettbewerbsfähigkeit gegenüber der Straße abhängen, also von preiswerten, wirtschaftlichen und attraktiven Fahrzeugen. Die Industrie hat hier bereits Vorschläge unterbreitet. So war auf der Hannover-Messe 1994 der erste Prototyp eines doppelstöckigen Schienenbusses zu sehen, dessen Konstruktion sich stark am Straßenfahrzeugbau orientiert.

Nahezu sämtliche Hersteller von Eisenbahnfahrzeugen beschäftigen sich derzeit damit, leichte Nahverkehrstriebwagen zu ent-

Bild 9: Doppelstock-Triebwagen (Foto: DWA)

wickeln. Unter der Bezeichnung „Regioliner“ wurde beispielsweise ein modular aufgebautes Regionalzugsystem entwickelt, das Anpassungsfähigkeit an unterschiedlichste Einsatzbedingungen mit Attraktivität für den Fahrgast und hoher Wirtschaftlichkeit für das Bahnunternehmen verbinden soll. Die Beschaffungskosten der neuen Generation von Nebenbahnfahrzeugen liegen deutlich unter denen der Baureihe 628.

Eine neue Reisequalität für die Städte

Der elektrische Bahnbetrieb begann auf der Straße. Die erste elektrische Straßenbahn der Welt fuhr, von Siemens gebaut, 1881 in Berlin. Während vielerorts immer noch Pferde die Wagen gemächlich durch die Stadt zogen, gingen 1902 in Berlin zwischen Warschauer Brücke, Potsdamer Platz und Zoologischer Garten bereits die ersten Hochbahnstrecken in Betrieb.

Zum Einsatz kamen elektrische Triebwagenzüge, die sich von den heutigen in ihrer grundsätzlichen Gestaltung kaum unterschieden. Dagegen glichen die von den Preußischen Staatseisenbahnen auf den Stadt- und Vorortbahnlinien in Berlin und Hamburg zur Erprobung und später auch im regulären Verkehr eingesetzten elektrischen Züge den üblichen Personenwagen, sie waren lediglich mit der erforderlichen elektrischen Ausrüstung versehen.

Daß auch Lokalbahnen in der Entwicklung des elektrischen Betriebs eine Schlüsselrolle gespielt haben, unterstreicht die noch heute bestehende Nebenbahn von Murnau über Bad Kohlgrub nach Oberammergau in Oberbayern. Dort griff Siemens 1904 die Gelegenheit auf, ein neues Bahnstromsystem zum ersten Mal betriebsmäßig anzuwenden. Im Herbst 1904 fuhren auf dieser Strecke die ersten Züge mit Einphasenwechselstrom verminderter Frequenz, eben dem System, das die Deutsche Bahn, aber auch die Bahnen Österreichs und der Schweiz, Norwegens und Schwedens, heute noch benutzen.

Zunächst nur in Berlin, später auch in Hamburg wurden für den S-Bahnverkehr Gleichstromzüge eingesetzt, die aus einer neben dem Gleis errichteten Stromschiene mit Energie versorgt werden. Die ersten fuhren 1924 in Berlin, in Hamburg wurde die S-Bahn zwischen 1940 und 1955 auf Gleichstrombetrieb umgestellt, womit dort die neuen, eleganteren Triebwagenzüge zum Einsatz kamen. Daß die meisten von ihnen noch heute im Einsatz sind, unterstreicht, welch hohe Bedeutung der Qualität dieser Fahrzeuge zugemessen wurde.

In den nächsten Jahren erhalten beide Städte neue S-Bahnzüge,

Bild 10: Erste elektrische Straßenbahn, Berlin, 1881 (Foto: Siemens)

Bild 11: Straßenbahn Halle vor dem Bahnhof; hier schaffte der elektrische Betrieb von Nahverkehrsbahnen den Durchbruch (Foto: Sammlung Rossberg)

Bild 12: Historischer ET in Oberammergau (Foto: Sammlung Rossberg)

die in Design, Ausstattung und selbstverständlich in Elektro- und Fahrzeugtechnik dem neuesten Stand entsprechen. Bereits bestellt sind für Berlin 500 Viertelzüge der Baureihe 481/482, die ersten werden bereits Ende 1995 geliefert. Anschlußaufträge über weitere 50 stehen in Aussicht. Damit sollen die in Berlin großenteils über 50 Jahre alten S-Bahn-Züge ersetzt werden. Für die Hamburger S-Bahn sind 45 Züge bestellt, weitere 62 sollen folgen, womit nach deren Lieferung auch dort der Fahrzeugpark vollständig erneuert wäre.

Mit dem Bau eines elektrischen S-Bahnzugs für das Wechselstromnetz hatte die Bundesbahn lange gezögert. Schließlich fiel die Entscheidung mit Blick auf die Olympischen Sommerspiele 1972 in München: Dafür wurden 120 dreiteilige Züge einer neuen Baureihe 420/421 bestellt, drei davon vorab zur Erprobung. Drei kurzgekuppelte Triebwagen 420/421/420 bildeten als kleinste betriebliche Einheit den Kurzzug, zwei gekuppelte Züge den Vollzug und drei einen Langzug. Er bot und bietet 582 Sitzplätze und kann bei voller Nutzung der Stehplätze bis zu zweitausend Fahrgäste befördern.

Erstmals erreichte ein Triebwagen im Betrieb 1 m/s≈ Beschleunigung, die größte zulässige Geschwindigkeit betrug 120 km/h. Außer in München und im Rhein-Main-Gebiet wurden die Züge auch in Stuttgart und Köln sowie zeitweise im Ruhrgebiet eingesetzt.

Die letzten werden 1996 ausgeliefert. Insgesamt sind dann 479 dreiteilige Züge dieser Baureihe beschafft worden. Nahezu 25 Jahre lang haben sich diese Fahrzeuge im härtesten täglichen Einsatz bewährt. Im Laufe der nächsten Jahre werden sie durch neue, noch besser auf die Wünsche der Fahrgäste abgestimmte Fahrzeuge abgelöst.

Zeitgemäßes Design, hoher Komfort und die besondere Beachtung von Sicherheitsaspekten zeichnet die neue Generation, eine Familie von vier Baureihen: 423 und 424 sowie 425 und 426, aus. An den Bau der Reihe 420 werden sich 423 und 424 unmittelbar anschließen; dabei handelt

Bild 13: LAG 1 mit Zug bei Kohlgrub (Foto: Sammlung Rossberg)

Bild 14: S-Bahn Hamburg, Wechselstrom ET (Foto: Chlouba)

Bild 15: Flughafen S-Bahn München (Foto: Rossberg)

Alle diese Züge werden dem Stand der Technik entsprechend mit Drehstromantrieb und Energierückspeisung beim Bremsen ausgerüstet. Jakobs-Drehgestelle, auf die sich jeweils zwei benachbarte Wagen abstützen, tragen zur Gewichts- und damit zur Energieeinsparung bei. Die Durchgangsmöglichkeit von Wagen zu Wagen erhöht auch die Sicherheit und den Überblick. Druckbelüftung sorgt dafür, daß die Temperatur im Fahrgastraum angenehm bleibt. Schließlich gehören zu den einheitlichen Merkmalen dieser Züge moderne Fahrgast-Informationssysteme.

es sich ebenfalls um S-Bahnzüge, die jedoch aus vier Wagen bestehen und 140 km/h Höchstgeschwindigkeit erreichen. Sie unterscheiden sich voneinander vor allem durch die Einstieghöhe von 980 oder 760 Millimetern.

Ende 1994 hat die Deutsche Bahn 100 Züge der Reihe 423 bestellt, die für 140 km/h ausgelegt sein werden und nach und nach die Reihe 420 in München, Stuttgart und Frankfurt (Main) ablösen sollen. Außerdem wurden 60 Züge der Reihe 424 für die neuen S-Bahnen in Hannover und Mannheim in Auftrag gegeben. Die beiden anderen Baureihen der Familie sind für den Regionalverkehr bestimmt. Bestellt wurden 136 Züge der Reihe 425 und 43 der zweiteiligen Reihe 426. Die Lieferung wird 1997 beginnen und soll im Jahr 2000 abgeschlossen sein.

Kein Rückzug aus der Region

Die Nebenbahnen in der Region wurden durch die Motorisierung, die Verlagerung großer Teile des Verkehrs auf die Straße und die ungleiche Behandlung der Verkehrsmittel durch die Politik zu einer schweren Belastung für die Bundesbahn. Lange erhielt sie für die ihr vom Bund als Eigentümer auferlegten gemeinwirtschaftlichen Leistungen im Schienenpersonennahverkehr nur ein unzureichendes Entgelt. Die Bahn sah keine Möglichkeit, ihre Position auf diesem Verkehrsmarkt aus eigener Kraft zu stärken.

Die Vorteile des Autos in der Region waren unübersehbar: Jeder Einödhof erhielt ständig verfügbare und obendrein noch preiswerte Verbindungen zur Nachbarschaft, zur nächsten Gemeinde und zur Kreisstadt. Am Bahnhof warteten immer weniger Fahrgäste auf den nächsten Zug. Die Bahn versuchte zunächst mit „Ausdünnung“ der Fahrpläne ihre Kosten zu senken. Doch damit stiegen nur noch mehr Bewohner der ländlichen Gebiete auf das Auto um.

Diese Spirale drehte sich, bis so viele Fahrgäste der Bahn den Rücken gekehrt hatten, daß der Fortbestand von Bahnhöfen und Strecken in Frage gestellt war. Die „Ausdünnung“ der Fahrpläne ließ die zeitliche, die Bahnhofs- und Streckenstillegung auch die räumliche Verfügbarkeit der Bahn verloren gehen. So hatte diese Anpassung des Leistungsangebots zwangsläufig weitere Abwanderung zur Folge.

Hinzu kam, daß sich auf dem Land mehr und mehr flächenhafte und damit für die Schiene ungünstige Siedlungsstrukturen entwickelten und das Straßennetz weithin so ausgebaut wurde, daß fast überall die zulässigen 100 km/h und mehr erreichbar waren, während sich die Züge auf manchen Streckenabschnitten wegen fehlender Instandhaltungsinvestitionen nur noch in Schrittgeschwindigkeit bewegen konnten. Die – wie es damals hieß – „Abstimmung mit der Fahrkarte" bedeutete fast immer eine Entscheidung gegen die Bahn. Zwangsläufige Folge war vielerorts der „Rückzug aus der Fläche", die Stillegung von Nebenbahnen. Diese Zeit prägte ein Bild des Nahverkehrs auf der Schiene, dessen negative Seiten auch heute noch nachwirken.

Was unter betriebswirtschaftlichen Gesichtspunkten erforderlich schien, war allerdings politisch oft nicht durchsetzbar. Die Bahn mußte weiter fahren, ohne einen echten Ausgleich für die von ihr verlangte Aufrechterhaltung der betriebswirtschaftlich unrentablen Verkehre zu erhalten. Unbefriedigende Fahrpläne, geringe Geschwindigkeiten und damit lange Fahrzeiten, veraltete Wagen und fehlender Komfort verstärkten und beschleunigten die Abwanderung der Fahrgäste.

Gewiß verdiente manche Nebenbahn unter den gegebenen Umständen ihren Fortbestand nicht. Oft vermochte der Bus die Verbindungen im nötigen Umfang aufrecht zu erhalten und mit Haltestellen abseits der Bahnhöfe manchmal sogar besser zu bedienen. Allerdings blieb, anders als beim Zug, seine Zubringerfunktion für die Hauptstrecken gering.

Auch volkswirtschaftliche und ökologische Gesichtspunkte blieben meist unberücksichtigt. Deshalb mahnten Kritiker ein Umdenken an: Die Frage sollte nicht mehr lauten, wieviele Nebenbahnen noch stillgelegt werden, sondern umgekehrt, wieviele – zeitgemäß rationalisiert – erhalten bleiben können.

Mitte der achtziger Jahre begann sich im Zuge der immer offensichtlicher werdenden Umweltprobleme die Einsicht durchzusetzen, daß die Schiene auch in der Fläche Berechtigung haben könne und daß die Bahn selbst dazu beitragen müßte, ihre Situation positiv zu verändern. So wurde versucht, Angebotsverbesserungen zu realisieren, die das Wirtschaftsergebnis nicht weiter verschlechterten.

Kernpunkt war die Erkenntnis, daß einerseits die Kosten des Nahverkehrs überwiegend durch die werktägliche Spitze des Berufs- und Schülerverkehrs bestimmt werden, weil dafür erhebliche, sonst nicht nutzbare Kapazitäten vorgehalten werden müssen, und andererseits auch außerhalb der Spitzenverkehrszeiten zunehmend Fahrten für private Zwecke durchgeführt werden.

Dies führte zu einer Verstetigung des Fahrplanangebots außerhalb der Spitzenzeiten, die nur verhältnismäßig geringe Mehrkosten verursachte. Auf dieser Grundlage kam es – erstmals 1985 in Schleswig-Holstein – zum Abschluß sogenannter Ländervereinbarungen mit allen Bundesländern.

Das Schienennetz wurde dabei in drei Kategorien eingeteilt: Strecken, auf denen der Verkehr langfristig aufrecht erhalten werden soll; Strecken, die hinsichtlich ihrer Verbesserungsmöglichkeiten untersucht und bei positivem Ergebnis der ersten Gruppe zugeordnet werden, und schließlich Strecken, auf denen der Personennahverkehr auf der Schiene nur weitergeführt werden sollte, wenn die Finanzverantwortung von anderer Seite getragen oder die Strecke von Dritten übernommen wird.

Um wieder mehr Fahrgäste für die Bahn zu gewinnen, wurde die Attraktivität des Schienenpersonennahverkehrs Strecke um Strecke verbessert:

- Durch den attraktiven und für die Bahn rationellen Nahverkehrszug VT 628.2 mit Ein-Mann-Betrieb und günstigen Betriebs- und Instandhaltungskosten,
- durch häufige Fahrmöglichkeiten und leicht merkbare Taktfahrpläne mit guten Anschlüssen,

- durch zeitgemäße Gestaltung der Bahnhöfe und Parkplätze an den Stationen,
- durch schnelle Verbindungen zu den Verknüpfungspunkten mit dem Fernverkehr und nicht zuletzt durch
- die Erschließung der Fläche durch Busse und deren optimale Verknüpfung mit der Bahnlinie.

Auf diese Weise entstanden – wie zunächst mit der S-Bahn in den Ballungszentren – auch in der Region „Markenartikel" der Bahn, abgestuft und zugeschnitten auf die unterschiedlichen Bedürfnisse ländlicher Gebiete: Die „CityBahn" zwischen größeren Städten und ihrem Umland, „RegionalSchnellBahnen" zwischen regionalen Zentren und deren Anbindung an Fernverkehrsknoten sowie die „RegionalBahn" für alle übrigen regionalen Verkehre. Die besseren Angebote führten tatsächlich im allgemeinen zu Mehreinnahmen, die über den Mehrkosten lagen.

Aus den Taktfahrplänen mit Zügen, die auf allen Stationen immer zur gleichen Minute abfahren, wurde schließlich nach Schweizer Vorbild der „Integrale Taktfahrplan" entwickelt. Im Mai 1993 startete im Allgäu, über die Grenze zwischen Südbayern und Baden-Württemberg hinweg, der erste große Flächentest. Dabei werden

- alle bedienten Orte einer Region
- über den ganzen Tag und während der ganzen Woche
- in festen, leicht merkbaren Takten
- mit optimierten Anschlüssen auch zum Bus und zum Fernverkehr
- in Knotenbahnhöfen miteinander verknüpft.

Durch die Überlagerung von Linien im Stunden- und Zwei-Stunden-Takt verkehrt im Grundsatz auf jeder Strecke jede Stunde ein Zug – auch an Samstagen und Sonntagen.

Voraussetzung für einen integralen Taktfahrplan sind optimal abgestimmte Angebote in Kooperation aller Verkehrsträger einer Region und die gemeinsame ausschließliche Ausrichtung am gemeinsamen Kundennutzen:

- Ein Fahrplan,
- ein Fahrschein,
- ein Preis.

Durch die Verknüpfung in Knotenbahnhöfen ergeben sich jede Stunde direkte Anschlüsse der Fern- und Nahverkehrszüge aus allen Richtungen mit optimalen Umsteigemöglichkeiten. Moderne Züge und schönere Bahnhöfe taten ein übriges. Der „Allgäu-Schwaben-Takt" erwies sich als Erfolg. Die Bahn ist in der Region auch auf der Schiene wieder stärker präsent. Sie ist im Gespräch. Das attraktive Angebot holt auch in dünner besiedelten Gegenden Fahrgäste zurück auf die Schiene.

So wurde das Pilotnetz 1994 auf das Werdenfelser Land mit der Hauptstrecke München – Garmisch-Partenkirchen – Mittenwald – Innsbruck samt ihren Zweiglinien ausgedehnt. Außerdem kam der „Linienstern Mühldorf" hinzu.

Rheinland-Pfalz wird voraussichtlich in Kürze das erste Bundesland sein, das flächendeckend einen durchgängigen integralen Taktfahrplan anbietet.

Neue Zukunft: Regionalisierung

Damit hat die Deutsche Bahn für die Regionalisierung des Nahverkehrs ab 1996 Maßstäbe gesetzt: Der Integrale Taktfahrplan bildet eines der Kernelemente der neuen Angebotsstrategie.

Das große Ziel der Bahnreform heißt: Mehr Verkehr auf die Schiene. Mit dem 1. Januar 1994 wurde nicht nur die Bundesbahn in den alten mit der Reichsbahn in den neuen Bundesländern zusammengeführt, sondern mit der Deutschen Bahn AG auch ein privatwirtschaftlich strukturiertes Unternehmen geschaffen.

Mit der umfassenden Neuorientierung des Schienenpersonennahverkehrs durch die Regionalisierung wird die Umsetzung europäischen Rechts verwirklicht. Die Deutsche Bahn AG soll und wird sich im freien und fairen Wettbewerb auf dem Verkehrsmarkt behaupten. Sie setzt dazu auf wesentlich höhere Produktivität, attraktivere Angebote, eine an die Markterfordernis angepaßte Organisation und ein ausgeprägtes, am Kunden orientiertes Marktverständnis. Zu wettbewerbsfähigen Konditionen werden höherer Komfort, größere Sauberkeit und besserer Service geboten, die Fortschritte in der Technik gefördert und die ökologischen Systemvorteile der Bahn ausgeschöpft.

Für den Nahverkehrsbereich der DB AG bedeutet dies eine besondere Herausforderung. Denn die Regionalisierung bildet ein zentrales Element der Bahnreform. Damit geht am 1. Januar 1996 die Verantwortung für den öffentlichen Personennahverkehr auf der Schiene an die Bundesländer, Landkreise und Gemeinden über. Künftig gilt das Prinzip: Wer bestellt, muß auch bezahlen. Die Rahmenbedingungen des Nahverkehrsmarktes verändern sich damit von Grund auf.

Ziel ist eine umfassende Neuausrichtung des Unternehmens Bahn am Kundennutzen. Das heißt:

- verbesserter Service,
- mehr Komfort und Sauberkeit,
- Forcierung des technischen Fortschritts und
- die Weiterentwicklung unserer unstreitigen ökologischen Systemvorteile
- zu wettbewerbsfähigen Konditionen.

Damit will sich der Nahverkehr der DB AG in einer völlig veränderten Marktsituation bewähren.

Auf den neuen regionalen Märkten wird er in Zukunft mehr und mehr auch mit anderen Anbietern öffentlicher Verkehrsleistungen wie Nichtbundeseigenen Eisenbahnen, Straßenbahn- und Busbetrieben, Tochtergesellschaften der Bahnindustrie oder ausländischen Bahnen um die Gunst der Besteller konkurrieren. Dabei können die Bestellerstrukturen regional sehr unterschiedlich sein. Die Palette reicht von der zentralen Landeseisenbahngesellschaft bis zu Unternehmens- oder Kommunalverbänden.

Neben diesen Bestellermärkten steht der klassische Nahverkehrsmarkt mit den Fahrgästen als den 'eigentlichen' Kunden. Hier muß sich der Nahverkehr vor allem gegenüber dem Individualverkehr behaupten. Wie schwer diese Aufgabe ist, macht die Tatsache deutlich, daß die Mehrzahl der potentiellen Neukunden als Autobesitzer eigentlich zu den direkten Konkurrenten zählt. Und: Autofahren haben die meisten gelernt, Bahnfahren schon viele nicht mehr.

Deshalb ist es erforderlich, einerseits ein genau auf die Kundenbedürfnisse abgestimmtes, einfaches und leicht verständliches Systemkonzept für den Nahverkehr zu entwickeln und andererseits in einfachen und leicht verständlichen Informationen für den Kunden aufzubereiten, um ihm deutlich zu machen, wie er sein Mobilitätsproblem mit dem ÖPNV besser lösen kann.

Der Nahverkehr der Bahn versteht sich als „Systemanbieter", der mit optimal abgestimmten Leistungsangeboten von Bus und Bahn – in Kooperation mit den Verkehrsunternehmen der Region – dem Kunden ein Komplettangebot für jeden Fahrtzweck flächendeckend bieten kann.

Das ist die Idee des neuen Nahverkehrs: Das Benutzen von Bus und Bahn muß so einfach wie möglich werden. Im Idealfall muß man sich einfach in den Zug hineinsetzen und losfahren können – in der Gewißheit, daß überall die Anschlüsse gewährleistet sind – genauso wie beim Auto. Gleichzeitig werden dabei die Reisezeitgewinne der schnellen Fernzüge durch direkte Anschlüsse in die Region weitergegeben.

Interessant ist in diesem Zusammenhang, daß der Schienenverkehr in der besonders wirtschaftlichen Form des Integralen Taktfahrplans fast genauso preiswert wäre wie der Linienbus, wenn er nur genauso wenig Abgaben zu zahlen hätte wie dieser. Schon heute muß der Nahverkehr jährlich etwa 4 Milliarden DM an Trassenbenutzungsgebühren aufbringen, während Linienbusse auf der Straße weitgehend kostenfrei fahren und von der Kraftfahrzeugsteuer befreit sind.

Die Bahn unterstützt von Anfang an ihre Marktpartner bei den Planungen zur zukunftsorientierten Gestaltung des ÖPNV, um die Akzeptanz der Schiene im Nahverkehr zu sichern und auszubauen.

Dazu gehören die Länderangebote, vertraglich zugesicherte Garantien, die sogenannten Status-quo-Leistungen des Fahrplanjahres 1993/94 zu festgelegten Preisen zu erbringen. Auf dieser Grundlage werden in Abstimmung mit den Verhandlungspartnern maßgeschneiderte Angebotskonzepte erarbeitet.

Der Kunde als Maß aller Dinge

Entscheidend für die Zukunft der Bahn im Nahverkehr ist, wie sie dem Fahrgast begegnet. Mehr denn je gilt es, das Leistungsangebot in Quantität und Ausgestaltung möglichst genau auf die Wünsche der Nachfrager abzustimmen. So werden möglichst viele umsteigefreie Direktverbindungen angeboten, dazu durch geschickte Verknüpfung in den Knotenbahnhöfen optimale Anschlüsse zu den anderen Linien, zum Bus und zu den Fernzügen. Qualitätsmerkmale bilden kurze Wartezeiten, hohe zeitliche Verfügbarkeit und leicht merkbare Abfahrtzeiten durch Taktfahrpläne.

Die Deutsche Bahn AG gründet ihr Nahverkehrsangebot auf vier Produkte: der S-Bahn, dem StadtExpress, der RegionalBahn und dem RegionalExpress. In Ballungszentren mit mehr als einer halben Million Einwohnern übernimmt die S-Bahn die Grundlast, während der StadtExpress mindestens im Stundentakt das Umland schnell mit dem Zentrum verbindet und deshalb im S-Bahnbereich nur an wenigen Verknüpfungspunkten hält. In großen Oberzentren ohne S-Bahn trägt der StadtExpress die Grundlast.

In der Fläche übernimmt die RegionalBahn diese Aufgabe mindestens mit einem Zwei-Stunden-Takt. Überlagert wird das Angebot durch den schnellen RegionalExpress, der nur an ausgewählten Stationen hält.

Neue Kunden lassen sich nur gewinnen, wenn deutliche Leistungsvorteile gegenüber dem eigenen Auto erkennbar werden und die Schwelle für den Zugang zum „Neuland" Bahn so niedrig wie möglich liegt.

Mit ihrem Angebot „Schönes Wochenende" hat die DB AG bereits ein viel beachtetes Zeichen gesetzt. Dies kann und soll nur den Einstieg markieren. Vieles bleibt noch zu tun.

Um die Reisequalität zu verbessern, wird zunächst in erheblichem Umfang investiert: Allein in den nächsten fünf Jahren sollen rund sechs Milliarden Mark in die Beschaffung und Modernisierung der Fahrzeuge für den Nahver-

Bild 16: Der neue Doppelstock-Steuerwagen verfügt u.a. über einen Mehrzweckraum für den Transport von Kinderwagen, Fahrrädern und Rollstühlen (Foto: DWA)

Bilder 17 bis 19: Die S-Bahn trägt in den großen Ballungsräumen (oben links Hamburg, oben rechts Berlin, links Frankfurt) die Hauptlast des öffentlichen Nahverkehrsangebotes

Bild 20: Die DB AG beschafft fast 300 neue Doppelstockwagen (Fotos: DB AG)

kehr fließen. Die Strategie zielt sowohl auf die Beschaffung neuer als auch auf die Modernisierung vorhandener Fahrzeuge ab.

Als am 1. Januar 1994 die Deutsche Bahn gegründet wurde, umfaßte ihr Fahrzeugpark im Nahverkehr rund 1,1 Millionen Sitzplätze, davon 222 000 in S-Bahnzügen und 855 000 in Fahrzeugen des Regionalverkehrs. Zahlenmäßig entspricht dieser Bestand dem erwarteten Bedarf der nächsten zehn bis fünfzehn Jahre. Die Qualität des Angebots soll jedoch deutlich steigen.

Neben zahlreichen neuen S-Bahnzügen, elektrischen und Diesel-Triebzügen – darunter auch die schnellen NeiTech-Züge und Leichttriebwagen für Nebenstrecken – werden auch neue Wagen für die S-Bahn Rhein-Ruhr und fast 300 Doppelstockwagen neu beschafft.

Zur modernen und fahrgastfreundlichen Innenausstattung gehören Informationssysteme, geschlossene Toilettensysteme, ein behindertengerechtes WC und im Steuerwagen ein Mehrzweckraum auch für Fahrräder. Die Wagen erreichen Geschwindigkeiten bis zu 140 km/h und werden zum Teil sogar mit Klimaanlage ausgestattet. Aus dem vorhandenen Fahrzeugpark werden bis 1997 über 2400 Nahverkehrswagen dem heutigen Komfortstandard angepaßt. Dann werden rund sechzig Prozent der Einzelwagen modernisiert sein.

Die Fahrzeugstrategie im Nahverkehrsbereich sieht bei den Zügen aus Einzelwagen mit Lokomotivbespannung feste Einheiten mit Steuerwagen vor. Später sollen diese Einheiten durch Triebzüge abgelöst werden. Die Bestellung von 50 Dieseltriebzügen mit Neigetechnik, von elektrischen Regionaltriebwagen der Baureihen 425 und 426 sowie die vorgesehene Beschaffung der Leichttriebwagen für Nebenstrecken zielt in diese Richtung.

Die Investitionen leisten einen wichtigen Beitrag zur Produktivitätssteigerung. Moderne Züge fahren mit geringerem Energiebedarf, benötigen weniger Rangieraufwand und bieten eine hohe Beschleunigung. Weitere Ansatzpunkte liegen unter anderem in dichterer Zugfolge auf Linien mit starker Nachfrage oder in der Einsparung von Trassenkosten durch Bilden von Flügelzügen.

Doch muß sich auch an den Rahmenbedingungen noch einiges ändern. Denn durch den massiven Ausbau des Straßennetzes wurden Fakten zum Nachteil der Schiene geschaffen, die sich nicht allein durch bessere Fahrpläne und neue Fahrzeuge kompensieren lassen.

Außerdem muß der rechtliche Rahmen für den Bahnbetrieb, der teilweise noch aus der Dampflokzeit stammt, entschlackt und in eine zeitgemäße und flexible neue Form gebracht werden.

Dennoch: Die Weichen für die Zukunft sind gestellt. Nun gilt es, die letzten Hindernisse von den Schienen zu räumen, damit aus den Lokalbahnen von einst ein wachstumsstarkes, regionalisiertes und auf die Kunden ausgerichtetes Nahverkehrssystem entsteht.

Die Bahn hat jetzt die Chance, ihrer Rolle als verkehrspolitischer Hoffnungsträger gerecht zu werden. Sie steht am Beginn eines neuen, erfolgreichen Kapitels der Eisenbahngeschichte in Deutschland.

Inhalt

Von der Kleinbahn zum regionalen Dienstleister

Manfred Montada (59), Ass. jur. Ministerialrat a.D., ist seit Gründung des Verbandes Deutscher Verkehrsunternehmen (VDV) 1991 Ständiger Stellvertreter des Hauptgeschäftsführers für den Bereich Güterverkehr im VDV. 1981 bis 1990 war er Verbandsdirektor und Geschäftsführendes Präsidialmitglied im ehemaligen Bundesverband Deutscher Eisenbahnen, Kraftverkehre und Seilbahnen (BDE). Vorher (1964/65) hat Montada als Referent für Wirtschaft und Verkehr bei der Vertretung des Saarlandes beim Bund und 1965 bis 1980 als Referent bzw. Referatsleiter in der verkehrspolitischen und Eisenbahn-Abteilung des Bundesministeriums für Verkehr gearbeitet. Mit dem Schwerpunkt Eisenbahnpolitik hat er dabei an verschiedenen verkehrspolitischen Konzeptionen mitgearbeitet. Montada ist Stellvertretender Vorsitzender des Unterausschusses für Eisenbahnen des Internationalen Verbandes für öffentliches Verkehrswesen (UITP).

Deutschland – das Land der Eisenbahnen

Mit der Bahnstrukturreform sind seit dem 1. Januar 1994 alle Eisenbahnen in der Bundesrepublik Deutschland gleichberechtigt. Damit ist eine fast 150jährige Entwicklung zu Ende gegangen, in der nach Eisenbahnen erster, zweiter und sogar dritter Ordnung unterschieden wurde. Das letzte rechtliche Symbol hierzu war der § 4 Abs. 2 des zum 31. Dezember 1993 aufgehobenen Allgemeinen Eisenbahn-Gesetzes (AEG), der bestimmte: „Das Recht, eine neue öffentliche Eisenbahn zu bauen und zu betreiben, kann erst dann, wenn der Bundesminister für Verkehr erklärt hat, daß es nicht für die Deutsche Bundesbahn innerhalb eines angemessenen Zeitraumes in Anspruch genommen wird, vom Lande selbst ausgeübt oder von der Obersten Landesverkehrsbehörde an einen Unternehmer verliehen werden, sofern diese ein Verkehrsbedürfnis dafür anerkannt hat.“ Viel häufiger kam aber die Vorherrschaft der großen Staatsbahn in der öffentlichen Meinung zum Ausdruck. Wurde von der „Bahn“ gesprochen, so war damit die Deutsche Bundesbahn (DB) gemeint – nach der Wende auch die Deutsche Reichsbahn (DR). Diese Ansicht wurde noch dadurch bekräftigt, daß sich DB und DR „Die Deutschen Bahnen“ nannten, während sie wörtlich genommen nur die deutschen Bundeseisenbahnen waren. Denn neben diesen beiden Bahnen, die jetzt in die DB AG umgewandelt wurden, gibt es in der Bundesrepublik im Güterverkehr weit über 100 Eisenbahnen des öffentlichen und noch mehr des nichtöffentlichen Verkehrs, die insgesamt mehr als die DB AG befördern. 75 % des Transport-Aufkomens der DB AG hat im übrigen bei diesen Eisenbahnen Quelle oder Ziel. Im Personenverkehr sind es noch 30 Eisenbahnen. Die Geschichte der deutschen Eisenbahnen war immer geprägt von einer Vielzahl von Eisenbahnen. Ihre Bedeutung hervorgehoben und letztendlich auf eine Ebene mit den Staatsbahnen gebracht zu haben, von der aus die Eisenbahnen insgesamt in eine neue Zukunft starten können, war und ist Aufgabe und Verdienst des VDV und seiner Vorgänger-Verbände, in denen sich diese Eisenbahnen organisiert haben.

Nebenbahnen und Kleinbahnen erschließen die Fläche

Die Eisenbahnen waren Träger der industriellen Entwicklung in der ersten Hälfte des 19. Jahrhunderts. Dabei waren die ersten Eisenbahnen bei ihrer Planung mehr auf Personenverkehr ausgerichtet, wie sich aus der Schilderung von Treitschke zur Eisenbahn Dresden–Leipzig 1839 ergibt: „Der Erfolg übertraf die kühnsten Erwartungen. Erstaunlich, wie diese erste große Eisenbahn auch auf den benachbarten Landstraßen Mitteldeutschlands sofort die Reiselust belebte; im Jahre 1828 beherbergten die Dresdner Gasthöfe 7000 Fremde, im ersten Dreivierteljahr 1839 bereits 36 000. Schon in ihrem ersten Jahr beförderte die Bahn 412 000 Personen und 3,85 Millionen Meilen-Zentner. Im zweiten Jahr sank der Personenverkehr um ein geringes, weil sich die erste Neugierde etwas gelegt hatte; der Güterverkehr aber stieg mit einer ganz ungeahnten Schnelligkeit. Anfangs waren viele Frachtfuhrleute noch gemächlich auf der Landstraße neben dem Dampfwagen hingefahren, weil die Spediteure die Kosten des Umladens scheuten. Erst seit die Bahn Anschlüsse erhielt und die Anfuhr zu den großen Bahnhöfen erleichterte, riß sie auch den Güterverkehr an sich und nach einer Reihe von Jahren ergab sich, daß sie von den Gütern mehr einnahm als von den Personen. Dies widersprach allen Vorhersagen; hatte doch selbst der berühmte Arago versichert, eine Eisenbahn könne vielleicht Personen, doch unmöglich große Gütermassen befördern."

Die ersten 50 Jahre der deutschen Eisenbahngeschichte zeigen ein buntes Nebeneinander von Staats- und Privatbahnen. Ihre Aufgabe war aber immer die Verbindung der großen Städte und der sich entwickelnden Wirtschaftszentren. Angesichts der Bedeutung der Eisenbahnen für die wirtschaftliche Entwicklung, aber nach dem Kriege 1870/71 noch mehr für die Landesverteidigung, setzte sich auch unter dem Eindruck, daß die Privatbahnen mehr auf den eigenen Profit als auf die Erschließung des Landes gerichtet waren, mehr und mehr der Staatsbahngedanke durch.

50 Jahre nach der Gründung der ersten deutschen Eisenbahn trat damit eine zwiespältige Entwicklung ein. Während die bedeutenderen Privatbahnen weiter verstaatlicht wurden – zwischen 1889 und 1912 wurden in Preußen 22 Eisenbahngesellschaften mit rund 2000 km Strekkenlänge verstaatlicht –, erklärten andererseits die damaligen Ländereisenbahnen den weiteren Ausbau des deutschen Eisenbahnnetzes aus ihrer Sicht für abgeschlossen. Dabei wies die Karte 1885 noch viele weiße Flecken auf. 37 700 km Hauptbahnen (Staats- und Privatbahnen) standen nur 3000 km Nebenbahnen gegenüber. So waren noch keine 50 % der Landstädte mit 2000 bis 5000 Einwohnern mit der Eisenbahn zu erreichen. Auch hier wurde der Wunsch nach Eisenbahnerschließung und damit dem Fortschritt laut. Zunehmend lehnte es aber der Staat und seine Eisenbahn ab, weitere Eisenbahnstrecken zu eröffnen und verwies auf die Eigeninitiative der Kommunen und manchmal sogar privater Stellen. So erklärte im Jahre 1892 die Preußische Staatseisenbahn, sie könne künftig nicht mehr alle berechtigten Wünsche nach dem Bau von Nebenbahnen erfüllen. Der im

Bild 1: Reger Personen- und Güterverkehr bei den regionalen Eisenbahnen in den 30er Jahren (Foto: Lohöfener)

Jahre 1892 zur Finanzierung des Neubaus von „Secundärbahnen“ bereitstehende Betrag von 26 Millionen Mark reiche dafür nicht aus. Der Preußische Finanzminister Johannes von Miquel begründete die Abkehr von der bisherigen Politik ausführlich. Er sah die Gefahr einer allzu großen Belastung des Etats, weil einerseits die Überschüsse der Staatsbahn in den vorangegangenen Jahren rückläufig, andererseits erhebliche Investitionen in die bestehenden Hauptstrecken zur Modernisierung und Instandhaltung erforderlich geworden waren. Die weitere Erschließung des flachen Landes, welche die dortige Not der Bevölkerung lindern und deren Abwanderung in die großen Städte abbremsen sollte, müßte auf eine andere als die bisherige Art bewerkstelligt werden, nämlich durch den Bau von

Bild 2: Moderne Dieseltriebwagen 1933 (Foto: Elmshorn-Barmstedt-Oldesloher Eisenbahn)

„Tertiärbahnen“. Die Preußische Regierung legte dem Landtag am 6. März 1892 den Entwurf eines Gesetzes über die Bahnen unterster Ordnung vor. Dieses sollte den Bau von Eisenbahnen erleichtern, die für den Verkehr innerhalb derselben Gemeinde oder zwischen benachbarten Gemeinden bestimmt waren. Dazu führte Finanzminister von Miquel aus: „Ich glaube allerdings, daß das Tertiärbahnengesetz doch dahin wird führen können, daß eine Reihe von Bahnen rein lokaler Bedeutung, von denen gar nicht anzunehmen ist, daß sie für das allgemeine Staatsbahnnetz in Zukunft eine erhebliche Bedeutung gewinnen würden, durch die Provinzen, durch die Kreise, durch Privatunternehmer, durch Gemeinden usw. hergestellt werden können und ich hoffe, daß dies auch nicht zum Nachteil der Körperschaften dienen wird, denn der gewaltige Unterschied zwischen den vom Staat hergestellten und betriebenen Secundärbahnen und den Tertiärbahnen der Zukunft wird nicht in den Einnahmen liegen, sondern in den Ausgaben. Die Billigkeit der Herstel-

Bild 3: Der Straßengüterverkehr war schon früh für die regionalen Eisenbahnen eine Ergänzung des Schienenverkehrs (Foto: Extertalbahn)

lung und der Betrieb wird am besten garantiert sein, wenn diese Bahnen von dem Nächstbeteiligten aus geführt werden.“ Eine bemerkenswerte Aussage, die – wie die gesamte Argumentation – 100 Jahre später sich fast wörtlich wiederholte.

Was die Bedeutung der Tertiärbahnen angeht, hatte von Miquel aber nicht recht, denn 1936, auf dem Höhepunkt der Entwicklung der Nebenbahnen, bestand das Netz der nicht zur Deutschen Reichsbahn gehörenden Eisenbahnen aus 68 privaten Bahnen des allgemeinen Verkehrs mit 127 Betrieben und 181 nebenbahnähnlichen Kleinbahnen mit 299 Betrieben. Mit ihren zusammen 14 102 km Streckenlänge machten sie 20,6 % des deutschen Eisenbahnnetzes aus. Im Güterverkehr beförderten sie rund 80 Millionen Tonnen. Dies waren 20 % des Aufkommens der Deutschen Reichsbahn. Die 123 Millionen beförderten Personen stellten über 8 % der gesamten Beförderungsmenge des Eisenbahnpersonenverkehrs dar. An 70 % der nebenbahnähnlichen Kleinbahnen und an 33 % der Privaten Bahnen des allgemeinen Verkehrs war die öffentliche Hand zu mehr als 50 % beteiligt. Der Anteil privaten Kapitals war also nicht unerheblich.

Vorangegangen war Artikel 89 der Verfassung des Deutschen Reiches von 1919, der besagte, daß Aufgabe des Reiches ist, die dem allgemeinen Verkehr dienenden Eisenbahnen in sein Eigentum zu übernehmen und als einheitliche Verkehrsanstalt zu verwalten. So waren 1920 alle staatlichen Ländereisenbahnen durch das Reich übernommen worden. Danach wurden nur noch vereinzelt neue Privatbahnen gebaut. Der Lkw war als neues Verkehrsmittel auf dem Vormarsch, nachdem mit dem Ende des 1. Weltkrieges der dort eingesetzte Fuhrpark nun privat genutzt werden konnte.

Aber auch zu dieser Zeit war das Verhältnis der Privatbahnen zur Staatsbahn wie zu allen Zeiten vorher und nachher geprägt von unterschiedlichen Auffassungen und Strategien, was sich schon aus den unterschiedlichen Aufgabenstellungen – regional / überregional – ergab. Fast auf allen Verbandstagungen wurde das mangelnde Verständnis der Staatsbahn für die regionalen Eisenbahnen beklagt, was sich bis in die letzten Jahre erhalten hat.

Der Wiederaufbau 1945 bis 1960

Nach dem Ende des 2. Weltkrieges wurde wie bereits nach dem 1. Weltkrieg auf die Eisenbahnen als Träger des Wiederaufbaus gesetzt. Diese Entwicklung erwies sich aber im Nachhinein für die Eisenbahnen als äußerst nachteilig, denn die Eisenbahnen mußten schnell und damit in den alten Strukturen und Trassen wiederhergestellt werden. Das Straßensystem wurde dann später nach neuen Erkenntnissen ausgebaut. Dies zeigt sich sehr deutlich in der Verbindung der beiden größten deutschen Ballungsgebiete: des Rhein-Ruhr- und des Rhein-Main-Raumes. Während die drei Eisenbahnstrecken mit sechs Gleisen sich auf den bereits vor über 100 Jahren gelegten Trassen durch die Flußtäler winden, verbinden drei Autobahnen mit zehn bis 14 Spuren die beiden Ballungsgebiete auf dem kürzesten Weg. Bereits bei der 100-Jahr-Feier der Deutschen Eisenbahn war darauf hingewiesen worden, daß die Reichsautobahn den Plänen Friedrich List' zur Verbindung der deutschen Zentren folgte, während sich im Eisenbahnnetz die deutsche Kleinstaaterei widerspiegelt.

In die Nachkriegsaufbauphase waren auch die Privatbahnen einbezogen. Für kurze Zeit erlangten einige von ihnen sogar besondere Bedeutung, weil ihr Netz angesichts der Zerstörung der Strecken der DR auch für überregionale Verkehre genutzt wurde. Als am 10. Mai 1950 in Konstanz der Verband Deutscher Nichtbundeseigener Eisenbahnen (VDNE) gegründet wurde, existierten in der Bundesrepublik Deutschland 193 Eisenbahnen des öffentlichen Verkehrs mit 4550 km Betriebsstreckenlänge im Güterverkehr und fast derselben Länge im Personenverkehr.

Die fortschreitende Motorisierung im Personen- und Güterverkehr führte zu ständig rückläufigen Beförderungszahlen gerade der Eisenbahnen in der Fläche. Die Nichtbundeseigenen Eisenbahnen (NE), wie sie nunmehr das AEG bezeichnete, haben daher bereits sehr früh - Ende der fünfziger und Beginn der sechziger Jahre - begonnen, den Personenverkehr auf die Straße umzustellen. Hierbei muß man sehen, daß viele dieser Eisenbahnen schon auf dem Höhepunkt der Eisenbahnentwicklung in Deutschland von der Staatsbahn als „nicht eisenbahnwürdig" betrachtet worden waren. Auch im Güterverkehr begannen eine Reihe von NE, sich im Straßenverkehr zu betätigen, was einige schon vor dem Kriege angefangen hatten. Über 40 VDV-Bahnen betätigen sich heute in unterschiedlicher Form im Straßengüterverkehr. Zur Komplettierung des Angebots und zur Ausnutzung vorhandener Kapazitäten kamen verschiedene Formen des Personen-Gelegenheitsverkehrs, Reisebüros und speditionelle Tätigkeiten hinzu. Einige regionale Eisenbahnen sind so zu regelrechten Verkehrskonzernen mit einem umfassenden Angebot im Personen- und Güterverkehr auf Schiene und Straße geworden. Zusammen mit den technischen und betrieblichen Entwicklungen haben diese Veränderungen dazu geführt, daß die regionalen Bahnen mit einer relativ günstigen Wirtschaftlichkeit arbeiten können. Ihr Vorteil ist, daß eine regionale Eisenbahn den Betrieb genau an den Bedürfnissen einer bestimmten Region und ihrem Aufkommen ausrichten kann. Andererseits führt dies zu einer sehr starken Abhängigkeit von der Entwicklung dieses Gebietes und ihrer Wirtschaft. So sind in den Nachkriegsjahren auch einige regionale Eisenbahnen mit ihren Hauptkunden verschwunden. Die Möglichkeit, ein in sich geschlossenes Angebot aufzustellen und die Produktionsfaktoren quer durch die einzelnen Betriebszweige einzusetzen und auszunutzen, hat die Wirtschaftlichkeit der regionalen Eisenbahnen erhöht. Dies war auch notwendig, da ihre kommunalen und – erst recht – privaten Eigentümer sehr empfindlich auf Defizite reagierten. Häufig reicht das in der Regel schwach entwickelte Verkehrsaufkommen der Region nicht aus, um die notwendigerweise vorzuhaltenden Kapazitäten sinnvoll zu beschäftigen.

Das Netz der Eisenbahnen besteht aber nicht nur aus den Eisenbahnen des öffentlichen Verkehrs. Es umfaßt vielmehr mit den Bahnen des nichtöffentlichen Verkehrs viele tausend feine Verästelungen bis in die Betriebe hinein. Zu der großen Zahl dieser Bahnen zählen vor allem die Eisenbahnen in den See- und Binnenhäfen und die großen Werks- und Industriebahnen, von denen die größeren ebenfalls im VDV organisiert sind.

Am 14. September 1956 entstand im VDNE die Fachgruppe Eisenbahnen öffentlicher Häfen. 1974 entstand die Arbeitsgemeinschaft Werks- und Industriebahnen, die zunächst nur organisatorisch von der Verbandsgeschäftsstelle bearbeitet wurde; 1988 wurden diese mit der Gründung der Fachgruppe „Werks- und Industriebahnen" in den damaligen BDE aufgenommen. Gerade diese Eisenbahnen mit ihren großen Netzen, komplizierten Abläufen und gewaltigen Beförderungsmengen im werksinternen Verkehr, die weit über den Mengen der Bundeseisenbahn liegen, und ihrem großen Anteil am Wechselverkehr der Bundeseisenbahn haben an der Entwicklung des Eisenbahnsystems in der Bundesrepublik einen Anteil, der selbst den am Eisenbahngeschehen Interessierten nicht immer bekannt ist.

Verkehrspolitisch waren die fünfziger, die sechziger und die siebziger Jahre davon geprägt, die regionalen Eisenbahnen in ihrer Wettbewerbsposition als Partner der DB zu stärken. Das Verkehrs-Finanz-Gesetz 1955 stellte die Personenbeförderung im Orts- und Nachbarortslinienverkehr von der Beförderungssteuer frei und belegte den Eisenbahngüterverkehr bis 49 km nur mit 4%. Zum Ausgleich für die Erhöhung der Mineralölsteuer erhielten die Eisenbahnen die Gasölbetriebsbeihilfe, die nach einigen Umformungen 1984 unter falschen Begründungen wieder abgeschafft wurde, so daß die Eisenbahnen heute nicht nur die Kosten ihres Fahrweges selbst erwirtschaften müssen, sondern auch Mineralölsteuer zahlen. Die Bundesregierung erhielt die Ermächtigung, für die NE ab 1956 zehn Jahre lang Darlehen bis zu zehn Millionen DM jährlich zur Verfügung zu stellen. Schon bei dieser Ermächtigung wurde deutlich, daß DB und NE unter unterschiedlichen Bedingungen an den Markt gingen. Während die NE insgesamt nur 81 Millionen DM erhielten, die mit Zinsen zurückzuzahlen waren, wurden die der DB gewährten Darlehen 1961 in Zuschüsse umgewandelt. So sind auch die künftigen Jahre immer wieder gekennzeichnet von dem harten Ringen der NE, sich nicht nur angesichts der wachsenden Konkurrenz des Straßenverkehrs am Markt zu behaupten, sondern auch einigermaßen mit der DB bei der Gestaltung der Arbeitsbedingungen gleichzuziehen, was schon dadurch erschwert wurde, daß für die NE nicht der Bund, sondern das jeweilige Bundesland zuständig ist. Obwohl der hohe Verkehrswert der NE für die DB immer wieder – wie zum Beispiel im „Brandt"-Gutachten 1960 – anerkannt wurde, waren die daraus resultierenden Taten gering. Gleichwohl sei anerkannt, daß die genannten Investitionsdarlehen aufgestockt durch Darlehen und Zuschüsse der Bundesländer den Regionalen Eisenbahnen ermöglichten, notwendige Modernisierungs- und Rationalisierungsmaßnahmen durchzuführen. So sind zum Beispiel hiermit der Übergang von Dampf- auf Dieselverkehr, die Verlagerung des Personenverkehrs von der Schiene auf die Straße, die Erneuerung des Oberbaus und die weitestgehende Rationalisierung und Modernisierung des gesamten Betriebs- und Verkehrsdienstes erst ermöglicht worden. Die sechziger Jahre sind auch davon geprägt, daß angesichts des wachsenden Defizits der DB neue verkehrspolitische Gesamtregelungen ins Auge gefaßt werden. 1964 legt der Vorstand der DB zum ersten Mal Vorstellungen vor, die eine Angebots- und Netzreduzierung vorsehen. Die DB wandelte sich mehr und mehr zu einem Unternehmen mit eigenwirtschaftlicher Ausrichtung. Die Folge ist, daß das Verhältnis zwischen der DB und den NE, das bisher hoheitlich angelegt war, in eine Vertragsgemeinschaft übergeht, bei dem in einer Fülle von Verträgen die jeweiligen Interessen auszuhandeln sind. Trotz oder gerade wegen der schwierigen Rahmenbedingungen führen die NE ihren internen Rationalisierungsprozeß energisch weiter und erreichen hier nicht selten einen höheren Stand als die DB.

Verschiedene Bundesländer führten Finanzhilfen für die NE ein. Hiermit wurden aber die Probleme der regionalen Bahnen nicht einfacher. Während sie von der DB als Einheit angesehen werden, sind ihre Arbeitsbedingungen in den einzelnen Bundesländern unterschiedlich, da die Maßnahmen der Bundesländer auch angesichts ihrer unterschiedlichen Zahl und Rolle in den Ländern gravierend voneinander abweichen. So sind die sechziger und siebziger bis in die achtziger Jahre hinein geprägt von einem Zweifrontenkrieg der regionalen Eisenbahnen: Einerseits sich auf dem Markt sowohl im Personen- als auch im Güterverkehr immer wieder zu behaupten, andererseits das schon immer schwierige, nun aber noch komplizierter werdende Verhältnis zur DB auszutarieren. Da die DB unter harten Auflagen ihres Eigentümers stand, fiel es ihr bei aller Würdigung des Verkehrswertes der NE immer schwerer, den NE entgegenzukommen. Die DB richtete sich auf die Optimierung ihres Unternehmens vor allem auf den Hauptstrecken in der Verbindung der großen Wirtschaftszentren aus und sah Bemühungen der Regionalen Eisenbahnen, sich in die Transportkette einzuschalten, oft sogar als störend an, wenn dabei unterschiedliche Auffassungen zwischen ihr und den regionalen Bahnen zur Bedienung der Region deutlich wurden.

Dies zeigt sich ganz deutlich beim Kombinierten Ladungsverkehr. Schon frühzeitig hatten die regionalen Bahnen, insbesondere die in den Binnenhäfen, darauf hingewiesen, daß sie über ausreichend Platz für die Errichtung von Terminals verfügen und sogar bereit sind, sich hier finanziell und organisatorisch zu engagieren. Diese Angebote wurden aber lange Jahre ignoriert, da die DB nur ihr Netz einbezog. Erst als die Terminals der DB an die Grenzen ihrer Kapazitäten stießen, wurden die Angebote der NE angenommen. Innerhalb von zwei Jahren entstanden danach 18 Terminals auf dem Gelände der regionalen Eisenbahnen.

Die Entwicklung in Ostdeutschland

Durch die Anordnung vom 9. März 1949 übernahm die Deutsche Wirtschaftskommission für die Sowjetische Besatzungszone zum 1. April 1949 die Verwaltung und Nutznießung der 115 nichtreichseigenen Eisenbahnen des öffentlichen Verkehrs in der damaligen Sowjetischen Besatzungszone. Mit der Verwaltung und der gesetzlichen Vertretung wurde die Generaldirektion Reichsbahn beauftragt. Diese übernahm auch alle zu den Bahnen gehörenden Rechte und die nach dem 8. Mai 1945 entstandenen Verpflichtungen. Die meisten dieser Bahnen waren bereits vorher durch Beschluß der Sowjetischen Militäradministration (SMAD) enteignet worden und trugen daher in der Rubrik „Eigentümer“ der vorgenannten Anordnung die Bezeichnung „volkseigen“. Als Ergebnis ist festzuhalten, daß es auf dem Gebiet der früheren DDR nur die Deutsche Reichsbahn (DR) als Eisenbahn des öffentlichen Verkehrs gab. Ganz anders verlief die Entwicklung bei den Eisenbahnen des nichtöffentlichen Verkehrs. Durch die stark auf die Eisenbahn ausgerichtete Verkehrspolitik der früheren DDR waren eigene Anschlußbahnen bei allen größeren Betrieben unerlässlich, so daß hier über 4000 Anschlußbahnen (meistens Werks- und Industriebahnen) mit eigenen Betriebsmitteln existierten (in der Bundesrepublik Deutschland rund 1500).

Sehr konkret und intensiv entwickelte sich schon bald nach der Wende die Verbandsarbeit zur Betreuung dieser Anschlußbahnen. Bereits Anfang des Jahres 1990 meldeten sich eine Reihe dieser Bahnen beim BDE und erbaten Hilfe zur Klärung der nun vor ihnen stehenden neuen Aufgaben. Vorrangig ging es darum, diese Bahnen auf das System der Marktwirtschaft und den die Marktwirtschaft tragenden Regelungen und Organisationsformen einzustimmen. Um die Verbandsarbeit zu kanalisieren, wurde am 27.Juni 1990 in Berlin die „Arbeitsgemeinschaft der Anschlußbahnen der DDR im BDE“ gegründet, der bereits bei der Gründung über 50 Anschlußbahnen beitraten. Die Mitglieder der Arbeitsgemeinschaft wurden als außerordentliche Mitglieder in den BDE aufgenommen. Durch zahlreiche Informationsveranstaltungen vergrößerte sich die Zahl der Mitglieder auf über 300. Der BDE organisierte für die Arbeitsgemeinschaft Seminare, in denen u.a. Fragen des Gesellschafts- und Steuerrechts, des Verhältnisses zur DB und DR, der Eisenbahnaufsicht, der Eisenbahntechnik und des -betriebes in der Bundesrepublik, der Beförderung gefährlicher Güter und der Versicherung u.ä. behandelt wurden. Auch konnten vielen Bahnen im Einzelgespräch wichtige Hinweise gegeben werden. Am 13. November 1990 zog diese Arbeitsgemeinschaft in einer Mitgliederversammlung Bilanz der bisherigen Arbeit. Über 250 Mitarbeiter aus 220 Betrieben nahmen an dieser Veranstaltung teil, in der als Ziel der Verbandsarbeit herausgestellt wurde, die bisherigen vorläufigen und außerordentlichen Mitgliedschaften nun in ordentliche Mitgliedschaften zu überführen, um damit die Betreuung der einzelnen Bahnen intensivieren zu können. Ähnlich wie nach der Fusion der Verbände den Unternehmen mit Personenverkehr im früheren VÖV der DDR wurden den Mitgliedern im Eisenbahn- und Güterverkehr für eine Übergangszeit in der neuen Landesgruppe Ost des VDV besondere Konditionen eingeräumt, um auch ihren speziellen Problemen und Belangen Rechnung tragen zu können.

Die Bahnreform weist neue Wege

Ein neues Kapitel für die regionalen Eisenbahnen wurde mit dem Bericht der Regierungskommission Bundesbahn, den neuen europäischen Entscheidungen für den Eisenbahnverkehr und der darauf beruhenden Reform der Bundeseisenbahnen zu Beginn der neunziger Jahre aufgeschlagen.

Der Bericht der Regierungskommission Bundesbahn vom 19. Dezember 1991 räumte den regionalen Eisenbahnen breiten Raum ein. So verwies er auf ihre hohe Effektivität in der regionalen Verkehrsbedienung und sah in ihnen den Prototyp für die Nutzer des DB/DR-Netzes nach der von der Kommission vorgeschlagenen Öffnung der Eisenbahnnetze. Er legte aber der künftigen DB AG nahe, die regionalen Eisenbahnen zum Partner zu machen und sich ihrer für die Erschließung der Region zu bedienen.

Nachdem 25 Jahre lang alle Entscheidungen auf EG-Ebene nur die Staatsbahnen betroffen hatten, wurden mit der Richtlinie 91/440 (EWG) zur Entwicklung der Eisenbahnunternehmen in der Gemeinschaft und der EG-VO 1893/91 zur Änderung der EG-VO 1191/69 zum ersten Mal alle Eisenbahnen von der EG erfaßt. Ausgenommen waren nur Bahnen, die sich ausschließlich auf die regionale Verkehrsbedienung beschränkten. Diese Ausnahme galt damit nicht für die VDV-Bahnen, die im Güterverkehr – aber auch im Personenverkehr – mit den Bundes- und den übrigen europäischen Eisenbahnen ein gemeinsames Angebot bieten.

Das am 01. Januar 1994 in Kraft getretene Gesetz zur Neuordnung des Eisenbahnwesens, mit dem 140 Gesetze zur Bahnstrukturreform geändert wurden, haben dann auch national neue Verhältnisse geschaffen. Alle Eisenbahnen in der Bundesrepublik Deutschland sind nunmehr gleichberechtigt und haben als öffentliche Eisenbahnen in jedem Fall und als nichtöffentliche Bahnen bei Gewährung der Gegenseitigkeit das Recht auf Nutzung der Netze auch der anderen Bahnen. Die Beziehungen zwischen den Eisenbahnen regeln sich nun vollständig nach den Grundsätzen des Privatrechts. Damit ist die vom VDV und seinen Vorgänger-Verbänden seit Beginn der achtziger Jahre geforderte neue Arbeitsteilung zwischen Bundes- und regionalen Eisenbahnen möglich. Das alte Recht führte dazu, daß jede Eisenbahn nur die Optimierung ihres eigenen Netzes betrieb. Nun ist es möglich, die Optimierung des Systems Eisenbahnen durch Überwindung der in diesem Beitrag aufgezeigten zufälligen, historisch gewachsenen Schnittstellen anzustreben. Die hieraus resultierenden Kosten- und Qualitätsvorteile sind beachtlich. Ihre Umsetzung ist aber auch dringend geboten, nachdem zum 01. Januar 1994 auch die nationale Marktordnung im Güterverkehr aufgehoben wurde und somit der schon längeren europäischen Praxis der Liberalisierung folgte.

Zu dieser neuen Arbeitsteilung haben DB AG und VDV ein Strategiepapier entwickelt, in dem es heißt:

„Die deutschen Eisenbahnen greifen die Möglichkeiten auf, die die Neuordnung des Eisenbahnwesens bietet: Neben den bisher allein in Betracht kommenden Kooperationen zwischen Eisenbahnen treten künftig auch Wettbewerbsbeziehungen. Die Erweiterung der Handlungsmöglichkeiten darf allerdings nicht den Blick dafür verstellen, daß die bisher staatlich gewollte und im Allgemeinen Eisenbahn-Gesetz vorgegebene Zusammenarbeit von Bundeseisenbahnen und Nichtbundeseigenen Eisenbahnen zu Aufgabenteilungen und zur Herausbildung spezifischer Stärken der unterschiedlichen Eisenbahnen geführt hat: Während die Bundeseisenbahnen vor allem den Verkehr in und zwischen Ballungsräumen abwickeln und im schnellen, besonderen betrieblichen Anforderungen unterliegenden Fernverkehr dominieren, haben die Nichtbundeseigenen Eisenbahnen ihre Stärke in der Sammlung und Verteilung von Gütern im Schienenverkehr vornehmlich in der Fläche; mit vereinfachten, kostengünstigen Betriebsweisen und verzahnten Tätigkeiten konnten sie bisher Schienenverkehrsleistungen auch dort noch aufrechterhalten, wo die Bundeseisenbahnen sich zurückgezogen haben. Diese Arbeitsteilung zwischen den Eisenbahnen in vielen Relationen, bei der jede Bahn ihre Stärken einbringt, um die Wettbewerbsfähigkeit des Schienenverkehrs insgesamt gegenüber den anderen Verkehrsträgern zu erhalten und zu verbessern, gilt es auch künftig aus Kostengründen zu nutzen und wettbewerbsgerecht zu optimieren. Mehrere Eisenbahnen müssen sich daher auch in Zukunft am Markt häufig wie ein Anbieter verhalten, indem sie den Kunden für die gesamte Schienenbeförderung

– einen einzigen Ansprechpartner,

– einheitliche Allgemeine Geschäftsbedingungen und

– einen einzigen, durchgerechneten Preis anbieten. Dazu bedarf es kartellrechtlich nicht zu beanstandender Vereinbarungen zwischen den beteiligten Eisenbahnen über

– Produktionsweisen,

– Ressourceneinsatz,

– Schnittstellen,

– Vertriebsstrukturen,

Bild 6: Die „Strategische Allianz" beflügelt schon die Karikaturisten (Zeichnung aus DVZ vom 9. 12. 1993)

– Preisbildung,

– Abgeltung von Leistungen und Abrechnung und

– Kommunikation.

Ein solches Zusammenwirken der Eisenbahnen zur Erbringung gemeinsamer Schienenverkehrsleistungen schließt andererseits ein Handeln im Wettbewerb gegeneinander nicht aus. Maßgebend für die Entscheidung zwischen Kooperation und Wettbewerb der Eisenbahnen untereinander ist die Erzielung optimaler, wettbewerbskonformer Kosten und Leistungsstrukturen im Schienenverkehr und die Erstellung konkurrenzfähiger Angebote gegenüber den anderen Verkehrsträgern, mit denen die Eisenbahn im Wettbewerb steht. Durch ein flexibles, bisherige und neue Instrumente nutzendes Auftreten der Eisenbahnen lassen sich die Zielsetzungen der Eisenbahnneuordnung und der europäischen Eisenbahnpolitik am besten verwirklichen."

Die Umsetzung dieses Strategiepapiers in die Details des neuen Verhältnisses zwischen der DB AG und den VDV-Bahnen wird noch einige Zeit in Anspruch nehmen. Zu gewaltig sind die rechtlichen, wirtschaftlichen und organisatorischen Veränderungen durch die europäische und nationale Neugestaltung des Eisenbahnwesens, die eine über 100 Jahre gewachsene Struktur von Grund auf verändern. Ausgehend von den Erfahrungen seiner Unternehmen und bestärkt durch die Ergebnisse einiger Pilotprojekte zu der Strategischen Allianz hat der VDV eine klare Vorstellung von der neuen Eisenbahnlandschaft: Es gilt, den Gedanken der Regionalisierung „mehr Verantwortung vor Ort“ auch im Eisenbahngüterverkehr umzusetzen. Nur wenn die Kompetenz für Akquisitionen, um den Markt voll auszuschöpfen, und die Produktion, um so kostengünstig wie möglich zu arbeiten, nicht mehr in fernen Zentralen, sondern am Ort des Marktgeschehens liegt, werden sich die Eisenbahnen im Wettbewerb des liberalisierten Marktes behaupten können. Ein flächendeckendes Netz regionaler Bahnen, gebildet aus DB AG und den VDV-Bahnen – unabhängig von ihrem jetzigen Status und Eigentümerschaft – die als regionale Dienstleister in Kooperation mit allen am Eisenbahnverkehr Interessierten und verbunden durch die DB AG, die die großen nationalen und internationalen Achsen bedient, bietet der verladenden Wirtschaft ein kundennahes Angebot und sichert der Bahn damit ihren Anteil am Verkehrsmarkt.

Bild 5: Die regionalen Bahnen sind für neue Aufgaben gerüstet: Hier Lokomotiven der Eisenbahn und Häfen GmbH in Duisburg (Foto: EH)

Ob, wie und wann dieses vom VDV angestrebte Ziel verwirklicht wird, ist jetzt noch offen. Eines läßt sich aber heute mit Sicherheit schon sagen: Im zweiten Jahrhundert der Verbandsarbeit wird die Geschichte des regionalen Eisenbahngüterverkehrs anders geschrieben werden.

Inhalt

Von der Dampfeisenbahn zum automatischen Betrieb

Karl-Heinz Jesberg (55), Dipl.-Ing. Dr.-Ing. E. h., ist seit 1985 technischer Geschäftsführer der Eisenbahn und Häfen GmbH, Duisburg. Er war Mitglied des Präsidiums des ehemaligen Bundesverbandes Deutscher Eisenbahnen, Kraftverkehre und Seilbahnen (BDE). Von 1980 bis 1990 gehörte Jesberg dem Verbandsbeirat des ehemaligen Verbandes öffentlicher Verkehrsbetriebe (VÖV) an. Heute ist er in verschiedenen Gremien des Verbandes Deutscher Verkehrsunternehmen (VDV) und des Vereins Deutscher Eisenhüttenleute (VDEh) tätig. So ist er u.a. seit 1991 Mitglied des Präsidiums und seit 1992 Vorsitzer des Ausschusses „Werks- und Industriebahnen" im VDV. Die Technische Universität Braunschweig verlieh ihm 1990 die Ehrendoktorwürde.

Die ersten 90 Jahre

Im Jahre 1895, dem Jahr der Gründung des Vereins deutscher Straßenbahn- und Kleinbahnverwaltungen, war im Prinzip alles, was das System Eisenbahn auszeichnet, schon erdacht und auch technisch umgesetzt.

Die Dampflokomotive – 1804 erstmals in England in Gang gesetzt – wurde seit Ende der dreißiger Jahre auch in den deutschen Ländern gebaut und machte die deutschen Eisenbahnen unabhängig von den englischen Herstellern. Borsig, Kessler und Maffei waren die Pioniere. Allein Borsig hatte schon fast 300 Lokomotiven gebaut, als Henschel 1848 die erste Lokomotive auslieferte. 1894 lieferte Krauss-Maffei schon die dreitausendste in ihrem Werk gebaute Lokomotive an die Königlich Bayerische Staatsbahn aus. Als Siemens 1879 die erste einsatzfähige elektrische Lokomotive vorstellte, wurde an Tausenden von Dampflokomotiven gearbeitet, den Wirkungsgrad und damit die Wirtschaftlichkeit dieser Lokomotiven merklich zu verbessern.

Auch der Dieselmotor war schon 1892 erfunden und begann Anfang des 20. Jahrhunderts und ab Mitte der 40er Jahre zügig, die Dampflok abzulösen. Die erste mit Brennkraft betriebene Lokomotive hatte Daimler allerdings schon 1881 gebaut.

Die für die Weltanschauung des 19. Jahrhunderts unvorstellbare Geschwindigkeit der Dampfeisenbahnen, die zu Beginn ihrer Einführung mit 20 bis 30 Meilen die dreifache Geschwindigkeit der Postkutsche erreichten, gegen Ende des Jahrhunderts mit 75 Meilen durch die Landschaft rasten und damit „Raum und Zeit vernichteten" [1], verlangte technische Lösungen für das Anhalten dieser schnellen Fahrzeuge. Bereits 1840 wurden deshalb die ersten „Richtlinien für Bau und Prüfung von Eisenbahnbremsen" aufgestellt, und 1853 wurde das erste preußische Patent auf eine Druckluftbremse für Eisenbahnwagen erteilt. 1868 baute Westinghouse die erste durchgehende direkt wirkende Eisenbahnbremse, wobei sich hinter „durchgehend direkt wirkend" nicht mehr verbirgt, als daß alle Wagen eines Zuges an eine Bremsluftleitung angeschlossen sind und bei einer unbeabsichtigten Unterbrechung dieser Leitung die Bremsen an den Wagen sofort wirksam werden.

Die Signaltechnik führte Stephenson schon 1830 bei der Inbetriebnahme der ersten ausschließlich mit Dampflokomotiven betriebenen Strecke Liverpool–Manchester ein. 1840 wurden die Signale der Bahn London–Birmingham erstmals mit Drahtzügen von Stellwerken aus bedient, und schon 1841 normte eine Versammlung von Eisenbahnfachleuten „rot" für Gefahr, „grün" für Vorsicht und „weiß" für Ordnung. 1856 wurde das erste Weichen- und Signalstellwerk mit gegenseitiger Verriegelung gebaut. Die einheitliche deutsche Signalordnung wurde 1874 erlassen.

Ökonomische Bedürfnisse führten systematisch zu technischen Entwicklungen bei den Eisenbahnen. Schon 1812 ließ sich der Engländer Chapman das Drehgestell patentieren, welches seinen Siegeszug jedoch erst bei den amerikanischen Bahnen als „Bogie" antritt. Damit war die Länge des Eisenbahnfahrzeugs praktisch unabhängig vom Kur-

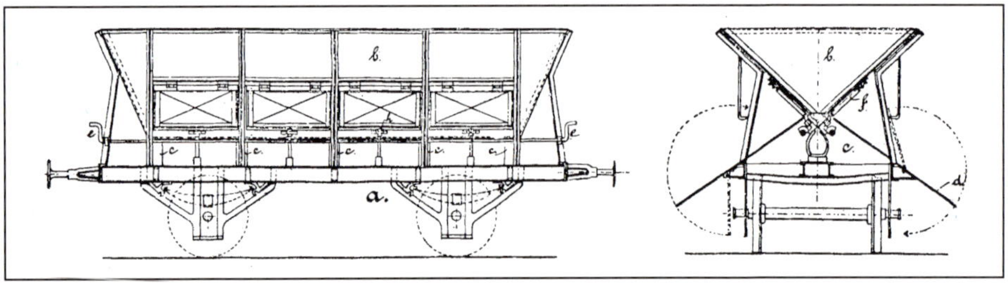

Bild 1: Eisenbahntransportwagen mit einem Wagenkasten von dreieckförmigem Querschnitt (Zeichnung: Waggonfabrik Talbot)

venradius des Schienenwegs, und es eröffneten sich neue Möglichkeiten für die räumliche Ausnutzung von Güter- und Personenwagen.

Gedeckte und offene Güterwagen waren selbstverständlich im Einsatz, jedoch schon 1891 war der Selbstentladewagen von Talbot entwickelt worden. Hoesch mit seiner Industriebahn verschaffte dem Wagen den Durchbruch, was sehr gut verständlich ist, da besonders die Industriebahnen der Montanindustrie bei dem Auf und Ab dieser Industrie auf wirtschaftlichen Betrieb ausgerichtet waren und dieser Wagen in dreiachsiger Version 30 Tonnen transportieren und selbstentladen konnte, gegenüber 15 Tonnen in offenen Wagen der Staatsbahnen mit Greiferentladung.

Mit der dynamischen Beanspruchung des Schienenwegs und der Fahrzeuge durch große Massen, hohe Anfahr- und Bremsbeschleunigungen und hohe Geschwindigkeiten traten Werkstoffprobleme auf, die zu häufigen Unglücken führten und August Wöhler 1856 veranlaßten, Werkstoff- und Bauteilprüfungen im Eisenbahnwesen zu betreiben, die bahnbrechend waren für die Werkstoffkunde und dazu beitrugen, daß 1879 die Königlich Preußischen technischen Versuchsanstalten als Vorläufer der staatlichen Materialprüfungsanstalten gegründet wurden.

In diesem Zusammenhang soll nicht unerwähnt bleiben, daß die Eisenbahnunfälle durch gebrochene Radreifen mit zunehmender Verwendung des nahtlosen Radreifens, auf den Krupp 1853 ein Patent erhielt und 20 000 Meilen ohne Abdrehen garantierte, deutlich abnahmen.

Doch obgleich die grundlegenden technischen Entwicklungen schon bei Gründung des Verbandes umgesetzt und in Betrieb gesetzt waren, haben die privaten Eisenbahnen in den 100 Jahren des Bestehens ihres Verbandes ganz wesentliche Komponenten zur technischen Weiterentwicklung des Rad-Schiene-Systems beigetragen. Die hervorragenden Leistungen der öffentlichen Bahnen und Anschlußbahnen sollen hervorgehoben werden, da zum einen die Anforderungen an diese Bahnen und ihre besonderen Aufgaben von den Staatsbahnen abweichende Entwicklungen erforderten, zum anderen aber auch bahnbrechende neue Entwicklungen durch den Erfindergeist und die Übernahme von Ingenieurverantwortung in kleinen Eisenbahnbetrieben, wie sie die Privatbahnen nun einmal darstellen, ermöglicht wurden. Überwiegend wirtschaftliche Zwänge waren es und sind es auch heute noch, die gerade bei den privatwirtschaftlich ausgerichteten, kleinen Eisenbahnen dazu führen, Neuland bei organisatorischen Abläufen zu betreten und den Einsatz neuer bezahlbarer Techniken durchzusetzen. Dazu gehören u. a. die Entwicklungen auf dem Gebiet der kundengerechten Triebwagen für den Personenverkehr in Leichtbauweise, die Arbeiten für Standarddiesellokomotiven, die Ersteinführung von Drehstromlokomotiven, der Bau von unterschiedlichen Stromsystemen genügenden Fahrzeugen für den Personenverkehr auf EBO- und BO-Strab-Strecken, die Entwicklung eines Oberbaus für hohe Achslasten sowie der Industrieweichen, Durchführung von Flüssigeisentransporten über lange Entfernungen, Erztransporten in 5500 Tonnen-Zügen mit Selbstentladewagen, ausgerüstet mit automatischer Mittelpufferkupplung, die Einführung des funkferngesteuerten Lokomotivbetriebes sowie die Nutzung moderner Telekommunikations- und Datenverarbeitungstechniken für Informations- und Steuerungssysteme.

Bahnbau in neuen Dimensionen

Vor dem Zeitalter der Eisenbahn wurde technisch und ökonomisch zwischen Transportweg und Transportmittel unterschieden. Die Nutzer von Straßen und Wasserstraßen zahlten für das Benutzen der Wege mit ihren Fahrzeugen ein Entgelt. Mit der Spurführung der Eisenbahn war eine Trennung von Transportweg und Transportmittel nicht mehr aufrechtzuerhalten. Fahrweg,

Bild 2: Kohlezug mit Kohlewagen für 100 t Nutzlast (Foto: Rheinbraun)

Fahrzeuge und Fahrbetrieb waren zu einem technischen System verbunden. Die Folge waren administrative Bestimmungen, die technische Lösungen für Bahnbau, Fahrzeugbau und Fahrbetrieb maßgeblich beeinflußten.

Als 1896 die Georgs-Marien-Hütte eine neue Bahnlinie für Güter- und Personenverkehr zwischen Kirchlengern und der Wallücke bei Bergkirchen in Angriff nahm, mußten viele administrative Restriktionen überwunden oder in Kauf genommen werden. In der Festschrift zur Inbetriebnahme dieser Schmalspurbahn, die zu einem Drittel als Flachlandbahn, zum zweiten Drittel als Hügelbahn und dem letzten Drittel als Gebirgsbahn anzusehen ist, wurde vermerkt, daß die Bestimmungen des Vereins Deutscher Eisenbahnverwaltungen (gegründet am 10. November 1846 als Verband der preußischen Eisenbahnen) über Bau und Betrieb von „Lokalbahnen“ wenig dazu angetan seien, für die Kleinbahnen im allgemeinen maßgebend zu werden. Sie ließen vom Standpunkt des Kleinbahntechnikers gar viel zu wünschen übrig. Deshalb wurde beim Bau der Wallückebahn von neuen Gesichtspunkten ausgegangen und zum ersten Mal der Versuch unternommen, „eine Kleinbahn von 600 mm Spurweite mit kräftigem stoßlosen Oberbau, starken Drehgestell-Lokomotiven und Drehgestell-Wagen für Güter- und Personenbeförderung und so eine wirtschaftliche Harmonie zwischen Rad und Schiene herzustellen.“ [2]

Bild 3: Abraumwagen mit 96 mΔ Inhalt (Foto: Rheinbraun)

Dank des Durchsetzungsvermögens der Kleinbahntechniker der Eisenbahnen der Georgs-Marien-Hütte wurde eine Bahn gebaut, die den Belangen des Betreibers, den geographischen Verhältnissen und dem rollenden Material bei der Ausbildung des Oberbaus Rechnung trug. So entstand ein Schienenweg mit 600 mm Spurweite – entgegen den üblichen 750 mm Schmalspurschienenwegen – der schon damals in den Bereichen, in denen vorhandene Straßen mitbenutzt wurden, eine Oberbaukonstruktion mit einer Schiene von 130 mm Höhe, 130 mm Fußbreite, 48 mm Kopfbreite und einem

Metergewicht der Fahrschiene von 25,4 kg/m aufwies. Hier wird deutlich, welchen Anforderungen die Privatbahnen bezüglich ihrer Leistungsfähigkeit für Schwertransporte im Güterverkehr schon vor 100 Jahren ausgesetzt waren, denen die Staatsbahnen beim Ausbau ihrer Netze nicht Rechnung trugen.

Ähnliche, für die damalige Zeit revolutionäre Maßstäbe setzte die Nord-Süd-Bahn der Rheinische Braunkohlewerke AG [3]. Mit der Veränderung der Abbaubedingungen, d.h. der Verschlechterung des Verhältnisses Abraum zu Kohle, mußten Massentransporte bewältigt werden, für die das vorhandene Bahnsystem nicht mehr ausreichte. Anfangs der 50er Jahre wurde deshalb eine Konzeption zur Verbindung der verschiedenen Tagebaue, Kraftwerke, Kippen und Brikettfabriken erarbeitet und in zwei Stufen bis zum Jahre 1957 verwirklicht. Durch Anwendung eines erweiterten Lichtraumprofils konnten vier Meter breite Wagen mit einem Fassungsvermögen von 100 Tonnen Kohle bzw. 96 Kubikmeter Abraum eingesetzt werden.

Die achtachsigen Abraumwagen, ausgebildet als Seitenkipper mit selektiver Ansteuerung der Entlademechanismen von der Lokomotive aus, erreichen bis zu 270 Tonnen Gesamtgewicht. Die Aufnahme von Achslasten bis zu 35 Tonnen erforderte die Neuentwicklung eines schweren Schienenprofils, der Schiene S 64 mit

Bild 4: Kattwykbrücke im Hamburger Hafen (Foto: Strom- und Hafenbau, Hamburg)

einem Metergewicht von 64,7 Kilogramm. Mit Zugfolgezeiten von drei Minuten in Teilabschnitten der Strecke mußten die Kreuzungen mit anderen Verkehrswegen höhenungleich ausgebildet werden. Der Lastenzug der Nord-Süd-Bahn übertraf den schwersten Lastenzug der Deutschen Bundesbahn weit. Die längste Brücke der Nord-Süd-Bahn mit 170 m Länge weist eine Stützweite von 85 m auf. Erstmalig wurde eine solche Stützweite für eine Eisenbahnbrücke mit einer Spannbetonkonstruktion überwunden – eine großartige Ingenieurleistung in der damaligen Zeit.

Auch die zu den größten Hubbrücken der Welt zählende Kattwykbrücke im Hamburger Hafen ist ein grandioser Beitrag zur technischen Weiterentwicklung der Infrastruktur von Bahnen. Zur Verbindung der Verkehrsnetze beiderseits von Köhlbrand und Süderelbe wird hier auf drei je 106 m langen Stahlfachwerk-Überbauten, deren Mittelteil 46 m angehoben werden kann, ein Gleis der Hamburger Hafenbahn zusammen mit einer zollinländischen Straße auf gemeinsamer Fahrbahn überführt. Dabei wurde erstmalig ein Bahnübergang mit einer Sperrstrecke von fast 400 m Länge mit einer automatisch gesteuerten technischen Sicherung ausgerüstet. Erstmalig wurden hier sämtliche Bauteile einer großen Eisenbahn-Fachwerkbrücke vollständig, d.h. auch in den Knotenblechen, miteinander verschweißt, und ebenfalls erstmalig wurde eine 15 kV-Oberleitung über eine Hubbrücke geführt.

Die Erhöhung der Leistungsfähigkeit und Wirtschaftlichkeit des Systems Eisenbahn durch den Bau von Gleisen für hohe Achslasten wurde von den privaten Eisenbahnen früh erkannt. Besonders die Werks- und Industriebahnen der Eisen- und Stahlindustrie leisteten Pionierarbeit auf diesem Sektor. Die Arbeitsgemeinschaft Transport im Verein Deutscher Eisenhüttenleute führte mit Professor Eisenmann von der Technischen Hochschule München umfangreiche Untersuchungen zur Beanspruchung des Oberbaus mit hohen Achslasten durch [4]. Die Eignung von Holzschwellen und von Hochofenschlacke als Bettungsstoff für Achslasten von 30 bis 50 Tonnen wurde eingehend untersucht mit dem Ergebnis, daß die kostengünstige Hochofenschlakke bei den Werks- und Industriebahnen die Natursteinbettungen ablöste [5].

Während die Staatsbahnen nach Gründung der Deutschen Reichsbahn die Oberbauformen und vor allem die Weichen vereinheitlichten und mit der Reichsbahnweiche über genormte Weichen für Geschwindigkeiten ab 40 km aufwärts verfügten, wurde bei den privaten Bahnen je nach örtlichen Verhältnissen bis in die 70er Jahre dieses Jahrhunderts mit Einzelkonstruktionen gearbeitet. Erst dann gelang es dem Ausschuß für Bahnbau des Verbandes in Zusammenarbeit mit dem Verband der Weichenbauindustrie, sich auf Einheitsweichen für private Bahnen zu einigen. Regelweiche dieser sogenannten Industrieweichen ist die Weiche mit 140 m Radius, während die Weichen mit Radien von 100 m und 50 m im Katalog enthalten sind, jedoch nur in Sonderfällen angewandt werden sollen.

Mit der Bahnreform 1994 und der damit verbundenen Trennung von Fahrweg und Betrieb ergeben sich Möglichkeiten für neue technische Entwicklungen im Bahnbau. Dies gilt allerdings nur, wenn die Chance genutzt wird, den Fahrweg den Erfordernissen der Bahnbetreiber anzupassen und nicht den Betreibern Restriktionen auferlegt werden, die aus Unzulänglichkeiten der Infrastruktur herrühren.

Kosten senken durch geeignetes rollendes Material

Während im 19. Jahrhundert die Entwicklung der Dampftraktion vornehmlich von den Staatsbahnen vorangetrieben wurde, hatten die privaten Bahnen seit Beginn des 20. Jahrhunderts maßgeblichen Anteil an der Entwicklung der elektrischen Traktion zur Ablösung der nur mit geringem Wirkungsgrad arbeitenden Dampflokomotive. Dies wurde begünstigt durch die Schienennetze von geringer Ausdehnung, wodurch die im Nahverkehr der Straßen-, Untergrund- und Hochbahnen verwendete Gleichstromtechnik angewandt und weiterentwickelt werden konnte, die für Fernbahnen zu Beginn der Entwicklung wegen der geringen zulässigen Motorspannungen und damit verbundenen geringen Fahrdrahtspannung und der Vielzahl der Unterwerke nicht wirtschaftlich war, ebenso wie die Anwendung der Drehstromtechnik mit in der Praxis schwierig auszubildender dreipoliger Fahrleitung. Pionierleistungen wurden von der privaten Bahn Süddeutsche Lokalbahn AG erbracht, die im Dezember 1895 auf der Strecke Meckenbeuren–Tettnang den elektrischen Betrieb und 1905 auf der Strecke Murnau–Oberammergau als erste Bahn den elektrischen Betrieb mit Einphasen-Wechselstrom aufnahm. Die wirtschaftlichen Zwänge, hohe Förderleistungen bei geringen Förderkosten zu erbringen, zwangen besonders die Bahnen der Hüttenbetriebe und Bergwerksgesellschaften zu ständigen technischen Verbesserungen beim rollenden Material. In den Hütten- und Steinkohlebergwerken liegt durch das häufige Anfahren im Rangierbetrieb, die Verluste bei Stillstand der Lokomotive und die technisch bedingten Verluste bei Anheizen, Abschlacken und Auswaschen, der Wirkungsgrad der Dampflokomotiven unter 5%.

Bild 5: Normalspurige elektrische Lokomotive mit 30 t Achslast (Foto: Rheinbraun)

In den Braunkohletagebauen kommt zum geringen Wirkungsgrad der Dampflokomotiven als Nachteil hinzu, daß ihre Leistung nach kurzer Überlast stark abfällt und damit die Steigungsstrecken auf kurze Abschnitte beschränkt bleiben müssen. Lokomotiven, die ihre Energie in praktisch unbegrenzter Höhe aus dem Fahrdraht beziehen und die Antriebsmotoren bis zum 2,5fachen ihrer Stundenleistung überlasten können, sind in der Lage, auch über längere Steilstrecken hohe Lasten zu ziehen und aufgrund ihrer Leistungsfähigkeit die Kohle- und Abraumzüge mit höheren Geschwindigkeiten zu fahren. Dies bedeutet die gleiche Leistung auf einem kürzeren Streckennetz erbringen zu können und durch die Erhöhung der Anzahl der Umläufe mit weniger Lokomotiven und Wagen auszukommen. Diese Vorteile und die niedrigeren Betriebskosten der elektrischen Lokomotiven wiegen die hohen Investitionen für die Elektrifizierung der Strecken auf. In den deutschen Braunkohletagebauen waren schon mit Beginn der 20er Jahre vierachsige elektrische Lokomotiven für 900-mm-Spur mit 16 Tonnen Achsdruck, vier Fahrmotoren von je 110 kW und der hohen Fahrdrahtspannung von 1200 V Gleichstrom in Betrieb, deren Anfahrzugkraft 20 Tonnen betrug und die eine Höchstgeschwindigkeit von 50 km/h erreichten [6]. Diese Lokomotiven wurden ständig weiterentwickelt und verbessert. Bis zu den 50er Jahren wurde das Lokomotivgewicht auf 75 Tonnen und die Motorleistung auf 185 kW erhöht.

Zu Beginn der 30er Jahre begann die Entwicklung der normalspurigen elektrischen Lokomotiven mit höheren Achslasten bis zu 30 Tonnen und einer Leistung der Fahrmotoren von 370 kW. Diese war jedoch nur zu erreichen durch Umstellung von Gleichstrom auf Einphasen-Wechselstrom mit 6000 Volt und 50 Hz. Die auf der schon erwähnten Nord-Süd-Bahn der Rheinbraun AG seit 1954 eingesetzten Lokomotiven haben ein Gesamtgewicht von 140 Tonnen, erreichen eine Höchstgeschwindigkeit von 60 km/h und befördern Zuggewichte von 2000 Tonnen über Steigungen von 1:49.

Die Entwicklung in den Hüttenwerken war dadurch gekennzeichnet, daß die Be- und Entladestellen nicht elektrifiziert werden konnten und deshalb Zweikraftlokomotiven eingesetzt werden mußten. Dies erfolgte anfangs durch die Entwicklung von vierachsigen Fahrleitungs-Batterie-Lokomotiven, die Mitte der 50er Jahre ein Dienstgewicht von 80 Tonnen und eine Gesamtleistung von 596 kW bei 600 Volt erreichten. Diese Lokomotiven waren mit Gitterplattenbatterien ausgerüstet, die gegenüber der Großoberflächenbatterie wenig Raum benötigten, hohe Kapazität und geringes Gewicht aufwiesen und preisgünstig waren. Von den 60er Jahren an wurden die Fahrleitungs-Batterie-Lokomotiven durch elektrische Lokomotiven mit Hilfsdiesel mit Generator abgelöst.

Besondere Verdienste bei der Weiterentwicklung der elektri-

Bild 6: Zweifrequenzlokomotive mit zusätzlicher Traktionsbatterie als Zweitkraftantrieb in Thyristortechnik, Baujahr 1968 (Foto: Lukas)

schen Traktion erwarb sich die Zechenbahn- und Hafenbetriebe Ruhr-Mitte (ZuH), die heutige WD Bahn- und Hafenbetriebe der Ruhrkohle AG. Bei der Beschaffung von Zweifrequenz-Lokomotiven für 15 kV 16 2/3 Hz und 15 kV 50 Hz Mitte der 60er Jahre gab es noch keine Lokomotiven mit Thyristortechnik. Zechenbahn- und Hafenbetriebe leistete auf diesem Gebiet Pionierarbeit, indem 26 Lokomotiven mit 40 bis 88 Tonnen Dienstgewicht und Motorleistungen von 360 bis 720 kW erstmals mit Thyristortechnik serienmäßig ausgerüstet wurden. Die Erfahrung mit diesen Lokomotiven und das Erfordernis für eine starke Streckenlokomotive führten zur Entwicklung der ersten Drehstromlokomotive für Fahrdrahtbetrieb mit vollelektronischer Leistungsübertragung. 1976 wurde die erste Serie von sechs Lokomotiven mit Drehstrom-Asynchron-Kurzschlußläufermotor mit 1500 kW Leistung von BBC/Henschel für ZuH gebaut [7].

Das für die Fahrdrahtlokomotiven der Zechenbahn- und Hafenbetriebe angewendete Antriebssystem wurde auch für sechs Zweikraftlokomotiven des damaligen Gemeinschaftsbetriebes Eisenbahn und Häfen GmbH (EH) angewandt. Die 1977 gebauten Loks EDE 1000/500 für 600 V Fahrleitungsspannung und Dieselbetrieb sind mit den gleichen Wechselrichtern und Motoren wie die Lokomotiven von ZuH ausgerüstet.

Auf dem Sektor der Diesellokomotiven wurde in Deutschland die Entwicklung der diesel-hydraulischen Lokomotive durch die Staatsbahn vorangetrieben. Die privaten Bahnen haben dazu praktisch keine Beiträge geleistet, sondern die vorhandene Technik zügig zur Ablösung der Dampftraktion eingesetzt. Da jede Bahn jedoch ihre jeweiligen betrieblichen Anforderungen technisch für ihre Diesellokomotive umgesetzt haben wollte, liefen den Herstellern bei den geringen Stückzahlen für die einzelnen privaten Bahngesellschaften die Fertigungskosten davon. Es ist das Verdienst des Ausschusses für Maschinentechnik des Verbandes, daß ein Lastenheft für eine Standarddiesellokomotive erarbeitet wurde, in welchem die Anforderungen aller Bahnen an eine Diesellokomotive einvernehmlich definiert werden konnten [8].

Wurde die technische Entwicklung der dieselhydraulischen Lokomotive von der Staatsbahn vorangetrieben, so waren es Mitte der 70er Jahre die privaten Bahnen, die auch in Deutschland dem Prinzip der diesel-elektrischen Lokomotive, diesmal allerdings mit Drehstromtechnik, zum Durchbruch verhalfen. Sowohl die vier- als auch die dreiachsigen dieselelektrischen Drehstromlokomotiven in Deutschland sind ausschließlich bei verschiedenen privaten Bahnen im Einsatz.

Wie die Erfordernisse der Kunden bei den privaten Bahnen umgesetzt werden, zeigt letztlich die Entwicklung des Zweisystemfahrzeugs „Karlsruhe“ der Albtal-Verkehrs-Gesellschaft/Verkehrsbetriebe Karlsruhe. Erstmals wurde mit hochrentablem Kapitaleinsatz ein Fahrzeug entwickelt und gebaut, welches alle Vorzüge des Straßenbahnfahrzeugs mit hoher Anfahr- und Bremsbeschleunigung aufweist und gleichzeitig auf Straßenbahn- und Eisenbahnstrecken eingesetzt werden kann. Das Zweisystemfahrzeug kann mit 750 V Gleichstrom oder $16\,^{2}/_{3}$ Hz / 15 kV Wechselstrom betrieben werden. Es ist ein achtachsiger Zweirichtungsgelenkwagen, der aus der „Fahrzeugfamilie Karlsruhe“ im Baukastensystem entwickelt wurde. Die Gleichstromausrüstung für Antrieb und Steuerung entspricht dem übrigen Fahrzeugpark. Beim Einsatz im 15 kV-Netz wird die Fahrdrahtspannung durch eine Zusatzeinrichtung mit Transformator und Gleichrichter, die sich unter dem Wagenfußboden des Mittelteils befindet, in 750 V Gleichspannung umgeformt und versorgt damit das Fahrzeug. Nicht unerwähnt soll in diesem Zusammenhang bleiben, daß alle technischen Fragen für den Mischbetrieb, wie Radreifen-Mischprofil, Einstiegsverhältnisse am Bahnsteig und Beeinflussung der Signal- und Fernmeldeanlagen, gelöst werden konnten. Obgleich die Rahmensteifigkeit wegen des Leichtbaus der Fahrzeuge geringer ist als in den UIC-Normen festgelegt, kann die Gesamtsicherheit des Systems gewährleistet werden, da keine Rangierstöße auftreten und die aktive Sicherheit durch das hohe Bremsvermögen größer ist als bei einem klassischen Eisenbahnfahrzeug.

Seit Ende der 20er bis zum Beginn der 70er Jahre, in denen der Omnibus die Eisenbahn als wichtigsten Verkehrsträger für den Personenverkehr in den ländlichen Regionen ablöste, wickelten die privaten Bahnen diesen Personenverkehr in weiten Bereichen mit Triebwagen ab, die zum einen die Dampfzüge ablösten und zum anderen besonders den regionalen Belangen der Personenbeförderung angepaßt waren und gleichzeitig für die Abwicklung von Stückgut- und Wagenladungsverkehr technisch konzipiert waren, wie das als jüngstes Beispiel der Triebwagen der Südwestdeutschen Verkehrs-AG (SWEG) zeigt. Die verschiedenen technisch bahnbrechenden Fahrzeugkonstruktionen können hier nicht einzeln aufgeführt werden, aber Namen wie der „Fliegende Beckumer“, ein bei der Waggonfabrik Görlitz gebauter Leichttriebwagen für die Westfälische Landeseisenbahn mit nur 24 Tonnen Gewicht für 76 Personen mit 6-Zylinder-Dieselmotoren in den beiden Drehgestellen, der mit der Höchstgeschwindigkeit von 70 km/h 1935 die schnell fahrenden Personenautos allemal überholte und durch seine sehr geräumigen Einsteigeräume auch für Reisende mit Traglasten gut geeignet war sowie Aufhängevorrichtungen für Fahrräder aufwies – eine Forderung, die heute Kopfzerbrechen bereitet, aber damals offensichtlich zum selbstverständlichen Dienst am Kunden gehörte – oder der „Silberpfeil“ der Verkehrsbetriebe Salzgitter (VBS), sind Beispiele für den Erfindergeist der privaten Bahnen [9]. Mit diesem Silberpfeil beschritten die Ingenieure

Bild 7: Zweisystem-Stadtbahnwagen, Karlsruhe, im Karlsruher Hauptbahnhof (Foto: Bihn)

Bild 8: Silberpfeil der Verkehrsbetriebe Salzgitter
(Foto: Linke-Hofmann-Busch)

der Bahn und des Herstellers Linke-Hofmann-Busch (LHB) 1955 neue Wege im Leichtbau für Personenverkehrsfahrzeuge. Es wurde ein Triebwagen für den Nahverkehr mit gegenüber dem Staatsbahntriebwagen erhöhtem Platzangebot, einem Minimum an Erhaltungsaufwand und Verbesserung der Tot-Gewichte je Sitzplatz in Stahlleichtbauweise konzipiert. So entstand ein Triebwagen, dessen Wagenkasten und Laufdrehgestell aus nichtrostendem Edelstahl bestand, die Rohbaukonstruktion punktgeschweißt [10].

Bild 9: VT2E der AKN (Foto: AKN Eisenbahn AG, Hamburg)

Die Forderung der privaten Bahnen nach leichten, energiesparenden Fahrzeugen mit großem Platzangebot für den Personenverkehr wurde ab Mitte der 70er Jahre bei der Eisenbahn Altona-Kaltenkirchen-Neumünster mit einer neuen Generation von Triebwagenzügen umgesetzt.

Dieser VT2E war mit einem dieselelektrischen Antrieb ausgerüstet, um einen S-Bahn-ähnlichen Betrieb bezüglich Leistung und Fahrdynamik auf dem Netz der Eisenbahn-Aktiengesellschaft Altona-Kaltenkirchen-Neumünster (AKN) durchführen zu können. Nicht nur wegen des Antriebs, auch wegen der Leichtbauweise und Steuerung, setzte dieser Triebwagen neue Dimensionen für den Nahverkehr der nichtbundeseigenen Eisenbahnen. Die Weiterentwicklung dieses Fahrzeuges erfolgte dann bei der Hessischen Landesbahn und seit 1993 als neueste Version VTA wiederum bei der AKN. Wie 1976, wurden auch 1993 mit dem VTA, konzipiert als nicht trennbarer Doppeltriebwagen, neue technische Dimensionen gesetzt. Als Motor dient ein Unterflurdieselmotor von Cummins, der den Wegfall von Wartungsklappen im Fußboden des Fahrgastraums ermöglicht. Der Übergang zwischen beiden Wagen ist türlos. Nicht nur für den Wagenkasten, sondern bei allen zugehörigen Komponenten wurde korrosionsfreies bzw. korrosionsarmes Material verwendet. Erstmals auf der Welt wird bei diesem Fahrzeug ein wassergekühlter Transistorwechselrichter serienmäßig eingesetzt, wodurch ein Einzelradantrieb mit hoher fahrdynamischer Leistung und optimaler Adhäsionsausnutzung realisiert wird.

Als Kühlmedium wird Brauchwasser eingesetzt, wobei die im Wasser gespeicherte Abwärme der Wechselrichter und Fahrmotoren im Heizbetrieb für die Fahrgastheizung ausgenutzt wird. Dieses Verfahren ist besonders umweltfreundlich und reduziert den Energieverbrauch des Fahrzeuges deutlich [11].

Doch trotz aller Bemühungen sind die Investitionskosten für moderne Triebwagen für den Personenverkehr drei- bis viermal so hoch wie für einen Standardlinienbus. Deswegen wurde vom VDV vorgeschlagen, für die Anwendungsfälle

- Verkehr auf schwach- bis mittelbelasteten Nebenstrecken,
- Verkehr auf nichtelektrifizierten Nebenstrecken mit Übergang auf innerstädtisches Stadtbahnnetz und
- Verkehr auf elektrifizierten Nebenstrecken mit Übergang auf innerstädtisches Stadtbahnnetz

kostengünstige Regionalfahrzeuggenerationen zu entwickeln.

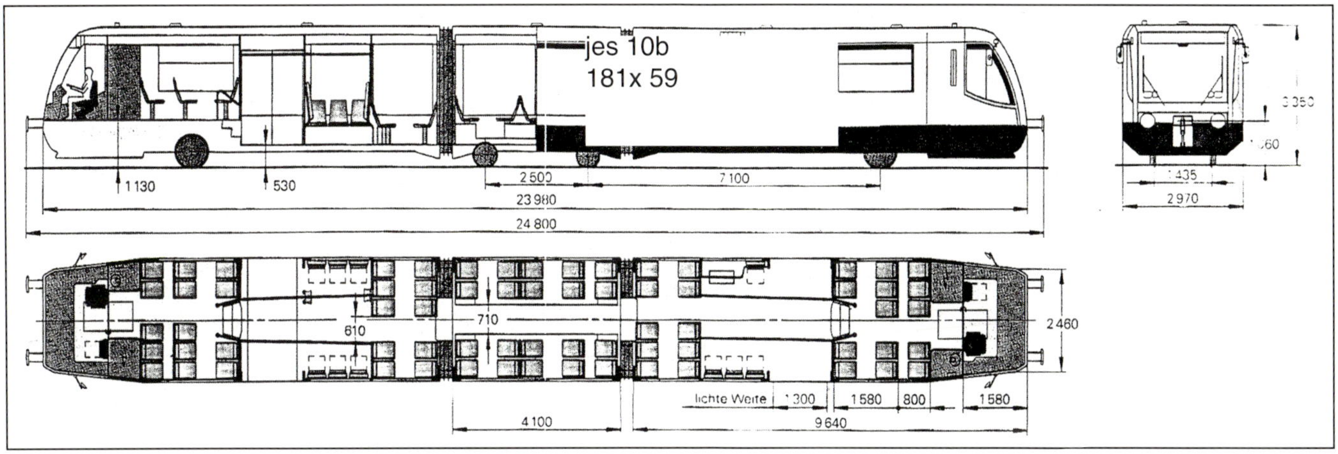

Bild 10: Dieselleichttriebzug der DUEWAG in Niederflurbauweise für den Regionalverkehr (Foto: Bihn, Zeichnung: DUEWAG)

Hierbei sollen bewährte Konstruktionsprinzipien auch aus der Busproduktion sowie die Verwendung von dort eingesetzten Komponenten übernommen werden.

Diese Initiative des VDV wurde von vier Firmengruppen aufgegriffen, die in kurzer Zeit Fahrzeugkonzepte für unterschiedliche Anwendungsfälle vorlegten.

Die Dürener Kreisbahn hat bei der Siemens-Duewag-Gruppe 16 Fahrzeuge bestellt. Dieser Wagen von 25 m Länge ist als Doppelgelenktriebwagen mit kurzem Mittelteil gebaut. Die mit diesen Fahrzeugen erreichten Kosten pro Sitzplatz liegen zwar noch über denen des Standardlinienbusses, jedoch nur noch bei etwa der Hälfte der Kosten eines herkömmlichen im EBO-Bereich eingesetzten Triebwagens. Mit dieser Entwicklung ist der Schritt getan, auch für die Zukunft Fahrzeuge für die unterschiedlichen Einsatzfälle sowohl auf EBO-, als auch auf BO-Strab-Strecken zur Verfügung zu haben.

Im Güterverkehr haben die privaten Bahnen bei der technischen Entwicklung des kundengerechten Wagenmaterials Vorbildliches geleistet.

Duewag, Linke-Hofmann-Busch, Talbot und Waggon-Union haben eine ganze Palette von Güterwagen für die speziellen Belange der privaten Bahnen entwickelt und gebaut. Besonders für den

Bild 11: Zwei-Seiten-Kipper FD 60 der Westfälischen Landes-Eisenbahn (Foto: WVG)

Bild 12: Erzwagen Faalns 150 (Foto: LHB)

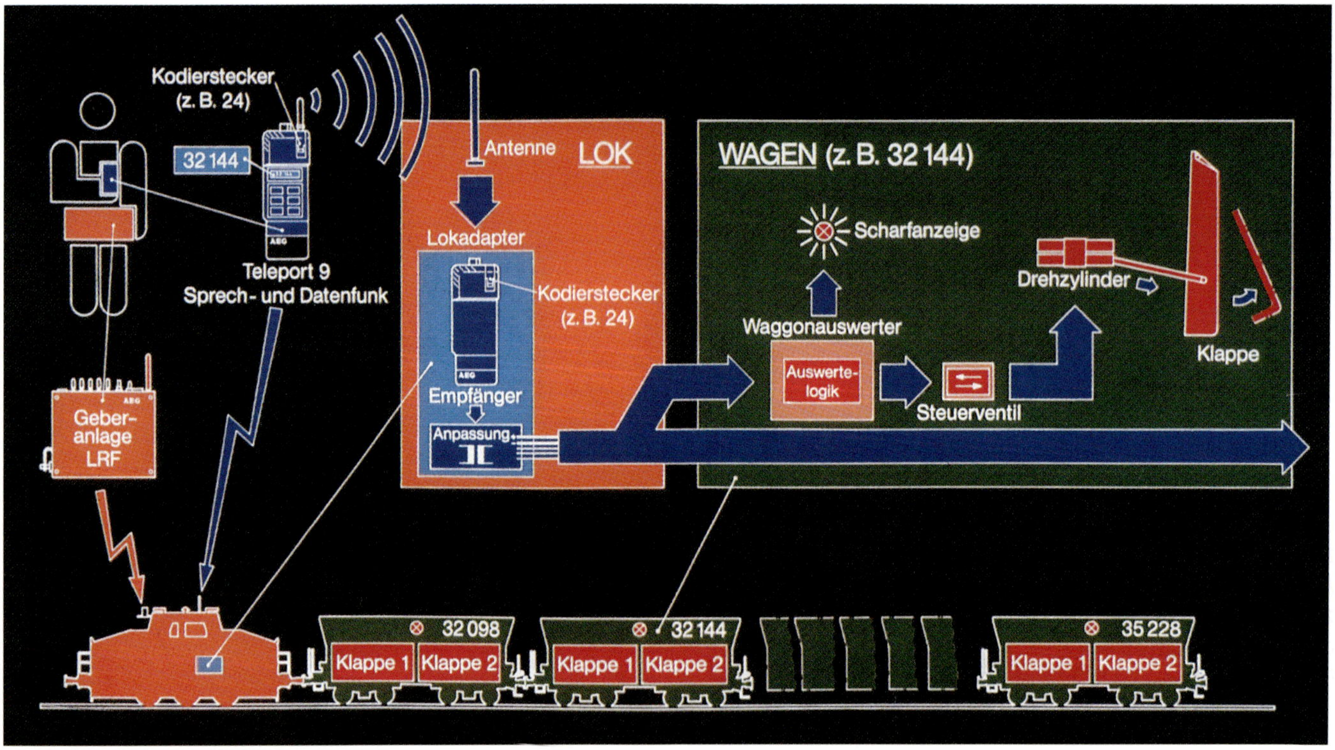

Bild 13: Prinzipskizze Funkfernsteuerung von Selbstentladewagen (Zeichnung: Eisenbahn und Häfen)

Massenguttransport Kohle, Koks, Erz und Kalk wurden Selbstentladewagen, Ein- und Zweiseitenkipper und Kübelwagen konzipiert, die sowohl bei der Be- als auch bei der Entladung einen rationellen und kostengünstigen Betrieb ermöglichten und den Transport dieser Güter auf der Schiene aufgrund der Wirtschaftlichkeit sicherten. Beispielhaft seien hier die Zweiseitenkippwagen FD 60 der Westfälischen Landes-Eisenbahn mit zwei nach beiden Seiten kippbaren Behältern mit je 12,5 Tonnen Ladegewicht für die Kalksteintransporte zu den Zementwerken genannt, die von 1961 bis 1985 eingesetzt wurden, und die Selbstentladewagen der Verkehrsbetriebe Peine-Salzgitter mit einem Fassungsvermögen von 60 m^3 und einer Tragfähigkeit von 100 Tonnen. Diese 180 Privatwagen waren die ersten bei der Bundesbahn eingestellten Selbstentladewagen, die mit automatischer Mittelpufferkupplung ausgerüstet waren. Auch für die Bundesbahn war dies eine bis dahin nicht gekannte technische Dimension, mußten doch die Strecken mit neuer Achszählung ausgerüstet werden, da der Zug mit zwei E-Loks der Baureihe 151 insgesamt 252 Achsen aufwies und die 1977 mit Beginn des Einsatzes dieser Wagen bestehenden Achszähler nur 250 Achsen zählen konnten. Doch gerade bei den Selbstentladewagen ließ das Handling an den Entladestellen immer noch zu wünschen übrig. Dies hatte seine Ursache im wesentlichen darin, daß für vollmechanisierte Entladebetätigungen die elektrische Versorgung der Güterwagen notwendig war. Selektives Ansteuern der einzelnen Wagen, wie dies bei den Großraumwagengarnituren von Rheinbraun seit den 60er Jahren möglich war, wurde bei Selbstentladesattelwagen erst 1986 bei der Eisenbahn und Häfen GmbH realisiert [13].

Die Selbstentladewagen für den Transport von Erz, Sinter, Kohle und Koks wurden mit einer durchgehenden elektrischen Leitung versehen, so daß über die Loksteuerung der Lokrangierführer mit seinem Handsprechfunkgerät selektiv die Klappenbedienung der Selbstentladewagen vornehmen konnte. Wenige Jahre später wurde mit der Deutschen Bundesbahn ein gemeinsames Lastenheft entwickelt, um ein selektives Ansteuern der Klappen der einzelnen Selbstentladewagen auch ohne durchgehende elektrische Leitung zu ermöglichen. Zwei Prototypen wurden ausgerüstet und befinden sich im Einsatz. Nach einem Großversuch mit 100 Selbstentladewagen wird das System in Serie gehen.

Bild 14: Selektives Entladen von Selbstentladewagen per Funkansteuerung (Foto: Eisenbahn und Häfen)

Rationeller Betrieb mit moderner Informations- und Steuerungstechnik

Die privaten Bahnen waren immer in besonderer Weise gefordert, kostengünstig zu arbeiten. Nur solange dies gewährleistet war, bestand ihre Existenzberechtigung.

Dies ist sicher der stärkste Antriebsmotor seit jeher gewesen, um durch besonders rationelle Betriebsabwicklung positive Ergebnisse in den Unternehmen zu erwirtschaften. Nicht rein zufällig haben die Verkehrsbetriebe Peine-Salzgitter den schon beschriebenen Erzverkehr von der Küste nach Salzgitter mit der Staatsbahn in Angriff genommen, sondern sie haben damit eine alte Tradition fortgesetzt. Die Ilseder Hütte, die früher ihr Roheisen erkalten ließ und es in offenen Wagen in Masseln mit der Peine-Ilseder Eisenbahn nach Peine brachten, beabsichtigten Anfang dieses Jahrhunderts, dieses Eisen flüssig nach Peine zu bringen. 1809 wurde der Peine Ilseder Eisenbahn die Genehmigung zum Bau einer neuen Bahn erteilt, die vom Hochofenwerk in Ilsede auf die Konverterbühne des Stahlwerkes in Peine führte. Diese Bahn wurde als Privatanschlußbahn Roheisentransportbahn Großilsede-Peine im Dezember 1910 konzessioniert und im Januar 1911 in Betrieb genommen. Erstmals wurde über eine 6,5 km lange Strecke in bedeckelten Topfpfannen flüssiges Roheisen transportiert [14].

Mit der zunehmenden Konzentration der Hochofenwerke auf Standorte am Rhein wurde auch im Ruhrgebiet verstärkt flüssiges Eisen über Entfernungen von 20 und mehr km transportiert. In jüngster Vergangenheit wurden teilweise täglich über 4000 Tonnen flüssiges Eisen zwischen allen Hüttenwerken am Rhein, der Henrichshütte und der Hütte in Dortmund, auch im Rahmen von Werkshilfe, transportiert. Diese Leistung war nur möglich durch enges Zusammenspiel zwischen den privaten Bahnen und der Deutschen Bundesbahn. Sie ist ein besonderes Beispiel, wie durch eine enge Kooperation der Schienengüterverkehr optimal abgewickelt werden kann.

Die privaten Eisenbahnen haben im Personenverkehr in der Fläche viele Jahre ihren Betrieb wirtschaftlich gestalten können. Allerdings haben sie auch schnell erkannt, daß der Schienenpersonenverkehr in vielen ländlichen Bereichen nicht aufrechtzuerhalten war, und diesen Personenverkehr auf die Straße verlagert. Dadurch war es den Unternehmen möglich, ihr Streckennetz und damit die Versorgung der Fläche durch rationelle Abwicklung des Güterverkehrs zu erhalten.

Eine rationelle Personen- und Güterverkehrsabwicklung wurde im wesentlichen durch die Einführung des Sprechfunkverkehrs, an dem die privaten Bahnen wesentlich mitgewirkt haben, erreicht, wobei anfangs der offene Funkverkehr wenig verbreitet war, sondern Einzelsprechverbindungen bzw. Selektivruf eingeführt wurden. Heute ist, besonders bei den großen Bahnen, der offene Sprechfunkverkehr die Regel, wobei ursprünglich die Einzelbereiche für eine Frequenz flächenmäßig eng beschränkt waren.

In den Jahren 1955 bis 1957 wurde erstmals bei der Eisenbahngesellschaft Altona-Kaltenkirchen-Neumünster AG und den von ihr verwalteten Eisenbahnen Elmshorn-Barmstedt-Oldesloe AG und Alsternordbahn GmbH ein Zugleitbetrieb über Funk eingerichtet. Hierzu wurden die Lokomotiven und Betriebsstellen mit Funkanlagen ausgerüstet und Sprachspeicher für die Gesprächsaufzeichnung installiert. Mit diesem Zugleitsystem wurden die Betriebsabläufe beschleunigt, die Streckenleistungsfähigkeit gesteigert und mit dem gleichzeitigen Einbau von Rückfallweichen in den Kreuzungsbahnhöfen auf vorhandene Stellwerksanlagen weitgehend verzichtet.

In den Zugleitstellen wurde der Bildfahrplan als Belegblatt verwendet und Fahrerlaubnisse sowie belegte Streckenabschnitte farbig eingetragen. Die Kosten betrugen 1957 für eine Feststation und zwanzig mobile Anlagen rund 85 000 DM, denen jedoch Einsparungen an Personalkosten im örtlichen Betriebsdienst von 65 000 DM im Jahr gegenüberstanden.

Mit der Einführung der modernen Bündelfunktechnik eröffnen sich neue weitere Möglichkeiten, den Handsprechfunk mit hoher Verständigungsqualität bei großen Eisenbahnen durchzuführen. Als erstes Eisenbahnunternehmen überhaupt hat die Eisenbahn und Häfen GmbH im Jahre 1993 eine Bündelfunkkonzession erhalten, welche sie in die Lage versetzt, auf einer Fläche mit einem Radius von 15 km ohne herkömmlichen Frequenzwechsel den

Sprechfunkverkehr praktisch ohne Störungen zu betreiben.

Auch den funkferngesteuerten Lokomotivbetrieb haben die privaten Bahnen in Deutschland eingeführt. Seit Mitte der 70er Jahre gehört für die Werks- und Industriebahnen, die Bahnen öffentlicher Häfen und die öffentlichen Güterbahnen der funkferngesteuerte Betrieb zum Regelbetrieb. Die privaten Bahnen haben allerdings schnell erkannt, daß ein Betrieb mit funkferngesteuerten Lokomotiven nur optimal zu verwirklichen ist, wenn die Funkfernsteuerung in ein betriebliches System eingefügt ist. Hierzu gehören ausreichend große Standflächen für den Lokrangierführer auf den Tritten der Güterwagen, die automatische Rangierkupplung, die dem Lokrangierführer mehr als 50 % seiner manuellen Kuppeltätigkeiten abnimmt, ein störungsfreier Handsprechfunk und die Automatisierung von Handweichen in den unmittelbaren Ladestellen und Rangierbereichen. Der Initiative der privaten Bahnen ist es zu verdanken, daß für die Tritt-Griff-Einheiten an Güterwagen die DIN-Norm 1588 erstellt wurde und daß die elektrisch ortsgestellten Weichen, die im Vorüberfahren durch Schlagtaster betätigt oder über Funk angesteuert werden können, zuerst in Relaistechnik und wenige Jahre später in Mikrocomputertechnik gefertigt, heute auf dem Markt angeboten werden.

Der Lokrangierführer, verantwortlich für die Zugbildung, für das sichere Fahren der Einheiten, für die Entladung von Selbstentladewagen und das Stellen von Weichen, muß ein vielseitig ausgebildeter Mitarbeiter sein. Folgerichtig verfolgten die privaten Bahnen intensiv die Forderung nach einem Ausbildungsberuf für den Lokrangierführer. Auch dies ist gelungen, so daß seit 1991 junge Menschen ausgebildet werden können in dem Lehrberuf Eisenbahner im Betriebsdienst.

Ein rationeller Eisenbahnbetrieb ist jedoch nur zu verwirklichen, wenn möglichst wenig stationäre Personale bei der Betriebsabwicklung beteiligt sind. Dies wiederum erfordert lückenlose Echtzeitinformationen, Disposition auf Basis dieser Echtzeitinformation und moderne Steuerungssysteme für das Einstellen der Fahrwege, um auf Stellwerke verzich-

Bild 15: Funkferngesteuerter Eisenbahnbetrieb mit Tritt-Griff-Einheit an einem Flachwagen und Schlagtaster für das Bedienen elektrisch-ortsgestellter Weichen (Foto: Eisenbahn und Häfen)

Bild 16: Blick in eine moderne integrierte Leitstelle für Information, Disposition und Fahrwegsteuerung (Foto: Eisenbahn und Häfen)

ten zu können. Gerade auf dem Sektor der modernen Informations-, Dispositions- und Steuerungstechnik haben die privaten Bahnen Pionierarbeit geleistet und sind heute in der Lage, auch ausgedehnte Betriebe aus einer Leitstelle heraus zu disponieren und zu steuern [15]. Das System PRODIS, welches Echtzeitinformationen für die Disposition liefert und für die Steuerung der Fahrwege mit handelsüblicher Hardware bei Eisenbahn und Häfen in Duisburg, der Voest-Alpine Stahl in Linz und auch für die Steuerung bei der Albtal-Verkehrs-Gesellschaft in Karlsruhe eingesetzt wird, ist eines dieser modernen Systeme. Zur Sicherstellung logistischer Qualität im Güterverkehr auf der Kundenseite hat die Hamburger Hafenbahn schon vor zehn Jahren EDV-Systeme entwickelt, mit deren Hilfe Verlader vom Schreibtisch aus per Bildschirm Transportangebote einholen, Transportabwicklung in Auftrag geben, transportvorauseilende und transportbegleitende Daten empfangen und weitergeben sowie Transportaufträge abrechnen. Dieses Hafen-Betriebs- und Informationssystem, genannt HABIS, hat ebenfalls als Informationsteil das Informationssystem aus PRODIS.

Mit diesen Techniken wird es auch möglich, Wiegewagen zu automatisieren, so daß der Lokrangierführer auch das Wiegegeschäft mit übernehmen kann, und Beladeeinrichtungen für Massengüter durch den Lokrangierführer bedienen zu lassen, so daß heute bei den modernen privaten Bahnen Betriebsabläufe mit den Transportabläufen mit einem Lkw vergleichbar sind, weil der Lokrangierführer von der Beladung bis zur Entladung ebenso wie der Lkw-Fahrer alle Tätigkeiten beherrscht und durchführt. Damit wird der Schienentransport, bei dem ein Mann zum Beispiel 1000 Tonnen mit einer Einheit belädt, transportiert und entlädt, bedeutend kostengünstiger als der Lkw, der nur 30 Tonnen, maximal 40 Tonnen, befördert. Wären nicht die Infrastrukturkosten für den Schienenweg, den die privaten Unternehmen selbst tragen müssen, so wäre besonders bei Massengutverkehr der Schienentransport konkurrenzlos günstig gegenüber Straße und auch Binnenschiff.

Beispielhaft für moderne Betriebsorganisation und -abwicklung im Personenverkehr sei noch einmal das System Karlsruhe genannt. Durch den Einsatz des Zweisystemfahrzeugs und das Schaffen von kurzen Verbindungsgleisen zwischen dem Netz der DB und der Albtal-Verkehrs-Gesellschaft/Verkehrsbetriebe Karlsruhe kann die Infrastruktur der vorhandenen Straßenbahn- und Eisenbahnstrekken genutzt werden. Durchgehende Verbindungen zwischen den Ortszentren und der Region werden angeboten, und die Reisezeiten können deutlich reduziert werden. Mit vielen neuen Direktverbindungen, verbunden mit der Einrichtung zusätzlicher Haltepunkte, wird dem Kunden ein so attraktives Angebot gemacht, daß in dieser Region Fahrgastzuwächse von 500 % erreicht wurden und sich der Modalsplit deutlich zugunsten des öffentlichen Personennahverkehrs geändert hat.

Doch trotz aller technisch-betrieblichen und organisatorischen Anstrengungen sind die privaten Bahnen weiter gefordert, durch technische Entwicklungen ihren Betrieb rationeller zu gestalten, da sie sonst dem durch die Liberalisierung der Verkehrsmärkte in Europa entstandenen erhöhten Konkurrenzdruck unterliegen würden. Deshalb weisen die derzeitigen Bemühungen in die Richtung des automatisierten mannlosen Betriebes, der durch die modernen Lokomotivsteuerungen und Funktechniken auch unter Berücksichtigung der Satellitenortung beginnt, Formen anzunehmen.

Jedoch nicht nur durch die Fortentwicklung der Technik, sondern auch durch die Harmonisierung der technischen Vorschriften muß die Weiterentwicklung der Bahnen vorangetrieben werden. Die Geschichte der Normung im Eisenbahnwesen beginnt schon Mitte des 19. Jahrhunderts und hatte gerade durch die vielen Landeseisenbahnen ganz besondere Bedeutung, da über diese Normen und die überstaatlichen gesetzlichen Vorschriften „Technische Einheit des Eisenbahnwesens“ die Gewähr gegeben war, daß Spurweite,

Abmessungen und Höhen der Zug- und Stoßvorrichtungen sowie Oberbaukonstruktionen so ausgebildet waren, daß ein reibungsloser Übergang der Züge von einem Staatsbahnnetz in das andere gewährleistet war.

Auch die Lokomotivnormung geht ins vorige Jahrhundert zurück, ebenso wie die Bemühungen für einheitliche Regelungen des Eisenbahnbetriebes. Heute hat die Aufgaben der Normung des rollenden Materials der Fachausschuß Schienenfahrzeuge (FSF) im Deutschen Institut für Normung (DIN) übernommen. Die einheitliche Anwendung von DIN-Normen, VDE-Vorschriften und anderen anerkannten Regeln der Technik muß für die künftige technische Entwicklung auch der privatisierten Staatsbahn Deutsche Bahn AG gelten, die bisher mit einer Fülle von DB-internen Regelungen eigene Entwicklungen betrieben hat. Der diskriminierungsfreie Zugang zu den Netzen der verschiedenen Bahn- oder Netzbetreiber macht es zwingend erforderlich, auf die Anwendung firmeninterner Normen zu verzichten und das übergeordnete Normenwerk bei allen Eisenbahnbetrieben zur Grundregel zu machen. Auf diesem Wege ist sicherlich noch sehr viel Arbeit zu leisten.

Die privaten Bahnen haben in den 100 Jahren des Bestehens ihres Verbandes ihre Leistungsfähigkeit ständig unter Beweis gestellt, und der Erfindergeist der bei den privaten Bahnen tätigen Ingenieure wird auch Antworten wissen auf die in den kommenden Jahrzehnten auf die privaten Bahnen zukommenden technischen Herausforderungen.

Literatur

[1] Schivelbusch, W., Geschichte der Eisenbahn, Fischer Taschenbuchverlag, 1993

[2] Hülsmann, L. H., Scheidemann, W., Die Eisenbahnen der Georgs-Marien-Hütte, Verlag Uhle und Kleimann, 1985

[3] Kleinebeckel, A., Unternehmen Braunkohle, Rheinische Braunkohlewerke Aktienges., 1986

[4] Verein Deutscher Eisenhüttenleute, Arbeitsgemeinschaft Transport, Bericht Nr. 3, Beanspruchung des Eisenbahnoberbaues durch hohe Achslasten, 1968

[5] Verein Deutscher Eisenhüttenleute, Arbeitsgemeinschaft Transport, Bericht Nr. 12: Untersuchung von Holzschwellen für Achslasten von 30 – 50 t unter Berücksichtigung der Verwendung von Hochofenschlacke, 1970

[6] Fischer, H.-W.: Industriekurier, Wochenausgabe Technik und Forschung, Okt. 1954

[7] RAG Zechenbahn- und Hafenbetriebe Ruhr-Mitte, Mai 1980

[8] Verband Deutscher Verkehrsunternehmen, Standard-Diesellok 500 bis 1300 kW für Nichtbundeseigene Eisenbahnen, VDV Schriften 200, 12/91

[9] Westfälische Verkehrsgesellschaft mbH, Mit Volldampf ins 20. Jahrhundert, 1983

[10] Putze, O., 120 Jahre Linke-Hofmann-Busch

[11] Albrecht, H., Daum, M., Dieselelektrischer Triebwagen mit wassergekühltem Transistorwechselrichter für die Eisenbahn-Aktienges. Altona-Kaltenkirchen-Neumünster

[12] Verband Deutscher Verkehrsunternehmen, VDV Jahresbericht '93

[13] Zölle, G., Selektive funkferngesteuerte Entladung von Schüttgut, Selbstentladewagen mit Handfunksprechgeräten, Thyssen Technische Berichte, Heft 2, 1988

[14] Schüler, E., Die Eisenbahnen der Ilseder Hütte, Rösler + Zimmer Verlag, 1973

[15] Eisenbahn und Häfen GmbH

Inhalt

Vom Freiladegleis zum multifunktionalen Dienstleistungs-zentrum

Richard Hecke (61), Dipl.-Ing., ist seit 1967 im Dienst der Landeshauptstadt Hannover als Leiter der Städtischen Häfen Hannover mit zwei Anschlußbahnen. Außerdem wurde er 1993 zum Geschäftsführer der Brinker Hafengesellschaft mbH, Hannover, berufen. Hecke ist Mitglied des Vorstandes des Bundesverbandes öffentlicher Binnenhäfen. Seit 1976 war er Mitglied des Verwaltungsrates des ehemaligen Bundesverbandes Deutscher Eisenbahnen, Kraftverkehre und Seilbahnen (BDE) und dort seit 1989 Vorsitzender der Fachgruppe Eisenbahnen öffentlicher Häfen. Seit Gründung des Verbandes Deutscher Verkehrsunternehmen (VDV) 1991 ist er Mitglied des Präsidiums und Vorsitzer der Fachgruppe Eisenbahnen öffentlicher Häfen.

Der Beitrag entstand unter Mitarbeit von Ass. jur. Manfred Montada, Geschäftsführer Güterverkehr des VDV.

Die Eisenbahn entwickelt sich zum Konkurrenten der Binnenschiffahrt

Als die Eisenbahn in Deutschland entstand, war die Binnenschiffahrt schon seit Jahrhunderten als Verkehrsträger vorhanden. Anfangs waren beide auch keineswegs Konkurrenten, sondern existierten nebeneinander, ja, sahen sich zum Teil auch als Ergänzung. Solange die Eisenbahn z.B. nur von Köln bis Rolandseck verkehrte, war es selbstverständlich, daß der Weg dann auf dem Rhein bis Mainz fortgesetzt wurde. Dies änderte sich erst, als die Eisenbahn begann, ihr Netz zusammenzufügen und damit erst die Industriealisierung und Wirtschaftsentwicklung möglich wurde. Hinzu kam, daß die Eisenbahn im Gegensatz zur Binnenschiffahrt einen Transport „von Haus zu Haus" bzw. zum nächstmöglichen Punkt der Verladung anbieten konnte. Die Binnenschiffahrt mußte sich daher von ihren alten Verkehrslinien lösen und versuchen, Anschluß an die Fläche zu gewinnen, wenn sie nicht von den neuen Transportmengen ausgeschlossen sein und somit zurückfallen wollte.

Die Binnenschiffahrt konnte aber nur über ihre Grenzen hinaus, wenn sie sich das damals modernste Transportmittel, die Eisenbahn, zunutze machte und in die Häfen führte. Die Ländereisenbahnen – vor allem in

Bild 1: Eisenbahnbedienung der Speditionsinsel zwischen Kaiserhafen und Hafenkanal in den Duisburg-Ruhrorter Häfen (Foto: VDNE/BDE-Archiv)

Bild 2: Hafenbahnzug bei der Löschung eines Kohleschiffes in Frankfurt (Foto: Göllner)

Bild 3: Alter Kopfbahnhof am Duisburger Innenhafen (Foto: Rhenus)

Preußen – waren hieran nicht sehr interessiert, aus verschiedenen Gründen. Sie sahen sich als das große Deutschland und Europa erschließende Verkehrsmittel, das mit lokalen Verkehren nichts zu tun haben wollte. Hinzu kam natürlich auch schon der Konkurrenzgedanke. Wie in der Fläche überließen sie also bis auf die süddeutschen Länder die Initiative den lokalen Bahnen, also den heutigen nichtbundeseigenen Eisenbahnen (NE), oder es wurden eigene Hafenbahnen als Anschluß an die Staatsbahn gebaut.

Die Ländereisenbahnen waren aber nicht nur in der Mehrzahl an den Hafenbahnen nicht interessiert, sondern sie sahen auch, daß die Eisenbahnen in den Häfen die Marktstellung ihres damals einzigen Konkurrenten, der Binnenschiffahrt, fördern mußte. Es ist eine Binsenweisheit, daß die Binnenschiffahrt ohne Häfen nicht funktionieren kann. Hinter dieser Binsenweisheit verbirgt sich aber die Ursache für das langjährige Verhältnis der Staatseisenbahn zu den Hafenbahnen, denn, wenn der Hafen auf seinen unmittelbaren Umkreis beschränkt blieb, konnte auch die Binnenschiffahrt keine neuen Transporte gewinnen. Dies erklärt auch das unter-

Bild 4: Blick in den Duisburger Innenhafen mit Koch'schem Speicher (Foto: Rhenus)

schiedliche Verhalten der Staatseisenbahnen zu den Seehäfen und zu den Binnenhäfen, denn der Seeverkehr war in Deutschland keine Konkurrenz der Eisenbahn. Je schärfer der Wettbewerb auf dem Verkehrsmarkt wurde und je mehr die Eisenbahn um Verkehrsanteile ringen mußte, desto mehr versteifte sich diese Haltung. Das Denken der Deutschen Bundesbahn (DB) in den letzten Jahrzehnten war hierdurch entscheidend geprägt worden – im Gegensatz zu den NE, die schon immer den Hafen als interessanten Kunden betrachteten und bei ihrem kleinen Netz in ihm keine Konkurrenz sahen, sondern die Möglichkeit zur Gewinnung von Transportmengen.

Die Entwicklung nach dem Zweiten Weltkrieg

Das unbefriedigende Verhältnis zur Deutschen Reichsbahn und späteren DB war auch nach dem 2. Weltkrieg das zentrale Thema der Hafeneisenbahnen. Es resultierte neben der dargestellten geschichtlichen Entwicklung aus der umstrittenen Rechtsstellung der Hafeneisenbahnen als Eisenbahnen des nichtöffentlichen Verkehrs.

Deren Bestreben war es daher, ihre Rechtsstellung zu verbessern, ihren öffentlichen Charakter damit zu unterstreichen und die Einbeziehung in die Staatsbahntarife zu erreichen. Die Einführung des Allgemeinen Eisenbahn-Gesetzes (AEG) vom 29. 3. 1951 belebte die Diskussionen. Die Forderung nach Anerkennung als Bahnen des öffentlichen Verkehrs sowie die Einbeziehung in die direkten Tarife mit der DB standen im Mittelpunkt aller Überlegungen. Dies waren auch die Gründe, sich mit der Organisation der anderen nichtbundeseigenen Eisenbahnen zusammenzutun.

Weitere Themen waren die Neufassung der Privatgleisanschlußbedingungen (PAB), Aufstellung eines Musteranschlußvertrages für Anschließer an Hafenbahnen, Entwurf einer Bau- und Betriebsordnung für Anschlußbahnen, Entwicklung vereinheitlichter Diesellokomotiven für die NE, Rangierfunk, die Verbilligung von Dieselkraftstoff sowie in den ersten Nachkriegsjahren die Behebung von Schwierigkeiten bei der Beschaffung von Lokomotivkohle.

Die damit immer enger werdenden Bezüge zu den anderen NE führten im Juni 1956 zur Gründung der „Fachgruppe Eisenbahnen öffentlicher Häfen“ im damaligen VDNE.

Die Gründung sollte den Erfahrungsaustausch intensivieren sowie zu einer Konzentration der Verbandstätigkeit auf die speziellen Probleme dieser NE führen.

Interessant sind die Ausführungen des damaligen Verbandsdirektors des VDNE im Anschluß an die Gründungsversammlung: „Zu den speziellen Aufgaben, die für die nächste Zukunft ins Auge zu fassen sind, gehört die Beratung über das weitere Vorgehen des Verbandes in den Gesprächen mit der Hauptverwaltung der Deutschen Bundesbahn über die besonderen Wünsche der Hafenbahnen. In einer Besprechung am 18. 4. d. J. haben wir auf die enge Verbundenheit der Eisenbahnen öffentlicher Häfen mit der Deutscher Bundesbahn aufmerksam gemacht und darauf hingewiesen, daß die Hafenbahnen sich seit der Jahrhundertwende, wo sie noch mehr oder weniger als Zubehör des Hafens angesehen werden mußten, immer mehr zu Schienenverkehrsträgern besonderer Art entwickelt haben, die heute das Bindeglied zwischen der Bundesbahn einerseits und den Häfen andererseits darstellen. Nachdem ihr Anteil an der Beförderung der Umschlaggüter von und zum Schiff an Bedeutung und Umfang gegenüber der Mittlertätigkeit zur Bundesbahn in den Hintergrund getreten ist, wird es sich nunmehr darum handeln, die Wünsche der Eisenbahnen öffentlicher Häfen schriftlich zu formulieren und dabei Zahlen anzugeben und geeignete Vorschläge zu machen, insbe-

Bild 5: Verladen von Stückgut im Hafen Düsseldorf (Foto: Städt. Hafenbetriebe Düsseldorf)

sondere hinsichtlich der Behandlung der Gleisanschließer der Eisenbahnen öffentlicher Häfen und des Lastkraftwagenverkehrs im Hafengebiet“.

Aus der bunten Palette der Themen, die in den Folgejahren behandelt wurden, sollen nur die wichtigsten genannt werden:

Übernahme der PAB durch die Hafenbahnen, Betriebshilfe für Dieselöl, Arbeitszeitverkürzung, Umstellung der Zugförderung von Dampflok auf Diesellokbetrieb, konstruktive Überlegungen zur Auswahl von Diesellokomotiven für den Rangierbetrieb, betriebswirtschaftliche Erfahrungen nach sechs Jahren Vollverdiese-

Bild 6: Hafen der Köln-Bonner Eisenbahnen in Wesseling (Foto: KBE)

lung einer Hafenbahn, Einbeziehung in die direkten Tarife, Finanzierungshilfen aus dem Verkehrsfinanzgesetz, Überwegsicherung, Ergebnisse des Arbeitskreises, der sich mit der Ausarbeitung von Richtlinien über die Gestaltung des Verhältnisses der EöH zur DB befaßte, Beleuchtung der Hafenbahnanlagen, Sicherung von Bahnübergängen, Mittelpufferkupplung, Eisenbahn-Kreuzungsgesetz, Rangierfunk.

Weitere Themen: Einbeziehung der EöH in den Deutschen Eisenbahn-Gütertarif (DEGT), die wirtschaftliche Lage der EöH, neue bau- und betriebstechnische Bestimmungen für Anschlußbahnen, Vereinfachung des Eisenbahnbetriebsdienstes, 250 Mio-DM-Programm (Bundeszuwendungen), Hafenbahnentgelte für Container, funkgesteuerte Rangierloks.

Ein Fortschritt im Verhältnis zur Bundesbahn, um den sich alle Beteiligten bemühten, konnte nicht erzielt werden. Ein umfassendes Kooperationsabkommen mit der DB kommt nicht zum Zuge. 1976 legt die DB ein Angebot vor, das Verhältnis DB/EöH auf eine kommerzielle Basis zu stellen und die im Einzelfall tatsächlich erbrachten Leistungen zu den EöH zu quantifizieren und Vorstellungen für eine Kooperation auszuarbeiten. Die inzwischen vorliegenden Richtlinien für die Leistungsabgeltung und Kooperation der EöH mit der DB, die Tarifgestaltung bei den Hafeneisenbahnen und Fragen der Umwandlung einer NE des nichtöffentlichen Verkehrs in eine öffentliche Bahn werden eingehend diskutiert. Ein umfassendes Kooperationsabkommen mit der DB kommt aber nicht zustande.

Erst Gespräche mit dem Vorstand der DB zum kommerziellen Verhältnis DB/EöH führen zur Bildung einer Projektgruppe, die partielle Erfolge erzielt. Auch technische Fragen wie die Rationalisierung im Bahnbetrieb durch vereinfachte Stellwerks- und Bahnübergangstechnik, Funkfernsteuerung von Lokomotiven und das neue Kennzahlenprogramm für die EöH werden weiter bearbeitet. Frühzeitig wird auf die Chancen der EöH im kombinierten Ladungsverkehr in Zusammenarbeit mit der DB hingewiesen und werden die Weichen für die Zukunft gestellt.

Standort- und Verkehrsbedeutung der Binnenhäfen mit ihren Eisenbahnen

1993 wurden in den öffentlichen Binnenhäfen 326 Mio t umgeschlagen, davon 137 Mio t mit dem Binnenschiff und 61 Mio t mit der Bahn. Der Rest wurde mit dem Lkw transportiert. In der Bundesrepublik Deutschland liegen von 75 Großstädten 56 an einer Wasserstraße. Die Binnenhäfen nehmen im wesentlichen zwei bedeutsame Funktionen wahr:

– Produzent von Verkehrs- und Logistikleistungen in der Schnittstelle der Verkehrswege und

– Anbieter von Ansiedlungsflächen für hafenbezogene Unternehmen (Umschlagunternehmen, Ver- und Entsorgungsfirmen, Industriebetriebe, logistische Dienstleister).

Damit sind die Binnenhäfen mit ihren Eisenbahnen Teile der wirtschaftsnahen Infrastruktur und standortbildend für viele Unternehmen. Sie sind vielfach schon multifunktionale logistische Dienstleistungszentren. Die Branchenstruktur der Ansiedler in den öffentlichen Binnenhäfen weist neben den rund 4000 Industriebetrieben 2600 Betriebe des Dienstleistungsgewerbes auf. Zu ihnen gehören 2000 Betriebe der Spedition und Lagerei, des Umschlags und des Handels. Sie unterstreichen die Bedeutung der Binnenhäfen als „geborene“ Güterverkehrszentren.

Voraussetzung für diese Ansiedlungserfolge war und ist die Existenz einer qualifizierten Verkehrsinfrastruktur und – künftig

Bild 7: Bis in die industriellen Kerngebiete reichende Schienen- und Wasserwege ermöglichen kostengünstige und schnelle Transporte (Foto: Städt. Häfen Hannover)

verstärkt – eines logistischen Dienstleistungsangebotes des Hafens. Die bis in die industriellen Kerngebiete reichende Verkehrsinfrastruktur begünstigt schnelle und wirtschaftliche Transporte mit der Bahn und dem Binnenschiff. Ihre zentrale Lage wird für die Zukunft immer bedeutsamer werden. Die Hafenbahnen haben mit ihren Logistikangeboten einen entscheidenden Beitrag zur Qualität des jeweiligen Standortes geliefert.

Bisheriges und neues Angebotsprofil der Binnenhäfen

Binnenhäfen werden in der Öffentlichkeit als Bahnhöfe der Binnenschiffahrt und als Massengutumschlagplätze gesehen. Der moderne Massenguthafen zeigt mit einer beispielhaften Konzentration auf leistungsfähige Einrichtungen – zum Beispiel Großtankläger, Großkraftwerke mit modernsten Ent- und Beladeeinrichtungen – eine deutliche Änderung seines Erscheinungsbildes.

Der Massengutumschlag wird trotz Stagnation der Massengü-

Bild 8: Moderne Ausrüstung sorgt für schnelle Beweglichkeit auf dem Terminal
(Foto: Städt. Hafenbetriebe Neuss)

ter das Rückgrat der Binnenhäfen bleiben. Jedoch werden die Binnenhäfen mit dieser traditionellen klassischen Aufgabe allein ihre Stellung nicht behaupten können. Erforderlich ist der Ausgleich des oft rückläufigen Massenguts durch höherwertige Güter (Stück-, Schwergüter, Container). Chancen hierfür ergeben sich aus der Funktion der Schnittstelle. Nur die Schnittstelle ermöglicht die Kooperation aller Verkehrsträger und das breite Spektrum aller Verkehrsaktivitäten. Hierbei sind insbesondere die Hafenbahnen mit ihren vielfältigen Möglichkeiten gefordert.

Binnenhäfen versorgen ganze Städte und Regionen mit Gütern aller Art. Durch vielfältige Leistungen im Bereich der Verarbeitung und Logistik kann der Hafen sein neues Angebotsprofil als Dienstleistungszentrum mit multifunktionalem Charakter, als Güterverkehrszentrum (GVZ) und Standort des kombinierten Ladungsverkehrs entwickeln.

Ein Mittel, die vorhandenen Verkehrsstrukturen effizienter zu nutzen, sind integrierte Verkehrssysteme, die auf enger Kooperation der Verkehrsträger Binnenschiff, Eisenbahn und Lkw aufbauen. Die Häfen sind in einem solchen integrierten Verkehrssystem ein wichtiger Baustein. Sie sind daher weiter zu entwickeln, zu modernisieren, um volkswirtschaftlich bedeutende Synergiepotentiale besser auszuschöpfen. Auch die Mitarbeiter der Bahnen sind entsprechend den neuen Anforderungen zu qualifizieren.

Die Bahnbetriebe in den Häfen bringen Güter auf die richtige Schiene. Das geschieht traditionell in den Anschlußgleisen und in Freiladegleisen, die von jedermann genutzt werden können. Durch den kombinierten Ladungsverkehr (KLV) haben sich weitere für die Häfen interessante Entwicklungsperspektiven ergeben.

Häfen als Standorte des kombinierten Ladungsverkehrs und als Güterverkehrszentren

Die Entdeckung der Möglichkeiten in der Schnittstelle Binnenhafen, die alle Verkehrsträger miteinander verknüpft, führte darüber hinaus zur Entwicklung der Binnenhäfen als Standorte des KLV und als GVZ. In ihnen läßt sich die Kooperation aller Verkehrsträger wie an keinem anderen Standort verwirklichen.

Die Güter können problemlos vom LKW auf Bahn und Schiff umsteigen. Container und Wechselbrücken werden mit dem Containerzug im Nachtsprung zu den europäischen Wirtschaftszentren gefahren. Der kombinierte Ladungsverkehr Schiene/Straße, der in den Seehäfen und inzwischen in 15 Binnenhafenstandorten beheimatet ist, erschließt nationale und internationale Verbindungen und bringt die Märkte Europas näher zusammen.

Das Aufkommen für den KLV Schiene/Straße wird für die Jahrhundertwende auf etwa 100 Mio t vorausgesagt. Zweistellige jährliche Zuwachsraten rechtfertigen diese Prognose und ließen zugleich die Schwachstellen des KLV-Angebots deutlich zu Tage treten. Engpässe bei den Schienenkapazitäten auf den Hauptstrecken und in den Terminals trugen wesentlich dazu bei, daß in vielen Bereichen der Bundesrepublik Deutschland die KLV-Potentiale nicht ausgeschöpft werden konnten.

Wurde das Heilmittel bisher in der Errichtung von nur wenigen Großterminals möglichst in Verbindung mit GVZ gesehen, so setzte sich zunehmend die Erkenntnis durch, daß kurz- und mittelfristige Entlastungen auch durch Integration vorhandener und entwicklungsfähiger mittelgroßer Verkehrsanlagen in den öffentlichen Binnenhäfen und auch bei den Nichtbundeseigenen Eisenbahnen (NE) möglich sind.

In vielen Hafenstandorten liegen die wichtigsten Voraussetzungen für den KLV vor – unter anderem eine gute Gleis- und Fahrplananbindung an das Schienennetz der DB sowie an das Fernstraßennetz, gute Gleis- und Straßenerschließung im Hafen, Freiflächen mit entsprechenden Umschlaganlagen und ein umfangreiches Verkehrspotential, das von den mehr als 4000 Unternehmen in den Binnenhäfen aufgebracht wird.

Ebenso wichtig wie die technisch-betrieblichen und verkehrlichen Voraussetzungen eines Standortes ist die Bewertung hinsichtlich Umweltverträglichkeit und städtebaulicher Einbindung. Sie ist im allgemeinen problemlos, wenn vorhandene, durch den Rückgang des Einzelwagenladungsverkehrs nicht mehr genutzte Anlagen und Flächen inte-

Bild 9: Die Anordnung von Umschlaganlagen für den kombinierten Verkehr in industriellen Kerngebieten sorgt für kurze Transporte

Bild 10: Die räumliche Nähe zwischen Logistikdienstleistern und Industriebetrieben ermöglicht eine leistungsfähige Kooperation (Fotos: Städt. Häfen Hannover)

griert werden und diese einschließlich der Zufahrten im Industriegebiet liegen. Auch hier bieten die Häfen günstige Voraussetzungen.

Der frühere Bundesverband Deutscher Eisenbahnen (BDE) hatte seit Anfang der 80er Jahre mit Nachdruck auf die Möglichkeiten des KLV Schiene/Straße in den mehr als 80 öffentlichen Binnenhäfen hingewiesen und die Chancen dargelegt, welche die Schnittstelle Binnenhafen der DB und den Gesellschaften des KLV bietet. Schwierige und oftmals jahrelange Verhandlungen waren erforderlich, um deutlich zu machen, welche Rolle die Binnenhäfen und die NE bei der Bewältigung des KLV übernehmen können.

Inzwischen werden erfreulicherweise die Angebote der Eisenbahnen öffentlicher Häfen erkannt und umgesetzt. Dies zeigt sich an den inzwischen 15 Terminals in den Binnenhäfen, die in Betrieb genommen wurden oder in Betrieb gehen: in Dortmund Stadthafen, Duisburg-Ruhrorter Hafen, Düsseldorf Hafen, Frankfurt (M)-Osthafen, Hannover-Linden Hafen, Kehl, Koblenz, Köln-Niehl Hafen, Ludwigshafen Luitpoldshafen, Mannheim (Handelshafen), Neuss Hessentor, Passau, Regensburg und Stuttgart Hafen.

Wie wichtig die Entwicklung des KLV für die Eisenbahnen öffentlicher Häfen und weitere Regionalbahnen inzwischen geworden ist, zeigt sich in einer regen Mitarbeit im KLV-Arbeitskreis, an der sich mehr als 30 Bahnen beteiligen.

Schnittstellen für den Güterverkehr sind die Umschlaganlagen für den KLV und die Güterverkehrszentren. Der Ausgestaltung dieser Schnittstellen mit modernen Informationstechniken kommt eine neue Bedeutung zu. Die Häfen haben durch die starke Präsenz logistischer Dienstleister bereits heute GVZ-Charakter oder können als GVZ entwickelt werden. Die bisherigen Standortkonzepte für GVZ berücksichtigten allerdings kaum die Binnenhafenstandorte.

Inzwischen zeichnet sich ein Umdenken in der Verkehrspolitik ab. Die Bedeutung der Häfen für den KLV und als GVZ wird zunehmend erkannt. Auch die Vorteile dezentraler und mittelgroßer GVZ-Lösungen werden inzwischen gesehen. Von ca. 100 öffentlichen Binnenhäfen in Deutschland sind inzwischen 34 Häfen in GVZ-Projekte eingebunden.

Verkehrspolitik und -wirtschaft können sich leidvolle Erfahrungen ersparen, wenn sie nicht nur auf die Schaffung von Großanlagen setzen, sondern bestehende und bewährte Verkehrsanlagen – eventuell auch als dezentrale Bestandteile eines GVZ einbeziehen. Dies ist ein Gebot der wirtschaftlichen und ökologischen Vernunft und fördert die rasche Umsetzbarkeit dringlicher GVZ-Lösungen. Der Verband Deutscher Verkehrsunternehmen schlägt daher die intelligente Verknüpfung der GVZ-Neubauten mit vorhandenen Verkehrsanlagen vor.

Eisenbahnen öffentlicher Häfen als Partner der Deutschen Bahn AG

Die Deutsche Bahn AG und die Gesellschaften des KLV erkennen zunehmend, welche Entwicklungschancen für den Schienengüterverkehr in den Häfen vorhanden sind. So konnten bestehende Berührungsängste überwunden und neue Wege der Zusammenarbeit begangen werden, wie dies zwischen der Bundesbahn und den deutschen Seehäfen seit Jahren praktiziert wird. Die Verbesserung des Verhältnisses zeigt sich insbesondere in der gemeinsamen Gestaltung des KLV im Rahmen der strategischen Allianz. Beispielsweise hat die DB AG die Forderung des VDV aufgenommen, die Standorte und Standortangebote der Eisenbahnen öffentlicher Häfen bei ihrer Standortkonzeption zu berücksichtigen und vor der Planung neuer Terminals oder dem Ausbau bestehender Terminals die vorhandenen Anlagen der Regionalbahnen zu nutzen.

Im Sinne einer besseren Zusammenarbeit ist eine Beteiligung des VDV an der Terminalholding und die Einbeziehung der Bahnen in regionale Betreibergesellschaften für die Terminals, eine gemeinsame Produktionsplanung und die partnerschaftliche Gestaltung der KLV-Bedingungen und -angebote vorgesehen.

Sorgen bereitet allen Beteiligten die wirtschaftliche Gestaltung des KLV, da die Preise des KLV im Wettbewerb zur Straße und zum Wasserweg stehen. Hierbei muß auch die Frage gelöst werden, ob und in welcher Höhe künftig Mittel des Bundes zur Förderung des KLV den Regionalbahnen zur Verfügung stehen. Auch die Bundesländer sind gefordert, wenn sie ernsthaft an einer Straßenentlastung interessiert sind.

Durch eine abgestimmte Standortkonzeption, rationelle Betriebsweisen in Verbindung mit öffentlicher Förderung können attraktive Leistungsangebote entwickelt und neue Potentiale für den KLV erschlossen werden.

Neue Wege in die gemeinsame Zukunft

Das bedeutende Verkehrsaufkommen der Hafenbahnen von ca. 60 Mio Tonnen im Wechselverkehr mit der DB AG eröffnet den Bahnen interessante Möglichkeiten.

Neue Überlegungen der Bahnen sind gefragt. Die Zusammenarbeit zwischen den Hafenbahnen und der DB AG, die bereits in den letzten Jahren verbessert werden konnte, muß eine neue Qualität erhalten. Die Bahnstrukturreform und die neue Verkehrsmarktordnung haben hierfür die Voraussetzung geschaffen.

Die Kostensituation der Partner zwingt geradezu zur Optimierung der Schnittstelle. Grundsätzlich sollte derjenige die Aufgaben wahrnehmen, der sie am wirtschaftlichsten ausführen kann. Überflüssige Bürokratien müssen modernen Formen der Zusammenarbeit weichen. Die diskriminierungsfreie Öffnung des Fahrweges der öffentlichen Bahnen für Dritte erschließt allen Beteiligten noch ungeahnte Chancen, insbesondere auch im Nahverkehr. Die Untersuchungsergebnisse eines Wiesbadener Beratungsunternehmens zeigen auf, daß der Schienengüterverkehr auch im Nahbereich wirtschaftlich betrieben und ernster Konkurrent zum LKW werden kann. An einem Modellprojekt im Rhein-Ruhrgebiet wird erläutert, daß über neue Konzepte wie Ringzugsysteme mit Linienzügen, vereinfachten Umschlagstechniken und neuen Waggons die Produktionskosten in Teilbereichen bis zu 60 % gesenkt werden können. Damit können bedeutende Verkehrsverlagerungen – bis zu 50 % – von der Straße auf die Schiene erreicht werden. Namhafte Hafenbahnen des Rhein-Ruhrgebietes sind in die Überlegungen einbezogen. Auch in Niedersachsen und in anderen Bundesländern werden ähnliche Konzeptionen erörtert, an denen sich auch die Hafenbahnen beteiligen werden.

Die Weichen für eine neue Güterbahn werden durch die Bahnreform gestellt. Die Vorteile durch eine partnerschaftliche Zusammenarbeit sind unübersehbar. Die Hafenbahnen sind bereit, sich bei der Entwicklung logistischer Gesamtlösungen und neuer Schienen-Systemlösungen zu beteiligen. Beispiele für Kooperationsfelder liegen im kombinierten Verkehr mit der verladenden Wirtschaft, mit der Spedition und der Bahn AG. Die hohe Zielsetzung, mehr Transporte auf die Schienen zu bringen, wird durch Innovationen wie z. B. funkferngesteuerte Lokomotiven mit automatischen Kupplungen und Einsatz der Verkehrstelematik gefördert. Durch Motivation der Mitarbeiter und Qualität und Flexibilität werden die Leistungsangebote der Regionalbahnen so attraktiv gestaltet, daß die Schiene künftig im Wettbewerb wieder eine echte Alternative ist.

Inhalt

Historische Episode: über Kombinate zur Marktwirtschaft

Gert Gottschalk (56), Dipl.-Ing. oec., ist Technischer Vorstand der Chemnitzer Verkehrs-Aktiengesellschaft und Vorsitzer der Landesgruppe Süd-Ost des Verbandes Deutscher Verkehrsunternehmen (VDV). Er begann seine berufliche Tätigkeit im Jahr 1958 bei den Dresdner Verkehrsbetrieben, studierte in der Zeit von 1960 bis 1965 an der Hochschule für Verkehrswesen Dresden in der Fachrichtung Kraftverkehr und Städtischer Nahverkehr und war vor seiner Tätigkeit in Chemnitz von 1965 bis 1982 in leitenden Funktionen bei den Verkehrsbetrieben der Städte Potsdam und Brandenburg/Havel tätig.

Klaus Gollmann (70), Oberingenieur, organisierte nach der Wende die Auflösung des Kombinats Leipziger Verkehrsbetriebe und übernahm im September 1990 bis Juni 1993 die Aufgabe des stellvertretenden Geschäftsführers der Landesgruppe Ost des VDV, an deren Aufbau (zunächst als VÖV der DDR) er bereits als Vorstandsmitglied mitgewirkt hatte. Er übernahm 1950 den Aufbau und die Leitung der Abteilung Betriebswirtschaft bei den Leipziger Verkehrsbetrieben, wurde dann Leiter der Verkehrsverwaltung und 1965 zum Verkehrsdirektor berufen. 1984 wurde ihm die Leitung des Kombinates Leipziger Verkehrsbetriebe kommissarisch übertragen.

Der Weg in die Abgrenzung

1945 erfolgte nach einem 50jährigen gemeinsamen Weg im und mit dem VÖV mit dem Kriegsende und der damit bedingten Aufteilung Deutschlands auch für die Nahverkehrsunternehmen der sich als so folgenschwer herausstellende Beginn unterschiedlicher Entwicklungen. Dabei war die materielle Ausgangsbasis gleichermaßen fast aussichtslos: Ein weitgehend zerstörter Fahrzeugpark, in Trümmern liegende Instandhaltungseinrichtungen und nicht mehr nutzbare Gleis- und Fahrleitungsanlagen in erheblichen Größenordnungen. Es glich aus heutiger Sicht betrachtet fast einem Wunder, in welch kurzer Zeit trotzdem die ersten Strecken in den Städten schon oft fast unmittelbar nach dem Ende der Kriegshandlungen wieder in Betrieb genommen wurden, gleich, ob die Betriebe im Gebiet der westlichen Besatzungsmächte lagen oder in der sowjetischen Besatzungszone, ja, selbst in den nicht mehr zu Deutschland gehörenden Städten wie Breslau und Königsberg fuhren bald wieder die ersten Straßenbahnen.

Die Zusammenarbeit und gegenseitige Hilfeleistungen zwischen den Betrieben der unterschiedlichen Besatzungszonen spielten dabei in den ersten Jahren nach 1945 noch eine nicht zu unterschätzende Rolle, die aber in dem Umfang abnahm, wie die politischen Entwicklungen einmal in den westlichen Besatzungszonen und zum anderen in der sowjetischen Besatzungszone auseinanderliefen; sie ging fast zu Ende mit den Währungsreformen und der Gründung der BRD bzw. DDR. Besonders von letzterer ausgehend wurden die gegenseitigen Kontakte immer mehr erschwert und letztlich gänzlich unterbunden.

Für die 1945 vorhandenen 33 Straßenbahnbetriebe und über 100 Omnibusbetriebe, von denen sechs zu den Gründungsbetrieben des VDV gehörten, darunter solche großen und bekannten Betriebe wie Dresden, Leipzig und Magdeburg, begann damit eine Entwicklung, die sich strukturell, technisch und ökonomisch immer mehr von der der westdeutschen Betriebe unterschied, wobei besonders auf allen Gebieten der Technik analog der übrigen Wirtschaft der Rückstand immer deutlicher wurde. Die Ökonomie betreffend sei an dieser Stelle daran erinnert, daß bis weit in die 50er Jahre hinein die Verkehrsunternehmen in West und 0st gleichermaßen noch gewinnträchtig waren und erst dann, wieder gemeinsam, die immer größer werdenden Verluste begannen, zu deren Deckung aber aufgrund der unterschiedlichen Wirtschaftsformen auch abweichende Methoden zur Anwendung kamen.

Bild 1: Die Vereintheitlichungsbestrebungen im Straßenbahnwagenbau mündeten umständebedingt im Kriegsstraßenbahnwagentyp (KSW). Auch in Magdeburg kamen Beiwagen diesen Typs zum Einsatz – TW 29^{II} (Baujahr 1915) mit KSW-Bw 243^{II} (Baujahr 1944) (Foto: Reichenbach)

Bild 2: Aus noch vorhandenen Fahrgestellen und Ausrüstungen aus den Kriegsjahren entstanden nach Kriegsende Obus-Triebfahrzeuge und Anhänger des K-Typs (Kriegstyps), aufgenommen 1956 in Greiz (Foto: Reichenbach)

Bild 3: Die IFA-Omnibusse prägten in den fünfziger Jahren das Straßenbild mit: Omnibus 212 des Typs H6B/S 1957 am Hauptbahnhof Rostock (Foto: Reichenbach)

Die immer wieder fortgesetzten Bemühungen, aus den Resten der nach Kriegsende in Berlin noch vorhandenen Verwaltungen der Reichsverkehrsgruppe Schienenbahnen einen gemeinsamen Neuaufbau zu beginnen, scheiterten im März 1948 endgültig, und auch die gemeinsame Straßenbahnstatistik, offiziell als Wirtschafts- und Betriebsvergleich der Verkehrsbetriebe bezeichnet, die zuletzt noch mit 18 Betrieben aus der sowjetischen Besatzungszone und fünf Betrieben aus den westlichen Besatzungszonen nach 1945 von den Leipziger Verkehrsbetrieben als Zentralstelle weitergeführt wurde, mußte nach einer Anweisung des statistischen Zentralamtes der zwischenzeitlich gegründeten DDR mit der Auswertung für 1950 eingestellt werden. Besonders nach dem Bau der Mauer 1961 wurden die noch bescheidenen Kontakte zwischen einzelnen Betrieben aus Ost und West konsequent unterbunden und z. B. auch der Informationsaustausch auf der Basis von Fachzeitschriften auf wenige Ausnahmen beschränkt. Gegenseitige Teilnahme an Fachveranstaltungen gab es mit Ausnahme der verkehrswissenschaftlichen Tage der Verkehrshochschule „Friedrich List“ in Dresden grundsätzlich nicht mehr und beim Zusammentreffen west- und ostdeutscher Fachkollegen bei Veranstaltungen im Ausland, besonders in Ungarn, galten für die Ostdeutschen strenge Restriktionen mit einer detaillierten Berichterstattungspflicht. Da für verantwortliche Mitarbeiter von Betrieben auch persönliche Kontakte zu westdeutschen Bürgern untersagt waren, ergab sich damit letztlich eine absolute Abgrenzung zwischen Ost und West, die sich auch dadurch dokumentierte, daß selbst in der UITP nur ein Vertreter der eine Sonderstellung einnehmenden Berliner Verkehrsbetriebe, ein Vertreter der Kammer der Technik aus dem Verkehrskombinat Chemnitz und ein Mitarbeiter des ZFIV Mitglied sein durften.

Vom Verkehrsbetrieb zum Verkehrskombinat

Organisation und Struktur des Verkehrs

Der gesamte schienengebundene Verkehr und große Teile des Kraftverkehrs wurden bereits in der SBZ wie damals alle strukturbestimmenden Betriebe der Wirtschaft in Volkseigentum überführt, fast alle übrigen Betriebe des Personen- und Güterkraftverkehrs folgten in verschiedenen Etappen dann in der DDR diesem Weg. Besonders die größeren Nahverkehrsbetriebe wurden dabei zunächst nach der Kommunalwirtschaftsverordnung der deutschen Wirtschaftskommission vom 24. 11. 1948 den in den Städten gebildeten Kommunalwirtschaftsunternehmen zugeordnet. Für die regionalen Personen- und Güterkraftverkehrsbetriebe wurden unter den damals bestehenden Landesregierungen Kraftverkehrsinspektionen gebildet. Während sich die Kommunalwirtschaftsunternehmen nur bis Anfang der 50er Jahre hielten und die Betriebe dann im Rahmen der Kommunen eine gewisse Selbständigkeit erhielten, erfolgte die generelle Reorganisation des Verkehrs erst mit der Ablösung der Länder durch 15 Bezirke und die Bildung von Verkehrskombinaten in diesen. Sechs Straßenbahnbetriebe waren in dieser Zeit bereits eingestellt worden, u. a. auch der kurioserweise die ganze Zeit der Deutschen Reichsbahn zugeordnete Straßenbahnbetrieb Klingenthal, der im DR-Fahrplan enthalten war und dessen Mitarbeiter auch in der Reichsbahn-Uniform ihren Dienst verrichteten (außerdem Meißen – mit Güterverkehr –, Eisenach, Mühlhausen, Hohenstein-Ernstthal, Stralsund). Während Reichsbahn, Luftverkehr und Hochseeschiffahrt zentral durch Hauptverwaltungen des Ministeriums für Verkehrswesen geleitet wurden, erfolgte in den 15 Bezirken der Aufbau von Kraftverkehrskombinaten mit drei Hauptkomplexen: Personenverkehr, Güterverkehr und Kfz-Instandhaltung.

Bild 4: Hochbetrieb herrschte bei der zur Deutschen Reichsbahn gehörenden und nach deren Betriebsvorschriften verkehrenden Straßenbahn Klingenthal 1959 anläßlich der Weihe der neuen „Großen Aschbergschanze“ mit Tausenden von Besuchern. Der Wagenpark umfaßte die Fahrzeugtypen LOWA und Gotha (Foto: Reichenbach)

Diesen Kombinaten waren mit wenigen Ausnahmen auch die

Bild 5 (rechts): Zu den Sonderverkehren, die von den Verkehrskombinaten bzw. deren Betrieben durchgeführt wurden, gehörte u.a. in Schwerin das „Petermännchen“

Bild 6 (Mitte): In der DDR machte der Straßenbahn-Güterverkehr um 1982 Furore, ausgelöst durch Erdölkrise und Kraftstoffsituation. Das Foto zeigt den Transportgutwechsel vom Straßenbahn-Güterzug zum Straßengütertransport im Betriebshof Gotha

Bild 7 (unten links): Eine langjährige Gütertransportverbindung bestand in Berlin zwischen dem VEB Sero in Berlin-Mahlsdorf und der Schiffsverladestelle in Berlin-Köpenick

Bild 8 (unten rechts): In den 70er Jahren schien das Schicksal der Straßenbahn Frankfurt/Oder besiegelt, doch in den Folgejahren entwickelte sie sich zu einem modernen Verkehrsbetrieb

(Fotos: Reichenbach)

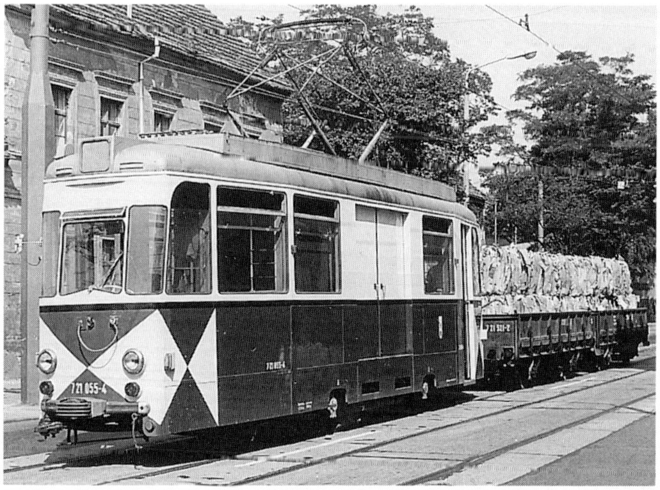

Fahrschulen, Taxiverkehre, der grenzüberschreitende Güterkraftverkehr und der gesamte Speditionsverkehr zugeordnet. Im Jahr 1982 wurden diese Kraftverkehrskombinate zu Verkehrskombinaten weiterentwickelt. Dabei wurden ihnen auch alle städtischen Straßenbahnbetriebe, mit Ausnahme der Betriebe in Berlin, Leipzig, Dresden, Chemnitz, Halle, Erfurt und Magdeburg, die kommunal unterstellt blieben, zugeordnet. Da in den Verkehrsbetrieben Berlin und Leipzig auch noch andere Verkehrsbereiche (z. B. Taxi) eingeschlossen waren, wurden diese besonders aus tarifrechtlichen Gründen ebenfalls zu Kombinaten erhoben.

Die Anleitung der Verkehrskombinate, eingeschränkt auch die der sieben selbständigen Verkehrsbetriebe, erfolgte durch die Hauptverwaltung Kraftverkehr des Ministeriums für Verkehrswesen, die z. B. auch die Aufschlüsselung zentraler Importe wie Fahrzeuge, Maschinen, Schienen u. ä. auf die Kombinate bzw. Betriebe vornahm.

Die Eingliederung der Betriebe mit elektrisch betriebenen Nahverkehrsmitteln in die Verkehrskombinate (insgesamt 28, da die Betriebe Schöneiche-Rüdersdorf und Woltersdorf zusammengefaßt wurden) erfolgte mit unterschiedlicher Effektivität. Zum Teil erfuhren sie eine ausgezeichnete Unterstützung, wie z. B. in Frankfurt/Oder und Schwerin, teilweise blieben sie aber auch ein Fremdkörper in den auf Kfz-Technik orientierten Kombinaten. Fakt ist allerdings, daß sie in der Materialversorgung insoweit gesicherter waren, als die Fonds-Zuweisungen durch die zentralen Organe über die Kombinate erfolgten und damit die sieben selbständig gebliebenen Betriebe (mit Ausnahme von Berlin) oft größere Probleme hatten als die den Kombinaten direkt zugeordneten.

Die Kombinate waren jeweils in den Bezirksstädten ansässig, den Bezirksräten rechenschaftspflichtig und wurden unterschiedlich von einer speziellen Kombinatsleitung oder nach dem Stammhausprinzip (die Leitung des größten Kombinatsbetriebes ist gleichzeitig die Kombinatsleitung) geleitet. Sie umfaßten z. T. über 10 000 Beschäftigte.

Verkehrsaufkommen und Netzentwicklung

Das Verkehrsaufkommen im Personennahverkehr (einschließlich Regionalverkehr) war in seiner Tendenz ständig steigend, obwohl bekanntermaßen die Einwohnerzahl der DDR sich nicht wesentlich veränderte, letztlich sogar rückläufig war.

Die Steigerung hatte vier Hauptursachen:

– den extensiven Wohnungsbau (z. B. Halle-Neustadt, Leipzig-Grünau, Berlin-Marzahn)

– den Aufbau von Industriezentren (z. B. Chemiekombinat Leuna, Eisenhüttenkombinat Ost)

– die eingeschränkte individuelle Motorisierung und

Bild 9: Bis in die 80er Jahre verkehrten die Straßenbahnwagen mit 925 mm Spurweite in Chemnitz; ein für die damalige Zeit typischer Straßenbahnzug (Foto: Reichenbach)

– die steigende Mobilität der Bevölkerung.

Daraus ergab sich auch eine ständige Zunahme der Linienverkehre, die im Regionalverkehr besonders im sogenannten vertragsgebundenen Arbeiterberufsverkehr erfolgte, d. h. in von den großen Kombinaten bestellten und bezahlten Verkehrsleistungen, mit denen die Beschäftigten oft aus Neubausiedlungen und der gesamten Region zur und von der Arbeit gebracht wurden. Zum Teil machten diese Leistungen über 50 % der Personenverkehrsleistung mancher Verkehrsbetriebe aus. In den Städten erfolgte, nachdem auch in der DDR eine zwischenzeitliche Haltung der Partei- und Staatsführung gegen die Straßenbahn – besonders durch die Erdölkrise – überwunden war, in erheblichen Umfang der Neubau von Straßenbahnstrecken, allein von 1986 bis 1990 insgesamt 96 km, davon in Berlin 15 km, in Gera 4 km, in Cottbus 8 km, in Frankfurt 8 km, in Rostock 6 km und in Zwickau 5 km.

Es darf nicht verschwiegen werden, daß diese Erweiterungen oft zu Lasten der Instandhaltung und Rekonstruktion des rund 2000 km langen Gleisnetzes gingen. So erfolgten in der vorgenannten Zeit kaum noch dringend erforderliche Umgestaltungen der meist bis zu 100 Jahre alten Gleisanlagen, wie sie bis Ende der 70er Jahre noch im bescheidenen Umfang durchgeführt wurden.

Bild 10: Chemnitz: Die regelspurigen Neubaustrecken sind durchweg als besonderer bzw. eigener Bahnkörper angelegt (Foto: Reichenbach)

Bild 11: Auch heute noch als modern anzusehende Verkehrsbauten entstanden in Schwerin mit dem umfangreichen Wohnungsbau auf der „grünen" Wiese: Die Haltestellenanlage Berliner Platz (Foto: Reichenbach)

Bild 12: 1989 wurde in Hoyerswerda der O-Bus-Betrieb eröffnet. Es kamen ausschließlich Gelenk-O-Busse des Typs Ikarus zum Einsatz (Foto: Reichenbach)

Von besonderer Bedeutung war die durch den Fahrzeugpark erforderlich gewordene Umspurung der Straßenbahn in Chemnitz von 925 mm auf 1435 mm (es konnten keine neuen Triebwagen beschafft werden, da die in der DDR verfügbaren Bahnmotoren eine Mindestspurweite von 1000 mm erforderten). Dabei wurden zunächst erhebliche Leistungen von der Schiene auf die Straße verlagert, da die aufwendigen aber auch vom damaligen Zeitpunkt modernen Neutrassierungen mit der notwendigen fahrzeugbedingten Stillegung der Schmalspurtrassen nicht Schritt hielten.

Besonders auffällig war auch die grundhafte Straßenbahnerweiterung und -modernisierung in Schwerin, ausgelöst durch umfangreichen extensiven Wohnungsbau und Industrieansiedlung „auf der grünen Wiese“. In einigen Großstädten der DDR wurde auch versucht, die Trassen der DR für die Lösung der Nahverkehrsprobleme mit nutzbar zu machen und S-Bahnen einzurichten. Den Beginn machte 1969 Leipzig, ihm folgten Halle, Dresden, Rostock und Magdeburg. Mit Ausnahme der Neubaustrecken nach Halle-Neustadt und Leipzig-Grünau wurde dieser S-Bahn-Verkehr unter Regie der DR in Gemeinschaftsbetrieb mit den Fernverkehren durchgeführt und zunächst auch nur mit umgerüstetem rollendem DR-Material. Später gelangten umgerüstete bzw. extra für die S-Bahnen gebaute Doppelstockwagen im Wendezugbetrieb zum Einsatz. Im Unterschied zu Berlin mit echtem S-Bahn-Betrieb blieb die Effektivität dieser S-Bahn-Verkehre aber eingeschränkt.

Rückläufig war mit Ausnahme einer Renaissance in den 50er Jahren die Entwicklung der O-Bus-Netze in der DDR. Lediglich in Hoyerswerda entstand in der 2. Hälfte der 80er Jahre noch ein neuer O-Bus-Betrieb. Der O-Bus-Betrieb war in Berlin, Dresden, Leipzig, Zwickau, Erfurt, Greiz und Gera zu diesem Zeitpunkt bereits eingestellt. Nach 1990 waren nur noch in bescheidenem Umfang in Potsdam, Weimar, Eberswalde und Hoyerswerda O-Busse im Einsatz.

Insgesamt waren bis zur Wende in den 28 reinen Nahverkehrsbetrieben, unbeschadet ihrer Zuordnung, rund 33 000 Mitarbeiter beschäftigt und 5700 Straßenbahnfahrzeuge sowie 2700 Omnibusse vorhanden (der Gesamtbestand an Omnibussen in der DDR lag bei 14 500 und ergibt sich aus dem hohen Ausstattungsgrad der übrigen den Verkehrskombinaten direkt zugeordneten Betriebe). Werktäglich wurde durch die Nahverkehrsbetriebe eine Leistung von annähernd 10 Mio Beförderungsfällen erbracht. Das bringt den vergleichsweise hohen Anteil des ÖPNV am Gesamtverkehrsaufkommen zum Ausdruck, zumindest in den Ballungsgebieten lag der Modal-Split erheblich über 50 %.

Ökonomie/Tarife/Arbeitskräfte

Der weltweite Trend der Entwicklung des öffentlichen Personenverkehrs zum Verlustgeschäft machte auch vor der DDR nicht halt. Er wurde viel mehr noch dadurch gefördert, daß aus politischen Gründen eine Preisstabilität verfügt wurde, die uneingeschränkt auch für die Beförderungstarife galt.

Der im innerstädtischen Verkehr übliche Einheitstarif ging normalerweise von 20 Pfg/Fahrt aus, die tatsächliche Einnahme je Beförderungsfall lag aber durch weitgehende Ermäßigungen und Rabattierung (Sammelkarten, Monatskarten) zwischen 10 und 15 Pfg.

Für den Regionalverkehr legte die Preisanordnung 2014 die Preisgrundsätze fest, die von einem Entfernungstarif von 8 Pfg/km ausgingen und für den Berufsverkehr eine Ermäßigung von 50 % vorsahen. Insofern galten in der gesamten ehemaligen DDR für den Regionalverkehr einheitliche Tarife ebenso, wie auch für die jeweiligen Bezirke mit den anderen Verkehrsträgern abgestimmte Fahrpläne vorlagen und vertrieben wurden.

Innerhalb der Ballungsräume gab es vorrangig neben Pauschaltarifen auch Kombinationstarife zwischen den einzelnen Verkehrsträgern, die allerdings oft die sonst vorhandene Übersichtlichkeit vermissen ließen. Besonders problematisch wurde die Tarifbindung bei Verkehrsträgerwechseln, da auch dabei keine finanziellen Nachteile für die Nutzer entstehen durften. Als z. B. im Raum Leipzig die Eisenbahnlinie Leipzig-Zwenkau überbaggert und durch eine O-Bus-Linie der Leipziger Verkehrsbetriebe ersetzt wurde, mußten diese auch alle Bestandteile des Eisenbahntarifs (wie Sonntagsrückfahrkarten, Ermäßigung für Sportgruppen usw.) übernehmen. Als diese O-Bus-Linie ebenfalls den Kohlebaggern zum Opfer fiel und der regionale Omnibusbetrieb die Verbindung herstellen mußte, war er gehalten, nicht nur diese Eisenbahntarif-Rudimente zu übernehmen, sondern auch noch den LVB-Tarif dazu.

Bild 13: Fahrscheine im Laufe der Entwicklung am Beispiel Plauen (aus: 100 Jahre Straßenbahn Plauen)

Die Tarifstabilität war unantastbar und stand im Widerspruch zu jeder wirtschaftlichen Denkweise. Sie deckte sich mit ähnlichen Festlegungen für den individuellen Bedarf (z.B. Mieten, Energietarife, Grundnahrungsmittel) und galt als eine besondere Errungenschaft des sozialistischen Staates. In der Fahrgastabfertigung setzte sich – beginnend bereits mit den 50er Jahren – aus der Personallage heraus der schaffnerlose Betrieb durch, zunächst naturgemäß im Omnibusbereich mit dem Kassieren durch den Fahrer. Zu dessen Erleichterung wurden später für den Regionalverkehr Setright-Fahrscheindrucker importiert. Im schienengebundenen Verkehr erfolgte die Entwicklung über „Zeitkartenwagen", bis sich auch hier über die Zahlbox der schaffnerlose Verkehr durchsetzte. Zusätzliche Signaleinrichtungen waren dazu ebenso erforderlich wie später der Einsatz von Entwertern für die im Vorverkauf zu erwerbenden Fahrausweise. Die Entwertung erfolgte teils durch Lochung, teils durch Aufdruck.

Bild 14: Zur Rationalisierung der Verkehrsdurchführung wurde die Fahrgastabfertigung durch den Fahrer eingeführt: Einmann-Wagen (Einstieg beim Fahrer vorn) – Zahlbox (Foto: Reichenbach)

Die sich daraus ergebenden Personaleinsparungen waren erheblich, je nach bisher üblichem Behängungsgrad bis zu 50%. Sie reichten aber nicht aus, um die steigenden Kosten abzufangen. So stiegen z.B. auch in der DDR die Löhne spürbar an (von 200 – 300 M auf über 1000 M), ebenso wie auch durch Arbeitszeitverkürzungen und Urlaubsaufstockung der Personalbedarf zunahm. Gleichzeitig löste auch die notwendige, aber sehr langsam vorangehende Modernisierung erheblichen zusätzlichen Aufwand aus, und die Materialpreise stiegen ebenso wie der Aufwand für Investitionen (der sich über die Abschreibungen in den Kosten niederschlug). Dabei war es üblich, daß die Betriebe

Bild 15: Zahlboxausführung aus den 60er Jahren in Plauen (Foto: Reichenbach)

die Abschreibungen abführten und dafür die Investitionen durch den Staatshaushalt finanziert wurden. Es erfolgte damit eine zentrale Lenkung der Investitionspolitik, bei der natürlich der Nahverkehr nicht gerade im Vordergrund stand.

Die immer mehr zunehmenden Verluste wurden besonders bei den selbständig gebliebenen Nahverkehrsbetrieben immer spürbarer für die Kommunalhaushalte, die diese im Rahmen der Planung nominell vom Staatshaushalt über die Bezirke als sogenannte leistungsgebundene Tarifstützung zugewiesen bekamen. In Kombinaten erfolgte hingegen letztlich eine Verrechnung mit den anderen Bereichen, die ja zumindest teilweise Gewinn erbrachten.

Eine besondere Regelung bestand für die Finanzierung der Kosten und Investitionen für das Gleisnetz und die Stromversorgungsanlagen (einschließlich Fahrleitung), also den Fahrweg. Sie erfolgte aus einem besonderen Fonds für die „materiell-technische Territorialstruktur" (mtT), in der Bilanz erfolgte eine besondere Erfassung.

Neben dem ständigen Kampf um das Geld kam in den Betrieben aber noch der um die erforderlichen Kapazitäten z. B. für die Instandhaltung und um die Arbeitskräfte hinzu. Der heute kaum noch vorstellbare Arbeitskräftemangel, besonders im Fahrpersonalsektor, führte einmal dazu, immer wieder kleinere Verbesserungen der Entlohnung und der sozialen Leistungen, z. T. oft auch illegale, durchzusetzen, zum anderen zu immer höheren Überstundenleistungen, in die auch das technische und das Verwaltungspersonal und letztlich auch die Leitungen einbezogen wurden. Durchschnittswerte von 50 Std/Monat waren ebenso üblich wie Spitzenleistungen von 200. Über die „Brigadebildung" und den „sozialistischen" Wettbewerb wurde auch versucht, auf die Qualität der Arbeit mehr Einfluß zu nehmen und besonders kundenfreundliches Auftreten zu sichern, spezielle Wettbewerbe,

Bild 16: In der zweiten Hälfte der 70er Jahre erfolgte die Einführung der elektro-mechanischen Druckentwerter (Fotos: Reichenbach)

Bild 17: Anfang der 80er Jahre wurden die elektro-mechanischen Druckentwerter durch Lochentwerter ersetzt: Standentwerter in Plauen

z. B. um das „Goldene Q", brachten allerdings nur eingeschränkte Ergebnisse.

Arbeitskräfte werbend waren zumindest teilweise die sozialen Leistungen, die von der Kinderbetreuung bis zum Rentnerprogramm reichten und z. B. Kinderferienaktionen und betriebliche Urlaubseinrichtungen, teilweise auch Auslandsaustausch, zu minimalen Preisen einschlossen. Viel Aufwand wurde auch in die Pausenversorgung gesteckt, die meist mehrschichtig mit niedrigen Preisen speziell auf die Betreuung des Fahrpersonals zugeschnitten war. Zusätzliche Altersversorgungssysteme, über die freiwillige Zusatzrenten hinausgehend, konnten allerdings nicht durchgesetzt werden.

Insgesamt kann allerdings das ÖPNV-Lohnniveau und auch das Angebot an sozialen Leistungen im Vergleich mit anderen Wirtschaftsbereichen der ehemaligen DDR nur als recht bescheiden eingeschätzt werden.

Die technische Entwicklung

Fahrzeuge/Betriebshöfe

Schienenfahrzeuge

Schwerpunkt war hier ausschließlich die Straßenbahn, da lediglich Berlin (Ost) über zwei U-Bahn-Linien verfügte und die S-Bahn der Deutschen Reichsbahn zugeordnet war. Neben den Anstrengungen, den alten Wagenpark wieder betriebsfähig zu machen und zu halten, begann die Entwicklung einer Neuproduktion relativ zeitig. 1950 konnten die ersten Neubaufahrzeuge in Werdau ausgeliefert werden. Die mit 60 KW-Motoren (EM 60) ausgerüsteten zweiachsigen Triebwagen und die dazugehörigen Beiwagen (ET/EB 50 Lowa) wurden sowohl für 1000 mm als auch für 1435 mm Spur bereitgestellt. Später wurde die Produktion dann nach Halle-Ammendorf und schließlich nach Gotha verlagert (ET/EB 57 Lowa/Gotha).

Zunächst nur als Einrichtungswagen verfügbar, wurden sie weiterentwickelt und auch als Zweirichtungswagen angeboten, letztlich auch als vierachsige Gelenkwagen mit erheblichem Exportanteil in die Sowjetunion. Die weitere Entwicklung führte ab 1962 zum Bau vierachsiger Drehgestellfahrzeuge mit Schützensteuerung, die zunächst in Dresden und Magdeburg eingesetzt waren, dann aber in Berlin konzentriert wurden, aber auch verschiedene Eigenentwicklungen in einzelnen Betrieben fuhren auf den Netzen.

Als Mitte der 60er Jahre die DDR die Hoffnung hatte, weltweit mit der Produktion von Kühlwagen und Kühlzügen in das Exportgeschäft einzusteigen, wurde der Bau von Straßenbahnfahrzeugen in Gotha eingestellt und ein Spezialisierungsabkommen mit der CSSR und den Tatra-Werken Praha-Smichow, abgeschlossen. Dieser Betrieb erweiterte dafür sein Angebot, das zunächst nur einen vierachsigen Drehgestelltriebwagen mit PCC-Steuerung und 2500 mm Wagenkastenbreite umfaßte, um die Produktion von Fahrzeugen mit Wagenkästen für 2200 mm Wagenkastenbreite und elektrische Ausrüstung für die Einführung des Beiwagen-Betriebes.

Nach einer Erprobung in Dresden begann 1968/69 die Auslieferung der Fahrzeuge vom Typ T4D und B4D (für die Städte Chemnitz und Schwerin mit 2500 mm Wagenkastenbreite T3D und B3D). In den 70er Jahren kam der Kurzgelenkzug KT4D hinzu. 1989 wurde auf der Leipziger Frühjahrsmesse der 4000. Tatrawagen übergeben. Diese wurden inzwischen in 18 Städten der DDR eingesetzt. In diesen Zeitraum fällt auch die Weiterentwicklung der Grundtypen T4, B4, T3, B3 durch einen neuen Typ T6 in anderer Wagenkastenge-

Bild 18: Der erste Nachkriegs-Neubautyp kam aus der Waggonfabrik Werdau, bekannt als LOWA-Wagen. Die Zwickauer Triebwagen waren mit zwei Scheinwerfern ausgerüstet (Foto: Reichenbach)

staltung und mit Thyristorsteuerung. Der KT4D wurde auch mit Thyristorsteuerung (für Berlin) angeboten. Die Fahrzeuge der neuen Typenreihe T6 sind jedoch – bedingt durch die Ereignisse des Jahres 1989 – nur in kleinen Stückzahlen in verschiedenen Betrieben noch vorhanden. Der Einsatz der Tatra-Fahrzeuge erfolgte in den Großstädten überwiegend im sogenannten Großzugbetrieb, d.h. Triebwagen/Triebwagen/Beiwagen, der des KT4D in kleineren Städten als Solofahrzeug oder in Doppeltraktion, in Erfurt in Dreifach-Traktion.

Besonders mit dem Großzug-Betrieb konnte das Platzangebot mit 400 Plätzen je Großzug wesentlich verbessert werden, durch die Erhöhung der Anfahrbeschleunigung ergab sich auch eine Steigerung der Reisegeschwindigkeit um ca. 10%. Diese Vorteile wurden aber teuer erkauft, denn abgesehen von den nach damaligen Gesichtspunkten hohen Beschaffungskosten mußten aufgrund des hohen Stromverbrauchs (4 x 44 KW-Motoren = 352 KW/Großzug) eine grundhafte Verstärkung der Stromversorgung ebenso vorgenommen werden wie die technische Gestaltung des Fahrzeuges neue Wartungs- und Pflegeeinrichtungen erforderlich machte, z.B. den Einbau von Seitengruben in den Werkstätten. Der sich in der Praxis ergebende Wartungsaufwand überstieg sehr schnell den vom Hersteller schon hoch eingeschätzten. Ein chroni-

Bild 19: Die vom Waggonbau Gotha entwickelten und gefertigten 4-Achs-Drehgestell-Tw kamen zuerst in Dresden und Magdeburg zum Einsatz und wurden später nach Berlin umgesetzt (Foto: Reichenbach)

Bild 20: Im Dezember 1968 trafen die ersten Straßenbahnwagen des Typs T3D (Wagenbreite 2,50 m) in Chemnitz ein. Zum gleichen Zeitpunkt kamen auch Wagen des Typs T4D nach Dresden und Leipzig zur Auslieferung. Ein Dreiwagenzug mit Tw des T3D (Nr. 449 und 450) und Bw B3D Nr. 725, aufgenommen 1982 anläßlich der Strecken-Inbetriebnahme Wladimir-Sagorski-Straße – WG VIII (Foto Reichenbach)

Bild 21: 1981 begannen in Erfurt Probefahrten mit im Dreierverbund fahrenden KT4D-Tw, Länge 57 m (Foto: Reichenbach)

scher Ersatzteilmangel führte dazu, daß – verbunden mit einer hohen Störanfälligkeit – oft nur ökonomische Einsatz-Koeffizienten von 0,6 – 0,7 erreicht wurden. Zwar sollte die aus dem „Tatra-Beirat“ gebildete Erzeugnisgruppe „Elektrisch betriebene Nahverkehrsmittel“ zu einer effektiveren Arbeit beitragen, aber die erwarteten Ergebnisse blieben trotzdem erheblich unter den Werten vergleichbarer westlicher Betriebe. Der später angebotene KT4D brachte geringfügig bessere Werte, forderte aber den gleichen Aufwand für die Instandhaltung und Stromversorgung. Besonders die kleinen Straßenbahnbetriebe wurden deshalb zunächst noch nicht auf den Tatra-Verkehr umgestellt, sondern sie erhielten von den größeren Betrieben freigesetzte Fahrzeuge der Gothaer Bauart.

Omnibusse

In den ersten Nachkriegsjahren lag der Schwerpunkt in der Wiederherstellung der Betriebsfähigkeit des vorhandenen Wagenparkes und der Überwindung von Reifen- und Kraftstoffproblemen. Erst ab 1954 erfolgten größere Importe von Ikarus-Omnibussen aus Ungarn und die erste Auslie-

Bild 22: Auch in Stralsund kamen Doppelstockbusse des Typs Do 56 zum Einsatz (Fotos: Reichenbach)

Bild 23: Der Ikarus-Typ 66 prägte in vielen Städten in den 60er und 70er Jahren das Bild des innerstädtischen Busverkehrs

Bild 24: Dem gestiegenen Fahrgastaufkommen entsprach der Ikarus-Gelenk-Omnibus des Typs 180 (Foto: Reichenbach)

ferung von Omnibussen des Typs H6 B durch das Kraftfahrzeugwerk „Ernst Grube“ in Werdau. Ab 1956 standen auch der Doppelstockbus DO 56 vom Waggonbau Bautzen und ab Anfang der 60er Jahre die Ikarus-Omnibusse der Typen 55 und 66 zur Verfügung. Analog der Straßenbahnproduktion wurde auch die Produktion von Omnibussen in der DDR mit Ausnahme kleiner Robur-Omnibusse ganz eingestellt und voll auf die ungarischen Ikarus-Omnibusse orientiert, von denen ab 1968 auch die ersten Gelenkomnibusse vom Typ 180 bereitstanden.

Die hohe Reparaturanfälligkeit der Fahrzeuge ging nur sehr langsam zurück. Erst als die Fahrzeuge mit MAN Lizenzmotoren ausgestattet wurden und die Baureihe 200 zur Auslieferung kam, traten sichtbare Verbesserungen ein. Ab Ende der 70er Jahre konnte aber die Ersatzbeschaffung und Materialversorgung für den bis dahin auf fast 14 000 Fahrzeuge angestiegenen Bestand nicht mehr voll gesichert worden, so daß, zusammen mit der ständigen Reifenproblematik, der technische Einsatzkoeffizient starken Schwankungen unterworfen war. Technisch stellte die 200er Baureihe eine echte Verbesserung dar, die auch bei Reise-Omnibussen eine Qualitätsverbesserung brachte. Aus dem maximalen Import von knapp 1000 Fahrzeugen jährlich ergab sich aber eine durchschnittliche Lebensdauer von 15 Jahren für die Fahrzeuge, die bei ihrer technischen Auslegung jedoch nicht ohne mehrere Grundüberholungen erreichbar war. Abgesehen von dem hohen Aufwand für diese waren auch die erforderlichen Kapazitäten nicht vorhanden, so daß die Vorteile einer fast absoluten Typen-Reinheit praktisch nicht zum Tragen kommen konnten.

Eine heute kurios erscheinende Besonderheit sei hier noch erwähnt: In dem Bestreben, die „Hauptstadt der DDR, Berlin“ in allen Bereichen attraktiv zu ma-

Bild 25: Ein Vertreter des Ikarus-Gelenk-Omnibus Typ 280 in Chemnitz, die in den 80er und Anfang der 90er Jahre das „Busbild“ bestimmten (Foto: Reichenbach)

Bild 26: Der O-Bustyp Skoda 9 Tr kam in allen O-Bus-Betrieben der DDR zum Einsatz. In Greiz blieb dieser Typ mit dem abgebildeten O-Bus 9008 ein Einzelgänger

chen, erhielt der Berliner Verkehrsbetrieb generell seinem Bedarf entsprechend immer nur neue Fahrzeuge, die nach dreijährigem Einsatz an die Betriebe der Bezirke dann abgegeben wurden.

O-Busse

Auch hier galt es zunächst, die Kriegsfolgen an Fahrzeugen und Fahrleitungsanlagen zu überwinden, aber bereits ab 1948 wurden durch das Fahrzeugwerk Werdau die ersten neuen O-Busse auf bereits 1943 ausgelieferten Henschel-Fahrgestellen angeboten. Ab 1950 erfolgte dann die vollständige Eigenproduktion in zwei Größen, einmal mit 90 Kw, zum anderen mit 120 Kw Motorleistung. Die elektrische Ausstattung wurde von LEW Hennigsdorf beigestellt.

Ebenso wie im Omnibus-Bereich wurden vorübergehend die O-Busse teilweise mit Anhänger eingesetzt, die ebenfalls von Werdau, dann aber auch von Bautzen und dem Mähdrescherwerk Weimar geliefert wurden.

Entsprechend einer Vereinbarung des Rates für Gegenseitige Wirtschaftshilfe (RGW) wurde auch die O-Bus-Produktion 1957 in der DDR eingestellt und von der CSSR übernommen. In den 80er Jahren wurden in geringen Stückzahlen auch Gelenk-O-Busse aus der CSSR und versuchsweise Ungarn für die vier verbliebenen O-Bus-Betriebe der DDR importiert.

Betriebshöfe

Die für die Betriebsdurchführung und die Instandhaltung erforderlichen Betriebsanlagen wurden relativ schnell nach dem Kriegsende wieder aufgebaut, überwiegend aber im bisherigen Zustand. Mit Ausnahme weniger Neuanlagen, wie z. B. in Berlin und Schwerin, sind sie überwiegend veraltet. Auch die für den Tatra-Einsatz erforderlichen Rekonstruktionen, die weitestgehend in Eigenleistungen von den Verkehrsbetrieben erbracht werden mußten, änderten an diesem Zustand nicht viel. Angefangen von der Bausubstanz bis hin zur technisch-technologischen Aus-

Bild 27: Eine Renaissance erfuhren die O-Bus-Betriebe in Eberswalde, Potsdam und Weimar mit der Inbetriebnahme des Typs Skoda 14 Tr im Jahre 1983 (Fotos: Reichenbach)

stattung befand sich zur Wende ein großer Teil der Betriebsanlagen in einem desolaten Zustand, der neben den Erschwernissen für die dort Beschäftigten natürlich auch die Effektivität der Instandhaltungsprozesse beeinträchtigte und viele Arbeitskräfte band. Das galt mit Ausnahme der wenigen Kombinate, die neue Einrichtungen bauen konnten, auch für die den Kombinaten zugeordneten Omnibusbetriebe des Regionalverkehrs.

Erschwerend kommt in den Städten noch die meist historisch bedingte Lage der Betriebshöfe an Hauptstraßen und das fehlende Vorfeld dazu, so daß Rangierbewegungen mit den 45 m langen Tatragroßzügen zum Teil in dem stark belegten öffentlichen Verkehrsraum durchgeführt werden müssen, was heute im Zusammenhang mit der gewachsenen Motorisierung beinahe unerträglich wird.

Verkehrsanlagen

Gleisanlagen

Das Gleisnetz der 27 Straßenbahnbetriebe umfaßte zum Zeitpunkt der Wende rund 2000 km. Es entspricht in fast allen Städten in seinen Grundzügen noch der Gründerzeit der Unternehmen, da aufwendige Neutrassierungen in nennenswertem Umfang nur in den ersten zwei Jahrzehnten nach Kriegsende erfolgten, aber auch dabei auf einzelne Abschnitte beschränkt blieben (Ausnahme: Chemnitz). Daraus

Bild 28: Eine interessante Verkehrslösung in Gera entstand mit der 1984 in Betrieb genommenen innerstädtischen Neubaustrecke hinter der Mauer mit einer Hausdurchfahrt (Foto: Reichenbach)

ergibt sich auch ein verhältnismäßig geringer Anteil besonderer Bahnkörper, der bei den wenigen Neubaustrecken generell angestrebt wurde. Auch hier wurden aber aus Kosten- und Kapazitätsgründen erforderliche Kreuzungen und Einmündungen meist niveaugleich gestaltet, so daß seine Vorteile nur eingeschränkt wirken können.

Auffällig war der durch unzureichende Mittel, hauptsächlich aber fehlende Kapazitäten ausgelöste Instandhaltungsrückstand, der sich, wenn auch mit einem gewissen Nord-Süd-Gefälle, in einer hohen Zahl von Langsamfahrstrecken ausdrückte. Ursache waren darüber hinaus Abstriche in der Qualität der Bauarbeiten bis hin zu immer erst relativ spät erkannten Mängeln in neuen Bauweisen selbst, so z. B. der auch heute noch im großen Umfang vorhandenen Großverbundplatte.

Umstritten war zumindest aus der Sicht der Straßenbahnbetriebe die Herauslösung des Gleisbaues aus den Betrieben und die Bildung von Verkehrs- und Tiefbaukombinaten, deren Kapazitäten zentral oder bezirklich verteilt wurden.

Nicht unerwähnt bleiben darf hier auch, daß relativ zeitig der Import von Gleisanlagen aus den Ländern der Bundesrepublik im Zuge der sogenannten „Störfreimachung" unterbunden wurde und damit ein eigener Weichen- und Anlagenbau durch die Betriebe

Bild 29: Zentraler Omnibusbahnhof für den Regionalverkehr im Chemnitzer Stadtzentrum in unmittelbarer Nähe des Hauptbahnhofes (Foto: Reichenbach)

geschaffen werden mußte. Besonders die Verkehrsbetriebe Dresden und Leipzig versorgten mit ihren neugeschaffenen Abteilungen hierfür die anderen Straßenbahnbetriebe mit. Insgesamt muß man feststellen, daß relativ viel Aufwand in das Gleisnetz gesteckt wurde, das Ergebnis aber sehr mager blieb und die Trassierungen, obwohl es an den dafür notwendigen Ideen und Vorstellungen nicht mangelte, nicht den Erfordernissen der Zukunft angepaßt werden konnten.

Sonstige Verkehrsanlagen

Der geringe Anteil besonderer Bahnkörper war die Ursache, daß auch nur im geringen Umfang Kunstbauten wie Tunnel oder Brücken mit den dazugehörigen Rampen in die direkte Zuständigkeit der Nahverkehrsbetriebe fielen. So entstand zwar z.B. in Schwerin-Süd im Zuge einer niveaufreien Abzweigung ein kurzer Straßenbahntunnel und in Chemnitz zur Erschließung des Wohngebietes „Fritz Heckert" ein spezielles Brückenbauwerk für die Straßenbahn, aber sonst beschränkten sich solche Bauten auf das Schaffen einiger niveaufreier Fahrgastzugänge mittels Tunnel oder Brücken zu zentral gelegenen Verkehrsanlagen, wie z.B. zu den Zentralhaltestellen in Chemnitz und Leipzig. Bei Neubaustrecken entstanden im größeren Umfang Bahnsteiganlagen, aber im wesentlichen mit niveaugleichen Zugängen. In Berlin wurden diese Strecken im übrigen aber auch mit Vorsortierungsgleisen an den Abzweigungen ausgestattet. In großem Umfang erfolgte allerdings die Ausstattung der Endstellen mit Wendeschleifen, da auch die Tatrawagen nur als Einrichtungsfahrzeuge zur Verfügung standen und der Personalaufwand für die Rangierbewegungen an Gleisdreiecken vermieden werden sollte.

Der zunehmende Omnibusverkehr in der Region führte dazu, daß auch in einer Vielzahl kleinerer Städte zentrale Omnibusbahnhöfe, z.T. auch mit überdachten Bussteigen entstanden, die meist mit Abstellmöglichkeiten, sozialen Einrichtungen und Fahrscheinvorverkauf kombiniert

Bild 30: Bereits 1976 begannen die Erfurter Verkehrsbetriebe mit der Erprobung eines Dispatcher-Systems, verbunden mit einem Fahrgast-Informationssystem. Haltestellensäule mit optischer und akustischer Fahrgast-Information in Erfurt (Foto: Reichenbach)

waren. Die Haltestellen im innerstädtischen Bereich wurden nur im begrenzten Umfang mit Wartehallen versehen, die allgemein in die Zuständigkeit der Verkehrsbetriebe fielen, die erhebliche Probleme mit deren Sauberhaltung und Instandhaltung hatten; in der Region wurden die Wartehallen von den Gemeinden errichtet und betreut.

Elektrische Anlagen

Stromversorqung

Alle Straßenbahnen wurden einheitlich mit 600 V Gleichstrom betrieben, wobei bereits in den 50er Jahren die Energieversorgungsbetriebe begannen, die zum großen Teil zunächst ihnen zugeordnete Bahnstromunterwerke den Verkehrsbetrieben zu übergeben. Besonders mit der Einführung der Tatra-Fahrzeuge wurde eine ausgeprägte Erweiterung der Anlagen notwendig, die die Betriebe vor erhebliche Probleme stellte. So mußten in großem Umfang neue Bahnstromunterwerke mit den dazugehörigen Verkabelungen errichtet werden, so daß bis 1989 insgesamt 250 solcher Unterwerke, natürlich inzwischen auch mit Fernsteuerung ausgerüstet, vorhanden waren. In den großen Betrieben entstanden dazu spezielle Energiedispatcherzentralen.

Hohe Anforderungen wurden auch an die Fahrleitung selbst gestellt. Um die erforderliche hohe Einspeisung zu sichern, mußten z. B. an zentralen Knotenpunkten, an denen durch die Lichtsignalisierung konzentrierte Anfahrten entstanden, die Fahrleitungen auch in Längsrichtung getrennt werden. Da durch die gleichzeitig laufenden Elektrifizierungsprogramme der Deutschen Reichsbahn die Fahrleitungsbaukapazitäten stark belastet waren, entstanden auch bei den Fahrleitungsanlagen der Straßenbahnen immer größere Instandhaltungsrückstände. Oft war es sogar problemvoll, die Inbetriebnahme von Neubaustrekken stromversorgungsmäßig zu sichern. Selbst in Berlin konnten bis zur Wende noch im gesamten Köpenicker Bereich infolge fehlender Stromversorgungskapazität keine Tatra-Fahrzeuge eingesetzt werden.

Nachrichtentechnik

Bereits aus der Vergangenheit besaßen zumindest die großen Nahverkehrsbetriebe ein ausgedehntes Telefonnetz, das auch Streckenfernsprecher an den wichtigsten Haltestellen einschloß. Den Informationsanforderungen besonders bei Störungsfällen entsprachen sie aber bald nicht mehr, so daß mit dem Einsatz von Dispatcherfahrzeugen zusätzlich zu den Entstörungsdiensten auch der UKW-Verkehrsfunk eingeführt wurde. Nur in kleinen Schritten konnte aber auch die Ausstattung der Linienfahrzeuge selbst mit Funk erfolgen, die bis zur Wende nur mit durchschnittlich 50% erreicht wurde.

Ähnlich unbefriedigend waren auch die Fortschritte z. B. auf dem Gebiet der straßenbahnabhängigen LZA-Steuerung. Zwar hatte die Straßenbahn durch die DDR StVO §13/4 die Vorfahrt, die Verlustzeiten an den LZA-geregelten Knotenpunkten nahmen aber immer mehr zu, ohne daß die technischen Möglichkeiten zu ihrer Minderung in spürbarem Rahmen genutzt werden konnten. Die praktische Anwendung moderner Technik zur Verbesserung des Betriebsablaufes blieb auch hier weit hinter den Möglichkeiten zurück.

Organe der überbetrieblichen Zusammenarbeit

Kammer der Technik

Als Ausgleich für die in der SBZ und der DDR nicht mehr zugelassenen Vereine zur interdisziplinären Zusammenarbeit von Fachkollegen der verschiedenen Branchen und Fachrichtungen kam es zur Gründung der Kammer der Technik als „Organ der freiwillig-technischen Zusammenarbeit“. Diese war in Fachverbände untergliedert, zu denen auch der Fachverband „Fahrzeugbau und Verkehr“ gehörte. Für die Fachverbände waren hauptamtliche Sekretäre tätig. Der Vorsitz oblag allgemein einem Mitarbeiter aus dem Staatsapparat, für den Fachverband Fahrzeugbau und Verkehr meistens dem stellvertretenden Verkehrsminister und Leiter der Hauptverwaltung Kraftverkehr. Innerhalb der Fachverbände bestanden spezielle Fachgremien, deren Bezeichnungen sich mehrfach änderten, für den Personenverkehr zuletzt die „Wissenschaftliche Sektion Personenbeförderung".

Der Vorsitz wurde von dem Direktor eines großen Nahverkehrsbetriebes wahrgenommen. Die praktische Arbeit wurde in Fachausschüssen vollzogen, die für folgende Bereiche bestanden:

- Nahverkehrssysteme
- Verkehrstechnologie
- Instandhaltung von Straßenbahnwagen
- Omnibus/ Obus/ Taxi
- Gleisbau
- Stromversorgung, Fahrleitungs- und Sicherungsanlagen
- Betriebshöfe und Werkstätten
- S-Bahn
- Schweißen in Nahverkehrsbetrieben
- Regionale Verkehrsplanung
- Komplexe Beförderungssysteme

In drei bis vier Beratungen jährlich tauschten die aus den Betrieben kommenden Mitarbeiter Erfahrungen aus, bewerteten Neuentwicklungen und erarbeiteten Pflichtenhefte und Empfehlungen. Letztere wurden nach der Bestätigung durch den Fachverband als KDT-Richtlinien durch das Ministerium für Verkehrswesen als verbindlich erklärt, und sicherten so zumindest eine annähernd einheitliche technische Entwicklung für die Betriebe der ehemaligen DDR. Durch diese Arbeit war eine relativ gute fachliche Zusammenarbeit zwischen den Betrieben gesichert, in die auch die kleinen Betriebe voll mit einbezogen waren. Direkte Kontakte bestanden auch zur Hochschule für Verkehrswesen „Friedrich List", Dresden, die auch einen Teil ihrer Forschungsarbeiten unmittelbar mit den Betrieben abstimmte und mit diesen durchführte.

Im zweijährigen Rhythmus wurden durch die Wissenschaftliche Sektion Personenbeförderung der KDT Nahverkehrs-Fachtagungen mit RGW-Beteiligung (CSSR, Polen, Ungarn, UdSSR) organisiert, an denen in den ersten Jahren auch Gäste aus der Bundesrepublik Deutschland teilnahmen. Bei diesen von 250 – 300 Fachkollegen aus den Betrieben, Planungsbüros der Städte und wissenschaftlichen Einrichtungen mit ca. 10 % Auslandsanteil besuchten Tagungen wurde jeweils ein Grundsatzreferat durch den zuständigen stellvertretenden Verkehrsminister gehalten und dann in weiteren Beiträgen ein bestimmtes Fachthema behandelt. Eine Vertiefung des Stoffes erfolgte durch Beratungen in jeweils drei bis vier Arbeitsgruppen. Wenn auch die praktischen Ergebnisse dieser Veranstaltungen nicht auffällig waren, so gaben sie doch konkrete Orientierungen und förderten die interdisziplinäre Zusammenarbeit auch dadurch, daß regelmäßig Vertreter von Betrieben teilnahmen, die in bestimmten Fachrichtungen für die Nahverkehrsbetriebe arbeiteten, z. B. verantwortliche Mitarbeiter der Tatra- und Ikaruswerke. Zu erwähnen sind außerdem auch jährlich durchgeführte Symposien gemeinsam mit den Ikarus-Werken und der Hochschule für Verkehrswesen sowie die Weiterbildungsseminare in Form von Fünf-Tage-Lehrgängen unter fachlicher Betreuung durch die Hochschule für Verkehrswesen mit jährlich wechselnden Themen.

Die Fachorgane der KDT waren somit für die Nahverkehrsbetriebe eine nicht zu unterschätzende Hilfe bei der Lösung ihrer oft großen Probleme und für ihre weitere Entwicklung.

Die Erzeugnisgruppe elektrisch betriebener Nahverkehrsmittel

Aus dem „Tatra-Beirat" im Ministerium für Verkehrswesen, der sich vorrangig aus Vertretern der Nahverkehrsbetriebe zusammensetzte, die zuerst mit Tatra-Fahrzeugen arbeiteten, entstand 1980 die „Erzeugnisgruppe elektrisch betriebener Nahverkehrsmittel", in der alle entsprechenden Betriebe (Straßenbahn und

O-Bus = 29) zusammengefaßt waren. Der Vorsitz oblag dem Direktor der Leipziger Verkehrsbetriebe, der als Leitbetrieb festgelegt wurde. Ihm stand ein gesondertes Sekretariat zur Verfügung, das die praktische Arbeit durchführte, u. a. die Organisation und Protokollierung der Arbeitsgruppen-Beratungen, die Durchführung des Erzeugnisgruppen-Rates und der jährlichen Vollversammlungen. Die Erzeugnisgruppe umfaßte folgende Hauptarbeitsgruppen:

- Ökonomie;
- Fahrzeuge (mit den Arbeitsgruppen : Fahrzeugentwicklung, Tatrawagen, Gothawagen, O-Bus);
- Elektrische Anlagen.

Eine wesentliche Aufgabe der Erzeugnisgruppe war die Organisation der zentralen Aufarbeitung von Fahrzeugaggregaten der Straßenbahn, besonders der Tatrawagen. Dabei hatte jeweils ein Betrieb ein Aggregat für alle Betriebe aufzuarbeiten und außerdem wurden auch weitere Kapazitäten außerhalb der Nahverkehrsbetriebe dafür nutzbar gemacht, so z.B. für die Aufarbeitung von Bahnmotoren die PGH „Elektrik" in Limbach-Oberfrohna. Neben den oft großen Transportaufwendungen als Negativfaktor wurde durch diese Methode doch eine teilweise auch gute Produktivität in der Instandhaltung erreicht, da die Betriebe u. a. auch solche Maschinen für ihre größeren Serien beschaffen konnten, die sich unmöglich jeder Betrieb einzeln hätte halten können und für die es auch sonst keine „Bilanzanteile" gegeben hätte. Ein jährlicher Umsatz von über 25 Mio Mark spricht für die Ergebnisse dieser Arbeit, mit der auch versucht wurde, die Ersatzteil und Bilanz-Probleme zumindest teilweise in den Griff zu bekommen. So war z. B. das Importlimit für Tatra-Ersatzteile – trotz ständig steigender Fahrzeugzahlen und Preiserhöhungen – über lange Jahre eingefroren. Die Probleme in der Fahrzeuginstandhaltung, ausgelöst von dem schon erwähnten hohen Wartungsaufwand, und unzureichende Arbeitskräfte- und Materialausstattung führten nicht zuletzt oft zur langfristigen Abstellung von Fahrzeugen, deren Reparatur dann schließlich nicht mehr vertretbar war. In einer durch die Erzeugnisgruppe deshalb ausgelösten Sonderaktion wurden zum Beispiel daraufhin noch im 2. Halbjahr 1989 insgesamt 285 Tatra-Straßenbahnfahrzeuge in den Verkehrsbetrieben der DDR verschrottet und dabei die 20 Mio Mark Restbuchwerte ohne Belastung der Betriebe zentral ausgebucht.

Ebenfalls durch die Erzeugnisgruppe organisiert wurden die Fahrzeugumsetzungen zwischen den Betrieben, die Größenordnungen von weit über 100 erreichten und besonders Fahrzeuge herkömmlicher Bauart (Gotha) betrafen. Es wurde auch versucht, für diese eine zentrale Hauptuntersuchung bei den Dessauer Verkehrsbetrieben aufzubauen, was jedoch nicht gelang. Auch in die Beschaffung und Verteilung von Hilfsfahrzeugen (z. B. Turmwagen, Kranwagen usw.) schaltete sich die Erzeugnisgruppe ein, wobei auch hier trotz zentralistischer Führung oft der Egoismus der Kombinate überwunden werden mußte.

Es zeigte sich in der praktischen Arbeit der letzten Jahre aber auch auf verschiedenen Gebieten ein immer stärker werdender Dualismus zur Arbeit in der Kammer der Technik, so daß Ende der 80er Jahre erste Gedanken aufkamen, die überbetriebliche Zusammenarbeit der Nahverkehrsbetriebe einheitlich neu aufzubauen. Die Ereignisse der Wende stellten auch hier wieder die Weichen zur einheitlichen Entwicklung in ganz Deutschland.

Der VÖV der DDR

Am 8. Februar 1990 kam es zur ersten Zusammenkunft zwischen dem Verbandsdirektor des VÖV, Herrn Prof. Dr. Girnau, und den damaligen Direktoren der sieben selbständigen Nahverkehrsbetriebe der DDR in Braunschweig, bei der die Hilfe des VÖV vereinbart und die Modalitäten für die Bildung eines „VÖV der DDR" beschlossen wurden. Die Statuten für diesen „VÖV der DDR" wurden erarbeitet und mit einer Vereinbarung versehen, die bei einer Zusammenfassung beider Deutscher Staaten auch die Integration der beiden Verbände vorsah. In einer Erzeugnisgruppen-Vollversammlung am 15. 3. 1990 in Leipzig beschloß diese daraufhin ihre Auflösung mit gleichzeitiger Gründung des VÖV der DDR. Alle Mitgliedsbetriebe der bisherigen Erzeugnisgruppe wurden Gründungsmitglieder dieses neuen Verbandes, der seine Geschäftsstelle ebenfalls in Leipzig einrichtete. Bereits an dieser Stelle kann eingeschätzt werden, daß den Mitgliedsbetrieben des VÖV der DDR vom ersten Tag an eine spürbare und echte Hilfe und Unterstützung in allen zur Entscheidung anstehenden neuen Fragen und Problemen durch die Hauptgeschäftsstelle des VÖV in Köln zuteil wurde. Abgesehen davon, daß die Mitgliedsbetriebe mit umfangreichem Informationsmaterial versorgt wurden, erfolgte auch die Organisation von Seminaren und Foren, bei denen Fachkollegen aus den alten Ländern aktuelles Wissen, vor allem über die marktwirtschaftlichen Möglichkeiten und Notwendigkeiten sowie über Form und Inhalt der neuen Eigentumsformen vermittelten.

In Anlehnung an die Fachausschüsse des VÖV bildete der VÖV der DDR analoge Arbeitsgremien, die nach der Vereinigung beider Verbände ab 1. 1. 1991 als Fachunterausschüsse der großen Fachausschüsse fortbestanden und den Betrieben in den neuen Ländern konkrete Hilfe beim Hineinwachsen in die neuen Bedingungen auf vielen Gebieten gaben. Insgesamt wurden durch den VÖV der DDR folgende Arbeitsgremien im II. und III. Quartal 1990 gebildet:

- Betriebswirtschaft
- Verkehrstechnologie
- Tarife
- Recht
- Schienenfahrzeuge
- Kraftverkehr
- Elektrische Energieanlagen
- Gleisbau
- Omnibus / O-Bus
- Personalwirtschaft
- Materialwirtschaft
- Schweißen in Nahverkehrsbetrieben

Um dem großen Informationsbedürfnis aller Betriebe gerecht zu werden, wurden die Protokolle aller Fachunterausschüsse jeweils kurzfristig nicht nur den FUA-Mitgliedern, sondern durch Rundsendungen allen Mitgliedsbetrieben zugestellt. Die Ausstrahlungskraft, die vom VÖV der DDR ausging, führte dazu, daß im großen Umfang auch viele Omnibusbetriebe, aus der beginnenden Auflösung der Verkehrskombinate entstehend, Mitglied des Verbandes wurden, der bis zur Vereinigung mit dem VÖV (und dem BDE) zum VDV ab 1. 1. 1991 allein im Personenverkehrsbereich einen Mitgliederstand von 45 erreichte.

Die Entwicklung nach der Wende

Zur Wende bestand im ÖPNV-Bereich ein durch 40 Jahre DDR geprägtes Personenverkehrs-System, das aus der sozialpolitischen Zielstellung letztlich ohne Rücksicht auf ökonomische Ergebnisse sowohl in den Ballungsgebieten als auch in der Region flächendeckend bei ausgesprochen niedrigem Preisniveau im großen Umfang von der Bevölkerung, nicht zuletzt infolge zurückgebliebener individueller Motorisierung, in Anspruch genommen wurde, in seiner materiellen Substanz aber, jahrelang auf Verschleiß gefahren, weitgehend abgewirtschaftet war und in seinem technischen Niveau um Jahre zurücklag.

Vom Kombinatsbetrieb zu marktwirtschaftlichen Eigentumsformen

Wie auch für andere Bereiche der Volkswirtschaft sah der Einigungsvertrag für den ÖPNV-Sektor die Auflösung der planwirtschaftlichen Struktur und Überführung der Betriebe in marktwirtschaftliche Eigentumsformen unter Federführung der Treuhand vor. Dabei war in erster Linie an die Bildung von Unternehmen in Form von AG und GmbH unter kommunaler Trägerschaft gedacht.

Für die reinen Straßenbahnbetriebe war dabei die Zuständigkeit ziemlich eindeutig, zumal diese zwar ökonomisch, nicht aber mit ihren Betriebsanlagen in die Kombinate integriert waren. Ihre Ausbildung als kommunale AG oder GmbH konnte somit relativ zügig erfolgen, obwohl sie oft in erheblichem Umfang auch um die Städte angeordnete Kreise mit bedienten. So entstanden in rascher Folge z. B. die Erfurter Verkehrsbetriebe AG (1. April 1990), die Rostocker Straßenbahn AG (22. Mai 1990), die Chemnitzer Verkehrs-Aktiengesellschaft (26. Juni 1990), während sich einige Städte mit der Übernahme sehr schwer taten, wie z. B. Dresden und Leipzig. In Leipzig wurde letztlich anstelle der auf Grund der Größe angestrebten Bildung einer AG der Betrieb als GmbH 1993 von der Stadt übernommen.

Wesentlich schwieriger war die Kommunalisierung der zahlreichen Omnibusbetriebe, da einmal ihr Betriebssitz und ihr Einzugs-Bereich nicht mit den vorhandenen Kreisen identisch war und zum anderen eine enge Verflechtung mit dem Güterverkehr und anderen Kombinats-Bereichen bestand, die nur schwer auflösbar war. So mußte im einzelnen geklärt werden, welcher Kreis für welches Unternehmen zuständig ist, wobei durchaus nicht alle betroffenen Kreisverwaltungen die Übernahme eines Omnibusunternehmens im Rahmen ihrer „Daseins-Vorsorge" anstrebten – sie hatten rechtzeitig erkannt, daß damit auch die Übernahme der steigenden Defizite der Betriebe verbunden war. Besonders ab 1992 kam es in dieser Hinsicht zu umfangreichen Auseinandersetzungen, bei denen der Verband zusammen mit dem Deutschen Landkreistag überwiegend erfolgreich auf die Kommunen einwirkte, so daß die Kommunalisierung der Omnibusabteilungen oder -bereiche aus den ehemaligen Kombinatsbetrieben doch noch in vielen Fällen erfolgreich verlaufen konnte.

Zum anderen war bei der Aufteilung der Kombinate allein schon dadurch ausgeprägter Zündstoff vorhanden, daß bisher Personen- und Güterverkehr einen gemeinsamen Betrieb verkörperten, z. B. mit nur einem Instandhaltungsbereich. Bei der Privatisierung des Güterverkehrs, die meist sehr schnell vollzogen wurde, war allein schon der Kampf um die Immobilien ein schwer lösbares Problem, das oft zu Ungunsten des Personenverkehrs abgeschlossen wurde. So war bis Ende 1991, wo eigentlich schon die Kommunalisierung der Verkehrsbetriebe durch die Treuhand abgeschlossen sein sollte, erst folgender Stand erreicht : Von 189 Landkreisen und 16 kreisfreien Städten waren bis zum 10. 12. 1991 insgesamt 40 Kommunalisierungen und fünf Privatisierungen vom Vorstand der Treuhandanstalt beschlossen (= 21 %), 81 Vorstandsvorlagen befanden sich in Vorbereitung (= 38 %), mit 63 Kommunen war noch keine Übereinstimmung erzielt (= 29 %) und 26 Kommunen hatten den erforderlichen Antrag noch gar nicht gestellt (= 12 %).

Bis zum 31. 8. 1992 konnte dann aber ein echter Fortschritt erreicht werden, indem bereits der Vollzug für 148 Kommunen erfolgt war (69 %), 50 Vorstandsvorlagen in Arbeit waren (23 %) und lediglich 17 Fälle (8 %) noch als unklar galten.

Vorausgegangen war ein Schreiben der Treuhandanstalt an die Ministerien für Finanzen und Verkehr der neuen Länder und des Bundes zur Kommunalisierung, Aufrechterhaltung und Finanzierung des ÖPNV vom 13. 2. 1992, in der auf die kritische Lage der Unternehmen hingewiesen wurde, aufgrund derer die Kommunen sich gegen eine Übernahme sträubten; u. a. wurde auch eine Lösung hinsichtlich der Altschulden gefordert. Vorab hatte bereits der VDV in einem Positionspapier zur Reorganisation des ÖPNV in der Fläche der fünf neuen Bundesländer vom 20. 3. 1991 Stellung genommen und darin auf der Basis des Gesetzes über die Selbstverwaltung der Gemeinden und Landkreise in der DDR (Kommunalverfassung) vom 12. 5. 90, das laut Einigungsvertrag weiter galt, konkrete Vorschläge unterbreitet.

Verkehrsaufkommen / Ökonomie

Unmittelbar nach der Wende setzte in allen Betrieben ein rasanter Rückgang des Verkehrsaufkommens ein, der 1991 zu-

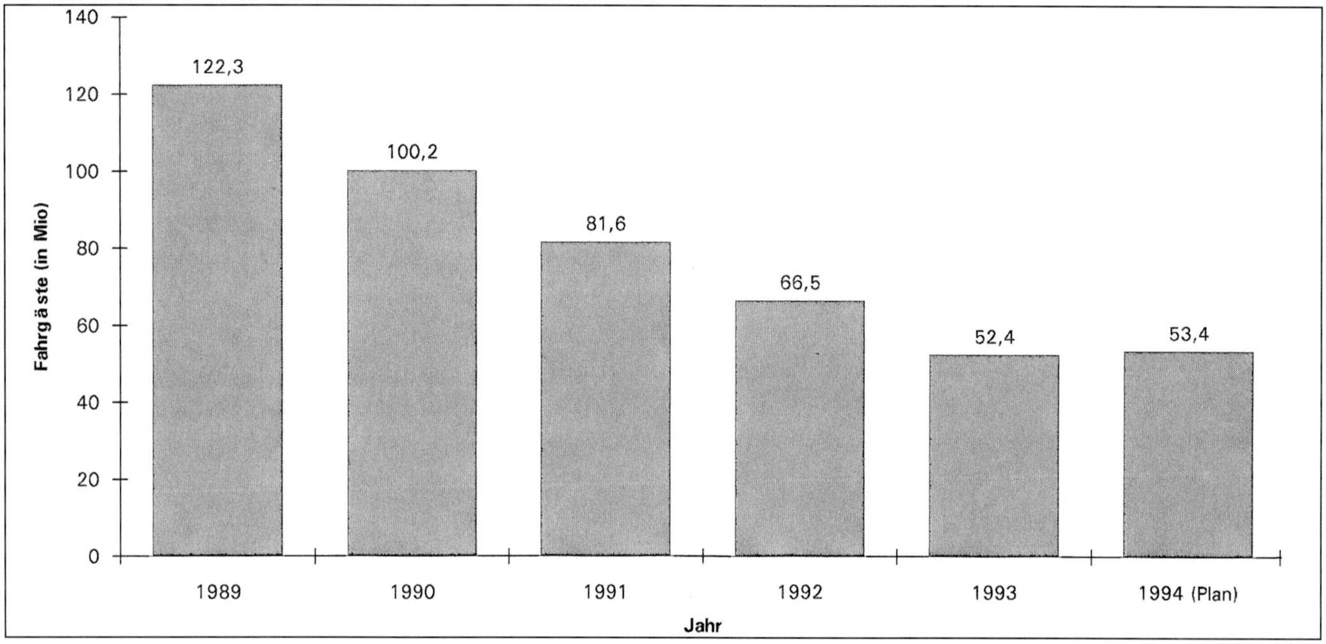

Bild 31: Entwicklung der Beförderungszahlen im ÖPNV der Chemnitzer Verkehrs-Aktiengesellschaft

nahm und erst Ende 1992 im Prinzip abklang, nachdem er eine Reduzierung der Beförderungszahlen um 50% und zum Teil noch mehr gebracht hat. Die Hauptursachen für diesen radikalen Einbruch waren:

– die rasche Zunahme der individuellen Motorisierung,

– der wirtschaftliche Zusammenbruch besonders ganzer industrieller Bereiche mit der dadurch bedingten rasanten Zunahme der Arbeitslosigkeit,

– Tariferhöhungen bis zu 1000%.

So sanken bereits von 1990 zu 1991 in 18 Betrieben des städtischen Nahverkehrs die Beförderungszahlen um 30% und die Nkm-Leistungen um 7%; in 15 Betrieben des Regionalverkehrs um 31% bzw. 13%.

Diese Entwicklung zwang die Betriebe natürlich zu weiteren Reduzierungen ihres Leistungsangebotes, im innerstädtischen Verkehr zunächst durch Schwächung des Behängungsgrades, im Regionalverkehr aber sehr schnell auch durch Dehnung der Wagenfolge. Der hohe Anteil im vertragsgebundenen Arbeiterberufsverkehr schwand auf ein Minimum. Im Durchschnitt gesehen waren die Rückgänge im Regionalverkehr stärker, da hier die individuelle Motorisierung sich voll entfalten konnte, während sie in den Städten sehr bald ihre Grenzen in dem beengten Verkehrsraum fand, und es nicht zuletzt deshalb dort allgemein ab 1993 zu einer Stabilisierung des Verkehrsaufkommens kam. In den Abend- und Nachtstunden sowie am Wochenende waren aber die Besetzungen so schwach, daß auch Verkehrseinschränkungen oder Umstellungen von der Schiene auf die Straße unumgänglich waren. In Bezug auf das Verkehrsangebot konnte somit der früher übliche Standard nicht mehr gehalten werden. Besonders in der Region ist die ehemalige Flächendeckung des ÖPNV nicht mehr vorhanden, und das Angebot oft nur durch den Schülerverkehr noch gewährleistet. Damit brachten auch die Tarifsteigerungen ab 1991 nicht die gewünschten Ergebnisse und die Kostendeckung der Unternehmen stieg sehr langsam, langsamer als Städte, Gemeinden und Länder sich das wünschten. Dabei brachte die durch die Tariferhöhungen ausgelöste Abkehr vom Einheitstarif in den Städten (oft zu einem Zeittarif) auch die gewohnte einfache Handhabung zum Wegfall und die damit ausgelöste notwendige Beschaffung neuer Vorverkaufs- und Abfertigungstechnik wirkte auch nicht gerade aufwandsenkend. Hauptsächlich trieben aber Lohn- und Materialkosten den Aufwand der Betriebe in die Höhe, der durch Rationalisierungen, vor allem im Personal- und Sozialbereich, zwar gebremst werden konnte, letztlich aber doch stieg. Die auf Betreiben der zuständigen Kommunen vielerorts mit hohen Kosten angefertigten zahlreichen Gutachten und Empfehlungen verschiedener Beraterfirmen waren dabei den Betrieben und Kommunen oft auch nur wenig hilfreich. Trotzdem konnte schrittweise bis heute eine Erhöhung des Kostendeckungsgrades erreicht werden. Dabei hatten die reinen Omnibusbetriebe im Regionalverkehr bessere Ausgangswerte als die Nahverkehrsbetriebe mit Straßenbahnbetrieb. Eine durchgeführte Erfassung durch die LGO des VDV brachte folgende Ergebnisse: Die Kostendeckung lag bei den städtischen Verkehrsbetrieben 1991 bei 28 % (von 15 % – 39 %) und stieg 1992 auf 32 %. Im Regio-

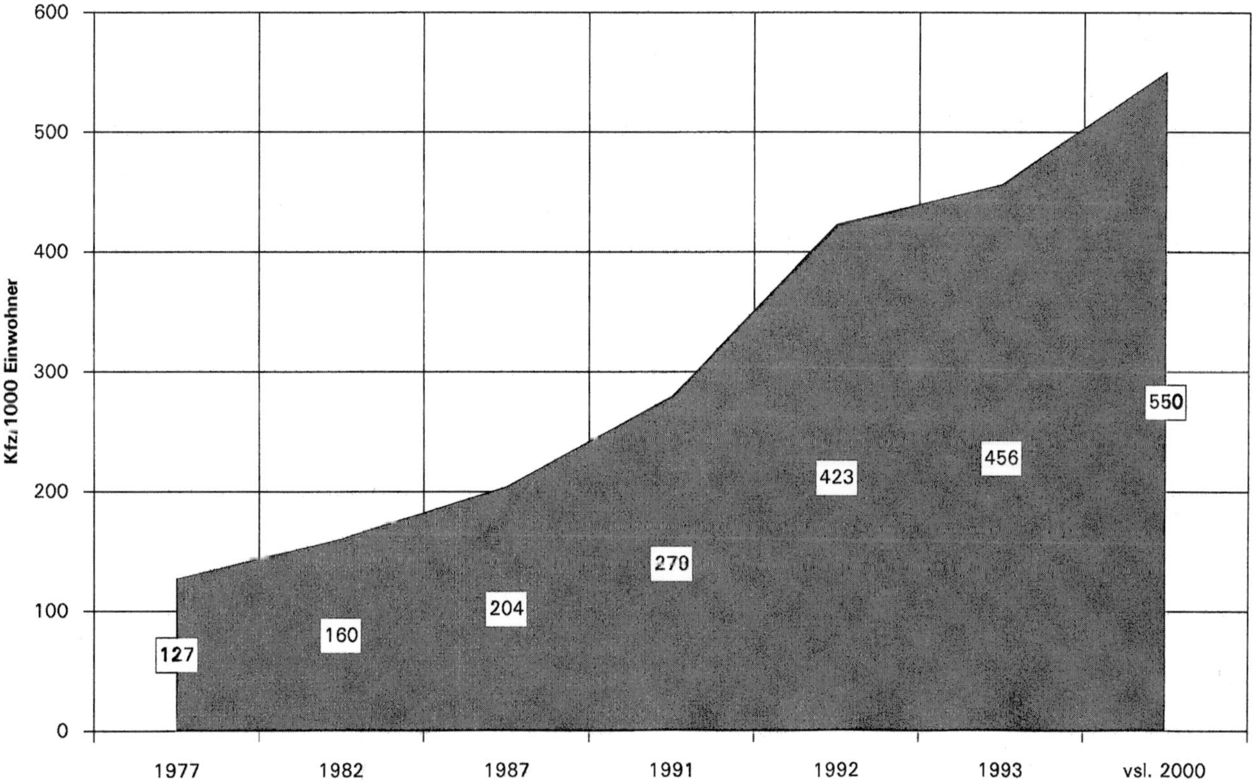

Quelle: Verkehrsentwicklungskonzeption der Stadt Chemnitz; Statistisches Jahrbuch der Stadt Chemnitz 1993; Jahr 1993 vorläufige Angabe vom Amt EDV / Abt. Statistik und Wahlen Chemnitz

Bild 32: Entwicklung des Pkw-Motorisierungsgrades in Chemnitz nalverkehr ging sie im gleichen Zeitraum von 58% auf 51% zurück, da die Einnahmen trotz der Tariferhöhungen infolge des Fahrgastrückganges stärker sanken als die Kosten.

Interessant ist in dieser Hinsicht, daß es durchaus auch einigen kleineren Omnibusbetrieben gelang, bereits positive Trends in der Verkehrsentwicklung in bestimmten Regionen zu erreichen und sich damit zu stabilisieren. Als Beispiel hierfür sei Schwedt/Oder genannt. Andererseits begannen besonders in einigen Städten und Gemeinden die gewählten Volksvertretungen gegen die ausgeprägten Tariferhöhungen zu opponieren, da die soziale Struktur der Bevölkerung, vor allem durch Arbeitslosigkeit und niedrige Einkommen geprägt, eine schnelle Anpassung an das Niveau der alten Länder verbietet. Da die Defizite der Verkehrsunternehmen aber zunehmend mehr aus den Kassen der Gemeinden direkt getragen werden, wurde überwiegend den von der Landesgruppe jährlich herausgegebenen Empfehlungen zur moderaten Tarifentwicklung entsprochen. Diese zielten auch eindeutig darauf, geforderte Sozialtarife nicht zu Lasten der Betriebe einzuführen (z.B. für Arbeitslose und Rentner) und die Möglichkeiten zur Finanzierung des Schülerverkehrs (§ 45a PBefG) und der Schwerbehinderten (§ 62 SchwBehG) durch die Betriebe voll auszuschöpfen.

Besonders über den FUA Kraftverkehr wurde den Betrieben auch Hilfestellung bei der Bildung von Vorstufen von Verkehrsverbünden gegeben. Dabei wurden bei Gemeinschaftstarifen und Gemeinschaftsfahrplänen auch erste Ergebnisse erreicht. Selbstverständlich ging das nicht ohne Mitwirkung der jeweiligen Kreise, die durch die anstehenden Gebietsreformen teilweise auch in dieser Hinsicht etwas verunsichert waren. Die Bildung von Betrieben und Verbünden über die Ländergrenzen hinweg, z. B. der THÜSAG Altenburg für thüringisch-sächsisches Gebiet und Hoyerswerda für brandenburgisch-sächsisches Territorium, nunmehr in Vorbereitung ein Verkehrsverbund Leipzig/Halle, beweisen das Streben nach ökonomischen Lösungen unter voller Einbeziehung der Bürgerinteressen.

Die laut § 42 des PBefG erforderliche Konzessionierung der Linienverkehre brachte in zahlreichen Fällen nochmals zusätzliche Interessenkonflikte auf den Tisch. Andererseits gingen gerade auch vom VDV die Informationen an die Betriebe, sich auf die durch die EG eingeleitete Regionalisierung und Öffnung des Verkehrsmarktes einzustellen und daran zu denken, daß sich die Betriebe ab Mitte der 90er Jahre auch internationaler Konkurrenz auf dem Verkehrsmarkt stellen müssen. Das Streben, auch mit unkonventionellen Lösungen die eigene Wirtschaftlichkeit weiter zu verbessern, ist somit zur Überlebensfrage geworden.

Technische Entwicklung

Unmittelbar nach der Wende setzte zunächst – initiiert durch Unternehmen aus den alten Bundesländern – eine breite Unterstützung und Zusammenarbeit der Verkehrsbetriebe ein, die sich vorrangig auf der Basis bereits bestehender Städtepartnerschaften entwickelte. In materieller Hinsicht drückte sich diese Hilfe durch zunächst kostenlose Bereitstellung von Material und Werkzeugen aus, ging aber auch bis zur Übergabe von gebrauchten Fahrzeugen und Maschinen. Teilweise stellten auch die Regierungen der alten Länder Mittel zur Verfügung, um dann daraus den Betrieben kurzfristig Beschaffungen entsprechend ihren Bedürfnissen zu ermöglichen. So stellte das Land Nordrhein-Westfalen bereits im Januar 1990 für das Verkehrswesen des ehemaligen Bezirkes Leipzig 2 Mio DM bereit, die zum großen Teil den Leipziger Verkehrsbetrieben zuflossen. Damit konnten u.a. zehn gebrauchte MAN-Omnibusse aus Herten finanziert werden, die heute noch im Einsatz sind, und für über 1 Mio DM wurden Werkzeuge und Maschinen für die Instandhaltungsbereiche kurzfristig beschafft.

Eine große Unterstützung stellte auch die Finanzierung von Erfahrungsaustauschen mit westdeutschen Betrieben dar, bei denen sich die Fachkollegen aus der „noch DDR“, die ja zu diesem Zeitpunkt noch nicht über die DM verfügten, vor Ort über alle orga-

Bild 33: In den Tatra-Straßenbahn-Betrieben begannen Rekonstruktionen: Die Modernisierung der Brandenburger KT4D-Tw erfolgt im früheren RAW Berlin-Schöneweide, u.a. wurden die Falttüren durch Außenschwingtüren ersetzt (Foto: Reichenbach)

nisatorischen und technischen Möglichkeiten informieren konnten. Der VÖV der DDR organisierte zu dieser Zeit fachbezogene Exkursionen und wurde dabei neben dem VÖV selbst u.a. vom Verkehrsverbund Rhein-Ruhr sehr gut unterstützt. Auch westdeutsche Industriebetriebe betrieben z.T. mit erheblichem Umfang und Aufwand die Vorstellung ihrer Produkte und Möglichkeiten, natürlich auch mit Blick auf spätere Geschäftsabschlüsse.

Eine ganz andere Situation trat nach der Währungsumstellung ab 1. 7. 1990 und erst recht nach der vollen Wiederherstellung der Einheit ab 3. 10. 1990 ein. Dabei muß darauf hingewiesen werden, daß mit dem Einigungsvertrag nicht nur die materiellen Möglichkeiten der Betriebe ganz andere Dimensionen einnahmen (z.B. durch das GVFG), sondern auch die schrittweise Übernahme der westdeutschen Gesetzlichkeit die Leitungen vor große Aufgaben stellte. Neben vielen anderen seien hier nur erwähnt : die StVO (mit Wegfall der Vorfahrt für die Straßenbahn), die BOStrab (mit einer grundhaft anderen Aufgabenstellung) und des PBefG (auch mit Blick auf die Konzessionierung). In zahlreichen Seminaren, in vielen Fällen durch den VÖV der DDR bzw. VDV organisiert, erfolgte die Einstimmung der Betriebe in den neuen Ländern auf die neue Situation, wobei zunächst auch von den Kommunen und Ländern verständlicherweise viele Unsicherheiten ausgingen.

In den Betrieben tauchten in manchmal kaum noch beherrschbarem Umfang Anbieter für alle Bereiche auf, durchaus nicht alle seriös. Das allmähliche Anlaufen der Bereitstellung von GVFG-Mitteln bot nun auch die Möglichkeit, größere Vorhaben der Modernisierung in Angriff zu nehmen und sich dabei auf die künftige Entwicklung zu orientieren. Der Fahrzeugpark konnte dabei schrittweise reduziert werden, da einmal das rückläufige Verkehrsaufkommen eine Einsatzminderung zuließ, zum anderen die gesicherte Materialbereitstellung auch eine Erhöhung des technischen Einsatzkoeffizienten bewirkte. Außerdem begannen besonders die Tatra-Straßenbahnbetriebe mit der Rekonstruktion des Teiles ihrer Fahrzeuge, die über die Jahrtausendwende hinaus für den Einsatz vorgesehen waren. Jeder Betrieb beschritt hierbei eigene Wege sowohl hinsichtlich Art und Umfang der Rekonstruktion als auch des Ortes der Durchführung. So wurde von einigen Betrieben die PCC-Steuerung durch Thyristor-Steuerungen ersetzt, während andere sich auf die Rekonstruktion des Wagenkastens beschränkten. Der größere Teil der Unternehmen vergab die Arbeiten an fremde Auftragnehmer. Einige führten sie aber auch zur Sicherung der Arbeitsplätze unter Einbeziehung von Subunternehmen im eigenen Unternehmen durch. Der Aufwand lag bei allen Betrieben mit 100 000 DM aber sehr hoch, wenn man die Anschaffungspreise der Tatra-Fahrzeuge betrachtet. Weitere Verbesserungen im Straßenbahnwagenpark erfolgten bei einigen Betrieben auch durch die Übernahme von Gebrauchtfahrzeugen von Betrieben aus den alten Ländern, im großen Umfang z. B. von Halle und Nordhausen. Letztlich wurden auch in erheblichem Umfang bereits Bestellungen von Neufahrzeugen ausgelöst, besonders um auch im Straßenbahnbetrieb den Niederflureinsatz Platz greifen zu lassen. Neben dem leihweisen Einsatz neuer Fahrzeugtypen zur Erprobung in verschiedenen Unternehmen erhielt Halle bereits 1993 den ersten achtachsigen Duewag-Gelenkzug ausgeliefert. 1994 fahren bereits in vielen Städten, so in Rostock, Erfurt, Zwickau, Halle, Chemnitz und Berlin, die ersten Exemplare der neuen niederflurigen Stadtbahnwagen. Im Omnibusbereich flossen im erheblichen Rahmen zunächst Gebrauchtfahrzeuge für den Linienverkehr in die Betriebe, aber ab 1991 auch bereits neue Omnibusse. Wenn auch die Ikarus-Omnibusse durchaus noch Einsatzmöglichkeiten boten, war hier der Drang nach einer grundhaften Fahrzeugerneuerung vordergründig, ebenfalls mit Blick auf die Niederflurtechnik, die aber teilweise aufgrund des Straßenzustandes zunächst einige

Bild 34: Der Niederflur-Gelenk-Tw GT 6 ZR Baujahr 1992 der Halleschen Verkehrs-AG kam im Juli 1993 u. a. auch in Bad Schandau/Kirnitzschtalbahn zum Einsatz. Tw 500 am 25. 7. 1993 an der Endstelle Lichtenhainer Wasserfall (Foto: Reichenbach)

Bild 35: In Jena erfolgte am 8. 6. 1994 die Präsentation des Fahrzeugtyps AEG GT 6 M für einen mehrmonatigen Probeeinsatz in Vorbereitung der nachfolgenden Fahrzeuglieferungen in Verbindung mit der Inbetriebnahme der Neubaustrecke nach Lobeda (Foto: Reichenbach)

Bild 36: Am 27. 5. 1994 war in Chemnitz Premiere für Fachwelt und Bürger der Vario-Bahn, einer Neuentwicklung mit vielen interessanten Details als ein hundertprozentiger Niederflurwagen. Die Wagenbreite von 2,65 m gestattet die Anordnung von zweireihigen Sitzen beidseitig des Mittelganges. Die Vario-Bahn auf ihrer ersten Fahrt an der Endstelle Schönau

Bild 37: Auch in Erfurt vollzog sich 1994 ein Generationswechsel im Wagenpark: Indienststellung von vier Niederflur-Gelenk-Tw Typ MGT 6 D. Tw 602 am 4. 6. 1994 in der Schleife Hauptfriedhof

Bild 38: Am 13. 12. 1994 wurde in Leipzig der erste Niederflur-Tw Typ NGT 8 der Öffentlichkeit vorgestellt. Ab 1. 2. 1995 erfolgte der Einsatz im Linienverkehr. Tw 1501 auf der Fahrt zum Augustusplatz, im Hintergrund der Hauptbahnhof

(Fotos: Reichenbach)

Bild 39: Neubau eines Straßenbahnbetriebshofes mit Hauptwerkstatt am Linienendpunkt Gablenz der Chemnitzer Verkehrs-AG – Inbetriebnahme: 1995 (Foto: CVAG)

Probleme auslöste. 1993 hatten viele Betriebe bereits eine Erneuerungsrate von 50 % erreicht. Ein großer Teil der nicht mehr erforderlichen Ikarus-Omnibusse wurde übrigens in die ehemaligen Ostblockländer abgegeben. Ebenfalls modernisiert wurden die Wartungs- und Pflegeeinrichtungen, in einigen Omnibusbetrieben infolge der Trennung vom Güterverkehr mit einer Neuausstattung verbunden. In zahlreichen größeren Städten wurden auch Projekte für neue Betriebshöfe vorbereitet, und zwischenzeitlich geht deren Bau in vielen Städten zügig voran, so u. a. auch in Erfurt, Chemnitz, Dresden.

Umfangreiche Aktivitäten waren im Gleisbau zu verzeichnen, im

Bild 40: Am 30. 4. 1994 wurde in Bad Schandau die erste Photovoltaikanlage Deutschlands der Öffentlichkeit übergeben, verbunden mit der Modernisierung der Gleis-und Fahrleitungsanlagen wie auch der Werkstatt- und Wageneinrichtungen. Blick auf den Einfahrtsbereich der Wagenhalle/Werkstatt mit der auf dem Dach angeordneten Photovoltaikanlage (Foto: Reichenbach)

bescheidenen Umfang auch bereits mit Neutrassierungen und dem Baubeginn neuer Stadtbahntrassen verbunden.

Besonders zahlreich waren die Versuche, geräuschärmere Bauweisen anzuwenden, fast überall aber mit sehr hohem Aufwand erkauft. Zunehmend verschwindet aber die Großverbundplatte aus den Netzen. Langsamfahrstrecken sind nur noch im Einzelfall anzutreffen. Immer mehr ist auch der Einbau neuer Weichensteuerungen mit mechanischer Verriegelung anzutreffen, um Begegnungsverbote zu beseitigen. Der Einbau fahrstromunabhängiger Stellsysteme, den Forderungen der BOStrab entsprechend, geht zügig voran.

Nicht so auffällig, aber trotzdem von großer Bedeutung ist die Modernisierung im gesamten Bereich der elektrischen Anlagen bis hin zur Nachrichtentechnik. Besonders um die Attraktivität des ÖPNV als zunehmend verkehrspolitische Zielstellung weiter zu sichern, sind hier auch die Vorbereitungen und ersten Schritte für den Einsatz hochmoderner Verkehrsleitsysteme zu bewerten.

Als für den Fahrgast besonders positiv spürbar sind die Vereinbarungen der Betriebe bzw. Kommunen mit verschiedenen Unternehmen zur Stadtmöblierung zu sehen. Gefällige und praktische Wartehallen und Unterstände an einer Vielzahl von Haltestellen ohne Belastung der Verkehrsunternehmen stellen die Lösung eines früher kaum beherrschten Problems dar. Hier wirkt die Werbung voll auch zugunsten des Fahrgastes, was sich bei dieser Aktion an den Fahrzeugen nicht immer sagen läßt – aber das Geld kann man nicht auf der Straße liegen lassen, und das, was unsere Unternehmen davon für ihre weitere Entwicklung benötigen, wird keinesfalls geringer.

Ausblick

Fast fünf Jahre nach der Wende ist festzustellen, daß der weitaus größte Teil der ÖPNV-Betriebe in der ehemaligen DDR den Sprung in die Marktwirtschaft geschafft hat. So ist bei den Straßenbahnunternehmen nur das kleinste, die Naumburger Straßenbahn, auf der Strecke geblieben. Heute präsentieren sich die Betriebe mit bereits deutlich verbesserter materiell-technischer Basis, die unter den bunten Farben der Werbung sich dem Fahrgast besonders beim Fahrzeugpark augenfällig zeigt. Fakt ist aber auch, daß bei den Fahrgastzahlen herbe Verluste in Kauf genommen werden mußten, die besonders im Omnibus-Bereich bereits auch spürbare Einschnitte in die Netzstruktur mit sich brachten. Wesentlich geringer geworden ist auch die Zahl der Mitarbeiter im ÖPNV, wobei leider manchmal mit manch übereilter Überführung in den Vorruhestand sicher auch viel Wissen und Erfahrung verloren ging.

Verbessert zeigt sich das ökonomische Bild, wobei die Steigerung des Kostendeckungsgrades allerdings nur ein Minimum gegenüber den eingetretenen Tariferhöhungen ausmacht. Nachdem die Eigentumsverhältnisse geregelt sind und der Konzessionskampf fast abgeschlossen ist, tritt auch in den neuen Ländern die Entwicklung der ÖPNV-Unternehmen in kontinuierliche Bahnen. Besonders bei den Straßenbahnbetrieben ist die Vergleichbarkeit mit den Betrieben der alten Länder zwar noch sehr differenziert zu sehen, teilweise wurde aber auch schon Beispielhaftes und Nachahmenswertes geschaffen, bzw. befindet sich in Realisierung.

Ein Fragezeichen für die weitere Entwicklung der Betriebe in den neuen Ländern wird natürlich nach wie vor auch weiterhin die Haltung der Kommunen sein, deren finanzielle Situation manchmal im Widerspruch zu ihrem politischen und sicher auch verkehrspolitischen Wollen steht. Die zunehmende Herausstellung der Umweltproblematik gerade auch im Verkehrsbereich läßt hier aber die Hoffnung zu, daß die umweltfreundliche Straßenbahn sowie auch die flächendeckende Verkehrsbedienung mit modernen und abgasarmen Omnibussen nicht vordergründig dem Rotstift des Kämmerers

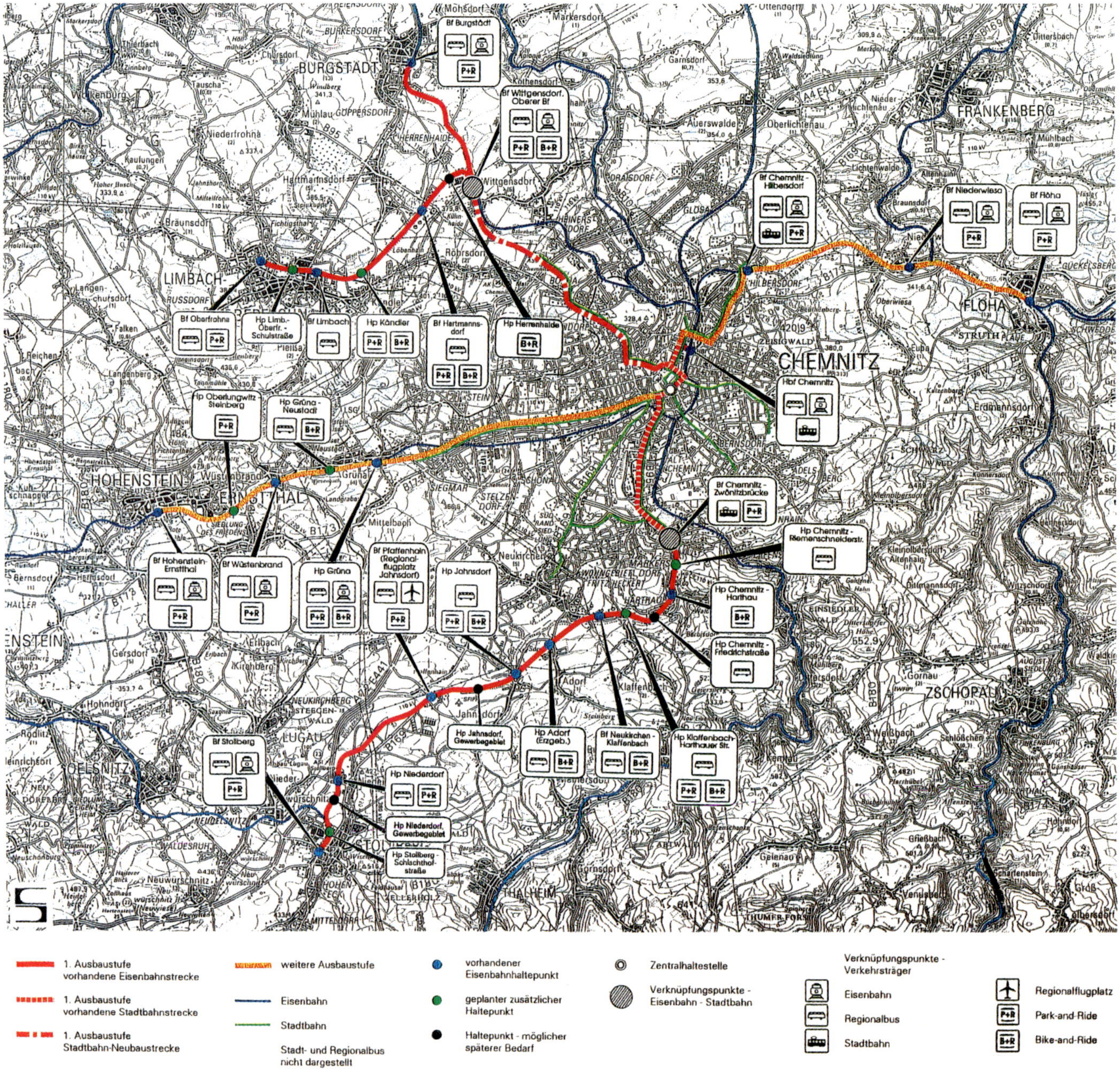

Bild 41: „Chemnitzer Modell" – vorgesehene Trassen und Haltepunkte der Sächsischen Pilotlösung für die Verknüpfung der regionalen Schiene mit dem Städtischen Straßenbahnnetz, ohne sofortige Vollelektrifizierung der einbezogenen Eisenbahn-Trassen

zum Opfer fällt und nicht in noch größerem Umfang sozial schwachgestellte Bürger, die nun einmal vor allem auf unsere ÖPNV-Leistungen und -Angebote originär angewiesen sind, durch weitere starke Tariferhöhungen von der Nutzung des ÖPNV ausgeschlossen werden. Ob dagegen bald deutlich sichtbare durchgreifende Schritte zu seiner Förderung und zunehmenden Benutzung besonders in den Städten und Ballungsgebieten zu erwarten sind, ist schon fraglicher, da den oft wohltönenden Worten dazu, wie auch in der Vergangenheit schon, meistens nicht die Taten folgen – obwohl die Bevölkerung dafür, wie durch Forschungsergebnisse auch in den neuen Ländern eindeutig ermittelt, viel mehr Verständnis aufbringt, als die entscheidungsbefugten Politiker bisher annahmen.

Die bevorstehende Regionalisierung des Nahverkehrs wird die Kommunen, und das nicht nur in den neuen Ländern, zu neuen Entscheidungen zwingen, wobei nicht überall so günstige Voraussetzungen vorliegen werden wie in Chemnitz, um die Straßenbahn nach dem „Karlsruher Modell“ mit dem Umlandverkehr zu verbinden. Zu hoffen und wünschen ist aber, daß die Träger des ÖPNV, die Betriebe, einem realen Wettbewerb mit anderen Anbietern standhalten und die politischen Entscheidungsträger sich immer ihrer sozial- und umweltpolitischen Verantwortung bei allen für den ÖPNV zu treffenden Entscheidungen bewußt sind. Daß der VDV in diesem Sinne weiter wirkt, steht außer Frage, und die in ihm zusammengefaßten Betriebe, gerade auch die in den neuen Ländern, haben nicht zuletzt auch durch seine Arbeit gepaart mit in jahrelanger angestrengter Arbeit großem Erfahrungspotential, die Chance, als vollwertige Partner in der Marktwirtschaft zu einer humanistischen Verkehrsentwicklung beizutragen.

Inhalt

Vom Pferdekutscher zum Kundenbetreuer

Friedrich Witt (66), Betriebswirt (VWA), war bis 1992 stellvertretender Vorstandsvorsitzender der Rheinischen Bahngesellschaft AG, Düsseldorf. Er war seit 1950 bei der Rheinbahn beschäftigt und wurde 1966 Betriebsassistent, 1971 Leiter der Abteilung Tarif-Verkehrsverbund. 1976 erfolgte die Bestellung zum Vorstand und Arbeitsdirektor und 1980 zum stellvertretenden Vorstandsvorsitzenden. Im Verkehrsverbund Rhein-Ruhr war er Mitglied und zeitweilig Vorsitzender des Aufsichtsrates. Im ehemaligen VÖV war er 1980 bis 1989 Mitglied des Verwaltungsrates, 1981 bis 1992 Vorsitzer des Ausschusses für Personalwirtschaft und 1984 bis 1992 Vorsitzer des Ausschusses für Öffentlichkeitsarbeit und Werbung. 1987 wurde er mit dem Bundesverdienstkreuz und 1993 mit dem VDV-Ehrenring ausgezeichnet.

Von Anbeginn des öffentlichen Personenverkehrs war diese Dienstleistung geprägt von besonders engen Beziehungen zwischen den Menschen, die ihren Dienst anboten und den Kunden, den Fahrgästen, die diese Leistung in Anspruch nahmen. Und so ist es, wenn auch in unterschiedlicher Intensität, bis heute geblieben.

Ohne einen funktionierenden öffentlichen Personennahverkehr ist ein florierendes Leben in unserer Volkswirtschaft nicht denkbar. Deshalb ist es auch nicht ohne Interesse, die Veränderungen und Wandlungen in diesem zu allen Zeiten personalintensiven Bereich einmal über einen längeren Zeitraum zu betrachten.

Zwischen Pferdedroschke und „Elektrischen"

Natürlich waren die Unternehmer der Pferdebahnen gewinnorientiert, wenn sich auch manche Erwartungen in dieser Hinsicht nicht voll erfüllten. Die Aufgaben der Beschäftigten waren auf einen möglichst störungsfreien Betriebsablauf ausgerichtet. Die Mannschaft auf dem Wagen bestand aus dem Kutscher und dem Condukteur. Der Kutscher hatte seine gesamte Aufmerksamkeit auf sein Gespann – den Hafermotor - und den Fahrweg, die Schienen zu richten. Entgleisungen waren nicht selten. Rillenschienen waren noch nicht bekannt, die schmalen Schienenköpfe boten den Rädern noch keine ausreichende Führung. Ein kleiner Basaltstein konnte bereits zur Entgleisung führen. Mit Hilfe des Condukteurs, der Fahrgäste und gerade anwesender Bürger konnte der Wagen in den meisten Fällen wieder auf die Schienen gebracht werden.

Bild 1: Pferdebahn 1895 (Foto: Rheinbahn)

Mit einer am Wagen befestigten Glocke, später überwiegend mit der Pfeife gab der Kutscher seine Signale an den Endstellen, Straßenkreuzungen und Hindernissen. Diese Signale waren jeweils in den Polizeiverordnungen festgelegt.

Dabei war er stets in Bereitschaft, die Pferdebahn anzuhalten, wenn Fahrgäste durch Winken oder im Wagen durch Betätigung des Zugseiles anzeigten, daß sie mitfahren oder aussteigen wollten. Feste Haltestellen gab es, auch oft zum Leidwesen mancher Fahrgäste, die nun nicht mehr bis vor die Haustüre gefahren wurden, erst viel später. In vielen, insbesondere in der Fläche bedienenden Verkehrsunternehmen findet zur Zeit wieder eine Zurückentwicklung zum Bedarfshalt außerhalb der Haltestellen, verstärkt in den Abendstunden, statt. Die Peitsche fand wenig Verwendung, denn die Fahrgeschwindigkeit betrug um 10 km/h und die angewiesene Schrittgeschwindigkeit an Straßenkreuzungen machte dies auch nicht erforderlich. Kutscher und Condukteur waren ein eingespieltes Team, verließ sich doch der Kutscher zum Beispiel

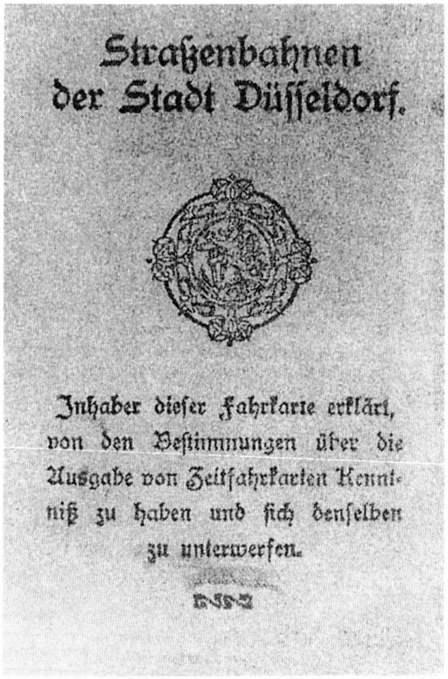

Bild 2: Zeitkarte 1904 (Foto: Rheinbahn)

darauf, daß sein Kollege für eine weitgehend ausgeglichene Besetzung im Wagen Sorge trug. Es war nämlich wichtig, daß der Condukteur die Fahrgäste zuerst einmal in die Wagenmitte bat, damit verhindert wurde, daß ein voller Perron bei sonst gering besetztem Fahrzeug den Wagen an dieser Seite anhob. Dies war auch ein Grund, warum der Platz des Schaffners immer auf dem hinteren Perron war, eine Regelung, die sich viele Jahre gehalten hat.

Natürlich hatte der Condukteur das Kassiergeschäft zu besorgen. Da die Wagen überwiegend mit Sitzbänken entlang der Seitenwände ausgestattet waren, mußte der Condukteur über die Beine der Fahrgäste steigen. Er war mit einer großen Schultertasche ausgerüstet. Der Schulterriemen wurde später mit einem kleinen Schwämmchen in einer Kapsel ausgestattet, nachdem das Befeuchten der Fahrscheine mit der Zunge zu Beanstandungen der Fahrgäste geführt hatte. Überhaupt war seine Arbeit gar nicht so leicht, wenn auch das Fassungsvermögen der Wagen nach heutigen Gesichtspunkten verhältnismäßig gering war. Er war schließlich für den gesamten Fahrtablauf verantwortlich. Soweit es durch bestimmte Fahrweg- oder Verkehrsverhältnisse notwendig war, mußte er die Pferde mit der Hand führen, die beweglichen Weichen stellen und natürlich beim Ein- und Aussteigen behilflich sein, wobei die Dienstvorschriften verboten, dabei Damen anzufassen. Es gab natürlich auch eine Klassifizierung der Wagen in Erster und Zweiter, häufig auch in Dritter Klasse. Der Condukteur hatte dann die Plüschpolster der Ersten Klasse so zu wechseln, daß der Wagen Erster Klasse sich immer hinten befand. Die Benutzung der Ersten Klasse war ja auch fünf Pfennig teurer.

Im übrigen lagen die Fahrpreise zwischen 10 und 30 Pfennige. Es gab teilweise auch schon eine Teilstreckeneinteilung auf der Gesamtstrecke und auch bereits persönlich ausgestellte Zeitkarten.

Der Fahrpreis war gar nicht so gering, wenn man bedenkt, daß der Tageslohn 2,50, höchstens

3,00 Mark betrug. Häufig waren die städtischen Fuhrleute besser bezahlt als die Kutscher in den Pferdebahnbetrieben; sie erhielten meistens 50 Pfennig mehr pro Tag. Trinkgelder bedeuteten deshalb eine Lohnaufbesserung und waren auch nicht verboten. Im Gegenteil: sie wurden bei durchaus vorkommenden Auseinandersetzungen im Rentenfall als Bestandteil des Lohnes angesehen und bei der Festsetzung der Jahresarbeitsverdienstgrenze berücksichtigt. Die Arbeitszeit betrug täglich 12 Stunden und mehr. Bei manchen Gesellschaften erhielten Kutscher und Condukteure 0,5 % der Einnahmen für besonders höfliche und zuvorkommende Kundenbedienung. Über Urlaub wurde nicht gesprochen. Erwartet wurde vom Fahrpersonal häufig noch der Verzicht auf arbeitsfreie Sonntage.

Natürlich wirkten, wie auch heute, im Hintergrund noch Beschäftigte in den Werkstätten und Stallungen. Stallmeister und Futterknechte kümmerten sich um das Wohl der Pferde, Veterinäre um die so wichtige Gesundheit und Einsatzfähigkeit der Gespanne. Pferdejungen und Vorspannjungen führten den Pferdewechsel an den Endstellen durch und sorgten bei Steigungen für die erforderlichen Zusatzpferde. Dafür erhielten sie einen Lohn von 30 bis 40 Mark pro Monat, Stallmeister 60 Mark. Schmiede und Stellmacher hielten die Wagen in Ordnung. Die Aufsicht führten Meister, die zum Beispiel auch für die Wartung der auswechselbaren Petroleumlampen zu sorgen hatten.

Natürlich waren auch bereits Kontrolleure im Einsatz, sie verdienten 80 bis 100 Mark pro Monat. Andere Kollegen während des Dienstes auf Kontrolleure aufmerksam zu machen, war strengstens verboten.

Eine Entlassung ging sehr oft schneller als die Einstellung. Der Kontrolleur konnte bei unhöflicher Kundenbedienung auf dem Wagen ad hoc eine Kündigung aussprechen. Viele Unternehmen verlangten bei der Einstellung von ihren Beschäftigten eine Caution für Schäden, die sie dem Betrieb im Verlauf ihrer Beschäftigung möglicherweise zufügen würden. Die Caution betrug je nach Lohnhöhe 20 bis 100 Mark, ein recht hoher Betrag.

Die Pferdejungen hatten häufig Dienst von 7.00 bis 22.00 Uhr. Sie schliefen in den Pferdeställen, was wegen der Ausdünstung der Pferde auch zu Beanstandungen führte. Dessen ungeachtet wiesen viele der im Pferdebahnbetrieb tätigen alten Kavalleristen darauf hin, daß das Schlafen in Pferdeställen sehr gesund sei.

Damals wie heute konnten Unfälle nicht vermieden werden. Das Auf- und Abspringen während der Fahrt war schon sehr in Mode. Es kam aber auch zu Zusammenstößen mit anderen Fuhrwerken und Reitern, wobei letztere, des öfteren Husaren, vom Pferd fielen und sich dabei verletzten. Pferde scheuten oder stürzten schon einmal, wobei diese Unfälle meist glimpflich verliefen.

Um in den Wagen Verletzungen zu vermeiden, wurde zum Beispiel den Damen empfohlen, vorstehende Hutnadeln, damals sehr modern, mit Schutzvorrichtungen zu versehen. Einige Betriebe mußten Anweisungen erlassen, die den Damen mit ungeschützten Hutnadeln den Aufenthalt auf den Plattformen untersagte.

Das waren noch Zeiten

Abgesehen davon, daß sich die wirtschaftlichen Erwartungen an den Pferdebahnbetrieb nicht erfüllten, wobei insbesondere die Futterkosten für die Pferde einen überproportionalen Kostenfaktor darstellten, wirkte sich der technische Fortschritt zu jener Zeit auch auf den öffentlichen Nahverkehr aus. Ein Teil der Pferde mußte zudem aus Amerika beschafft werden. Versuche mit Maultieren verliefen nicht zufriedenstellend. Um die Jahrhundertwende stellten viele Städte daher ihren Pferdebahnbetrieb auf die neue moderne „Elektrische“ um.

Bild 3: Straßenbahnwagen im Winter 1917 (Foto: Rheinbahn)

Anfangs wurde auch in einigen Bereichen im gemischten Betrieb gefahren, da einige Stadtverwaltungen einen Oberleitungsbau wegen der Verunzierung des Stadtbildes nicht zuließen. Teilweise wurde eine im Fahrweg installierte Stromzuführung gefordert und in der Praxis getestet. Erstmalig kamen Schleifmaschinen zum Einsatz, die mit einem aus der Oberleitung gespeisten Elektromotor angetrieben wurden. Bis dahin wurden die Schienenstöße mit schweren Eisenfeilen von Hand bearbeitet. Die neue Technik veränderte natürlich auch den Arbeitsbereich der Beschäftigten mit neuen Anforderungen an den Führer – wie nunmehr der frühere Kutscher bezeichnet wurde – und auch an die Schaffner. Alte Personalreglementierungen wurden konkreter formuliert, fast militärisch. Die „Allgemeinen Dienstpflichten“ wurden nicht selten verschärft.

Eingestellt werden konnte nur, wer sich zu einem ehrenhaften und anständigen Benehmen verpflichtete. Wer einen Mangel an „sittlicher Reife“ erkennen ließ, seine Familie vernachlässigte, leichtsinnig Schulden machte oder im Dienst den notwendigen Eifer und das erforderliche Pflichtbewußtsein vermissen ließ, wurde entlassen. Die Uniform war mit militärischem Anstand zu tragen.

An welchen Tagen die einzelnen Uniformgarnituren zu tragen waren, wurde genau vorgeschrieben. Es hat Städte gegeben, in denen der Oberbürgermeister persönlich kontrollierte, ob das Fahrpersonal sich auch in der jeweils angewiesenen Uniform präsentierte. Zulässig waren nur „gerade“ Kragen, die maximal einen Zentimeter über dem Uniformkragen vorstehen durften.

Bekanntmachung.

Betr: Löhne für Fahrpersonal ab 1. April 1913

Gemäß einem Beschluß der Straßenbahn-Deputation vom 4. März 1913 werden die Löhne für Schaffner und Führer vom 1. April d. Js. ab wie folgt festgesetzt:

A. Schaffner.		B. Führer	
1. Jahr	Mark 3,70	1. Jahr	Mark 4,20
2. Jahr	Mark 3,90	2. Jahr	Mark 4,40
3. Jahr	Mark 4,10	3. Jahr	Mark 4,60
4. Jahr	Mark 4,30	4. Jahr	Mark 4,80
5. Jahr	Mark 4,40	5. Jahr	Mark 4,90
6. Jahr	Mark 4,50	6. Jahr	Mark 5,00
7. Jahr	Mark 4,60	7. Jahr	Mark 5,10
8. Jahr	Mark 4,70	8. Jahr	Mark 5,20
9. Jahr	Mark 4,80	9. Jahr	Mark 5,30
10. Jahr	Mark 4,90	10. Jahr	Mark 5,40
11. Jahr	Mark 5,00	11. Jahr	Mark 5,50
12. Jahr	Mark —	12. Jahr	Mark 5,60
13. Jahr	Mark —	13. Jahr	Mark 5,70
14. Jahr	Mark —	14. Jahr	Mark 5,80
15. Jahr	Mark —	15. Jahr	Mark 5,90
16. Jahr	Mark —	16. Jahr	Mark 6,00

C: Außerdem erhalten diejenigen Schaffner und Führer, welche Lehrlinge ausbilden, bis zu
einem ganzen Dienst .... Mark 0,50 Zulage
für einen halben Dienst Mark 0,25 Zulage

D. Das Personal, das auf dem Büro beschäftigt ist, erhält pro Tag eine Zulage von Mark 0,75.

E. Das Personal, das bei der Abrechnung auf den einzelnen Depots mithilft, erhält pro Tag eine Zulage von Mark 1,25.

Düsseldorf, den 7. April 1913

Betriebs-Direktion der Straßenbahnen der Stadt Düsseldorf

Stahl.

Einzukleben auf Seite 17 der Anstellungs-Bedingungen für das Fahrpersonal.

Bild 4: Tages-Löhne 1913 (Archiv Rheinbahn)

Im übrigen wurden bei der Einstellung „gediente Leute“ gerne gesehen und bevorzugt. In vielen Betrieben waren vor Dienstbeginn „Appelle“ üblich. Meldungen waren knapp und schneidig zu machen und entgegenzunehmen. Die Messingknöpfe der Uniform mußten zu Hause auf der Knopfgabel blank geputzt werden, wehe sie beschlugen beim Anhauchen. Dies alles war in Dienstanweisungen für Fahrer und Schaffner festgelegt. Was heute in den Betriebshöfen als Verfügungen und Bekanntmachungen aushängt, mußte in den ersten Jahren der Elektrischen als „Dienstbefehl“ in eine Dienstkladde, die jeder Fahrbedienstete erhielt und bei sich zu führen hatte, eingetragen werden. Dies galt auch für Veränderungen der täglichen Dienstzeit, die per Dienstbefehl häufig länger als zwölf Stunden angeordnet wurde.

Bild 5: Schaffnerin im 1. Weltkrieg (Foto: Rheinbahn)

Auf den Wagen waren die Fahrer nach wie vor auf dem offenen Vorderperron den unterschiedlichen Witterungsverhältnissen ausgesetzt. Im Winter schützten Schafsfelle, Ohrenschützer und Filzstiefel mit Holzsohlen vor Kälte, Regen und Schnee. Die Plattform wurde dann zusätzlich mit Stroh ausgelegt. Im Sommer setzten dem Personal Hitze und Staub zu. Abhilfe sollte später eine einfenstrige herunterhängende Glasscheibe bringen, deren Nachteil es war, daß noch mehr Zugwind entstand, da sie außerdem viel zu klein war. Dies alles bei einer Arbeitszeit von normal zehn bis zwölf Stunden, ständig im Stehen.

Noch vor dem ersten Weltkrieg waren die Löhne, wenn auch geringfügig, angehoben worden. Sie schwankten zwischen 3,70 und 5,00 Mark für Schaffner, sowie 4,20 und 6,00 Mark für Fahrer je Arbeitstag.

Dessen ungeachtet gab es Aktivitäten, den inzwischen bestehenden Verband der Straßen- und Kleinbahner zu stärken, der auch Forderungen an die Unternehmen, zum Beispiel die Freigabe jedes neunten Kalendertages als Ruhetag sowie die Verkürzung der täglichen Arbeitszeit auf 9,5 Stunden, richtete.

Schwere Zeiten für Verkehrsunternehmen und Verkehrspersonal

Der Ausbruch des ersten Weltkrieges im August 1914 war auch für den öffentlichen Personennahverkehr ein schwerer Schlag. Die kontinuierlich positive Entwicklung wurde jäh unterbrochen. Durch das Umlenken der Finanzmittel in die Kriegs- und Rüstungsindustrie unterblieben die notwendigen Investitionen in den Verkehrsunternehmen. Selbst dort, wo ein erhöhter Kriegstarif eingeführt wurde, reichte es nicht mehr für die Instandhaltung der Fahrzeuge und Anlagen. Es fehlte an Werkstoffen und Ersatzteilen. In den Werkstätten konnte nur noch das Notwendigste erledigt werden. Damit Energie eingespart werden konnte, wurde nicht mehr an allen Haltestellen bedient. Die Zugfolgen wurden reduziert, obwohl die Bevölkerung auf den Straßenbahnbetrieb angewiesen war. Es standen weder genügend andere Fuhrwerke noch entsprechendes Schuhwerk zur Verfügung. Für die Reparatur von Fahrleitungen stand in den späteren Kriegsjahren nur noch Eisendraht zur Verfügung. Die Straßenbahnen wurden dessen ungeachtet allerorten in die Kriegswirtschaft eingespannt. Der Transport lebenswichtiger Güter erfolgte überwiegend mit Straßenbahnwagen. Andere Fahrzeuge wurden für den Kranken- und Verwundetentransport umgerüstet. Erschwert wurde dies alles durch einen kaum verkraftbaren Personalmangel. Bereits zu Beginn des Krieges mußten viele Beschäftigte ihre Uniform oder ihren Blaumann mit dem Soldatenrock tauschen. Die Nahverkehrsunternehmen stellten zuerst freiwillige Helfer und Studenten ein, die mit Dienstmütze und Armbinde als Fahrpersonal kenntlich gemacht wurden.

Als die Personalnot immer größer wurde, übernahmen Frauen und Mädchen die Arbeit der Männer, im Fahrdienst zuerst als Schaffnerinnen, später auch auf dem Fahrerstand. Für die Frauen war der Fahrdienst ein harter Dienst. Insbesondere der Winter 1916/17 stellte mit eisigen Minustemperaturen hohe Anforderungen bei häufig mehr als zehn Stunden auf den offenen und unbeheizten Straßenbahnen. Hinzu kam die mangelhafte Ernährung, so daß der Gesundheitszustand sich in dieser Zeit rapide verschlechterte. Auf diese plötzliche Umstellung war man in vielen Unternehmen nicht vorbereitet, so daß zum Beispiel die ersten Schaffnerinnen die für Männer gefertigten Uniformen und Mützen tragen mußten. Für die Ausbildung standen nur wenige Tage zur Verfügung. Trotzdem waren Fahrgastbeschwerden äußerst selten. Gegen Ende des Krieges bestanden die Beschäftigten in den Nahverkehrsbetrieben bis zu 90 % aus Frauen.

Es geht nur langsam wieder aufwärts

In den ersten Jahren nach Beendigung des Krieges 1918 wurde die allgemeine wirtschaftliche Lage eher schlechter als besser. Der Mangel an den wichtigsten Verbrauchsgütern konnte natürlich nicht schlagartig beseitigt werden. Weitere Stromeinsparungen waren notwendig, Kohlen waren Mangelware. Dies war eine große Belastung für die Unternehmen des öffentlichen Personennahverkehrs und ihre Mitarbeiter. Verkehrsrückgang und zeitweilige Betriebspausen waren die Folge und führten in eini-

Bild 6: Münzgeld der Verkehrsunternehmen 1924 (Foto: Rheinbahn)

Bild 7: Straßenbahn-Fahrersitz 1933 (Foto: Rheinbahn)

gen Regionen zur völligen Betriebseinstellung an Sonntagen. Die Aufwendungen für Löhne und Material stiegen rasant. Die Geldentwertung beschleunigte sich in einem Maße, das die Verkehrsunternehmen zwang, ihre Fahrpreise in kurzen zeitlichen Abständen mehrmals zu erhöhen. Während der Inflation um das Jahr 1923 geschah dies häufig über Nacht. Ende 1923 kostet eine Straßenbahnfahrt 150 Milliarden Mark. Einige Verkehrsunternehmen gaben eigenes Münzgeld aus.

Mit der Einführung der Rentenmark am 15. November 1923 begann wieder eine Stabilisierung der Währung. Mit jeder Fahrpreiserhöhung ging aber eine Nachfragereduzierung einher. Die Beschäftigten hatten unter diesen Auswirkungen in allen Bereichen zu leiden. Die ständig steigende Arbeitslosigkeit führte so manche Familie in eine fast ausweglose Situation. Einige Verkehrsbetriebe wollten dessen ungeachtet in weitsichtiger Überlegung Entlassungen vermeiden und praktizierten im Zusammenwirken mit den Arbeitsämtern das „Krümpersystem". Drei Monate wurde jeweils gearbeitet, dann ein Monat ausgesetzt. Das Arbeitsamt zahlte einen finanziellen Ausgleich. Auf die aktuelle Situation bezogen sieht man, daß alles schon einmal dagewesen ist. Trotz der Weltwirtschaftskrise mit ihren negativen Auswirkungen auch auf den öffentlichen Personennahverkehr, gab es im Ausbau und in der Ausstattung der Fahrzeuge technische Fortschritte. Sie wirkten sich in Verbesserungen für die Kunden und Erleichterungen für die Fahrbediensteten aus. Die Straßenbahnwagen wurden größer und mindestens die Motorwagen erhielten bereits eine elektrische Heizung. Ansonsten wurden die installierten Kohleheizungen weiter beibehalten.

Während bisher die Meinung vorherrschte, der Straßenbahnfahrer müßte stehen, auch um das Einschlafen zu verhindern, wurden nun erste Versuche gestartet, dem Fahrer eine Sitzgelegenheit zu verschaffen. An einer Stange aufgehängte Motorradsessel sollten sich aber auf Dauer nicht bewähren. Erst sehr viel später wurde ein funktionsgerechter Fahrersitz entwickelt und bis in die heutige Zeit hinein ständig verbessert.

Die Schaffner hatten insbesondere im Zugbetrieb mit Anhänger neben dem Kassieren und dem Rangierbetrieb an den Endstellen zu einem wesentlichen Teil auf eine pünktliche und reibungslose Verkehrsabwicklung zu achten. Dafür war der Triebwagenschaffner als Zugführer dem Betrieb gegenüber verantwortlich. Nach wie vor war die Vermeidung von Unfällen durch Auf- und Abspringen während der Fahrt eine wichtige, aber auch recht schwierige Aufgabe. Unternehmensstatistiken wiesen aus, daß ca 40 % der Personenunfälle auf diese Ursache zurückzuführen waren. Die übrigen 60 % verteilten sich auf Unfälle mit Fahrradfahrern, unachtsame Gleisüberschreitungen, Hinausfallen aus den Straßenbahnwagen und unbefugtes Trittbrettfahren.

Parallel zu dieser Entwicklung wurde mehr und mehr der Omnibus zu einem wichtigen Verkehrsmittel. Die ersten vollgummibereiften Omnibusse mit Benzinmotor, teilweise auch mit einem Elektromotor kombiniert, übernahmen Ergänzungsaufgaben zum Schienenverkehr. Der Omnibusfahrer, ein neuer Beruf, entstand, wobei, begründet durch die natürlich noch nicht ausgereifte Technik, zum Steuern eines Omnibusses erhebliche physische Kraft erforderlich war. Entsprechend wurden die Omnibusfahreranwärter bei der Einstellung ausgesucht. Die Rasanz der technischen Entwicklung führte aber schnell dazu, daß Diesel-Omnibusse mit Servolenkung und Luftdruckbremsen eingesetzt werden konnten, eine wesentliche Erleichterung für die Fahrer. Die Omnibusschaffner wurden in vielen Unternehmen aus den Straßenbahnschaffnern rekrutiert. Es war so etwas wie eine Quasi-Beförderung, als Schaffner auf den Omnibussen eingesetzt zu werden. Für die Betriebsfähigkeit und die Sauberkeit der Fahrzeuge waren die Fahrer überwiegend selbst verantwortlich. Um dies sicherzustellen, waren einem Omnibus jeweils zwei Fahrer zugeordnet, die sich ausschließlich um „ihren" Omnibus kümmerten. In einigen Unternehmen wurde diese Praxis aus guten Gründen sehr lange beibehalten, andere Betriebe haben diese Regelung wieder eingeführt.

Bild 8: Omnibus mit Holzvergaser (Foto: Rheinbahn)

Der Zweite Weltkrieg und die Nachkriegsjahre bringen Personal und Material an die Grenzen ihrer Belastbarkeit

Die Ankurbelung der Wirtschaft in den dreißiger Jahren und die Erschließung der Regionen über den engeren Einzugsbereich der Städte hinaus sowie der Ausbau von Zubringerverkehren zu den Bahnhöfen der Eisenbahnen bewirkten eine rasante Ausdehnung des Omnibusverkehres, aber auch eine Erweiterung der Straßenbahnnetze. Die Anzahl der beförderten Personen stieg und damit auch der Beschäftigungsstand in den Nahverkehrsunternehmen. Diese Entwicklung wurde auch durch die Vorbereitungen auf den zweiten Weltkrieg kaum gestört, allerdings wurden Werkstoffe und Betriebsmittel wieder einmal kontingentiert. Bei Ausbruch des Krieges am 1. September 1939 ahnte niemand, daß ein Weg beschritten wurde, der mit einer völligen Zerstörung enden sollte.

Ein großer Teil von Omnibussen mußte sofort der Kriegswirtschaft überstellt werden. Aus Mangel an Dieselkraftstoff wurde eine Anzahl der verbliebenen Fahrzeuge auf Kohle- bzw. Holzgasbetrieb umgestellt. Das Holzgas mußte in einem Ofen erzeugt werden, entweder im Fahrzeug selbst oder auf einem mitgeführten einachsigen Anhänger. Dies war für das Fahrpersonal nicht ganz einfach, da nur langes Anheizen und ständige Pflege während der Fahrt die Betriebsfähigkeit sicherstellte. Die Betriebsleistungen wurden wie schon im ersten Weltkrieg erheblich reduziert, Haltestellen wurden aufgehoben. Teilweise ruhte an Sonn- und Feiertagen der gesamte Betrieb. Da die wehrdienstfähigen Männer und in den späteren Kriegsjahren alle noch verfügbaren Kräfte eingezogen bzw. zum Kriegsdienst verpflichtet wurden, standen erneut Frauen als Schaffnerinnen und Fahrerinnen auf den Wagen. Viele von ihnen zum zweiten Mal, was auf dem Uniformärmel deutlich kenntlich gemacht wurde. Während der Dunkelheit wurde der Verkehrsbetrieb hinsichtlich der angeordneten Verdunklungsmaßnahmen streng kontrolliert. Die Polizei hatte die Order, bei Zuwiderhandlungen den Schaffnerinnen gegenüber strengste Maßstäbe anzulegen. Bei Fliegeralarm hatte das Fahrpersonal mit den Fahrgästen unverzüglich den nächsten Luftschutzkeller aufzusuchen. Wagenspitze und Wagenende waren mit entsprechenden Warnlampen kenntlich zu machen.

Der Fahrer hatte Fahrkurbel und Umschalthebel abzunehmen und mitzunehmen oder im Fahrschalterschrank zu verschließen. Die Fahrer der Straßenbahnen hatten auf weitgehende Vermeidung des Bügelfeuers und der Funkenbildung zu achten, d. h. besondere Stellen wie Abzweigungen und Gleiskreuzungen ohne Strom zu befahren.

Da die Fahrzeuge mit sog. Tarnscheinwerfern ausgerüstet waren, bestanden in der Dunkelheit außerordentlich schlechte Sichtverhältnisse für die Fahrer. Entsprechend langsam mußte gefahren werden. Hinzu kamen psychologische Belastungen durch Dienstanweisungen und Kontrollen bezüglich des Verhaltens bei der Beförderung von Juden, Kriegsgefangennen und Zivilisten aus den von der deutschen Wehrmacht besetzten Gebieten. Es lag, verstärkt durch einen einschneidenden Personalmangel, ein großer Druck auf den Beschäftigten. Für die zwingend notwendige Ausstellung eines Arbeitsbuches mußte ein ausführlicher Fragebogen ausgefüllt werden. Arbeitsverhältnisse konnten nur unter außerordentlich erschwerten Bedingungen aufgegeben werden. Die Zustimmung des Arbeitsamtes war immer erforderlich. Bei Austritt aus der NSDAP oder einer ihrer Organisationen mußte mit einer Kündigung des Arbeitsverhältnisses gerechnet werden.

Für die Anwerbung von Schaffnerinnen wurde eine Prämie in Höhe von 10 Mark gezahlt. Dies alles bei einem Stundenlohn von

- 80 Rpf. für das Fahrpersonal,
- 87 Rpf. für gelernte Handwerker nach vollendetem 21. Lebensjahr,
- 73 Rpf. für angelernte Arbeiter und
- 66 Rpf. für ungelernte Arbeiter.

Fahrer erhielten zusätzlich 56 Rpf. für eine achtstündige Schicht. Schaffnerinnen erhielten 85% des Schaffnerlohnes = 68 Rpf. und nach Ablegung der Prüfung als Triebwagenschaffnerin 90% = 72. Rpf. Der Stundenlohn für Omnibusfahrer betrug 87 Rpf. + 56 Rpf. arbeitstäglich. Dazu gab es Kinderzuschläge von 20 RM je Kind und Monat. Bei unentschuldigtem Fehlen oder bei Arbeitsunfähigkeit ohne Nachweis erfolgte nach zwei Wochen automatisch die Abmeldung bei der Krankenkasse.

Bild 9: Zerstörte Straßenbahn 1945 (Foto: Rheinbahn)

Die Vertretung der Beschäftigten in den Unternehmen lag bei einem Vertrauensrat, der vom Reichstreuhänder für den öffentlichen Dienst berufen und verpflichtet wurde.

Durch entsprechende Uniform-, Dienstgrad- und Altersabzeichen war beim Fahrpersonal, im Aufsichtsdienst sowie im Bahnhofs- und Haltestellendienst die Hierarchie auch nach außen hin kenntlich.

Das betriebliche Vorschlagswesen wurde intensiv unterstützt. Höflichkeitswettbewerbe für das Fahrpersonal wurden im Rahmen einer reichsübergreifenden Höflichkeitsaktion durchgeführt. Ziel dieser gesamten Aktivitäten war häufig, als Musterbetrieb im Sinne der geltenden politischen Maßstäbe anerkannt zu werden.

Am Ende stand dann der völlige Zusammenbruch auch des öffentlichen Personenverkehrs. Bei Kriegsende 1945 waren in den meisten Verkehrsbetrieben die Anlagen, Fahrzeuge und Fahrwege weitgehend, in manchen Städten völlig zerstört.

Alles lag in Schutt und Asche. Die Familien waren zerrissen. Viele Familienväter und junge Menschen kamen nicht mehr zurück oder waren, zum Teil viele Jahre, in Gefangenschaft. Die Menschen lebten in Notunterkünften. Fahrzeuge wurden auf der Strecke ausgeschlachtet, Lagerbestände, soweit überhaupt noch vorhanden, geplündert. Würde es den Nahverkehrsunternehmen und ihren Beschäftigten bei dieser Sachlage gelingen, den Verkehr wieder in Gang zu bringen und wenn ja, wann?

Die Normalisierung beginnt mit der Währungsreform

Es ist auch heute noch kaum zu begreifen: Unter für uns unvorstellbaren Belastungen und Bedingungen begann sofort nach Beendigung des Krieges der Wiederaufbau in allen Bereichen, so auch im Verkehrswesen. Mitte des Jahres 1945 verkehrten bereits wieder die ersten Linien. Die verhältnismäßig wenigen Mitarbeiter der Verkehrsunternehmen legten, wie überall, Hand an, trotz Entbehrungen, Hunger und persönlichem Leid. In den zerstörten Werkstätten und Anlagen wurden inmitten der Trümmer überwiegend unter freiem Himmel gearbeitet und die Fahrwege in Flickarbeit wieder hergestellt. Eine große Aufgabe war die Beseitigung der Trümmer. Über allem stand nicht nur die Unterernährung, sondern auch der große Mangel an Material, Werkzeugen und Kraftstoffen. Dazu fehlten in den Städten die Häuser, an denen Fahrleitungen befestigt werden konnten. Kein Fahrzeug war betriebsbereit, kaum eine Fensterscheibe heil. Sobald die ersten Bahnen fahren konnten, mußte der Betrieb in der Dunkelheit oft wegen fehlender Glühbirnen wieder eingestellt werden. Waren Omnibusse wieder einsatzfähig, mußten sie überwiegend den Militärregierungen der Besatzungsmächte zu Transportzwecken zur Verfügung gestellt werden. Da Reifen nicht zu beschaffen waren, blieben die wenigen Linienomnibusse zum Teil mehrfach täglich mit „Plattfüßen" liegen.

Dagegen war die Nachfrage nach Verkehrsleistungen riesengroß. Die Menschen kamen nach und nach in ihre Häuser – oder was davon noch übrig geblieben war – zurück und sorgten zuerst einmal für ein Dach über dem Kopf. Die Eisenbahnen lagen ebenfalls weitgehend darnieder. Es waren aber große Entfernungen zu überwinden. Für etwas Eßbares oder ein Tauschgeschäft wurden weite Wege zurückgelegt. Der Tauschhandel und der „Schwarze Markt" hatten Hochkonjunktur. Das Geld war wertlos.

Die Straßenbahnwagen waren nicht nur überfüllt, das Fahren auf den Trittbrettern war zur selbstverständlichen Beförderungsart geworden. Das schwierigste für die Verkehrsunternehmen war der Personalmangel. Nur allmählich kamen die Mitarbeiter aus der Gefangenschaft zurück. Trotzdem schafften Hoffnung, Fleiß und viel Phantasie das oft schier Unmögliche. Man freute sich über jeden Wagen, der wieder auf die Strecke kam, über jede Linie, die wieder eingerichtet werden konnte. Um das Angebot überhaupt aufrechterhalten zu können, wurden die Handwerker aus den Werkstätten als Schaffner tätig. Überall im Verwandten- und Bekanntenkreis wurde geworben. Lastwagen, auf deren Ladeflächen Sitzbänke montiert waren, wurden im Linienbetrieb eingesetzt. Die Schaffner hatten neben ihrem Kassiergeschäft die Leitern für das Ein- und Aussteigen anzulegen. Erschöpfungszustände waren bei den Beschäftigten an der Tagesordnung. Der Krankenstand stieg auf Marken weit über 10%.

Als am 21. Juni 1948 die Währungsreform wirksam wurde, war mit einem Schlag alles bedeutend besser. Was plötzlich alles aus bis dahin verschlossenen Lagern auftauchte, grenzte an ein Wunder. Nun bestimmten die finanziellen Möglichkeiten das Tempo des Wiederaufbaues auch in den Verkehrsunternehmen. Die anfängliche Geldknappheit führte auch zu einer Reduzierung der Nachfrage. Dies war aber nur eine vorübergehende Erscheinung. Die ungeheuren Anstrengungen der Mitarbeiter in den Verkehrsunternehmen, die fortschreitende Technik und die steigenden Investitionsmöglichkeiten führten schnell zu einer wesentlichen Verbesserung des Verkehrsangebotes. Die Fahrzeuge wurden größer und in ihrer Ausstattung fahrgastfreundlicher. Dies galt für Straßenbahnen wie für Omnibusse. Die Erfolge, die als Wirtschaftswunder in die deutsche Geschichte eingehen sollten, hatten natürlich auch Konsequenzen für die in den Verkehrsbetrieben tätigen Menschen.

Der Bauboom in allen Bereichen, die Ausdehnung der Verkehrsnetze und die damit wieder steigende Nachfrage führten einmal wieder zur Verknappung der personellen Ressourcen. Dies war der Beginn der Großraumwagen. Der Schaffnerplatz wurde an der hinteren Plattform angeordnet. Die Fahrgäste stiegen hinten ein, mußten am Schaffnerplatz vorbei, um an der Zielhaltestelle die Ausstiege vorne oder in der Mitte des Wagens zu erreichen. Der Schaffner erhielt erstmalig eine sitzende Beschäftigung für die Fahrgastbedienung, im Motor- wie im Beiwagen. Was in den Straßenbahnen erfolgreich praktiziert wurde, fand dann auch seine entsprechende Bewährung im Omnibusbetrieb. Die Bedienung der Türen erfolgte jeweils vom Schaffnerplatz aus. Erst, wenn alle Türen geschlossen waren, erhielt der Fahrer das Abfahrtsignal.

Bild 10: Schaffner mit Stempel (Foto: Rheinbahn)

Zur weiteren Unterstützung kostensenkender Maßnahmen war dies auch die Zeit intensiver Überlegungen und Änderungen in der Fahrtarifstruktur. Die Fahrscheine wurden vereinfacht, der Netzbildfahrschein verschwand und mit ihm Zug um Zug auch die bis dahin gebräuchliche Lochzange. Sie wurde durch einen Handstempel ersetzt. Rollenfahrscheine, Sammelfahrausweise und Carnets sollten den Kunden eine Vereinfachung, den Schaffnern Entlastung bringen. Die außerordentlich schwierigen Kriegs- und Nachkriegsjahre hatten auch zu verstärkter sozialer Fürsorge der Unternehmen für ihre Mitarbeiter und deren Familien geführt. Der Werkswohnungsbau erhielt starken Auftrieb. Neben Einrichtungen für die Werksverpflegung wurden Kinderbetreuungs- und Erholungsmaßnahmen forciert, Werksbüchereien, Pflege- und Ferienheime errichtet. Patenschaften und Beihilfen bei Heirat, Geburten oder besonderen Notfällen bereitgestellt. Manche Not wurde damit gelindert oder beseitigt und die Bindung der Beschäftigten an ihr Unternehmen natürlich gefestigt.

Das betriebliche Vorschlagswesen wuchs zu einem wichtigen Bestandteil der Unternehmenspolitik. Die Ausbildung, insbesondere auch im Verkehrsdienst, erfuhr eine starke Verbesserung. Viele Betriebe führten zu diesem Zeitpunkt die psychologischen Eignungsprüfungen bei der Auswahl der Omnibusfahrer ein. Es war die Zeit der ständigen Veränderungen in vielen Bereichen. Neue Abrechnungsverfahren wurden eingeführt, die es den Schaffnern ermöglichten, die Abrechnungsbeträge in Tresoren oder Schränken abzulegen. Der direkte Kontakt mit dem Abrechner, der auch seine Vorteile hatte, war dabei nicht mehr gegeben. In zentralen Abrechnungsstellen konnten Geldzählmaschinen wirtschaftlicher eingesetzt werden.

Das Fassungsvermögen der Fahrzeuge wurde immer größer, so daß der „Fahrgastfluß“ nicht mehr voll beibehalten werden konnte. Die vordere Tür wurde für Zeitkartenfahrgäste freigegeben, der Fahrer erhielt zusätzlich eine Prüfungsaufgabe.

Ende der 50er Jahre verzeichneten die Verkehrsbetriebe die Spitze ihres Fahrgastaufkommens, sie erreichten damit auch gleichzeitig ihre höchsten Beschäftigungszahlen. Inzwischen wuchs der Individualverkehr von Jahr zu Jahr überproportional. Die Konkurrenz wurde für die Verkehrsbetriebe schnell spürbar. Die Personalkosten hatten zudem einen hohen Stand erreicht und lagen

Bild 11: Geldzählmaschine 1964
(Foto: Rheinbahn)

Bild 12: Abrechnungsschränke 1964
(Foto: Rheinbahn)

weit über 50% des gesamten Aufwandes. Hier mußte also etwas geschehen. Waren bisher mit dem vorhandenen und zusätzlichen Personal ständig steigende Verkehrsleistungen erbracht worden, sollten nun diese Leistungen mit weniger Beschäftigten und damit geringeren Kosten erbracht werden.

Es begann eine sich über viele Jahre hinziehende umfassende Rationalisierungsmaßnahme im öffentlichen Personenverkehr. Es ist bedauerlich, daß die damit verbundenen unternehmerischen Anstrengungen wie auch die Auswirkungen auf die Beschäftigten heute nahezu vergessen sind.

Rationalisierungsmaßnahmen stellen neue Anforderungen an Kunden und Personal

Die Überlegungen gingen in die Richtung, über einen längeren Zeitraum schrittweise Fahrzeuge nur noch mit Fahrern zu besetzen, d.h., auf den Schaffner am Ende völlig zu verzichten. Bei den inzwischen großen Fahrzeugen war dies nur mit technischen Hilfen zu bewältigen. Versuche, Fahrscheine aus Fahrscheindruckern auszugeben, waren erfolgreich durchgeführt worden. Die Schaffner wurden nach und nach mit diesen Druckern ausgerüstet.

Bild 13: Schaffner mit Fahrscheindruckern (Foto: Kemmer)

Anfangs gab es noch Notbestände an Fahrscheinen, später wurde auch darauf verzichtet. Der Einmannverkehr begann zuerst auf Bussen im Fernverkehr auf langen Strecken mit verhältnismäßig weiten Haltestellenabständen und geringem Fahrgastwechsel. Das Kassiergeschäft übernahm nun der Fahrer. Zeitkartenfahrgäste konnten nach erfolgreichen Versuchen auch die hintere oder mittlere Tür zum Einsteigen benutzen. Die weitere Entwicklung und Übertragung auf den Straßenbahnverkehr und noch größere Fahrzeugeinheiten, besonders im innerstädtischen Betrieb war aber auch mit diesem System nicht zu bewältigen.

Bild 14: „Eiserner Schaffner" – Entwerter (Foto: Rheinbahn)

Streifen- und Sammelkarten wurden so gestaltet, daß sie auch von Automaten, dem sog. „Entwerter", gekennzeichnet werden konnten. Mit mehreren dieser in den Fahrzeugen installierten „Eisernen Schaffner" war es möglich, die Belastung der Fahrer so zu minimieren, daß der Einmannbetrieb nicht zu unzumutbaren Aufenthalten an den Haltestellen und damit zu längeren Reisezeiten führte.

Die „Fahrgastselbstbedienung" stand fortan im Mittelpunkt der Kundenbedienung. Nun war dies alles nicht so einfach und reibungslos, wie es sich hier liest. Der Fahrtarif mußte so gestaltet werden, daß der Fahrausweisverkauf beim Fahrer so gering wie möglich war, d. h., Zeitkarten, Sammelfahrausweise bzw. Streifenkarten mußten verhältnismäßig preiswert angeboten werden. Das Vorverkaufsgeschäft wurde dadurch angereizt und erheblich ausgeweitet. Standschaffner halfen an verkehrsreichen Haltepunkten beim Verkaufs- und Bedienungsgeschäft.

Aber auch von den Kunden wurde eine Umstellung verlangt. Kundenschulungen wurden angeboten und Versuchsfahrzeuge mit den entsprechenden Einrichtungen bereitgestellt, denn die mangelnde Information und vor allen Dingen Vorinformation konnten auch technische Geräte nicht ausreichend ersetzen. Es gilt wohl bis zum heutigen Tage: Die Betreuung durch den Schaffner mit den Hilfen und Ansprechmöglichkeiten waren die bisher beste Kundenbedienung im öffentlichen Nahverkehr.

Es soll an dieser Stelle nicht vergessen werden, daß es auch in den vergangenen Jahren immer wieder Versuche gegeben hat, so etwas Ähnliches wie den eisernen Schaffner einzuführen. Schon zu Zeiten der Pferdebahn und auch zu Beginn der Elektrifizierung des Straßenbahnverkehrs war z. B. in Halle ein Zahlkasten eingeführt worden, in den die Fahrgäste den Einheitsfahrpreis von einem Nickel-Zehner einwerfen mußten. Durch Betätigung eines Klingelknopfes wurde dem Kutscher der Zahlvorgang angezeigt. Gewechselt wurden Geldstücke nur bis zu einer Mark. Das Wechselgeld erhielt der Fahrgast vom Kutscher in einem Tütchen.

Trotz aller technischen Neuerungen und auch Vereinfachungen für die Fahrer z. B. durch Einbau automatischer Getriebe, Funksprechgeräten und Aufstellung von Fahrscheinverkaufsautomaten, waren für den Betrieb auch

Nachteile mit diesem System verbunden.

Der Einsatz der Großfahrzeuge erschwerte die flexible Anpassung an die sich ständig verändernde Verkehrsnachfrage, Fahrgäste waren immer häufiger unzufrieden als vorher.

Auch umfangreiche Umschulungsmaßnahmen fahrertauglicher Schaffner konnten nicht verhindern, daß, zwar nach Regionen unterschiedlich in Intensität und Zeitpunkt, der Fahrermangel immer größer wurde. Ausländische Mitarbeiter waren gefragt und sind bis in die heutigen Tage eine Stütze für die Aufrechterhaltung des Verkehrsangebotes in vielen Unternehmen. Manche Betriebe haben in anderen Ländern örtliche Personalwerbungs- und Schulungsmaßnahmen erfolgreich durchgeführt. Auch Frauen wurden wieder verstärkt eingestellt und als Fahrerinnen ausgebildet, zuerst auf den Straßenbahnen, später auch zum Einsatz im Omnibusverkehr. Heute sind die Fahrerinnen in unseren Unternehmen in allen Bereichen auch in Leitstellen und in Vorgesetztenfunktionen selbstverständlich.

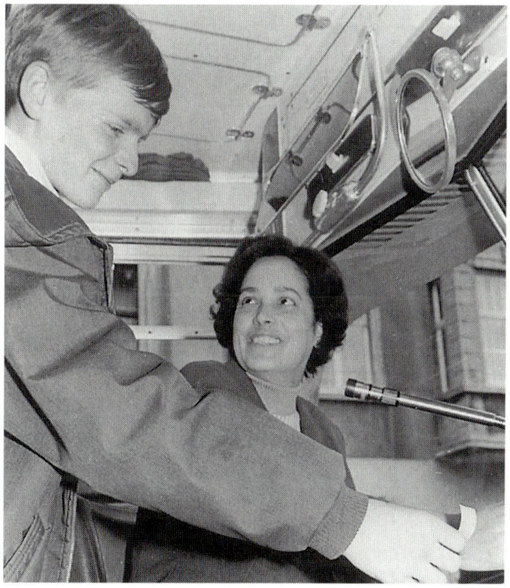

Bild 15: Straßenbahnfahrerin 1969 (Foto: Rheinbahn)

Technik und Innovation – Hilfe oder Belastung für die Beschäftigten in den Nahverkehrsunternehmen?

Schon in dem bisher beschriebenen Zeitraum ist der große Wandel in den Unternehmen und Insbesondere in den von den Beschäftigten im öffentlichen Nahverkehr zu leistenden Aufgaben deutlich geworden. Dies hat ganz selbstverständlich zu einem verstärkten Selbstbewußtsein der Nahverkehrsbediensteten beigetragen. Die Betriebsmittel in der Fortentwicklung von der Pferdebahn zum hochtechnisierten Schienenverkehrsmittel und Omnibus, die Verantwortung des Fahrers für ein großes Investitionsgut, der in einem sich permanent verdichtenden Verkehr allein den direkten Kontakt zum Kunden darstellt, bestärkten in der täglichen Berufsausübung auch sein eigenes Selbstwertgefühl. Auch die stärkere Position durch rechtliche Absicherungen und Vertretungsmöglichkeiten durch Betriebs- und Personalräte hat gerade in den Jahrzehnten des kontinuierlichen Wirtschaftswachstums einen mitdenkenden, für das ganze Unternehmen sich verantwortlich fühlenden Mitarbeiter geschaffen. Das Betriebsverfassungsgesetz hatte sich in mehr als zehn Jahren bewährt.

Die Mitwirkungs- und Mitbestimmungsrechte wurden Ausdruck dafür, daß der Beschäftigte nicht nur ein Recht auf Arbeit, sondern auch Rechte aus der Bereitstellung seiner Arbeitskraft hat. Die Erfahrung hatte gezeigt, daß diese im wesentlichen für die abhängigen Arbeitnehmer geschaffenen Gesetze sich auch zum Wohle der Unternehmen und der gesamten Volkswirtschaft auswirken konnten. Die nach dem Krieg sich festigende Einheitsgewerkschaft, der DGB und seine Industriegewerkschaften, verstanden es, die Konjunktur auch zum Wohle der Arbeitnehmer zu nutzen.

Andererseits bewirkte diese Entwicklung in einer Zeit der Wettbewerbsverschlechterung des öffentlichen Personennahverkehrs zum Individualverkehr, auch durch abnehmende Einwohner- und Schülerzahlen, durch Kostendruck und Arbeitszeitverkürzung, ein Spannungsverhältnis zwischen der Produktivität der Arbeitskraft und dem Anspruch der Mitarbeiter in den Nahverkehrsunternehmen, an der allgemeinen Lebensqualität teilzuhaben.

Den Unternehmen stellte sich daher die Aufgabe, zwischen einer Leistungsverdichtung und der Vermeidung von Belastungsfaktoren einen effizienten und kostengünstigen Weg zu finden. Technik und Innovation sollten den Nahverkehrsbetrieb optimieren und nach Möglichkeit zusätzliche Belastungen vermeiden bzw. vorhandene abbauen.

Die EDV-gestützte Fahrplan- und Dienstplangestaltung wurde getestet und weitgehend eingeführt. Die bisher ausschließlich von Hand arbeitenden Mitarbeiter in den Fahrplan- und Dienstplanabteilungen konnten über Rechner interaktiv, schneller und genauer arbeiten, Routinearbeiten übernahm der Rechner. Systemverständnis und das Umgehen mit Rechnern und Programmen wurden schnell erlernt. Durch Schulungen und Fortbildungsseminare konnten zusätzliche Qualifikationen erworben und das Selbstwertgefühl gesteigert werden.

Auch in der Betriebsabwicklung wirkte sich der technische Fortschritt aus. Automatisierter Betrieb und rechnergestützte Betriebsleitsysteme haben, richtig eingesetzt, neben den positiven Auswirkungen auf die Betriebsabwicklung eine entlastende Funktion bei der Aufgabenerledigung der Fahrer. Die EDV-gestützte Fahrgastinformation und elektronische Fahrausweisausgabegeräte komplettieren das Angebot und erleichtern auch dem Kunden den Zugang zum öffentlichen Personennahverkehr.

Trotz all dieser intensiven Bemühungen wurde allen Beteiligten in den Verkehrsunternehmen bewußt, daß es noch eine Lücke zwischen den Beziehungen der Nahverkehrsunternehmen und ihren Beschäftigten einerseits und den Kunden andererseits zu schließen galt. Dies ließ sich durch technische Hilfen allein nicht bewerkstelligen. Es mußte versucht werden, Autofahrer aus Gründen der Vernunft und der ökologisch sich allgemein verschlechternden Bedingungen für den öffentlichen Personennahverkehr zu gewinnen.

Ein Umdenkprozeß mußte eingeleitet werden. Marketing war das Gebot der Stunde. Unternehmen in der Industrie und Wirtschaft waren hier Vorreiter. Dabei bestand überhaupt kein Zweifel, daß Personalmarketing einen besonderen Stellenwert auch in Nahverkehrsunternehmen einnehmen mußte.

Kundendienst wird GROSS geschrieben

Der sich nun auch nach innen richtende Umdenkprozeß wurde von der VÖV/ VDV-Werbekampagne „Zeit zum Umdenken" unterstützt, richtete sie sich nicht nur auf die Kunden, potentielle Fahrgäste, Politiker und Medien, sondern auch und verstärkt auf die Verkehrsunternehmen und ihre Beschäftigten. Es war sehr schnell klar, nur wer selbst zum Umdenken bereit ist, kann das gleiche auch von Anderen erwarten. Die Inhalte der Ausbildungs- und Schulungsprogramme wurden entsprechend angepaßt, psychologische Seminare auch über mehrere Tage für den Fahrdienst, die Aufsicht, den Kontrolldienst intensiviert. Auch die Führungskräfte der mittleren und oberen Ebene, einschließlich der Unternehmensleiter versagten sich hier nicht und nahmen an speziellen Informations- und Weiterbildungsveranstaltungen teil.

Als außerordentlich erfolgreich hatte sich ein auf der Ebene des VÖV entwickeltes Schulungsprojekt „Partner in Bahn und Bus" erwiesen. Mit Hilfe eines Medienpaketes aus Videofilmen, Hörbildern und Lernspielen sind mit eigenen Trainern acht halbtägige Ausbildungsbausteine angeboten worden, die Hilfen für die Bewältigung von Konflikten am Arbeitsplatz und insbesondere im Verhältnis mit den Kunden brachten. Auf der Grundlage dieses Medienpaketes sind bis Anfang der 90er Jahre über 45 000 Fahrerinnen und Fahrer in über 70 Verkehrsunternehmen nachgeschult worden. Nach der Vereinigung der Verbände zum VDV haben viele Unternehmen in den neuen Bundesländern ihre Fortbildungsmaßnahmen auf der Grundlage dieses Medienpaketes praktiziert. Das Medienpaket ist damit zu einem der größten Projekte der Erwachsenenbildung herangewachsen. Ein Film aus diesem Schulungspaket errang bereits 1982 unter 140 Konkurrenten aus 14 Nationen den ersten Preis der Photokina als bester Unterrichtsfilm. Mittlerweile kommt das Fortbildungspaket auch in Unternehmen der Schweiz und in Österreich zur Anwendung.

Mit den Bausteinen des Medienpaketes werden Fahrerinnen und Fahrer motiviert, Konfliktsituationen in ihrer täglichen Arbeit zu beherrschen. Die Akzeptanz der Schulungen ist groß. Diese Art der Fortbildung wird inzwischen von den Beschäftigten dankbar angenommen und hat vielen geholfen, „besser über die Runden zu kommen“.

In der Erkenntnis, daß nichts so gut ist, daß es nicht noch verbessert werden könnte, ist inzwischen ein neues Medienpaket aufgelegt, das auf Grund moderner pädagogischer Erkenntnisse und auf der Grundlage der bisherigen über 10jährigen Erfahrungen weiterentwickelt wurde.

Auch das neue Medienpaket „Bewußt-Sein! Partner in Bus und Bahn II“ stellt auf die Tatsache ab, daß – unter Berücksichtigung der Konkurrenzlage des öffentlichen Personennahverkehrs zum Individualverkehr – kundenfreundliche, gut ausgebildete und kompetente Mitarbeiter die Ergänzung zu einem qualitativ verbesserten und integrierten Verkehrsangebot sein müssen. Dessen ungeachtet sind die Serviceleistungen, die der Fahrer

Bild 16: Medienpaket (Foto: VDV)

Bild 17: Fahrgastbetreuer (Foto: Rheinbahn)

dem Kunden erbringen kann, begrenzt. Im Zusammenhang mit den von vielen Unternehmen konzipierten Marketingprogrammen werden insbesondere im schienengebundenen Schnellverkehr zusätzliche „Fahrgastbetreuer“ eingesetzt. An verkehrsreichen Haltepunkten und in Bahnhöfen der U- und Stadtbahnen entlasten sie auch die Fahrer durch verkehrsordnendes Eingreifen. Sie erteilen orts- und verkehrsunkundigen Bürgern Auskünfte, weisen den Weg, helfen bei der Bedienung von Automaten und Entwertern, leisten aber auch praktische Hilfe für Behinderte, ältere Fahrgäste, Mütter mit Kinderwagen oder Fahrgäste mit Gepäck.

Es sind im wesentlichen Tätigkeiten der Schaffner vor der Einführung des Einmannverkehrs und der Fahrgastselbstbedienung. Auch hier wird erneut der Wandel in der Aufgabenpalette der Nahverkehrsbediensteten deutlich. Neben der Bereitstellung guter und schneller Verkehrsverbindungen und einem angemessenen Komfort in den Fahrzeugen rundet die Verbesserung des Kundenservices das Angebot der Verkehrsunternehmen mit dem Ziel der Stabilisierung und Steigerung der Nachfrage nach öffentlichen Verkehrsleistungen ab.

Die innere Stabilität in den Unternehmen, die Identifikation der Mitarbeiter mit ihrem Betrieb sind dabei die notwendigen Voraussetzungen und haben zudem einen einschneidenden Einfluß auf die immer notwendiger werdende Produktivitätsoptimierung der Betriebe selbst.

Steigender Personalaufwand zwingt zu hoher Mitarbeiterproduktivität

Das Unternehmensziel und der Unternehmenszweck – die Steigerung der Kundenzufriedenheit – ist allein mit den erwähnten Voraussetzungen nicht zu erreichen. Letztlich ausschlaggebend ist das menschliche Handeln bei der Erfüllung der jeweiligen Aufgabe. Die Motivation der Mitarbeiter ist daher ein einschneidender Faktor für den Unternehmenserfolg.

Der inzwischen hohe Entwicklungsstandard der Unternehmen des öffentlichen Personennahverkehrs stellt zusätzliche Anforderungen an Führung und Motivation der Beschäftigten. Neue und moderne Organisationsformen und Personalführungsmodelle sind insbesondere bei den Verkehrsbetrieben als reine Dienstleistungsunternehmen gefragt. Sie sind bereits in der Planung oder teilweise eingeführt. Denn wer kein Leitbild hat und auch seine Ziele nicht kennt, weiß auch nicht, wohin er steuern soll. Da für die Motivation der Mitarbeiter immer stärker immaterielle und ideelle Komponenten wie u. a. Teamarbeit, Offenheit, Verantwortung, Freiräume und Weiterbildung bestimmend werden, sind die Gesellschaften gehalten, ihre Organisationsformen und Führungssysteme auf eine größtmögliche Mitwirkung der Beschäftigten auszurichten. Dazu gehören auch glaubhafte Bemühungen um die Humanisierung von Arbeitsbedingungen und Arbeitsplätzen. Ebenfalls ist dem steigenden Freizeitbedürfnis Rechnung zu tragen. Bei vielen Menschen hat sich das Lebensideal gewandelt, die Freizeit ist in den Brennpunkt der Lebensorientierung gerückt. Komplettiert werden die Aktivitäten der Unternehmen durch eine sachlich und zeitlich angemessene Kommunikations- und Informationspraxis.

Mitwirkung und Mitentscheidung sind nur denkbar, wenn der Mitarbeiter über eine hohe Qualifikation hinaus laufend einen Überblick über das Unternehmensgeschehen zur Orientierung seiner eigenen Arbeit vermittelt bekommt. Bedeutsam für die Motivation der Mitarbeiter ist nicht zuletzt die soziale Einstellung des Unternehmens. Dazu gehört die Fürsorge und Zuwendung des Betriebes in besonderen Lebenslagen der Beschäftigten, letztendlich auch Vorsorgemaßnahmen zur Gesunderhaltung, die in der Lage sind, Fehlzeiten zu reduzieren, den Mitarbeiter im Betrieb halten und sich damit auch wirtschaftlich positiv auswirken.

Daß die betriebliche Lohnfindung dabei nicht vernachlässigt wird, braucht nicht besonders erwähnt zu werden. Hier hat die Tarifautonomie in den letzten Jahrzehnten sicherlich ihre Erfolge zu verbuchen.

Schlüsselfunktionen für die Mitarbeitermotivation sind auch im allgemeinen „sozialen Ansehen" anzusiedeln. Es soll noch einmal gesagt werden: Eine optimale technische Ausstattung, angemessene Fahrpreise, ausgezeichnete Zugangsbedingungen haben ihre große Bedeutung, Kunden zu werben und zufriedenzustellen. Ebenso wichtig ist das Vorhandensein einer motivationsstärkenden Unternehmenskultur, die das menschliche Handeln, die freundliche Beratung und Bedienung, das sichere Fahren sowie das pünktliche Ankommen am Reiseziel sicherstellt.

Die Unternehmen des öffentlichen Nahverkehrs haben diesen ungeheuren Wandel der Aufgaben ihrer ihnen anvertrauten Mitarbeiter erkannt und begleitet. Eine Reihe von Forschungsprojekten haben die Wege zu neuen Erkenntnissen geebnet. Der VDV und seine Fachausschüsse haben intensiv und von Beginn an mitgewirkt und den Unternehmen in den vergangenen Jahren Hilfestellung und fachliches Handwerkszeug zur Verfügung gestellt, und so wird es auch im zweiten Jahrhundert seines Bestehens sein.

Das Fahrpersonal stand, der Aufgabenstellung entsprechend, im Mittelpunkt dieser Ausführungen, da es mit dem Verkaufs-, Informations-, Kontroll- und Aufsichtspersonal den unmittelbaren Kontakt zum Kunden hat. Daß zum reibungslosen Ablauf des öffentlichen Personennahverkehrs noch viele Beschäftigte in den Verwaltungen, Werkstätten und Leitstellen beitragen und für sie das in den letzten Kapiteln Ausgeführte natürlich ebenfalls zutrifft, soll vollständigkeitshalber erwähnt werden.

Wenn es gelingt, die wirtschaftlichen Grundlagen der Nahverkehrsunternehmen in Zukunft dauerhaft zu sichern, wird der öffentliche Personennahverkehr seine Aufgaben wie in der Vergangenheit optimal lösen. Die Menschen in den Unternehmen sind gut gerüstet, in der Lage und gewillt, ihren Beitrag dazu zu leisten.

Literatur

[1] Schild, A., Waltking D., Die Rheinbahn, Düsseldorf 1981

[2] Jacobi, R., Zeh, D. Die Geschichte der Düsseldorfer Straßenbahn, Freiburg 1986

[3] Prasuhn, P. H., Chronik der Straßenbahn, Hannover 1969

[4] Dortmunder Stadtwerke AG, Die Dortmunder Verkehrsbetriebe

[5] Kölner Verkehrs-Betriebe AG, 100 Jahre Kölner Verkehrsbetriebe 1877 – 1977, Stuttgart 1977

[6] Stadtwerke Mönchengladbach, Mit der Pferdebahn fing's an

[7] VAG Verkehrs-Aktiengesellschaft Nürnberg, Von der Pferdebahn zum Pegnitzpfeil, Düsseldorf 1981

[8] Rheinische Bahngesellschaft AG, Werkzeitschrift „Das Rad"

[9] Düsseldorfer Generalanzeiger

Inhalt

Vom Schaffner zur Scheckkarte

Klaus Wergles (51), Dipl.-Volksw., ist seit 1978 Leiter des Fachbereichs Wirtschaft im Verband Deutscher Verkehrsunternehmen (VDV) und dort für die thematischen Schwerpunkte Volkswirtschaft, Tarifwesen, Bildungswesen und Statistik verantwortlich. Von 1972 bis 1974 war Wergles als wissenschaftlicher Assistent am gemeinsamen verkehrswissenschaftlichen Forschungsinstitut der Universität Innsbruck und der Tiroler Handelkammer tätig und hat dort mehrere Grundlagenuntersuchungen zu aktuellen kommunalen und regionalen verkehrspolitischen Fragestellungen durchgeführt. 1974 wechselte er zum Frankfurter Verkehrs- und Tarifverbund (FVV), wo er vor allem mit Verkehrserhebungen sowie Wirtschafts- und Bevölkerungsprognosen für das damals neu eingerichtete Verbundgebiet befaßt war.

Einblick: Bus und Bahn auf dem Weg zum modernen Dienstleister

Maßgeschneiderte Vielfalt: die aktuellen Tarifsysteme in Stadt und Land

„Bus und Bahn nur mehr für Abiturienten?", „Bürger fordern: weg mit dem Tarifchaos!", „Fahrgäste verirren sich im Tarifdschungel" – mit solchen oder ähnlichen Schlagzeilen artikulieren mitunter die Medien ihr Mißfallen, wenn das örtliche Verkehrsunternehmen etwa seine Fahrpreise angehoben, sein Tarifschema umgebaut oder anderweitig Vertrautes geändert hat.

Auch wenn solche Reaktionen weder immer noch überall eintreten, ändert dies nichts daran, daß sich die Fahrpreisgestaltung im öffentlichen Personennahverkehr stets einer außerordentlich kritischen Aufmerksamkeit sicher sein kann.

Die Antwort auf die Frage, warum das so ist, ist zum einen darin zu finden, daß es hier um Geld geht und damit um ein von Hause aus besonders sensibles Thema, zum anderen darin, daß sich jeder Bürger betroffen fühlt, wenn öffentliche Dienstleistungen auf der Tagesordnung stehen, selbst wenn er sie persönlich noch so wenig in Anspruch nehmen sollte.

Als hinlängliche Erklärung kann dies gleichwohl nicht genügen. Bei selbstkritischer Betrachtung wird vielmehr hinzuzufügen sein, daß alles rund um den Tarif bei Bus und Bahn auch deswegen im Kreuzfeuer der Kritik steht, weil es für den, der damit nicht tagtäglich zu tun hat, oft nur schwierig zu verstehen ist.

Dieses Manko, das die Fahrgäste verunsichert und sich vor allem dann als tückisch erweisen kann, wenn Selbstbedienung angesagt ist, kommt vor allem daher, daß die Tarife des öffentlichen Personennahverkehrs teilweise sehr komplex sind und sich von Ort zu Ort in wesentlichen Details voneinander unterscheiden – mit der Folge, daß das an einem Ort Gelernte oftmals an einem anderen Ort nichts oder nur wenig nützt.

Zwar ist die oft gescholtene Vielfalt in der Tariflandschaft gewissermaßen hausgemacht, gleichwohl ist dies nicht etwa ein Zeichen fehlenden kundenorientierten Denkens oder mangelnden Harmonisierungsbewußtseins bei den Verkehrsunternehmen. Es ist vielmehr zum einen Ausdruck des Strebens, den mannigfaltigen Fahrtbedürfnissen und -gewohnheiten der Kunden möglichst maßgeschneidert Rechnung zu tragen. Zum anderen ist es das Ergebnis der für jeden Anbieter eines Gutes oder einer Dienstleistung gleichermaßen gültigen Regel, daß jedes Preissystem zu dem Angebot passen muß, das damit verkauft werden soll.

Übertragen auf das Dienstleistungsangebot von Bus und Bahn bedeutet dies nämlich, daß sich die Fahrpreisgestaltung im öffentlichen Personennahverkehr entsprechend dessen Wesen als typische örtliche, respektive regionale Dienstleistung auch konkret an den individuellen Gegebenheiten vor Ort ausrichten muß.

Die Parameter, die dabei eine Rolle spielen – von der Größe und Struktur des Bedienungsgebiets bis zur Quantität und Qualität von Verkehrsangebot und -nachfrage – sind jedoch von Ort zu Ort und von Region zu Region viel zu unterschiedlich, als daß sie überall mit ein und demselben Verfahren der Preisberechnung abgedeckt werden könnten.

Jedem recht getan ist eine Kunst, die keiner kann: individuelle Angebote versus Einheitssystem

Dabei hätte die Idee eines einheitlichen Tarifsystems bei allen deutschen Nahverkehrsunternehmen, der auch immer wieder einmal das Wort geredet wird, durchaus etwas an sich. Sie mag auf den ersten Blick auch wie ein deus ex machina erscheinen, ge-

Fahrplan und Tarif

der Münchener Trambahn.

Fahrordnung

ab 16. März 1901.

I. Linie: Nymphenburg-Marienplatz-Ostbahnhof.

II. Linie: Ringlinie.

III. Linie: Schwabing-Landsbergerstraße.

IV. Linie: Centralbhf.-Promenadeplatz-Ostbhf.

V. Linie: Marienplatz-Freibadstraße.

VI. Linie: Stachus-Sendling-Neuhofen.

VII. Linie: Promenadeplatz-Barerstraße-Schwabing.

IX. Linie: Thal (Bahnhofplatz-Bogenhausen).

X. Linie: Grünwaldpark-Nordwestl. Friedhof (Moosach).

XI. Linie: Färbergraben-Isartalbahnhof.

XII. Linie: Bayerstraße-Giesing (östl. Friedhof).

Bemerkungen.

Die Trambahn-Direktion.

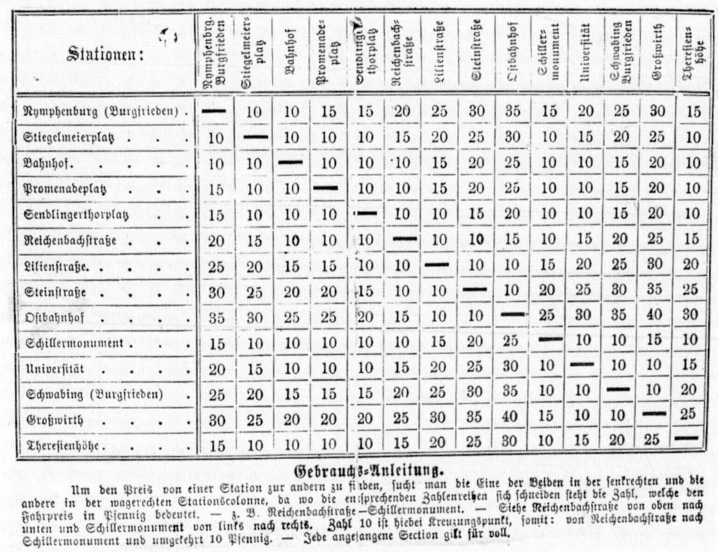

Stationen:	Nymphenbrg. Burgfrieden	Stiegelmeier-platz	Bahnhof	Promenade-platz	Sendlingerthorplatz	Reichenbach-straße	Lilienstraße	Steinstraße	Ostbahnhof	Schiller-monument	Universität	Schwabing Burgfrieden	Großwirth	Theresien-höhe
Nymphenburg (Burgfrieden) .	—	10	10	15	15	20	25	30	35	15	20	25	30	15
Stiegelmeierplatz . . .	10	—	10	10	10	15	20	25	30	10	15	20	25	10
Bahnhof.	10	10	—	10	10	10	15	20	25	10	10	15	20	10
Promenadeplatz . . .	15	10	10	—	10	10	15	20	25	10	10	15	20	10
Sendlingerthorplatz . .	15	10	10	10	—	10	10	15	20	10	10	15	20	10
Reichenbachstraße . . .	20	15	10	10	10	—	10	10	15	10	15	20	25	15
Lilienstraße.	25	20	15	15	10	10	—	10	10	15	20	25	30	20
Steinstraße	30	25	20	20	15	10	10	—	10	20	25	30	35	25
Ostbahnhof	35	30	25	25	20	15	10	10	—	25	30	35	40	30
Schillermonument . . .	15	10	10	10	10	10	15	20	25	—	10	10	15	10
Universität	20	15	10	10	10	15	20	25	30	10	—	10	10	15
Schwabing (Burgfrieden) .	25	20	15	15	15	20	25	30	35	10	10	—	10	20
Großwirth	30	25	20	20	20	25	30	35	40	15	10	10	—	25
Theresienhöhe	15	10	10	10	10	15	20	25	30	10	15	20	25	—

Gebrauchs-Anleitung.

Um den Preis von einer Station zur andern zu finden, sucht man die Eine der Beiden in der senkrechten und die andere in der wagerechten Stationscolonne, da wo die entsprechenden Zahlenreihen sich schneiden steht die Zahl, welche den Fahrpreis in Pfennig bedeutet. — z. B. Reichenbachstraße—Schillermonument. — Siehe Reichenbachstraße von oben nach unten und Schillermonument von links nach rechts. Zahl 10 ist hiebei Kreuzungspunkt, somit: von Reichenbachstraße nach Schillermonument und umgekehrt 10 Pfennig. — Jede angefangene Section gilt für voll.

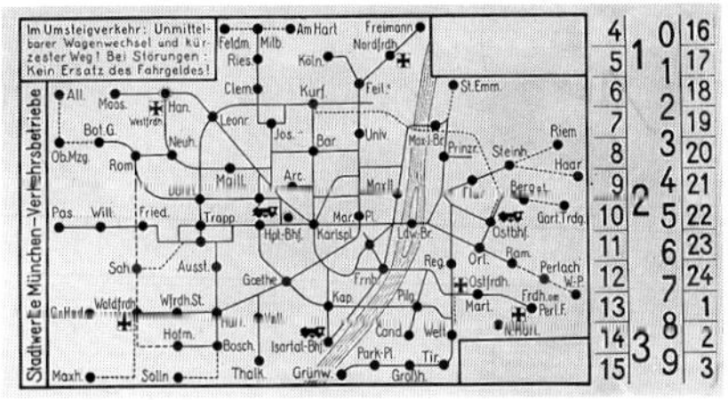

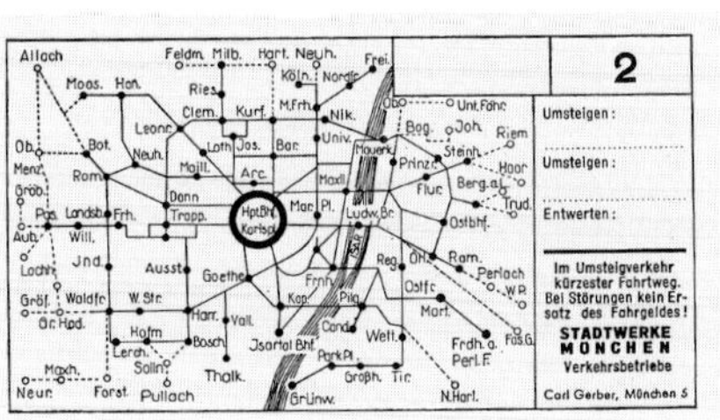

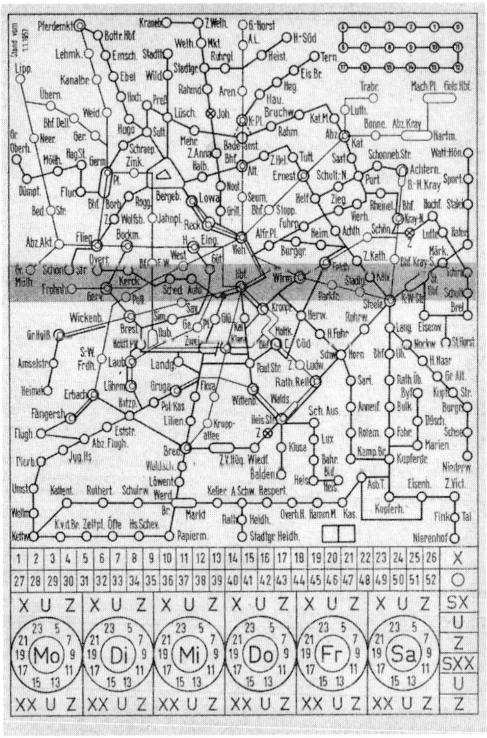

Bilder 1 bis 5: „Schon früher nicht ganz einfach: der Tarif" (Fotos: Stadtwerke München (4), Essener Verkehrs-AG)

eignet, die Nachteile des Nebeneinanders unterschiedlicher Systeme auf einen Schlag und elegant zu lösen. Aber: selbst das pfiffigste Einheitssystem würde am Kern des Problems nichts ändern können, nämlich, daß sich die von Ort zu Ort unterschiedlichen Gegebenheiten auch durch das Überstülpen eines tariflichen Einheitssystems nicht nivellieren lassen; der Bedarf an paßgenauen Lösungen bliebe daher unverändert – und unbefriedigt.

Gleichwohl: auch wenn der Gedanke eines bundesweiten Einheitssystems nicht zielführend ist, weil damit mehr Probleme aufgerissen als gelöst würden, können die typischen Haken und Ösen, die mit der gegebenen tariflichen Vielfalt einhergehen und mit denen sich vor allem jene Fahrgäste konfrontiert sehen, die öffentliche Verkehrsmittel nur selten oder allenfalls gelegentlich benützen, nicht als unabänderlich hingenommen werden. Sie sind nämlich nicht nur immer wieder Anlaß zur eingangs zitierten Kritik. Das gesamte Procedere rund um die Fahrkarte in Koalition mit der mangelnden Transparenz des Systems zählt vielmehr zu den entscheidenden psychologischen Zugangshürden vor Bus und Bahn, durch die dem öffentlichen Personennahverkehr im Ergebnis Fahrgäste verloren gehen.

Wie ein Blick auf die aktuelle Tariflandschaft im deutschen Nahverkehr zeigt, bedarf es aber, um durchgreifende Verbesserungen für den Fahrgast zu erreichen und die Zugangshürden abzubauen, auch gar keiner Revolution, wie sie etwa ein tarifliches Einheitssystem von Nord bis Süd und Ost bis West bedeutete. Sie würde nur das Kind mit dem Bade ausschütten, nachdem inzwischen ohnedies überall, wo dies von der Sache her in Frage kommt, großflächige Verbünde oder Tarifgemeinschaften für einheitliche Tarife gesorgt haben.

Was – abgesehen von einer dringend notwendigen Verbesserung der Transparenz – bereits genügt, und was, last not least, unter dem Strich auch mehr bringt, ist eine Evolution. Gemeint ist damit eine schrittweise, intelligente Harmonisierung der vorhandenen Tarifsysteme – ohne sie selbst dabei in Frage zu stellen – mit dem Ziel, sie gewissermaßen miteinander kompatibel zu machen.

Worum es dabei gehen muß, ist, die vielen Besonderheiten im tariflichen „Drumherum“ anzugleichen – von der Frage des Entwertens oder Nichtentwertens einer Fahrkarte über die Gültigkeitsdauer von Tickets bis hin zu den Altersgrenzen für Kinder und ähnlichen Bestimmungen. Denn vor allem dieses tarifliche Beiwerk, das Kleingedruckte, ist es, das mit seinen zahlreichen Nuancen und Variationen im Detail, über die Jahre gewachsen, den Eindruck mangelnder Logik und Systematik erweckt und dem Fahrgast mitunter das Leben schwer macht.

Demgegenüber sind die Unterschiede zwischen den einzelnen Tarifsystemen selbst vergleichsweise gering und vor allem erheblich kleiner, als dies gemeinhin unterstellt wird. Mehr noch: die vier Verfahren, die heute das Fundament der Tariflandschaft bei Bus und Bahn bilden, sind sogar eng miteinander verwandt.

Pauschal ist Trumpf: der Einheitstarif

Der Einheitstarif, zugleich die bei den Fahrgästen populärste Tarifform, ist dabei gewissermaßen die Keimzelle für alle anderen Systeme der Fahrpreisberechnung. Er hat überall dort sein angestammtes Zuhause, wo der geographische Zuschnitt und die Struktur des Verkehrsgebiets dies zulassen, das heißt: wo die durchschnittlichen Reiseweiten der Fahrgäste nicht allzu stark streuen. Deshalb findet er sich typischerweise in den meisten Klein- und Mittelstädten, aber auch noch in so mancher überschaubaren Großstadt.

Das besondere Plus dieses Tarifs liegt auf der Hand: weil hier jede Fahrt, unabhängig von der im Einzelfall tatsächlich zurückgelegten Strecke, den selben Preis kostet, ist er für jedermann leicht verständlich, erfordert daher nur einen geringen Informationsaufwand und läßt sich einfach und schnell verkaufen.

Aber wo Licht ist, ist natürlich auch Schatten: da sich die Kalkulation des Einheitsfahrpreises an der mittleren Reiseweite der

Fahrgäste orientieren muß, subventioniert jeder, der nur eine unterdurchschnittlich kurze Strecke fährt, zwangsläufig alle Fahrgäste, die längere Strecken zurücklegen. Das verstößt gegen das Prinzip der Tarifgerechtigkeit und geht auch nur solange gut, wie die Reiseweiten nicht allzu deutlich auseinanderklaffen, oder, in Geld ausgedrückt: solange die „Subventionsleistungen" nicht allzu groß werden.

Ringe oder Waben: die Zonentarife

In den meisten Großstädten und vor allem in den Ballungsräumen wird deshalb mit einer Variante des Einheitstarifs gearbeitet: das gesamte Verkehrsgebiet ist dort nicht ein einziger Tarifraum, sondern in mehrere, kompakte Teilräume zerlegt, in denen dann jeweils der Einheitstarif gilt. Was – vielleicht nicht ganz glücklich – im allgemeinen als Zonentarif firmiert, ist also per Saldo nichts anderes als ein Puzzle aus mehreren Flächen mit Einheitstarif. Daß er dennoch oftmals als zu kompliziert apostrophiert wird, mag daran liegen, daß natürlich der Zuschnitt der einzelnen Teilräume je nach den konkreten geographischen Bedingungen vor Ort unterschiedlich ausfällt: entweder sind sie in Form konzentrischer Kreise angelegt oder wabenförmig aneinandergereiht.

Vorgeschaltet: die Kurzstrecke

Wenn die einzelnen Zonen – in der wohlmeinenden Absicht, deren Gesamtzahl auch in großen Verkehrsgebieten überschaubar zu halten – relativ groß geschnitten sind, kann es für den Fahrgast, der nur sehr kurze Strecken fahren will, leicht zu teuer werden (dasselbe gilt sinngemäß auch für Räume mit „echtem" Einheitstarif). Um die Kurzstreckenfahrer trotzdem bei der Stange zu halten, haben zahlreiche Unternehmen ihrem regulären Zonenfahrpreis deshalb gewissermaßen einen Kurzstreckentarif vorgeschaltet. Er erlaubt für wenig Geld eine Fahrt zwischen drei, vier Haltestellen oder über ein, zwei Kilometer und damit über eine Distanz, die so mancher – ohne einen solchen Tarif – zu Fuß zurücklegen würde. Damit steht auch ein Vehikel zur Verfügung, um allzu große Preissprünge, wie sie beim Überfahren von Zonengrenzen ansonsten typischerweise auftreten, elegant abzufedern. Allerdings: ein solcher Kurzstreckentarif kann durch seine eigene Systematik die Fahrpreisinformation deutlich schwieriger machen.

Strecken: die Zonen der Region

Bleibt, last not least, die Region: mit ihrer typischerweise ausgeprägt streckenhaften Verkehrsbedienung ist sie ebenfalls kein Fall für den Einheitstarif. Die große Bandbreite der Reiseweiten verlangt vielmehr auch hier eine leistungsbezogene Preisberechnung. Allerdings würde auch das Zonensystem, das im Ballungsraum die notwendige Leistungskomponente

Bild 6: „Not macht erfinderisch: Viele Teilstrecken überschaubar darzustellen, erfordert Phantasie – nicht erst seit heute" (Foto: EVAG)

in den Tarif bringt, im Originalzustand wenig Sinn machen, da es auf ein dicht gewobenes Verkehrsnetz ausgerichtet ist. Daher ist in der Region gewissermaßen ein mutierter Zonentarif gebräuchlich: die kreisrunde oder wabenförmige Zone, die im städtischen Raum tariflich ein Netz von kreuz und quer verlaufenden Fahrtbeziehungen abdeckt, ist hier ein längliches Band, mit dem jede Strecke in mehr oder weniger viele tarifliche Abschnitte unterteilt wird. Die in der Region meist sehr langen Wege bringen es allerdings mit sich, daß die Zahl der wie auf einer Perlenschnur aufgereihten Teilstrecken im allgemeinen nicht gerade klein ist. Das Teilstreckensystem ist deshalb dem Kunden verhältnismäßig schwer zu vermitteln. Da es in der Region jedoch gang und gäbe ist, daß die Tickets vom Fahrer verkauft werden, ist dieses Manko gottlob ein weitgehend nur theoretisches.

Eine Uhr hat jeder: der Zeittarif

Den etwas anderen Weg schlägt die vierte Variante der Preisberechnung ein, die vor allem in jüngerer Zeit und besonders in den neuen Bundesländern Verbreitung gefunden hat, der sogenannte Zeittarif. Er versucht, gewissermaßen einen Kompromiß zwischen dem Einheitstarif mit seiner problemlosen Information und dem Zonentarif mit seinem Leistungsaspekt zu schließen. Der Fahrgast kauft bei diesem Tarifsystem keine räumlich orientierte Fahrtberechtigung, sondern ein Zeitbudget, innerhalb dessen er beliebig viele Fahrten, egal ob hin, zurück, kreuz oder quer, unternehmen kann. Gegenüber den flächenbezogenen Tarifen bietet diese Methode der Fahrpreisberechnung dem Fahrgast ein deutlich höheres Maß an Mobilität und Flexibilität.

Allerdings, der Zeittarif hat auch seine Tücken. Sie machen sich vor allem dann bemerkbar, wenn Umsteigen angesagt ist oder unterschiedlich schnelle Verkehrsmittel eingesetzt werden: die langsame und schlechte Verbindung kostet dann systembedingt unter Umständen mehr als die schnelle und gute.

Per Saldo ist deshalb natürlich auch der Zeittarif – trotz seiner sympathisch einfachen Rechengröße „Zeit“ – nicht das Ei des Kolumbus, sondern hat, wie jedes andere Tarifsystem, seine spezifischen Stärken und Schwächen. Mit seinen neuen Ansätzen erweitert und vervollständigt er aber das tarifliche Instrumentarium, um bedarfsgerechte Lösungen für die unterschiedlichen räumlichen Gegebenheiten entwickeln zu können.

Für jeden etwas: das Fahrkartenangebot

Die Tariflandschaft bei Bus und Bahn, wie sie durch diese vier Fahrpreissysteme gebildet wird, wäre natürlich gewiß um einiges leichter zu überblicken, wenn es allerorts nur eine einzige Fahrkartensorte gäbe. Das aber wäre kaum mit den Interessen der Kunden nach einer möglichst maßgeschneiderten Abrechnung ihrer Fahrten unter einen Hut zu bringen. Vor allem die für den Nahverkehr typische, außerordentlich große Bandbreite in der Häufigkeit und Regelmäßigkeit der Fahrten bliebe dabei nämlich auf der Strecke.

Besser ist da schon das differenziertere Konzept einer Zweiteilung des Fahrkartensortiments in Tickets für seltene und gelegentliche Fahrgäste auf der einen Seite und solche für Vielfahrer und Stammkunden auf der anderen Seite. Und diese Systematik zieht sich auch wie ein roter Faden durch die aktuellen Angebote aller Unternehmen:

Kurz und bündig: die Einzelfahrkarte

Innerhalb des typischen Fahrkartensortiments ist der Einzelfahrschein dabei gewissermaßen

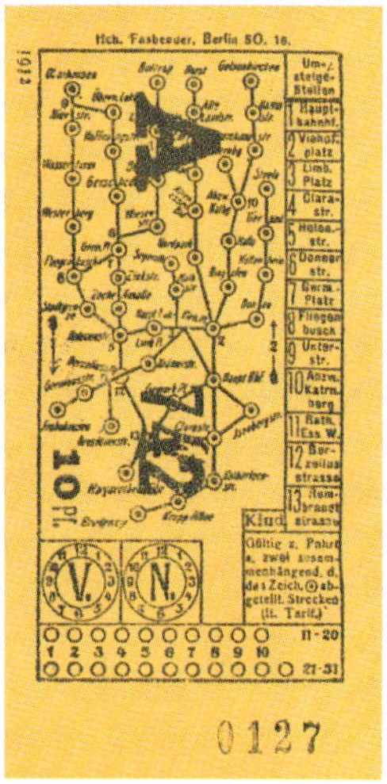

Bild 7: „Noch etwas unübersichtlich: eine Einzelfahrkarte vergangener Tage“ (Foto: EVAG)

das Elementarangebot. Er ist das Ticket für all die Fahrgäste, die nur ab und zu öffentliche Verkehrsmittel benutzen. Wie sein Name bereits deutlich macht, erlaubt er, ausgenommen beim Zeittarif, im allgemeinen nur eine Fahrt in einer bestimmten Richtung, mehr nicht. Das hat natürlich zur Folge, daß, wer Einzelfahrkarten benützt, bei jeder Fahrt erneut ein Ticket lösen muß.

Praktisch und preiswert: die Mehrfahrtenkarte

Für denjenigen, der nur sporadisch mit Bus und Bahn unterwegs ist, ist das sicher kein Thema. Wer allerdings häufiger fährt, wird sich daran stoßen. Deshalb bieten die meisten Verkehrsunternehmen diesen Kun-

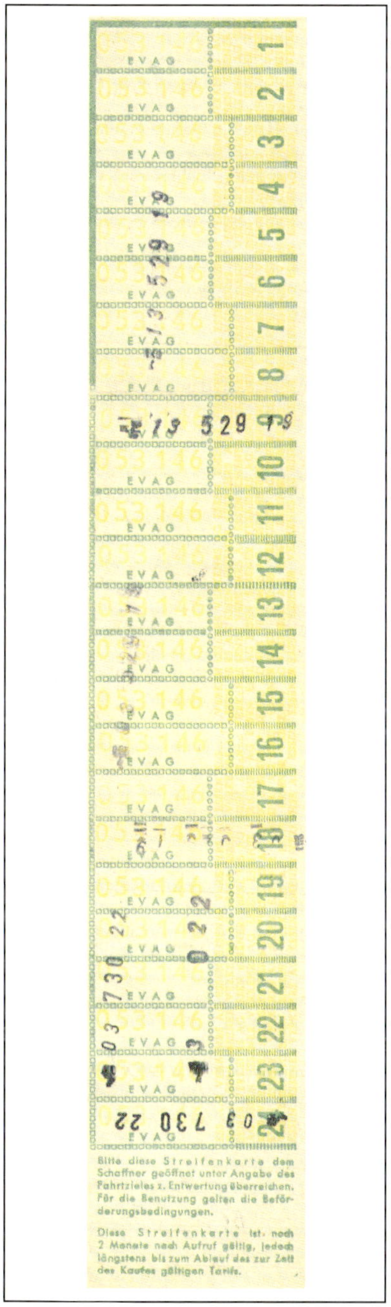

Bild 8: „Lang aber praktisch: Bus und Bahn auf Vorrat mit der Streifenkarte“ (Foto: EVAG)

den als maßgeschneiderte Lösung Mehrfahrtenkarten an – sei es in Form sogenannter Sammelkarten (das heißt: für eine vorgegebene Zahl von Fahrten in einer bestimmten Preisstufe) oder als Streifenkarten (das bedeutet: für mehrere Fahrten in unterschiedlichen Preisstufen). Gegenüber der vergleichbaren Einzelfahrkarte ist jede Fahrt mit diesem Ticket zudem um rund 20 – 25% billiger. Hier kommt zwar nichts anderes als der wohlverdiente Rabatt dafür zum Tragen, daß der Fahrgast gleich für mehrere Fahrten im voraus bezahlt hat, gleichwohl macht es diese Fahrkartenart besonders populär.

Mobilität auf Zeit: die Tageskarte

Den Kreis des Standardangebots für alle Fahrgäste von Bus und Bahn, die nicht zu den ausgesprochenen Vielfahrern und damit zu den Stammkunden zählen, schließen die Tageskarten, wie sie ebenfalls von der Mehrzahl der Unternehmen angeboten werden. Egal, ob als (Kalender-) Tageskarte oder als 24-Stunden-Ticket: in beiden Varianten wird dieses Angebot von den Kunden deswegen besonders geschätzt, weil es einen ganzen Tag lang eine unbegrenzte Mobilität im Netz des jeweiligen Unternehmens bietet – ohne jeden weiteren Informations-, Kauf- oder Entwertungsaufwand – und damit einen Komfort, der ansonsten den Stammkunden vorbehalten ist.

Das Angebot für den Profi: die Zeitkarte

Wer Bus und Bahn regelmäßig benützt, kauft sich aus dem Sortiment „seines“ Unternehmens die passende Zeitkarte, sei es eine Wochen-, eine Monats- oder gleich eine Jahreskarte. Die erlaubt ihrem Inhaber völlig freizügige und beliebig häufige Benutzung des Verkehrsangebots während der Laufzeit, ohne daß in der Regel mehr zu tun wäre, als das Ticket in der Tasche mit sich zu führen.

Nicht nur für Senioren: die Teilzeitkarte

Für all die Kunden, die zwar auch regelmäßig Bus und Bahn fahren, aber dies nicht unbedingt zu den Hauptverkehrszeiten tun müssen, ergänzen viele Unternehmen ihr Zeitkartenangebot um eine Variante, die diese werktäglichen Spitzenzeiten ausklammert, dafür aber als Gegenleistung einen deutlichen Preisvorteil einräumt. Da außer Senioren beispielsweise auch Hausfrauen, Teilzeitkräfte oder Heimarbeiter in ihrer Zeiteinteilung weitgehend flexibel sind, komplettieren solche Teilzeit-Tickets nicht nur das klassische Standardsortiment, sondern sind nicht selten auch einer der Renner im Angebot.

Alter Wein in neuen Schläuchen: das Umweltticket

Zu wahren Selbstläufern haben sich in aller Regel auch die „Umwelttickets“ entwickelt, die seit

Bilder 9 und 10: „Ein überzeugendes Verkaufsargument: praktizierter Umweltschutz mit Bus und Bahn“ (Quelle: SBG Freiburg/BVG Berlin)

Anfang der 80er Jahre, ausgehend von Basel und Freiburg, vielen Unternehmen anstelle der konventionellen Monatskarten angeboten werden. Ihr Ziel war es, durch einen plakativ herabgesetzten Preis und zusätzliche Komfortmerkmale, wie etwa die Übertragbarkeit des Tickets, auch eingefleischte Autofahrer zum Umsteigen auf Bus und Bahn zu gewinnen sowie eigene Kunden zu mehr Fahrten zu animieren.

Bild 11: „Persönlich: der Fahrer als Verkäufer“ (Foto: HHA)

Natürlich haben solche Angebote auch ihre Grenzen: mit der Zeit verblaßt die Signalwirkung der ursprünglichen Preissenkung, auch wenn sie noch so spektakulär war; und nach den ersten notwendigen Preiskorrekturen nach oben ist meist bald wieder der status quo ante erreicht. Gleichwohl verdienen diese Angebote allein wegen ihrer pfiffigen Idee und ihrer Werbewirkung für den öffentlichen Personennahverkehr Respekt. Und so mancher Fahrgast, der mit dem Umweltticket erstmals seine Schritte in Bus und Bahn gelenkt hat, ist beim öffentlichen Verkehrsmittel geblieben. Schließlich verdiente dort an sich jede Fahrkarte den Namen „Umweltticket“.

Wählen, Zahlen, Nehmen: der Weg zur Fahrkarte

Die große Resonanz der Umwelttickets geht sicher zu einem wesentlichen Teil auch auf das Konto neuer Wege, die mit seinem Verkauf beschritten worden sind: weg von der antragsgebundenen Zeitkarte mit Lichtbild, hin zum Ticket, das so einfach und problemlos wie eine Einzelfahrkarte oder ein Tageskarte jederzeit und überall erhältlich ist.

Damit hat sich zugleich bestätigt, daß auch im öffentlichen Personennahverkehr – wie bei jeder anderen Dienstleistung – ein Produkt nur so gut ist wie sein Verkauf.

Persönlich: der Fahrer als Verkäufer

Glücklich deshalb die Verkehrsunternehmen, bei denen die Fahrer gleichzeitig Verkäufer sein können. Mit ihren Kenntnissen des Tarifsystems und des Fahrkartensortiments lassen sie Informationsmängel erst gar nicht aufkommen und geben dem Fahrgast zudem die Sicherheit, stets das richtige Ticket zu erwerben.

Der Haken dabei: das Verkaufsgeschäft kostet Zeit, und Zeit ist Geld, das keiner hat. Deshalb kommt dieser Verkaufsweg schon immer dann nicht Frage, wenn ein zu hohes Verkehrsaufkommen zu unvertretbar langen Aufenthalten an den Haltestellen führen würde. Überall dort muß das Verkaufsgeschäft nolens, volens ganz oder zumindest weitgehend im Vorfeld stattfinden.

Und: der Fahrer kann natürlich nur dort auch als Verkäufer arbeiten, wo ihn die Fahrgäste noch erreichen, das heißt: wo sie beim Einsteigen noch an seinem Zahltisch vorbeikommen – wie etwa im Bus oder auch in der Straßenbahn. Alle großen Fahrzeuge mit entsprechend vielen Einstiegen, also beispielsweise alle Stadt-, U- und S-Bahnen, scheiden deshalb natürlich ebenfalls für diesen, aus Sicht des Kunden sicherlich wünschenswertesten, Verkaufsweg aus.

Do it yourself: der Automat

Die Funktion des Fahrers als Verkäufer übernehmen in all diesen Fällen eiserne Pendants in Form von Automaten. Zwar werden in den meisten Städten bisher nur Einzel-, Mehrfahrten- und Tageskarten aus den Automaten verkauft, doch ist der Trend unverkennbar, mehr und mehr auch Zeitkarten auf diesem Wege anzubieten. Dank moderner Technik und Ausstattung der Geräte mit Banknotenakzeptoren sind sie mittlerweile dazu auch durchaus in der Lage.

Immer dabei: der Automat, der mitfährt

Allerdings: derart komplexe Geräte sind auch gerne Ziel vandalistischer Zerstörungswut. Und: so manchem Kunden ist schon mal der Bus oder die Bahn davongefahren, als er noch mit dem Automaten zu Gange war, um sein Ticket zu lösen. Aus diesem Grunde sind da und dort Verkehrsunternehmen dazu übergegangen, ihre Automaten an den Haltestellen abzumontieren und – in einer kleineren Version – in den Fahrzeugen mitzunehmen. Und da in aller Regel die Zahl der Fahrzeuge geringer ist als die der Haltestellen, wird auf diese Weise auch gleich noch Geld gespart. Aber: für den Kunden macht es der mobile Automat unter Umständen schwieriger, die richtige Preisstufe für sein Ticket zu ermitteln. Da sich sein Standort ständig ändert, kann der Automat nämlich nur eine allgemeingültige, jedoch keine, auf die Einstiegshaltestelle des Kunden bezogene Tarifinformation geben.

Informativ: die Verkaufsstellen

Trotz allen Fortschritts in der Automatentechnik bis hin zu Geräten, die über ihren Bildschirm mit dem Fahrgast einen Dialog führen und von einigen Verkehrsunternehmen bereits versuchsweise eingesetzt werden: das persönliche Verkaufsgespräch und die individuelle, fachkundige Beratung durch kompetente Mitarbeiter kann kein Automat ersetzen. Diese Aufgabe ist nach wie vor Domäne der Verkaufsstellen, die deshalb auch von allen Unternehmen, trotz ihrer hohen Kosten, in einem mehr

Bild 12: „Längst Standard: der Automat als Verkäufer“ (Foto: HHA)

Bild 13: „Praktisch: der mobile Automat“ (Foto: Stadtwerke München)

oder weniger dichten Netz betrieben werden. Und sie wird dies auch bleiben, denn die schon aus wirtschaftlichen Gründen unvermeidliche weitere Automatisierung des gesamten Verkaufsgeschäfts macht zentrale Anlaufstellen für den Kunden, in denen er sich umfassend informieren und Fragen, aber auch Beschwerden los werden kann, keineswegs entbehrlicher, im Gegenteil.

Mehr als nur Fahren: das Plus im Angebot

Die Erwartungen, die die Kunden mittlerweile an das Dienstleistungsangebot „Öffentlicher Personennahverkehr" stellen, erfordern es aber nicht nur, die Verkaufsstellen mehr und mehr zu professionellen Kundendienstcentern auszubauen, sondern auch in den Verkaufswegen selbst und erst recht in der Ausgestaltung des tariflichen Angebots neue, kundenorientierte Wege zu gehen.

Elegant: das Abonnement

In der Palette dessen, was die Verkehrsunternehmen dabei bereits an Ideen verwirklicht haben, nimmt sich das Abonnement allerdings nahezu schon altbacken aus: seit Jahren ist es nämlich schon bei vielen Unternehmen gängige Praxis, daß die Stammkunden ihr Ticket per Post nach Hause geschickt erhalten und der Fahrpreis – unter Berücksichtigung eines angemessenen Rabatts als Äquivalent für den Dauerbezug – bargeldlos von ihrem Bankkonto abgebucht wird.

Flexibel: jeder Tag ist der Erste

Dieser elegante und bequeme Weg ist allerdings kein Angebot für all die Kunden, die zwar viel, aber nicht kontinuierlich Bus und Bahn fahren. Auch die herkömmlichen Monatskarten sind hier, wegen ihrer starren Geltungsdaten, mitunter wenig hilfreich. Um auch diesen Fahrgästen möglichst paßgenau etwas anbieten zu können, haben einige Verkehrsunternehmen aus ihren kalenderbezogenen Zeitkarten flexible Tickets, beispielsweise 31-Tages-Karten, gemacht, mit denen der Kunde jeden Tag starten kann.

Praktisch: heute ich, morgen Du

In dieselbe Richtung, nämlich, die Zeitkarte durch ein Höchstmaß an Flexibilität mehr und mehr zu einem Schlüssel zur universellen Mobilität mit Bus und Bahn weiter zu entwickeln, zielt auch das Merkmal „Übertragbarkeit", das erstmals mit den Umwelttickets Einzug gehalten hat, inzwischen aber bei vielen Unternehmen zum Standard gehört.

Die größere Flexibilität frei übertragbarer Fahrkarten hat allerdings auch ihren Preis: wer sein Ticket verliert, ist das Geld los. Und wer es zu Hause vergißt, wird sich bei einer Fahrausweisprüfung schwer tun, nachzuweisen, daß in der Zwischenzeit nicht ein anderer mit dem Ticket unterwegs ist. Weil das nicht jedermanns Sache ist, werden da und dort inzwischen beide Versionen, persönlich und übertragbar, parallel angeboten.

Bild 14: „Sie brachten den Stein ins Rollen: übertragbare Umwelttickets" (Quelle: BVG)

Preiswert: die Familie auf Achse

Bus und Bahn auch für gemeinsame Fahrten der Familie in's Grüne oder zum Einkauf als attraktive Alternative zum PKW zu offerieren: das ist der Hintergrund, warum Zeitkarten in zunehmenden Maße auch als Familienkarten konzipiert werden. Außerhalb der werktäglichen Hauptverkehrszeiten gelten dann die regulären Tickets, ansonsten auf den Inhaber beschränkt, für so viele Personen, wie auch ein PKW nicht mehr fassen könnte.

Pfiffig: Bus und Bahn als Kooperationspartner

Den bunten Strauß der Maßnahmen, Ideen und tariflichen Bonbons, die allesamt das gemeinsame Ziel haben, den Tarif vom Beförderungsentgelt zu einem effizienten Marketinginstrument weiter zu entwickeln, vervollständigt eine große Zahl tariflicher Kooperationen der Verkehrsunternehmen mit Dienstleistern unterschiedlichster Branchen. Zweck der Übung ist es vor allem, die Benutzung von Bus und Bahn als selbstverständlichen Bestandteil in andere Aktivitäten zu integrieren und auf diese Weise auch ein Kundenpotential an Bus und Bahn heranzuführen, das sonst nicht oder nur sehr schwer erreichbar ist.

Der Bogen der Kooperationspartner und -anlässe spannt sich dabei von Arrangements mit den Veranstaltern von Messen, Kongressen und Tagungen über Fluggesellschaften und Hotels bis hin zu Konzertagenturen, städtischen Bühnen, Museen, Freizeitparks und anderen Einrichtungen, die große Besucherströme anziehen.

Solche Kooperationen sind für alle Beteiligten gleichermaßen ein Gewinn: für den Veranstalter, weil die An- und Abreise seiner Besucher umweltfreundlich und effizient geregelt ist, für das Verkehrsunternehmen, weil es den Fahrpreis pauschal mit dem Veranstalter abrechnen und deshalb besondere Verkaufsmaßnahmen sparen kann, und schließlich für den Fahrgast, weil er sich für seine Fahrten um keine Fahrkarte zu kümmern braucht: die Eintrittskarte, der Zimmerausweis oder der Button, der seinen Träger als Teilnehmer an einer bestimmten Veranstaltung ausweist, genügt.

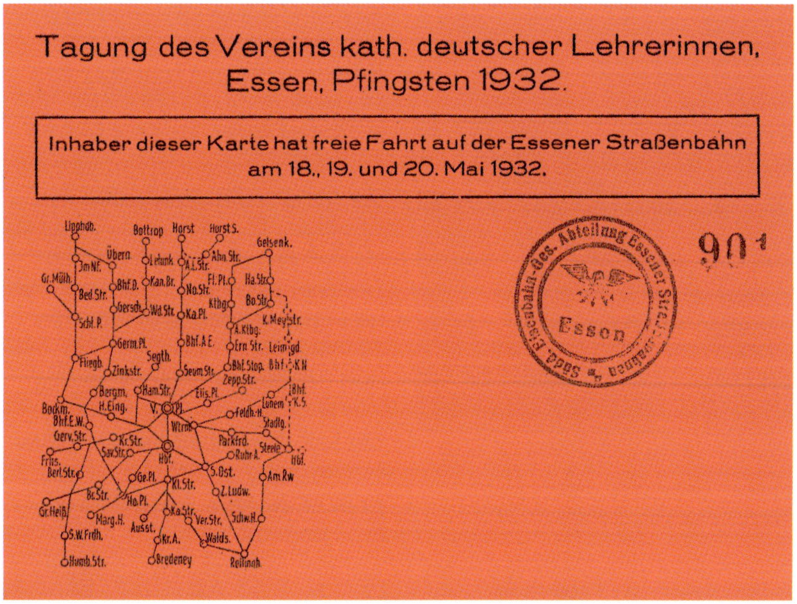

Bild 15: „Gar keine neue Idee: Kombitickets" (Foto: EVAG)

Rückblick: als der Schaffner die Fahrgäste noch persönlich bediente

Eine Linie, ein Tarif: die Anfänge der heutigen Tarifsysteme

Wie sich, alles in allem, die Tariflandschaft bei Bus und Bahn mit ihrem umfassenden Fahrkartensortiment, den differenzierten Verkaufswegen und den zahlreichen zusätzlichen Leistungsmerkmalen heute darstellt: das ist sichtbarer Ausdruck der veränderten Rolle von Bus und Bahn in der Gesellschaft und der ebenso veränderten Wettbewerbssituation gegenüber dem Individualverkehr (allerdings gleichzeitig auch eine der Wurzeln für ihre umstrittene Vielfalt).

Bild 16: „Heute leider nicht mehr bezahlbar: Service am Platz“ (Foto: Stadtwerke München)

Kurz: die ersten Strecken

Zu den Anfängen des öffentlichen Nahverkehrs in der zweiten Hälfte des vorigen Jahrhunderts sah dies alles noch ganz anders aus: die Nahverkehrsbetreiber – oftmals noch identisch mit den Erfindern der Technik oder den Herstellern der Fahrzeuge – besaßen de facto das Monopol für die Beförderung von Personen auf den von ihnen bedienten Strecken. Eine Alternative, außer zu Fuß zu gehen, gab es nicht. Deshalb hatte auch der Tarif keine andere Aufgabe als die, die Betriebskosten einzuspielen und den Betreibern ordentliche Gewinne zu sichern. Kein Wunder deshalb auch, daß, als die ersten Nahverkehrsunternehmen gegründet wurden, deren Aktien heiß begehrt waren.

Da die Ursprünge des heutigen öffentlichen Nahverkehrs wirtschaftlich und rechtlich selbständige Strecken waren, galt im allgemeinen auf jeder ein eigener Tarif. Meist war es ein Einheitsfahrpreis, auf längeren Strecken auch schon mal ein Teilstreckentarif. Dabei erwiesen sich die damaligen Tarifeure bereits als durchaus erfinderisch, wenn es darum ging, Teilstreckenabschnitte einprägsam voneinander abzugrenzen: so waren es beispielsweise da und dort die Ausweichstellen auf eingleisigen Schienenstrecken, die kurzerhand zu Zahlgrenzen erklärt wurden.

Erst als in den ersten Jahrzehnten unseres Jahrhundert im Zuge der wachsenden Bedeutung des öffentlichen Nahverkehrs als kommunales Transportsystem immer mehr Strecken in Betrieb genommen wurden und diese langsam, aber sicher zu einem Netz zusammenwuchsen, wurden die für jede Strecke separaten Tarife zunehmend so miteinander verknüpft, daß sie auch ein Umsteigen von einer Strecke zur anderen und einen Übergang von einem Verkehrsmittel zum anderen erlaubten.

Die größer gewordenen Gebiete, in denen nun ein durchgängiger Tarif galt, brachten es mit sich, daß der simple und bewährte Einheitstarif vielerorts nicht mehr genügte und daher gestaffelten, dafür aber auch entsprechend komplizierteren Leistungstarifen Platz machen mußte.

Die höheren Anforderungen eines solchen differenzierten Tarifs an Information und Verkauf waren dank Schaffner kein Thema.

Bild 17: „Als die Kasse noch klingelte: Geldverarbeitung anno 1951“ (Foto: Stadtwerke München)

Nur zum Ende des Zweiten Weltkriegs hin zeigten sie ihre Tücken, als in vielen Städten immer häufiger unausgebildete Hilfskräfte als Schaffner eingesetzt werden mußten, diese aber mangels jeder Art von Informations- und Verkaufshilfen nicht in der Lage waren, einen tief gegliederten Leistungstarif zu verkaufen. Auch in Verkehrsgebieten, die für den Einheitstarif eigentlich viel zu groß waren, wurde deshalb damals vorübergehend wieder ein Einheitstarif als Notlösung eingeführt.

Eine für alle: die ersten Schritte zum Fahrkartensortiment

Wenig: das Fahrkartensortiment der Gründerzeit

Annähernd parallel zur Entwicklung der Tarifsysteme vollzog sich auch der Werdegang des Fahrkartenangebots: das in den Anfängen des Nahverkehrs allemal noch überschaubare Verkehrsaufkommen und auch die ursprüngliche Rolle des Tarifs machten es zunächst gar nicht erforderlich, über unterschiedliche Fahrkarten für unterschiedliche Fahrgäste nachzudenken. Für jede Fahrt mußte von jedem Fahrgast eine Einheitsfahrkarte gelöst werden, punktum. Bestenfalls für Kinder und, dem damaligen Zeitgeist und den Umständen entsprechend, für Militärpersonen wurde da und dort halbe oder freie Fahrt gewährt. Dabei hatte sich allenthalben eine recht

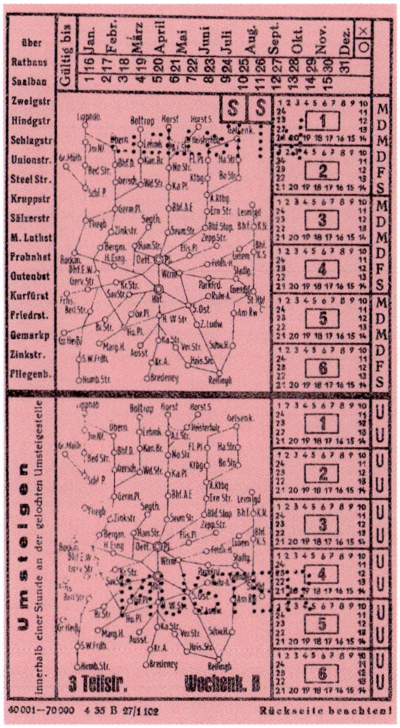

Bild 18: „Noch täglich zu entwerten: die ersten Wochenkarten“ (Foto: EVAG)

simple, aber wirksame Methode eingebürgert, zu unterscheiden, wer Kind im Tarifsinne war und wer nicht: im Eingangsbereich der Fahrzeuge war an den Haltestangen eine Markierung angebracht, meist 1 m über dem Fußboden. Wer darunter durchpaßte, hatte Glück, wer darüber hinaus ragte, mußte voll bezahlen.

Erst lange nach der Jahrhundertwende schlug die Stunde der ersten Zeitkarten: dem typischen damaligen Arbeitsrhythmus entsprechend waren es allerdings weniger Monatskarten als viel häufiger – auch wörtlich so bezeichnete – „Arbeiterwochenkarten“, die die Anfänge des Zeitkartenwesens bei Bus und Bahn markierten.

Die Idee, den regelmäßigen Benutzern des Nahverkehrs ein ihren Fahrtbedürfnissen angemessenes, pauschales Ticket anzubieten, stand allerdings zunächst unter keinem guten Stern: Anfang der 20er Jahre hatte die Inflation ein solches Tempo erreicht, daß niemand mehr in der Lage war, die Preisentwicklung über mehr als die nächsten Tage hinaus abzusehen. Die meisten Verkehrsunter-

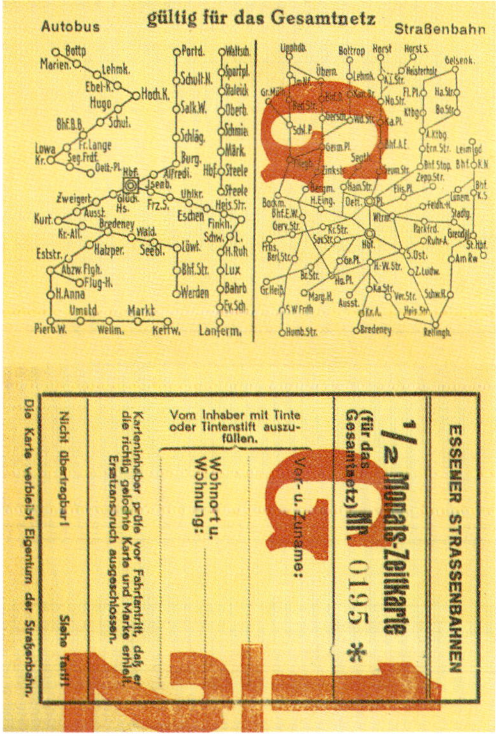

Bild 19: „Antragsgebunden: die ersten Zeitkarten“ (Foto: EVAG)

Bilder 20 bis 23: „Als Personalmangel noch kein Thema war: Schaffnerinnen und Schaffner im Einsatz“ (Fotos: EVAG (2), Stadtwerke München (2))

nehmen wußten sich in dieser Situation schließlich nicht mehr anders zu helfen, als den Verkauf der oftmals gerade erst eingeführten Zeitkarten vorübergehend wieder einzustellen.

Wenige Jahre später sollte das Zeitkartengeschäft erneut einbrechen: am 25. Oktober 1929, dem berühmten „Schwarzen Freitag“, stürzten die Börsenkurse an der Wall Street ins Bodenlose und rissen die Wirtschaft mit sich. Binnen kurzem wurde auch Deutschland, das ohnedies noch an den Folgen des 1. Weltkriegs laborierte, von dem weltweit um sich greifenden wirtschaftlichen Desaster erfaßt. Reihenweise Firmenzusammenbrüche in allen Branchen waren die Folge und ließen die Arbeitslosenzahlen landauf, landab geradezu explodieren. Für den Berufsverkehr bedeutete dies vor allem in den Industriegebieten vorübergehend nahezu das Aus, so daß auf dem Höhepunkt der Weltwirtschaftskrise auch die Nachfrage nach Zeitkarten praktisch zum Erliegen kam.

Aller Anfang ist schwer: vom Schaffner zur Selbstbedienung

Daß Fahrkarten, die Kaufvorgänge bündeln und damit das Verkaufsgeschäft verringern – ohne sie würde der heutige Nahverkehr vielerorts schlichtweg zusammenbrechen –, erst relativ spät „erfunden“ wurden, ist ein typisches Beispiel dafür, wie wenig Ideen verfolgt und konkret umgesetzt werden, wenn der Zwang dazu fehlt: da an Schaffnern, die ausschließlich zum Verkaufen von Fahrausweisen auf den Fahrzeugen mitfuhren, kein Mangel herrschte und die Personalkosten niedrig waren, gab es auch wenig Anlaß, von dem bewährten Verfahren abzurücken.

Problemlos: der Schaffner als Verkäufer

Daran änderte sich erst etwas, als das Verkehrsaufkommen, vor

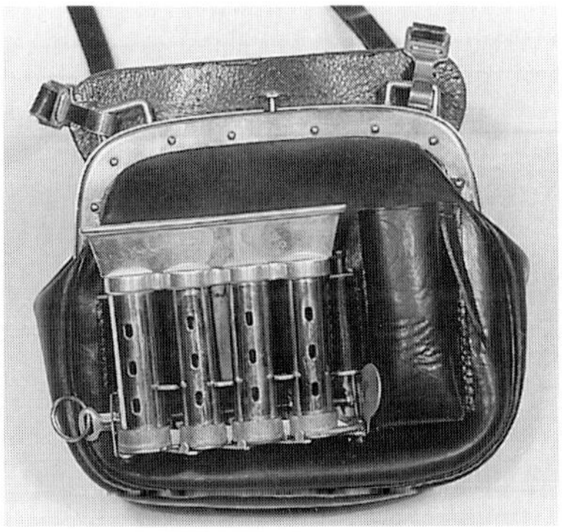

Bilder 24 bis 27: „Noch in den Kinderschuhen: die ersten Verkaufsgeräte“ (Fotos: EVAG, HHA (2), Stadtwerke München)

allem in den 20er und 30er Jahren, doch so zugenommen hatte, daß der Schaffner beim Fahrausweisverkauf mitunter in Zeitnot kam. Um ihn zu entlasten, wurden dann allerdings nicht nur das Zeitkartenangebot ausgeweitet und systematisch Mehrfahrtenkarten eingeführt, sondern vor allem auch erste Versuche unternommen, das Verkaufsgeschäft durch mechanische Hilfen zu beschleunigen.

Tragbare Fahrscheindrucker, mit denen bereits seit Mitte der 20er Jahre experimentiert wurde, konnten allerdings lange Zeit wenig überzeugen. Fahrscheinblocks, Zwickzange oder Stempel und der sogenannte Galoppwechsler blieben deshalb bis weit in die Nachkriegszeit hinein das typische Handwerkszeug des Schaffners.

Als mit den steigenden Personalkosten in den 60er Jahren der Fahrausweisverkauf durch den Schaffner immer weniger bezahlbar wurde und mehr und mehr der Fahrer diese Aufgabe übernehmen mußte, war jedoch die Technik gottlob so weit, daß sie mit ersten Automaten auch gleichzeitig ein Instrument zur Entlastung des Verkaufsgeschäfts zur Verfügung stellen konnte.

Waren es zunächst rein mechanische Geräte, die vom Fahrgast durch eine Kurbel zu betätigen waren und im allgemeinen nur eine Sorte vorgedruckter Fahrkarten verkaufen konnte, ging es in den Folgejahren Schlag auf Schlag. Von Generation zu Generation wurden die Automaten leistungsfähiger, zuverlässiger und dank der Elektronik auch intelligenter. Damit machten sie den Weg frei zu dem Mix aus stationärem Verkauf und Verkauf im Fahrzeug, wie er heute allgemeine Übung ist.

Ausblick: das elektronische Ticket

Keine Verschnaufpause: das heutige System und die Dynamik des Marktes

Eindeutig: das Diktat des Marktes

Ob mit diesem Verkaufssystem aus heutiger Sicht bereits das Optimum erreicht ist oder nicht, ist Ansichtssache. Sicher ist jedoch, daß die Entwicklung so oder so nicht an diesem Punkt stehen bleiben wird – nicht nur im Gefolge des weiteren technischen Fortschritts. Und was für den Verkauf gilt, ist natürlich für den Tarif als Ganzes nicht anders.

Die Entwicklung des Tarifs mit all seinen Facetten darf auch nicht stehen bleiben, weil trotz zahlreicher Verbesserungen im Kleinen wie im Großen das eingangs konstatierte Soll an Harmonisierung und Transparenz noch nicht erfüllt und die Schuld gegenüber der öffentlichen Kritik deshalb noch nicht abgetragen ist.

Sie darf es darüber hinaus und ganz allgemein aber auch deswegen nicht, weil sich der Tarif in seiner aktuellen Rolle und seinem Verständnis als Marketinginstrument eines modernen, kundenorientierten Dienstleisters stets an der aktuellen Erwartungshaltung des Marktes orientieren muß.

Perspektive: die Elektronik als Schlüssel zu guten Lösungen

Und da diese seit dem Siegeszug elektronischer bargeldloser Kartensysteme bei vielen anderen Dienstleistungen lautet, daß solche Systeme nun auch im öffentlichen Nahverkehr eingeführt werden, um mit ihrer Hilfe den Zugang zu Bus und Bahn und das gesamte Handling rund um die Fahrkarte nachhaltig zu erleichtern, sind die weiteren Entwicklungsschritte im Tarifbereich bereits eindeutig vorprogrammiert.

Freilich: auch wenn der Markt weniger vehement nach dem Komfort bargeldlosen Bezahlens rufen würde, führte an der konsequenten Einführung elektronischer Kartensysteme bei Bus und Bahn kein Weg vorbei.

Strategie und Taktik: die Ziele elektronischer Kartensysteme

Das hat zum einen seinen Grund darin, daß es sich der öffentliche Nahverkehr in seiner Wettbewerbssituation gegenüber dem Individualverkehr schon aus Imagegründen nicht leisten kann, am wenig populären Cash-Prinzip festzuhalten, während für den PKW-Fahrer bargeldloses Bezahlen längst eine Selbstverständlichkeit ist.

Zum anderen verheißen elektronische Kartensysteme mit ihrer Reduzierung des Bargeldgeschäfts eine Chance, Kosten zu senken. Und das Diktat der leeren Kassen, das für alle Verkehrsunternehmen gleichermaßen gilt, erlaubt es nicht, auch nur eine Chance zur Verbesserung der wirtschaftlichen Lage ungenutzt zu lassen.

Natürlich kann gerade diese, für den Erfolg oder Mißerfolg des Ganzen maßgebliche Rechnung nur dann aufgehen, wenn das bargeldlose Bezahlen der Tickets mit Karte praktisch zur Regel wird. Nur dann nämlich kann und wird sich im Gegenzug der heute noch ungebremst fließende Bargeldstrom, dessen Verarbeitung von Tag zu teurer wird, nachhaltig eindämmen lassen.

Differenziert: die Anforderungen an elektronische Kartensysteme

Das aber wiederum setzt voraus, daß mehr oder weniger alle Fahrgäste, die bisher ihre

Bilder 28 bis 30: „Einstieg in die Elektronik: Tickets mit Chips" (Quelle: KEVAG Koblenz, VWG Oldenburg, VG Kempten)

Tickets bar bezahlen, ein elektronisches Zahlungsmedium in Händen haben.

Und genau in diesem Punkt liegt das Problem: keines der für den öffentlichen Nahverkehr in Frage kommenden Kartensysteme kann diese Bedingung für sich alleine erfüllen. Daß dem so ist, ist vor allem eine Folge der typischerweise außerordentlich heterogenen Kundenstruktur bei Bus und Bahn. Dies gilt sowohl für die sozioökonomische Seite als auch für die persönlichen Fahrtenhäufigkeiten und die Fahrgewohnheiten der Kunden - und damit im Ergebnis für deren Erreichbarkeit durch die Verkehrsunternehmen.

Kein System ohne Kompromiß: die Möglichkeiten und Grenzen elektronischer Kartensysteme

So können einerseits die gängigen allgemeinen Zahlungskarten, obwohl sie dem bargeldlosen Bezahlen von Waren und Dienstleistungen zum Durchbruch verholfen haben, nicht für sich in Anspruch nehmen, allen Kundengruppen gleichermaßen zugänglich zu sein. Das gilt unisono für alle gängigen Kreditkarten, aber ebenso auch für die Euroscheckkarte, der mit 36 Millionen Inhabern am weitesten verbreiteten Zahlungskarte Deutschlands. Solche Karten haben zwar gewissermaßen eine „Nahverkehrsautomatik", in dem mit ihnen Tickets von Bus und Bahn ad hoc bargeldlos erworben werden können. Dafür aber stellen sie mit der Bedingung, daß, wer eine dieser Karten haben will, über ein Bankkonto, regelmäßige Einkünfte und eine ausreichende Bonität verfügen muß, Anforderungen, die nicht alle Fahrgäste erfüllen können. Mit anderen Worten: zwischen den Inhabern solcher Zahlungskarten und den Kunden von Bus und Bahn besteht nur eine gewisse Schnittmenge, die umso kleiner ist, je höher die konkreten Ansprüche des einzelnen Kartenherausgebers liegen.

Andererseits haben unternehmenseigene Karten, wie sie einige Verkehrsunternehmen bereits anbieten – in aller Regel in Form vorausbezahlter, wiederaufladbarer Wertkarten, von denen der Preis der damit bezahlten Fahrt abgebucht wird –, trotz all ihrer eindeutigen Stärken als elegantes und komfortables Zahlungsmittel das ebenso eindeutige Manko, daß sie erst einmal in einem separaten Vorgang erworben werden müssen. Das kostet Wege und Zeit. Vor allem aber setzt es die Erwartungshaltung voraus, in einem überschaubaren Zeitraum so viele Fahrten beim örtlichen Verkehrsunternehmen durchzuführen, daß sich dieser Aufwand lohnt. Deshalb sind solche, vom Unternehmen selbst herausgegebene und exklusiv auf das örtliche Verkehrsangebot begrenzte Karten keine Lösung für all die Kunden, die Bus und Bahn nur wenig benützen, nur spontan eine Fahrt durchführen wollen oder sich nur vorübergehend im Gebiet des betreffenden Verkehrsunternehmens aufhalten.

Diese Ausgrenzung bestimmter Kundengruppen läßt sich zwar deutlich und nachhaltig reduzieren, indem die Einsatzmöglichkeiten der Karte erweitert werden (weil dann auch die Anlässe und Gelegenheiten zunehmen, eine solche Karte zu erwerben), vollends vermeiden läßt sie sich aber nicht. Dies gilt sowohl für die Alternative, die unternehmenseigene Karte zusammen mit anderen Dienstleistern vor Ort zu einer Citykarte auszubauen, als auch für den Gedanken, aus der nur in einem Ort bei Bus und Bahn akzeptierten Wertkarte durch Abstimmung mit anderen Verkehrsunternehmen eine allgemein im Nahverkehr als Zahlungsmittel einsetzbare Karte zu machen: im ersten Fall blieben nach wie vor alle ortsfremden Fahrgäste außen vor, im zweiten Fall weiterhin alle Kunden, die nur selten mit Bus und Bahn unterwegs und deshalb nicht dafür zu gewinnen sind, vorab ein besonderes Zahlungsmedium für den Nahverkehr zu erwerben.

Das Manko, seltene und erst recht spontane Fahrgäste nicht anzusprechen, wird allerdings die PayCard deutlich reduzieren können, ein neues Kartenmodell, an dessen Realisierung derzeit die Deutsche Bahn-AG, die Deutsche Telekom AG und der VDV gemeinsam mit Hochdruck arbeiten. Durch die Vereinigung zweier Funktionen auf einer Karte, nämlich einer (an jedem Kartentelefon bargeldlos aufladbaren) Zahlungskarte für den Nahverkehr mit einer (in ein und demselben Vorgang wiederaufladbaren) Telefonkarte, wird ihre Attraktivität für den Inhaber nicht nur von der individuellen Nutzungshäufigkeit öffentlicher Verkehrsmittel bestimmt.

Miteinander: der Lösungsweg

Dennoch: trotz der günstigen Perspektiven, die die PayCard mittlerweile eröffnet, bleibt unter dem Strich zu konstatieren, daß keine der für den Nahverkehr grundsätzlich geeigneten Karten alles kann, keine als Universal- und daher als alleinige Lösung in Frage kommt. Man kann es drehen und wenden, wie man will.

Über die heterogene Kundenstruktur hinaus stellen nämlich, last not least, auch die breite Spanne der Fahrpreise und die unterschiedlichen Verkaufswege so divergierende Anforderungen an das elektronische Zahlungsmedium, daß sie schwerlich unter einen Hut zu bringen sind.

Und da dem so ist, kann das Facit für die Verkehrsunternehmen nur lauten, sich nicht auf eine Karte zu focussieren, sondern verschiedene Karten zu akzeptieren, damit sich diese gegenseitig mit ihren spezifischen Kundengruppen und ihren individuellen Stärken komplettieren können. Dann kann – an ein und demselben Verkaufsgerät und nach ein und demselben Verfahren – der eine Kunde sein Ticket mit einer Citykarte elektronisch begleichen, der andere mit der PayCard und wieder ein anderer schließlich mit seiner Euroscheck- oder Kreditkarte. Andere Branchen machen dies sinngemäß bereits vor. Nur so läßt sich vermeiden, daß das bargeldlose Bezahlen bei Bus und Bahn lediglich ein zusätzliches Verfahren mit einem begrenzten Einsatzradius wird und im Ergebnis mehr kostet als es bringt.

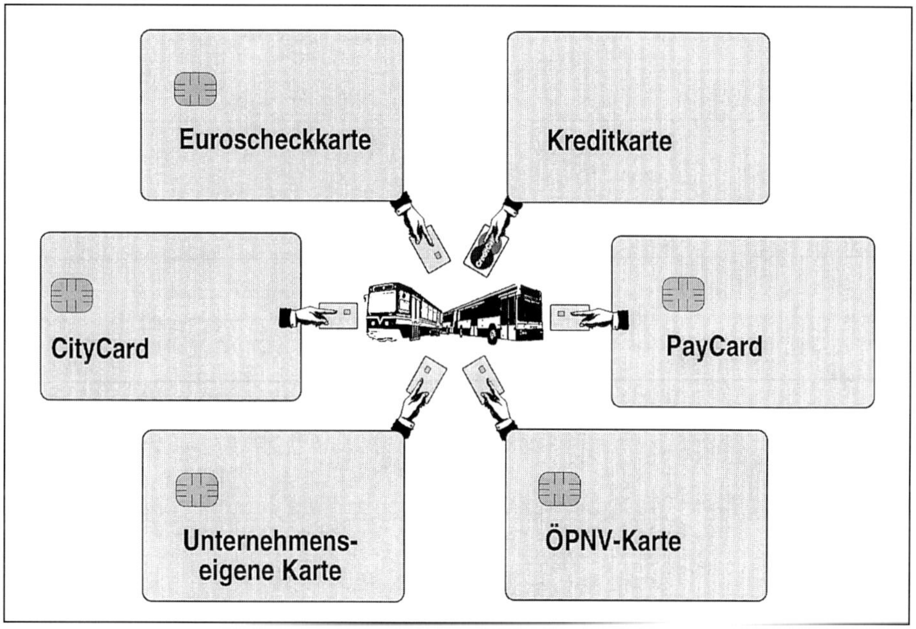

Bild 31: „Wunschziel: alle Karten für Bus und Bahn" (Quelle: VDV)

Auch wenn diese Vorstellung aus heutiger Perspektive fast noch futuristisch erscheinen mag – schließlich setzt sie voraus, daß unterschiedliche Systemansätze zusammengeführt werden müssen, was nicht einfach sein wird –, kann sie dennoch nicht bereits den Schlußpunkt markieren: mittelfristig muß es auch gelingen, das generell nachzuvollziehen, was bei einzelnen, kleineren Verkehrsunternehmen bereits verwirklicht werden konnte, nämlich, auf den Ausdruck papierener Tickets zu verzichten und die Fahrkartendaten im elektronischen Medium zu speichern.

Langfristig schließlich muß noch ein weiterer, entscheidender Schritt hinzukommen, nämlich überall die heute noch übliche und, nachgerade in den Großstädten und Ballungsräumen für den Kunden oftmals schwierige „manuelle" Ermittlung der richtigen Preisstufe durch ein elektronisches Ein- und Auschecken zu ersetzen, wie dies in Lüneburg und Oldenburg bereits praktiziert wird. Das kann und wird allerdings überall dort, wo große Fahrgastströme fließen, nur funktionieren, wenn die Technik den An- und Abmeldevorgang praktisch ohne besonderes Zutun des Kunden von statten gehen läßt.

Erst alle drei Funktionen elektronischer Kartensysteme zusammen werden dann nämlich Wirklichkeit werden lassen, was als Ziel am Ende des Weges stehen muß: daß der Fahrgast an jedem Ort ohne Bargeld und ohne irgendwelche Tarifkenntnisse Bus und Bahn problemlos und bequem benützen kann, weil die Elektronik automatisch das richtige Ticket aussucht, die richtige Preisstufe wählt, die Rechnung schreibt und den fälligen Betrag vom Bankkonto des Kunden abbucht.

Und auch noch so individuelle, maßgeschneiderte Tarifangebote vor Ort werden dann nur noch ihr Gutes haben, weil ihr Pferdefuß, die Tarifvielfalt, dank der Elektronik kein Thema mehr ist.

All dies ist in seiner Summe heute noch Vision. Und sie wird auch kaum vor der Jahrtausendwende Wirklichkeit werden.

Gleichwohl lohnt es sich, ihre Realisierung nicht aus dem Auge zu verlieren, sondern jetzt schon mit allem Nachdruck zu verfolgen, auch wenn natürlich die Verwirklichung des bargeldlosen Bezahlens bei Bus und Bahn als erster Schritt auf dem Weg zu diesem Ziel auf der Tagesordnung erst einmal ganz oben steht. Denn: das Ziel ist es allemal wert und die Weichen können nicht früh genug richtig gestellt werden.

Literatur

[1] Berliner-Verkehrsbetriebe (Hrsg.), 50 Jahre BVG – ein Rückblick auf ein Stück Verkehrsgeschichte, Berlin 1979

[2] Essener Verkehrs-AG (Hrsg.), Hundert Jahre in Essen auf Draht – Die Straßenbahn, Klartext-Verlag, Essen 1993

[3] Girnau, G., Mit neuen Angeboten in die Zukunft – Umwelttickets und andere Tarifideen, Jahrbuch des Eisenbahnwesens 1987, Hestra-Verlag, Darmstadt 1987

[4] Hamburg Consult (HC) und SNV Studiengesellschaft Nahverkehr mbH, Bargeldloser Zahlungsverkehr mit Hilfe neuartiger Zahlungsmittel, Schlußbericht, Hamburg 1987

[5] Ludwig, D., Marktchancen neuer Entwicklungen im ÖPNV, Vorträge Jahrestagung 1993, Verband Deutscher Verkehrsunternehmen, Köln 1993

[6] Ludwig, D., Neue Strategien in der Fahrpreisgestaltung und ihre Auswirkungen auf die Preiselastizität der Nachfrage, Vorträge Jahrestagung 1991, Verband Deutscher Verkehrsunternehmen, Köln

[7] Sappel, A., Einmal Königsplatz und zurück! 100 Jahre Stadtverkehr in Augsburg, Alba-Verlag, Düsseldorf 1981

[8] Staddtwerke Pforzheim – Verkehrsbetriebe (Hrsg.), 75 Jahre Verkehrsbetriebe Pforzheim, Pforzheim 1986

[9] ÜSTRA, Hannoversche Verkehrsbetriebe AG (Hrsg.), Die ÜSZTRA im Wandel der Zeiten, Festschrift zum 100jährigen Jubiläum, Hannover 1992

[10] Verband Deutscher Verkehrsunternehmen (Hrsg.), 2. VDV-Symposium „Elektronische Zahlungs- und Fahrkartensysteme für Bus und Bahn“, Dokumentation, Köln 1995

[11] Verband Deutscher Verkehrsnternehmen (Hrsg.), Aktuelle Tarifstrategien im öffentlichen Personennahverkehr (ÖPNV), Teil 1: Analysen und Erfahrungen, VDV-Mitteilungen, Ausgabe Februar 1992, Köln 1992

[12] Verband Deutscher Verkehrsunternehmen (Hrsg.), Aktuelle Tarifstrategien im öffentlichen Personennahverkehr (ÖPNV), Teil 2: Empfehlungen zur Tarifbildung, VDV-Mitteilungen, Ausgabe Oktober 1994, Köln 1994

[13] Verband Deutscher Verkehrsunternehmen (Hrsg.), Electronic cash und point of sale ohne Zahlungsgarantie im ÖPNV, VDV-Mitteilungen, Ausgabe September 1993, Köln 1993

[14] Verband Deutscher Verkehrsunternehmen (Hrsg.), Elektronische Zahlungs- und Fahrkartensysteme für Bus und Bahn, VDV-Mitteilungen, Ausgabe März 1995, Köln 1995

[15] Verband Deutscher Verkehrsunternehmen (Hrsg.), Möglichkeiten des Einsatzes von Kartensystemen zum bargeldlosen Erwerb von Fahrausweisen im öffentlichen Personennahverkehr, VDV-Mitteilungen, Ausgabe Januar 1991, Köln 1991

[16] Verband Deutscher Verkehrsunternehmen (Hrsg.), Möglichkeiten und Grenzen von Verkaufs- und Preiskooperationen des ÖPNV mit anderen Leistungsträgern, Arbeitspapier des VDV-Tarifausschusses, Köln 1989

[17] Verband Deutscher Verkehrsunternehmen (Hrsg.), Nahverkehr in der Fläche, Köln 1994

[18] Verband Deutscher Verkehrsunternehmen (Hrsg.), Chancen für Busse und Bahnen – Potentiale für Verhaltensänderungen in Ballungsräumen, Köln 1993

Inhalt

Vom Wertewandel zum Verhaltenswandel

Norbert Walter (48), Dipl.-Kfm., ist seit 1982 Geschäftsführer der Versorgungs- und Verkehrsgesellschaft Saarbrücken mbH, Vorstand der Stadtwerke Saarbrücken AG und Vorstandsvorsitzender der Gesellschaft für Straßenbahnen im Saartal AG. Seit 1987 ist er auch Geschäftsführer der Stadtbahn Saar GmbH. Von 1973 bis 1975 hatte er im Institut für Sozialforschung und Sozialwirtschaft der Arbeitskammer des Saarlandes gearbeitet. Von 1976 bis 1982 war er bei der Kreissparkasse Saarbrücken stellvertretender Leiter des Vorstandssekretariates und Abteilungsleiter Marketing. Walter ist beim VDV Mitglied des Verwaltungsrates Personenverkehr und des Hauptausschusses und Vorsitzender des Ausschusses für Öffentlichkeitsarbeit und Werbung.

Der Beitrag entstand unter wissenschaftlicher Assistenz von Dipl.-Kfm. Boris Bahrein, Universität des Saarlandes, und Mitwirkung von Dipl.-Betriebsw. Nathalie Naumann, Saartal-Linien.

Marktwirtschaftlich handelnde Unternehmen räumen der Planung des Absatzes ihrer Produkte und/oder Dienstleistungen einen hohen Stellenwert innerhalb der Unternehmensführung ein. Es muß geklärt werden, welche Faktoren kurz- bis langfristig das Absatzvolumen des Unternehmens beeinflussen. Dabei spielt der Trend des gesamtwirtschaftlichen Wachstums ebenso eine Rolle wie der spezielle Trend der Branche, der Konkurrenz und der vorgelagerten nationalen und internationalen Beschaffungsmärkte. Bei vielen Faktoren dieser Art ist das Unternehmen fremden Einflüssen ausgesetzt und muß sich mehr oder minder geschickt anpassen.

Umso wichtiger ist es für das Unternehmen, möglichst alles zu tun, um aktiv gestaltend auf die Verhältnisse seines Absatzmarktes zu wirken. Seit Gutenberg spricht man in Deutschland vom Einsatz „absatzpolitischen Instrumentariums", welches mit unterschiedlicher Intensität und Kombination die positive Reaktion der Käufer im Sinne des Unternehmens bewirken soll. Wenn der Begriff Absatzpolitik in etwa mit Marketing umschrieben wird, gibt es unterschiedliche Instrumente des Marketing. An erster Stelle wäre die Marktforschung und -erkundung zu nennen. Im Rahmen des Marketing-Mix muß dann über den Einsatz der Instrumente wie Produktgestaltung, Preis, Werbung, Vertrieb, Verkauf und Kommunikation entschieden werden. Im modernen, entscheidungs- und verhaltensorientierten Marketing treten neben die „harten" Instrumente (wie Preispolitik) zunehmend psychologisch, soziologisch und politisch begründete Orientierungen, die instrumentell (z. B. über die Werbung) verarbeitet und dargeboten werden müssen. Oft werden die ökonomischen Dimensionen und Ziele erst erkannt, wenn sie verhaltens- und trendbezogen umformuliert werden. Die Werbung ist der wahrnehmbar wichtigste Bereich des Marketing. Sie wurde in den letzten hundert Jahren besonders entwickelt und gefördert. Mit dem Aufkommen der Massenmedien etablierte sich die Werbung allzeitig und allseits. Von Werbedruck und Werbeetat ist die Rede. Dabei wird die direkte Werbewirkung auf den Verbraucher oft überschätzt. Die indirekte Wirkung in zeitversetzt wirkenden Regelkreisen führt zu einer Stabilisierung von Leitbildern und Identifikationsmustern sowie Lebens- und Konsumstil. Diese Muster werden von den Käufern bewußt oder unbewußt akzeptiert. Damit schafft die moderne Werbung direkt oder indirekt über den Umweg der Leitbilder und Sehnsüchte das Klima für den Absatzerfolg.

Spät erst kann man von einer eigenständigen Werbung der Verkehrsunternehmen um Kunden reden. Auch die Bemühungen des Verbandes öffentlicher Verkehrsunternehmen (VÖV) um die Gemeinschaftswerbung haben die Werbung der Mitglieder beeinflußt.

Der Beitrag fußt auf einer Umfrage bei den Mitgliedsunternehmen des VDV. Viele öffneten ihre Archive und zeigten Beispiele aus ihrer Werbung auf. Dafür sei herzlich gedankt. Es wurde aber auch deutlich, daß der zweite Weltkrieg große Lücken gerissen hatte und viele Dokumente verloren gingen oder einfach nicht gesammelt wurden, weil sie nicht als wertvoll eingeschätzt wurden. Auch diese Realität gehört zur Geschichte der Werbung in unseren Verkehrsunternehmen.

Von 1850 bis zur Jahrhundertwende: Werbung in den Windeln

An die Stelle der bisher vorherrschenden Zünftewirtschaft trat Mitte des 19. Jahrhunderts mehr und mehr die Marktwirtschaft, begleitet von Wettbewerb und offener Konkurrenz. Damit einher ging eine soziale Grundtendenz der Ablösung von der einfachen Bedarfsdeckung hin zu ersten Strukturen des Massenkonsums. Parallel begann der Aufbruch ins Medienzeitalter:

1848 wurde in Preußen die elektrische Telegraphie eingeführt, 1849 wurde die Pressefreiheit verwirklicht und das Monopol der „Intelligenzblätter" aufgehoben. Damit konnte eine politische Presse und eine öffentliche Meinung im heutigen Sinne entstehen. Notwendige Folge dieser Veränderungen war der Aufschwung der Werbung, die nun bereits von den meisten Wirtschaftszweigen in Anspruch genommen wurde. Das manifestierte sich in einer rapiden Vermehrung der geschäftlichen Anzeigen und Plakate.

1848/49 erlebte vor allem die Verbreitung politischer Plakate ein solches Ausmaß, daß die Obrigkeit versuchte, das freie Plakatieren zu unterbinden. Dieses Vorhaben mißlang jedoch, und 1855 setzte sich die Litfaßsäule als Kompromißlösung durch, aus der die Verwaltungen finanziellen Nutzen ziehen und zumindest eine formale Kontrolle behalten konnten [1].

In die folgenden 40 bis 50 Jahre fiel der Höhepunkt des wirtschaftlichen Liberalismus mit großem ökonomischem Selbstbewußtsein und einer Betonung des Wettbewerbsprinzips, wodurch der Einsatz von Werbung durch die Unternehmen sich enorm steigerte. Vor 1873 versuchten die zahlreichen neugegründeten Unternehmen durch großen Werbedruck rasche Bekanntheit zu erreichen. Die folgende Gründerkrise, eine tiefgreifende ökonomische Strukturkrise, förderte die Entwicklung der Werbung, weil sie das Bewußtsein der Unternehmer für die Bedeutung des Absatzes in der Marktwirtschaft und damit den Übergang von der reinen Produktorientierung zur verstärkten Absatzorientierung forcierte. Werbung als Ersatz für individuelle Kommunikation zwischen Produzent und Konsument, teilweise auch als Ersatz für Qualität und günstige Preise, begann sich in Form absatzorientierter Werbepolitik und früher Werbeabteilungen innerbetrieblich zu etablieren. Eine zusätzliche Verstärkung des Werbebooms ergab sich aus folgender Tendenz: Die Bildung von städtischen Ballungsräumen ermöglichte den Unternehmen einen Massenabsatz und damit eine Massenproduktion ihrer Bedarfsgüter in bisher ungeahntem Ausmaß. Das Volkseinkommen stieg erheblich schneller an als die Bevölkerung, wodurch die Kaufkraft stark genug wuchs, um auch Angehörigen der mittleren Schichten zu ermöglichen, Bedürfnisse zu befriedigen, die über den täglichen Bedarf hinausgingen. Auf diese Nachfrage reagierten die Unternehmen mit zahlreichen Produktinnovationen, die sie durch eine intensivierte werbliche Kommunikation vorstellten, während die Werbung von den Konsumenten dazu genutzt wurde, sich in einer kommerzialisierten Umwelt zu orientieren. Diese (aus damaliger Sicht) Werbeflut führte zu einer betriebswirtschaftlichen Umstrukturierung und letztendlich zur finanziellen Abhängigkeit der Presse von der Anzeigenwerbung.

Die Werbegestaltung dieser Zeit war geprägt von starkem Selbstbewußtsein und Selbstzufriedenheit bis hin zur Protzerei. Im Bemühen, sich gegenseitig zu überschreien und um jeden Preis aufzufallen, wurde die Anzeigengestaltung bis zur Maßlosigkeit getrieben. Die Schaufenster wurden mit beweglichen Figuren oder lockenden Klopfeinrichtungen bis hin zu davorstehenden, bezahlten Gaffern gestaltet [2].

Mitte der 60er Jahre des 19. Jahrhunderts wurden in Berlin, Hamburg und Stuttgart nun auch die ersten Pferdebahnen zur Personenbeförderung eingerichtet. Auch wenn man damals vielerorts noch mißtrauisch gegenüber dem neuen Verkehrsmittel war und die Entwicklung bremste, ließ sich die neue Entwicklung nicht aufhalten. So zog sich die Gründungswelle von ÖPNV-Unternehmen bis zur Jahrhundertwende hin [3].

In diese Zeit fielen auch die Anfänge der Verkehrswerbung. Seit 1866/68 durften im Inneren von Eisenbahnwagen der 3. bzw. 2. Klasse Werbeplakate angebracht werden. 1869 pachtete ein englischer Unternehmer die Innenräume und Außenwände der Berliner Omnibusse, um sie als Werbeflächen zu nutzen. Der große Erfolg dieser Werbeträger blieb seinerzeit jedoch noch aus. Von einer Werbung für die Dienstleistung ÖPNV konnte damals noch nicht die Rede sein.

Die Jahrhundertwende: Werbung in den Kinderschuhen

Die bisherigen sozialökonomischen Tendenzen der Anonymisierung der Beziehung zwischen Konsument und Produzent, der Entstehung und Befriedigung breiterer Luxusbedürfnisse sowie der Übergang zu Massenproduktion und -Absatz schritten fort. Daneben entwickelte sich der Mensch der Jahrhundertwende zum Konsumenten, der im Konsum neben der Bedürfnisbefriedigung auch eine Möglichkeit zur sozialen Positionsbestimmung in einer vertikal mobilen Gesellschaft fand. Dies führte vom bewußten Befolgen von Moden, um sich von einer scheinbar nivellierten Masse abzuheben, bis hin zur Entdeckung eines Lebenssinnes in Konsumhandlungen. Auf diese gesellschaftliche Veränderung reagierte die Wirtschaft mit einer unternehmerischen Neuorientierung, die sich in Markenartikeln, Warenfilialhäusern und Versandgeschäften manifestierte.

Insbesondere die Markenartikelindustrie erlebte seit 1890 einen steilen Aufschwung, der sich nach der Jahrhundertwende sogar noch beschleunigte. Dem wurde durch das 1894 erlassene „Gesetz zum Schutz der Warenbezeichnungen" und die darauf basierende Einrichtung einer Markenzeichenrolle beim Reichspatentamt auch von staatlicher Seite Rechnung getragen. In den Jahren 1901 bis 1913 stieg dort die Zahl der jährlichen Anmeldungen von 9924 auf 32 115. Die Markenartikel waren durch Namen und fest zugeordnete Eigenschaften mit einer spezifischen Individualität ausgestattet. Bezeichnenderweise konnten sich Markenartikel am nachhaltigsten in jenen Branchen durchsetzen (und haben dort auch heute noch die größte Bedeutung), deren Produkte maßgeblichen Anteil an der Bestimmung scheinbar individueller Lebensstile hatten. Dazu zählen insbesondere Kleidung und Kosmetik sowie Nahrung- und Genußmittel, etwa Tabakwaren und Getränke [4].

Parallel zur Markenartikelindustrie entwickelte sich der Einzel- und Versandhandel als notwendige Begleiterscheinung des Massenabsatzes mit schnellem Wachstum: Von 1903 bis 1912 verdoppelte sich der Umsatz der Warenhäuser. Aufgrund ihrer absatzorientierten Ausrichtung und Nähe zum Konsumenten waren sowohl Markenartikelindustrie als auch die Großbetriebe des Einzelhandels stark auf Werbung angewiesen. Dort entstanden seit 1890 zuerst vereinzelt, seit der Jahrhundertwende aber in verstärktem Maße, die ersten Werbeabteilungen. Den hohen Stellenwert der Werbung verdeutlicht auch, daß die Firmengründer oder -Inhaber die Werbeabteilungen häufig selbst übernahmen. So begann z. B. bei Henkel die systematische Werbung, als Fritz Henkel jun. 1899 Prokura erhalten und eine Werbeabteilung unter seiner Leitung aufgebaut hatte.

Im Bereich der Warenhäuser ging man nach deren zahlenmäßiger Verbreitung dazu über, anstatt wie bisher Wanderdekorateure zu beschäftigen, eigene Dekorationsabteilungen zu etablieren, aus denen sich die Werbeabteilungen entwickelten. Diese Entwicklung bewirkte einen bedeutsamen Fortschritt in der Werbung. Die Entstehung von Marken war geradezu eine Voraussetzung zur Bewerbung von Konsumartikeln, da dem Konsumenten so ein Wiedererkennen „seines" Produktes möglich war. Ohne den Markenartikel wäre eine Werbung, wie wir sie heute kennen, nicht denkbar.

Werbeagenturen, die damals noch Annoncenexpeditionen hießen, sowie die Zahl der Plakatwände und -Säulen nahmen kräftig zu. Neue Werbeträger wurden mit dem Ziel, Werbung zumindest in größeren Städten flächendeckend zu verbreiten, erschlossen. 1896 wurde der erste Werbefilm gedreht und die erste größere Lichtzeichenanlage in Berlin installiert. Emailleschilder, Giebelplakate und Landschaftswerbung kamen in den 1890er Jahren hinzu. Auch die Verkehrswerbung konnte sich zu dieser Zeit etablieren. Busse und Straßenbahnen der Großstädte dienten von innen und außen als rollende Plakatwände, Geschäftswagen wurden mit Markenzeichen und Werbetafeln versehen.

Ab 1895/96 fanden künstlerisch orientierte graphische Gestaltungsmittel verstärkt Einlaß in die Gestaltung von Plakaten und Anzeigen, deren Aussagen immer knapper und aggressiver, damit auch präziser und besser einprägsam wurden. Diese Überflutung mit Werbebotschaften rief allerdings auch Widerstand und Ablehnung hervor. Geschäftswagen- und Lichtwirkung wurde nachgesagt, sie zerrütte die Nerven der Betrachter und mache die Pferde scheu, aus kirchlichen Kreisen kam die Befürchtung, daß der Schaufensterbummel an Stelle des sonntäglichen Kirchgangs treten könnte. Hierin könnte man eine Vorwegnahme des Konsumerismus sehen, dessen Blütezeit in Deutschland in den 70er Jahren des 20. Jahrhunderts lag. Die Kritik an der Werbung fand auch Einfluß in das „Gesetz gegen den unlauteren Wettbewerb“, welches 1896 erlassen und 1909 novelliert wurde. Die mehrfachen Versuche (1900/06/08), die Werbung zu besteuern, scheiterten allerdings. Dennoch kam es seit der Jahrhundertwende zu einer Stagnation der Werbung, die erst ab etwa 1908 in einen neuen Aufschwung mündete. Von nun an waren die Menschen, oft schon von Kind auf, durch ein konsumorientiertes gesellschaftliches Umfeld geprägt. Bildungsbürgerliche Vorbehalte gegen künstlerische Sachplakate wurden von der jungen Graphikergeneration ökonomischen Interessen untergeordnet. Dies fand unter anderem Ausdruck in reinen Sachplakaten, die die Warenwelt quasi

Bekanntmachung.

Nachdem die behördliche Genehmigung zur Inbetriebnahme der elektrischen Straßenbahn vom Bahnhof Mülfort bis zur Bade-Anstalt in M.Gladbach erteilt ist, wird am 15. d. Mts. der elektrische Betrieb auf der vorerwähnten Strecke aufgenommen:

Bis auf weiteres gilt folgender Fahrplan:

Abfahrt des 1. Wagens vom Bahnhof Mülfort in der Richtung nach M.Gladbach 6 Uhr 30 Minuten früh,
von da ab alle 10 Minuten.
Letzter Wagen vom Bahnhof Mülfort in der Richtung nach M.Gladbach 10 Uhr 30 Minuten abends (nur bis Bade-Anstalt).
Abfahrt des 1. Wagens von der Bade-Anstalt in M.Gladbach in der Richtung nach Rheydt 6 Uhr 56 Minuten früh,
von da ab alle 10 Minuten.
Abfahrt des letzten Wagens in der Richtung nach Rheydt 10 Uhr 46 Minuten abends.

Von der Bade-Anstalt bis zum Markt in M.Gladbach findet der bisherige Pferdebahnbetrieb noch bis auf weiteres statt.

Tarif.

10 Pfennig-Strecken (in beiden Richtungen).
Bahnhof Mülfort — Grenze M.Gladbach-Rheydt.
M.Gladbach Kreuzung Bahnhof- und Krefelderstraße — Grenze M.Gladbach-Rheydt
M.Gladbach alter Markt — Hermges (Hofstraße).
Rheydt Kreuzung Friedrich Wilhelm- und Kaiserstraße — Hermges (Bahnübergang) M.Gladbach.

13 Pfennig-Strecken (in beiden Richtungen).
Kreuzung Friedrich Wilhelm- und Kaiserstraße Rheydt Kreuzung Bahnhof- und Krefelderstraße M.Gladbach.
Bahnhof Mülfort — Hermges (Bahnübergang) M.Gladbach.
Grenze M.Gladbach-Rheydt — M.Gladbach alter Markt (später Barbarossastraße).

20 Pfennig-Strecken (in beiden Richtungen).
Rheydt Kreuzung Friedrich Wilhelm- und Kaiserstraße — M.Gladbach alter Markt (später Barbarossastraße).
Bahnhof Mülfort — M.Gladbach Kreuzung Bahnhof- und Krefelderstraße.

M.Gladbach und Rheydt, den 13. Februar 1900.

Der Oberbürgermeister.
J. V.: Dr. Groos.

Der Oberbürgermeister,
Dr. Strauß.

Bild 1: Bekanntmachung in der Rheydter Zeitung vom 14. 2. 1900 zur Eröffnung der Straßenbahn (aus: Sammlung Lehmann)

als Wert an sich abbildeten, der keiner weiteren Erläuterung bedarf.

Die behördlichen Widerstände gegen Verkehrs- und Lichtwerbung lockerten sich, so daß diese Werbeträger erheblich an Bedeutung gewannen. Auch der Werbefilm konnte in verstärktem Maße genutzt werden, nachdem an Stelle der eher proletarischen Wanderkinos auch vom Bürgertum akzeptierte Filmplakate traten. Im Rahmen dieser Entwicklungen wurde die Werbung auch Ausdrucksmittel vorherrschender gesellschaftlicher Geisteshaltungen, was z. B. in den stark nationalistischen Motiven und dem vermittelten Frauenbild zum Ausdruck kam. Auch die Verkehrsbetriebe wandten sich an die Öffentlichkeit und ihre Fahrgäste. Dies geschah allerdings weniger werbend als vielmehr informierend, in Form einer frühen Öffentlichkeitsarbeit. Beispiele dafür sind Bekanntmachungen in Zeitungen anläßlich der Einführung der elektrischen Straßenbahn als Ersatz für Pferdebahnen oder bei Fahrplanänderungen [5]. Weiterhin existieren noch zeitgenössische Postkarten, deren Motive die Segnungen und Gefahren des neuen Verkehrsmittels zum Inhalt hatten [6]. Die sonstige Kommunikation mit den Fahrgästen bestand vorwiegend in Kennzeichnung von Linien, Haltestellen sowie Hinweisschildern mit Verhaltensregeln. Von Werbung, auch im damaligen Sinne, konnte jedoch nicht die Rede sein.

Bild 2: Zeitgenössische Impression von der Einführung der elektrischen Straßenbahn: Man hielt damals wohl als Folge dieser Revolution allen nur denkbaren Unbill für möglich (aus: [6])

Die 20er Jahre: Werbung als Selbstverständlichkeit

Durch den ersten Weltkrieg und die Nachkriegskrise kam es zu einem erheblichen Rückgang der Plakat- und Anzeigenwerbung, teilweise um mehr als die Hälfte, während die Lichtwerbung völlig aus dem Stadtbild verschwand. Politisch-administrative Kreise entdeckten allerdings Plakat und speziell den Film als Mittel der politischen und wirtschaftlichen Propaganda in einem solchen Ausmaß, daß der Werbefilm als einziges Werbemittel in der Kriegs- und Nachkriegszeit zulegen konnte. Diese Akzeptanz werblicher Kommunikationsstrukturen hinterließ auch in den Verwaltungen ihre Spuren. Die Behörden ermöglichten den massiven Ausbau der innerstädtischen Verkehrswerbung und Eisenbahnwerbung (1918), der Postwerbung (1920) und der Rundfunkwerbung (1924). Die Lichtwerbung galt seit 1922 sogar als Attraktion des Nachtlebens, während Emailleplakate sowie die Giebel- und Landschaftswerbung ihren Höhepunkt überschritten hatten.

Der endgültige Durchbruch der Absatzorientierung der Wirtschaft führte seit den 20ern zu intensiver absatzwissenschaftlicher und auch werbepsychologischer Forschung. Theodor Königs Dissertation „Psychologie der Reklame“ von 1922 über die Werbewirkung blieb grundlegend bis über 1945 hinaus. Sowohl die Wissenschaft als auch die Werbepraxis der damaligen Zeit waren von starken Einflüssen aus den USA geprägt. Wissenschaftlich-psychologische Methoden, systematische Marktanalysen, Werbeerfolgsplanung und Werbebudgetplanung fanden Eingang in werbestrategische Maßnahmen der Unternehmen [7].

Die Weimarer Gesellschaft war durch die Etablierung der Angestellten als gesellschaftliche Großgruppe und das Verschwinden klassengesellschaftlicher Unterschiede erheblich stärker nivelliert als die wilhelminische. Dadurch wurden die Verwirklichung scheinbar individueller Lebensstile und die Ausfüllung der anwachsenden Freizeit mittels spezifischen Konsumverhaltens immer wichtiger. Der auch daraus resultierende Aufschwung bescherte der Werbung bis 1929 eine starke mengenmäßige Zunahme. Parallel dazu entwickelten sich auch die Werbeinhalte neu, etablierten sich amerikanische Werbeagenturen, orientierte man sich an amerikanischen Anzeigen. Im Zuge der wirtschaftlichen Konzentrationsentwicklung kam es, besonders in Zusammenarbeit mit Branchenverbänden, verstärkt zu Gemeinschaftswerbungen. So warben 1924 die Schirmfabrikanten gemeinsam, um ihr noch nicht allgemein bekanntes Produkt der Öffentlichkeit vorzustellen.

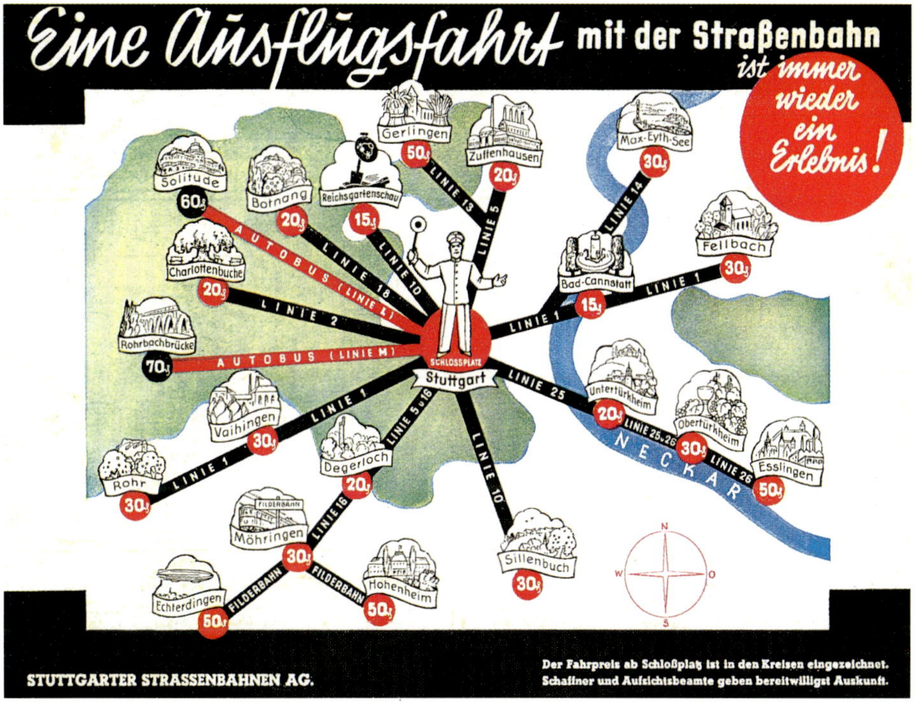

Bild 3: Werbung für Ausflugsfahrten mit den Stuttgarter Straßenbahnen (Foto: SSB)

Die Ausdrucksformen wandelten sich von den eher ästhetisierten Darstellungen der wilhelminischen Zeit zu bauhausorientierter Gebrauchsgraphik, die sich weniger für Bewunderung als den unauffälligen Erfolg interessierte. Die früheren Annoncenexpeditionen entwickelten sich mit der Bereitstellung eines breiten Dienstleistungsangebots zu modernen Werbeagenturen. Die Werbeverbände ergriffen jetzt Eigeninitiative, anstatt nur auf Bedrohungen von außen wie Werbebesteuerung zu reagieren, und wurden zu echten Interessenvertretern des Werbewesens. Einen großen Einschnitt bedeutete jedoch die Weltwirtschaftskrise 1929. Werbepsychologische und unternehmenspolitische Einsichten gerieten unter dem ökonomischen Druck in die Krise, die Werbemenge wurde stark gedrosselt. Die Werbewirtschaft erlitt starke Rückschläge und stand dem heraufziehenden Nationalsozialismus 1933 orientierungslos gegenüber.

Was taten die Verkehrsunternehmen zu dieser Zeit? Dort hatte man für die Zusatzangebote der Ausflugsfahrten, den „Urlaub des kleinen Mannes“, die Bedeutung und die Wirkung der Werbung entdeckt, immer noch mit einer Betonung der Information, wie sich anhand eines Ausflugsführers aus dem Jahr 1929 der Berliner Verkehrsbetriebe erkennen läßt [8]. Zudem setzte man die Außenflächen von Straßenbahnen als Informationsträger in eigener Sache ein. Es existieren noch alte Fotografien, auf denen spezielle Unfallverhütungswagen zu sehen sind, die eindringlich vor den Gefahren des Straßenverkehrs warnen [9]. Werbung für das Kerngeschäft, den eigentlichen Nahverkehr, betrieb man damals so gut wie nicht, was aufgrund des annähernden Monopols auf maschinelle Fortbewegung wohl auch nicht notwendig war.

Bild 4: Unfallverhütungswagen der Rheinbahn Düsseldorf (Foto: Rheinbahn)

Werbung im Dritten Reich: Propaganda und Größenwahn

Ab 1933/34 begann der Nationalsozialismus damit die deutsche Werbewirtschaft zu vereinnahmen, was durch deren Orientierungslosigkeit erleichtert wurde. Die Werbeverbände und werbepsychologischen Institutionen wurden, wie auch Presse, Rundfunk und Film, gleichgeschaltet, wobei der Widerstand schwach blieb. Das lag unter anderem an der Aufgeschlossenheit des Nationalsozialismus als Propagandabewegung gegenüber den für sie nützlichen Massenkommunikationsmitteln und der daraus resultierenden Unterwanderung von deren Organen durch Nationalsozialisten bereits vor 1933.

Des weiteren wurde die Werbewirtschaft in den halb staatlichen, halb privatwirtschaftlichen Werberat eingebunden. Dieser hatte als Genehmigungsinstanz mit Richtlinienkompetenz die Vorstellungen der Werbewirtschaft, aber in erster Linie die der politischen Führung allgemein verbindlich in die Werbe- und Propagandapraxis umzusetzen. Wirtschaftswerbung und NS-Propaganda nutzten nicht nur die gleichen psychologischen Grundstrukturen, in Teilbereichen wie der wiederbelebten Gemeinschaftswerbung verschmelzen sie sogar miteinander. Diese funktionale Einbindung sollte der Verbrauchslenkung mit dem Ziel der volkswirtschaftlichen Autarkie dienen. Dabei übernahmen der Werberat und der ihm unterstellte „Reichsausschuß für volkswirtschaftliche Aufklärung" die Planungsfunktion [10].

Trotz ihrer in weiten Teilen antikapitalistisch verbrämten Ideologie hatten die Nationalsozialisten nicht die Absicht, zentrale Elemente der Massenkonsumgesellschaft preiszugeben. Im Gegenteil nutzten sie die kapitalistischen Strukturen sehr geschickt.

Besonders die modernen Medien wie Film, Rundfunk und Neonreklame förderten und nutzten sie für Propaganda und, mit Ausnahme des Rundfunks, Wirtschaftswerbung. Der damit verbundene quantitative Aufschwung erfaßte auch alle anderen Werbemittel. Qualitativ orientierte man sich an der strategischen Ausrichtung der zwanziger Jahre vor der Wirtschaftskrise, Marktanalysen und Werbepsychologie erlebten eine Renaissance. Die Werbeabteilungen der Unternehmen gewannen wieder an Bedeutung. Auch in der Werbegestaltung griff man auf die zwanziger Jahre zurück. Die Propaganda- und Werbemaschinerie des 3. Reichs machte auch nicht vor den Verkehrsbetrieben halt, die ja zu einem großen Teil in öffentlichem Besitz waren. Mitte der 30er warben sie bereits recht aktiv. Dabei beließ man es nicht bei der Bewerbung von Ausflugs- und Ferienfahrten der Organisation „KDF (Kraft durch Freude)". Auch der Verkauf von Wochen- und Monatskarten wurde gefördert, sie wurden gar als geeignete Weihnachtsgeschenke angepriesen [11].

Die Verbrauchslenkung spielte ebenfalls eine wichtige Rolle: Auf Plakaten und in Anzeigen wurden vor allem die Hausfrauen darauf hingewiesen, die Straßenbahnen nicht zu den Hauptverkehrszeiten zu nutzen, zu denen die Berufstätigen unterwegs waren [12]. Typisch für den damaligen Zeitgeist war auch die Demonstration von Leistungsfähig-

Bild 5: Standbild aus Wochenschaubericht von 1937: Liliputbahn der Rheinbahn auf der Vier-Jahresplan-Schau „Schaffendes Volk"
(Foto: Archiv Rheinbahn)

Bild 6: Schaufensterdekoration für Wochen- und Monatskarten
(Foto: Archiv Rhcinbahn)

Eine Bitte an unsere

Frauen!

Benutzt die Straßenbahn an den Werktagen möglichst in den **verkehrsschwächeren** Stunden, d. h. **nicht** vor 8 Uhr und **nicht** zwischen 17,30 und 19,30 Uhr, **damit den berufstätigen Volksgenossen und Volksgenossinnen nicht die Möglichkeit zur Heimfahrt erschwert oder sogar genommen wird.**

Städt. Straßenbahnen Solingen.

Bild 7: „Eine Bitte an unsere Frauen" – Aufkleber aus den Kriegsjahren (Foto: Archiv Verkehrsbetriebe Solingen)

keit mittels Fahrgastzahlen, die Messepräsenz und die regelmäßigen Wochenschauberichte, die sich mit verschiedenen Aspekten der Verkehrsbetriebe und des öffentlichen Nahverkehrs auseinandersetzten.

Die Nutzung von Außenflächen der Straßenbahnwagen in eigener Sache wurde intensiviert. In Saarbrücken etwa wurde mit Verkehrsmittelwerbung für das Verkehrsmittel ÖPNV geworben [13]. Nun also hatten auch die Verkehrsbetriebe das Instrumentarium der Werbung und Öffentlichkeitsarbeit in größerem Umfang entdeckt und dementsprechend auch Werbeabteilungen installiert (Rheinbahn) [14]. Damit hingen sie der Wirtschaft etwa 10 bis 20 Jahre hinterher. Man sollte aber nicht versäumen, sich zu erinnern, in welch unerfreulichem Umfeld diese Entwicklung die eine oder andere Wurzel hatte.

Nach dem zweiten Weltkrieg: Gutenberg und Nierentisch

Von 1945 bis zur Währungsreform 1948 existierte Werbung fast nur in Form politischer Propaganda. Dabei spielte neben dem Radio vor allem das Plakat als preiswertes und leicht verfügbares Medium eine wichtige Rolle bei der öffentlichen Kommunikation in einer zerstörten Infrastruktur. Erst nach der Währungsreform im Jahr 1948 kann man sinnvoll von Wirtschaftswerbung sprechen. Denn vorher gab es – abgesehen vom Schwarzmarkt, und dort wurde aus verständlichen Gründen kaum geworben – auf legalem Wege kaum etwas zu kaufen. Aber auch danach entfiel der stärkste Antriebsmotor für die Werbegestaltung zunächst völlig: der Konkurrenzkampf der Marken. Da die Produktion seinerzeit bei weitem geringer ausfiel als die Nachfrage, bestand für die Werbung noch nicht der große Druck, sich mittels aggressiver Strategie von der Konkurrenz abzusetzen, wie es später in den 60er Jahren zur Regel wurde. Zunächst bestand die Aufgabe der Werbung jedoch nur darin, die Wiederverfügbarkeit der Produkte mitzuteilen, wobei auf weitere verkaufsfördernde Argumentation häufig verzichtet wurde.

Bild 8: Straßenbahnwerbewagen für Stadtkarte, Saarbrücken 1936 (Foto: privat)

Die allgemeine Mangelsituation wird an einer Anzeige für das Reinigungsmittel Rei aus dem

Jahre 1951 besonders deutlich: Hier wurde das Produkt gleichzeitig zum Baden und Duschen, zum Geschirrspülen, Wäschewaschen, Hausputz und zur Bodenreinigung empfohlen. Bei Zigaretten kam es sogar vor, daß sich Firmen in Anzeigen dafür entschuldigen mußten, die beworbene Ware gar nicht liefern zu können [15].

Als Werbeträger wurden in erster Linie die seit 1948 wieder erscheinenden Zeitungen und illustrierten Zeitschriften genutzt, die auch dank Vierfarbdruck mehr und mehr die Plakate ablösten und die Werbebotschaften dem Massenpublikum zugänglich machten. Dies führte zu einem enormen Aufschwung der Druckwerbung. Die Anzeigengestaltung konnte nicht auf eigentlich so wichtige eingefahrene Sehmuster zurückgreifen, da diese in den vorhergangenen 20 Jahren von der nationalsozialistisch geprägten, ikonenhaften Bildgestaltung bestimmt und somit für die neue Zeit unbrauchbar geworden waren. Deshalb mußte die Werbegestaltung aus dem Nichts neue und unerprobte Lösungen entwickeln, deren ungewisser Erfolg natürlich Risiken mit sich brachte, aber auch zu einer heute oft natürlichen Experimentierfreudigkeit führte.

Im Gegensatz dazu fand insbesondere in frühen Anzeigen der Begriff „Tradition" Eingang in die Anzeigengestaltung. Er suggerierte eine epochenüberdauernde Existenz von Marken mit dem Ziel, in den Anzeigen als „Visitenkarten des Aufschwungs" die Nazizeit zur Unzeit zu machen und so Schuldgefühle aus der jüngsten Vergangenheit zu überspielen und zu kompensieren. Im Verhältnis der Geschlechter schienen die Männer den Leistungen der deutschen Frauen, auch als Trümmerfrauen, nichts anderes entgegensetzen zu können als die Zurückweisung in die traditionelle Rolle als Hausfrau am Herd und in der Familie. Diese Rollenverteilung findet sich deutlich in der Anzeigengestaltung der Nachkriegszeit wieder und hat sich teilweise bis heute in der Werbung gehalten.

Der wirtschaftlichen Konjunktur in den frühen 50ern folgte die stilistische: Die aufkommende Vorliebe für Rundungen gipfelte in der Nierenform. Diesem Trend schlossen sich in den Jahren 1953 bis 55 fast alle Anzeigen an.

In der Werbekommunikation ging man, etwa in einer Anzeige für Haushaltsgeräte von 1951 (Bosch), bereits mit Strategien des emotionalen Ansprechens der Zielgruppen über die rein informative Produktpositionierung hinaus. Ganz nach amerikanischem Vorbild führte Unilever eine Kampagne für die Seife Lux durch. In den Anzeigen wurden Filmstars, zunächst aus Hollywood, später dann auch aus Deutschland, als Sympathieträger benutzt. Dabei sollte das Sympathiepotential der Idole in einer frühen Form des Imagetransfers auf das Produkt übertragen werden. Die Idee, Prominente als Konsumleitbilder einzusetzen, wurde so schnell von anderen Konsumgüterherstellern übernommen, daß es zu einer wahren Welle von Prominenz in der Werbung kam. Dabei wurden die Personen der Zielgruppenorientierung entsprechend sorgfältig ausgesucht. Einen Sonderstatus nahm in dieser Beziehung die Schauspielerin Marianne Koch ein. Sie warb für Martini, Gillette, Jakobs-Kaffee, Ado-Gardinen und vieles andere. Niemand sonst erschien so häufig wie sie in Anzeigen. In den 60ern ging die Zahl der Anzeigen mit Sympathieträgern aufgrund einer Verlagerung zu den elektronischen Medien zurück [16]. Auch heute ist diese Werbeform noch ungebremst wirksam, wie man an der massiven Präsenz von Sportlern, Models und anderen Ikonen des öffentlichen Bewußtseins in der Werbung unschwer erkennen kann. So konnte sich das Kölner Haus Mühlens mit der Verpflichtung von Gabriela Sabbatini für 4711 sanieren. Heute versucht man in der Werbung sogar, das exklusive, künstlich geschaffene Image von „Lifestyle-Marken" auf andere Produkte zu übertragen (Davidoff). Die Werbung wirbt mit ihren eigenen Errungenschaften.

Was sich Anfang der 50er in einem vorsichtigen emotionalen Ansprechen in der Bosch-Haushaltsgeräte Werbung andeutete, wurde Ende der 50er zu einem neuen Trend. So gestaltete man

Bild 9: Werbung naiv und einfach im Stil der 20er Jahre (Foto: Schlarbaum)

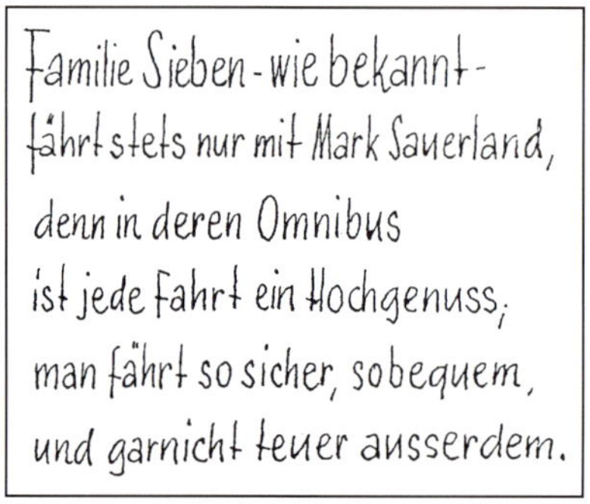

Bild 10: Kinowerbung mit einer Diaserie, „Familie Sieben" Mitte der 50er Jahre (Archiv: MVG Lüdenscheid)

zum Beispiel die Waschmittelwerbung (Fewa) informativ, untermauert von wissenschaftlichen Beweisen, um dem Konsumenten eine rationale Kaufentscheidung zu ermöglichen. Diese Betonung der rationalen Entscheidung war für die späten 50er und frühen 60er richtungsweisend.

Bedingt durch die Kriegsfolgen war Individualverkehr eher die Ausnahme. Der öffentliche Nahverkehr hatte, ähnlich wie bereits vor dem Krieg, eine Quasi-Monopolstellung inne, nur wenige konnten sich ein eigenes Auto leisten. Dies ließ, zumindest in den frühen 50ern, Absatzwerbung für die öffentlichen Verkehrsmittel als überflüssig erscheinen. Man warb jedoch, genau wie bereits in den 20ern, für Ausflugs- und Ferienfahrten. In einigen Verkehrsbetrieben erkannten weitsichtige Leute jedoch bereits die Wichtigkeit von Marketing und Publik Relations, wie etwa Dr. Mroß (Hamburger Hochbahn). Er hat schon Anfang der 50er Jahre auf die immense Bedeutung der öffentlichen Meinung und die Notwendigkeit ihrer Pflege für die Verkehrsbetriebe hingewiesen. Bei Betrachtung seiner Auflistung von Problem- und Kritikpunkten wie überfüllte Fahrzeuge, Fahrplangestaltung oder Verhalten des Personals ist zu erkennen, daß man damals bereits den gleichen Schwierigkeiten gegenüberstand wie heute. Auch die genannten Anregungen zur Bewältigung derselben sind heute wie damals beachtenswert [17].

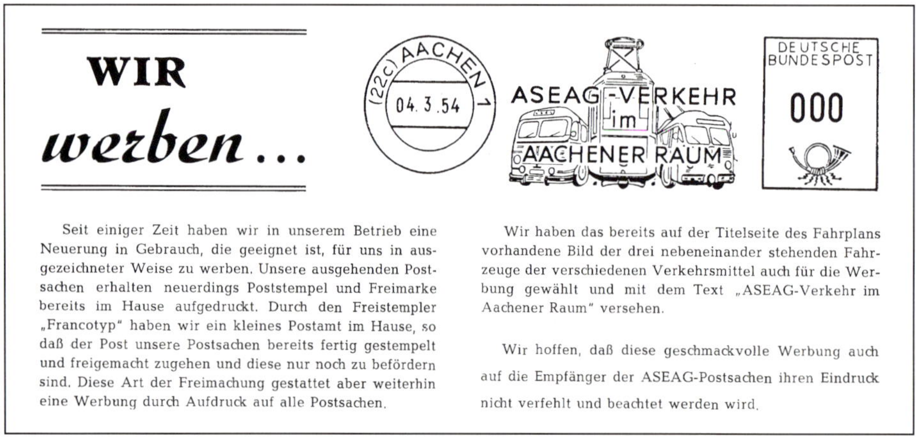
WIR *werben ...*

Seit einiger Zeit haben wir in unserem Betrieb eine Neuerung in Gebrauch, die geeignet ist, für uns in ausgezeichneter Weise zu werben. Unsere ausgehenden Postsachen erhalten neuerdings Poststempel und Freimarke bereits im Hause aufgedruckt. Durch den Freistempler „Francotyp" haben wir ein kleines Postamt im Hause, so daß der Post unsere Postsachen bereits fertig gestempelt und freigemacht zugehen und diese nur noch zu befördern sind. Diese Art der Freimachung gestattet aber weiterhin eine Werbung durch Aufdruck auf alle Postsachen.

Wir haben das bereits auf der Titelseite des Fahrplans vorhandene Bild der drei nebeneinander stehenden Fahrzeuge der verschiedenen Verkehrsmittel auch für die Werbung gewählt und mit dem Text „ASEAG-Verkehr im Aachener Raum" versehen.

Wir hoffen, daß diese geschmackvolle Werbung auch auf die Empfänger der ASEAG-Postsachen ihren Eindruck nicht verfehlt und beachtet werden wird.

Bild 11: Vorwegnahme des Signets „Busse und Bahnen" im Frankierstempel (ASEAG Werkszeitung Heft 1/3, 1954)

Dessen ungeachtet wirkt die damalige Werbung für den ÖPNV, die vereinzelt gestaltet wurde, aus heutiger Sicht etwas naiv und eher erheiternd denn animierend. Gleichzeitig kann sie eine gewisse Nostalgie und Sehnsucht nach der „guten alten Zeit" wecken, in der die Aufgaben und Probleme, denen die öffentlichen Verkehrsunternehmen gegenüberstanden, verglichen mit heute einfacher zu bewältigen schienen. Tendenziell konnte man zwar einen Fortschritt gegenüber der Vorkriegszeit in Werbemitteln und Werbestil erkennen, in der Marketingstrategie war man jedoch – von den erwähnten Ausnahmen abgesehen – noch auf dem Stand der 20er Jahre stehengeblieben.

Man konnte die Konsequenzen des Wirtschaftswunders und die sich daraus ergebende Verkehrsentwicklung wohl einfach nicht richtig einschätzen.

Die 60er und 70er Jahre: Die 68er und die wilde Frische von Fa

Nach dem Vollzug des Wirtschaftswunders etablierte sich in der Werbung ein neues Konsumentenschema. Man kehrte endgültig ab vom Kunden als Individuum, der Konsument wurde nur noch als Massenphänomen betrachtet. Dies fand auch Eingang in die Werbegestaltung. Die abgebildeten Personen wurden, sowohl in Zeichnungen als auch in Fotografien anonymisiert dargestellt, als Herr und Frau Jedermann. Die neuen Entwürfe von Anzeigen und Werbespots für Fernsehen und Kino unterlagen in Form und Inhalt dem Einfluß der „Kreativen", vielfach junge Graphiker und Designer mit künstlerischen Ambitionen, in den Werbeagenturen. Aus dieser Epoche stammt auch die Interaktion vom Briefing der selbständigen Agenturen durch die Werbeabteilungen der Betriebe, wie wir sie heute noch kennen [18].

Um die Produkte auf immer stärker gesättigten und umkämpften Märkten absetzen zu können, konstruierten die Agenturen das neue Stilmittel der Erlebniswelten, eine Methode, die aus den USA übernommen wurde. Den Käufern wurde neben dem sachlichen Nutzen des erworbenen Produkts noch ein emotionaler Zusatznutzen, das „Erlebnis" bei der Benutzung des Produktes, versprochen. In Wissenschaft und Praxis häufig zitiertes Musterbeispiel ist die „wilde Frische von Fa", eine Kampagne, die die Vermittlung von emotionalen Erlebnisbildern par excellence vornahm [19].

Genau wie die wichtigsten Einflüsse für die Werbung in Deutschland stammte auch die Gegenbewegung, der Konsumerismus, aus den USA. Dieser Trend, der in den frühen 60ern in den Staaten entstand und etwa 1974 nach Deutschland kam, beinhaltet als Interessenpolitik organisierter Verbrauchergruppen eine Art Gegenmarktmacht der Verbraucher gegen die Anbieter. Der Konsumerismus kann im Rahmen des gesellschaftlichen Wertewandels, der in der Studentenbewegung von 1968 Ausdruck und gleichzeitig Ausgangspunkt für weitere Veränderungen fand, als Aspekt der Überflußgesellschaft gesehen werden [20].

In dieser Zeit wurde auch die Testimonialtechnik, die in den 70er und 80er Jahren eine wichtige Rolle in der Gemeinschaftswerbung für den ÖPNV spielt, entwickelt. Dabei handelt es sich um eine Weiterentwicklung der

Bild 13: Werbung für Wochenendkarte in Saarbrücken (Archiv Saartal-Linie)

Bild 12: Konzeptstudie Gemeinschaftswerbung Verband öffentlicher Verkehrsbetriebe: Anzeigenserie, die Mitte der 60er Jahre in Stuttgarter Tageszeitungen erschien (Werbeagentur Wirtschaftswerbung Wilhelm Stephan)

Konsumleitbilder aus den 50ern. Man wirbt mit den Aussagen eines Verbrauchers oder Prominenten, der als Nutzer des Produktes seiner Begeisterung Ausdruck verleiht und es weiterempfiehlt.

Während man sich im VÖV mit den ersten Gedanken zur Gemeinschaftswerbung beschäftigte, fand im Juni 1964 in Düsseldorf eine Ausstellung über die Werbung von deutschen und ausländischen Verkehrsbetrieben statt. Die gezeigten Plakate, Anzeigen, Prospekte und sonstigen Werbemittel verdeutlichten den damaligen Stand der Werbung im ÖPNV und welche Bedeutung man ihr beimaß. Den größten Umfang hatte dabei die Werbung für bestimmte Reiseziele, Ausflüge und Sonderfahrten. An zweiter Stelle standen Plakate, Handzettel, Aufkleber und ähnliches mit Verhaltensregeln, die dem Fahrgast vermitteln sollten, wie er sich in öffentlichen Verkehrsmitteln zu benehmen hatte. Die dritte Gruppe der gezeigten Werbemittel befaßte sich mit der Mitarbeitersuche der Verkehrsbetriebe, heute würde man von Personalmarketing sprechen. Erst an vierter Stelle standen Werbemittel, mit denen um Fahrgäste für den Linienverkehr geworben wurde. Dabei wurden die Vorzüge des ÖPNV dem Ärger über Parkplatznot und Verkehrsdichte, unter der die Städte schon Anfang der 60er Jahre zu leiden hatten, gegenübergestellt. Von diesem Vergleich beziehungsweise der Prä-

Bild 14: Einführung der Selbstbedienung mit Zahlbox in Rostock (Archiv Rostocker Straßenbahnen)

Bild 15: Information zur Tariferhöhung in Düsseldorf Mitte der 70er Jahre (Archiv Rheinbahn)

sentation von Nachteilen des Individualverkehrs erhoffte man sich eine Verhaltensänderung der Autofahrer (Beispiel Stuttgart).

Weitere Themen der damaligen Werbung waren „Preiswürdigkeit der öffentlichen Verkehrsmittel" und „Liniennetze", unter denen Sondertarife, Preisminderungen – damals auch noch in Form von Senkungen – Fahrpläne, Linienänderungen und ähnliches dargestellt wurden [21].

Aus heutiger Sicht betrachtet ist erkennbar, daß die Zielsetzung dieser früheren werblichen Maßnahmen der Verkehrsbetriebe nur in weiterem Rahmen auf die Fahrgastbindung ausgerichtet und damit nur beschränkt absatzorientiert war. Auf Verbandsebene hingegen hatte man diese Thematik bereits in die strategischen Überlegungen zur Gemeinschaftswerbung einbezogen. Auch Anfang der 70er drehte sich die Werbung der Verkehrsbetriebe mehr um das Verhalten der Fahrgäste, etwa mit Appellen gegen Schwarzfahren, und Sonderfahrten zu Karneval und Silvester als um den Linienverkehr. Zu diesem stellte man dann einen Bezug in der Werbung um Verständnis für Fahrpreiserhöhungen her, die in den 70er Jahren regelrechten gesellschaftlichen Zündstoff darstellten.

Die 80er und 90er Jahre: aktuelle Trends

In den 80er Jahren steht die Werbung in ihrer Blütezeit. Sämtliche Instrumente der Werbung sind gut ausgebildet und verfeinert. Große internationale Agenturen, häufig mit Stammhäusern in den USA, beherrschen das Werbegeschäft und setzen die neuesten Trends. Die Werbewissenschaft arbeitet an neuen Techniken, propagiert unter anderem die Imagerytechnik bei der visuellen Darstellung von Firmennamen und Markenbezeichnungen zur besseren Aufnahme und Erinnerung von Information mittels Bilddarstellungen [22]. In der Kommunikation herrscht eine absolute Dominanz der Bildkommunikation, da man jetzt weiß, daß z. B. der Leser einer Illustrierten eine Werbeanzeige nur bis zu ca. fünf Sekunden betrachtet und in dieser Zeit der Kontakt hergestellt werden muß [23]. Neue Kommunikationstechnologien wie Bildschirmtext (BTX) und Videoclips werden als Werbemittel eingesetzt.

Die sympathische Positionierung von Produkten inmitten von exotischen Erlebniswelten und Darstellungen mit erotischer Komponente sowie die Verheißung von emotionalen Zusatznutzen sind aus der modernen Werbung nicht mehr wegzudenken. Dazu gehört auch die konsequente Nutzung von psychologischen Beeinflussungstechniken wie etwa die Abbildung von archetypischen Mustern, die in unserem Unterbewußtsein gespeichert sind. Der bekannteste Archetyp ist dabei wohl das Kindchenschema.

In vielen Unternehmen hat der Marketingbereich und damit auch die Werbung heutzutage eine solche Bedeutung erlangt, daß die entsprechenden Abteilungsleiter auf Geschäftsführungs- und Vorstandsebene angesiedelt sind. Dort hat man sich unter dem Schlagwort Cor-

Bild 16: Moderne Werbekommunikation: „Feierabend im ViertelTakt" – 1991 (Archiv KVB)

Bild 17: Titelbild der Bogestra-Broschüre „Unser Selbstverständnis"

porate Identity (CI) auch Gedanken um das gesamte Erscheinungsbild des Unternehmens nach außen gemacht, Unter CI versteht man das nach innen und außen kommunizierte Erscheinungsbild des Unternehmens als Ausdruck einer in die Unternehmensstrategie integrierter Kommunikationsstrategie, zu der ja auch der Werbeauftritt eines Unternehmens zählt. Weiterhin versteht man CI als Ausdruck der Unternehmensphilosophie, wobei die Kommunikationsrichtung sowohl nach außen als auch nach innen gerichtet ist. Die Orientierung nach innen wird jedoch noch zu oft vernachlässigt, wohl auch weil CI sich am ehesten am visuellen Erscheinungsbild des Unternehmen, dem Corporate Design (CD) feststellen läßt, das durch vorgegebene Gestaltungslinien (Logo, Hausfarbe) die CI unterstützt [24].

Auf gesellschaftlicher Ebene manifestierte sich im Rahmen des allgemeinen Wertewandels ein starker Trend zum Umweltschutz, der sich auch in den politischen Erfolgen der Grünen ausdrückte. Dieser Trend wirkte sich desgleichen auf die Konsumgüterindustrie aus, die mit umweltinnovativen Produkten auf den Markt und damit in die Werbung trat. Jeder kennt wohl noch den umweltbewegten Softie Martin, der ganz alternativ für Weichspüler warb (Abwandlung der Testimonialtechnik). Der Erfolg von umweltfreundlichen Wasch- und Putzmitteln dokumentiert ebenso wie z. B. die unerwartet großen Mengen an Abfall, die über das Duale System gesammelt wurden, daß Anfang der 90er Jahre dem Wertewandel auch ein Verhaltenswandel gefolgt ist. Bei den Betrieben des öffentlichen Personennahverkehrs hat sich vielfach ein begrüßenswerter Wandel zu mehr Markt- und damit mehr Kundenorientierung ergeben. Man hatte inzwischen erkannt, wahrscheinlich auch vor dem Hintergrund leerer Kassen und rückgängiger Fahrgastzahlen, daß man selbst mehr auf die Kunden zugehen muß und nicht mehr auf Hilfestellungen seitens der öffentlichen Hand und Politik zählen konnte. Dementsprechend läßt sich im werblichen Auftritt einiger Verkehrsbetriebe eine schnelle Annäherung an die Kommunikation von rein marktwirtschaftlichen Unternehmen feststellen. Immer mehr Verkehrsbetriebe folgen dem Beispiel des Verbandes und beauftragen Werbeagenturen mit der Erstellung ihrer Marketingstrategie. Allerdings sollte man nicht verschweigen, daß in bestimmt ebensoviel Betrieben sich das Niveau in diesem Bereich auf einem Stand befindet, den die andere Werbung schon zehn bis 15 Jahre früher erreichte. Im Rahmen dieser Neuorientierung kam es ferner zur Implementierung von CI-Strategien, um den Betrieben ein modernes, zeitgemäßes Erscheinungsbild zu verleihen, so wie es dem Stellenwert ihrer gesellschaftlichen Aufgabe entspricht. Aber auch in diesem Bereich ist die Umsetzung insbesondere nach innen, ähnlich wie in der freien Wirtschaft, noch nicht völlig gelungen.

Dank der stärkeren Ausrichtung auf den Kunden erkannte man jedoch die Bedeutung, die das Thema Umweltschutz für die Bindung alter und die Gewinnung neuer Fahrgäste in der Selbst-

Bild 18: UmweltZeitkarte der Saartal-Linien

darstellung der Unternehmen einnehmen kann. So führten viele Betriebe in bis dato seltener Flexibilität übertragbare Umweltzeitkarten ein, wobei sie vielversprechende Erfolge verzeichnen konnten. Um dem aufgezeigten Werte- und Verhaltenswandel in der Bevölkerung Rechnung zu tragen und ihn noch zu unterstützen, wirbt und wird man weiterhin werben mit der Entlastung unseres Lebensraumes und unserer Umwelt durch den öffentlichen Personennahverkehr und seine Benutzer [25].

„Gemeinsam sind wir stark" – Die Gemeinschaftswerbung des ÖPNV

Die Anfänge

Das Vorbild für die Gemeinschaftswerbung in Deutschland stammt wie so vieles in der Werbebranche wiederum aus den USA. Während dort – mit staatlicher Unterstützung – bereits während des Ersten Weltkrieges gemeinschaftliche Werbeaktionen durchgeführt wurden, wurde in Deutschland die Gemeinschaftswerbung erst Mitte der 20er Jahre im Rahmen der unternehmenspolitischen Neuorientierung auf breiterer Basis angewendet. Bereits damals wurde dieses Werbeinstrument bevorzugt von den Verbänden wie etwa den Winzern, der Rohstoffindustrie und der Landwirtschaft eingesetzt, die es auch heute noch nutzen.

Für den ÖPNV hatte bereits 1951 Dr. Mroß, der damalige Direktor der Hamburger Hochbahn, die Bedeutung der öffentlichen Meinungsbildung hervorgehoben und den Belang der Werbung um Vertrauen für die Dienstleistung Nahverkehr betont.

Anfang der 60er Jahre wurde im VÖV der Ausschuß für Öffentlichkeitsarbeit gegründet, der sich mit den Fragen einer verstärkten Öffentlichkeitsarbeit und Werbung für den öffentlichen Personennahverkehr zu befassen hatte. Dieses Gremium hatte unter anderem die Idee der Gemeinschaftswerbung als möglicherweise geeignetes Werbeinstrument für den ÖPNV in Deutschland aufgegriffen. Im Ministerium für Wirtschaft, Mittelstand und Verkehr stand man diesem Gedanken positiv gegenüber, wie man den Forderungen aus einem Vortrag von 1964 des damaligen Ministerialdirigenten Dr. Beine nach „einer Werbung großen Stils für die Benutzung öffentlicher Verkehrsmittel" entnehmen kann.

Dessen ungeachtet war es von dieser Idee bis zur Umsetzung noch ein sehr weiter Weg. Grundsätzlich hatte man über die Werbeziele bereits gewisse, wenn auch noch etwas diffuse Vorstellungen. Dazu gehörte der Hinweis auf die wichtigen Aufgaben des Personennahverkehrs im übergeordneten Interesse der Allgemeinheit ebenso wie die Betonung des persönlichen Nutzens. Darüber hinaus wollte man angesichts der Funktion des Autos als Statussymbol schlechthin das Prestige der öffentlichen Verkehrsmittel steigern. Bei den Kunden wollte man über werbliche Maßnahmen auf emotionaler Ebene ein Gefühl der Befriedigung bewußt machen und stabilisieren, das seinen Ursprung in der Nutzung von Bussen und Bahnen hat. Man hatte allerdings auch erkannt, daß es nicht möglich ist, eine positive emotionale Einstellung der Kunden hervorzurufen, wenn die technische Leistung dem Anspruch nicht entspricht.

Mehr als ein Jahr heftiger interner Diskussion über Werbung für den ÖPNV im allgemeinen und Gemeinschaftswerbung des VÖV im besonderen war vergangen. Dann entschloß man sich, eine Untersuchung über die Möglichkeiten einer erfolgreichen Gemeinschaftswerbung durchführen zu lassen. Als Untersuchungsergebnis erklärte die Werbeagentur Zietsch die Gemeinschaftswerbung als langfristig geeignetes und auch notwendiges Mittel zur Imageverbesserung für den ÖPNV. Weiterhin entwickelte die Agentur 1965 eine Werbekonzeption, mit deren

Hilfe ein positives Leitbild des vernünftigen und überlegenen autobesitzenden ÖPNV-Benutzers entstehen sollte. Gleichzeitig wurde erstmals eine mehrjährige Werbe- und Werbeetatplanung vorgeschlagen. Aufgrund der vorliegenden Ergebnisse setzte dann ein langfristiger Meinungsbildungsprozeß mit Diskussion und Sitzungen auf den unterschiedlichsten Ebenen ein.

Dabei wurden unter anderem von Seiten einzelner Verkehrsbetriebe Vorbehalte geäußert. Im Mittelpunkt stand einerseits die Befürchtung, daß man den aufgrund der Werbung zu erwartenden Fahrgastansturm möglicherweise nicht bewältigen könnte. Ebenso wurde kritisch argumentiert, daß das Angebot der meisten VÖV-Betriebe noch nicht so günstig sei, daß man ruhigen Gewissens den Autofahrern sagen könne, die Beförderung in öffentlichen Verkehrsmitteln sei für sie vorteilhafter als die im eigenen Auto.

Als Folge dieser Erörterungen beschloß der VÖV-Verwaltungsrat 1966 die Öffentlichkeitsarbeit des ÖPNV im Sinne von PR-Maßnahmen zu verstärken, um bei Entscheidungsträgern der Verkehrspolitik und Meinungsbildnern in den Medien vermehrt eine positive Einstellung zum ÖPNV zu erzeugen. Die Gemeinschaftswerbung wurde zunächst noch zurückgestellt mit der Maßgabe, weitere Gutachten über ihre Chancen und Möglichkeiten einzuholen.

Die Troost-Kampagne – Der individuelle Nutzen

Im Jahr 1971 wurde eine intensive Marktuntersuchung durch das WEMA-Institut durchgeführt. Bei der Auswertung dieser Studie stellte sich heraus, daß bei den ÖPNV-Benutzern ein starkes Bedürfnis nach eindeutigen Informationen und mehr Transparenz im Leistungsangebot der Verkehrsbetriebe bestand, welches bis dahin nicht genau berücksichtigt wurde. Als primäre Zielgruppe stellte man einerseits Nichtbenutzer fest, die einstellungsmäßig zur Benutzung des ÖPNV tendieren, und andererseits Benutzer mit einer Neigung zur Abwanderung zu privaten Verkehrsmitteln.

Mit diesen Ergebnissen als Grundlage wurde die vom VÖV ausgewählte Agentur Troost beauftragt, im Rahmen einer langfristigen Marketingstrategie eine Werbestrategie und deren Konzeption zu erarbeiten. Vorgabe seitens des VÖV war dabei, die subjektiv negative Einstellung der Verkehrsteilnehmer gegenüber dem ÖPNV ins Positive zu wenden. Um dies zu erreichen, sollten die öffentlichen Nahverkehrsmittel wieder ins öffentliche Bewußtsein und damit ins allgemeine Interesse gerückt werden. Um langfristig gesehen einen Basistrend zugunsten der Benutzung öffentlicher Verkehrsmittel zu schaffen, sollten die derzeitigen Benutzer gehalten werden, die gelegentlichen Fahrgäste zu intensiveren Nutzung angeregt und neue Verkehrsteilnehmer gewonnen werden.

Die Agentur Troost schlug dazu ein mehrklassiges Vorgehen vor. Mittels nationaler Werbemaßnahmen sollte das Image des ÖPNV aufgewertet werden. Auf der Ebene der Verkehrsbetriebe sollten aktuelle Anreize zur Benutzung des ÖPNV mit Hilfe von Aktionsmaßnahmen geschaffen werden, die darüber hinaus der Imageaufwertung dienen. Flankierend zu den werblichen Bemühungen sollten die Public-Relations-Aktivitäten intensiviert werden, etwa über regelmäßig stattfindende Pressekonferenzen, Tagungen und Besichtigungsfahrten. Dabei wurde vorgeschlagen, das Vokabular der Verkehrsbetriebe zu überprüfen („Beförderungsfall") und es gegebenenfalls zu modernisieren.

Die Kommunikationsstrategie der Dachwerbung des Verbandes zielte darauf ab, den Fahrgästen zu vermitteln, daß sie sich klug, fortschrittlich und gesellschaftskonform verhielten, und den Nichtbenutzern vor Augen zu führen, daß der ÖPNV die modernere innerstädtische Fortbewegung ist. Autofahrer sollten zu der Einsicht gebracht werden, daß öffentlicher und individueller Verkehr sich ideal ergänzen. Als Begründung diente dabei das Angebot von individuellen und zielgruppenspezifischen Lösungen der städtischen Personentransportprobleme (Parkplätze, Stau, etc.). Dem Fahrgast sollte dabei nicht nur der rationa-

Bild 19: Anzeige einer Serie, die sich bereits 1974 an Politiker richtete

le Nutzen des schnellen, sicheren und preiswerten Transportes, sondern auch der emotionale Zusatznutzen einer modernen und zeitgerechten, vernünftig-funktionalen Form der Fortbewegung zukommen, die nichts sozial Abwertendes an sich hat.

Die Botschaft wurde in Form von Testimonials, also als persönliche Empfehlung von Verbrauchern und Prominenten bekanntgemacht. Der Stil der Ansprache wurde dabei bewußt modern, freundlich und sympathisch gehalten, frei von Aussagen, die den Individualverkehr diskriminieren, um eine partnerschaftliche Haltung der Verkehrsbetriebe zum Ausdruck zu bringen.

Als verbindendes Element für die Gemeinschaftswerbung auf nationaler Ebene und die Aktionen der Verkehrsbetriebe wurden das Signet und der Slogan „Busse und Bahnen – Grüne Welle für Vernunft“ entwickelt, die als visuelle und akustische Klammer alle Werbemittel als zusammengehörend kenntlich machen. Für die Dachwerbung wurden dabei regionale und nationale Medien eingesetzt wie Werbefunk und -fernsehen, Publikumszeitschriften und Tageszeitungsanzeigen, für die lokale Aktionswerbung eher Plakate, Direktwerbung und Verkehrsmittelwerbung. Im Frühjahr 1973 wurden die ersten Anzeigen geschaltet, in denen mit einem Verkehrsrichter, einer Kindergärtnerin und einem Sparkassenleiter sozial stark akzeptierte Berufsgruppen gezeigt wurden, deren Vorbildfunktion eine ausgeprägte Beweiskraft hat. Im Laufe des Jahres folgten die Hörfunk- und Fernsehspots. Ergänzend liefen im Rahmen der intensivierten PR-Arbeit Anzeigenkampagnen im „Spiegel“, die sich an politisch verantwortliche Instanzen wendeten. Beispielhaft dafür war die berühmte Anzeige mit dem Titel „Danke Herr Bundeskanzler“.

Besonders gespannt war man im VÖV auf den Erfolg der Kampagne, der in der WEMA-Wirkungsanalyse 1973 überprüft wurde. Die Ergebnisse bestätigten einen hohen Bekanntheitsgrad der VÖV-Werbung (40 %) und des Slogans (48 %). Generell fiel die Beurteilung positiv (63 %) aus, ebenso als „seriös und verständlich“, „informativ“, „fortschrittlich“ und „sympathisch“. Aufgrund des allgemeinen Erfolgs wurde die Agentur Troost beauftragt, neue Gestaltungsvorschläge für die Zukunft zu erarbeiten. Die bisherige Kommunikationsstrategie mit der Ansprache des individuellen Nutzens sollte weiterverfolgt werden und weiterhin die enge Verbindung zwischen Personen als Leitbildern und öffentlichen Verkehrsmitteln zum Beweis der Akzeptanz hergestellt werden (Testimonials). Slogan und Signet, die sich ebenfalls bewährt hatten, sollten fortgeführt werden. Die menschliche, sympathische Ansprache sollte noch stärker als in der 73/74er Kampagne betont werden. Zusätzlich wurden die Anzeigen um einen sachlichen Textteil erweitert, der dem Interessierten erstmals die Möglichkeit bieten sollte, sich über die gesellschaftliche und volkswirtschaftliche Bedeutung des ÖPNV zu informieren.

Die Phase der Imageverbesserung

Für die Gemeinschaftswerbung in den Jahren 1977 und 1978 beschloß man, aufbauend auf die bisherigen Maßnahmen, die Kampagne deutlicher zu differenzieren. Grundlage dieser Änderung waren die Umfrageergebnisse der Gesellschaft für Konsumforschung (GfK). Dort fand man heraus, daß 68 % der erwachsenen Bevölkerung den ÖPNV als wichtig und notwendig zur Bewältigung der städtischen Verkehrsprobleme ansahen und selbst 60 % der PKW-Besitzer diese Ansicht teilten. Darum sollte vor allem das Image der Nahverkehrsbetriebe in der breiten Öffentlichkeit und bei den Meinungsbildnern verbessert werden, denn die Umfrage der GfK ergab, daß die Öffentlichkeit der Meinung war, an der Finanzmisere des ÖPNV sei an erster Stelle die geringe Zahl der Fahrgäste und gleich an zweiter Stelle ein schlechtes Management schuld.

Die Einstellung der Zielgruppe „Öffentlichkeit“ sollte besonders im Hinblick auf das Angebot der Verkehrsbetriebe positiv beeinflußt werden, indem man sich um eine gesteigerte Attraktivität des ÖPNV in den Augen der Fahrgäste bemüht. Man beabsichtigte so, langfristig eine Verhaltensänderung der Zielgruppe im Sinne einer intensiveren Nutzung des ÖPNV zu erreichen. Der Stil der Kommunikation sollte klarer und prägnanter gestaltet werden.

Bilder 20 bis 23: Motive der Plakatwerbung in der 2. Hälfte der 70er Jahre (Fotos: VÖV)

Bild 24: Testimonial-Kampagne mit Petra Schürmann (Foto: VÖV)

Einstellungsänderung zugunsten des ÖPNV als Ziel

Während der Vorbereitungszeit der Kampagne für 1979/80 zeigte eine Situationsanalyse ein gegensätzliches Bild des ÖPNV. Das Beförderungsaufkommen insgesamt war in den letzten Jahren leicht zurückgegangen (1977: -1 %). Dagegen konnten

Bilder 25 und 26: Werbung auch auf den Fahrzeugen (Fotos: VÖV)

in einigen Großstädten wie Frankfurt und München aufgrund eines Ausbaus des ÖPNV die Nutzenvorteile und damit die Benutzerfrequenz deutlich gesteigert werden. Gleichzeitig konnte man dank aktueller GfK-Daten feststellen, daß die Vorteile des ÖPNV bei der innerstädtischen Fortbewegung grundsätzlich deutlicher gesehen wurden. Diese Veränderung der öffentlichen Einstellung zum Positiven hin sollte gefestigt und in eine Veränderung der Verhaltensweise überführt werden. Dementsprechend sollte neben der Imageverbesserung durch die Gemeinschaftswerbung für die Jahre 79/80 auf lokaler Ebene eine deutliche intensivere Verkaufswerbung betrieben werden. Außerdem sollten Aktivitäten von Verband und Mitgliedsbetrieben besser koordiniert werden.

Die der Gemeinschaftswerbung zugrunde liegende Kommunikationsstrategie sollte im Grundsatzkonzept beibehalten werden. Durch eine Verstärkung der menschlich-sympathischen Ansprache mit starkem Aufforderungscharakter einerseits sowie die gezieltere argumentative Betonung von individuell vorteilhaften Situationen andererseits wurde sie weiter optimiert.

Näher an die Zielgruppen

Bei der Vorbereitung der Gemeinschaftswerbung für die Jahre 1981 und 82 waren zwei wichtige Änderungen zu berücksichtigen. Erstens galt es, die Deutsche Bundesbahn in die Kampagne zu integrieren. Dem wurde durch die Änderung des Signets Rechnung getragen. Besonders bemerkenswert war nun, daß man das zehn Jahre zuvor gesteckte Ziel inzwischen erreicht hatte. Alle Umfragen bestätigten eine Einstellungsänderung in der Bevölkerung gegenüber öffentlichen Verkehrsmitteln.

Als zweite Änderung definierte man folgerichtig ein neues Werbeziel. Im Vordergrund stand, die Bevölkerung zu veranlassen, durch gezielte Verkehrsmittelwahl den ÖPNV intensiver zu

Bilder 27 und 28: 1981: Einbeziehung der DB in die Gemeinschaftswerbung führte zur Veränderung des Logos (Fotos: VÖV)

nutzen. Damit mußte eine Verstärkung des Verkaufscharakters der Kampagne aufgebaut werden. Als Zielgruppe mit Zukunftspotential visierte man besonders die Personen an, die ihre Mobilitätsfragen alternativ mit ÖPNV oder PKW lösen konnten. Gleichzeitig wollte man die Imagekampagne mit der Zielgruppe Stammkunden durch eine soziale Aufwertung des Benutzers fortführen. Beide Dimensionen wurden bei der aktualisierten Positionierung des ÖPNV berücksichtigt. In der neuen Kommunikation wurde eine direkte, argumentative Ansprache mit emotionalem Nutzenerlebnis gewählt, die den Stammkunden als vernünftigen modernen Menschen und Benutzer einer zukunftsträchtigen Dienstleistung darstellt, dessen Handeln richtig und nachahmenswert ist. Dem PKW-Fahrer wollte man als potentiellem Kunden das Umsteigen auf die preiswerte, pünktliche, sichere und nervenschonende Alternative ÖPNV erleichtern unter gleichzeitigem Abbau der emotionalen Vorteile des PKW.

Eine ganze neue Dimension eröffnete ein Agenturvorschlag, die Aspekte Umweltfreundlichkeit, Verkehrssicherheit und Energiesparen zusätzlich in die Kampagne aufzunehmen. Vor allem über das Umweltkonzept wollte man moralisch an die Bürgerverantwortung appellieren, durch Umsteigen einen Beitrag zur positiven Umweltgestaltung zu leisten. Das Umweltkonzept wurde zu diesem Zeitpunkt allerdings noch nicht vom Verband angenommen.

Die gezielte Verkehrsmittelwahl

Anfang der 80er Jahre gab es wieder gegenläufige gesellschaftliche Trends bezüglich des ÖPNV. Laut GfK hat sich der pro-ÖPNV-Trend der späten 70er zu einem Individual-Trend pro Auto gewandelt. Gleichzeitig schien ein Umdenkungsprozeß in der Verkehrspolitik stattgefunden zu haben, der sich weg von der parallelen Vorhaltung verschiedener Verkehrssysteme hin zur Förderung der jeweils besseren Alternative bewegte. Simultan dazu wurde in den Verkehrsbetrieben das bisherige rein unternehmensbezogene Angebotsdenken mehr und mehr durch ein markt- und nachfrageorientiertes Absatzdenken substituiert. Man bemühte sich, die Mobilitätsbedürfnisse der Fahrgäste stärker zu berücksichtigen, wie es der VÖV in seinem Aktionsprogramm für die 80er als unerläßlich zur Sicherung und Ausweitung der Marktanteile ansah.

Auf dem Erkennen dieser Bedürfnisse der tatsächlichen und potentiellen Kunden baute die Kampagne für 83/84 auf. Das übergeordnete Marketingziel bestand darin, die Kunden dazu zu bewegen, im Rahmen ihrer Mobilitätsplanung eine gezielte Wahl der Verkehrsmittel vorzunehmen. Um dies zu erreichen,

Bild 29: Motiv der Kampagne 83/84 (Foto: VÖV)

sollte das Angebot betont für die Fahrtanlässe herausgestellt werden, bei denen es in den Zielgruppen eine latente Bereitschaft zur Nutzung des ÖPNV oder zumindest Unzufriedenheit mit dem bisher genutzten Verkehrsmittel gibt. Durch die gezielte Ansprache der latenten Bedürfnisse sollten diese in offene Bedürfnisse und damit in Nachfrage umgewandelt werden. Analog dazu wollte man die psychologischen Vorurteile abbauen, die der Verhaltensänderung, also dem Umsteigen auf ÖPNV, noch entgegenstehen. Es galt, die so gewonnenen Gelegenheitsfahrgäste durch unterstützende Servicemaßnahmen der Verkehrsbetriebe auf lokaler Ebene an den ÖPNV zu binden und zu Stammfahrern zu machen. Als geeignete Maßnahmen sah man zum Beispiel spezielle Informationen über Umsteige- und Anschlußmöglichkeiten an. Die Agentur (TCE) schlug vor, den Stil der Kampagne stärker zu emotionalisieren. Allerdings zog man seitens des Verbandes einen sachlich argumentativen, eher rational orientierten Stil vor.

Der „sympathische Markenartikel“ ÖPNV

Für die Kampagne der Jahre 85/86 erarbeitete der Ausschuß für Öffentlichkeitsarbeit und Werbung neue Ansätze. So sah man das Konzept, den Fahrgast in den Mittelpunkt der Werbung zu stellen, als ausgereizt an. Der neue Entwurf sollte das Angebot selbst, also die öffentlichen Verkehrsmittel aufwerten und in den Mittelpunkt stellen, die Konzeptüberschrift lautete „Sympathie für Bus und Bahn“. Genau in diesem Bereich mußte man nämlich Defizite für den ÖPNV registrieren, nachdem es der Automobilindustrie gelungen war, trotz ungünstiger Rahmenbedingungen für

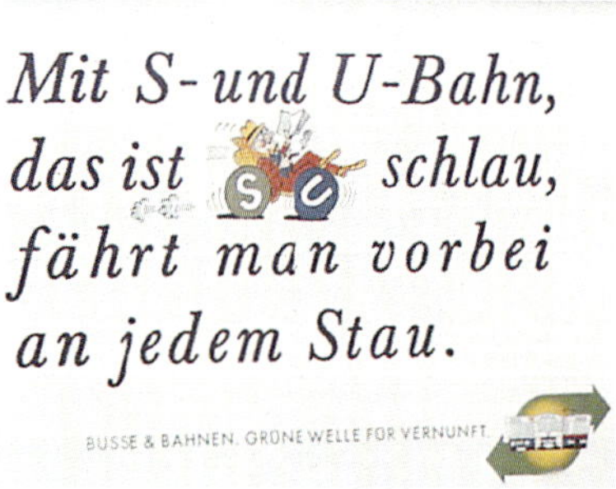

Bilder 30 und 31: Motive der Kampagne 85/86 (Fotos: VÖV)

Bild 32: Motiv der Kampagne 87/88 (Foto: VÖV)

das Auto ein weiterhin positives Image aufzubauen.

Dabei wollte man auch die unterschiedlichen Rahmenbedingungen in den Ballungsgebieten und der Region stärker berücksichtigen und somit den örtlichen Verkehrsbetrieben noch mehr Unterstützung zukommen lassen als bisher. Infolge dessen mußten die Werbebotschaften den verschiedenen Situationen in den verschiedenen Verkehrsgebieten angepaßt werden. Dennoch kam man überein, daß die eigentliche Absatzwerbung weiterhin die Image- und Sympathiewerte des ÖPNV verbessern soll. Für die neue Kampagne wurden dann eingängige Schlagzeilen entwickelt, die klar die Problemlösung durch Bus und Bahn vermitteln, wobei sich die Zielgruppen in der Werbung wiedererkennen sollten. Hauptaufgabe der neuen Slogans war es jedoch, ein hohes Maß an Sympathie zu transportieren, um die festgestellten Defizite in der Einstellung von Benutzern wie Nichtbenutzern zu kompensieren. Man hatte nun auch im Verband erkannt, daß man dieses Ziel mit einer stark emotionalisierten Positionierung der Dienstleistung ÖPNV erfolgreicher realisieren kann, ähnlich wie es die großen Markenartikler und Konsumgüterhersteller bewerkstelligen, zum Beispiel Coca Cola. Schließlich entsprach es dem übergeordneten Marketingziel, auch den ÖPNV als „Markenartikel“ zu positionieren. Deshalb wich man nun auch wieder von rational orientierten Kampagnen der Vorjahre ab.

Das „Public-Awareness-Konzept“: Vom Wertewandel zum Verhaltenswandel

Ende der 80er Jahre fand das schon vorher von dem Münchner Mobilitätsforscher Werner Brög entwickelte „Public-Awareness-Konzept (PAW)“ Eingang in die Verbandskampagne. Vor dem Hintergrund der neuen Umweltverantwortung und des Umdenkens der Menschen stieg die Zahl der Fahrgäste wieder an. Die Kampagne sollte den ÖPNV fortan als subjektiv wählbare Alternative darstellen. Gleichzeitig sollte eine tatsächliche Verhaltensänderung in Form von zusätzlichen und dauerhaften Umsteigern erreicht werden. Das PAW-Konzept fußt auf vielen empirisch abgesicherten Bausteinen:

– Die Folgen des stark anwachsenden Straßenverkehrs erscheinen in Stadt und Land

Bild 33: Die Public-Awareness-Kampagne stand anfangs unter dem Motto „Zeit zum Umdenken“ (Foto: VDV)

zunehmend problematischer und führen zum Wunsch der Neuorientierung in der Verkehrspolitik.

– Dabei soll dem Verkehrsmittel des Umweltverbundes (zu Fuß, Fahrrad, ÖPNV) Vorrang gegenüber dem PKW eingeräumt werden, verbunden mit einem Wunsch nach stärkerem Ausbau des Angebotes an öffentlichen Verkehrsmitteln.

– Eine Angebotsverbesserung würde, anders als früher, durchaus auf die Bereitschaft zum Verkehrsmittelwechsel stoßen, d. h., der ÖPNV hat latente Potentiale.

– Die spürbar höhere Ausschöpfung der Potentiale setzt eine Verbesserung der Angebote und eine Motivations- und Informationsoffensive voraus. Fehleinschätzungen und Vorurteile gegenüber dem ÖPNV müssen korrigiert werden.

– Dies gilt insbesondere für Entscheider in Politik, Wirtschaft und Publizistik, die als Meinungsführer gelten und wirken. Sie überschätzen den Beitrag des motorisierten Individualverkehrs und unterschätzen die kritischer gewordene Distanz in der Bevölkerung gegenüber einer autoorientierten Verkehrsplanung.

Der heutige Stand der Gemeinschaftswerbung

Auf der Basis dieser vielfach bestätigten, zum Teil überraschenden Fakten wurden die erfolgreichen VDV-Kampagnen der letzten Jahre entwickelt. Sie richteten sich bei relativ geringem Budget im Vergleich zu den Milliardenbudgets der gesamten automobilgerichteten Werbung an die Meinungsführer. Die Botschaft war und ist klar. Der ÖPNV hat seine Stärken in der Umwelterhaltung und -verbesserung. Deshalb muß er gefördert werden, und mit jeder Fahrt bzw. jedem Umsteigen leisten die Fahrgäste des ÖPNV und die in-

Bilder 34 bis 36: Beispiele für Anzeigen der Public-Awareness-Kampagne 1991, 1993, 1994

nerhalb des Umweltverbundes einen wertvollen kollektiven Beitrag für die Ökologie. Trotz aller Verbesserungen der öffentlichen Verkehrssysteme, auf die die neuesten Werbelinien selbstbewußt verstärkt hinweisen, soll kein direkter individueller Nutzenwettbewerb zwischen dem ÖPNV und dem PKW erfolgen. Die Erfolge der letzten Jahre, die für den ÖPNV sprechen, wurden indirekt über die argumentative Untermauerung des angesprochenen Wertewandels, über die Darstellung „der ÖPNV ist besser als sein Ruf" und über neue Formen der Kommunikation in Veranstaltungen und Foren erreicht.

Die starke Integration des Partners Deutsche Bahn in die Kampagnen hat die Schlagkraft des ÖPNV verstärkt. Dabei mußten Kompromisse erzielt werden, weil die DB das PAW-Konzept aktuell gerne um offensive Aussagen zu unbestreitbaren Stärken und Vorteile des ÖPNV ergänzt sehen möchte. Ganz wesentlich war und ist, daß die PAW-Linie der VDV-Gemeinschaftswerbung heute von zahlreichen Verkehrsunternehmen und Verbünden in Stadt und Land ergänzt wird. Mit dieser „Basisreaktion" hat die Gemeinschaftswerbung nach über zwei Jahrzehnten einen Zustimmungs- und Unterstützungsgrad erreicht, auf dem der Verband nunmehr positiv aufbauen kann. In mühsamer Arbeit ist es letztlich gelungen, nach erfolgter Marktforschung viele Instrumente des Marketing-Mix koordiniert und professionell einzusetzen. In den 90er Jahren steht angesichts der leeren Kassen der öffentlichen Haushalte mehr denn je die Überzeugungsarbeit gegenüber der Politik im Vordergrund, angesichts der Fahrgastzuwächse aufgrund des Wertewandels die Finanzentscheidungen weiter für den öffentlichen Personennahverkehr positiv zu treffen.

Literatur

[1] Reinhardt, D., Geschichte der Wirtschaftswerbung in Deutschland, Akademie-Verlag, Berlin, 1993, Von der Reklame zum Marketing, S. 429 ff.

[2] Reinhardt, D., Von der Reklame zum Marketing, S. 433 ff.

[3] Naumann, T., Die Würzburger Straßenbahn; Ein Gang durch hundert Jahre Nahverkehr, 1992, S. 12

[4] Reinhardt, D., Von der Reklame zum Marketing, S. 436 ff.

[5] Lehmann, J., Straßenbahn und Obus in Rheydt, Verlag Kenning, S. 12 ff.

[6] Naumann, T., Die Würzburger Straßenbahn, S. 38 ff.

[7] Reinhardt, D., Von der Reklame zum Marketing, S. 92 ff.

[8] Archiv der Berliner Verkehrsbetriebe

[9] Archiv der Rheinbahn

[10] Reinhardt, D., Von der Reklame zum Marketing, S. 133 ff.

[11] Archiv der Rheinbahn

[12] Archiv der Verkehrsbetriebe Solingen

[13] Privatarchiv, Straßenbahnwerbewagen 1937

[14] Archiv der Rheinbahn, Fr. v. Hullesheim, Aus dem Schaffen unserer Werbeabteilung

[15] Kriegeskorte, M., Werbung in Deutschland, S. 8 ff.

[16] Kriegeskorte, M., Werbung in Deutschland, S. 32 ff., S. 80 ff.

[17] Moß, M., Public Relations der öffentlichen Verkehrsbetriebe, Sonderdruck aus Verkehr und Technik, Heft 7/1951.

[18] Kriegeskorte, M., Werbung in Deutschland, S. 135 ff.

[19] Kroeber-Riel, W., Strategie und Technik der Werbung, S. 193

[20] Linke, K., Geisbüsch/Weeser Krell/Geml, Konsumerismus, Marketing, S. 43 ff.

[21] Labs, Dr., Korrespondenz des Ausschusses für Öffentlichkeitsarbeit und Werbung des VÖV, Juni 1964

[22] Kroeber-Riel, W. Konsumentenverhalten, S. 236, S. 351

[23] Kroeber-Riel, W. Strategie und Technik der Werbung, S. 102

[24] Schreyögg, Prof. Dr. G., Unternehmenskultur

[25] VÖV und DB; Zeit zum Umdenken – Busse und Bahnen, Köln 1989

Inhalt

Vom Posthorn zum Corporate Public Design

Konrad C. F. Lorenzen (59), Dipl.-Kfm., ist seit März 1995 Geschäftsführer der Gesellschaft zur Vorbereitung des Verkehrsverbundes Berlin/Brandenburg mbH (VVG). Ab 1967 leitete er im heutigen Märkischen Kreis verschiedene regionale Verkehrsbetriebe und Eisenbahnen, u.a. die Märkische Verkehrsgesellschaft mbH (MVG), ordnete den ÖPNV in der Region neu und bildete Verkehrsgemeinschaften. Von 1988 bis 1995 war er Geschäftsleiter bzw. Vorstand der BVG Berliner Verkehrsbetriebe. Beim ehemaligen VÖV war er 1977 bis 1986 Mitglied des Verwaltungsrates und 1983 bis 1986 Mitglied des Präsidiums. Beim VDV war er 1991 bis März 1995 Mitglied des Verwaltungsrates Personenverkehr und 1992 bis 1995 Mitglied des Präsidiums. Seit 1986 ist er Vorsitzer des VÖV/VDV-Hauptausschusses und seit 1. 1. 1995 Vorsitzender der neugegründeten Landesgruppe Ost des VDV. Lorenzen gehört dem Vorstand des Internationalen Verbandes für öffentliches Verkehrswesen (UITP) an. 1987 wurde er mit dem Bundesverdienstkreuz ausgezeichnet.

Zum Begriff des „Public Design“

Auch wenn die Städte der westeuropäischen Industriestaaten trotz Kriegseinwirkung und Stadtumbauten durch mühsame Rekonstruktion und Restaurierung ihre überkommenen Stadtstrukturen und ihre charakteristischen Eigenheiten zu bewahren suchen, auch wenn die modernen Großstädte Amerikas und Asiens durch immer neue spektakuläre architektonische Dominanten ihre äußeren Erscheinungsbilder zu individualisieren versuchen, so ist dennoch ein deutlicher Trend zur Vereinheitlichung der Stadtarchitekturen durch weltweit auftretende anerkannte Architekten nicht zu übersehen. Die modernen Städte werden sich immer ähnlicher.

Dies gilt mehr noch für die Benutzeroberfläche der Städte, die Geschäftshäuser und Gewerbegebiete, die Straßenszenarien und Fassadenketten und wird verursacht durch die immer gleichen vorherrschenden Reklamebilder der internationalen Großkonzerne, die ihre Waren weltweit mit gleicher Werbung und Darbietungsform anpreisen. Ob Coca Cola oder McDonalds, Sony oder Philips, Mitsubishi oder Mercedes, kein Ort, keine Stadt, deren äußeres Erscheinungsbild nicht von diesen Reklamebildern überfrachtet und denaturiert wird [1].

Das war nicht immer so.

Vergleicht man die mittelalterlichen oder durch andere Stilepochen geprägten Stadtbilder früherer Jahrhunderte mit ihren heutigen Nachbildungen, so waren es gerade das individuelle Stadtbild, die typische Stadtsilhouette, die einzigartigen Straßenzüge oder stadttypische Gebäude, die den Städten ihre Individualität, ihre Einmaligkeit und Identität verliehen und sie zu

Bild 1: Stadtansicht von Florenz nach F. Roselli, die dem Begriff „Design“ seine Bedeutung gab (Foto: Archiv für Kunst und Geschichte, Berlin)

unverwechselbaren Unikaten machten. Die spezielle Stadtarchitektur, die eigenartige Stadtgestaltung war das, was die Städte voneinander unterschied und den Bürgern dieser Städte wiederum ihre Besonderheit, ihre Erkennbarkeit, ihre Herkunft, ihre Identität mitlieferte. Weltumspannende Auftragsarchitektur oder gar weltweit operierende Produktwerbung gab es nicht.

Die öffentliche Einrichtung Stadt war so individuell gestaltet, daß sie es den Menschen leicht machte, ihre Städte zu identifizieren, wie auch die Bürger selbst sich mit ihrer Stadt in einer Weise identifizieren konnten, wie dies heutzutage kaum noch möglich ist.

Und so ist es kaum verwunderlich, daß der Begriff Design im Sprachgebrauch überhaupt und erstmalig für die besonders eigenartige Gestaltung einer Stadt auftaucht, und zwar im Italienischen des 15. Jahrhunderts für das schon damals als besonders gelungen und vorbildlich gepriesene Stadtbild von Florenz. Die in sich geschlossene und schöne, aber auch als bürgerfreundlich und repräsentativ erkannte Stadtarchitektur von Florenz wurde damals mit dem Begriff Disegno fiorentino bezeichnet (Bild 1).

Der Begriff Disegno oder dessen englische Version Design fand damit für eine öffentliche Einrichtung, hier eine Stadt in ihrer ganzheitlichen Konzeption mit einer spezifischen Identität, seine erste Verwendung. Und der Begriff fand Anwendung nicht nur für das äußere Erscheinungsbild, sondern beschrieb ausdrücklich die Hardware, die städtischen Gebäude, einerseits in ihrer unverwechselbaren und schönen Architektur und andererseits in ihrer Zuordnung zueinander oder – wie wir heute sagen – im Ensemble.

D. h., die einzelnen Bestandteile, die in ihrer Gesamtheit das Stadtbild prägten, wurden mit diesem Ausdruck erfaßt und damit wird zugleich der Wesensinhalt, der heute den Begriffen „Corporate Design“ oder „Corporate Identity“ innewohnt, deutlich, also der Ausdruck der Einheitlichkeit, des ganzheitlichen Konzeptes, das dahinter steht. Und dies nicht nur für irgend einen Anwendungsfall eines beliebigen Produktes, sondern für den öffentlichen Anwendungsfall, den wir heute mit Public Design umschreiben.

Moderne Design-Methoden und Public Design

Public Design – ein typisch amerikanisch knapper aber inhaltsreicher Ausdruck, der, wie am Beispiel der Stadtarchitektur dargelegt, die vielfältigsten Gestaltungs- und Kennzeichnungsmöglichkeiten, Darbietungsformen und Sinngebungen öffentlicher Hoheitsakte und Dienstleistungen, Gebietskörperschaften und staatlicher Einrichtungen beschreibt.

Nachdem gutes Design für Waren und Produkte, für Geräte und Möbel, für Häuser und Städte, für Fahrzeuge und Kleidung, für Informationen und Dienstleistungen, für Aktionen und Erscheinungsbilder seit Generationen gang und gäbe ist – nachdem gutes Design sich sogar seit den dreißiger Jahren zum Lehr- und Unterrichtsfach an Hoch- und Fachschulen entwickelt hat – erschließt sich in unseren Tagen die Anwendung guten Designs als Public Design auch dem öffentlichen Dienstleistungs-Sektor, den Hoheitsaufgaben, öffentlichen Einrichtungen und Tätigkeiten. Modernes Design auch auf diese öffentlichen Bereiche und Dienste anzuwenden wird nach und nach zur Selbstverständlichkeit [2].

Public Design enthält damit zugleich den Anspruch und das Ziel, den gesamten öffentlichen Sektor so zu gestalten, zu qualifizieren, ihn durch geschickte Informationen bekannt zu machen und ihn schließlich so zu verbessern, daß ihn die Bürger verstehen und akzeptieren und sich im besten Falle mit ihm identifizieren können.

Um dieses Ziel zu erreichen, muß die große, inzwischen entwickelte Design-Kultur in ihren vielfältigen Ausprägungen und Anwendungsformen genutzt werden. Dies gilt natürlich in ganz besonderer Weise für solche öffentliche Einrichtungen, auf die der Bürger dringend angewiesen ist, die womöglich zu seiner Daseinsversorgung gehören, wie z. B. den öffentlichen Personennahverkehr (ÖPNV) (Bild 2).

Modernes Corporate Design läßt sich am Anwendungsbeispiel des ÖPNV durch folgende Charakteristika beschreiben:

– gutes äußeres Erscheinungsbild mit typischen Farben, Signets und Logos von intensivem Aussage-, Symbol- und Plausibilitätswert zur besseren Orientierung bei der Benutzung öffentlicher Verkehrsmittel;

– höhere Attraktivität des Verkehrsangebots durch gute Dienstleistung (Service), Sauberkeit, Sicherheit und Zuverlässigkeit;

– Familiarität, Vertrautheit, Ähnlichkeit, Identität von Geräten und Fahrzeugen im ÖPNV;

– einwandfreie Funktionalität und leichtere Handhabbarkeit der Bedienoberfläche der gesamten Nutzungskette des öffentlichen Verkehrs von Beginn bis zum Ende der Fahrt;

– ästhetische, harmonische Gestaltung, Formgebung, Architektur von Geräten, Fahrzeugen, Bahnhöfen und Haltestellen;

– Integrität, Geschlossenheit, Ganzheitlichkeit des Designobjektes ÖPNV.

Und auch für öffentliche Einrichtungen und Dienstleistungen muß die ganze weite Palette moderner Design-Methoden genutzt werden, wie:

Bild 2: Das neugestaltete äußere Erscheinungsbild der Dresdner Verkehrsbetriebe AG prägt auch das Erscheinungsbild der Stadt (Foto: DVB)

Graphic Design	für das äußere Erscheinungsbild und die Informations- und Leitsysteme;
Hardware Design	für alle festen und mobilen Anlagen und die Infrastruktur;
Chinesisches „feng shui"-Design	für die „harmonische Architektur" und die „sanfte Möblierung" von Anlagen aller Art;
Industrielles Design	wie CAD, CAM, CIM in synchronisierter oder koordinierter Form für die Gestaltung von Fahrzeugen und Geräten;
Software Design	für alle Dienstleistungsbereiche, wie Sicherheit, Sauberkeit und Kundendienst sowie Steuerungs- und Kommunikationssysteme.

Alle genannten Formen des modernen Designs sind ganzheitlich anzuwenden. Das heißt, daß die jeweilige öffentliche Einrichtung in allen ihren Erscheinungsformen einem einheitlichen oder ganzheitlichen – einem „Corporate Design" – unterzogen werden muß. Nicht nur das äußere Aussehen und die äußere Gestalt sind das Ziel, sondern gerade auch eine benutzerfreundliche Bedienungs- und Nutzungsmöglichkeit der „Hardware"-Komponenten und des zugehörigen Services ist Aufgabe des Designs. Ein hoher und weitgespannter Anspruch, dessen Realisierung gerade in bezug auf die Technik und die „Hardware" nur langsam und im Schritt der jeweiligen technischen Erneuerung vollzogen werden kann [3].

Bilder 3 bis 5: Beispiele des mit dem Beacon Award 1994 des American Center for Design ausgezeichneten Informationskonzeptes der Berliner Verkehrsbetriebe (Fotos: BVG)

Der ganzheitliche Designansatz, d.h. die Forderung, das gesamte Nutzungsfeld der jeweiligen öffentlichen Einrichtung komplex zu erfassen und ganzheitlich, sozusagen in einem Guß zu gestalten, ist Corporate Design und schafft Corporate Identity [4].

Public Design und öffentlicher Verkehr

Was nun die Anwendung des Public Designs auf das öffentliche Verkehrswesen angeht, so wird man zugestehen müssen, daß ein besonderer Design-Schwerpunkt die Verkehrsinformation ist, d.h. die schnelle, gute Erkennbarkeit, Verständlichkeit, Plausibilität und Korrektheit der Information über Zeit, Ort, Weg und Ziel. Auch die Handhabung und Nutzung der Verkehrsmittel, Ausrüstungen, Tarife und Abfertigungssysteme sind Hauptziele des Verkehrsdesigns und sind natürlich in erster Linie mit gutem Graphic Design zu erreichen (Bilder 3 bis 5). Demgemäß wurde und wird Public Design zunächst in erster Linie nur als Graphic Design, also als Design des äußeren Erscheinungsbildes, verwandt. Die Meinung, daß gerade die in der schnellen Kritik stehenden öffentlichen Einrichtungen nicht mit äußerlicher Gestaltung, Farb- und Formgebung beginnen sollten, sondern zunächst die Funktionalität, Qualität, Zuverlässigkeit, Sicherheit und Kundennähe zum Gegenstand ihres Designs machen sollten, ist verständlich aber nicht unbedingt logisch. Die Erkennbarkeit, Verständlichkeit, Repräsentanz und Identifikation sind allemal Primäraufgaben des Marketings auch öffentlicher Aufgaben.

Frühe Anfänge des Public Designs

So modern dies alles klingen mag, neu ist es nicht! Schon in den ersten Hochkulturen der Menschheit waren Formen der Kennzeichnung oder Symbolisierung staatlicher, hoheitlicher Einrichtungen und Organe eine übliche Methode. Die herrschaftliche Selbstdarstellung der Clanchefs, Fürsten, Könige und Cäsaren bedurfte von Anfang an der symbolhaften, der signifikanten, quasi unverwechselbaren Darstellungsformen. Das typische Erscheinungsbild der Anführerschaft und der Herrschaft mußte präsentiert und für jedermann erkennbar und identifizierbar sein.

Und diesem Informationsbedürfnis wurde schon in den frühesten Kulturen Rechnung getragen.

Typische Zeichen wie der Skarabäus, das Symbol der Gottkönige Ägyptens (Bild 6), die Buchstabenfolge SPQR als Staats- und Feldzeichen des römischen Reiches (Bild 7) waren schon im Altertum gängige Kennzeichen, die wir heute als Signets oder Logos des Public Graphic Designs bezeichnen würden.

Die gesamte weitverbreitete Heraldik des Mittelalters, die Wahrzeichen und Wappen der Handelshäuser, die Stadtwappen (Bild 8), Feldzeichen und Fahnen und schließlich die Stadt- und Landesfarben waren und sind noch heute typische Anwendungsformen des Public Graphic Designs, ohne die heute wie damals keine staatliche Einrichtung auskommen kann.

Bild 8: Das alte Stadtwappen von Danzig (Foto: Lorenzen)

Bild 6: Der grüne Skarabäus, das heilige Signet und Logo der Gottkönige des alten Ägyptens (Foto: Archiv für Kunst und Geschichte, Berlin)

SPQR

Bild 7: Das Logo „SPQR" des römischen Reiches steht für „Senat und Volk von Rom"

„Secret" statt Public Graphic Design

Ohne gut erkennbare Darstellung und Information sind öffentliche Verkehrsangebote praktisch nicht vermarktbar und würden nur denen, die unbedingt auf öffentlichen Verkehr angewiesen sind und daher die nötige Information sich selbst beschaffen müssen, zugänglich sein. Das aber war genau das Problem mit den ersten Verkehrsinformationen; sie sollten gar nicht publik werden, sondern geheim bleiben.

Informationen über Verkehrswege waren schon immer etwas Besonderes und je weiter wir in die Vergangenheit zurückblicken auch etwas Wichtiges und Wertvolles. Dabei hing der Wert oder die Besonderheit dieser Informationen natürlich davon ab, welchen Zwecken die jeweiligen Verkehrswege dienten. Handelte es sich um Handelswege oder – moderner ausgedrückt – um gewerbliche oder berufsbedingte

Wege, oder handelte es sich gar um „Kriegspfade“ oder – moderner ausgedrückt – um militärstrategische Routen, waren die Informationen darüber schon in grauer Vorzeit heiß begehrt aber auch äußerst geheim.

Wege- und Reisebeschreibungen wie auch kartographische Skizzen gab es schon im frühesten Altertum. Denkt man an die Reiseberichte von Herodot oder an die Berichte der Phönizier und Ägypter, also an die Zeit um 450 v. Chr., so können wir eine ganz außergewöhnlich starke Forschungsreisetätigkeit weit über den mediterranen Raum hinaus feststellen, die uns heute noch gute Aufschlüsse über den geographischen Kenntnisstand, aber auch über die Verkehrsmittel und Reisemethoden der damaligen Zeit gibt. Entweder waren derartig bekannt gewordene Reisebeschreibungen Privatsache, wenn man etwa die Berichte von Herodot liest. Oder es handelte sich um Berichte über „staatlich“ angeordnete Forschungsexpeditionen, wie z. B. die ägyptische Afrikaumseglung im Auftrage des Pharao Necho um 600 v. Chr. oder die Nordeuropaexpedition des Pytheas von Massilia um 330 v. Chr., der die Packeisgrenze im nördlichen Eismeer erreichte, die er „geronnenes Meer“ nannte, und die Norwegische Küste, die Shetland- und Orkney-Inseln entdeckte und sogar die Herkunft des Bernsteins (fälschlicherweise) aus der Elbemündung bestimmte.

Ganz anders dagegen ging man mit den Wege- und Fahrtinformationen der Handelsherren und Kaufleute um, die im übrigen viel älter sind. So wissen wir heute, daß es regelmäßigen Schiffsverkehr, den jahreszeitlichen Monsunwinden folgend, zwischen Südarabien und Indien schon um 2000 v. Chr. gab, über den z. B. Seide, Gewürze und Zuckerrohr transportiert wurden.

Derartige Informationen wurden grundsätzlich nur mündlich überliefert, schriftliche oder zeichnerische Belege waren äußerst selten und wenn vorhanden, immer wohlgehütete Geheimsache, ob in staatlichen Archiven, ob in den privaten Schubladen der Kaufleute und Handelsherren oder in den Bibliotheken der handeltreibenden Städte.

Derartige Aufzeichnungen, die sogenannten Periploi der Handelskapitäne, die ersten schriftlichen und skizzenhaften Darstellungen von Küstenstreifen, dienten in erster Linie zur Orientierung der Schiffahrt. Die größte Sammlung dieser Art des Altertums befand sich in der berühmten alexandrinischen Bibliothek des alten ptolemäischen Ägyptens, die allerdings während der römischen Okkupation im Jahre 47 v. Chr. einem Großbrand zum Opfer fiel.

Erste öffentliche Verkehrs- und Stadtinformation

Die Periploi des Altertums und die Portulane des Mittelalters waren schon relativ genaue und auch der Öffentlichkeit zugängliche Weg- und Fahrtbeschreibungen für die handeltreibenden Kaufleute und Handelshäuser und für Reisende. In römischer Zeit gab es bereits katastergenaue Stadtpläne (Bild 9) und umfangreiche zum Teil auf öffentlichen Hauswänden in Fresco gemalte sehr präzise Wegekarten,

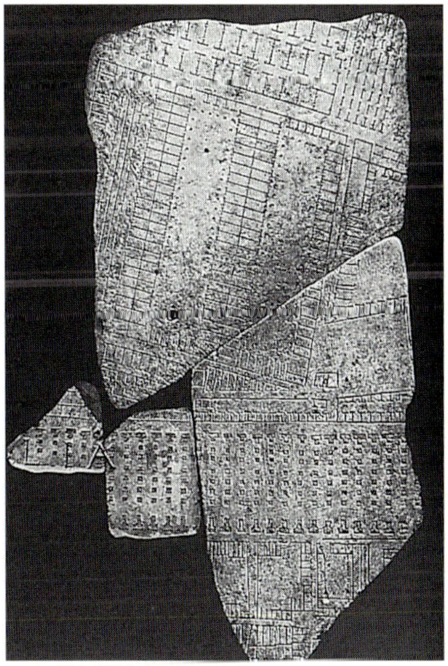

Bild 9: Fragmente des Severinischen Marmor-Stadtplanes des kaiserlichen Roms aus der Zeit um 200 n. Chr. (aus: [7])

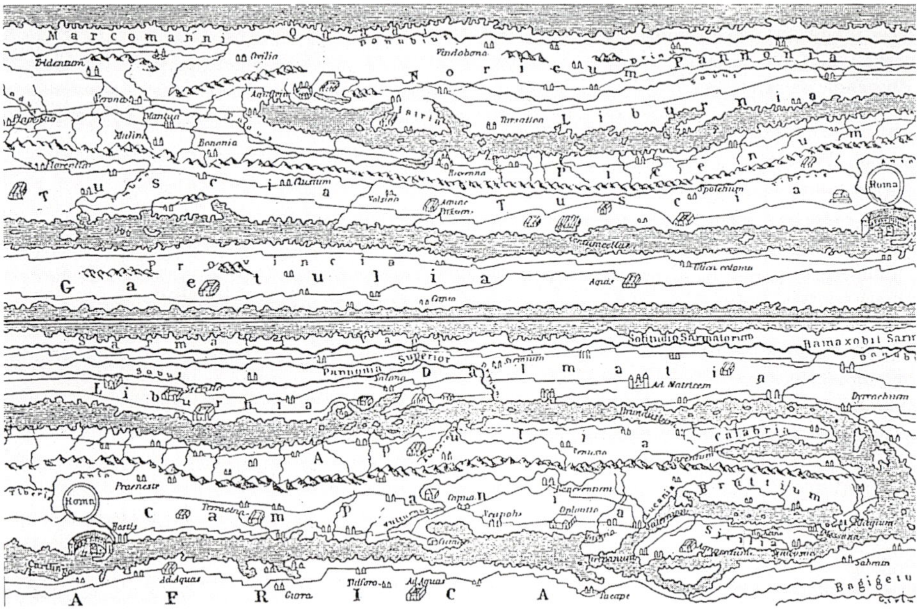

Bild 10: Rekonstruierte römische Land- und Wegekarte (Iterarium) Italiens und der Nachbarländer von K. Pentinger, Augsburg, um 1500 (aus: [5])

sog. Itinerarien. Die größte bekannt gewordene Wegekarte hatte eine Länge von sieben Metern und war als Pergamentrolle vorhanden, die allerdings verschollen ist. Es gibt lediglich eine Rekonstruktion dieser Karte aus dem 15. Jahrhundert (Bild 10).

Großer Beliebtheit und natürlich öffentlicher Zugänglichkeit erfreuten sich die Pilgerkarten, sog. Peregrinantien (Bild 11) und die ausführlichen Reise- und Wegbeschreibungen der großen Pilgerpfade des Mittelalters.

Mit Beginn der Neuzeit, wurden auch die Portulankarten als Windstrahlenkarten oder „Rumbenkarten“ in vielfältiger Form entwickelt und geben die Kenntnisse der damaligen Zeit über Länder, Meere und natürlich Reiserouten wieder. Die größte Sammlung über Reiseinformationen, Länderbeschreibungen und Karten aller Art befand sich im Besitz des Portugiesischen Thronfolgers Heinrich des Seefahrers (1394 – 1460), der in Sagres die erste öffentliche Seefahrtsschule errichtete.

Das Informationsbedürfnis steigt im ausgehenden Mittelalter, also im Zuge der neuen geographischen Entdeckungen, der Ausbreitung des internationalen Handels und schließlich mit der wachsenden Mobilität der Menschen beträchtlich an. Der allgemeine Bedarf nach Verkehrsinformation wuchs derart, daß sich nach und nach ein regelrechter und lukrativer Handel mit Verkehrsinformationen, Länderbeschreibungen und Karten entwickelte. Die Informationsproduzenten und selbsternannten Geographen ließen dabei ihrer Phantasie freien Lauf, wenn Fach- und Sachkenntnis fehlten. Besonders beliebt waren Informationen besonders grotesken, skurrilen oder auch grausigen Inhalts.

Bild 11: Nach Süden ausgerichtete Rom-Pilgerkarte mit punktierten Meilenangaben aus der Zeit um 1450 (aus: [5])

Fuhrgewerbe und Verkehrsinformation

Aber erst in Zeiten, in denen die gewerbsmäßige Personen- und Warenbeförderung durch organisierte Speditions- und Fuhrgewerbeunternehmen in großem Stile entstanden und gegeneinander in Wettbewerb traten, der Verkehr also nicht mehr auf Einzelinitiative und als Privatsache praktiziert wurde, sondern sich zu einer Wirtschaftsbranche entwickelte, wurden die Verkehrsinformationen über Wege, Ziele und Beförderungsmethoden wesentlich verbessert. Wettbewerb und Konkurrenz im Fuhr- und Speditionsgewerbe schaffen die nötige Qualität und Öffentlichkeit der Verkehrsinformation. Denn nur durch öffentliche Bekanntmachung, wer wann wohin fuhr, bestand die Möglichkeit, dem Publikum gewerbsmäßig betriebene Transportleistungen anzubieten. Die historische Geheimhaltungspraxis und Einzelinformation wich einer allgemeinen qualifizierten Information über das, was wir heute öffentlichen Verkehr nennen.

„Vorläufer" und „Vorreiter" im elementaren Wortsinn dieser Entwicklung war der Transport von Nachrichten. Botenstafetten, Schnellsegler, Expreßkutschen über hunderte, ja tausende von Kilometern sind nur Stichworte, um die sich ausbreitende Entwicklung im Personen- und Warentransport zu schildern. Waren bereits im Altertum internationale Handelswege den Kundigen (Insidern) bekannt und zum Teil stark frequentiert, so verbreiteten sich die berufs- und gewerbsmäßigen Verkehrsinformationen geradezu explosiv mit Beginn des 15. Jahrhunderts, also dem Übergang von der Renaissance zur Neuzeit.

Zunehmende Arbeitsteilung der frühen Hauswirtschaften, Merkantilismus und Massenfabrikation beschleunigten diese Entwicklung ebenso wie die Ausbreitung der einstmals kleinräumigen Siedlungsstrukturen zu ausufernden Städten und modernen Agglomerationen. Sie sind die parallelen wesentlichen Bestimmungsfaktoren des immer stärker anwachsenden Bedarfs nach gewerblicher Transportkapazität und demzufolge der qualifizierten Information darüber.

Regelmäßigkeit und Zuverlässigkeit der Generalpostmeisterei

Eine weitere wichtige Eigenschaft, die die Publizität von Information über vorhandene Transportangebote nicht nur erzwang, sondern schließlich zur notwendigen Voraussetzung hatte, war das Kriterium der Regelmäßigkeit und Zuverlässigkeit des gewerblichen Transportangebots. Einerseits Ergebnis sich ausbreitender Nachfrage, andererseits Voraussetzung für die Pflege der Stammkundschaft und die Akquisition neuer Kunden war die Regelmäßigkeit des Transportangebotes und das Wissen darum, also die Information des Publikums. Erstes öffentliches oder besser staatliches Unternehmen, das diesen Grundsätzen der Regelmäßigkeit und Zuverlässigkeit entsprach, war die im Jahre 1520 von Kaiser Maximilian eingerichtete erste Generalpostmeisterei des Deutschen Reiches. Es handelte sich hier um eine Stafettenpost, die nach alten römischen Vorbildern eingerichtet und praktiziert wurde. Ausgehend von seiner Residenzstadt Innsbruck wurden in Abständen von jeweils fünf Meilen oder einem Zwei-Stunden-Ritt Poststationen eingerichtet und wie ein Netz über die gesamten europäi-

Bild 12: Der Reichsadler, Wappen des Deutschen Reiches von 1871 (Foto: Archiv für Kunst und Geschichte, Berlin)

Bild 13: Sächsischer offener Korbpostwagen um 1870

schen, zum Teil weit auseinanderliegenden Ländereien des habsburgischen Besitzes ausgebreitet.

Mit der Durchführung der habsburgisch-kaiserlichen Postmeisterei wurde der Italiener Anselmo Tassis, ein erfahrender Nachrichtentransporteur aus Bergamo, beauftragt, der bereits einschlägige Erfahrungen dieser Art im Auftrag der großen Handelsmetropolen Mailand und Florenz erworben hatte. Er bzw. seine Nachkommen, unter dem Namen Thurn und Taxis bis heute bekannt, waren die Begründer eines regelmäßig verkehrenden kaiserlichen Post- und Transportsystems, das über alle souveränen Teilstaaten hinweg, die sich nach und nach ebenfalls eigene landesfürstliche Postmeistereien zulegten, das gesamte Kaiserreich umspannte.

Postregal und Postsignet

Zur Kennzeichnung dieser neuen kaiserlichen Post aber auch als Ausdrucksmittel des Schutzes und der Zuverlässigkeit trugen die Poststationen sowie die Ausrüstungen der Reiter und Kutschen das kaiserliche Wappen, den Reichsadler (Bild 12).

Obwohl zunächst diese neue Reichspost lediglich als kaiserliche Post für das Haus Habsburg tätig war, wurde sie schon bald auch für den privaten Postverkehr geöffnet. Zu diesem Zweck wurde der Generalpostmeister im Jahre 1560 autorisiert, Transportgebühren zu erheben [5].

Da die gewerbliche Nutzung der kaiserlichen Post sich alsbald als ein recht lukratives Geschäft erwies, wurde der kaiserliche Postdienst als alleiniges Recht des Staates gesetzlich geschützt. Es entstand das kaiserliche Postregal, das der Kaiser seinem Reichspostmeister verlieh und dafür selbstverständlich ein erhebliches Nutzungsentgelt kassierte. Als äußeres Zeichen wurde dem Reichspostmeister auch für die privatwirtschaftlich betriebene Post erlaubt, das kaiserliche Hoheitszeichen zu benutzen. Alle Postsachen wurden mit dem kaiserlichen Postsiegel, dem Vorläufer der Briefmarke, versehen und standen damit unter kaiserlichem Schutz.

Das Reichswappen, verliehen an die Fa. Taxis als Generalpostmeister, ist also ein erstes Qualitätssiegel, das für einen öffentlichen Dienst hergegeben wurde und die Sicherheit und Qualität des neuen Reichspostdienstes garantieren sollte.

Damit war das kaiserliche Wappen zum ersten Signet für die gewerbliche Postbeförderung geworden, das allseits bekannt war, hohes Ansehen genoß und den Ruf von Zuverlässigkeit und Sicherheit repräsentierte. Später wurde ein eigenes Reichspostsiegel entwickelt, das aber weiterhin den Reichsadler als entscheidendes Kennzeichen des öffentlichen Postregals trug.

Neben der kaiserlichen Reichspost verlieh jeder Landesfürst, der seine eigene lokale Post einrichtete, seinerseits wiederum sein fürstliches Wappen seiner Landespost als Hoheitszeichen (Bild 13).

Nach dem Ende des Dreißigjährigen Krieges begannen regelmäßige Personenpostreisedienste, erstmals eingerichtet zwischen Berlin und Ostpreußen, aber auch auf anderen deutschen und sogar transalpinen Routen.

Bild 14:Preußischer Briefkasten mit Posthorn-Signet um 1850 (aus: [5])

Erste Produktfarben und Produktsignets

Die Produktfarbe Gelb, die ursprünglich die Hausfarbe und damit Teil des Erscheinungsbildes des Hauses Tassis/Taxis war, wurde bald zur allgemeinen Produktfarbe der Reichspostdienste und blieb dies bis zur Bundespost heutiger Tage. So wurde aus einer Haus- und Wappenfarbe eines Fürstenhauses eine der bekanntesten Produktfarben, die je eine öffentliche Dienstleistung und ihre Qualität signalisierte. Erstaunlich, daß sich die Telekom von dieser Farbe trennte und statt dessen das unscheinbare Mausgrau zur Hausfarbe wählte. Die grauen neuen Telefonzellen sind im Straßenbild kaum noch auszumachen.

Der Posthornton war als akustisches Signal ein typisches Zeichen von besonderer Öffentlichkeitswirksamkeit. Es diente ursprünglich zur Zeit der Reiterstafettenpost des 15. Jahrhunderts als Vorbereitungssignal für den nächsten Stafettenreiter. Später wurde er zum Ankunfts- und Abfahrtssignal der öffentlich und regelmäßig verkehrenden Postkutschen. Das Posthorn selbst entwickelte sich ebenfalls zu einem typischen Postsignet und steht weltweit heute als Produktsignet für alle Postdienste (Bild 14).

Wie aus der Entwicklung des Postsignets nachweisbar, bestand schon von Anfang an eine sehr enge Beziehung zwischen ersten Ausdrucksformen des Public Designs und der Verkehrsdienstleistung. Standardisierte und typisierte Signets und Logos dienten dabei nicht nur der reinen Information, sondern repräsentierten auch Qualität, Effizienz, Zuverlässigkeit, Sicherheit und ähnliches. D. h., die Darbietungsart der Dienstleistung selbst sowie die dazu erforderlichen Fahrzeuge und Ausrüstungen sowie der Service des Personals wurden schon von Anbeginn der Benutzung mit einfachen Formen des Public Designs zum Ausdruck gebracht. Wer seine Post oder sich selbst der mit dem hoheitlichen Postsiegel ausgestatteten Reichspost anvertraute, durfte eine sicherere und zuverlässigere Beförderung

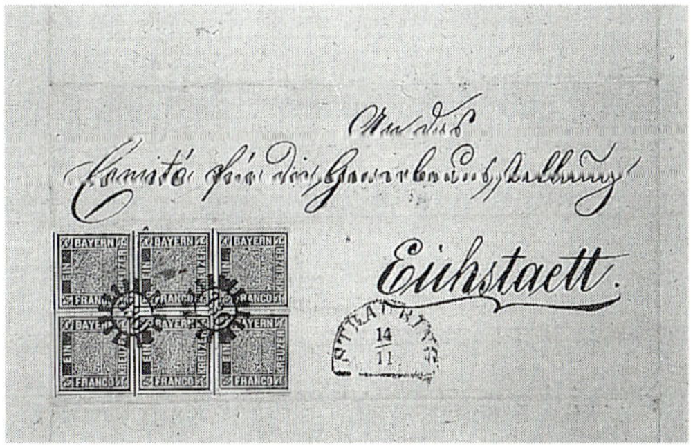

Bild 15: Sogenannter „Eichstädt-Brief" von 1849 mit den ersten bayerischen Ein-Kreuzer-Briefmarken (aus: [5])

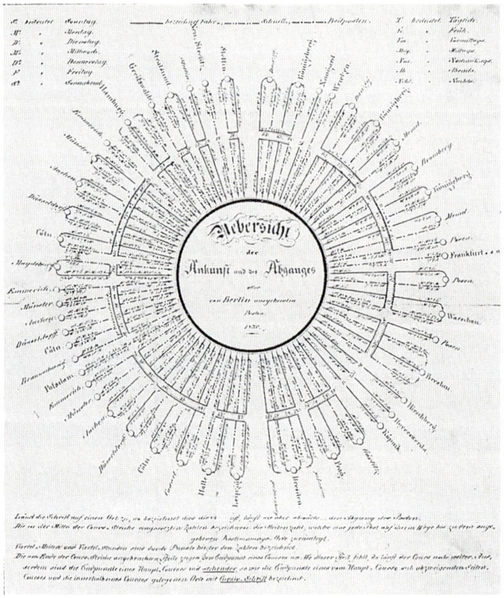

Bild 16: Grafischer Plan der „Fahr-“, „Schnell-“ und „Reitposten“ der preußischen Postreisedienste um 1830 mit 51 Zeilen von und nach Berlin (aus: [5])

erwarten als mit irgendeinem privaten Kutscher (Bild 15).

So wie das Signet des Skarabäus erst den echten göttlichen Glanz und die mystische Macht der Gottkönige des alten Ägyptens ausdrückte oder das römische Logo „SPQR“ rechtliche Sicherheit, konkreten Schutz und Privilegien bedeutete, so signalisierten die ersten hoheitlichen Signets der öffentlichen Verkehrsangebote, wie Reichsadler und Posthorn, Sicherheit und Zuverlässigkeit. Schließlich bedurfte es auch einer genaueren und zuverlässigeren Fahrplanung, um eine den moderneren Beförderungsbedürfnissen angemessene Reisedisposition treffen zu können (Bild 16).

Das Eisenbahnzeitalter und das repräsentative Design

Zum Public Design des öffentlichen Verkehrs gehörten natürlich auch repräsentative Gebäude, prunkvoll ausgestattete Bahnhöfe und Bahnsteige wie auch luxuriös ausgestattete Fahrzeuge (Prunkwagen). Noch heute repräsentieren behäbige, Wohlstand und Gastlichkeit ausstrahlende Gasthöfe und Hotels „Zur Post“ besonders in Süddeutschland und Österreich die „gute alte Zeit“ des Postkutschenverkehrs.

Bild 17: Empfangsgebäude des im 2. Weltkrieg zerstörten Potsdamer Bahnhofs von 1910 im Neorenaissance-Stil am Potsdamer Platz (aus Berlins Historische Ansichten, Bd. 2, Hildebrandverlag Berlin 1994)

In den großen Zeiten der Eisenbahn, in den Wirtschaftsboomjahren – in Deutschland vor und besonders nach der Reichsgründung 1871, im übrigen Europa und in den USA in den sog. Gründerjahren, während deren die Eisenbahnen noch rentable Privatunternehmen waren und eine ganze Epoche lang die Staatsfinanzen der aufstrebenden Industriestaaten trugen, ja zur Finanzierung ganzer Kriege dienten, da war natürlich auch reichlich Geld zur äußeren Repräsentation dieser Verkehrsunternehmen vorhanden. Eisenbahngesellschaften wurden zu lukrativen Spekulationsobjekten und ließen immer neue Eisenbahnen aus dem Boden schießen. Spektakulärste Repräsentativgebäude kennzeichneten den Wohlstand und die Wirtschaftsmacht der Eisenbahnen. Noch heute sind die großen alten Bahnhöfe jener Zeit städtebauliche Highlights unserer Städte (Bild 17).

Viele der privaten regionalen und lokalen Eisenbahnen versorgten nach heutigen Maßstäben überwiegend Nah- und Regionalverkehrsaufgaben. Fernverkehr war im kleinstaatlichen Deutschland des 19. Jahrhunderts mit häufigem Umsteigen von einer kleinen Landeseisenbahn zur nächsten verbunden. Erst unter der Regierung Bismarcks begann langsam die Vereinheitlichung und gleichzeitige Verstaatlichung des Eisenbahnwesens in Deutschland.

Anders in den USA, wo neben vielen kleineren Regionalbahnen die bekanntesten Eisenbahnen große transkontinentale Verbindungen herstellten. Das wirkliche Eisenbahnzeitalter fand übrigens nicht in Europa, sondern in den USA statt.

Die Eisenbahn verdrängte nach und nach die Postkutsche. Die Post bediente sich fortan des neuen Systems Eisenbahn und vereinigte sich im Deutschland des vergangenen Jahrhunderts zur Deutschen Reichspost, der späteren Deutschen Bundespost.

Aus dem alten Postregal wird das Personenbeförderungsgesetz

Bis vor wenigen Jahren unterhielt die Deutsche Bundespost auch noch ihre sogenannten „Landkraftposten“, also ihre Postreisedienste mit dem Postbus in vielen Teilen Deutschlands. Das waren die aus dem kaiserlichen Postregal noch ins späte 20. Jahrhundert geretteten Reste des alten Postregals, das auch und gerade den Transport von Menschen zur Aufgabe hatte.

Diese, später „Konzessionen“ oder „Liniengenehmigungen“ genannten Landkraftposten der Post, hatten ihr Pendant in entsprechenden Konzessionen, die nach und nach auch durch Reichsverwaltungsakte an private Fuhrunternehmer vergeben wurden und insbesondere im lokalen Verkehr als öffentliche, also jedermann zugängliche „Nahverkehrs“ Transporte angeboten und betrieben wurden. Schließlich wurde die Vergabe sämtlicher öffentlicher Verkehrsgenehmigungen in ein einheitliches Gesetz gefaßt, das den Ländern das „Regal“ also das Vergaberecht von Konzessionen übertrug, das sogenannte „Personenbeförderungsgesetz“.

„Gesetzliches“ Public Design und design for function

Vieles, was durch dieses Gesetz im öffentlichen Verkehrswesen und speziell im öffentlichen „Personennahverkehr“ geregelt oder vorgegeben wird, kann man als „gesetzliches“ Public Design bezeichnen. Denn in einer Reihe von Bestimmungen wird festgelegt, unter welchen qualitativen und fachlichen Voraussetzungen

Bild 18: Sogenannter „Sechser-Pferdebus“, eine private und wesentlich billigere Konkurrenz der Omnibusgesellschaft „Refom“ zum übrigen öffentlichen Linienverkehr, dessen Einheitspreis einen „Sechser“ (5 Reichspfennige) betrug (Foto: BVG)

Bild 19: Neue BVG-Familie im Corporate Design gestaltet, Teil des BVG-Konzeptes 2000 (Foto: BVG)

Konzessionen heutzutage erteilt werden dürfen. Betriebs-, Beförderungs-, Fahrplan- und Tarifpflicht sind solche Beispiele sowie der geforderte unternehmerische Befähigungsnachweis, bevor ein öffentlicher Personenverkehr überhaupt begonnen werden darf. Aber auch hier gab es noch gelegentliche Ausnahmen wie der Berliner „Sechser-Bus" beweist (Bild 18).

Besonders im genehmigten Personenverkehr mit Schienenverkehrsmitteln werden zurecht höchste Sicherheitsnachweise gefordert. Und dies sind nun schon sehr konkrete Forderungen nach funktionalem Design – oder wie der Amerikaner kurz und präzise sagt: „design for function". D.h., die öffentlichen Nahverkehrssysteme sollen auch funktional gut ausgestattet werden. Die Anwendung und Benutzung jedes Bestandteils muß auf Bedienungsfreundlichkeit und auf funktionale Akzeptanz hin gestyled werden (Bild 19).

Sicherheit und Sauberkeit – Designziele besonderer Art

Aber nicht nur die technisch-betrieblichen Anforderungen, die an die öffentlichen Verkehrssysteme zu stellen sind, sind Ziel guten Designs. Gerade in Zeiten wachsender Kriminalität werden öffentliche Einrichtungen, die viel Publikum an sich ziehen, zum Betätigungsfeld von körperlichen Angriffen und Eigentumsdelikten. Hier sind die Massenverkehrsmittel natürlich besonders anfällig. Körperliche Unversehrtheit und die Sicherheit des mitgeführten Eigentums verdienen gerade im ÖPNV hohe Aufmerksamkeit. Sicherheitskonzepte zur Erhöhung der sogenannten subjektiven Sicherheit und natürlich der ganz konkrete Personenschutz – also die objektive Sicherheit der Nutzer – sind zu einem speziellen Aufgabenfeld des ÖPNV-Designs geworden [6].

Erfahrungen der liberalen Industriestädte wie New York, London oder Paris haben gezeigt, daß schon das ständige Reinigen und Sauberhalten, die schnelle Beseitigung von Vandalismusschäden, aber auch die regelmäßige Instandhaltung und Wartung der Verkehrsanlagen und der Verkehrsmittel Voraussetzungen für subjektive und objektive Sicherheit sind. Dienstleistungs-Design auf dem Feld der Sauberkeit und Sicherheit sind heute wichtigste Bestandteile eines umfassenden ÖPNV-Designs.

ÖPNV und Public Design, Anspruch und Wirklichkeit

Es wurde geschildert, daß bereits in den Frühstadien des beginnenden öffentlichen Nachrichten- und Personenverkehrs äußere Kennzeichnung und Informationsmerkmale erforderlich wurden oder, was die Hoheitszeichen angeht, auch als Berechtigungs- und Zuverlässigkeitsnachweis verwendet wurden (beim Münzgeld ist uns dies bis in die frühesten Kulturen bekannt). Man würde heute sagen, sie dienten dem äußeren Erscheinungsbild und waren Markenzeichen, die zu Zwecken des Marketings eingesetzt wurden. Da der öffentliche Verkehr mehr und mehr eine staatliche bzw. kommunale Angelegenheit wurde, mußten auch hoheitliche, staatliche oder amtliche Zeichen und Symbole zu seiner Kennzeichnung und Wiedererkennung herangezogen werden.

Öffentlicher Personennahverkehr ist heute neben allen gesetzlichen und behördlichen Auflagen nur noch vorstellbar, wenn auch alle Formen des modernen Designs zur Anwendung kommen. Dabei ist es erforderlich, alle Bereiche der Nutzung des ÖPNV durch den Bürger zu erfassen. Die gesamte Nutzungskette vom Beginn der Fahrt bis zu ihrem Ende, die gesamte Bedienoberfläche, die dem ÖPNV-Kunden dargeboten wird, sollte im besten Design erscheinen. Zu nennen sind dazu:

„Informations-Design“,	d. h. die einheitliche optische und akustische Visualisierung von Fahrgastinformations- und Fahrgastleitsystemen;
„Software-Design“,	d. i. die plausible und unmißverständliche Definition der Handhabung und Nutzung des ÖPNV, wie z. B. eine fahrgastfreundliche und zugangsfördernde Fahrpreisgestaltung;
„Hardware-Design“,	d. h. die attraktive Formgebung und die nutzerfreundliche Gestaltung der Nahverkehrsfahrzeuge, Haltestellen und Bahnhöfe;
„Service-Design“,	d. h. eine kundenfreundliche Bedienung der Fahrgäste, Sauberkeit der Anlagen und subjektive wie objektive Sicherheit des gesamten ÖPNV-Angebotes;
„Familien-Design“,	d. i. die wiedererkennbare, spontan verständliche und bedienungsfreundliche Gestaltung der verschiedenen Selbstbedienungsgeräte und Automaten.

Alle Glieder der Nutzungskette und Bestandteile der Bedienoberfläche des ÖPNV vom Antritt bis zum Ende der Fahrt – sind Ziel und Objekt eines allumfassenden Corporate Designs, um ÖPNV bürgerfreundlicher, attraktiver und als Alternative zum Individualverkehr zu machen [4].

Daß dies heute von der Nahverkehrsindustrie verstanden und in eindrucksvoller Weise in vielen Nahverkehrsbetrieben bereits umgesetzt wird, kann festgehalten werden. Daß insbesondere der Dienstleistungsgedanke Vorrang hat und daher das Service-Design an erster Stelle stehen sollte, – wie die voraufgegangenen Berichte in vielfältiger Weise dargestellt haben – muß Allgemeingut der Nahverkehrsunternehmen werden. Denn: Ein gutes äußeres Erscheinungsbild ersetzt keinen fehlenden Kundendienst. Beides muß stimmen. Der Inhalt muß halten, was die Verpackung verspricht!

Der Ganzheitlichkeitsanspruch des Corporate Designs ist natürlich nur schrittweise und in sehr unterschiedlicher Intensität realisierbar. Eine neue Fahrzeuggeneration im Sinne des Corporate Designs als Glied einer ganzen Nutzungskette neu zu gestalten, bedeutet eine Entwicklungs- und Realisierungsphase oft von Jahren. Bis dann der ganze Fahrzeugpark eines Nahverkehrsunternehmens auch noch im Sinne einer Fahrzeugfamilie ganzheitlich gestaltet ist, können Jahrzehnte vergehen.

Und dann ist da ja noch die Kostenfrage zu lösen, denn gutes Design kostet auch Geld und gerade damit ist der ÖPNV nicht gesegnet.

Leichter ist es da schon, andere „Kettenglieder“ der Nutzungskette des ÖPNV wie Informationssysteme, Geräte und Ausrüstungsgegenstände ganzheitlich zu gestalten. Hier ist viel zu tun, was auch schnell umsetzbar ist und weniger Geld kostet, und zwar durch Standardisierung oder durch Coordinated und Synchronized Design, wie es die Fertigungsindustrie kennt und das sogar rationeller und billiger sein kann als individuelles Design. Insbesondere im Dienstleistungsbereich können die Formen des „Software Designs" relativ schnell, preiswert und mit hoher Kundenwirksamkeit realisiert werden.

Bei aller Detailarbeit und notwendiger Prioritätenbildung darf das Ziel, den ÖPNV insgesamt im Corporate Design zu gestalten, nicht mehr aus den Augen verloren werden. Der Verband Deutscher Verkehrsunternehmen (VDV) ist bereit, dieses Ziel in den vor ihm liegenden Dekaden weiter zu verfolgen.

Literatur

[1] Steiner, D., „Wieder einmal im Dschungel der Zeichen – zur Benutzeroberfläche der Stadt".

[2] Würzberg, G. Linneweh, K., „Stadt-CI und Regional-CI, Erfolgsstrategie Corporate Identity", Hrsg. Landesbank Berlin 1991

[3] Linneweh, K. Jonas, A., „Das Unternehmen als Persönlichkeit, Chancen durch CI.", Hrsg. Landesbank Berlin 1992

[4] Lorenzen, C. F., „Corporate Design für die Nutzungskette und Nutzeroberfläche des ÖPNV", Der Nahverkehr Heft 1-2/1993, Alba Verlag

[5] Glaser, H. Werner, Th., „Die Post in ihrer Zeit", Decker-Verlag, Heidelberg 1990

[6] Lorenzen, C. F., „Sicherheit in U Bahnen", Der Nahverkehr Heft 7/92, Alba Verlag

[7] Mann, G. Heuß, A., „Weltgeschichte", Band 4, Seite 694, Prisma-Verlag 1979

Inhalt

Vom Morsetelegraph zur rechnergesteuerten Verkehrsleittechnik

Wilhelm Pällmann (61), Dr.-Ing. E.h., war vom 1. 1. 1995 bis Mitte Mai 1995 kommissarischer Vorstandsvorsitzender der Deutschen Telekom AG. Seit 1991 war er Mitglied des Vorstandes der Telekom, zuerst für den Bereich Aufbau Ost, seit August 1994 für ein Jahr im Vorstandsbereich Privatkunden. Pällmann wurde 1971 Sprecher der Geschäftsführung der Versorgungs- und Verkehrsgesellschaft Hannover GmbH und außerdem 1974 Vorsitzender des Vorstandes der ÜSTRA Hannoversche Verkehrsbetriebe AG. Während dieser Zeit war er ab 1976 Präsident des Verbandes öffentlicher Verkehrsbetriebe (VÖV). 1982 trat er in den Vorstand der Deutschen Bundesbahn ein und leitete dort bis 1987 das Ressort Steuerung und Planung; ab 1987 war er zuständig für den Güterverkehr und Einkauf. 1990 verlieh die Universität Hannover dem Juristen die Auszeichnung des Dr.-Ing. E.h.

Probleme und Lösungsansätze

Unter Verkehr versteht man gemeinhin die Ortsveränderung von Personen und Gütern, aber auch die von Nachrichten. Diese klassische Beschreibung der Wissenschaft trifft zwar im Kern zu; die gesamte Spannbreite des modernen Verkehrs wird jedoch durch sie nicht hinreichend deutlich. Verkehr ist heute auch Ausdruck für Zwangsmobilität und ruinösen Wettbewerb, für Stau- und Umweltinfarkt, für Stadtzerstörung und Landschaftsschädigung aber auch für vorher nie gekannte Mobilität und Freiheit der Verkehrsmittelwahl, für eine prosperierende Wirtschaft und immense Gestaltungsspielräume der immer längeren Freizeit sowie nicht zuletzt für faszinierende technologische Innovationen.

Optimisten werden darin ein Gleichgewicht sehen, in dem großartige Fortschritte unvermeidbare Tribute fordern – oder sind das Zyniker? Pessimisten werden vor dem Hintergrund der Entwicklungen der letzten Jahrzehnte und der Prognosen für die weitere Zukunft das Bild der Lemminge vor Augen haben, die sich zwanghaft ins eigene Verderben stürzen – oder sind das Realisten? Wie so oft liegt die Wahrheit wohl eher in der Mitte. Nicht alle Nachteile lassen sich ausgleichen. Der Fall in den Abgrund läßt sich heute nicht mehr ausschließen. Die Gefahr, daß der Zeitpunkt verpaßt wird, ihn noch zu vermeiden, ist latent. Die Möglichkeiten ihn zu verhindern werden aber immer vielfältiger.

Die Szenarien sind bekannt. Alle aktuellen seriösen Prognosen gehen von einer weiterhin starken Zunahme des Straßenverkehrs aus. Allein im Straßengüterfernverkehr wird nach der Bundesverkehrswegeplanung '92 bis zum Jahre 2010 gegenüber dem Basisjahr 1988 nahezu eine Verdopplung der Leistung erwartet. Zwei Jahre nach Veröffentlichung der Prognose gilt sie allerdings schon als überholt; die Verkehrswirklichkeit gebietet bereits wieder eine der seit Jahrzehnten mit schöner Regelmäßigkeit erforderlichen Fortschreibungen „nach oben“, wie sie sich auch immer wieder für die Vorhersagen der Entwicklung der privaten Motorisierung als notwendig erwiesen haben.

Im Prognosezeitraum wird ein Anstieg der Anzahl der Pkw von rund 36 Millionen in 1988 auf 45 bis 50 Millionen in 2010 erwartet; die Verkehrsleistungen insgesamt sollen um 30 % und die Pkw-Fahrleistungen um mindestens die gleiche Größenordnung zunehmen. Andere Schätzungen sprechen bereits von einem Wachstum von eher über 50 %. Angesichts dieser Perspektiven wird eine dramatische Zuspitzung der negativen Folgen für Gesellschaft und Umwelt erwartet. Der seit Jahrzehnten beschworene Verkehrsinfarkt würde damit immer wahrscheinlicher, das Ausmaß der irreversiblen Schäden der Umwelt immer unerträglicher.

Vor allem im innerstädtischen Verkehr spitzen sich die Probleme seit geraumer Zeit ständig zu. Spätestens Mitte der 50er Jahre dieses Jahrhunderts, als das Auto seinen Siegeszug als individuelles Massenverkehrsmittel auch in Deutschland antrat, hat ein Verdrängungswettbewerb zwischen dem motorisierten Individualverkehr und dem öffentlichen Personennahverkehr eingesetzt. Der Teufelskreis von immer mehr motorisiertem Individualverkehr, dadurch sinkender relativer und absoluter Attraktivität des öffentlichen Personennahverkehrs mit der Folge der Erzeugung von weiterem Automobilverkehr, scheint das Verkehrsgeschehen zu bestimmen.

Dabei sind die Probleme durchaus nicht neu und sie wurden auch frühzeitig erkannt. Diskussionen über Lösungswege werden spätestens seit Anfang der sechziger Jahre mit zunehmender Intensität geführt. Der „Bericht der Sachverständigenkommission über eine Untersuchung von Maßnahmen zur Verbesserung der Verkehrsverhältnisse der Gemeinden“ von 1964 markiert den ersten großen Meilenstein in der Bundesrepublik. In

England gibt wenige Jahre später der Buchanan-Report wichtige Denkanstöße. Immer neue Leitbilder dokumentieren das Bemühen um Lösungen der Probleme, gleichzeitig aber auch die Brisanz der Thematik und die mangelnde Fähigkeit zum Konsens:

– Autogerechte Stadt contra menschengerechter Verkehr

– Freie Fahrt für freie Bürger contra Vorrang für den ÖPNV

– Freier Verkehrsmarkt contra ökologische Verkehrsmarktwirtschaft

– Freie Wahl der Verkehrsmittel contra stadtgerechter Verkehr

Immer neue Techniken aber auch Schlagworte versprechen Lösungen:

– Automatische Kabinenbahnen sollen die Vorteile von Individualverkehr und kollektivem Verkehr verbinden,

– mit Hilfe des kombinierten Ladungsverkehrs sollen die Güter von der Straße auf die Schiene verlagert werden,

– durch geeignete Nutzungszuordnung im Städtebau soll Verkehrserzeugung minimiert werden,

– mit Hilfe der Telekommunikation soll physischer Verkehr durch nichtphysischen Verkehr substituiert werden,

– durch den Einsatz der Mikroelektronik sollen Straße und Schiene so „intelligent“ werden, daß die Verkehrs- und Wettbewerbsprobleme sich von selbst regeln,

– Güterverkehrszentren und Citylogistik sollen den Straßengüterverkehr auf ein umweltverträgliches Maß reduzieren.

Gemessen an der tatsächlichen Entwicklung der Problemlage und den aktuellen Perspektiven ist das bisherige Resultat der Bemühungen nicht gerade das, was man uneingeschränkt eine Erfolgsgeschichte nennen könnte. Der Weg ist aber durchaus nicht nur mit Mißerfolg gepflastert. Zahlreiche Teilerfolge können sich ohne weiteres sehen lassen. Das betrifft nicht nur das Automobil an sich (Senkung des spezifischen Energieverbrauchs, Katalysatoreinsatz, weniger Lärm), sondern im besonderen Maße den öffentlichen Personennahverkehr. Einen großen Anteil daran hat der Einsatz von Techniken, der heute unter dem Fachbegriff Telematik subsumiert wird – gemeint ist die Verknüpfung von Mitteln der Telekommunikation, der Mikroelektronik und der Informatik, das Zusammenwirken moderner Systeme der Datenerfassung, der Kommunikations-, der Leit- und Informationstechnik.

Dabei handelt es sich grundsätzlich keineswegs um etwas völlig Neues, sondern um einen neuen Sammelbegriff für Themen und Aktivitäten, mit denen eine Auseinandersetzung seit langem erfolgt. Es geht um den Einsatz technologischer Systeme, die teilweise bereits seit vielen Jahrzehnten – zumindest in ihren Ausgangsformen – zum Einsatz kommen. Ihre Ursprünge reichen bis in die erste Hälfte des 19. Jahrhunderts zurück, als mit der Einführung der Eisenbahn die moderne Verkehrsgeschichte ihren Anfang nahm.

Zur Geschichte der „Verkehrsleitsysteme“

Für die Regelung des Betriebs der ersten Eisenbahnen genügte ein „Fahrplan“. Mit zunehmender Ausdehnung und Dichte der Streckennetze und engeren Zugfolgen wurden schon bald differenziertere Systeme der Verkehrsleitung erforderlich. Zu den klassischen Informations- und Signalisierungssystemen zählen die optischen Telegraphen, die Flügelsignale und farbige optische Signale. Frühzeitig begannen aber auch bereits Versuche zur Errichtung elektrischer Kommunikationssysteme. Der Höhepunkt dieser Entwicklung war die Erfindung des Morsetelegraphen. Er bildete die Grundlage für das erste praktikable Telegraphensystem und war einer der größten Meilensteine in der Geschichte des Nachrichtenverkehrs. Als Kommunikationsmittel nahm er über viele Jahrzehnte, trotz der zwischenzeitlichen Erfindung des Telefons, eine Schlüsselstellung in Verkehrssteuerungs- und Leitsystemen ein – speziell bei der Eisenbahn und in der Schiffahrt.

Das Grundprinzip der Morsetelegraphie beruht auf kurzzeitigen Schließungen eines unterbrochenen drahtgebundenen Stromkreises durch einen „Schalter“ in Form einer Taste; dadurch kann eine Zeichenfolge erzeugt werden. Das brachte den Portraitmaler und Hobbyforscher Samuel Morse auf die Idee, die Buchstaben des Alphabets in Punkt-Strich-Codierungen umzusetzen. Damit wurde die Übertragung von Nachrichten auf elektrischem Wege über größere Entfernungen möglich. Auf der Empfangsseite erfolgte die Aufzeichnung der gesendeten Punkt-Strich-Folge mittels einer durch einen Elektromagneten gesteuerten Schreibvorrichtung. Für das Gesamtsystem wurde Morse 1840 ein Patent erteilt. Während der Empfänger im Verlauf der weiteren technischen Entwicklung vielfältige Veränderungen erfuhr, blieb der Sender – die Morsetaste – im Prinzip bis in die jüngste Vergangenheit unverändert.

Bild 1: Telegrafenapparat von S. Morse mit Gewichtsantrieb, 1837, Geber und Empfänger (Foto: Deutsches Museum München)

Bild 2: Sendetisch für drahtlose Telefone der Fa. Telefunken, 1906 (Foto: Deutsches Museum München)

Bereits 1843/44 erfolgte die Errichtung der ersten Versuchslinie über eine Entfernung von 64 km entlang der Eisenbahnlinie Washington-Baltimore. In Deutschland wurde zum gleichen Zeitpunkt auf der Eisenbahnlinie Aachen–Antwerpen die Versuchsstrecke Aachen–Ronheide unter Verwendung des „Aachener Eisenbahntelegraphen“ errichtet. Die Verbreitung der Telegraphie stieß anfangs auf erheblichen Widerstand; man befürchtete nachteilige Folgen für Mensch und Umwelt durch die „Überlandleitungen“ – wie sich doch die Bilder gleichen! Rund 50 Jahre später schuf die Entdeckung der elektromagnetischen Wellen durch Heinrich Hertz die Möglichkeit zur drahtlosen Übertragung von Signalen.

Im Jahr 1890 konstruierte der Franzose Brainly den „Fritter“, der in einem Stromkreis mit Batterie und Klingel wie ein Schalter wirkte. Trafen elektromagnetische Wellen auf den Fritter, wurde der „Schalter“ aktiviert und es klingelte. 1892 schwärmte schon die britische Zeitschrift „Fortnightly Review“ von einer „Telegraphie ohne Drähte“. Zum großen Pionier der Funktechnik aber wurde der Italiener Marconi. 1895 überbrückte er mit Funksignalen bereits eine Entfernung von 2,5 km. Wegen mangelnden Interesses der italienischen Postverwaltung ging er nach England. Die dortige Admiralität hatte sofort die militärische Bedeutung einer drahtlosen Informationsübertragung erkannt. 1897 gelang ihm der Aufbau eines Funkverkehrs über den 14 km breiten Bristol-Kanal, am 12. 12. 1901 die erste Übertragung eines Morsezeichens über den Ozean.

In Deutschland entstand im Jahr 1900 auf der Insel Borkum die erste Marconi-Küstenstation. 1906 errichtete die Telefunken Gesellschaft ihre Versuchsstation in Nauen. Am 1. Juli 1907 nahm die „Funktelegraphenstation Norddeich" den allgemeinen öffentlichen Seefunkverkehr auf. Zu dieser Zeit entstanden bereits Vereinbarungen über die Einführung eines weltweiten internationalen Seenotrufdienstes. Maßgeblich beeinflußt wurde dies durch die Schiffskatastrophe der Titanic im Jahre 1912.

Seit über 150 Jahren begleiten und beeinflussen sich also Telekommunikation und Verkehr wechselseitig in ihrer Entwicklung. Haben im vorigen Jahrhundert der Telegraph und der Morseapparat unverzichtbare Dienste bei der Steuerung von Güter- und Personentransporten geleistet, so revolutionierten die typischen Nachrichtenmittel unseres Jahrhunderts wie Telefon, Telex, Rundfunk- und Fernsehen neben vielen anderen Bereichen auch das Verkehrswesen. Sie ermöglichen die Bereitstellung und Verfügbarkeit verkehrsrelevanter Informationen über große Entfernungen, in immer kürzerer Zeit in zunehmenden Maße weltweit.

Damit wurden immer effizientere und insbesondere kostengünstigere Verkehrsinformations-, Verkehrsleit- und Logistiksysteme zur Steuerung und Bewältigung des Verkehrs möglich. Intensive Anstrengungen zur Nutzung der Telekommunikation für die Betriebsdurchführung im öffentlichen Personennahverkehr wurden seit Mitte der sechziger Jahre unternommen. Zu diesem Zeitpunkt

– hatten sich einerseits die Auswirkungen der stürmischen Entwicklung des Automobilverkehrs in den Kernbereichen der Großstädte bereits soweit zugespitzt, daß neue Lösungsansätze der Verkehrssteuerung und Betriebsdurchführung erforderlich wurden;

– andererseits hatten Niveau und Leistungsfähigkeit der elektronischen Datenverarbeitung einen Stand erreicht, daß ihr Einsatz wirtschaftlich möglich wurde und

– standen technische Systeme zur ständigen und hinreichend genauen Ortung und Lokalisierung der eingesetzten Verkehrsmittel zur Verfügung, also die Basistechnologien für die Entwicklung von modernen rechnergestützen Verkehrsleit- und Betriebsleitsystemen.

Die Entwicklung der modernen Verkehrsleit- und Betriebsleitsysteme

Laut „Fachworterbuch Nahverkehr" dienen Betriebsleitsysteme der Optimierung der Betriebsablaufsteuerung. Sie sollen dispositive, regelnde, steuernde, kontrollierende, informatorische und sichernde Aufgaben erfüllen. Zu den wesentlichen Zielsetzungen gerade im spurgebundenen ÖPNV gehört die Realisierung eines teil- oder sogar vollautomatischen Betriebs. Vor dem Hintergrund der zunehmend dramatischen Verkehrsverhältnisse in den Städten und Gemeinden, den immer kritischeren ökonomischen Bedingungen der Verkehrsbetriebe sowie der explosionsartigen Entwicklung von Mikroelektronik und Telekommunikationstechnologie setzte folgerichtig eine „stürmische Entwicklung" der technologischen Hilfsmittel für den Personen- und Güterverkehr ein. Die ersten rechnergestützten Betriebsleitsysteme im ÖPNV sind längst durch neue Generationen abgelöst.

Wie so häufig im Verkehrsmarkt – und insbesondere im Nahverkehrsmarkt – wurde im Laufe der

Zeit eine Vielzahl unterschiedlicher Ansätze verfolgt, teilweise aufgrund tatsächlich unterschiedlicher Bedingungen, teilweise als Ergebnis gewollter Eigenständigkeit einzelner Unternehmen, teilweise mit voller Absicht gefördert, weil Konkurrenz das „Geschäft belebt“, sprich den technologischen Optimierungsprozeß beschleunigt. Heute stehen Bemühungen um ganzheitliche, modular aufgebaute Systeme im Vordergrund. Standardisierung, Integration und Herstellung der Kompatibilität zwischen möglichst vielen Produkten auf dem Markt ist das richtige Ziel. Die Option des Eingriffs in den Straßenverkehr auf dem Wege der Lichtsignalbeeinflussung zugunsten des ÖPNV ist nur noch einer von vielen Aspekten und Aufgaben der angestrebten integrierten Steuerungs- und Informationssysteme für das Gesamtverkehrsgeschehen.

Der Weg von den Anfängen moderner rechnergesteuerter Betriebsleitsysteme bis zum heutigen Stand des Einsatzes der Mikroelektronik und der Telekommunikation im Nahverkehr ist schnell beschrieben. Dahinter stehen jedoch bemerkenswerte Leistungen der Unternehmen und der Entwickler. Das Resultat ist ein Innovationsschub und Attraktivitätssprung im ÖPNV. Die Einzelheiten sind in zahlreichen technischen Kompendien nachzulesen. An dieser Stelle sollen beispielhaft nur einige Meilensteine und repräsentative Beispiele angesprochen werden.

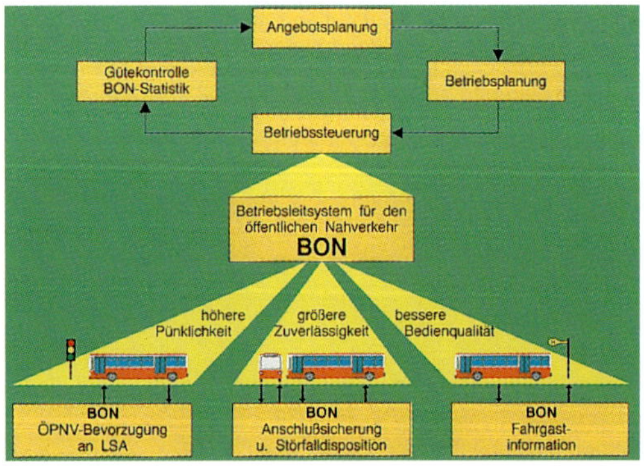

Bild 3: Ziele und Aufbau des BON-Betriebsleitsystems für den öffentlichen Nahverkehr (Zeichnung: CLI/MBB)

Mit der Einführung eines Busüberwachungssystems für ihr Schnellbusnetz hat die Hamburger Hochbahn AG 1966 Pionierarbeit geleistet. Die daraufhin in Hamburg und auch bei anderen Anwendern gesammelten praktischen Erfahrungen führten schnell zu der Forderung, eine neue Generation von Betriebsleitsystemen zu entwickeln. Das Anforderungsprofil lautete:

– Einsetzbarkeit in allen Betriebszweigen, d. h. im Schienen- und / oder Omnibusverkehr, im Linien- und/oder bedarfsgesteuerten Busbetrieb,

– hohe Flexibilität durch modularen Aufbau der Hard- und Software und

– geringe Investitionskosten durch Standardisierung der Hard- und /Softwarekomponenten.

Die Hannoverschen Verkehrsbetriebe (ÜSTRA) leisteten mit Unterstützung des Bundesministeriums für Forschung und Technologie grundlegende Beiträge zur Entwicklung eines rechnergesteuerten Betriebsleitsystems für Straßen- und Stadtbahnen. Den Reiz der Aufgabe machte die differenzierte Struktur des Hannoverschen Verkehrssystems aus, mit einem im Tunnel kreuzungsfrei geführten „Stadtbahn-System“ mit Zugsicherungs- und -beeinflussungseinrichtungen und dem System „Straßenbahn“ mit Fahren „auf Sicht“ auf besonderen Bahnkörpern, abschnittsweise auch im Mischbetrieb mit dem Automobilverkehr. Während der Tunnelbetrieb weitestgehend störungsfrei autark regelbar ist, treten an der Oberfläche Einflüsse auf, die einen dichten Zugbetrieb empfindlich stören können.

Am 28. Mai 1984 wurde das federführend von der ÜSTRA in Zusammenarbeit mit weiteren Unternehmen entwickelte rechnergesteuerte System BON (**B**etriebsleitsystem für den **Ö**ffentlichen **N**ahverkehr) in Betrieb genommen. Grundlage aller Funktionen des BON ist die ständige Erfassung der Fahrzeugstandorte. Als Hilfsmittel zur Übertragung der erforderlichen Daten von den Fahrzeugen an die zentralen Rechneranlagen dienen Datenfunkverbindungen. Die eingesetzten Fahrzeuge werden zyklisch in Abständen von bis zu 15 Sekunden „abgefragt“ und melden neben anderen Daten ihren augenblicklichen Standort. In städtischen Verkehrsnetzen mit Nettofahrzeiten von 30

Sekunden bis 1 Minute zwischen zwei Haltestellen und Fahrgastwechselzeiten von ca. 20 Sekunden ist dieses Zeitraster erforderlich, um ausreichend aktuell die Standorte zu erfassen.

Die Standorte werden im 10 m-Wegeraster ermittelt, also in der Größenordnung einer Fahrzeuglänge (Omnibus). Der Datenfunk wird von der Zentrale gesteuert; die Fahrzeuge werden selektiv nacheinander aufgerufen. Durch den ständigen Datentransfer sind in der Betriebsleitstelle neben Standorten und Fahrplanabweichungen gezielte Hinweise auf Störungen des Betriebszustandes verfügbar. Diese werden entsprechend den individuellen Vorgaben durch Überwachungsfunktionen auf der Grundlage eines Soll-Ist-Vergleichs ermittelt.

Voraussetzung für die Funktionsfähigkeit jedes rechnergesteuerten Betriebsleitsystems ist die umfassende Abbildung des „Soll-Betriebszustandes" im Rechner durch definierte Datenarchive wie:

– Fahrzeugarchiv mit allen für das Leitsystem erforderlichen Daten der Fahrzeuge,

– Streckennetzarchiv mit Abspeicherung des vorhandenen Streckennetzes,

– Linienarchiv mit den Grunddaten der Linienläufe,

– Fahrplanarchiv für die Bereitstellung des Tagesfahrplans und

Bild 4: Betriebsleitstelle am Beispiel der Stuttgarter Straßenbahnen (Foto: SSB)

– Anschlußarchiv mit allen Daten für die Anschlußsicherung.

Die Größe des Netzes, die Intensität der Verkehrsbedienung und die daraus resultierende Anzahl der einzusetzenden Fahrzeuge bestimmt den Umfang der vorzugebenden Daten. Das bei der ÜSTRA angeschlossene Stadtbahn- und Busnetz war zum Zeitpunkt der Inbetriebnahme des Systems in ca. 200 Streckenabschnitte mit etwa 400 Haltepunkten strukturiert. An einem durchschnittlichen Werktag wurden ca. 2000 Fahrten auf elf Linien durchgeführt. Dabei waren über 500 Anschlußbeziehungen zwischen Stadtbahn und Omnibus zu überwachen und sicherzustellen. Das macht die Handhabung einer immensen Datenmenge notwendig und erfordert nicht nur eine klare Struktur für die Verarbeitung im Rechner, sondern auch einen komfortablen Mechanismus zur Eingabe und Pflege.

Der Einsatz eines rechnergesteuerten Betriebsleitsystems ist auf zentrale Leitstellen ausgerichtet, in denen alle Informationen zusammenfließen; dabei kann die Ordnung je nach Anwendungsfall monozentral oder dezentral sein. Grundsatz des Arbeitsablaufs in der Leitstelle ist, daß der Rechner die automatische Überwachung übernimmt und der Disponent erst nach gezieltem Hinweis auf dem Bildschirm (evtl. durch akustische Signale unterstützt) tätig wird. Damit ist eine ständige visuelle Überwachung des Betriebsablaufs nicht erforderlich. Die Information über den aktuellen Betriebszustand erhält der Disponent tabellarisch oder über graphische Darstellungen. In einer halbgraphischen Teilnetzdarstellung wird das gesamte Netz des Betreibers in schematisierter Form wiedergegeben. Die Fahrzeuge sind als sogenannte „Beschreibungsblöcke“ dargestellt, die Linien-Kurs-Nummer, Fahrplanabweichung und Besetzung enthalten. Sobald eine Störung erkannt wird (im allgemeinen vom Leitsystem vollautomatisch erkannt und auf dem Standardbild angezeigt) wird die rechnergestützte Disposition wirksam. Dabei wird zwischen automatischen und dialogorientierten Dispositionsmaßnahmen unterschieden. Liegt die Störung innerhalb definierter Randbedingungen, wird die zu ergreifende Maßnahme automatisch vom Computer berechnet und eine entsprechend codierte Anweisung an ein **I**ntegriertes **B**ord **I**nformations**s**ystem (IBIS) zur Information des Fahrers übermittelt. In Fällen, in denen die Voraussetzungen für eine automatische Disposition nicht gegeben sind, wird die erforderliche Maßnahme im Dialog zwischen dem Disponenten und dem Rechner erarbeitet. Über die betriebsleitenden Anforderungen hinaus sind mit derartigen Systemen auch dynamische, d. h. auf das aktuelle Betriebsgeschehen bezogene Informationen der Fahrgäste möglich; das ist insbesondere bei Störungen wichtig, die zu größeren Abweichungen von den Sollfahrplänen führen.

Einen wichtigen Aspekt bilden die Anschlußbeziehungen. Ihre Sicherstellung hat in der überwiegenden Anzahl der öffentlichen Personen-Nahverkehrsnetze besondere Bedeutung. BON ermöglicht bei Anschlußgefährdung durch ein rechnergestütztes Dispositionsverfahren für die Anschlußsicherung wesentlich effektivere Steuerungsmöglichkeiten, als die früher genutzten Methoden und Techniken. Eine definierte Zeit vor planmäßiger Abfahrt des Anschlußfahrzeuges wird die Möglichkeit einer automatischen Disposition geprüft und der Fahrer des betreffenden Kurses über das Bord-Terminal informiert. Ist eine automatische Disposition nicht möglich, erfolgt eine Störungsmeldung an die Leitstelle. Dieser Meldung folgt ein Dispositionsdialog; dabei werden dem Fahrdienstleiter alle Informationen angezeigt, die erforderlich sind, um über die Sicherung der Anschlußbeziehungen entscheiden zu können.

Ein hoher Prozentsatz der Verlustzeiten, die Busse und Bahnen täglich erleiden, entstehen an Lichtsignalanlagen. Durch Bevorrechtigungsmaßnahmen, die durch „Lichtsignalanlagen-Anforderungssysteme“ ausgelöst werden, können diese Verlustzeiten verringert bzw. sogar vermieden werden. Hier ist zwischen „lokalen“ und „zentralen“ Anforderungssystemen zu unterscheiden, bei denen jeweils Komponenten des Betriebsleitsystems mitbenutzt werden, um die Anforderungen an die Lichtsignalanlage abzusetzen. Lokale Systeme bestehen aus am Fahrbahnrand installierte Baken, die bei Näherung des öffentlichen Verkehrsmittels die Anforderung zur „Freien Fahrtschaltung“ per Leitung oder Funk an die Lichtsignalanlage richten.

In 1983 begann die Hamburger Hochbahn AG – die ihr 1966 eingeführtes Betriebsleitsystem mehrfach an den Stand der Technik angepaßt hatte – mit der Umstellung auf ein neues Funkdatenübertragungsverfahren mit schneller Frequenzumtastung und einer Übertragungsgeschwindigkeit von 2400 Bit/s. Diese Umstellung betraf das Prozeßrechnersystem, das Funkinterface der Leitzentrale und die Funkgeräte in den Omnibussen. Damit entstanden technische Voraussetzungen für die quantitative und qualitative Erweiterung des RBL. Zum Beispiel bot die hohe Datenrate die Möglichkeit, eine größere Zahl von Fahrzeugen im Rahmen eines Zyklus abzufragen, wodurch das bisher auf die Schnellbuslinien beschränkte Betriebsleitsystem auf Stadtbus-Linien ausgedehnt werden konnte. Auch der Umfang der Funktionen wurde erweitert; dadurch erhöhte sich der Nutzen des Systems für Disponenten, Fahrer und Fahrgäste ganz wesentlich.

Gegenwärtig laufen bei der Berliner Verkehrsgesellschaft (BVG) intensive Aktivitäten an einem umfassenden rechnergestützten Betriebsleit- und Informationssystem; es soll sich auf den gesamten Großraum Berlin erstrecken. Auf der Basis autonom arbeitender Leitsysteme der einzelnen Verkehrszweige des Berliner ÖPNV soll eine übergreifende Koordinierung und Kooperation der operativen Betriebsdurchführung ermöglicht werden. Die Bedeutung des Konzepts liegt vor allem in der Anwendung genormter Bausteine und Organisationsprinzipien; dadurch kann ein umfangreiches Mengengerüst bedient und können Anforderungen erfüllt werden, die sich aus der Verflechtung des Berliner Verkehrs mit dem Umland ergeben:

– Insgesamt sollen in den einzelnen Teilsystemen rund 2000 Omnibusse, 1000 Straßenbahnen und 1500 U-Bahnfahrzeuge Berücksichtigung finden.

– Das Projekt erstreckt sich auf ein Verkehrsgebiet mit einem Einzugsbereich von 4,3 Millionen Einwohnern.

– Am weitesten fortgeschritten ist das RBL für den Betriebszweig Omnibus. Im U-Bahn-Bereich befindet sich das Projekt LISI (Integriertes Leit-, Informations- und Sicherungssystem) auf gutem Weg.

LISI beinhaltet nicht zuletzt die Zielsetzung des vollautomatischen Betriebs der U-Bahnen. Während die bundesrepublikanischen Nahverkehrssysteme beim Einsatz dispositiver Leittechniksysteme frühzeitig weltweit führend wurden, blieb der Einsatz der operativen, also der in den Betrieb unmittelbar eingreifenden Leittechnik aus den verschiedensten, insbesondere typisch deutschen Gründen (Zulassungsverfahren, Widerstände gegen potentiell personalwirksame Rationalisierung) beträchtlich hinter dem internationalen Spitzenstandard zurück. Zwar wurde beispielsweise das U-Bahn-Automationssystem SELTRAC seit 1978 in Berlin erfolgreich erprobt; sein öffentlicher Einsatz erfolgte aber zunächst nur im Ausland – seit 1985 in Toronto, seit 1986 in Vancouver und seit 1987 in Detroit. Auch das etwa zeitgleich in Hamburg erprobte System Push (prozeßrechnergesteuertes U-Bahn-Automatisierungssystem Hamburg) hat keinen Eingang in den Regelbetrieb gefunden.

Dabei wird der vollautomatische Betrieb im öffentlichen Verkehr in den Vereinigten Staaten bereits seit Mitte der 60er Jahre und in Japan seit den 70er Jahren erfolgreich betrieben; dort waren es zunächst vor allem die Kabinenbahnen oder „People mover“. Im französischen Lille wurde 1982 die automatische Kleinprofil-U-Bahn in Betrieb genommen (VAL). In der Bundesrepublik erfolgte der erste Einsatz endlich 1983/1984 auf dem Gelände der Universität Dortmund (H-Bahn) – allerdings zunächst über Jahre eher im Sinne eines „inneruniversitären“ Horizontalfahrstuhles. Die zweite öffentliche Anwendung folgte 1989 in Berlin (M-Bahn). Während die Anlage in Dortmund immerhin zwischenzeitlich erweitert und in den öffentlichen Verkehr integriert worden ist, fiel die Demonstrationsstrecke in Berlin den Entwicklungen im Zusammenhang mit der Wiedervereinigung zum Opfer. Der automatische Betrieb wird sich aber zweifellos auch in Deutschland in naher Zukunft auf breiter Front durchsetzen. Das gilt nicht nur für den Personenverkehr, sondern auch für Teilbereiche des schienengebundenen Güterverkehrs. Der Frankfurter Flughafen verbindet das neue Terminal mit dem alten durch eine vollautomatische Kabinenbahn, deren erste Ausbaustufe 1994 in Betrieb genommen wurde.

Bereits frühzeitig im Zusammenhang mit der Entwicklung der ersten Betriebsleitsysteme wurde auch den erst durch den Stand der Telematik eröffneten Möglichkeiten bedarfsgesteuerter Betriebsweisen für Busse und Systeme des Paratransits nachgegangen. In den Jahren 1978 bzw. 1979 erfolgten die ersten öffentlichen Probebetriebe im Bodenseekreis (Rufbus) und in Wunstorf (Retax). Solche Systeme gehören heute zwar noch nicht zur weitverbreiteten Praxis der ÖPNV; sie sind aber anerkannte und bewährte Komponenten. Eine der Hauptentwicklungslinien in diesem Zusammenhang ist jedenfalls die zeitliche und örtliche Flexibilisierung der Betriebsweisen; das erfordert dann selbstverständlich auch entsprechende Fahrgastinformationssysteme.

Die vergangenen Jahre waren vom Eingang der Telematik in

Bild 5: Der SKYLINER des Frankfurter Flughafens (Foto: Rebscher)

immer neue Bereiche des Verkehrs geprägt. Im ÖPNV reicht das Spektrum von integrierten Fahrscheinverkaufs- und Fahrgastinformationssystemen bis zu Experten-Systemen für die Optimierung der Fahrzeuginstandhaltung. Im Automobilverkehr sind es die Verkehrsleit- und Informationssysteme oder die satellitengestützten Fahrzeugidentifikationssysteme für Lkw-Flotten, bei der DB ist es das „Computer-Integrated-Railroading" (CIR). Viele der betreffenden Bereiche sind voneinander abhängig bzw. dort können die Potentiale der Telematik ihre Wirkung erst dann voll entfalten, wenn den Abhängigkeiten Rechnung getragen wird.

Die Entwicklungen werden weitergehen in Richtung einer Vernetzung der RBL-Systeme des öffentlichen Verkehrs untereinander sowie mit Leit- und Steuerungssystemen der anderen Verkehrszweige. Verkehrsträger-übergreifende Managementsysteme sind technisch bereits heute ohne weiteres möglich. Informationen über die Alternativen der Verkehrsmittelwahl schon vor Antritt einer Fahrt und laufende aktuelle Hinweise auf Alternativen – nächster P+R-Platz und nächste Abfahrt zum gewünschten Ziel mit Zeit- und Preisangabe – werden schon bald zum Alltag gehören. Dynamische Reaktion auf unterschiedliche Verkehrszustände und zunehmende Möglichkeiten der Interaktion gehören zu den wesentlichen Entwicklungslinien. Auch die Entwicklungsarbeiten und aufgenommene Versuche zur Anwendung von „Road Pricing Systemen" sollten in die Betrachtungen einbezogen werden.

Weitere Perspektiven und Grenzen

Die Möglichkeiten zur Steuerung des Betriebs von Verkehrsprozessen sind bei weitem noch nicht ausgeschöpft; technologische Innovationen werden die Spielräume schon in nächster Zukunft noch ganz beträchtlich erweitern. Mit den kosmischen und terrestrischen Mobilfunkdiensten stehen schon heute konkrete Optionen zur Verfügung. Sie sind bereits unverzichtbare Komponenten von Verkehrsleit-, Verkehrsinformations- und Logistikkonzepten und werden auch für den öffentlichen Personennahverkehr zunehmend an Bedeutung gewinnen.

Per Satellit kann bereits heute weltweit telefoniert werden, können Texte und Bilder versandt und empfangen, Daten übertragen und ausgetauscht, Meß- und Steuerungsdaten automatisch abgefragt und verarbeitet werden. Im letzten Jahrzehnt sind speziell die Inmarsat-Mobilfunkdienste zur Grundlage vielfältiger Anwendungen der Verkehrsleitung, -überwachung und -kontrolle sowie zur Erhöhung der Sicherheit im Bereich des Landverkehrs, der Luftfahrt und insbesondere der Schiffahrt geworden. Dazu zählt beispielsweise das neue weltweite Seenot- und Sicherheitssystem (GMDSS = Global Maritime, Distress und Safety System). Es wird schrittweise das bisher z. T. noch auf dem manuellen Morsefunk beruhende Sicherheitssystem ersetzen.

Durchaus optimistisch stimmen auch die Ergebnisse erster Testprojekte zur Nutzung von Satellitenmobilfunkdiensten im Bereich des Straßenverkehrs, insbesondere hinsichtlich der Lösung der komplizierten Probleme der Ortung und permanenten Standortbestimmung. Das dafür bisher vor allem genutzte Infrarot-Ortsbakensystem ist mit gewissen Nachteilen behaftet – hohe Kosten für die ortsfeste Installation, nicht immer ausreichende Positionsgenauigkeit sowie mangeln-

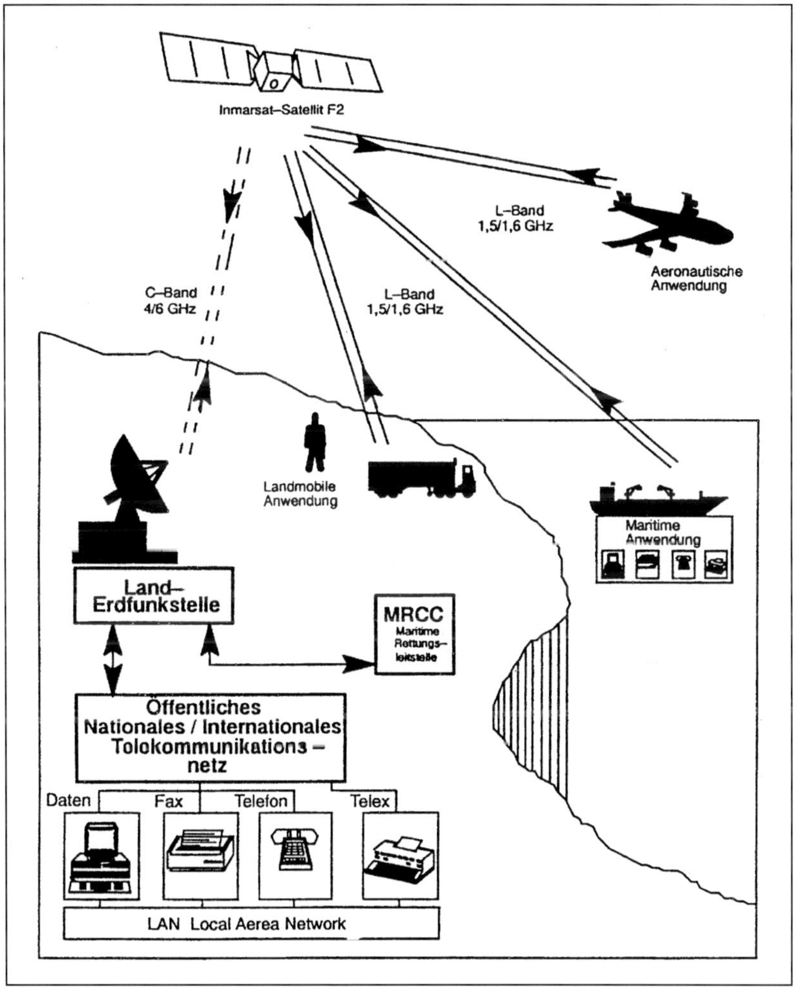

Bild 6: Inmarsat – Systemübersicht

de Flexibilität bei Fahrtroutenänderungen. Hinzu kommt, daß der Einsatz dieses Systems nur innerhalb des Stadtgebietes zweckmäßig ist. Satellitenfunkdienste gestatten dagegen den Aufbau von globalen flexiblen Positionierungssystemen; dabei ist auch das Problem der Abschattung der Satellitensignale in dicht bebauten Gebieten im Prinzip zwischenzeitlich gelöst. Auf Versuchsstrecken wurden bereits Positionsbestimmungsgenauigkeiten von bis zu 30 cm erreicht.

Noch sind sicherlich die Aufwendungen für die Implementierung und den Betrieb derartiger Systeme für den massenhaften Landverkehr zu hoch. Es ist jedoch absehbar, daß sie schon in naher Zukunft mit der Errichtung weiterer Satellitenmobilfunksysteme, der Erhöhung ihrer Leistungsfähigkeit und Übertragungskapazität sowie der Zunahme nationaler und internationaler Anbieter- und Betreibergesellschaften, einschließlich des sich damit entwickelnden Wettbewerbs, drastisch sinken werden.

Ebenso wie Satellitendienste bieten die terrestrischen Mobilfunkdienste qualitativ neue Ansätze für die Steuerung und effektive Gestaltung von Verkehrsströmen. Sie ermöglichen gleichfalls die permanente Informationsbereitstellung und den Informationsaustausch über die aktuelle Verkehrssituation, die Auslastung des Verkehrsnetzes, der Verkehrsträger und -kapazitäten und in Kombination mit entsprechenden Ortungssystemen deren ständige Lokalisierung bzw. Standortbestimmung. Die dafür erforderliche Infrastruktur steht in der Bundesrepublik flächendeckend zur Verfügung. Es werden bereits eine Vielzahl von Mobilfunknetzen angeboten und betrieben. Dazu zählen das analoge Funktelefonnetz C, die digitalen Funktelefonnetze D1, D2 und E-Plus, das Datenfunknetz MODACOM und die weiterer Betreiber sowie die Bündelfunk- und Chekker-Netze. Die letztgenannten Dienste könnten für den öffentlichen Personennahverkehr von besonderem Interesse werden, insbesondere für kleinere und mittlere Betriebe.

Für regional tätige Unternehmen sowie Betriebe mit Außendienstmitarbeitern ist die Nutzung von Bündelfunknetzen, wie z. B. vom Typ Chekker, sinnvoll. Sie stellen eine moderne Alternative zum herkömmlichen privaten Betriebsfunk dar. Innerhalb eines ganzen Wirtschaftsraumes können Teilnehmer einer Flotte miteinander kommunizieren. Ist das entsprechende Funkgerät vorhanden, kann auch in diesen Regionen Funkverkehr betrieben werden. Damit ist ein ständiger Kontakt von der Zentrale zu den mobilen Außenstellen bzw. Außendienstmitarbeitern und zwischen diesen gegeben. Es ist somit möglich, die Zusammenarbeit optimal zu koordinieren und auf veränderte Situationen schnell und flexibel zu reagieren.

Speziell auf Datenkommunikation ausgerichtet ist der Mitte 1993 eingeführte mobile Kommunikationsdienst MODACOM. Er gestattet den Datentransfer zwischen ortsfesten DV-Anlagen und mobilen oder tragbaren Datenterminals. Aber auch von Terminal zu Terminal ist Funkverkehr möglich. MODACOM stellt ein Übertragungsmedium dar, an das die vorhandenen Organisationsstrukturen, Software-Tools und Anforderungen der Anwender individuell angepaßt werden können. Die Anwendungen reichen von Dispositionen und Fahrzeugsteuerung über die Verbesserung des Außendienstes, den Service und Vertrieb bis zu Meßdatenerfassung und Fernwirken sowie Datenbankabfragen und Textübermittlungen. Die Angebote auf diesem Gebiet werden schon in nächster Zeit bedeutend zahlreicher und vielfältiger.

Die großen technologischen Fortschritte auf dem Gebiet der Telematik waren unverzichtbare Voraussetzung für die Entwicklung moderner Verkehrs- und Betriebsleitsysteme, Betriebsführungs- und Informationssysteme; sie haben das Spektrum der Optionen, Chancen und Möglichkeiten der Gestaltung des Verkehrs entscheidend erweitert. Die Entwicklung ist noch längst nicht an ihre Grenzen gestoßen; sie wird an Dynamik sogar noch zulegen. Darin liegt eine Herausforderung in zweierlei Hinsicht:

– Die systematischen und technologischen Potentiale müssen

regelmäßig im Hinblick auf ihren Nutzen für die Gestaltung des Verkehrs und insbesondere die Steigerung der Attraktivität des Verkehrs im Rahmen ökonomisch vertretbarer Grenzen ausgelotet und ggfs. zur Wirkung gebracht werden.

– Die in den betreffenden Potentialen begründeten Möglichkeiten müssen immer von neuem auch hinsichtlich ihres Stellenwerts im Rahmen des Gesamtspektrums der Steuerungsmöglichkeiten des Verkehrs eingeordnet werden.

Von der Verkehrslenkung zur Verkehrsvermeidung

Mit Mitteln der Verkehrslenkung und Verkehrsleitung können Verkehrsströme optimiert, kanalisiert oder sogar reglementiert, nicht jedoch schlechthin vermieden werden. In einer Zeit anscheinend ungebremsten, aber mit der Umwelt längst in Konflikt liegenden Verkehrswachstums muß der Verkehrsvermeidung mindestens ebensoviel Aufmerksamkeit geschenkt werden, wie der Verkehrsbewältigung durch Verkehrslenkung – zumal Lenkungs- und Steuerungsmaßnahmen bei Überschreitung kritischer Verkehrsdichten nicht mehr greifen können. Die beiden Komplexe sind also eng miteinander verzahnt.

Verkehrsvermeidung betrifft in diesem Zusammenhang die nunmehr auch schon seit Jahrzehnten diskutierte – je nach individueller Sicht der Dinge erhoffte oder befürchtete – Möglichkeit der Substitution des physischen Verkehrs durch nichtphysischen Verkehr. Lange Jahre mußten solche Ansätze als unrealistisch gelten; zwischenzeitlich bietet die Telekommunikation Lösungen an, die Perspektiven für einen nachhaltigen Einfluß auf das Verkehrsgeschehen immer wahrscheinlicher werden lassen. Das passende Schlagwort ist auch schon gefunden: Telemobilität.

Besondere Hoffnung wird dabei auf die Multimedia-Kommunikation gesetzt. Voraussetzung dafür ist die Verfügbarkeit eines flächendeckenden Telekommunikationsnetzes in neuer Qualität – volldigital und auf den Transport größter Datenmengen mit extrem hohen Übertragungsgeschwindigkeiten und dementsprechend extrem kurzen Übertragungszeiten ausgelegt. In der Bundesrepublik, wie auch in anderen industriell hochentwickelten Staaten werden derartige Netze noch vor der Jahrtausendwende flächendeckend zur Verfügung stehen. Sie werden völlig neuartige Telekommunikationsanwendungen auch im Sinne der Verkehrsvermeidung ermöglichen. Einige beginnen schon heute konkretere Gestalt anzunehmen, andere sind noch visionär.

Ein in seiner Dimension noch gar nicht überschaubares Feld ist die Telearbeit. Zwar hat sich bis jetzt aus den unterschiedlichsten Gründen die reine Teleheimarbeit nicht wie erwartet durchgesetzt. Dafür haben aber in den letzten Jahren telematikgestützte Arbeitsplätze eine um so größere Verbreitung gefunden. Konkretere Untersuchungen dazu liegen bereits aus den USA vor. Eine Erhebung der Link Ressources Corporation aus dem Jahre 1988 ergab in den USA seinerzeit immerhin schon 2,2 Millionen Telearbeitsplätze; ihre Zahl wuchs in nur drei Jahren auf über 5,5 Millionen, gleichbedeutend mit fast 5% aller Arbeitsplätze.

Die mit der Telearbeit verbundenen dezentralen Arbeitsformen haben beachtliche Auswirkungen auf den Pendlerverkehr. Nach Expertenschätzungen ist eine Verringerung um über 30% nicht unrealistisch. Auf Grund dessen hat die Telearbeit in den USA inzwischen Eingang in offizielle politische Programme und Erklärungen gefunden. So formuliert beispielsweise der Air Quality Management Plan for the South Coast of California das anspruchsvolle Ziel, den Berufspendlerverkehr innerhalb von 20 Jahren durch die breite Einführung von Telearbeit eben um die betreffenden 30% zu verringern.

Praktisch schon zum Alltag gehört die Telekommunikationsdienstleistung Videokonferenz; sie ist eine Alternative zu Geschäftsreisen. Per Videokonferenz sind Geschäftspartner im In- und Ausland live in Bild und Ton miteinander verbunden. Sie bietet Kommunikationsmöglichkeiten in einer Qualität nahe dem direkten persönlichen Gespräch.

Durch das audiovisuelle Medium können dabei Dokumente, Pläne, Grafiken oder Foto- und Filmmaterial direkt in die Diskussion einbezogen, erläutert und gemeinsam beurteilt werden. Nach zögernder Anlaufphase beginnen sich die Videokonferenzen in der Wirtschaft zunehmend zu etablieren; in den letzten Jahren werden Wachstumsraten von bis zu 100% pro Jahr verzeichnet.

Damit ist das Spektrum der möglichen Telekommunikationsnutzungen für die Substitution von physischem Verkehr keineswegs erschöpft. Weitere zukunftsträchtige Anwendungen sind u.a. Telebanking, Teleshopping, Telemedizin, Teleteaching, und Telepublishing. Die Gesamtheit der damit verbundenen Substitu tionspotentiale ist noch gar nicht abschätzbar. Der Phantasie sind praktisch keine Grenzen gesetzt; als sicher kann lediglich gelten, daß die Wirklichkeit viele Phantasien einholen und sogar überholen wird.

Phantasien und Visionen sind unverzichtbare Motoren des Fortschritts. Der Schritt zu Träumerei und Euphorie ist allerdings nicht weit; sie bewirken eher das Gegenteil. Schon sprechen selbsternannte Systemanalytiker von der Telekommunikation als dem primären städtischen Massentransportmittel der Zukunft und entwerfen Leitbilder für eine auf der Telekommunikation basierende „wissensorientierte Stadt- und Regionalentwicklung". Nicht wenige der neuen Ideen erwiesen sich als alte Bekannte; die maßgeblichen Faktoren ihres Scheiterns sind in Zusammenhängen begründet, die auch mit den neuen technologischen Optionen nicht aus den Angeln gehoben werden.

Gleichwohl gibt es gute Gründe, die Zukunft des Verkehrs weniger pessimistisch zu sehen, als die bisherige Entwicklung es nahelegt. Vieles spricht dafür, daß das Zeitalter der stürmischen Entwicklung der Automobilität durch ein Zeitalter der stürmischen Entwicklung der Telemobilität abgelöst wird. Der seit Jahren beschworene Wertewandel im Verkehr könnte in dem Zusammenhang tatsächlich Wirklichkeit werden. Der öffentliche Verkehr könnte darin einen neuen Stellenwert erhalten. Jedenfalls bietet die Telematik ein breites Spektrum von Optionen für wirkungsvolle Beiträge zur Lösung vieler Probleme des Verkehrs. Es kommt „nur" darauf an, sie intelligent und politisch verantwortbar zu nutzen.

Bild 7: Multimedia – Kommunikation

Literatur

[1] Felz, H., Standardisiertes rechnergesteuertes Betriebsleitsystem für den öffentlichen Nahverkehr (BON), Verkehr und Technik 1981, Heft 9

[2] Chazelas,E.; Mies, A. und Mura, S., Neues Übertragungsverfahren für das Rechnergesteuerte Busleitsystem Hamburg, Verkehr und Technik 1984, Heft 2

[3] Kaufhold, H., Forschungsvorhaben im Bereich der Betriebsführungs- und Leittechnik im öffentlichen Nahverkehr, Elektrische Bahnen 1986, Heft 12

[4] Reuter, M., Telekommunikation – Aus der Geschichte in die Zukunft, Deckers Verlag 1990

[5] Neue Technologien im Nahverkehr, Verband Deutscher Verkehrsunternehmen (VDV), Gewerkschaft Öffentliche Dienste, Transport und Verkehr (ÖTV), August 1991

[6] Rechnergesteuerte Betriebsleitsysteme (RBL), Lichtsignalbeeinflussung (LSA), Integriertes Bordinformationssystem (IBIS), VDV-Mitteilungen, Juni 1993

[7] Strobel, H. und Ritschel, M., Von rechnergestützten Betriebsleitsystemen zum computerintegrierten Stadtverkehr, 50. UITP Kongreß – Sydney 93 – Bericht 7

[8] Reupke, H.; Fischer E. und Janecke, J., Betriebliche Anforderungen der BVG an das RBL Omnibus, Verkehr und Technik 1993, Heft 9

[9] Reupke, H.; Grewe, J. und Stöhr, G., Rechnergesteuerte Betriebsleitstelle der BVG für das RBL – Omnibus, Verkehr und Technik 1993, Heft 12

Chronik

Inhalt

Chronik: 1. Gesamtübersicht

Gesetze

1892:
preußisches
Kleinbahngesetz

1917:
Beförderungs-
steuer
eingeführt

Technik

1835:
1. Eisenbahn
in Deutschland

1865:
1. Straßenbahn
in Berlin

1881:
1. elektr.
Straßenbahn
der Welt in
Berlin-Lichterfelde

1901:
1. Obus in
Königstein

1905:
1. motorgetriebener
Omnibus in Berlin

**Politik/
Umfeld**

1885:
Gründung des
Internat. Verbandes
des öffentlichen
Verkehrswesens

1914-1918:
1.Weltkrieg

1928:
parallele
Gründung des
Verbandes Deutscher
Kraftverkehrs-
gesellschaften (VDK)

1895 — **1920** — **1928**

Der Verband

Organisation

1895:
Gründung des
Vereins Deutscher
Straßenbahn- und
Kleinbahnverwaltungen
(VDSK)

1920:
Zusammenschluß
mit Verein der
Privateisenbahnen:
Verein Deutscher
Straßenbahnen, Kleinbahnen
und Privateisenbahnen

1928:
neuer Verbandsname:
Verband Deutscher
Verkehrsverwaltungen
(VDV)

Aktivitäten

1906:
Bau- und
Betriebs-
vorschriften für
Straßenbahnen

1914:
Bau- und
Betriebs-
vorschriften
für neben-
bahnähnliche
Kleinbahnen

1919:
"Verkehrstechnik"
als Verbands-
zeitschrift gewählt

1921:
BEKA-
Gründung

1925:
Geschäftsstelle
in Berlin
eingerichtet

Mitglieder

1895:
41 Mitglieder

1902:
124 Mitglieder

1914:
253 Mitglieder

1929:
253 Mitglieder

1931:
Befreiung von der Beförderungssteuer

1934:
Reichsstraßen-Verkehrsordnung;
Gesetz über die Beförderung von Personen zu Lande

1937:
Straßenverkehrsordnung

1939:
Verordnung über den Betrieb von Kraftfahrunternehmen im Personenverkehr

1938:
Typisierungsausschuß für die Entwicklung von Einheitsstraßenbahnwagen eingerichtet:

1940: Kriegsbahnwagen entwickelt

1929:
Reichsbahn und Reichspost teilen untereinander den Kraftverkehr auf und verschärfen damit den Wettbewerb mit den nichtreichseigenen Unternehmen

1933:
Machtergreifung der Nationalsozialisten

1934:
Reichsverband des Kraftfahrgewerbes geschaffen

1935:
Reichsverkehrsgruppen gebildet

1939-1945:
2. Weltkrieg

1932

1935

1943

1932:
Namensänderung: Reichsverband Deutscher Verkehrsverwaltungen (RDV)

1934/35:
Im Verband wird das Führerprinzip durchgesetzt; Mitgliedschaft im RDV wird für alle nichtreichseigenen Schienenbahnen Pflicht;
Kraftfahrbetriebe werden ausgegliedert

1935:
RDV wird in Reichsverkehrsgruppe Schienenbahnen überführt

1937.
Verordnung über den Bau und Betrieb von Straßenbahnen

1943:
Geschäftsstelle in Berlin vollständig zerstört

Chronik: 1. Gesamtübersicht

Gesetze

1951: Allgemeines Eisenbahngesetz

1955: Verkehrsfinanzgesetz (Gasölbetriebsbeihilfe)

1961: Gesetz über eine Untersuchung von Maßnahmen zur Verbesserung der Verkehrsverhältnisse in den Gemeinden

1966: Steueränderungsgesetz

1971: Gemeindeverkehrsfinanzierungsgesetz

1972: Verkehrsfinanzgesetz

1973: Standard-Überland-Linienbus

Technik

1966: Einsetzung eines Arbeitskreises zur Standardisierung des Stadt-Linienbusses; 1968 Serienfertigung

1967: Beginn des U- und Stadtbahnbaus in großem Stil

Politik/ Umfeld

1949: Gründung der BRD und der DDR

1965: Gründung des weltweit ersten Verkehrsverbundes in Hamburg

1968-1972: Verkehrspolitisches Programm der Bundesregierung (Leberplan)

1949 — **1965** — **1973**

Der Verband

Organisation

1947: Arbeitsgemeinschaft der Vereinigungen öffentlicher Verkehrsbetriebe (AVV)

1949: Verband öffentlicher Verkehrsbetriebe (VÖV)

1950: Verband Deutscher Nichtbundeseigener Eisenbahnen (VDNE)

1965: Bundesverband Deutscher Eisenbahnen (BDE)

Aktivitäten

1948: "Verkehr + Technik" wird Verbandszeitschrift

1954: VDNE verlegt Geschäftsstelle nach Köln

1955: Fachgruppe Seilbahnen

1956: Fachgruppe EöH

1959: VÖV verlegt Geschäftsstelle nach Köln

1972: Fachgruppe Kraftverkehr

1973: Beginn der VÖV-Gemeinschaftswerbung

1976: VÖV-Konzept´76

Mitglieder

1949: 163 Mitglieder (VÖV)

1965: 226 Mitglieder (BDE)

1993:
EU-Richtlinien erlangen für Verkehrsunternehmen Bedeutung; Bundesregionalisierungsgesetz

1994:
Bahnstrukturreform

1995:
Länder-ÖPNV-Gesetze zur Regionalisierung

1983:
Standard-Linienbus II

1986:
Beginn des Forschungsvorhabens "Niederflurstadtbahnwagen"

1989:
1. Stadtbahnwagen mit Niederfluranteil in Würzburg; Niederflur-Standard-Linienbus-Konzept

1993:
Konzepte für leichtere und kostengünstigere Schienenfahrzeuge für den Regionalverkehr vorgestellt

1995:
Erste neue Regionalfahrzeuge gehen in Betrieb

1989:
"Wende" in der DDR

1990:
Staatliche Wiedervereinigung

1982 — **1990** — **1995**

1980:
VÖV-Aktionsprogramm für die 80er Jahre

1981:
DB beteiligt sich an der Gemeinschaftswerbung

1982:
Neue Verbandszeitschrift "Der Nahverkehr"

1988:
BDE Bundesverband Deutscher Eisenbahnen, Kraftverkehre und Seilbahnen

1989:
Seilbahnen gründen eigenen Verband

1990:
VÖV der DDR gegründet

6.11.1990
Zusammenschluß von VÖV, VÖV der DDR und BDE zum "Verband Deutscher Verkehrsunternehmen"

1992:
DB und DR werden mit ihrem SPNV Mitglieder im VDV

Ende 1990:
Mitglieder:
VÖV 211, BDE 206,
VÖV-DDR 44

1991: VDV:
405 Mitglieder

1995: VDV:
533 Mitglieder

Verbände/Verkehrspolitik 1895 bis 1945

7. 10. 1895

in München gründen 41 Verkehrsbetriebe den *Verein Deutscher Straßenbahn- und Kleinbahnverwaltungen (VDSK)*

erste geschäftsführende Verwaltung: Straßen-Eisenbahngesellschaft in Hamburg

preuß. Kleinbahngesetz von 1892 erfordert Erfahrungsaustausch und Interessenvertretung gegenüber Behörden

1. 1. 1896

in der „Zeitschrift für Kleinbahnen", der Zeitschrift des preußischen Ministeriums für öffentliche Arbeiten, erscheint eine regelmäßige Beilage als Vereinsmitteilung

18. 5. 1896

auf der 2.Hauptversammlung des Vereins wird der erste Ausschuß zum Thema „Normung der Rillenschienen" eingesetzt; Gründung der Fahrkartenvereinigung

1902

der Verein hat bereits 124 Mitglieder mit 174 Betrieben, davon sind 122 Straßenbahn- und 52 Kleinbahnbetriebe

1902

erste Jahresstatistik erstellt, in der Zeitschrift für Kleinbahnen veröffentlicht

1903

Einrichtung einer Verbandsgeschäftsstelle bei der jeweils geschäftsführenden Verwaltung

1903

Gründung der Haftpflichtgemeinschaft der Verkehrsbetriebe

26. 9. 1906

„Bau- und Betriebsvorschriften für Straßenbahnen"

1914

„Bau- und Betriebsvorschriften für nebenbahnähnliche Kleinbahnen"

1914

Verein hat 253 Mitglieder mit 459 Betrieben, davon 212 Straßenbahnbetriebe, 247 nebenbahnähnliche Kleinbahnen

Aug. 1914

die Hälfte des Personals der Verkehrsbetriebe wird zum Militär eingezogen, was zu Betriebseinschränkungen und zum erstmaligen Einsatz von Frauen als Schaffnerinnen führt

im Krieg wird der Verein zur Material-Verteilstelle für die Verkehrsbetriebe

8. 4. 1917

„Gesetz über die Besteuerung des Personen- und Güterverkehrs" führt die Beförderungssteuer ein, die in der Folgezeit eine starke wirtschaftliche Belastung für die Betriebe darstellt

1918

118 Straßenbahnbetriebe betreiben auch Güterverkehr

26. 5. 1919

Eintragung in das Vereinsregister des Amtsgerichts Berlin-Mitte

1. 9. 1919

als Vereinszeitschrift wird die Zeitschrift „Verkehrstechnik" gewählt

3./4. 3. 1920

Verschmelzung mit dem Verein der Privateisenbahnen zum *Verein Deutscher Straßenbahnen, Kleinbahnen und Privateisenbahnen.*

122 von 139 Privateisenbahnen werden Mitglieder

1921

Gründung der Bahneinkaufsgesellschaft BEKA

1922/1923

durch die Kriegsfolgen und die galoppierende Inflation geraten die Verkehrsbetriebe in große wirtschaftliche Schwierigkeiten, die Währungsreform verbessert die Situation

1925

dauernde Geschäftsstelle in Berlin eingerichtet

1926

Satzungsänderung: die drei Gruppen Straßenbahnen, Kleinbahnen und Privateisenbahnen werden relativ selbständig innerhalb des Vereins

1928

Änderung der Verbandsorganisation: *Verband Deutscher Verkehrsverwaltungen (VDV)*

der Verein möchte sich auch dem Kraftverkehr öffnen, um die weitere Zuspitzung des Konfliktes zwischen Schiene und Straße zu verhindern; die Reichspost und die Reichsbahn sind im Kraftverkehr tätig und streben das Monopol im Straßenverkehr an, Versuche der Zusammenarbeit des VDV mit der Reichspost scheitern

1928

parallele Gründung des *Verbandes Deutscher Kraftverkehrsgesellschaften (VDK)*

1928

erstes Handbuch der öffentlichen Verkehrsbetriebe

15. 2. 1929

Arbeitsgemeinschaft mit dem VDK, fast alle Mitglieder des VDV sind auch im VDK, die beiden Verbände teilen die Aufgaben untereinander auf

389 Mitglieder im VDV

1929

durch die schlechte wirtschaftliche Situation kommt es zu Fahrgastrückgängen und Umsatzeinbußen

28. 6. 1929

Reichsbahn und Reichspost teilen in einem Abkommen den Kraftverkehr untereinander auf, verschärfen den Wettbewerb mit den nichtreichseigenen Schienenunternehmen, die beiden staatlichen Unternehmen genießen weitgehende Vorteile (z.B. muß die Reichspost neue Linien nicht genehmigen lassen)

15. 12. 1931

nach intensiven Bemühungen des Vereins werden die Verkehrsbetriebe von der Beförderungssteuer befreit

24. 9. 1932

Änderung des Namens in *Reichsverband Deutscher Verkehrsverwaltungen (RDV)*, um die nationale Bedeutung des Verbandes hervorzuheben

1934/35

die Herrschaft der Nationalsozialisten geht auch am RDV nicht spurlos vorbei: das Führerprinzip wird durchgesetzt, der Präsident bekommt weitreichende Befugnisse, Mitgliederversammlungen werden abgeschafft

30. 4. 1934

Reichsverband des Kraftfahrgewerbes geschaffen, die Kraftfahrbetriebe werden aus dem RDV ausgegliedert

28. 5. 1934

Reichstraßen-Verkehrsordnung erlassen: erstmals werden Verkehrsschilder aufgestellt; die Verkehrsteilnehmer werden verpflichtet, eine Richtungsänderung anzuzeigen

Juli 1934

Präsident Dr. Lübbert legt sein Amt nieder, der Reichsverkehrsminister beruft Stadtrat Engel zum Präsidenten

Sept. 1934

Verbandsdirektor Dr.Müller tritt zurück, Anfang 1935 wird Dipl.-Ing. Willenberg zu seinem Nachfolger bestimmt

Nov. 1934

in dieser Umbruchsituation versuchen die Privat- und Kleinbahnen, sich vom RDV zu trennen, daraufhin erklärt der Reichsverkehrsminister den RDV zur alleinigen Spitzenvertretung der Straßen-, Klein- und Privatbahnen, neu hinzu kommen die Werks- und Hafenbahnen; die Mitgliedschaft im RDV wird Pflicht

4. 12. 1934

„Gesetz über die Beförderung von Personen zu Lande". Reichsbahn und Reichspost brauchen weiterhin keine Genehmigung für die Einrichtung von Kraftverkehrslinien

1. 10. 1935

7 Reichsverkehrsgruppen als rechtsfähige Vereine gebildet, es gibt eine *Reichsverkehrsgruppe Kraftfahrgewerbe* und eine *Reichsverkehrsgruppe Schienenbahnen*, in die der Reichsverband Deutscher Verkehrsverwaltungen überführt wird

Okt. 1935

30. und letzte Hauptversammlung des RDV in Nürnberg

4. 12. 1936

Veranstaltung der RVG Schienenbahnen in Berlin, bei der die Bedeutung der Schienenbahnen der Öffentlichkeit deutlich gemacht werden soll (die Nazis förderten den Straßenverkehr intensiv, teilweise wurde die Abschaffung aller Schienenbahnen gefordert); auf der Veranstaltung fordert der Reichsverkehrsminister die Einrichtung von Nahverkehrsausschüssen, die die Zusammenarbeit der Verkehrsträger im Nahverkehr koordinieren sollen; im Ruhrgebiet kommt es daraufhin 1938 zu einer Arbeitsgemeinschaft zwischen Reichsbahndirektion Essen und Bezirksgruppe West der RVG Schienenbahnen (gemeinsame Verkehrsplanung, Fahrplanabstimmung)

1. 5. 1937

RVG muß die Verteilung von Eisen und Stahl organisieren

13. 11. 1937

„Verordnung über den Bau und Betrieb von Straßenbahnen" unter Mitwirkung des Verbandes erlassen

13. 11. 1937

Straßenverkehrsordnung; Straßenverkehrszulassungsordnung

1938

Verstaatlichung der Privateisenbahnen beginnt, wird jedoch nicht zu Ende geführt

1. 10. 1938

Eisenbahnverkehrsordnung jetzt auch für Kleinbahnen gültig

Dez. 1938

Typisierungsausschuß eingerichtet, Straßenbahnen sollen genormt werden, Einheitswagen (12 Haupttypen) entwickelt, Normung wird ab Ende 1939 vom Krieg stark behindert

13. 2. 1939

„Verordnung über den Betrieb von Kraftfahrunternehmen im Personenverkehr (B.O. Kraft)"

1940 – 1945

RVG verteilt rationiertes Material an Unternehmen; in den Verkehrsbetrieben herrscht Personal- und Materialmangel; die Fahrgastzahlen steigen stark an, da der Straßenverkehr großen Beschränkungen unterliegt; als neuer Wagentyp wird der Kriegsstraßenbahnwagen entwickelt, der in sehr einfacher Bauweise die Lücken im Fahrzeugpark schließen soll, es kommt aber kaum zur Serienproduktion

1943

Geschäftsstelle in Berlin vollständig zerstört

Nach dem Krieg getrennter Aufbau der Organisationen der Straßenbahn- und Busunternehmen sowie der Nichtbundeseigenen Eisenbahnen:

VÖV/allgemeine Verkehrspolitik 1946 bis 1990

Anf. 1946

Vereinigung der Straßenbahnen in der amerikanisch besetzten Zone gegründet, Sitz in Stuttgart

8. 11. 1946

Verein der Straßenbahnen und sonstigen öffentlichen Personenverkehrsunternehmen in der britischen Besatzungszone mit Sitz in Essen gegründet

18. 11. 1947

Arbeitsgemeinschaft der Vereinigungen öffentlicher Verkehrsbetriebe (AVV), Zusammenschluß der Vereine in der britischen und der amerikanischen Besatzungszone: Ausschüsse wieder eingesetzt, Wiederaufbauplan erarbeitet, in dem die notwendigen Investitionen für die nächsten vier Jahre aufgelistet werden

März 1948

die Zeitschrift „Verkehr und Technik" wird als Vereinszeitschrift ins Leben gerufen

1949

alle Verkehrsverbände versuchen zu erreichen, daß das gesamte Verkehrswesen unter die Bundesgesetzgebung gestellt wird, haben aber keinen Erfolg

26. 10. 1949

Verband öffentlicher Verkehrsbetriebe (VÖV) in Stuttgart gegründet, Geschäftsstelle in Essen

Vereinheitlichung der Straßenbahnfahrzeuge weitergeführt (Verbandstyp 1950)

1951

der VÖV hat 163 Mitglieder, davon 79 mit Straßenbahn, 49 mit Obus, 146 mit Bus

1955

Verkehrsfinanzgesetz (Freistellung der Personenbeförderung im Orts- und Nachbarortsverkehr von der Beförderungssteuer), zum Ausgleich für die Erhöhung der Mineralölsteuer wird die Gasölbetriebsbeihilfe eingeführt

Chronik: 2. Wichtige Ereignisse im Zeitablauf

1959

VÖV verlegt Geschäftsstelle nach Köln

1. 08. 1961

Gesetz über eine Untersuchung von Maßnahmen zur Verbesserung der Verkehrsverhältnisse in den Gemeinden führt

1964

zu Gutachten: es empfiehlt die verstärkte Förderung des ÖPNV in den Ballungsräumen durch Erschließung neuer Verkehrsebenen (U-Bahn), Ausbau von Straßenbahnen zu Stadtschnellbahnen, Kooperation der öffentlichen Verkehrsunternehmen, Busspuren, Beschränkungen für den Individualverkehr in den Innenstädten

1965

Gründung des weltweit ersten Verkehrsverbundes in Hamburg

Okt. 1966

Einsetzung eines Arbeitskreises zur Standardisierung des Linienbusses

23. 12. 1966

Steueränderungsgesetz: Anhebung der Mineralölsteuer um 3 Pf/l, die für den Ausbau des kommunalen Straßennetzes und des ÖPNV zweckgebunden werden

1967

– Verkehrspolitisches Programm der Bundesregierung 1968 – 1972 (Leberplan): möglichst viel Verkehr soll auf die öffentlichen Verkehrsmittel verlagert werden, der öffentliche Verkehr soll besonders gefördert werden

– Beginn des U- und Stadtbahnbaues in großem Stil

– bei der VÖV-Jahrestagung finden Präsident Dr. Friedrich Lehner und Direktor Hanns Tils einhellige Zustimmung zum Standard-Linienbus-Konzept, im September werden bei der IAA die ersten Standard-Linienbusse der Öffentlichkeit vorgestellt

1968

– Einführung der Umsatzsteuer (Mehrwertsteuer), ÖPNV bis 50 km muß nur halben Steuersatz zahlen

– die Serienfertigung von VÖV-Standardlinienbussen läuft an

18. 3. 1971

Gemeindeverkehrsfinanzierungsgesetz (Förderung von Schnellbahnen in Ballungsgebieten, Park-and-Ride, Umsteigeanlagen, Busspuren, zentrale Werkstätten)

1. 3. 1972

Verkehrsfinanzgesetz: Verdoppelung des für die Verbesserung der Verkehrsverhältnisse in den Gemeinden zweckgebundenen Mineralölsteueranteils auf 6 Pf/l

5. 12. 1972

Beschluß des VÖV über Werbe- und Marketingprogramm = Start der Gemeinschaftswerbung

1973

– die Regierung Brandt räumt dem öffentlichen Personenverkehr Vorrang vor dem Individualverkehr ein

– in enger Anlehnung an den VÖV-Standard-Linienbus wird eine Typenempfehlung für den „Standard-Überland-Linienbus“ veröffentlicht

– Beginn der Gemeinschaftswerbung

1975-1981

S 80-Forschungsvorhaben

Mai 1976

Vorlage des VÖV-Konzepts ‘76 „Öffentlicher Personennahverkehr für die Gesellschaft von heute und morgen“ = Grundsatzpapier zum Stellenwert des ÖPNV für Gesellschaft und Wirtschaft

Mai 1980

„VÖV Aktionsprogramm für die 80er Jahre“ = 12 Ziele zur Verwirklichung eines fahrgastfreundlichen öffentlichen Personennahverkehrs

1981

die DB beteiligt sich an der Gemeinschaftswerbung

1982

Neue Verbandszeitschrift: „Der Nahverkehr“

1983

die 2.Generation des VÖV-Standard-Linienbusses geht in die Serienfertigung

1984

1. Umweltticket in Freiburg

1986

Beginn des Forschungsvorhabens „Niederflur-Stadtbahnwagen“

1989

– seit 1968 sind mehr als 40.000 Standard-Linienbusse gebaut worden

– das VDV-Konzept für einen Niederflur-Standard-Linienbus im Rahmen eines „Bussystems“ wird vorgestellt

– in Würzburg wird das erste Mal in Deutschland ein Stadtbahnwagen mit Niederflur-Anteil eingesetzt

1990

VÖV hat 195 ordentliche Mitglieder,
16 außerordentliche Mitglieder

15. 3. 1990

VÖV in der DDR gegründet, satzungsgleich mit VÖV der Bundesrepublik, Sitz in Leipzig; zunächst 27, später 44 Mitglieder

1991

der Einsatz von Niederflurbussen setzt sich durch

VDNE/BDE 1946 bis 1990

27. 6. 1946

Verein Privater Eisenbahnen in der britischen Besatzungszone gegründet; Geschäftsstelle in Gütersloh

11. 10. 1946

Verein Privater Eisenbahnen in der amerikanischen Besatzungszone gegründet;
enge Zusammenarbeit beider Vereine, erreichen die Berücksichtigung der nichtbundeseigenen Eisenbahnen bei der Kontingentierung

10. 5. 1950

Verband Deutscher Nichtbundeseigener Eisenbahnen (VDNE) in Konstanz gegründet, Geschäftsstelle in Gütersloh

29. 03. 1951

„Allgemeines Eisenbahngesetz“

Ende 1954

VDNE verlegt Geschäftsstelle nach Köln

1955

Fachgruppe Seilbahnen und

1956

Fachgruppe Eisenbahnen öffentlicher Häfen eingerichtet

1960

Brand-Gutachten zur Untersuchung der Wirtschaftlichkeit der DB beachtet besonders die nichtbundeseigenen Eisenbahnen; deren Bedeutung als Teil des Eisenbahn-Gesamtnetzes wird hervorgehoben

2. 12. 1965

Änderung der Verbandsorganisation des VDNE: *Bundesverband Deutscher Eisenbahnen (BDE)*

226 Mitglieder

1. 1. 1968

Einführung der Umsatzsteuer bringt starke Belastung der Unternehmen im Güterverkehr

Mai 1972

Fachgruppe Kraftverkehr eingerichtet

1988

Änderung des Verbandsnamens in *BDE Bundesverband Deutscher Eisenbahnen, Kraftverkehre und Seilbahnen*

190 ordentliche Mitglieder, 16 außerordentliche Mitglieder

1989

die Seilbahnen gründen einen eigenen Verband

VDV 1990 bis 1995

6. 11. 1990

Zusammenschluß von VÖV, VÖV der DDR und BDE zum *Verband Deutscher Verkehrsunternehmen (VDV)* mit Sitz in Köln,
375 ordentliche Mitglieder, 30 außerordentliche Mitglieder

1992

DB und DR werden mit ihrem Schienenpersonennahverkehr (SPNV) Mitglied im VDV

1993

– als erste EG-Richtlinie erlangt die Richtlinie 90/531 Bedeutung für die Verkehrsunternehmen, die nun verpflichtet sind, Aufträge europaweit auszuschreiben (ab 800.000 DM bei Fahrzeugen, ab 10 Mio DM bei Bauaufträgen)

– Konzepte für leichte und kostengünstigere Schienenfahrzeuge für den Regionalverkehr vorgestellt

1993

Bundesregionalisierungsgesetz erlassen

1994

Zum 1. 1. 1994 tritt die Bahnstrukturreform in Kraft: DB und DR werden Deutsche Bahn AG

1995

Alle Bundesländer (mit Ausnahme von Hamburg) erlassen Länder-ÖPNV-Gesetze zur Vorbereitung und Durchführung der Regionalisierung des SPNV, die zum 1. 1. 1996 in Kraft tritt; sie bedeuten grundlegende Veränderungen für den Verkehrsmarkt der Zukunft

1995

Erste leichte und kostengünstige Regionalfahrzeuge gehen in Betrieb (Dürener Kreisbahn)

1995

485 ordentliche VDV-Mitglieder, davon betreiben 364 Personenverkehr und 179 Güterverkehr, sowie 48 außerordentliche Mitglieder

Präsidenten VDSK/VÖV

Johannes **Röhl** 7.10.1895-8.11.1902
Generaldirektor der Straßen-Eisenbahn gesellschaft Hamburg

Ministerialdirektor a.D., Wirkl. Geheimrat
Dr. Paul **Micke** 26.8.1903-12.5.1912
Generaldirektor der Großen Berliner Straßenbahn

Dr. jur.
Friedrich **Wussow** 13.5.1912-17.3.1926
Generaldirektor der Großen Berliner Straßenbahn

Fritz **Lehmann** 18.3.1926-15.9.1927
Generaldirektor der Straßen- u.Vorortbahnen der Stadt Köln

Max **Dräger** 16.9.1927-26.6.1929
Generaldirektor der Allgemeinen Deutschen Eisenbahnbetriebsgesellschaft, Berlin

Dr.-Ing. E.h.
Wilhelm **Stein** 27.6.1927-4.5.1933
Direktor der Hamburger Hochbahn AG

Dr. iur.
Erich **Lübbert** 5.5.1933-8.8.1934
Generaldirektor der AG für Verkehrswesen, Berlin

Johannes **Engel** 1.9.1934- 1945
Stadtrat f. Verkehr, Berlin

Dr.-Ing. Dr.-Ing. E.h.
Friedrich **Lademann** 26.10.1949-5.12.1960
Vorstandsvorsitzender der Hamburger Hochbahn AG

Dr.-Ing. Dr.-Ing. E.h.
Friedrich **Lehner** 6.12.1960-31.12.1969
Vorstandsvorsitzender der ÜSTRA Hannoversche Verkehrsbetriebe AG

Dr.-Ing.
Hans **Tappert** 1.1.1970-30.11.1976
Vorstandsvorsitzender der Hamburger Hochbahn AG

Dr.-Ing. E.h.
Wilhelm **Pällmann** 1.12.1976-12.5.1982
Vorstandsvorsitzender der ÜSTRA Hannoversche Verkehrsbetriebe AG

Dr. rer. pol.
Hans-Jürgen **Sattler** 13.5.1982-17.5.1990
Vorstandsmitglied der Bochum-Gelsenkirchener Straßenbahnen AG

Dipl.-Ing.
Klaus-Dieter **Bollhöfer** 18.5.1990-31.12.1990
Vorstandssprecher der Kölner Verkehrs-Betriebe AG

Verbandsdirektoren/ Geschäftsführer VDSK/VÖV

Herr **Vollguth** 1897

Prof. Dr.-Ing.
Friedrich **Helm** 25.10.1918-31.3.1928

Magistratsoberbaurat a. D.
Dr.-Ing.
Konrad A. **Müller** 1.4.1928-30.9.1934

Dipl.-Ing.
Oskar **Willenberg** 8.1.1935- 1945

Ministerialrat a.D.
Dr.-Ing. E.h.
Enno **Müller** 26.10.1949-31.12.1956

Oberregierungsrat a.D.
Dr.iur. Walter **Labs** 1.1.1957-31.12.1975

Prof. Dr.-Ing.
Günter **Girnau** 1.1.1976-31.12.1990

Präsidenten VDNE/BDE

bis 1945: wie VDSK/VÖV

Friedrich **Reckel** 10.5.1950-11.6.1951
Vorstand der Deutschen Eisenbahn-Betriebs-Ges. AG

Karl **Oppermann** 12.6.1951-31.12.1965
Vorstand der Bentheimer Eisenbahn AG

Dr. iur.
Dietrich **Wersche** 1.1.1966-19.11.1973
Vorstand der Osthannoversche Eisenbahnen AG (OHE), Celle

Helmut **Elliger** 19.11.1973-12.12.1985
Direktor der Westfälischen Verkehrsgesellschaft GmbH (WVG), Münster

Dipl.-Ing.
Dieter **Ludwig** 13.12.1985-31.12.1990
Werkleiter der Stadtwerke Karlsruhe-Verkehrsbetriebe (VBK)/ Albtal-Verkehrs-Gesellschaft mbH (AVG)

Verbandsdirektoren/ Geschäftsführer VDNE/BDE

bis 1945: wie VDSK/VÖV

Oberbürgermeister a.D.
Dr. jur. Kurt **Woelck** 10.5.1950-31.3.1955

Oberreichsbahnrat a.D.
Ass. jur.
Theodor **von Altrock** 1.4.1955-31.12.1965

Ministerialrat a.D.
Karl **Beckmann** 1.1.1966-31.12.1980

Ass. jur.
Manfred **Montada** 1.1.1981-31.12.1990

Präsidenten VDV

Dipl.-Ing.
Dieter **Bollhöfer** 1.1.1991-11.10.1995
Vorstandssprecher der Kölner Verkehrs-Betriebe AG

Dipl.-Ing. Dieter **Ludwig** ab 12.10.1995
Werkleiter der Stadtwerke Karlsruhe-Verkehrsbetriebe (VBK)/ Albtal-Verkehrs-Gesellschaft mbH (AVG)

Hauptgeschäftsführer VDV

Prof. Dr.-Ing. Dr.-Ing. E.h.
Günter **Girnau** seit 1.1.1991